Spanien zwischen Regionalismus und Föderalismus

Rechts- und SozialWissenschaftliche Reihe

Herausgegeben von Wilhelm Brauneder

Band 31

PETER LANG
Frankfurt am Main · Berlin · Bern · Bruxelles · New York · Oxford · Wien

Antonio Martino

Spanien zwischen Regionalismus und Föderalismus

Entstehung und Entwicklung des Staates der Autonomien (*Estado de las Autonomías*) als historischer Prozeß

PETER LANG
Europäischer Verlag der Wissenschaften

Bibliografische Information Der Deutschen Bibliothek
Die Deutsche Bibliothek verzeichnet diese Publikation in der Deutschen Nationalbibliografie; detaillierte bibliografische Daten sind im Internet über <http://dnb.ddb.de> abrufbar.

Zugl.: Wien, Univ., Diss., 2003

Schriftenreihe
des Ludwig-Boltzmann-Instituts für vergleichende Rechtssystemforschung, Wien
(gefördert von der Ludwig-Boltzmann-Gesellschaft, Wien)

Gedruckt auf alterungsbeständigem, säurefreiem Papier.

ISSN 0938-7277
ISBN 3-631-51323-2

Printed in Germany 1 2 3 4 5 7

www.peterlang.de

Meinem Vater Alberto

in Dankbarkeit zugeeignet

Inhaltsverzeichnis

Da die Lektüre französischer und spanischer Zeitungen während meiner Sommeraufenthalte in Frankreich und Spanien und die tägliche Lektüre der italienischen Tageszeitungen mein Interesse für die Diskussion über die Dezentralisation und die Autonomie der Regionen geweckt hatte, entschied ich mich vor mehr als zwei Jahren dafür, dieser Frage meine Doktorarbeit zu widmen. Zu jener Zeit hatte ich gerade ein Erasmus-Stipendium für das Sommersemester 2001 an der Katholischen Universität Mailand erhalten und so beschloß ich meinen Aufenthalt in Italien für Vorarbeiten zu meiner Untersuchung zu nutzen.

In einem ersten Moment hatte ich daran gedacht, eine vergleichende Analyse des ‚Föderalismus' in Spanien, Italien, Frankreich und Österreich durchzuführen. Dieses Projekt mußte aber dann aufgegeben werden, weil jenem Gelehrten, der es betreuen sollte, seine Anlage – wie sie aus meiner Darstellung der spanischen republikanischen Verfassung vom 9. Dezember 1931 und der regionalen Statuten von Katalonien und des Baskenlandes aus den Jahren 1931 und 1932 hervorging – allzusehr rechtshistorisch und rechtspolitisch schien. Dieses unverständliche Unverständnis (wie kann eine Arbeit über die Entstehung und die Entwicklung des Verfassungsrechts und des Landesrechts allzusehr rechtshistorisch und rechtspolitisch sein!) hat die sehr glückliche Folge gehabt, daß ich den wirklich idealen Betreuer für meine Dissertation finden konnte und veranlaßt wurde, nur Spanien, das von Anfang an mein bevorzugtes Forschungsgebiet war, zu behandeln. So konnte die Untersuchung der Beziehungen noch mehr vertieft werden, die zwischen der Entwicklung des Verfassungs- und des Landesrechts und der historischen Tradition, der Geschichte der Institutionen, der politischen Geschichte und der Ideengeschichte bestehen. Während ich in meiner Arbeit fortschritt, schien mir die Untersuchung dieser Beziehungen immer notwendiger zu sein und immer mehr festigte sich in mir die Überzeugung, daß die territoriale Organisation Spaniens, wie sie in der Verfassung vom 29. Dezember 1978 festgelegt wurde, nur aus einer historischen Perspektive verständlich ist.

In Wirklichkeit haben die regionalistischen und autonomistischen Bestrebungen, die von den letzten Jahrzehnten des 19. Jahrhunderts an eine immer größere Bedeutung erlangt und in oft entscheidender Weise die Entwicklung der spanischen Geschichte des vorigen Jahrhunderts beeinflußt haben, ihren Ursprung in dem Partikularismus und in dem Regionalismus, die sich während des sehr langen Zeitraumes der 'Reconquista' herausgebildet und während der Monarchie der spanischen Habsburger im wesentlichen intakt erhalten hatten. Die Erkenntnis, daß die Errichtung des Staates der Autonomien (*Estado de las Autonomías*) das Ergebnis eines langen historischen Prozesses ist, trägt aber nicht nur zu einem wesentlich besseren Verständnis der aktuellen spanischen Verfassung und der Statuten der Autonomen Gemeinschaften bei, die sich häufig auf die Geschichte ihrer Territorien berufen und deren alte Institutionen wiederhergestellt haben, sondern ermöglicht auch eine tiefere und genauere Analyse der gegenwärtigen gespannten Lage sowie fundiertere Prognosen über die künftige Entwicklung der territorialen Organisation Spaniens.

Herrn o. Univ.-Prof. Dr. iur. Mag. rer. soc. oec. Wilhelm Brauneder danke ich für die Betreuung der Arbeit, für zahlreiche Anregungen und Verbesserungen, für die aufmerksame Lektüre des Typoskripts sowie für alles das, was ich in seinen Vorlesungen und Seminaren gelernt habe. Besondere Dankbarkeit schulde ich ihm schließlich für die Aufnahme meiner Arbeit in seine «Rechts- und SozialWissenschaftliche Reihe».

Sehr dankbar bin ich auch Herrn o. Univ.-Prof. Dr. Bernhard Raschauer für die Übernahme der Zweitbegutachtung meiner Dissertation und für sein wohlwollendes Interesse an ihrem Thema, das mich sehr ermutigt hat, und Herrn o. Prof. Dr. Peter Gerlich (Institut für Staats- und Politikwissenschaft), der mich mit großem Wohlwollen in sein Seminar über die föderalen Prozessen und Systeme in Europa aufgenommen und ein großes Interesse für meine Arbeit gezeigt hat.

Wertvolle Hinweise, Ratschläge und Anregungen verdanke ich auch Herrn Prof. Dr. Gérard Pardini (Université de Perpignan), Herrn Prof. Dr. Angelo Mattioni (Università Cattolica del Sacro Cuore di Milano), Herrn Ass.-Prof. Dr. Gerald Kohl (Universität Wien) und Herrn Dr. Walter Pospichal (Universität Wien). Auch Herrn Univ.-Prof. Dr. Manfred Stelzer und Herrn o. Univ.-Prof. DDr. Walter Barfuß möchte ich an dieser Stelle meinen Dank aussprechen. Ihre Lehrveranstaltungen haben meinen juristischen Werdegang tief geprägt.

Einen besonderen Dank schulde ich Herrn Univ.-Prof. Dr. Alfred Noe (Institut für Romanistik der Universität Wien), der mit großer Sorgfalt meine Arbeit gelesen und mir bei ihrer Formatierung sehr geholfen hat.

Von Dankbarkeit erfüllt bin ich auch Herrn Ao. Univ.-Prof. Dr. Helmut Ofner (Institut für Rechtsvergleichung) und Herrn o. Univ.-Prof. Dr. Peter Siewert (Institut für Alte Geschichte, Altertumskunde und Epigraphik) gegenüber. Es war dank ihrer Bemühungen und Großzügigkeit, daß ich das Erasmus-Stipendium erhielt.

In meiner Forschungsarbeit bin ich von den Bibliothekaren der Universitäten von Mailand, Perpignan, Barcelona und Wien sehr unterstützt worden. Auch ihnen möchte ich an dieser Stelle meine Dankbarkeit ausdrücken.

Das Interesse für die Kultur, die Geschichte und die spanische Sprache ist in mir von meinem Vater erweckt worden. Ihm verdanke ich die Entdeckung vieler Aspekte der Geschichte der spanischen Institutionen und Kultur. In seiner Bibliothek habe ich den Großteil des für meine Untersuchung notwendigen historischen, politischen, literarischen, philosophischen und juristischen Schrifttums gefunden. In täglichen ‚Tischgesprächen' hat mich mein Vater bei meiner Forschungsarbeit geleitet und mich gelehrt, jede Erscheinung in ihrem komplexen geschichtlichen, sozialen und kulturellen Kontext zu analysieren. Für alles das, was ich von ihm empfangen habe, widme ich meinem Vater diese Arbeit als kleines Zeichen meiner tiefsten Dankbarkeit und Liebe.

Antonio Martino

Wien, am 12. September 2003.

I. Kapitel: Von der territorialen und administrativen Zersplitterung in der Epoche der ‚Reconquista' bis zu den zentralistischen Verfassungen des 19. Jahrhunderts

Übersicht: Die 'Reconquista' und die Entstehung der territorialen und administrativen Zersplitterung Spaniens. – Politische Vereinigung (1474-1492) und Fortbestehen der juridischen und administrativen Zersplitterung bis zum Ende der Habsburgischen Monarchie. – Die Thronbesteigung der Bourbonen (1700) und der Aufbau einer homogenen staatlichen Verwaltung. – Von der Verfassung von Bayona (1808) zu der Verfassung von Cánovas del Castillo (1876): Die spanischen Verfassungen des 19. Jahrhunderts und die territorial-administrative Staatsgliederung. – Zusammenfassung.

Die 'Reconquista' und die Entstehung der territorialen und administrativen Zersplitterung Spaniens

Die politische und administrative Einheit der 'Hispania', die während der jahrhundertelangen Herrschaft von Rom geschaffen worden war und die bis zu einem gewissen Grad auch nach der Invasion der Westgoten intakt geblieben war,[1] begann sich ab der vernichtenden Niederlage, die Rodrigo, dem letzten König der Westgoten, in der Schlacht von Guadalete (Ende Juli des Jahres 711) von den Arabern zugefügt wurde, und der darauffolgenden, raschen muslimischen Eroberung der gesamten Iberischen Halbinsel, die sich bis 719 - innerhalb von nur 8 Jahren - vollzogen hatte,[2] aufzulösen. In dem sehr langandauernden Zeitraum der 'Reconquista', die in Asturien mit der Schlacht von Covadonga (718?, 722?) einsetzte und am 6. Januar 1492 mit dem Einzug der Katholischen Könige in die

---

1 Schon während der letzten Periode des Römischen Reiches lockerte sich die Bindung an die Zentralgewalt. Die alte, allgemeine Bindung öffentlichen Typs an die Zentralgewalt wurde zunehmend durch eine Bindung privater Art zu der unmittelbareren Gewalt der Großgrundbesitzer ersetzt. Es entwickelte sich allmählich der *Régimen señorial*, Vorform des mittelalterlichen Feudalismus. Auch die wachsende Ausbreitung der kirchlichen Macht, besonders ab der zweiten Hälfte des 4. Jahrhunderts, trug zu der Schwächung dieser Bindung an die Zentralgewalt bei. Diese *Feudalisierungs*prozesse intensivierten sich in Folge der wiederholten Versuche (586-680) der westgotischen Adeligen, sich von der königlichen Macht loszulösen. Vgl. Ángel Latorre Segura: Régimen señorial. In: Diccionario de Historia de España. Dirigido por Germán Bleiberg. 3: N/Z. Madrid: Alianza Editorial 1981, S. 427-430. – Luis García de Valdeavellano: Señoríos. In: Diccionario de Historia de España III, S. 641-643. – José Angel García de Cortázar: La época medieval (= Historia de España dirigida por Miguel Artola, 2). Madrid: Alianza Editorial 1999, S. 42-52.

2 Vgl. Paulino Iradiel, Salustiano Moreta, Esteban Sarasa: Historia medieval de la España cristiana. Madrid: Cátedra 1995, S. 15-19.

Stadt Granada[3] abgeschlossen wurde, bemühte man sich um einen stufenweisen Wiederaufbau der verlorenen politischen und administrativen Einheit. Aber gerade die 'Reconquista', auch wenn sie die territoriale Zersplitterung zu überwinden versuchte, bewirkte – aufgrund der Wechselfälle und Mechanismen der fortschreitenden Eroberung der verlorenen Gebiete und deren Wiederbevölkerung[4] – die politische, rechtliche und administrative Heterogenität Spaniens.

Während des fast acht Jahrhunderte (718-1492) dauernden Kampfes gegen die Herrschaft der Araber bildeten sich verschiedene Königreiche und Grafschaften. Zuerst wurde das Königreich von Asturien gegründet, dessen König Alfons I. (739-757) – Schwiegersohn des ersten Königs von Asturien Pelayo, des Siegers von Covadonga – seine Herrschaft bis nach Galicien, nach Álava und dem Norden von Kastilien ausdehnen konnte. Im Jahre 910 entstanden das Königreich von León und das ephemere Königreich von Galicien (914 wieder mit dem Königreich von León vereinigt). Im 10. Jahrhundert entwickelte sich unter Fernán González (930-970) aus einer Mark des Königreichs von Asturien die mächtige Grafschaft von Kastilien, die sich unter Fernando I. (1035-1065) in ein Königreich verwandelte. Im Norden bildeten sich das Fürstentum von Navarra (ab 905 Königreich v. N.) um die Stadt Pamplona, die Grafschaft von Sobrarbe, die Grafschaft von Álava und die Grafschaft – später, eigenständige Herrschaft (*Señorio, Estado señorial*) – von Vizcaya (erst im 14. Jh. gelangte durch Erbfolge die Herrschaft von Vizcaya in den Besitz der kastilischen Krone, ohne jedoch ihre politische und rechtliche Eigenständigkeit zu verlieren). Im Nordosten hatten sich im 9. Jahrhundert die Grafschaften von Aragonien (ab 1035 Königreich von A.) und von Barcelona (ab 1137 mit Aragonien vereinigt; ab dem 14. Jahrhundert: Fürstentum von Katalonien - ‚Principat de Catalunya') und im Westen die Grafschaft von Portugal (ab 1139 Königreich v. P.) gebildet. Im Süden und Südosten entstanden wegen des Zerfalls des Kalifats von Córdoba (1031) verschiedene kleine Königreiche, die sog. Taifenreiche (‚Reinos de Taifas': Almería, Valencia, Granada, Málaga, Algeciras, Carmona, Ronda, Murcia, Sevilla, Badajoz, Toledo, Zaragoza, Córdoba), die allmählich der Krone Kastiliens als Königreiche von Córdoba, Granada, Valencia, Murcia usw. einverleibt wurden.

Die christlichen Könige und Grafen (aber auch Adlige, wenn sie großräumige Grundherrschaften und Latifundien besaßen) gewährten zahlreichen ländlichen Gebieten und Städten *Cartas pueblas* ('Briefe zur Wiederbevölkerung') und *Fueros municipales*. Mit der Konzession dieser *Cartas pueblas* und *Fueros municipales* von seiten der Fürsten und Grundherren (*Domini*) entstanden jene

---

[3] Es war der letzte Restbestand des Reiches von Granada nach dem zwischen 1481 und 1489 erlittenen Verlust von Alhama (1482), Ronda (1485), Loja (1486), Málaga (1487), Baza (1489) und Almería (1489).

[4] Zum Prozeß der Wiederbesiedelung vgl. J. A. García de Cortázar: La época medieval, S. 151-182.

Disparität und Heterogenität in den Rechtsstatuten der verschiedenen Gebiete und der verschiedenen Populationen, die die Voraussetzungen für die zukünftigen regionalistischen und föderalistischen Impulse und Tendenzen schaffen werden.[5]

Tatsächlich enthielten die *Cartas pueblas*, die den einfachsten und rudimentärsten - und auch ältesten - Typus von Quellen der Lokalrechte darstellen,[6] weitgehende und großzügige Freiheiten, Privilegien und Exemtionen, also Vorteile materieller und rechtlicher Natur, die den Hauptanreiz für diejenigen bildeten, die bereit waren, den eigenen angestammten Wohnsitz aufzugeben, um die wiedereroberten Territorien, die natürlich Grenzgebiete und als solche in ständiger Gefahr vor Einfällen und Kriegen waren, wiederzubevölkern. Die von Fürsten oder Grundherren gewährten *Briefe zur Wiederbevölkerung* enthielten jedoch – abgesehen von den Fällen, in welchen diese *Briefe* nichts anderes als einfache agrarische Kollektivverträge waren – nicht nur Klauseln über das Verhältnis zwischen dem Fürsten (oder dem Grundherrn) und den Ansiedlern betreffs der öffentlichrechtlichen Herrschaftsform, Freiheiten und Exemtionen von den der Landbevölkerung auferlegten Belastungen, Regelungen zur Ausübung der Gerichtsbarkeit und manchmal sogar die Gewährung des Asylrechtes für flüchtige Kriminelle. In einigen Fällen stellten sie ein regelrechtes Statut dar, das die Rechtsordnung zusammenfaßte, der das Gebiet unterworfen war. Ein Statut, in dem sich - außer den bereits angeführten Arten von Verfügungen - Vorschriften privater, strafrechtlicher und prozessualer Natur sowie grundlegende Rechtsnormen für das Zusammenleben der Ansiedler in der neuen städtischen Siedlung fanden. Die *Cartas pueblas* dieser Sorte bildeten eine authentische Quelle des Lokalrechts[7] und gaben zu dessen Gestaltung einen wichtigen Anstoß.[8] Sie waren den

---

5 Zu dem Zusammenhang, der zwischen dem Wiederbevölkerungsprozeß und dem Ursprung der Lokalrechte besteht, vgl. Francisco Tomás y Valiente: Manual de Historia del Derecho español. Madrid: Tecnos 2001, S. 116-125.

6 F. Tomás y Valiente: Manual de Historia del Derecho español, S. 144.

7 Als man eine schriftliche Redaktion unternahm und den Gesetzeskomplex des Lokalrechts in einer *Recopilación* anordnete, wurde die *Carta puebla* in die Rechtssammlung eingegliedert und manchmal bildete sie ihren Anfangsteil, wie dies zum Beispiel in den *Fueros de Teruel* der Fall war. Der «Liber primus Fororum ciuitatis & Communitatis Tvrolii» beginnt nämlich mit der Wiedergabe der „charta populationis", die am 1. Oktober 1214 von Alfons II. der Stadt Teruel gewährt wurde und in der es heißt: "Et vt venientes habitatores, & populatores ibi tutius, ac libentius habitent, & alij venire desiderent, hanc chartam populationis, & consuetudinis, & franquitatis illis concedo & facio: & ea quae ibi scripta sunt, & erunt, amodò per me, & omnes successores meos fideliter in perpetuum valituram." Vgl. Fori Tvrolii. Valentiae. Ex typographia Ioannis Mey. M.D.LXV. (Edición facsímil. Teruel: Ayuntamiento de Teruel 1998), Bl. A v *r*.

8 Über die *Cartas pueblas* vgl. José María Font Rius: Carta puebla. In: Diccionario de Historia de España. Dirigido por Germán Bleiberg. 1: A/E. Madrid: Alianza Editorial 1981, S. 739-740. - F. Tomás y Valiente: Manual de Historia del Derecho español, S. 144-145. Viele *Cartas pueblas* sind veröffentlicht worden in: Fueros y Cartas Pueblas de Castilla y León. Valladolid:

städtischen *Fueros* sehr ähnlich,[9] die von Fürsten und Herren von Großdomänen und Grundherrschaften[10] (*Dominios territoriales*, *Señoríos*) entweder bereits bestehenden beziehungsweise neugegründeten Städten, um deren demographisches und ökonomisches Anwachsen zu fördern, oder neueroberten Ortschaften, um ihre Besiedelung und Bevölkerung anzuregen (*Fueros ad populandum*!), verliehen worden waren.

Auch diese *Fueros*,[11] die von den Chronisten und Stadthistorikern mit Stolz erwähnt und manches Mal in ihren Werken aufgenommen wurden,[12] trugen wie die *Cartas pueblas* - ja sogar mehr - zu der rechtlichen Zersplitterung[13] und Heterogenität sowie zu der Verwurzelung und Festigung der lokalen Autonomien bei.[14] An der Entwicklung des juristischen lokalen Partikularismus hatten die

---

Junta de Castilla y León 1992. – José María Font Rius: Cartas de población y franquicia de Cataluña. Madrid: Consejo Superior de Investigación Científica 1969-1983, 2 Bde.

9 Die Stadtverfassungen (*Fueros municipales*) stammten zum Teil von eben diesen *Cartas pueblas* ab, zum Teil stand ihre Herkunft in Verbindung mit den *Cartas de immunidad*, die die Könige den Territorialherrschern gewährt hatten. Über die *Fueros municipales* vgl. Luis García de Valdeavellano: Fueros municipales. In: Diccionario de Historia de España. Dirigido por Germán Bleiberg. 2: F/M. Madrid: Alianza Editorial 1981, S. 145-147. - F. Tomás y Valiente: Manual de Historia del Derecho español, S. 145-153. - G. Martínez Díez, J. Mattoso, J. Lalinde Abadía: Fuero. In: Lexikon des Mittelalters. IV: Erzkanzler bis Hiddensee. München und Zürich: Artemis 1989, Sp. 1006-1009.

10 Vgl. M. A. Ladero Quesada: Grundherrschaft (Iberische Halbinsel). In: Lexikon des Mittelalters. IV. Band, Siebente Lieferung. München u. Zürich: Artemis & Winkler 1989, Sp. 1749-1750.

11 Das Wort *fuero* entfernt sich nach und nach von der ursprünglichen Bedeutung von *forum* – 'Marktplatz', Gericht, Gerichtsstand –, um ab dem 9. und 10. Jahrhundert über die lateinische Form *forus*, die primär die Gerichtsversammlung bezeichnet, die Bedeutung von 'geltendes Recht', 'Freiheit', 'Privileg' anzunehmen. Vgl. G. Martínez Díez, J. Mattoso, J. Lalinde Abadía: Fuero, S. 1010.

12 Vgl. - zum Beispiel - Gil González Dávila: Historia de las antigüedades de la Ciudad de Salamanca [1606]. Estudio introductorio y notas de Baltasar Cuart Moner. Salamanca: Ediciones de la Universidad de Salamanca 1994, S. 281-287. - Diego de Colmenares: Historia de la insigne Ciudad de Segovia y compendio de las historias de Castilla [1637]. Nueva edición anotada. Segovia: Academia de Historia y Arte de San Quirce. 1982, 2 Bde.; hier I, S. 285-322. - Antonio de León Pinelo: Anales de Madrid (desde el año 447 al de 1658). Transcripción, notas y ordenación cronológica de Pedro Fernández Martín. Madrid: Instituto de Estudios Madrileños 1971, S. 20 u. S. 26.

13 Francisco Tomás y Valiente, der sogar von der "atomización del Derecho altomedieval" spricht, schreibt: "Puesto que cada lugar tenía su Fuero, su Derecho, el panorama del Derecho de aquellos siglos se nos presenta como un mosaico, cada una de cuyas piezas constituiría un pequeño ordenamiento jurídico" (Manual de Historia del Derecho español, S. 146-147).

14 In Bezug auf den *Fuero*, den am 15. Juni 1251 Fernando III. der Stadt Sevilla gewährte, schreibt Ramón Carande: „Dentro de las relaciones jurídicas de la Edad Media, otorgar un fuero, segregar de la esfera del derecho territorial una población, o un término, creando su tribunal, reconociendo su jurisdicción y exceptuándole, por tanto, del régimen dominante, equivale ya, por lo pronto, a proclamar *su autonomía jurídica*". Vgl. Ramón Carande: Sevilla,

Stadtrechte bedeutenden Anteil, auch weil der *Fuero*, der Brauch und Sitte („costumbre") einschließt,[15] nicht nur aus vom Fürsten oder Grundherrn an die Bevölkerung erteilten Privilegien bestand, sondern auch das Lokalrecht und manchmal Verfügungen verschiedener Art enthielt, wie zum Beispiel von den städtischen Autoritäten erlassene Anordnungen zur Regelung des örtlichen Lebens.[16] Und da das Lokalrecht ein Gewohnheitsrecht (Brauch und Sitte des Landes: *usus terrae*) germanischer Herkunft war, begünstigte dieses nicht nur den Partikularismus, sondern verhinderte auch die Durchsetzung einheitlicher Normen von ganz allgemeiner Anwendung.[17] (Die Araber hatten den Unterworfenen erlaubt, sich weiterhin - bis zu einem gewissen Grad - nach dem westgotischen Recht zu regieren.[18] In den Gebieten, die - wie Asturias, León, Galicia, Castilla, Navarra, Aragón, Cataluña - nach und nach der Herrschaft der Araber entzogen wurden, trat natürlich das westgotische Recht wieder voll in Kraft. Der *Fuero Juzgo*, die kastilische Übersetzung des westgotischen Kodex *Forum Judicum* - bekannt auch als *Lex Wisigothorum, Liber Gothorum, Liber Iudicum* oder *Liber Iudiciorum* [19]-, wurde sogar als *Fuero municipal* von Fernando III., 'el Santo', an Córdoba und an Sevilla[20] und von Alfons X., 'el Sabio', an Jerez verliehen.[21])

---

fortaleza y mercado. In: R. C.: Estudios de historia. 2. Sevilla, fortaleza y mercado y otros temas sevillanos. Barcelona: Editorial Crítica 1990, S. 25-180; hier S. 32.

15 "Fuero es en que se encierra el uso y costumbre: el qual si es tal como deve ser es de buen uso y de buena costumbre: y ha tan gran fuerça que por tiempo se toma como ley" (Hugo de Celso: Reportorio Universal de todas las Leyes destos Reynos de Castilla, abreviadas y reduzidas en forma de reportorio decisivo. Medina del Campo: Juan María de Terranova y Jacome de Liarcari 1553. Edición facsímil. Estudio preliminar de Javier Alvarado Planas. Madrid: Centro de Estudios Políticos y Constitucionales - Boletín Oficial del Estado 2000, Bl. CLIV*r*).

16 Außer den schon erwähnten *Fueros de Teruel* siehe auch, zum Beispiel, den *Fuero de Cuenca* (Cuenca: Editorial Alfonsipolis 2001) und den *Fuero de Salamanca* (Edición de José Luis Martín y Javier Coca. Salamanca: Ediciones de la Diputación de Salamanca 1987).

17 Vgl. L. García de Valdeavellano: Fueros municipales, S. 145-147.

18 So erlaubte man, zum Beispiel, den Bewohnern der Stadt Mérida, Gesetze, Religion, Richter und Eigentum zu bewahren. Die Invasoren beschränkten sich darauf, die Güter der im Kampf Gefallenen, der Flüchtigen und der Kirche zu konfiszieren. Vgl. P. Iradiel, S. Moreta, E. Sarasa: Historia medieval de la España cristiana, S. 19.

19 Zum *Liber Iudiciorum* und seiner Gültigkeit in Spanien nach der muslimischen Invasion vgl. F. Tomás y Valiente: Manual de Historia del Derecho español, S. 104-105, 126-139.

20 «Preuilleio que el muy sancto e muy noble e muy alto e muy sabio e muy onrado Sennor Rey Don Fernando, que Dios perdone, dió a la muy noble Çibdat de Seuilla quando la ganó, en que les otorgó que ouiesen el Fuero e las franquezas e libertades que an los de Toledo». In: Marcos Fernández Gómez, Pilar Ostos Salcedo, María Luisa Pardo Rodríguez: El Libro de Privilegios de la Ciudad de Sevilla. Estudio introductorio y transcripción. Sevilla: Ayuntamiento de Sevilla 1993, S. 137-141.

21 Vgl. Don Manuel de Lardizabal y Uribe: Discurso sobre la legislación de los wisigodos y formación del Libro ó Fuero de los jueces, y su versión castellana. In: Fuero Juzgo en Latín y Castellano, cotejado con los más antiguos y preciosos códices por la Real Academia Española. Madrid. Por Ibarra, impresor de Cámara de S. M. 1815, S. III-XLIV; hier S. XL-XLIV.

Um diese von den *Cartas pueblas* und den Stadtverfassungen (*Fueros municipales*) verursachte rechtliche Zersplitterung einzudämmen und die Gesetzgebung wenigstens in einigen Teilbereichen zu vereinheitlichen, wurden territoriale *Fueros* wie der *Fuero de León* (1017) von Alfons V. und der *Fuero real* (*Fuero de las leyes*, 1252-1255) von Alfons X. erlassen oder zusammengestellt.[22] Aber wenn diese - falls überhaupt - irgendeine Schwächung des lokalen Partikularismus[23] bewirkten,[24] so stärkten sie in umgekehrter Weise den regionalen Partikularismus. Ein Partikularismus, der Ausdruck der politischen Zersplitterung des spanischen Gebietes in Königreiche, Grafschaften und Fürstentümer während der 'Reconquista' war[25] und der sich deutlich in folgenden Zusammenstellungen des Territorialrechts manifestierte: *Fuero General de Navarra, Fuero Reducido de Navarra,*[26] *Fuero Viejo de Castilla, Fuero de Vizcaya, Fueros de Aragón*[27] (aber

---

[22] Fuero Real del Rey Don Alonso el Sabio. Copiado del códice del Escorial señalado ij-2-8 y cotejado con varios códices de diferentes Archivos por la Real Academia de la Historia. De orden y a expensas de S. M. Madrid en la Imprenta Real. Año de 1836.

[23] Zum "juristischen Lokalismus" und zu den Versuchen, ihn zu überwinden, vgl. F. Tomás y Valiente: Manual de Historia del Derecho español, S. 140-154, 155-164.

[24] Von größerer Wirkung waren die städtische Reform von Alfons XI., der in Segovia, Sevilla, Burgos, León, und Madrid die Regierung der *Regidores* einführte, und die Reform der territorialen Gliederung, die im Spätmittelalter in Kastilien mit der Schaffung von siebzehn großen Verwaltungsbezirken (*Merindades*) verwirklicht wurde (mit der Leitung der *Merindades* wurden *Merinos* und *Merinos mayores* - Vertreter des Königs - betraut). Über die *Regidores* vgl. Ramón Carande: El obispo, el concejo y los regidores de Palencia (1352-1422). Aportación documental sobre el gobierno de la ciudad en la Edad Media. In: R. C.: Estudios de historia. 1. Temas de historia de España. Barcelona: Editorial Crítica 1989, S. 48-84; hier S. 56-68. Über die Einführung der *Regidores perpetuos* in Segovia (im Jahre 1345) vgl. auch Diego de Colmenares: Historia de la insigne Ciudad de Segovia y compendio de las historias de Castilla [1637], I, S. 479-480. In Toledo wurde das Regierungssystem der *Regidores* auf Befehl von Juan II. im Jahre 1421 eingeführt. Vgl. Francisco de Pisa: Descripción de la Imperial ciudad de Toledo, y historia de sus antiguedades, y grandeza, y cosas memorables que en ella han acontecido. Toledo: Pedro Rodriguez 1605 (Faksimile-Ausgabe: Madrid: Villena 1974), Bl. 33*v* - Bl. 34*v*. Über die *Merindades* vgl. Luis García de Valdeavellano: Curso de Historia de las Instituciones españolas. De los orígenes al final de la Edad Media. Segunda edición corregida y aumentada. Madrid: Ediciones de la *Revista de Occidente* 1970, S. 500-517. - Ignacio Álvarez Borge: Monarquía feudal y organización territorial. Alfoces y merindades en Castilla (Siglos X-XIV). Madrid: Consejo Superior de Investigaciones Científicas 1993, S. 141-197.

[25] Vgl. F. Tomás y Valiente: Manual de Historia del Derecho español, S. 205-262.

[26] Vgl. I. Sánchez Bella, M. Galán Lorda, C. Saralegui, I. Ostolaza: El Fuero Reducido de Navarra (Edición crítica y Estudios). Pamplona: Gobierno de Navarra 1989, 2 Bde.

[27] Diese Rechtssammlung stammt von der *Recopilación de fueros*, die 1247 Jaime I., König von Aragonien und Mallorca, in Huesca den *Cortes* vorlegte, die er einberufen hatte, um sie mit der Aufgabe zu betrauen, das aragonische Recht durch die Abschaffung der bis dahin gültigen, aber als veraltet empfundenen *Fueros*, die Berichtigung derer, die reformbedürftig erschienen, und die Hinzufügung derjenigen, die für geeignet gehalten wurden, zu vereinheitlichen. Vgl. Los Fueros de Aragón: la Compilación de Huesca. Edición crítica de sus versiones romances

neben dieser territorialen, in der *Compilación de Huesca* gesammelten aragonischen Gesetzgebung, behielten weiterhin ihre Gültigkeit Stadtrechte wie der 1064 von Sancho Ramírez gewährte *Fuero de Jaca*, der 1118 der Stadt Zaragoza von Alfons I., 'el Batallador', gewährte *Privilegio de los Veinte*, der 1131 vom selben König verliehene *Fuero de Calatayud* und der 1214 von Alfons II. gewährte *Fuero de Teruel*[28]).

Politische Vereinigung (1474-1492) und Fortbestehen der juridischen und administrativen Zersplitterung bis zum Ende der Habsburgischen Monarchie

Der juristische und administrative Partikularismus lokaler und regionaler Art und die Zersplitterung der Gesetzgebung werden auch weiterbestehen, als mit der Thronbesteigung (1474) von Isabel I. von Kastilien und Ferdinand II. (V. als König von Spanien) von Aragonien (ihre Vermählung hatte 1469 stattgefunden) und der Eroberung von Granada (1492) der politische Einigungsprozeß Spaniens (genauer gesagt: von 'las Españas') zum Abschluß gebracht wird.[29] Die Katholischen Könige strebten zwar durch Neuschaffung einiger Behörden - wie des *Consejo de la Inquisición*, der *Casa de la Contratación*, des *Consejo Supremo de Indias* - nach einer Vereinheitlichung und Zentralisierung der Verwaltung, aber die alten Verwaltungs- und Gerichtsbehörden bestanden fort.[30]

Auch die politische Einheit, die erst mit dem Beginn (1516) der Regierung von Karl I. (V. als Kaiser), dem Erben sowohl der Krone von Kastilien als auch

---

de Antonio Pérez Martín. Prólogo por Fernando García Vicente, Justicia de Aragón. Zaragoza: El Justicia de Aragón 1999, S. 11-12.

28 "Primeramente el muy alto y muy poderoso Señor Rey don Alonso segundo deste nombre, dio y designo los terminos a los pobladores de Teruel, y Fueros debaxo de sus proprios titulos, con su nombre encima de cada vno dellos, en el presente fuero contenidos enlas Calendas del mes de Octubre, de la era de mil dozientos y catorze" (Fori Tvrolii. Los Fueros de Teruel. Edición de Gil de Luna, 1565. Valencia, Imprenta de Juan Mey. Edición facsímil. Presentación de Jesús Morales Arrizabalaga. Teruel: Ayuntamiento de Teruel, El Justicia de Aragón, Instituto de Estudios Turolenses 1998, Bl. AI*r*).

29 Bereits mit der Schaffung der Krone von Aragonien im Jahre 1137 durch die Vereinigung des Königreichs von Aragonien mit dem Fürstentum von Katalonien (1230 kamen zur Krone von Aragonien auch die Königreiche von Mallorca hinzu; 1238 das Reich von Valencia) und mit der Bildung der Krone von Kastilien im Jahr 1229 durch die endgültige Vereinigung von León mit Kastilien (der Krone von Kastilien wurden dann die andalusischen Gebiete - wie die Königreiche von Córdoba, Jaén, Sevilla, Murcia -, die von Ferdinand III. und Alfons X. bei ihrem Vorrücken nach Süden erobert worden waren, einverleibt) war dieser Prozeß weit fortgeschritten. Vgl. P. Iradiel, S. Moreta, E. Sarasa: Historia medieval de la España cristiana, S. 263-391 u. S. 143-167.

30 Vgl. Gertrud Wacker: Staat und Gesellschaft in Spanien. In: Handbuch der Spanienkunde. Frankfurt a. M.: Verlag Moritz Diesterweg 1932, S. 27-72; hier S. 44.

der Krone von Aragonien, wirklich vollzogen wurde,[31] war mehr formal als real und führte nicht zur Schaffung eines einheitlichen Staates. Selbst im Königreich von Kastilien, dem Reich, das sich dem Modell eines einheitlich von denselben Institutionen regierten Staates am ehesten annäherte, war der Machtbereich der Städte und der *Señoríos*[32] noch sehr weitreichend und verwurzelt. Einige Gebiete (Àlava, Guipúzcoa und Vizcaya) konnten sogar das Vorrecht einer echten juristischen und administrativen Autonomie genießen. Navarra behielt die Eigenheiten seiner Institutionen bei. Was das Reich von Aragonien betrifft, so blieb dieses als Konföderation von Aragón, Cataluña, Valencia und Baleares, jedes mit den eigenen Institutionen, bestehen.[33]

So schreibt Manuel Fernández Álvarez, daß auch unter Karl I. „die politische innere Einheit Spaniens nicht existierte“:

Carlos debía gobernar la Corona de Castilla por un lado y la de Aragón por otro, y aun en ésta con cuidado de no confundir las particularidades de sus tres cuerpos principales: Aragón, Cataluña y Valencia. Ninguna institución agrupa sólidamente estos cuerpos distintos, salvo la propia Corona, sólo ayudada por una tradición secular de que los reinos peninsulares tenían algo de común: aspectos del pasado y algunas perspectivas del futuro. En suma, algo así como un destino histórico, a medias dibujado. En ese conjunto, el papel de Castilla aparecía como preponderante. El legado de los Reyes Católicos era el gobierno de las Españas desde Castilla, donde estaba normalmente el asiento de la corte, si bien no existía aún una capital fija. Ello traía consigo una

---

31 Unter Isabel I. und Ferdinand V. war die Verbindung zwischen den beiden Kronen bloß personell. Mit dem Tod von Isabel I. (1504) löste sich die Verbindung auf und Juana, Tochter der Katholischen Könige, erbte die Krone von Kastilien.

32 Statt die sehr zahlreichen *Señoríos*, die es bereits im Hochmittelalter gab, zu beseitigen, schufen die Habsburger im XVI. und XVII. Jahrhundert eine Vielzahl von neuen *Señoríos*, um sie wegen dringenden Geldbedarfs zu verkaufen. Die Herren (*Señores de vasallos*) dieser großen Grundherrschaften übten - mit Erlaubnis des Königs - mit eigenen Verwaltern und Agenten (*Merinos* und *Sayones* - untergeordnete Beamte der Verwaltung, der niederen Gerichtsbarkeit und, manchmal, auch des Fiskus -, alle dem *Merino mayor* unterstellt) öffentliche Funktionen des Staates aus. Vgl. L. García de Valdeavellano: Curso de Historia de las Instituciones españolas. De los orígenes al final de la Edad Media, S. 245-256. – Antonio Domínguez Ortiz: El Antiguo Régimen: Los Reyes Católicos y los Austrias. Madrid: Alianza 1981, S. 204-205. – Luis García de Valdeavellano: Señoríos. In: Diccionario de Historia de España. Dirigido por Germán Bleiberg. 3: N/Z. Madrid: Alianza Editorial 1981, S. 641-643. – Ludwig Vones: Señoríos. In: Lexikon des Mittelalters. VII. Band, Achte Lieferung. München u. Zürich: Artemis & Winkler 1995, Sp. 1760-1761. – Ludwig Vones: Merino. In: Lexikon des Mittelalters. VI. Band, Dritte Lieferung. München u. Zürich: Artemis & Winkler 1992, Sp. 539. – R. Volz: Sayón. In: Lexikon des Mittelalters. VII. Band, Siebente Lieferung. München u. Zürich: Artemis & Winkler 1995, Sp. 1424.

33 Vgl. José María Souvirón Morenilla: Realidad y perspectivas de la organización territorial del Estado. I. El Estado de las Autonomías: entre la historia y su propia dialéctica. Granada: Editorial COMARES 2000, S. 7.

especie de desvío de los súbditos de la Corona aragonesa, un recelo inevitable que sólo la habilidad del monarca podía mitigar.[34]

Die Dinge änderten sich unter den Nachfolgern von Karl I. nicht. Auch diese waren dem von Ferdinand von Aragonien befolgten Prinzip der Achtung vor den Institutionen ihrer Patrimonialstaaten treu geblieben.[35] Der Weiterbestand von weitreichenden städtischen - trotz der Versuche, die Verwaltung vermittels der *Corregidores*[36] zu zentralisieren - und regionalen Autonomien sowie die administrative Dualität, die auf dem *Consejo de Castilla* und dem von Ferdinand dem Katholischen 1494 gegründeten *Consejo de Aragón* beruhte, verhinderten die Errichtung eines einheitlichen und homogenen Staates. Der Aufstand der *Comunidades* von Kastilien (1520-1521) gegen Karl I.,[37] die schweren Aufstände von Zaragoza vom 24. Mai und 24. September des Jahres 1591,[38] während derer

---

34 Manuel Fernández Álvarez: La España del emperador Carlos V (1500-1558; 1517-1556). Introducción por Ramón Menéndez Pidal. Tercera edición (= Historia de España, Tomo XX). Madrid: Espasa-Calpe 1982, S. 89.

35 Vgl. Jaime Vicens Vives: Aproximación a la Historia de España. Madrid: Salvat 1970, S. 111.

36 Über die Funktionen und Aufgaben der *Corregidores*, der von den Königen ab 1480-1500 ernannten Vertreter der königlichen Macht in den bedeutenden Städten Kastiliens und Präsidenten der Räte und der Regierungen dieser Städte (*Ayuntamientos*), vgl. Jerónimo Castillo de Bobadilla: Política para Corregidores, y señores de vassallos, en tiempo de paz, y de guerra. (Amberes: Juan Bautista Verdussen 1704 [1. Ausg. 1597]). Edición facsímil editada por el Instituto de Estudios de Administración Local. Madrid 1978, 2 Bde. – Vgl. außerdem Agustín Bermúdez Aznar: El corregidor en Castilla durante la Baja Edad Media (1348-1474). Murcia: Universidad de Murcia 1974.

37 Einige Historiker, wie José Antonio Maravall (Las Comunidades de Castilla. Una primera revolución moderna. Madrid: Alianza 1963) und Joseph Pérez (La revolución de las Comunidades de Castilla, 1520-1521. Madrid: siglo veintiuno editores 1977), haben die Revolte der *Comunidades* als moderne demokratische Revolution interpretiert. In Wirklichkeit enthüllt das Programm von der politischen und rechtlichen Organisation des Staates und seiner Einrichtungen, das von der *Junta de Tordesillas* im Oktober 1520 ausgearbeitet und «Proyecto de Ley Perpetua» genannt wurde, keine revolutionären und demokratischen Aspekte, wohl aber die partikularistische und konservative Konzeption einer von der genauen Befolgung des traditionellen kastilischen Rechts, von der effektiven Beteiligung der Stände (*Estamentos*) an der Regierung des Reiches, von den Vorrechten und Privilegien sozialer Gruppen und - schließlich - von einer echten, von den *Cortes* auszuübenden Kontrolle der Fiskalpolitik beschränkten Monarchie. Vgl. die grundlegende Abhandlung von Benjamín González Alonso: Sobre el estado y la administración de la Corona de Castilla en el Antiguo Régimen. Las Comunidades de Castilla y otros estudios. Madrid: Siglo XXI 1981, S. 7-56. Auch Pablo Sánchez León (Absolutismo y Comunidad. Los orígenes sociales de la guerra de los comuneros de Castilla. Madrid: Siglo XXI 1998) verneint den demokratischen und revolutionären Charakter des Krieges der *Comunidades* gegen Karl I. und definiert die Erhebung der kastilischen Städte als "un fenómeno de revuelta social antiabsolutista" (S. 231).

38 Die 'motines de Zaragoza' brachen wegen eines Gerichtsbarkeitskonfliktes aus, verursacht von Antonio Pérez, dem berühmten Sekretär von Philipp II., der am 19. Juli 1590 in Madrid aus dem Kerker geflohen war. Er hatte sich nach Aragonien geflüchtet und bei den Dominikanern Asyl gefunden. Die Justizbeamten des Königs, die gekommen waren um ihn festzunehmen,

sich der Regionalismus in Separatismus umwandelte, und die Rebellion Kataloniens in den Jahren 1640-1652, mit der sich der Separatismus vorübergehend durchsetzte,[39] zeigen, wie stark der städtische und der regionale Partikularismus unter den Habsburgern immer noch waren.

---

holten ihn aus dem Kloster, aber wegen der Normen des Privilegs der *Manifestación* mußten sie ihn dem Gerichtshof des *Justicia Mayor de Aragón*, des Richters, der das höchste Amt der Justizverwaltung des aragonischen Königreiches innehatte, übergeben. Antonio Pérez wurde im *Cárcel foral* verwahrt. In diesem Gefängnis genoß er den Schutz des *Justicia Mayor*. Als Philipp II. sah, daß ihm Antonio Pérez zu entkommen drohte, ließ er ihn der Häresie anklagen. Die Inquisition von Saragossa konnte so die Person des vermeintlichen Häretikers für sich reklamieren, die ihr auch tatsächlich ausgeliefert wurde. Darauf revoltierten die Bewohner von Saragossa am 24. Mai 1591. Die Aufständischen zwangen den Vizekönig und den Erzbischof Antonio Pérez, der so geschickt gewesen war, seine Sache mit der der *Fueros* von Aragonien zu verknüpfen, in den *Cárcel foral* zurückführen zu lassen. Die jubelnde Menge rief 'Libertad', als er vorbeigeführt wurde. Während sich in Saragossa ein wahres Heer von Aufständischen bildete, beschloß Philipp II. in Aragonien einzufallen und die Macht der *Fueros* zu vernichten. Am 24. September gab es einen weiteren Aufstand. Als Philipp II. am 15. Oktober ankündigte, daß das in Ágreda lagernde Heer in Aragonien einrücken würde, um den der Inquisition zustehenden Respekt wiederherzustellen, wollte die *Diputación de la Generalidad de Aragón* – das politisch-administrative Organ, das auch die Funktion innehatte, die Befolgung der überkommenen Grundgesetze zu überwachen und die Privilegien und Freiheiten des Landes zu garantieren – die *Fueros* verteidigen, bewaffnete das Volk, ersuchte das Reich von Valencia und das Fürstentum von Cataluña um militärische Hilfe und versuchte sogar, die Morisken zum Aufstand zu bewegen. Das alles war jedoch vergebens. Das 'fuerista'-Heer fiel auseinander und das königliche Heer zog in die Stadt Saragossa am 12. November 1591 ein. Die Repression durch Philipp II. war hart, aber er behielt die *Fueros* und die Institutionen des Königreiches Aragonien bei. Die *Fueros aragoneses* und der *Justicia de Aragón* wurden erst mit den von Philipp V. von Bourbon erlassenen *Decretos de Nueva Planta* (1707-1716) abgeschafft, mit denen in den Königreichen der Krone von Aragonien eine neue zentralistische Organisation aufgebaut wurde. Zu diesen Ereignissen, zum *Justicia Mayor*, zum *Proceso de manifestación* und zur *Diputación* von Aragonien vgl. L. García de Valdeavellano: Curso de Historia de las Instituciones españolas. De los orígenes al final de la Edad Media, S. 571-580. – Pedro Aguado Bleye: Pérez, Antonio. In: Diccionario de Historia de España. Dirigido por Germán Bleiberg. 3: N/Z. Madrid: Alianza Editorial 1981, S. 223-227. – Ángel Latorre Segura: Decretos de Nueva Planta. In: Diccionario de Historia de España III, S. 59-60. – José María Font: Justicia Mayor de Aragón. In: Diccionario de Historia de España. Dirigido por Germán Bleiberg. 2: F/M. Madrid: Alianza Editorial 1981, S. 635-636. – José María Font: Diputació del General. In: Diccionario de Historia de España. Dirigido por Germán Bleiberg. 1: A/E. Madrid: Alianza Editorial 1981, S. 1150-1151. Über die *Diputación de la Generalidad del Reino de Aragón* und allgemein zu dieser Institution auch in Kastilien, Valencia, Navarra und Cataluña - die älteste *Diputación* ist die katalanische und nimmt die *Generalitat* vorweg -, vgl. Francisco Tomás y Valiente: La Diputación de las Cortes de Castilla (1525-1601). In: F. T. y V.: Gobierno e instituciones en la España del Antiguo Régimen. Madrid: Alianza 1982, S. 37-150. – Victor Ferro: El Dret Públic Català. Les Institucions a Catalunya fins al Decret de Nova Planta. Vic: Eumo 1999, S. 137-183, 243-288. – L. González Anton: Diputaciones del General. In: Lexikon des Mittelalters. III. München und Zürich: Artemis 1986, Sp. 1103-1104.

39 Zum katalanischen Aufstand vgl. J. H. Elliott: The Revolt of the Catalans. A Study in the Decline of Spain (1598-1640). Cambridge: University Press 1963. - J. H. Elliott: El conde-

Natürlich hatte es Versuche gegeben, das Recht zu vereinheitlichen und den auf dem alten System des Gewohnheitsrechtes und der Privilegien der Stände (Adel, Geistlichkeit),[40] Orden, Institutionen, Zweck- und Berufsverbände, privaten Vereinigungen (militärische Orden,[41] Kathedralen, Kirchen, Klöster und Konvente,[42] Inquisition,[43] Universitätskollegien,[44] Universitäten,[45] *Mayorazgos*,

---

duque de Olivares. El político en una época de decadencia. Barcelona: Editorial Crítica 1991. Ein zeitgenössisches Zeugnis des katalanischen Aufstandes stellt das Werk von Francisco Manuel de Melo dar: Historia de los Movimientos, y Separación de Cataluña; y de la Guerra entre la Magestad Catolica de Don Felipe el Cuarto Rey de Castilla, y de Aragón, y la Deputación General de aquel Principado. Lisboa: Paulo Craesbeeck 1645 (es gibt eine neue, von Joan Estruch Tobella besorgte Ausgabe des Werkes: Madrid: Clásicos Castalia 1996).

40 Zu den privilegierten Klassen - oder besser, Ständen - vgl. Antonio Domínguez Ortiz: Las clases privilegiadas en el Antiguo Régimen. Madrid: Ediciones ISTMO 1979. - Antonio Domínguez Ortiz: La sociedad española en el siglo XVII. I: El estamento nobiliario. [II: El estamento eclesiástico.] Granada: Universidad de Granada 1992, 2 Bde. - Marie Claude Gerbet: La nobleza en la Corona de Castilla. Sus estructuras sociales en Extremadura (1454-1516). Cáceres: Diputación Provincial 1989.

41 Zu den Militärischen Orden vgl. Las Órdenes Militares en la Península Ibérica. Volumen I. Edad Media. Coordinadores: Ricardo Izquierdo Benito - Francisco Ruiz Gómez. [Volumen II. Edad Moderna. Coordinador: Jerónimo López-Salazar Pérez.] Cuenca: Ediciones de la Universidad de Castilla-La Mancha 2000, 2 Bde. – Elena Postigo Castellanos: Honor y privilegio en la Corona de Castilla. El Consejo de las Órdenes y los Caballeros de Hábito en el s. XVII. Almazán (Soria): Junta de Castilla y León 1988. – L. P. Wright: Las Órdenes Militares en la sociedad española de los siglos XVI y XVII. In: John H. Elliott, ed.: Poder y sociedad en la España de los Austrias. Barcelona: Editorial Crítica 1982, S. 15-56.

42 Zu den 'Privilegien' der Kirche und ihrer Institutionen vgl. A. Domínguez Ortiz: La sociedad española en el siglo XVII. II: El estamento eclesiástico – A. Domínguez Ortiz: Las clases privilegiadas en el Antiguo Régimen, S. 201-441. – Historia de la Iglesia en España. II-2°: La Iglesia en la España de los siglos VIII al XIV. Dirigido por Javier Fernández Conde. Madrid: Biblioteca de Autores Cristianos 1982, S. 611-683. – Historia de la Iglesia en España. III-1°: La Iglesia en la España de los siglos XV y XVI. Dirigido por José Luis González Novalín. Madrid: Biblioteca de Autores Cristianos 1980, S. 216-233.

43 Zur spanischen Inquisition vgl. Francisco Tomás y Valiente: Relaciones de la Inquisición con el aparato institucional del Estado. In: F. T. y V.: Gobierno e instituciones en la España del Antiguo Régimen. Madrid: Alianza 1982, S. 12-35. – Ricardo García Cárcel: Orígenes de la Inquisición española. El Tribunal de Valencia, 1478-1530. Barcelona: ediciones península 1976. – Ricardo García Cárcel: Herejía y sociedad en el siglo XVI. La Inquisición en Valencia, 1530-1609. Barcelona: ediciones península 1980. – Jean-Pierre Dedieu: L'administration de la foi. L'Inquisition de Tolède, XVIe-XVIIIe siècle. Madrid: Casa de Velázquez 1992. – Bartolomé Bennassar: L'Inquisition Espagnole, XVe - XIXe siècle. Paris: Hachette 1979. – Henry Kamen: The Spanish Inquisition. A Historical Revision. New Haven and London: Yale University Press 1997.

44 Zu den Universitätskollegien vgl. Ana María Carabias Torres: Colegios Mayores: Centro de poder. Salamanca: Ediciones Universidad de Salamanca 1986, 3 Bde.

45 Über die spanische Universität vgl. Richard L. Kagan: Universidad y sociedad en la España moderna. Madrid: Tecnos 1981.

Mesta,[46] Handelskonsulate,[47] Meereskonsulate,[48] Gilden, Zünfte - *Gremios de las Artes y Oficios*, *Cofradías*, *Hermandades* [49] -, etc.) sowie auf den städtischen und auf den regionalen *Fueros* begründeten Partikularismus zu beseitigen, indem das Primat des Souveräns und des öffentlichen Allgemeinwohls vor den Privilegien einzelner Personengruppen, Ortschaften und Gebieten postuliert wurde. Eine Vereinheitlichung des Rechtes war bereits mit *Las siete Partidas* versucht worden, dem umfassenden juristischen Kodex, der auf Initiative und unter der Leitung von Alfons X. verfaßt und von Alfons XI. (1348) erlassen worden war und das mächtigste Instrument der Rezeption des Römischen Rechts in Spanien dargestellt hatte.[50] In der Folge wurde die Vereinheitlichung des Rechtes mit den folgenden Rechtssammlungen versucht: *Libro de las Leyes u Ordenanzas Reales de Castilla* (der sogenannte *Ordenamiento de Montalvo*), die erste Sammlung des territorialen Rechts von Kastilien, die von den Katholischen Königen gefördert und 1484[51] gedruckt wurde; *Libro de las Bulas y Pragmáticas* (1503), der von Juan Ramírez verfaßt wurde; *Nueva Recopilación de Leyes* (1567), die in neun Büchern sowohl die Gesetze, *Pragmáticas*, verschiedene kastilische von 1484 bis 1567 erlassene Verordnungen und Bestimmungen als auch die bereits im *Ordenamiento de Montalvo* oder im *Libro de las Bulas y Pragmáticas* enthaltenen Elemente versammelte, die es nach dem Urteil der Kompilatoren verdienten, als gültiges Recht angesehen zu werden.[52]

---

[46] Zu *El Honrado Concejo de la Mesta de Pastores* vgl. Julius Klein: La Mesta. Estudio de la historia económica española, 1273-1836. Madrid: Alianza 1981. – L. García de Valdeavellano: Curso de Historia de las Instituciones españolas. De los orígenes al final de la Edad Media, S. 265-271.

[47] Über die *Consulados de Comercio* vgl. Manuel Basas Fernández: El Consulado de Burgos en el siglo XVI. Madrid: C. S. I. C. 1963. – L. García de Valdeavellano: Curso de Historia de las Instituciones españolas. De los orígenes al final de la Edad Media, S. 284, 585-586, 626. – Eufemio Lorenzo Sanz: Comercio de España con América en la época de Felipe II. Tomo I: Los Mercaderes y el Tráfico Indiano. Valladolid: Diputación Provincial de Valladolid 1979, S. 168-177. – José María Font: Consulado de Comercio. In: Diccionario de Historia de España. Dirigido por Germán Bleiberg. 1: A/E. Madrid: Alianza Editorial 1981, S. 972-973.

[48] Über die *Consulados del Mar* vgl. L. García de Valdeavellano: Curso de Historia de las Instituciones españolas. De los orígenes al final de la Edad Media, S. 284, 585-586, 626. – José María Font: Consulado de Comercio. In: Diccionario de Historia de España I, S. 973-974.

[49] Über die *Gremios de las Artes y Oficios*, die *Cofradías* und die *Hermandades* vgl. L. García de Valdeavellano: Curso de Historia de las Instituciones españolas. De los orígenes al final de la Edad Media, S. 285-288.

[50] Vgl. Francisco López Estrada y María Teresa López García-Berdoy: «Introducción» zu: Alfonso X el Sabio: Las Siete Partidas. Selección, prólogo y notas de F. L. E. y M. T. L. G.-B. Madrid: Castalia 1992, S. 9-54; hier S. 36. - F. Tomás y Valiente: Manual de Historia del Derecho español, S. 237-242.

[51] Über den *Ordenamiento* von Alonso Díaz de Montalvo, vgl. F. Tomás y Valiente: Manual de Historia del Derecho español, S. 267-268.

[52] Vgl. F. Tomás y Valiente: Manual de Historia del Derecho español, S. 268-270.

Aber diese Versuche hatten spärlichen Erfolg gehabt. So beschwerten sich, um ein Beispiel zu geben, die *Cortes*, die Ständeversammlungen, in welchen der Adel, der Klerus und das Bürgertum[53] vertreten waren, bereits wenige Jahre nach Veröffentlichung der *Nueva Recopilación de Leyes* über deren Mißachtung[54]. Die Beamten des Staates mit universitärer juristischer Bildung, die *Letrados*,[55] mußten den Prozeß der administrativen Zentralisierung und der Homogenisierung unterstützen, um die in Kastilien herrschende rechtliche Konfusion zu vermindern. Die städtischen Oligarchien und die Gruppeninteressen hatten jedoch die Vorherrschaft über das öffentliche Gemeinwohl und die Gesetze, die dieses hätten bewahren sollen. So beklagte Bernardino de Escalante im Jahre 1605, daß die problematische ökonomische und soziale Situation der Stadt Sevilla zum großen Teil von ihren *Regidores* verursacht worden war:

El mayor daño que esta çiudad ha recivido, y de donde le han proçedido todos estos trabaxos, ha sido de la falta de gobierno que ha tenido, pretendiendo algunos de los veintiquatros [so wurden die 'regidores' der andalusischen Städte bezeichnet] y jurados [die vom Stadtrat gewählten 'jurados' waren für die Wahrnehmung der Interessen der Stadt in wirtschaftlicher und finanzieller Hinsicht zuständig und mußten dafür sorgen, daß die Privilegien und Rechte der Stadtgemeinde ständig beachtet und eingehalten wurden. Sie bildeten auch ein gemeinsames Gremium, *Cabildo*, in dem sie als Gruppe über anstehende Fragen berieten] que la han gobernado su interese particular por diferentes vías, en daño de el bien general y particular de ella.[56]

In der Mißachtung der Gesetze, die das Gemeinwohl schützen sollten, sahen Ökonomen wie Pedro de Valencia[57] und Francisco Martínez de Mata[58] die Ursachen

---

[53] Das Bürgertum setzte sich aus den rechtlich freien und wirtschaftlich unabhängigen Bewohnern der Städte (*Burgos*) zusammen, die sich gewerblichen und kaufmännischen Tätigkeiten widmeten (Handwerker, Händler, Kaufleute), und wurde in den *Cortes* von Abgesandten - *Procuradores* genannt - vertreten. Zu den *Cortes* vgl. Luis García de Valdeavellano: Cortes. In: Diccionario de Historia de España. Dirigido por Germán Bleiberg. 1: A/E. Madrid: Alianza Editorial 1981, S. 997-1001.

[54] Vgl. María Antonia Tous: Nueva Recopilación de Leyes. In: Diccionario de Historia de España. Dirigido por Germán Bleiberg. 3: N/Z. Madrid: Alianza Editorial 1981, S. 60.

[55] Über die spanische Bürokratie vgl. Ernesto Schäfer: El Consejo Real y Supremo de las Indias. Su historia, organización y labor administrativa hasta la terminación de la Casa de Austria. Sevilla: Universidad de Sevilla 1935-1947, 2 Bde. – José Antonio Maravall: Estado moderno y mentalidad social (Siglos XV a XVII). Madrid: Revista de Occidente 1972, 2 Bde.; hier II, S. 443-510. – José Antonio Escudero: Los Secretarios de Estado y del Despacho (1474-1724). Madrid: Instituto de Estudios Administrativos 1976, 4 Bde. – Janine Fayard: Les membres du Conseil de Castille à l'époque moderne (1621-1746). Genève: Librairie Droz 1979. – Jean-Marc Pelorson: Les *Letrados*. Juristes castillans sous Philippe III. Recherches sur leur place dans la société, la culture et l'État. Université de Poitiers 1980.

[56] Discursos de Bernardino de Escalante al Rey y sus Ministros (1585-1605). Presentación, estudio y transcripción por José Luis Casado Soto. Santander: Servicio de Publicaciones de la Universidad de Cantabria - Laredo: Ayuntamiento de Laredo 1995, S. 264.

[57] Vgl. Pedro de Valencia: Discurso o Memorial sobre el precio del pan. (Zafra, 25 de julio de 1605.) In: P. de V.: Obras completas. Volumen IV/1. Escritos sociales. Estudio introductorio

der spanischen Wirtschaftskrise. Die Mißachtung der Gesetze war jedoch nicht nur auf die Unredlichkeit und den Egoismus der städtischen Verwaltungsorgane, der wohl groß war,[59] und der Beamten des Königs zurückzuführen. Einer der Gründe der Mißachtung der Gesetze war zweifellos auch die durch die Überlagerung von alten und neuen Gesetzen verursachte rechtliche Verwirrung.

Es vollzog sich in der Tat in dieser Zeit ein tiefgreifender Wandel des Rechts mit dem Übergang vom *jus vetus* zum *jus novum*, von der mittelalterlichen Konzeption, die das Herrschen als Befolgung und Einhaltung der Gesetze bezeichnete („Legem servare – Hoc est regnare") und die jenen, die die Gesetze nicht beachteten und ihnen nicht dienten, das Recht und die Fähigkeit zu herrschen, absprach,[60] zur modernen Auffassung, die den Fürsten nicht beschränkt ("limjtado"[61]), sondern losgelöst („dissuelto", "desligado") von den Gesetzen (*solutus a legibus*) wollte. Jerónimo Castillo de Bobadilla vertritt in der schon erwähnten *Política para Corregidores* (1597) die Ansicht, daß der König losgelöst von den Gesetzen ("dissuelto de las leyes") ist und das Gewohnheitsrecht unter seinen Füßen ("debaxo de sus pies las costumbres") hält. Und weiter: der Monarch "de poderío absoluto es suelto de la ley a la observancia de ella".[62] Der König vereinigt in seiner Person alle Vorrechte und öffentlichen Befugnisse:

---

por Jesús Luis Paradinas Fuentes. Edición crítica, texto e introducción filológica por Rafael González Cañal. León: Universidad de León 1994, S. 29-71; hier S. 55-56.

58 Vgl. Francisco Martínez de Mata: Memoriales y Discursos [1656]. Edición y Nota Preliminar de Gonzalo Anes. Madrid: Editorial Moneda y Crédito 1971, S. 130 u. S. 232

59 Über den teilweise geglückten Versuch Philipps II., vor allem vermittels einer effizienten, zentralisierten Bürokratie (*Secretarios de Estado*, *Consejos*, *Chancillerías*, *Audiencias*, *Juntas*) einen modernen Staat zu organisieren, schreibt Antonio Domínguez Ortiz: "Sin embargo, por mucha admiración que suscite la construcción estatal de Felipe II, hay que reconocer que, en cuanto al aspecto gubernativo interno, seguía siendo una superestructura edificada sobre materiales preexistentes, un agregado de células (municipios, señoríos) dotadas de vida autónoma. La esfera del poder municipal seguía siendo amplísima, y ello explica que suscitara tantas apetencias; en mano de las oligarquías locales estaban los aprovechamientos comunales, la ordenación gremial, la formación de padrones [die von den Städten und Dörfern aufgestellten Listen mit den Namen der Steuerpflichtigen] de nobles y plebeyos, la organización de las milicias y, en gran parte, las obras públicas, la sanidad, la beneficiencia, la enseñanza... Con mayor o minor intervención del señor jurisdiccional, la situación era la misma en los territorios del señorío" (Antonio Domínguez Ortiz: Instituciones políticas y grupos sociales en Castilla durante el siglo XVII. In: A. D. O.: Instituciones y sociedad en la España de los Austrias. Barcelona: Ariel 1985, S. 7-29; hier S. 11).

60 So schrieb, am Ende des 15. Jahrhunderts, der Katalane Francesch Eiximenis in seinem *Regiment de la cosa publica*: "no deu ésser rei qui no té la llei e no serve aquella". Vgl. J. A. Maravall: Estado moderno y mentalidad social, II, S. 406.

61 Rodrigo Sánchez de Arévalo: Suma de la Política [1454/1455]. Edición y Estudio de Juan Beneyto Pérez (= Publicaciones del Seminario de Historia de las Doctrinas Políticas, II). Madrid: Consejo Superior de Investigaciones Científicas 1944, S. 119.

62 J. Castillo de Bobadilla: Política para Corregidores, y señores de vassallos, en tiempo de paz, y de guerra, Tomo Primero, Lib. II, Cap. X, 52, S. 322.

[...] ya reside en él [Príncipe] todo el imperio, poderío y hazienda pública, y en él está subordinado [el pueblo] a su buen govierno y justa disposición, el qual [el Príncipe] quedó por cabeça, y el pueblo por miembros de él [...]. Al pueblo no le quedó facultad de exercer ni un mínimo acto de jurisdición, ni de hazer leyes, ni ordenanças generales ni particulares, sin la autoridad del Príncipe.[63]

Am Beginn des 17. Jahrhunderts wünschte sich Pedro Fernández Navarrete, indem er auf die organizistische Staatsidee des Aristoteles und auf die mittelalterliche Konzeption des Staates als 'mystischer Körper' zurückgriff, daß der König und das Königreich einen unteilbaren Körper ("el rey y el reino hagan un cuerpo indivisible") bildeten, in dem natürlich dem König als "cabeza", "nervios" und "corazón" des Königreichs die leitende Funktion zukam.[64] Das war jedoch die Theorie. In der Praxis wurde der Absolutismus, also der vollkommen zentralisierte Staat, im Spanien der Habsburger nur unvollständig verwirklicht.[65] Der lokale und territoriale Rechtspartikularismus war hier seit vielen Jahrhunderten zu tief verwurzelt, um leicht beseitigt werden zu können. Als der Conde-Duque de Olivares eine tiefgreifende und organische Staatsreform (auch des Handels und des Kreditwesens) plante und versuchte, sie umzusetzen, scheiterte er. Sein Projekt von der Errichtung eines wirklich zentralisierten Staates (in juristischer, finanzieller, administrativer, fiskalischer und militärischer Hinsicht)[66] stieß auf den Widerstand sowohl der städtischen Oligarchien wie auch auf die Gegenwehr des Fürstentums von Katalonien und des Königreiches von Portugal, die sich 1640 erhoben.[67]

63 J. Castillo de Bobadilla: Política para Corregidores, y señores de vassallos, en tiempo de paz, y de guerra, Tomo Segundo, Lib. III, Cap. VIII, § 152-153, S. 153-154. Über Castillo de Bobadilla vgl. Francisco Tomás y Valiente: Castillo de Bobadilla: Semblanza personal y profesional de un juez de Antiguo Régimen. In: F. T. y V.: Gobierno e instituciones en la España del Antiguo Régimen. Madrid: Alianza 1982, S. 179-251. - Benjamín González Alonso: «Estudio preliminar» zu: J. Castillo de Bobadilla: Política para Corregidores I, S. 7-34.

64 Pedro Fernández Navarrete: Conservación de Monarquías y Discursos Políticos [1626]. Edición y estudio preliminar por Michael D. Gordon. Madrid: Instituto de Estudios Fiscales 1982, S. 183 u. S. 185.

65 Vgl. José Antonio Maravall: Estado moderno y mentalidad social (Siglos XV a XVII). Madrid: Revista de Occidente 1972, 2 Bde.; hier I, S. 249-400. - Perry Anderson: Die Entstehung des absolutistischen Staates. Frankfurt a. M.: Suhrkamp 1979, S. 74-106.

66 Vgl. Memoriales y Cartas del Conde Duque de Olivares. Tomo I. Política interior: 1621 a 1627. [Tomo II. Política interior: 1628 a 1645.] Edición de John H. Elliott y José F. de la Peña. Madrid: Alfaguara 1978-1981. Über das reformistische Programm von Olivares vgl. J. H. Elliott: El Conde-Duque de Olivares. El político en una época de decadencia. Barcelona: Editorial Crítica 1991, S. 147-323.

67 Über das Scheitern der Reformpläne von Olivares vgl. J. H. Elliott: El Conde-Duque de Olivares, S. 327-485. – J. H. Elliott: The Revolt of the Catalans. – Juan E. Gelabert: Castilla convulsa (1631-1652). Madrid: Marcial Pons 2001.

Die Thronbesteigung der Bourbonen (1700) und der Aufbau einer homogenen staatlichen Verwaltung

Erst mit der Besteigung des spanischen Throns durch die Dynastie der Bourbonen wurde das Problem der Errichtung eines einheitlichen Staates, oder wenigstens des Aufbaues einer homogenen Staatsverwaltung nach dem französischen Vorbild von Ludwig XIV., neuerlich aufgegriffen. Mit der Reihe der bereits erwähnten *Decretos de Nueva Planta* (1707-1716) gab Philipp V. von Bourbon den Territorien der Krone von Aragonien eine neue Organisation mit zentralistischer Ausrichtung (Aragonien und Valencia: Dekret vom 29. VI. 1707; Katalonien: Dekret vom 9. X. 1715, der *Real Audiencia de Cataluña* mit der *Real Cédula* von 16. I. 1716 bekanntgemacht; Mallorca: Dekret vom 28. XI. 1715). Er unterdrückte dabei alle "fueros, privilegios, prácticas y costumbres hasta aquí observadas" (Erlaß vom 29. VI. 1707), beseitigte regionale Regierungen und Autonomien (man ging sogar so weit, den Gebrauch des Katalanischen in der Justizverwaltung zu verbieten) und zwang den Territorien der Krone von Aragonien die kastilische Gesetzgebung sowie die kastilische juristische und administrative Organisation auf. Die Unterdrückung von "todos los fueros, privilegios, exenciones y libertades" der Königreiche von Aragón und Valencia hatte Philipp V. im Königlichen Dekret vom 29. Juni 1707 mit dem Wunsch gerechtfertigt, alle seine Reiche denselben Gesetzen und Gerichten zu unterwerfen ("a la uniformidad de unas mismas leyes, usos, costumbres y tribunales gobernándose igualmente todos por las leyes de Castilla, tan loables y plausibles en todo el Universo"). Einen Monat später, im Königlichen Dekret vom 29. Juli 1707, bekräftigte er: "Mi real intención es que todo el continente de España se gobierne por unas mismas leyes".[68] So wurde, paradoxerweise, mit der *Nueva Planta* der "gran proyecto de Olivares para hacer al rey un auténtico rey de España" realisiert![69]

Die Zentralisation nach französischem Muster und der Aufbau eines wahrhaft einheitlichen Staates durch die Bourbonen[70] wurden von einem sozialen und politischen Integrationsprozeß begleitet, dessen erste Wirkung "la igualdad de

---

68 Über die *Decretos de Nueva Planta* und ihre Einführung in Katalonien, Valencia und Mallorca vgl. Josep-María Gay Escoda: La gènesi del Decret de Nova Planta de Catalunya. Edició de la consulta original del «Consejo de Castilla», de 13 de juny de 1715. In: Revista Jurídica de Cataluña 1-2 (1982), S. 7-41 u. S. 263-348. - Enrique Giménez López: Gobernar con una misma ley. Sobre la Nueva Planta borbónica en Valencia. Alicante: Universidad de Alicante 1999, S. 13- 47, 125-160. - José Luis Bermejo Cabrero: Derecho y administración pública en la España del Antiguo Régimen. Madrid: Consejo Superior de Investigaciones Científicas 1985, S. 83-119.

69 John H. Elliott y José F. de la Peña: «Introducción general» zu: Memoriales y Cartas del Conde Duque de Olivares, S. XXXVII-LXII; hier S. LXI-LXII.

70 Über die von den Bourbonen im 18. Jahrhundert ausgeführte politisch-administrative Zentralisation vgl. Gonzalo Anes: El siglo de las luces (= Historia de España dirigida por Miguel Artola, 4). Madrid: Alianza Editorial 2001, S. 323-372.

derechos por encima de las regiones" war.[71] Spanien wurde in 32 Provinzen von sehr unterschiedlicher territorialer Größe eingeteilt. Kastilien wurde in 24 Provinzen gegliedert: Asturias, Andalucía, Ávila, Burgos, Castilla la Vieja, Ciudad Real, Córdoba, Cuenca, Extremadura, Galicia, Granada, Guadalajara, Jaén, León, Madrid, Murcia, Palencia, Salamanca, Segovia, Soria, Toledo, Toro, Valladolid, Canarias. Jedes der übrigen alten Königreiche oder Territorien (Aragón, Cataluña, Valencia, Mallorca, Navarra, Álava, Vizcaya und Guipúzcoa) bildete je eine Provinz. An die Spitze dieser Provinzen wurden Intendanten - Beamte mit wirtschaftlichen, administrativen und fiskalischen Befugnissen -, die von Philipp V. nach dem Vorbild der französischen *Intendants*[72] geschaffen wurden, gestellt. Die Provinzen waren ihrerseits in *Partidos* (in Kastilien *Corregimientos*, in Vizcaya und Navarra *Merindades*, in Guipúzcoa *Alcadías mayores*, in Álava *Hermandades* genannt) unterteilt. Die politische und administrative Vereinheitlichung gelangte jedoch nicht zur Perfektion. Navarra und die Baskischen Provinzen, die Regionen, die während des Erbfolgekrieges (1701-1714) die Bourbonen unterstützt hatten, behielten ihre Privilegien und den traditionellen 'régimen foral'.[73] (Dies ließ natürlich die Katalanen, die Erzherzog Karl von Habsburg unterstützt hatten, die Unterdrückung der Institutionen ihrer Autonomie, insbesondere der *Deputació del General*, umso schmerzlicher empfinden. Das gleiche gilt für Valencia und Aragonien, die ebenfalls die habsburgische Causa unterstützt hatten und deren Autonomie ebenso abgeschafft worden war.[74]) Das Werk der rechtlichen und administrativen Vereinheitlichung, das im 18. Jahrhundert von den Bourbonen ausgeführt wurde, schuf jedenfalls nach dem Unabhängigkeitskrieg (1808-1814) und den *Cortes* von Cádiz (1812) die Voraussetzungen für die Anregung des Aufbauprozesses eines kulturell, politisch und sozial homogeneren Spaniens, des Aufbauprozesses eines Spaniens als ‚Estado-Nación'. Dazu beigetragen haben zweifellos die Rezeption der Aufklärung in Spanien, begünstigt, oder zumindest möglich gemacht, von den Bourbonen und von einigen ihrer Minister und Höflinge, und die Rezeption des Liberalismus, der ja von der Aufklärung herkommt.[75]

---

[71] J. M. Souvirón Morenilla: Realidad y perspectivas de la organización territorial del Estado. I. El Estado de las Autonomías, S. 10.

[72] Über die *Intendants des provinces* vgl. Marcel Marion: Dictionnaire des Institutions de la France aux XVIIe et XVIIIe siècles. New York: Burt Franklin 1968, S. 293-299. - Roland Mousnier: Les Institutions de la France sous la Monarchie absolue, 1598-1789. Tome II: Les organes de l'Etat et la Société. Paris: Presses Universitaires de France 1980, S. 484-542.

[73] Vgl. Gregorio Monreal Zía: De los Fueros y la autonomía posforal a la cláusula de reserva de los Derechos históricos. In: Miguel Herrero de Miñón y Ernest Lluch (eds.): Derechos históricos y constitucionalismo útil. Barcelona: Crítica 2001, S. 89-103; hier S. 89-92.

[74] Vgl. E. Giménez López: Gobernar con una misma ley. Sobre la Nueva Planta borbónica en Valencia, S. 51-78.

[75] Vgl. Antonio Morales Moya: El Estado de la Ilustración y su crísis: una síntesis. In: Historia Contemporánea, Universidad del País Vasco, Número 17 (1998), S. 59-80.

Von der Verfassung von Bayona (1808) zu der Verfassung von Cánovas del Castillo (1876). Die spanischen Verfassungen des 19. Jahrhunderts und die territorial-administrative Staatsgliederung

Obwohl die napoleonische Verfassung von Bayona aus dem Jahre 1808 von den Verfassungsrechtlern nicht als Verfassung betrachtet und aus der Darstellung der spanischen Verfassungsgeschichte ausgeklammert wird,[76] da sie als „illegitime“[77] und „gewährte“ - vielmehr „oktroyierte“ Charta („Carta otorgada“, „Carta impuesta“)[78] - gilt, ist es doch sinnvoll, diese „französisierte Verfassung“[79] zu behandeln, da sie den ersten „intento de transición entre el absolutismo y el constitucionalismo“ in Spanien darstellt[80] und die Constitución de Cádiz beeinflussen wird.

Die am 24. Mai 1808 nach Bayonne von Joachim Murat einberufene Verfassunggebende Versammlung hatte vom 15. bis zum 30. Juni unter dem Vorsitz von Miguel José de Azanza in zwölf Sitzungen einen Verfassungsentwurf debattiert, der von Napoleon und dem Großherzog von Kleve und Berg ausgearbeitet und von einigen prominenten ‚afrancesados' wie Mariano Luis de Urquijo und Azanza in gewissen Materien (Privilegien des Adels, religiöse Reform) geändert worden war.[81] Die Versammlung, die aus Adligen, Angehörigen des geistlichen Standes und Vertretern von Städten, wirtschaftlichen und militärischen Institutionen und Universitäten zusammengesetzt war, verabschiedete am 6. Juli die Verfassung und löste sich am folgenden Tag auf. Die Verfassung, die hauptsächlich die Funktion hatte, die neue Dynastie und den neuen König Joseph Bonaparte zu legitimieren, enthält revolutionäre Grundsätze – wie die individuellen Rechte (Freiheit der Person, Unverletzlichkeit der Wohnung),[82] die Freiheit der Presse,[83]

---

76 So klammert Francisco Tomás y Valiente aus seiner Darstellung der Geschichte des spanischen Konstitutionalismus die Verfassung von Bayona aus, weil sie dem „concepto normativo-racional de Constitución“ nicht entspricht und weil sie „una vigencia muy dudosa y siempre combatida“ hatte (F. Tomás y Valiente: Manual de Historia del Derecho español, S. 436).

77 M. Lafuente (Historia general de España. Barcelona 1880, Bd. V, S. 42) schreibt, daß die Verfassung von Bayona „de orden ilegítimo y nunca planteado“ sei (zit. nach Gaspar Gómez de la Serna: Constitución de Bayona de 1808. In: Diccionario de Historia de España. Dirigido por Germán Bleiberg. 1: A/E. Madrid: Alianza Editorial 1981, S. 950-952).

78 Vgl. G. Gómez de la Serna: Constitución de Bayona de 1808, S. 950-951. – F. Tomás y Valiente: Manual de Historia del Derecho español, S. 436. – Ángel Bahamonde - Jesús A. Martínez: Historia de España. Siglo XIX. Madrid: Cátedra 1998, S. 43.

79 Adolfo Posada: Spanisches Staatsrecht (= Das öffentliche Recht der Gegenwart, Bd. XXXIV). Tübingen: J. C. B. Mohr 1914, S. 10.

80 G. Gómez de la Serna: Constitución de Bayona de 1808, S. 951.

81 Vgl. A. Bahamonde - J. A. Martínez: Historia de España. Siglo XIX, S. 42-43. – G. Gómez de la Serna: Constitución de Bayona de 1808, S. 950.

82 Constitución de 1808. In: Javier Hervada - José M. Zumaquero: Textos constitucionales españoles (1808-1978). Pamplona: Ediciones Universidad de Navarra 1980, S. 11-39; hier S. 18-19 (Tit. VII, Art. 39-43), S. 34 (Tit. XIII, Art. 126).

die Abschaffung der Steuerprivilegien,[84] die Unabhängigkeit der Gerichte,[85] die Öffentlichkeit des Strafprozesses,[86] die Abschaffung der Folter,[87] die Abschaffung der Majorate[88] –, die sich zum Teil in der Verfassung von Cádiz wiederfinden.[89] Die territoriale Organisation des Staates wird im Text nicht direkt behandelt. Die Vereinheitlichung der territorialen Verwaltung nach französischem Vorbild wird einer späteren ordentlichen Gesetzgebung überlassen. Die „vocación uniformizadora“ ist in der Verfassung von Bayona aber klar ausgeprägt, die für die amerikanischen und asiatischen Kolonien dieselbe territoriale Verwaltung und dieselben Rechte der Provinzen des spanischen Staatsgebietes vorsieht: „Los reinos y provincias españolas de América y Asia gozarán de los mismos derechos que la metrópoli“.[90] Die Kolonien verwandelten sich folglich in Provinzen mit gleichen politischen Rechten und eigener Vertretung in den *Cortes*.[91] Ihr Handelsverkehr war frei und ohne Einschränkungen. Handelsprivilegien und -monopole wurden abgeschafft.[92] So weit wird die Verfassung von Cádiz nicht gehen![93]

Die Verfassung von Cádiz von 1812, die von den Ideen und den Idealen der Französischen Revolution[94] und den liberalen konstitutionellen Bewegungen von Anfang des 19. Jahrhunderts durchdrungen ist, verwandelt die Monarchie von einer absoluten in eine konstitutionelle und proklamiert eine ganze Reihe von Bürgerrechten, wie die individuelle Freiheit, die Gleichheit der Bürger vor dem Recht und die Pressefreiheit.[95] Im «Título I» (Art. 1-9) – der Text der Verfassung besteht aus 10 ‘Titeln’ und aus 384 Artikeln –, der «De la Nación Española y de los Españoles» handelt, wird erklärt, daß die spanische Nation die Vereinigung aller Spanier sei (“La Nación española es la reunion de todos los españoles de ambos hemisferios”)[96] und nicht das Erbgut einer Familie oder Person (“La Nación española es libre é independiente, y no es ni puede ser patrimonio de ninguna

[83] Constitución de 1808, S. 18-20 (Tit. VII, Art. 39, 45-48), S. 37 (Tit. XIII, Art. 145).

[84] Constitución de 1808, S. 32 (Tit. XII, Art. 117-118), S. 36 (Tit. XIII, Art. 140).

[85] Constitución de 1808, S. 29 (Tit. XI, Art. 97).

[86] Constitución de 1808, S. 31 (Tit. XI, Art. 106).

[87] Constitución de 1808, S. 35 (Tit. XIII, Art. 133).

[88] Constitución de 1808, S. 35-36 (Tit. XIII, Art. 135-139).

[89] Vgl. Constitucion Politica de la Monarquia Española. Promulgada en Cadiz á 19 de Marzo de 1812. Cadiz, en la Imprenta Real, año de 1812 (Facsímil de la Primera Edición. Cádiz: Librería Raimundo 2001), S. 42 (Art. 131), S. 86 (Art. 302-303), S. 97 (Art. 339).

[90] Constitución de 1808, S. 29 (Tit. X, Art. 87).

[91] Constitución de 1808, S. 28-29 (Tit. X, Art. 91-95).

[92] Constitución de 1808, S. 27-28 (Tit. X, Art. 88-90).

[93] Vgl. A. Bahamonde - J. A. Martínez: Historia de España. Siglo XIX, S. 45-46.

[94] Vgl. A. Posada: Spanisches Staatsrecht, S. 11-12.

[95] Constitucion Politica de la Monarquia Española. Promulgada en Cadiz á 19 de Marzo de 1812, S. 42 (Título III, Capítulo VIII. *De las Facultades de las Córtes*. Art. 131: “[Facultad] Vigésimaquarta: Proteger la libertad política de la imprenta”).

[96] Constitucion Politica de la Monarquia Española, S. 4, Art. 1.

familia ni persona")[97]. In der Nation liege die Souveränität und daher komme ausschließlich ihr das Recht zu, ihre Grundgesetze festzulegen ("La soberanía reside esencialmente en la Nacion, y por lo mismo pertenece á esta exclusivamente el derecho de establecer sus leyes fundamentales").[98] Die Nation hat die Verpflichtung, die Rechte des Individuums zu schützen.[99]

Im «Título II» (Art. 10-26), der «Del territorio de las Españas, su Religión y Gobierno, y de los Ciudadanos españoles» handelt, werden die Territorien der spanischen Halbinsel[100] sowie die amerikanischen und asiatischen aufgezählt; es wird die Absicht verkündet, eine angemessenere Verwaltungsaufteilung durchzuführen;[101] weiters wird die katholische Religion als offizielle und einzige Religion anerkannt[102] und die gemäßigte Erbmonarchie als Staatsform der Nation ("El Gobierno de la Nacion española es una Monarquia moderada hereditaria") bezeichnet. Die Aufteilung der Macht wird auf folgende Art und Weise festgelegt: die gesetzgebende Gewalt liegt bei den *Cortes* zusammen mit dem König[103] (die Gruppe der Abgeordneten, die die Legislative ausschließlich den *Cortes* übertragen wollten, befand sich in der Minderheit); die Exekutive beim König; die Justizgewalt bei den Gerichten.

Der «Título III» (Art. 27-167) befaßt sich mit den *Cortes* und definiert sie als "reunión de todos los diputados que representan la Nacion, nombrados por los ciudadanos"[104] (ein Abgeordneter pro 70.000 Bürger). Von den anderen 'Titeln' – sie handeln von den Prärogativen und Rechten des Königs, von den Tribunalen und der Justizverwaltung, von der Regierung der Provinzen und Gemeinden, von der Besteuerung der Bürger, vom Heer (es wird die allgemeine Wehrpflicht eingeführt), vom öffentlichen Unterrichtswesen und der Einhaltung der Verfassung – interessieren hier nur der V. (Art. 242-308) und der VI. (Art. 309-337). Der V. Titel, der «De los Tribunales y de la administracion de justicia en lo civil y crimi-

---

97 Constitucion Politica de la Monarquia Española, S. 4, Art. 2.

98 Constitucion Politica de la Monarquia Española, S. 4-5, Art. 3.

99 "La Nacion está obligada á conservar y proteger por leyes sabias y justas la libertad civil, la propiedad, y los demas derechos legitimos de todos los individuos que la componen." (Constitucion Politica de la Monarquia Española, S. 5, Art. 4.)

100 Es sind die folgenden: "Aragón, Asturias, Castilla la Vieja, Castilla la Nueva, Cataluña, Cordoba, Extremadura, Galicia, Granada, Jaen, Leon, Molina, Murcia, Navarra, Provincias Vascongadas, Sevilla y Valencia, las islas Baleares y las Canarias" (Constitucion Politica de la Monarquia Española, S. 6-7, Art. 10.)

101 "Se hará una division mas conveniente del territorio español por una ley constitucional, luego que las circunstancias políticas de la Nación lo permitan" (Constitucion Politica de la Monarquia Española, S. 7, Art. 11).

102 "La religion de la Nacion española es y será perpetuamente la católica, apostólica, romana, única verdadera. La Nacion la protege por leyes sabias y justas, y prohibe el exercicio de qualquiera otra" (Constitucion Politica de la Monarquia Española, S. 7-8, Art. 12).

103 "La potestad de hacer las leyes reside en las Cortes con el Rey" (Constitucion Politica de la Monarquia Española, S. 8, Art. 15).

104 Constitucion Politica de la Monarquia Española, S. 12, Art. 27.

nal» handelt, legt in den Art. 272 und 273 fest, daß die Zahl der *Audiencias* – Kollegialgerichte (vor dem Königlichen Dekret vom 26. Januar 1834 nannten sie sich Höhere Gerichte), die ihre Rechtsprechung auf dem Territorium jeder Provinz ausüben – und der *Partidos Judiciales* – Gerichtsbezirke, innerhalb derer die Justizverwaltung organisiert wird und die eine oder mehrere Gemeinden umfassen – auf der Grundlage der in Art. 11 in Aussicht gestellten angemessenen Gliederung des spanischen Hoheitsgebietes bestimmt sein wird.[105] Der VI. Titel («Del gobierno interior de las Provincias y de los Pueblos») gliedert Spanien in Gemeinden, die von *Ayuntamientos* (Gemeindevertretungen) regiert werden,[106] und in Provinzen, die von *Diputaciones Provinciales* (Provinzialvertretungen) unter der Leitung eines vom König ernannten *Jefe Superior* verwaltet werden.[107] Der VI. Titel, der die Grundlagen eines echten Gesetzes für die Regierung der Gemeinden und der Provinzen festlegt, verfügt außerdem die Ernennung der *Ayuntamientos* durch die Wahlberechtigten der Gemeinden (Art. 312-314)[108] sowie die Ernennung der *Diputaciones Provinciales* durch die Wahlberechtigten der Provinzbezirke (Art. 326-331)[109] und bestimmt die Kompetenzen der Gemeindevertretungen (Art. 321 Abs. 1-9)[110] und der Provinzialvertretungen (Art. 335 Abs. 1-10).[111]

Diese auf einer zentralistischen Auffassung des Staates und seiner Organisation beruhende Verfassung setzte sich der spanischen historischen Tradition der *Fueros* und der städtischen und regionalen Autonomie schroff entgegen, indem sie die Einheitlichkeit der Gesetzbücher und die Einheitlichkeit der Jurisdiktion anordnete und jene politische und administrative Zentralisation einführte, die später als 'Jakobinischer Zentralismus' bezeichnet wurde.

Die Verfassung von Cádiz war von kurzer Dauer. Am 19. März 1812 erlassen, wurde sie am 4. Mai 1814 auf Anstiftung der Anhänger des Absolutismus

---

[105] Art. 272: "Quando llegue el caso de hacerse la conveniente division del territorio español, indicada en el articulo 11, se determinará con respecto á ella el número de audiencias que han de establecerse, y se les señalará territorio". Art. 273: "Se establecerán partidos proporcionalmente iguales, y en cada cabeza de partido habrá un juez de letras con un juzgado correspondiente" (Constitucion Politica de la Monarquia Española, S. 79-80).

[106] Art. 309: „Para el gobierno interior de los pueblos habrá ayuntamientos compuestos del alcalde ó alcaldes, los regidores y el procurador síndico, y presididos por el gefe político donde lo hubiere, y en su defecto por el alcalde ó el primer nombrado entre estos, si hubiere dos" (Constitucion Politica de la Monarquia Española, S. 87).

[107] Art. 324: „El gobierno político de las provincias residirá en el gefe superior, nombrado por el Rey en cada una de ellas". Art. 325: "En cada provincia habrá una diputacion llamada provincial, para promover su prosperidad, presidida por el gefe superior" (Constitucion Politica de la Monarquia Española, S. 92).

[108] Constitucion Politica de la Monarquia Española, S. 88.

[109] Constitucion Politica de la Monarquia Española, S. 92-93.

[110] Constitucion Politica de la Monarquia Española, S. 89-91.

[111] Constitucion Politica de la Monarquia Española, S. 94-96.

von Ferdinand VII.[112] per Dekret aufgehoben.[113] Die "división más conveniente del territorio" (Tit. II, Art. 11) und die Errichtung der Provinzen (Tit. VI, Art. 309-337), die von der Verfassung von Cádiz vorgesehen waren, wurden jedoch - wenn auch erst nach weiteren zwanzig Jahren - verwirklicht.

Zwischen dem 20. Juni 1820 und dem 18. März 1821 wurden die verwaltungstechnischen und kartographischen Arbeiten für die Gliederung des Territoriums in Provinzen durchgeführt. Von 30. September 1821 bis 6. Januar 1822 wurde das Projekt von den *Cortes* diskutiert und am 27. Januar erließen diese das Dekret LIX., mit welchem die Aufteilung des Territoriums in 52 Provinzen festgelegt wurde. Die entsprechenden *Diputaciones* wurden Ende Juni gebildet.[114]

Aber zuerst der Aufstand der Royalisten, der am 7. Juli 1822 in Madrid seinen Anfang nahm und sich - auf ganz Spanien ausbreitend - bis in den November hinzog, und dann der Feldzug von Louis-Antoine de Bourbon, Herzog von Angoulême, der dem liberalen-konstitutionellen Triennium (1820-1823) ein Ende machte und den Absolutismus von Ferdinand VII. wiedereinführte, verhinderten die Ausführung des Vorhabens. Die *Diputaciones Provinciales* wurden beseitigt. Später wurde jedoch – auf Anregung der Justizverwaltung, die auf die Unmöglichkeit, einfach zur Situation von vor 1808 zurückzukehren, aufmerksam machte – mit *Real Orden* vom 16. Dezember 1825 eine Kommission mit dem Auftrag geschaffen, das Problem der Territorialgliederung anzupacken und zu lösen. Zwischen 1826 und 1829 wurde daher ein Projekt der Gebietsgliederung ausgearbeitet, das nicht sehr von dem des Jahres 1822 abwich und nach weiteren Nachbesserungen im April 1832 abgeschlossen wurde. Verschiedene Ereignisse des Jahres 1832 und dann der Tod von Ferdinand VII. (29. September 1833) verhinderten die sofortige Umsetzung dieses Projektes.[115] Aber es war gerade dieses von der am

---

112 Zur Restauration des absolutistischen Staates vgl. Mariano Esteban de Vega: El Estado y la administración central durante el reinado de Fernando VII. In: Historia Contemporánea, Universidad del País Vasco, Número 17 (1998), S. 81-117.

113 Zur Verfassung von Cádiz, die von den *Cortes* verkündet worden war, während der Unabhängigkeitskrieg in vollem Gange und das spanische Gebiet so gut wie vollständig von den französischen Truppen besetzt war, vgl. Gaspar Gómez de la Serna: «Constitución de Cadiz de 1812». In: Diccionario de Historia de España. Dirigido por Germán Bleiberg. 1: A/E. Madrid: Alianza Editorial 1981, S. 952-956. – A. Posada: Spanisches Staatsrecht, S. 11-12. – Miguel Artola: La burguesía revolucionaria (1808-1874). Madrid: Alianza 1981, S. 29-37. – Tristan La Rosa: España contemporánea. Siglo XIX. Barcelona: Destino 1972, S. 42-50. – F. Tomás y Valiente: Manual de Historia del Derecho español, S. 437-442. – A. Bahamonde - J. A. Martínez: Historia de España. Siglo XIX, S. 59-68.

114 Vgl. Enrique Orduña Rebollo: Organización del territorio, partidos judiciales y consolidación del Estado constitucional en España. In: Subdivisión en Partidos Judiciales de la nueva subdivisión territorial de la Península e islas adyacentes. 1834. Estudio Preliminar de E. O. R. Madrid: Boletín Oficial del Estado - Instituto Nacional de Administración Pública 2000, S. XV-LI; hier S. XXXI-XXXII.

115 Vgl. E. Orduña Rebollo: Organización del territorio, partidos judiciales y consolidación del Estado constitucional en España, S. XXXIII-XXXIX.

16. Dezember 1825 ernannten Kommission ausgearbeitete Projekt der territorialen Aufteilung, das Javier de Burgos zur Grundlage der Verwaltungsreform diente, die er mit dem am 30. November 1833 erlassenen *Real Decreto de División Provincial* – dieses war von der Regentin (Königin María Cristina) unterzeichnet und an den *Ministro de Fomento* (denselbigen Javier de Burgos) gerichtet – durchführte und die Spanien in 49 Provinzen teilte (eine Einteilung, die bis heute unverändert blieb, außer einer kleinen Modifikation: am 27. September 1927 wurden die Kanarischen Inseln durch Königlichen Erlaß in zwei Provinzen geteilt).[116] Das nach dem *Estatuto Real* (10. April 1834)[117] erlassene Königliche Dekret vom 21. April 1834 zur Unterteilung in *Partidos Judiciales* (Gerichtsbezirke) festigte das Werk des Dekretes des vorangegangenen Novembers.[118]

Von da an wurde die Provinz die territoriale Grundeinheit, über welche die Staatsverwaltung, in einheitlicher Weise, vermittels des *Gobernador civil* (so die Bezeichnung, die das Königliche Dekret vom 13. Mai 1834, mit dem das Ministerium für Innere Angelegenheiten eingerichtet wurde, festlegte) und dann auch über die *Delegados provinciales* der verschiedenen Ministerien ihre Zuständigkeiten im gesamten nationalen Gebiet ausübte. Die Gestalt des Zivilgouverneurs der Provinz (*Gobernador civil de la Provincia*), eine Kopie der Gestalt des französischen Präfekten jedoch mit stärkerem politischen Einschlag, bildete - als einheitliche Verlängerung der zentralen Regierung in die Provinzen - die Tragachse der zentralisierten Verwaltungsstruktur des Staates bis zu dem Zeitpunkt ihrer Abschaffung, die erst durch die am 14. April 1997 erlassene *Ley de Organización y Funcionamiento de la Administración General del Estado* (LOFAGE) angeordnet wurde. Was die lokale Administration betrifft, so unterstellte die Verfassung von Cádiz (Art. 323) die *Ayuntamientos*, die als repräsentative Organe eingerichtet worden waren, der Kontrolle der *Diputación*,[119] die der vom König ernannte *Jefe Superior* (später *Gobernador civil* genannt) in seiner Funktion als Vertreter der Zentralregierung leitete. Mit der *Instrucción* vom 2. März 1823 wird die Abhängigkeit der *Ayuntamientos* von der *Diputación* noch verstärkt und der Bürger-

---

[116] Vgl. E. Orduña Rebollo: Organización del territorio, partidos judiciales y consolidación del Estado constitucional en España, S. XXXIX-XLII.

[117] Estatuto Real para la convocación de las Cortes Generales del Reino de 1834. In: Javier Hervada - José M. Zumaquero: Textos constitucionales españoles (1808-1978). Pamplona: Ediciones Universidad de Navarra 1980, S. 119-137. Über das Königliche Statut von 1834 vgl. A. Posada: Spanisches Staatsrecht, S. 13-14. - F. Tomás y Valiente: Manual de Historia del Derecho español, S. 442-444.

[118] Vgl. Subdivision en Partidos Judiciales de la nueva division territorial de la Península é Islas adyacentes. Aprobada por S. M. en el Real Decreto de 21 de Abril de 1834. Madrid: En la Imprenta Real. 1834 (Edición facsímil: Madrid: Boletín Oficial del Estado - Instituto Nacional de Administración Pública 2000).

[119] „Los Ayuntamientos desempeñarán todos estos encargos baxo la inspección de la diputación provincial" (Constitucion Politica de la Monarquia Española, S. 91).

meister (*Alcalde*) übernimmt zusätzlich die Funktion eines staatlichen Vertreters unter der direkten Aufsicht des *Jefe Superior* der Provinz.

Mit dem Erlaß vom 23. Juli 1835 zur Ordnung der *Diputaciones*, mit dem Gesetz vom 14. Juli 1840 über die Gemeindevertretungen (*Ley de Ayuntamientos*), das die Ernennung der *Alcaldes* von seiten der Regierung vorsah und welches dann vom Gesetz vom 8. Januar 1845 ersetzt wurde, mit dem Gesetz vom 2. April 1845 über die Provinzen und mit den Gesetzen über die Gemeinden und die Provinzen des 20. August 1870, reformiert mit dem Gesetz vom 16. Dezember 1876, wird die Abhängigkeit der lokalen Regierungen von der nationalen Zentralregierung anwachsen. Auf diese Weise werden – bis zu den Gemeinde- und Provinzstatuten von 1924 (*Estatuto Municipal*) und 1925 (*Estatuto Provincial*) von Calvo Sotelo – die Einheitlichkeit und die Zentralisierung (oder besser gesagt, der Zentralismus)[120] weiter intensiviert. Mit der Verfassung von Cádiz und den darauffolgenden Gesetzen und Erlässen waren also die so gut wie vollständige administrative Homogenität und Einheitlichkeit des gesamten Nationalgebietes erreicht worden.

Notwendige Voraussetzungen für das Erreichen dieser fast perfekten administrativen Homogenität und Einheitlichkeit waren die Abschaffung der *Señoríos*, der *Realengos* (*Señoríos del Rey*, d. h. Königsgüter), der *Baldíos* (brachliegendes Land) und der *Mayorazgos* (Majorate) und die 'desamortización', die Aufhebung der Bindungen der 'Toten Hand' der kirchlichen Güter, ihre Enteignung und ihr Verkauf (bereits 1765 war die Einführung eines Gesetzes, das den Erwerb unbeweglicher Güter von seiten der Kirche beschränken sollte, versucht worden;[121] später – ab dem Königlichen Dekret vom 19. September 1798, womit Karl IV. die Veräußerung aller unbeweglichen Güter, die religiösen Stiftungen gehörten, anordnete, und bis 1808 – wurde etwa ein Sechstel des gesamten Besitzes der 'Toten Hand' verkauft[122]). Noch vor dem Erlaß der Verfassung hatten die in Cádiz versammelten *Cortes* die *Señoríos* mit Dekret vom 6. August 1811 abgeschafft. Das Dekret einverleibte der Nation alle *Señoríos jurisdiccionales* (in diesen übte der *Señor* nur die ihm verliehenen Herrschaftsrechte ohne territoriale Ansprüche aus), beseitigte die Privilegien der *Señoríos territoriales* (Grundherrschaften) und der *Señoríos solariegos* (Grundherrschaften im Besitz von *Hidal-*

---

120 J. M. Souvirón Morenilla: Realidad y perspectivas de la organización territorial del Estado. I. El Estado de las Autonomías, S. 11. – M. Artola: La burguesía revolucionaria, S. 241-257. – A. Bahamonde - J. A. Martínez: Historia de España. Siglo XIX, S. 214-218, 261-265. – Alberto de la Puente O'Connor: Ley de Ayuntamientos (1840). In: Diccionario de Historia de España I, S. 428.

121 Vgl. Francisco Tomás y Valiente: Campomanes y los preliminares de la desamortización eclesiástica. In: F. T. y V.: Gobierno e instituciones en la España del Antiguo Régimen. Madrid: Alianza 1982, S. 287-316.

122 Vgl. G. Anes: El siglo de las luces, S. 285-288.

gos, die von *Solariegos*[123] - Grundholden, halbfreien Bauern - bebaut waren)[124] und wandelte diese Grundherrschaften in einfachen Privatbesitz um. (Das Dekret vom 6. August 1811 wurde mit den Gesetzen vom 2. und 4. Februar 1837 neuerlich in Kraft gesetzt und mit dem Gesetz vom 26. August 1837 ratifiziert, das die definitive Auflösung des 'régimen señorial' und damit des Feudalismus besiegelte.)[125] Im Jahre 1813 ordneten die *Cortes* von Cádiz die Umwandlung der *Realengos*, der *Baldíos* und des kommunalen Grundbesitzes in privaten Besitz an (im selben Jahr, und zwar am 5. Januar, hatten die *Cortes* feierlich die Auflösung der Inquisition verordnet). Diese Anordnungen von Cádiz blieben beim Eintreten der absolutistischen Reaktion von Ferdinand VII. ohne jede Wirkung.

Die liberalen *Cortes* von 1820 und 1823 legten die Grundlagen für die definitive Politik der 'desamortización', die als ein notwendiges Mittel für die Tilgung der Staatsschulden und als eine wichtige Maßnahme zur Bildung einer breiteren bürgerlichen Klasse und zur Stärkung ihrer wirtschaftlichen Lage betrachtet wurde.[126] Mit den Königlichen Dekreten vom 19. Februar und 8. März 1836, die

---

[123] „solariego tanto quiere dezir, como ome [hombre], que es poblado [está asentado] en suelo de otro" (Las Siete Partidas Del Sabio Rey don Alonso el nono, nueuamente Glosadas por el Licenciado Gregorio Lopez del Consejo Real de Indias de su Magestad. Impresso en Salamanca Por Andrea de Portonaris, Impressor de su Magestad. Año. M.D.L.V. Con priuilegio Imperial (Edición facsímil. Madrid: Boletín Oficial del Estado 1985), Qvarta Partida, Titulo XXV, Ley III, Bl. 62*r*. – Alfonso X, el Sabio: Las Siete Partidas. Madrid: Castalia 1992, S. 304).

[124] Vgl. L. García de Valdeavellano: Curso de Historia de las Instituciones españolas. De los orígenes al final de la Edad Media, S. 350-351. – Pilar Loscertales: «Señoríos de solariego», «Solariegos». In: Diccionario de Historia de España. Dirigido por Germán Bleiberg. 3: N/Z. Madrid: Alianza Editorial 1981, S. 684. – L. Vones: «Solariego». In: Lexikon des Mittelalters. Siebenter Band / Zehnte Lieferung. München: Lexma Verlag 1995, Sp. 2029.

[125] Vgl. A. Bahamonde - J. A. Martínez: Historia de España. Siglo XIX, S. 226-227.

[126] In einer vor den *Cortes* gehaltenen Rede behauptete Manuel Azaña bezüglich der kirchlichen ‚desamortización', die im 19. Jahrhundert - ab den von Juan Álvarez Mendizábal geforderten Dekreten - durchgeführt wurde: "Lo que la desamortización representa es una revolución social, y la burguesía ascendente al poder con el régimen parlamentario, dueña del instrumento legislativo, creó una clase social adicta al régimen, que fue ella misma y sus adláteres, pero como eso no es un contrato jurídico, ni un despojo, nada de eso, sino toda la obra inmensa, fuera de las normas legales, incapaz de compensación, de una revolución de orden social, la burguesía parlamentaria, harto débil, creó entonces los instrumentos y los apoyos necesarios para el Estado liberal naciente, una cosa que tienen de hacer todos los Estados cuando se reforman con esa profundidad, no hay que olvidarlo." Aber - setzte M. Azaña fort - la "clase media española" machte im Verlauf des 19. Jahrhunderts eine negative Entwicklung durch, "que habiendo comenzado una revolución liberal y parlamentaria, con sus pujos de radicalismo y de anticlericalismo, la misma clase social, quizá los nietos de aquellos colaboradores de Mendizábal y de los desamortizadores del año 36, esos mismos [...] son los que han traído a España la tiranía, la dictadura y el despotismo, y en toda esta evolución está comprendida la historia política de nuestro país en el siglo pasado". Vgl. Manuel Azaña: Política religiosa: El artículo 26 de la Constitución (Sesión de Cortes del 13 de octubre de 1931). In: Obras completas. II. México: Ediciones Oasis 1966, S. 49-58; hier S. 54.

die Religiösen Orden aufhoben und die Beschlagnahme ihrer Güter durch den Staat verfügten, mit den Gesetzen vom 29. Juli 1837 und 2. September 1841, die allen Besitz des säkulären Klerus zum Nationaleigentum erklärten, und mit dem Gesetz vom 1. Mai 1855, das alle städtischen und ländlichen Grundbesitzungen (*Predios*) sowie die erblichen Renten und Abgaben (*censos y foros*), die dem Staat, dem Klerus, den Militärischen Orden, den Bruderschaften, den Frommen Stiftungen oder anderen Institutionen gehörten, zum Verkauf freigab, wurden die Enteignung des kirchlichen Vermögens und die 'desamortización' der Güter der Gemeinden durchgeführt. Die Zielsetzungen, die Verschuldung des Staates zu sanieren und die Bildung einer breiteren und reicheren bürgerlichen Klasse, welche ein Bollwerk des Staates und der liberalen Institutionen darstellen sollte, wurden jedoch nicht erreicht.[127] Was die Aufhebung der Majorate betrifft, so war sie schon von den *Cortes* von Cádiz geplant worden. Sie entwarfen Gesetze gegen die Bindungen und Fesseln, die den freien Verkehr der unbeweglichen Güter behinderten, und somit gegen die *Mayorazgos*. Per Gesetz von 1820, das jedes gebundene Eigentum für frei erklärte, wurde diese Einrichtung aufgehoben. Die endgültige Abschaffung der Majorate gab es jedoch erst mit dem Königlichen Dekret vom 30. August 1836, das die *Ley de Desvinculación* von 1820 wiedereinführte, sowie mit dem Gesetz vom 19. August 1841.[128]

Sowohl die von den *Cortes* am 22. Mai 1837 beschlossene Verfassung (sie wurde im Namen Isabels II. von der Königin-Regentin María Cristina angenommen, am 17. Juni 1837 unterzeichnet und am folgenden Tag erlassen),[129] als auch

[127] Fabián Estapé Rodríguez: «Desamortización». In: Diccionario de Historia de España. Dirigido por Germán Bleiberg. 1: A/E. Madrid: Alianza Editorial 1981, S. 1110-1114. – Historia de la Iglesia en España. V: *La Iglesia en la España contemporánea (1808-1975)*. Dirigido por Vicente Carcel Orti. Madrid: Biblioteca de Autores Cristianos 1979, S. 137-143. – M. Artola: La burguesía revolucionaria, S. 136-161. – T. La Rosa: España contemporánea. Siglo XIX, S. 134-136. – A. Bahamonde - J. A. Martínez: Historia de España. Siglo XIX, S. 218-226. – Enrique Orduña: El regionalismo en Castilla y León. Valladolid: Ediciones Ámbito 1986, S. 55-60.

[128] José María Font: «Mayorazgos». In: Diccionario de Historia de España. Dirigido por Germán Bleiberg. 2: F/M. Madrid: Alianza Editorial 1981, S. 979-980. - José María Font: «Vinculaciones». In: Diccionario de Historia de España. Dirigido por Germán Bleiberg. 3: N/Z. Madrid: Alianza Editorial 1981, S. 1012-1013. - E. Orduña: El regionalismo en Castilla y León, S. 54-55. - Enciclopedia de Historia de España dirigida por Miguel Artola. VI: Cronología. Mapas. Estadísticas. Madrid: Alianza Editorial 1993, S. 624 («Desamortización de [Juan Álvarez] Mendizábal, 1836-1854»), S. 625 («Desamortización de [Pascual] Madoz, 1855-1907») u. S. 626-627 («Desamortización por Provincias, 1836-1895»).

[129] Constitución de la Monarquía Española de 1837. In: Javier Hervada - José M. Zumaquero: Textos constitucionales españoles (1808-1978). Pamplona: Ediciones Universidad de Navarra 1980, S. 139-156. Zu dieser Verfassung vgl. A. Posada: Spanisches Staatsrecht, S. 14-15. - Gaspar Gómez de la Serna: «Constitución de 1837». In: Diccionario de Historia de España. Dirigido por Germán Bleiberg. 1: A/E. Madrid: Alianza Editorial 1981, S. 956-958. - M.

die Verfassung, die Isabel II. am 23. Mai 1845 unterzeichnete[130] und die – wenn auch mit wechselhaftem Glück (am 15. September 1856 und am 17. Juli 1857 modifiziert, am 20. April 1864 in ihrer Gesamtheit wiederhergestellt) – bis September 1868 in Kraft blieb,[131] führten keine Veränderungen in die Verwaltungsorganisation des nationalen Gebiets ein[132] (das tat auch nicht die von den *Cortes Constituyentes* beschlossene, aber nicht erlassene, sogenannte *Constitución nonnata* des Jahres 1856[133]). Auch die Verfassung, die aus der Revolution des Septembers 1868 hervorging und von den *Cortes* am 1. Juni 1869 beschlossen und am 6. Juni erlassen wurde,[134] veränderte die Organisation der Verwaltung des nationalen Gebiets nicht. Sie beschränkte sich darauf, zu bekräftigen, daß die Verwaltung der Gemeinden (*Pueblos*) und der Provinzen (*Provincias*) den *Ayuntamientos* und den *Diputaciones provinciales* anvertraut ist, sowie die allgemeinen Grundsätze festzulegen, denen sich die entsprechenden Organgesetze anzupassen

Artola: La burguesía revolucionaria, S. 196-211. - F. Tomás y Valiente: Manual de Historia del Derecho español, S. 444-446.

130 Constitución de la Monarquía Española de 1845. In: Javier Hervada - José M. Zumaquero: Textos constitucionales españoles (1808-1978). Pamplona: Ediciones Universidad de Navarra 1980, S. 157-184.

131 Vgl. Gaspar Gómez de la Serna: «Constitución de 1845». In: Diccionario de Historia de España. Dirigido por Germán Bleiberg. 1: A/E. Madrid: Alianza Editorial 1981, S. 958-960. - A. Posada: Spanisches Staatsrecht, S. 14-16. - F. Tomás y Valiente: Manual de Historia del Derecho español, S. 446-450.

132 Tit. XI, Art. 72: „En cada provincia habrá una Diputacion provincial..."; Art. 73: "Habrá en los pueblos Alcaldes y Ayuntamientos..."; Art. 74: "La ley determinará la organizacion y atribuciones de las Diputaciones y de los Ayuntamientos, y la intervencion que hayan de tener en ambas corporaciones los delegados del Gobierno" (Constitución de la Monarquía Española de 1845, S. 170).

133 "Tit. XI, Art. 74: En cada provincia habrá una Diputacion..."; Art. 75: "Para el gobierno interior de los pueblos no habrá más que Ayuntamientos, compuestos de alcaldes y regidores..."; Art. 76: "La ley determinará la organizacion y atribuciones de las Diputaciones provinciales y de los Ayuntamientos". Vgl. Constitución de la Monarquía Española de 1856. (No promulgada.) In: Javier Hervada - José M. Zumaquero: Textos constitucionales españoles (1808-1978). Pamplona: Ediciones Universidad de Navarra 1980, S. 185-202; hier S. 198-199. Zu dieser Verfassung vgl. A. Posada: Spanisches Staatsrecht, S. 15-16. - Gaspar Gómez de la Serna: «Constitución [Nonnata] de 1856». In: Diccionario de Historia de España. Dirigido por Germán Bleiberg. 1: A/E. Madrid: Alianza Editorial 1981, S. 960-962.

134 Constitución de 1869. In: Javier Hervada - José M. Zumaquero: Textos constitucionales españoles (1808-1978). Pamplona: Ediciones Universidad de Navarra 1980, S. 203-231. Diese Verfassung verstärkte und weitete im Namen der demokratischen und liberalen Prinzipien die individuellen Rechte, Garantien und Freiheiten aus und führte das allgemeine Wahlrecht, die Gewissens- und Religionsfreiheit, die Freiheit des Wortes, der Ideen, der Meinungen und der Lehre, die Bewegungsfreiheit, die Freiheit des Aufenthalts und die Presse-, Versammlungs- und Vereinsfreiheit ein (vgl. Tit. I, Art. 2-29, S. 204-209).

haben: Öffentlichkeit der Sitzungen, Veröffentlichung der Bilanzen, Harmonisierung ihres Steuersystems mit jenem des Staates.[135]

Eine andere Verwaltungsorganisation des Staatsgebiets war dagegen vom Entwurf einer Republikanisch-Föderalistischen Verfassung aus dem Jahre 1873 vorgesehen. In Folge der Abdankung von Amadeus I. von Savoyen (11. Februar 1873) hatten sich der *Senado* und der *Congreso* der Abgeordneten in verfassungswidriger Weise (gegen den Art. 47 der zu diesem Zeitpunkt geltenden Verfassung von 1869[136]) zu einer Nationalversammlung eingefunden, die noch am Tag der Abdankung des Königs die Republik ausrief. Nachdem die Nationalversammlung durch den von Francisco Pí y Margall und den Föderalisten am 23. April 1873 ausgeführten Staatsstreich aufgelöst wurde, traten am 1. Juni neue *Cortes Constituyentes* von ausgeprägter föderalistischer Ausrichtung zusammen, die am 8. Juni einstimmig verkündeten, daß die Staatsform der spanischen Nation die Föderale Republik sei. Am 16. Juli 1873, während der dritte Karlistenkrieg und der Kantonale Aufstand wüteten, wurde eine mit der Ausarbeitung des Vorentwurfs einer Föderalistischen Verfassung beauftragte Kommission ernannt. Der von der Kommission ausgearbeitete Vorentwurf sah die Aufteilung des Landes in 17 regionale Staaten und verschiedene Territorien, die ebenfalls in Regionalstaaten umgewandelt werden konnten, vor. Die 17 Regionalstaaten waren: "Andalucía Alta, Andalucía Baja, Aragón, Asturias, Baleares, Canarias, Castilla la Nueva, Castilla la Vieja, Cataluña, Cuba, Extremadura, Galicia, Murcia, Navarra, Puerto Rico, Valencia, Regiones Vascongadas" (Título I, Art. 1). Die in Regionalstaaten umwandelbaren Gebiete waren: Islas Filipinas, Isla de Fernando Poo, Isla de Annobón, Isla de Corisco und die afrikanischen 'establecimientos' (Niederlassungen). Die von der Verfassung vorgesehene Staatsform war natürlich die Föderale Republik (Tit. III, Art. 39: "La forma de gobierno de la Nación española es la República federal"). Der Entwurf eliminierte die Provinzen aus der territorialen Organisation und sah als "organismos de la República", über welche die Bürger ihre Souveränität ausübten, nur die folgenden vor: "El Municipio. El Estado regional. El Estado federal o Nación".[137] Der Entwurf wurde am 17. Juli den *Cortes* vorgelegt und Anfang August zur Debatte gestellt. In der Sitzung vom 13. August ersuchte Emilio Castelar die *Cortes*, die Debatte bis nach dem Sieg über die Karlisten aufzuschieben, und er versprach eine "grande y federal Constitución".

---

135 Vgl. «Título VIII. De las Diputaciones provinciales y Ayuntamientos», Art. 99 Abs. 1-5 (Constitución de de 1869, S. 223). Zu der Verfassung von 1869 vgl. A. Posada: Spanisches Staatsrecht, S. 16-17. - Gaspar Gómez de la Serna: «Constitución de 1869». In: Diccionario de Historia de España. Dirigido por Germán Bleiberg. 1: A/E. Madrid: Alianza Editorial 1981, S. 963-966. - F. Tomás y Valiente: Manual de Historia del Derecho español, S. 450-453.

136 "Los Cuerpos Colegisladores [Senado y Congreso] no pueden deliberar juntos..." (Constitución de 1869, S. 212).

137 Proyecto de Constitución de 1873. In: José Luis de la Granja, Justo Beramendi, Pere Anguera: La España de los nacionalismos y las autonomías. Madrid: Editorial Síntesis 2001, S. 295-296.

Diese Verfassung, die niemals zur Abstimmung gelangte, da die *Cortes Constituyentes* am 3. Januar 1874 von General Manuel Pavía y Rodríguez, *Capitán general* (Militärgouverneur) von Madrid, aufgelöst wurden,[138] hätte als Staatsform eine Föderale Republik errichtet, die in Gemeinden, Regionalstaaten und Föderalen Staat gegliedert worden wäre. Sie sah außerdem die autonome Organisation der Regionalstaaten und der Gemeinden vor.[139]

Das Projekt einer Föderalistischen Verfassung zeigt auf, wie sehr sich die Idee von der nationalen Einheit abgeschwächt hatte und wie die alten regionalistischen Tendenzen wieder aufgeblüht waren. Zudem hatte die föderalistische Bewegung – angeführt von einem Direktorium, das sich aus Francisco Pí y Margall,[140] Estanislao Figueras und Emilio Castelar (der Entwurf einer Föderalistischen Verfassung war so gut wie ausschließlich sein Werk) zusammensetzte – die Entstehung noch radikalerer autonomistischer Tendenzen mit ihrem politischen Programm, Spanien als eine aus einem Bündnis *souveräner* Staaten gebildete Republik zu organisieren, begünstigt. Aus der föderalistischen Doktrin war in der Tat die 'kantonalistische Bewegung' hervorgegangen, die in den Jahren 1873-1874 den kantonalen Aufstand und in Katalonien die separatistische Erhebung auslöste. In Cartagena wurde der *Cantón federal de Cartagena* errichtet, in Granada erließ das *Comité de Salud Pública* am 21. Juli 1873 eine wirklich revolutionäre *Constitución del Cantón Federal*, in Barcelona rief die *Diputación*, die sich selbst zu autonomer Regierung erhob, die *República independiente de Cataluña* aus. Auch in Valencia, Sevilla, Cádiz und Málaga flammte der Aufstand auf.[141]

Nachdem die kurzlebige Republik, die die regionalistischen und 'kantonalistischen' Konflikte und der Karlistenkrieg in die Anarchie gestürzt hatten, von General Pavía besiegt und die Monarchie von General Arsenio Martínez Campos mit dem 'Pronunciamiento' von Sagunto (29. Dezember 1874) wiederhergestellt worden war, wurde eine neue Verfassung ausgearbeitet, deren Text zum großen Teil Antonio Cánovas del Castillo verfaßte und die viel weniger liberal als die

---

138 Vgl. Miguel Martínez Cuadrado: Restauración y crisis de la monarquía (1874-1931). Madrid: Alianza Editorial 1991 (= Historia de España, 6), S. 11-12.

139 Vgl. Gaspar Gómez de la Serna: «Constitución [Federal] de 1873». In: Diccionario de Historia de España. Dirigido por Germán Bleiberg. 1: A/E. Madrid: Alianza Editorial 1981, S. 966-967. - F. Tomás y Valiente: Manual de Historia del Derecho español, S. 453-454.

140 Francisco Pí y Margall war der Gründer des *Partido Republicano Democrático Federal* (später: *Partido Republicano Federal Pactista*) und Verfasser des wichtigsten theoretischen Werkes über den spanischen Föderalismus: Las Nacionalidades. Madrid: Imprenta y Librería de Eduardo Martínez 1877 (Ed. facs. Madrid: Biblioteca Nueva 2002). Über die Republikanische Föderalistische Partei, ihre Ideologie und ihre politische Tätigkeit vgl. Carmen Pérez Roldán: El Partido Republicano Federal, 1868-1874. Madrid: Endymion 2001.

141 Vgl. Olimpia Begué: Insurrección Cantonal (1873-1874). In: Diccionario de Historia de España I, S. 665-666. - M. Martínez Cuadrado: Restauración y crisis de la monarquía (1874-1931), S. 14-16.

Verfassung des Jahres 1869 war.[142] Diese neue Verfassung, die am 24. Mai 1876 vom Abgeordnetenkongreß, am 22. Juni vom Senat verabschiedet und am 30. Juni vom König unterzeichnet wurde, blieb bis zum Staatsstreich (13. September 1923) von Miguel Primo de Rivera gültig und trat nach dem Sturz der Diktatur (28. Januar 1930) neuerlich in Kraft (mit der Erlassung der Notverfassung - *Estatuto jurídico de la República* - der Zweiten Republik am 15. April 1931 wurde sie dann endgültig abgeschafft).[143]

Was die Verwaltungsorganisation des Nationalgebietes angeht, so knüpfte die Verfassung von 1876 an jene von 1869 an. Spanien wurde wieder in von *Diputaciones Provinciales* regierte Provinzen («Título X, Art. 82»)[144] und in von *Ayuntamientos* regierte Gemeinden («Título X, Art. 83») eingeteilt.[145] Die administrative Autonomie der Provinzen und der Gemeinden war recht begrenzt. Das spanische Verwaltungssystem, wovon die Organisation der lokalen Einrichtungen einen Teil bildete, war ja "wesentlich ein zentralisiertes Regime".[146] In Bezug auf die Lokalverwaltung bestimmte Art. 84 der Verfassung folgendes:

Die Organisation und die Befugnisse der Provinzialvertretungen (Diputaciones provinciales) und Gemeinderäte (Ayuntamientos) werden durch die sie betreffenden Gesetze bestimmt.

Diese passen sich den folgenden Grundsätzen an:

Erstens: Verwaltung und Leitung der besonderen Interessen der Provinz oder der Gemeinde durch die entsprechenden Körperschaften.

Zweitens: Veröffentlichung ihrer Voranschläge, Rechnungen und Beschlüsse.

Drittens: Eingreifen des Königs und gegebenenfalls der Cortes, um zu verhindern, daß die Provinzialvertretungen und die Gemeinderäte die Grenzen ihrer Befugnisse, zum Nachteil der allgemeinen und dauernden Interessen, überschreiten, und

---

[142] Vgl. Ángel Bahamonde, Pedro Carasa, Pere Gabriel, Jesús A. Martínez, Alejandro Pizarroso: Historia de España. Siglo XX. 1875-1939. Madrid: Cátedra 2000, S. 75-78.

[143] Vgl. A. Posada: Spanisches Staatsrecht, S. 18-27. – Gaspar Gómez de la Serna: «Constitución de 1876». In: Diccionario de Historia de España. Dirigido por Germán Bleiberg. 1: A/E. Madrid: Alianza Editorial 1981, S. 967-970. – F. Tomás y Valiente: Manual de Historia del Derecho español, S. 454-459. – M. Martínez Cuadrado: Restauración y crisis de la monarquía (1874-1931), S. 91-107.

[144] „Art. 82. In jeder Provinz besteht eine Provinzialvertretung (Diputación provincial), die in der durch das Gesetz bestimmten Form gewählt wird und aus der von dem Gesetz bezeichneten Mitgliederzahl besteht." Vgl. Verfassung der spanischen Monarchie (30. Juni 1876). In: A. Posada: Spanisches Staatsrecht, S. 234-242; hier S. 235.

[145] „Art. 83. In den Städten und Ortschaften (pueblos) gibt es Alkalden und Gemeinderäte. Die Gemeinderäte werden ernannt durch die Einwohner, denen das Gesetz dieses Recht überträgt." Vgl. Verfassung der spanischen Monarchie (30. Juni 1876), S. 241. Im Originaltext heißt es: "Habrá en los pueblos Alcaldes y Ayuntamientos. Los Ayuntamientos serán nombrados por los vecinos á quienes la ley confiera este derecho". Vgl. Constitución de la Monarquía Española de 1876. In: Javier Hervada - José M. Zumaquero: Textos constitucionales españoles (1808-1978). Pamplona: Ediciones Universidad de Navarra 1980, S. 233-252; hier S. 250.

[146] A. Posada: Spanisches Staatsrecht, S. 172.

Viertens: Bestimmung ihrer Befugnisse in Steuerangelegenheiten, damit die Provinzial- und Gemeindesteuern sich niemals im Gegensatze zu dem Steuersystem des Staates befinden.[147]

Die dritte Klausel („Intervención del Rey, y en su caso de las Córtes, para impedir que las Diputaciones provinciales y los Ayuntamientos se extralimiten de sus atribuciones en perjuicio de los intereses generales y permanentes“[148]) räumte der Zentralgewalt notwendige, aber auch mißbräuchliche Eingriffsmöglichkeiten in allen lokalen Körperschaften ein.[149]

Nach Art. 49 des Gemeindegesetzes von 1877 wählten die *Ayuntamientos* (Gemeinderäte) aus ihrer Mitte die *Alcaldes* (Bürgermeister). Der König konnte aber aus den Ratsmitgliedern die Alkalden der Provinzhauptstädte, der Hauptorte der Gerichtsbezirke und der Ortschaften (*Pueblos*) innerhalb des Bezirks von gleicher oder höherer Einwohnerzahl als jener, jedoch mit wenigstens 6000 Einwohnern, ernennen. Die Alkalden von Madrid und von Barcelona wurden frei vom König ernannt, der auch die stellvertretenden Alkalden in Madrid ernennen konnte, diese jedoch nur aus der Mitte der Gemeindevertretung. Der Alkalde vertrat die Einheit der Gemeindeverwaltung (die vollziehende Gewalt) und war das Verbindungsorgan mit der Zentralgewalt durch den Gouverneur. Er besaß so eine doppelte Funktion: Vertreter der Zentralgewalt und Vertreter der Gemeinde. In seiner Eigenschaft als Vertreter der Regierung besaß der *Alcalde* eine politische Repräsentation. Er war in Sachen der politischen Gemeinderegierung, Amtsgewalt, Pflichten und Verpflichtungen unabhängig vom Gemeinderat und erfüllte die ihm durch die Gesetze übertragenen Pflichten unter der Leitung des Gouverneurs (Art. 199-200). In seiner Eigenschaft als Haupt der Gemeindeverwaltung war der *Alcalde* Vorsitzender der Gemeindekörperschaft und hatte diese zu vertreten. Außerdem besaß er zahlreiche Befugnisse: Verkehr mit den Behörden und Privatpersonen im Namen des Gemeinderates; Veröffentlichung, Vollstreckung und Sorge für die Ausführung der Beschlüsse des Gemeinderates, wenn sie gesetzmäßig waren; Aufhebung der Vollstreckung der Beschlüsse des Gemeinderates in den durch das Gesetz vorgeschriebenen Fällen; Übermittlung der einer Bestätigung bedürfenden Beschlüsse des Gemeinderates an die Provinzialvertretung und an den Gouverneur; Übermittlung von Denkschriften der Gemeinderäte an die höheren Behörden; Leitung der Stadt- und Feldpolizei; Leitung und Überwachung der Unterbeamten dieser Dienstzweige; Ausübung der Funktionen eines Ordners und Leiters der Anlage des Gemeindevermögens, sowie des Rechnungswesens; Beaufsichtigung und Sorge für Betrieb und Leitung der Anstalten und Einrichtungen der Gemeinde für Wohltätigkeit und Unterricht, gemäß den

[147] Verfassung der spanischen Monarchie (30. Juni 1876), S. 241. - Constitución de la Monarquía Española de 1876, S. 250.

[148] Constitución de la Monarquía Española de 1876, S. 250.

[149] M. Martínez Cuadrado: Restauración y crisis de la monarquía (1874-1931), S. 125.

gesetzlichen Bestimmungen; usw. (Art. 114).[150] Die Autonomie der *Diputaciones Provinciales* war nicht größer als die der *Ayuntamientos*. Die Befugnisse der Provinzialvertretungen waren (nach dem Provinzialgesetz von 1882, welches das Provinzialgesetz vom 2. Oktober 1877 umgestaltet und ersetzt hatte) stets durch die Gesetze bestimmt und besaßen doppelten Charakter. Die einen standen ihnen als repräsentativen Korporationen der Provinzen zu, die anderen als Behörden über den Gemeinderäten. Die Beschlüsse der Provinzialvertretungen konnten durch den Gouverneur, dem Oberhaupt der Provinzialverwaltung, aufgehoben werden.[151]

Besonders in Wahlzeiten[152] wurden die Mißbräuche und Mißstände des Systems sichtbar:

> En períodos electorales los abusos en el cese de Ayuntamientos, el nombramiento discrecional de delegados gubernativos y, sobre todo, la enorme latitud del poder de los gobernadores civiles, directamente dependientes del Gobierno y en concreto de los ministros de Gobernación, constituían la lacra permanente del sistema. [...] El gobernador civil y los delegados de hacienda, que desde la Ley de 9 de diciembre de 1881, vigilaban y tutelaban las finanzas provinciales, sometían a las corporaciones locales y a la vida local a un cerco que derrumbaba sistemáticamente sus mejores iniciativas.[153]

Die Verfassung von 1876 - mit den von ihr abgeleiteten Gesetzen zur Provinz- und Gemeindeverwaltung - war einer der Hauptgründe der Krise des monarchisch-liberalen Regimes.

Das ‚jakobinische' System der starken politischen und administrativen Zentralisation brachte weder die ersehnte Kohäsion des nationalen Gebietes hervor, noch förderte es in bedeutender Weise die Bildung einer nationalen Identität. Die Identifikation der Bewohner des spanischen Bodens mit der von den liberalen Verfassungen postulierten und proklamierten "Nación española" fand nicht statt.[154] Die Anstrengungen, zuerst der gemäßigten Liberalen, dann der Befürworter der Restauration, einen einheitlichen Staat zu schaffen, waren von

---

150 A. Posada: Spanisches Staatsrecht, S. 174-175.

151 A. Posada: Spanisches Staatsrecht, S. 180-182.

152 Nach dem Wahlgesetz vom 28. Dezember 1878, das bis ins Jahr 1890 – in diesem Jahr wurde mittels Gesetz vom 26. Juni das Wahlrecht auf alle männlichen Bürger ausgedehnt ("todos los españoles varones"), die älter als 25 Jahre und im vollen Besitz ihrer bürgerlichen Rechte waren – in Kraft blieb, war das Stimmrecht für die Wahl der Abgeordneten von dem Vermögen und der Steuerleistung (Zensuswahlrecht) abhängig und daher auf eine Minderheit der Steuerzahler beschränkt.

153 M. Martínez Cuadrado: Restauración y crisis de la monarquía (1874-1931), S. 125-126.

154 Vgl. Julio Aróstegui: El Estado español contemporáneo: centralismo, inarticulación y nacionalismo. In: Historia Contemporánea, Universidad del País Vasco, Número 17 (1998), S. 31-57. - Juan Sisinio Pérez Garzón: La Nación, sujeto y objeto del Estado liberal español. In: Historia Contemporánea, Universidad del País Vasco, Número 17 (1998), S. 119-138. - José Álvarez Junco: Mater dolorosa. La idea de España en el siglo XIX. Madrid: Taurus 2001.

begrenztem Erfolg. Die drei Karlistenkriege,[155] die föderalistischen Bestrebungen und die 'kantonalen' Aufstände zeigen das Scheitern des Projektes, eine politisch homogene Nation - einen Nationalstaat (‚Estado-Nación') - zu bilden, enthüllen die Schwäche der nationalen Identität[156] sowie die Stärke der zentrifugalen regionalistischen, provinziellen und kommunalen Kräfte. Es ist richtig, daß der kantonale Aufstand niedergeworfen und der dritte und letzte Karlistenkrieg von General Arsenio Martínez Campos gewonnen wurde,[157] aber die regionalistischen Spannungen waren nicht verschwunden. Im Gegenteil!

---

[155] Die Karlistenkriege wurden unmittelbar wohl vom dynastischen Streit um die Thronfolge ausgelöst, der nach dem Tod des Königs Ferdinand VII. ausgebrochen war. Sie wurden jedoch dann von dem Willen, die von den *Fueros* garantierten regionalen und städtischen Freiheiten und Autonomien gegen den liberalen, zentralisierenden Staat zu verteidigen, von dem Protest gegen die Säkularisierung der Gesellschaft und der Kultur sowie von dem Widerstand der Bauern gegen die liberalen Agrarreformen genährt. Vgl. über den Karlismus und die Karlistenkriege Jordi Canal: El carlismo. Madrid: Alianza 2000.

[156] Zur Unfähigkeit des liberalen spanischen Staates des 19. Jahrhunderts ein ausgeprägtes nationales Identitätsgefühl zu schaffen vgl. J. Álvarez Junco: Mater dolorosa. La idea de España en el siglo XIX. - Borja de Riquer i Permanyer: Escolta, Espanya. La cuestión catalana en la época liberal. Madrid: Marcial Pons 2001, S. 35-58.

[157] In Folge dieses Sieges löste die Regierung der Restauration mit Gesetz vom 21. Juli 1876 die *Fueros* der Baskischen Provinzen und von Navarra auf, letzte Überbleibsel der alten regionalen Autonomien in Spanien, die zwischen 1839 und 1844 einmal reformiert, einmal wieder hergestellt worden waren: mit Gesetz vom 25. Oktober 1839, mit Erlaß vom 16. November 1839, per Gesetz vom 16. August 1841 und per Dekret vom 4. Juli 1844. Vgl. M. Artola: La burguesía revolucionaria, S. 257-261.

Die seit den Römern bestehende und während der Herrschaft der Westgoten im großen und ganzen intakt gebliebene politische und administrative Einheit der ‚Hispania' löste sich mit dem Sieg der Araber über den letzten westgotischen König im Jahre 711 auf. Während der Zurückeroberung ('Reconquista') der spanischen Halbinsel wurde versucht, die verlorene politische und administrative Einheit wiederherzustellen. Aber gerade die 'Reconquista' bewirkte die rechtliche und administrative Heterogenität Spaniens. Während des fast acht Jahrhunderte (718-1492) dauernden Kampfes gegen die Herrschaft der Araber bildeten sich verschiedene Königreiche und Grafschaften. Zuerst wurde das Königreich von Asturien gegründet, dessen König Alfons I. (739-757) – Schwiegersohn des ersten Königs von Asturien Pelayo, des Siegers von Covadonga – seine Herrschaft bis nach Galicien, nach Álava und dem Norden von Kastilien ausdehnen konnte. Im Jahre 910 entstanden das Königreich von León und das ephemere Königreich von Galicien. Im 10. Jahrhundert entwickelte sich unter Fernán González (930-970) aus einer Mark des Königreichs von Asturien die mächtige Grafschaft von Kastilien, die sich mit Ferdinando I. (1035-1065) in ein Königreich verwandelte. Im Norden bildeten sich das Fürstentum von Navarra (ab 905 Königreich v. N.) um die Stadt Pamplona, die Grafschaft von Sobrarbe, die Grafschaft von Álava und die Grafschaft – später, eigenständige Herrschaft (*Señorio*, *Estado señorial*) – von Vizcaya (erst im 14. Jh. gelangte durch Erbfolge die Herrschaft von Vizcaya in den Besitz der kastilischen Krone, ohne jedoch ihre politische und rechtliche Eigenständigkeit zu verlieren). Im Nordosten hatten sich im 9. Jahrhundert die Grafschaften von Aragonien (ab 1035 Königreich von A.) und von Barcelona (ab 1137 mit Aragonien vereinigt; ab dem 14. Jahrhundert: Fürstentum von Katalonien - ‚Principat de Catalunya') und im Westen die Grafschaft von Portugal (ab 1139 Königreich v. P.) gebildet. Im Süden und Südosten entstanden wegen des Zerfalls des Kalifats von Córdoba (1031) verschiedene kleine Königreiche, die sog. Taifenreiche (‚Reinos de Taifas': Almería, Valencia, Granada, Málaga, Algeciras, Carmona, Ronda, Murcia, Sevilla, Badajoz, Toledo, Zaragoza, Córdoba), die allmählich der Krone Kastiliens als Königreiche von Córdoba, Granada, Valencia, Murcia usw. einverleibt wurden.

Die christlichen Könige und Grafen (aber auch Adlige, wenn sie großräumige Grundherrschaften und Latifundien besaßen) gewährten *Cartas pueblas* ('Briefe zur Wiederbevölkerung') und *Fueros municipales* (Stadtrechte, Stadtverfassungen, Stadtordnungen), die weitgehende Freiheiten, Privilegien und steuerliche Exemtionen beinhalteten, wodurch die Besiedlung oder die Wiederbesiedlung der zurückeroberten ländlichen Gebiete beziehungsweise das demographische und ökonomische Anwachsen von bereits bestehenden oder neugegründeten Städten gefördert werden sollte. Die *Cartas pueblas* und die städtischen *Fueros* gewährten aber nicht nur Freiheiten, Privilegien und steuerliche Exemtionen. Die *Cartas pueblas* enthielten auch Regelungen zur Ausübung der Gerichtsbarkeit und stellten manchmal ein regelrechtes Statut dar, das die Rechtsordnung zusammenfaßte, der das ländliche Gebiet unterworfen war. Die städtischen *Fueros* enthielten das Lokalrecht sowie Verfügungen verschiedener Art und von den städtischen Behörden erlassene Anordnungen zur Regelung des örtlichen Lebens. Somit begründeten die *Cartas pueblas*, die den einfachsten und ältesten Typus der Quellen des Lokalrechts darstellen, und die *Fueros municipales*, die zum Teil aus den *Cartas pueblas* hervorgegangen waren, die lokalen Autonomien.

Um die von den *Cartas pueblas* und den *Fueros municipales* verursachte rechtliche Zersplitterung zu beseitigen und die große Vielfalt der Rechtsbräuche und -gewohnheiten zu vereinheitlichen oder wenigstens einzudämmen, erließen ab dem XI.-XII. Jahrhundert die Könige von Kastilien und León und die Grafen (später Könige) von Portugal und von Aragonien territoriale *Fueros*, die in dem ganzen Königreich bzw. in der ganzen Grafschaft oder für ein bestimmtes Gebiet der Königreiche und der Grafschaften Gültigkeit hätten erlangen sollen. Die Wirkung dieser *Fueros* – in den Fällen, wo sie überhaupt eine Wirkung auf die lokalen *Fueros*, ausübten und zu der Überwindung des ‚localismo jurídico' und zu der rechtlichen Homogenisierung beitrugen – war einerseits beschränkt, andererseits begünstigten sie die Entstehung von anderen Partikularismen und zwar von jenen regionalen Partikularismen, die später auch durch die von anonymen Rechtsgelehrten privat kompilierten Sammlungen des Land- und Territorialrechtes gefördert und verstärkt wurden. So schufen die 'Briefe zur Wiederbevölkerung', die Stadtverfassungen und die territorialen *Fueros* die Voraussetzungen für die zukünftigen regionalistischen und föderalistischen Tendenzen und Bestrebungen.

Die Katholischen Könige, Isabel von Kastilien und Ferdinand von Aragonien, vereinigten Spanien (oder besser ‚las Españas') politisch und strebten durch Neuschaffung einiger Behörden nach einer Vereinheitlichung und Zentralisierung der Verwaltung, aber die alten Verwaltungs- und Gerichtsbehörden bestanden fort. Auch unter Karl I. und seinen Nachfolgern überlebten weite städtische und regionale Autonomien. Als der Conde-Duque de Olivares mittels einer radikalen und organischen Reform versuchte, einen in allen Bereichen (Gesetzgebung, Verwaltung, Finanz- und Steuerwesen, Streitkräfte) wirklich zentralisierten Staat zu errichten, scheiterte er an dem Widerstand der Stadtoligarchien sowie des Fürstentums von Katalonien und des Königreiches von Portugal, die gegen die Assimilierungspolitik des spanischen Ministers von Philipp IV. rebellierten. Portugal wurde nach einem langen Krieg wieder zu einem unabhängigen Königreich. Katalonien trennte sich für einige Jahre (1640-1652) von der spanischen Monarchie. Der bedrohte Regionalismus hatte sich in Separatismus verwandelt.

Die Errichtung eines einheitlichen Staates wurde erst wieder ab 1700 von Philipp V., dem ersten spanischen König aus der bourbonischen Dynastie, in Angriff genommen. Er versuchte, einen einheitlichen, zentralisierten Staat nach dem

Modell des französischen Staates von Ludwig XIV. aufzubauen. Er hob - mit einer Reihe von Dekreten, die er von 1707 bis 1716 erließ - sämtliche „fueros, privilegios, prácticas y costumbres hasta aquí observadas“ (Dekret vom 29. Juni 1707) und die regionalen Regierungen und Autonomien auf. Das Recht wurde vereinheitlicht, indem Aragón und Valencia das kastilische Recht aufgezwungen wurde. Spanien wurde in Provinzen eingeteilt, deren Leitung Intendanten anvertraut wurde. Bei seinem Versuch, seine spanischen Königreiche homogen zu machen, hatte Philipp V. mehr Glück als Olivares. Die politische Zentralisation Spaniens nach französischem Muster gelang ihm aber nur unvollkommen. Navarra und das Baskenland behielten ihre Privilegien und den traditionellen ‚Régimen foral'. Die rechtliche und administrative Vereinheitlichung, ein Prozeß, der auch durch die Rezeption der französischen Aufklärung gefördert war, wurde unter den Nachfolgern von Philipp V. fortgesetzt und bildete die Grundlage für den Versuch, im 19. Jahrhundert einen Nationalstaat aufzubauen.

Von den Ideen und Idealen der französischen Aufklärung und insbesondere der Französischen Revolution und der konstitutionellen liberalen Bewegungen geprägt, entwarf die Verfassung von Cádiz aus dem Jahre 1812 eine stark zentralisierte Organisation des Landes. Sie sah eine Gliederung des Staatsgebietes in *Ayuntamientos* (Gemeindevertretungen) und Provinzen vor und setzte sich der spanischen historischen Tradition der *Fueros* und der städtischen und regionalen Autonomien schroff entgegen, indem sie die Einheitlichkeit der Gesetzbücher und der Jurisdiktion anordnete und den sog. ‚Jakobinischen Zentralismus' einführte. Bereits 1814 hob Ferdinand VII. die Verfassung von Cádiz per Dekret auf. Nach einem liberal-konstitutionellen Triennium (1820-1823) wurde der Absolutismus wiedereingeführt und die Provinzdeputationen abgeschafft. Da es aber unmöglich war, den ‚Status' wiederherzustellen, der vor den Napoleonischen Kriegen herrschte, wurde eine Kommission gebildet, die sich mit der Lösung des Territorialproblems beschäftigen sollte. Verschiedene Ereignisse verhinderten eine rasche Umsetzung des von der Kommission ausgearbeiteten Projektes, das aber die Grundlage für die 1833 von Javier de Burgos durchgeführte Verwaltungsreform bildete. Durch diese Reform wurde Spanien in 49 Provinzen eingeteilt.

Die Verfassungen aus den Jahren 1834 (*Estatuto Real*), 1837, 1845, 1856 und 1869 sahen eine straff zentralisierte administrative Organisation des Staatsgebietes vor, das in Provinzen und Gemeinden mit einer sehr geringen Verwaltungsautonomie gegliedert war. Die Provinzen waren von Provinzialvertretungen (*Diputaciones provinciales*) verwaltet, die unter der Leitung der von der Zentralregierung entsandten Zivilgouverneure (die *Gobernadores civiles* waren das Gegenstück zu den französischen Präfekten) standen. Die Gemeinden waren von *Ayuntamientos* verwaltet, die von den *Alcaldes* (Bürgermeister) geführt wurden. Der *Alcalde*, der entweder von den Gemeinderäten gewählt oder direkt vom König ernannt wurde, besaß eine doppelte Eigenschaft: er war zugleich der Vertreter der Gemeinde und der Vertreter der Zentralgewalt, der unter der Leitung des Zivilgouverneurs die ihm durch die Gesetze übertragenen Pflichten zu erfüllen hatte. Auf diese Weise wurden sowohl die *Diputaciones provinciales* als auch die *Ayuntamientos* von der Regierung sehr stark kontrolliert.

Erst der Entwurf einer republikanisch-föderalistischen Verfassung aus dem Jahre 1873 sah eine andere administrative Strukturierung des Staatsgebietes vor. Der Entwurf schlug als Staatsform eine Föderale Republik vor, die in Gemeinden, Regionalstaaten und Föderalstaat gegliedert war. Aber die von Emilio Castelar versprochene „grande y federal Constitución“ konnte nicht von den *Cortes* diskutiert und verabschiedet werden. Die Verfassunggebende Versammlung (*Cortes Constituyentes*) wurde vom General Manuel Pavía am 3. Januar 1874 aufgelöst. Die am 11. Februar 1873 ausgerufene Republik war tot. Das Projekt zur Errichtung einer Föderation von ‚souveränen' Staaten wurde nie verwirklicht. Eine neue, zum größten Teil von Antonio Cánovas del Castillo ausgearbeitete Verfassung wurde am 30. Juni 1876 verabschiedet und blieb bis 1931 in Kraft. Diese Verfassung ignorierte die föderalistischen und regionalistischen Aspirationen und stützte ein zentralisiertes Regime, das sich auf das korrupte System der lokalen Klientelen der Honoratioren, auf den sog. ‚caciquismo' gründete. So trug sie erheblich zu dem Militärputsch von Primo de Rivera (1923) und zu dem Untergang des liberalen monarchischen Regimes (1931) bei.

II. Kapitel: Von den regionalistischen Bewegungen um 1900 bis zur Diktatur von Francisco Franco

Übersicht: Löst sich Spanien auf? Vom föderalistischen Regionalismus zum separatistischen Nationalismus: Catalunya, Valencia, País Vasco, Galicia, Castilla y León. – Regionalismus und *Regeneracionismo*. – Der ungelöste Konflikt zwischen protektionistischem und freihändlerischem Regionalismus. – Die Diktatur von Primo de Rivera. – Die Zweite Republik. – Die Verfassung von 1931: Entstehung. – Exkurs: Die deutschen Ursprünge des Begriffes ‚Estado integral'. – Die Verfassung von 1931: Die Staatsorganisation. – Das Autonomiestatut für Katalonien. – Die politische und soziale Instabilität und der Ausbruch des Spanischen Bürgerkriegs. – Die Diktatur von Francisco Franco. – Zusammenfassung.

Löst sich Spanien auf? Vom föderalistischen Regionalismus zum separatistischen Nationalismus: Catalunya, Valencia, País Vasco, Galicia, Castilla y León

Der ganze Zeitraum, der sich vom Ende des 19. Jahrhunderts bis zur Zweiten Republik hin erstreckt, war von politischen und kulturellen Protestbewegungen in den peripheren Regionen gekennzeichnet, die die Verwaltungsautonomie zurückforderten und den Anspruch auf eine eigene kulturelle Identität erhoben. An der Spitze dieser Bewegungen, die viele Intellektuelle des *Regeneracionismo* die bevorstehende Auflösung ('desintegración') Spaniens befürchten ließen, stand Katalonien, wo der 'nationale Konsens' so schwach wie das partikularistische Bewußtsein stark war. Im Baskenland fand sich die althergebrachte und ununterbrochene Tradition des 'Fuerismo' von Anfang an in Opposition zum liberalen Staat und sie nährte die karlistischen Kriege, die die von den liberalen Agrarreformen geschädigten baskischen Bauern mobilisierten. In Katalonien und im Baskenland verwandelte sich die regionalistische Bewegung allmählich in einen radikalen Nationalismus. In Galicien und Valencia entstand der Regionalismus später und entwickelte sich zu einem gemäßigten Nationalismus. Regionalistische Tendenzen kamen auch in Kastilien auf, der Region, die wegen ihres politischen und kulturellen Monopols von fast allen anderen Regionen bekämpft wurde.

a) *Katalonien.* Katalonien, wo die alten Institutionen der regionalen und kommunalen Autonomien nach der militärischen Niederlage von 1714 (Kapitulation von Barcelona) von Philipp V. mit dem schon erwähnten Dekret vom 16. Januar 1716 aufgelöst worden waren, war vom liberalen Projekt des Aufbaus eines homogenen Nationalstaates (‚Estado-Nación') weitgehend ausgeschlossen worden. Vor allem ab 1843 (in diesem Jahr kamen die gemäßigten Liberalen an die Macht und setzten den politisch-oligarchischen Weg sowie das Modell eines stark zentralisierten

Staates durch[1]) reduzierten sich erheblich die Möglichkeiten der katalanischen Eliten, das spanische politische Leben wirklich beeinflussen zu können. Ihre Präsenz in den Institutionen der Zentralgewalt war zwischen 1814 und 1900 höchst gering (in diesem Zeitraum waren von 115 spanischen Regierungschefs nur 3 Katalanen, während unter 850 Ministern nur 22 Katalanen waren, was einem Anteil von 2,75% entspricht; die katalanische Bevölkerung repräsentierte fast 10% der Spanier).[2] Die autoritäre Involution der Gemäßigten und ihrer Regierungen, die Militarisierung der öffentlichen Ordnung und die totale Unterwerfung der zivilen unter die militärischen Behörden,[3] die Erstarrung des kommunalen Lebens, die Herausbildung eines oligarchischen Machtsystems mit der sich daraus ergebenden Reduzierung der Politik auf ein reines Spiel von Kamarillen aus Honoratioren und 'caciques', verursachten die Abschwächung des Gemeinsinns und eine fortschreitende Entfremdung der katalanischen Gesellschaft und ihrer führenden Gruppen vom Regierungszentrum.[4] Die politische Integration blieb wegen der Fehlfunktion der Mechanismen, die eine solche hätten fördern sollen, aus und so entstanden die Abneigung der bürgerlichen katalanischen Eliten gegen die spanischen Regierungen und die Überzeugung, daß diese sich nicht um ihre Probleme kümmerten.

Gegen Ende der Herrschaft von Isabel II. war der 'Komplex', eine Kolonie zu sein, in Katalonien nunmehr weitgehend verwurzelt. Die Überzeugung, daß es notwendig war, sich 'von Madrid' zu emanzipieren, hatte sich dementsprechend verbreitet. Die Bewegung der kulturellen Wiedergeburt, der *Renaixença*, die sich seit der Wiedereröffnung der Universität von Barcelona (1833) und der Wiederbelebung des Katalanischen als Literatursprache immer mehr entwickelt hatte – die zunehmende Industrialisierung und der florierende Handel Kataloniens begünstigten diese Entwicklung –, nährte die emanzipatorischen Tendenzen.[5] Zwischen 1843 und 1868 lehnten die katalanischen Liberalen die Sezession ab, sie verzichteten aber nicht auf die 'catalanitat'. Sie wollten eine spanische Nation als gemeinsames Vaterland der gesamten alten Identitäten, eine ‚España plural' (*las Españas*) aufbauen und hielten es für möglich und erstrebenswert, daß die ‚viejas

1 Vgl. Ángel Bahamonde - Jesús A. Martínez: Historia de España. Madrid: Cátedra 1998, S. 241-282.

2 Über die Beteiligung der Katalanen an der spanischen Politik im 19. Jahrhundert vgl. Borja de Riquer i Permanyer: Escolta, Espanya. La cuestión catalana en la época liberal, S. 111-119.

3 Zum Mißbrauch der Militärmacht in der isabelinischen Epoche vgl. Borja de Riquer i Permanyer: Escolta, Espanya. La cuestión catalana en la época liberal, S. 121-147.

4 Vgl. Borja de Riquer i Permanyer: Escolta, Espanya. La cuestión catalana en la época liberal, S. 80-84.

5 Vgl. Albert Balcells: Història del nacionalisme català. Barcelona: Generalitat de Catalunya 1997, S. 39-41. – Josep Termes: Història del catalanisme fins el 1923. Barcelona: Pòrtic 2000, S. 43-65. – Josep Fontana: La fi de l'Antic Règim i la industrializació (1787-1868). Pròleg de Pierre Vilar (= Història de Catalunya. Director: Pierre Vilar. Volum V). Barcelona: Edicions 62 1993, S. 429-447.

patrias' innerhalb der spanischen politischen Nation bestehen blieben („España es la nación, Cataluña la patria").[6]

Im 'Sexenio Democrático' (1868-1874), der einzigen Zeitspanne des 19. Jahrhunderts mit einer merklichen Präsenz von Katalanen in der spanischen politischen Führung (drei Regierungschefs waren Katalanen: Joan Prim, Estanislau Figueras, Francesc Pi i Margall), wurde die Diskussion über den Föderalismus und eine dezentralisierte Staatsorganisation intensiv geführt. Sie gipfelte in dem erwähnten Projekt einer föderalistischen Verfassung (1873). Das politische Scheitern des 'Sexenio Democrático' zog jedoch auch das Scheitern des spanisch-demokratischen Weges zu einer Dezentralisierungsreform des Staates und zu der Verwirklichung eines pluralistischen Spaniens nach sich.

So verließ einige Jahre später ein Teil der katalanischen Föderalisten, angeführt von Valentí Almirall, welcher im 'Sexenio Democrático' in Madrid die Tageszeitung *El Estado Catalán* veröffentlicht hatte, den spanischen Föderalismus und optierte für einen ausschließlich katalanischen politischen Weg. 1886 verfaßte Valentí Almirall *Lo Catalanisme*, das theoretische Werk, das den katalanischen Nationalismus begründete.[7] In den letzten Jahren des 19. Jahrhunderts breitete sich die 'katalanistische' Bewegung aus. 1889 schrieb die Zeitschrift *La España Regional*, die von konservativen Regionalisten und nicht etwa von Befürwortern eines unnachgiebigen Katalanismus herausgegeben war, in ihrem Editorial, daß in Spanien kein echtes nationales Bewußtsein besteht, weil es in Wirklichkeit keine Nation und noch weniger eine nationale Einheit gibt, sondern nur ein Aggregat verschiedener Nationalitäten innerhalb eines einzigen Staates ("en España no hay verdadera conciencia nacional porque en realidad no hay nación, ni menos aún unidad nacional, sino un conjunto de nacionalidades dentro de un solo Estado"[8]). Am 29. März 1892 wurden von der Generalversammlung der Katalanistischen Union (*Unió Catalanista*) die *Bases per a la Constitució Regional Catalana* (die sogenannten *Bases de Manresa*) angenommen, die die Selbstverwaltung[9] und den Gebrauch der katalanischen Sprache als einzige offizielle

---

6 Vgl. Josep Maria Fradera: La política liberal y el descubrimiento de una identidad distintiva en Cataluña (1835-1865). In: Hispania LX/2, nr. 205 (Madrid, 2000), S. 673-702; hier S. 698.

7 J. Termes: Història del catalanisme fins el 1923, S. 189-192. - Borja de Riquer i Permanyer: Escolta, Espanya. La cuestión catalana en la época liberal, S. 90-91.

8 «Editorial». In: La España Regional, tom. VII, Barcelona 1889, S. 182 (zit. nach: Borja de Riquer i Permanyer: Escolta, Espanya. La cuestión catalana en la época liberal, S. 101).

9 "Base 6.ª Catalunya será la única soberana de son gobern interior: por lo tant, dictará lliurement sas lleys orgánicas; cuydará de sa llegislació civil, penal, mercantil, administrativa y processal; del establiment y percepció d'impostos; de la encunyació de la moneda, y tindrá totas las demés atribucións inherents á la soberanía que no corresponguin al Poder Central segons la Base 1.ª" (Deliberacions de la Primera Assamblea General de Delegats de la Unió Catalanista tinguda á Manresa en los mes de mars de 1892. Tema de discussió: Bases pera la Constitució Regional Catalana. Barcelona: La Renaixensa 1893, S. 230).

Sprache Kataloniens einforderten,[10] die Reform - ausgehend von ihrem dem *Nova Planta*-Dekret vorhergehenden Zustand - der zivilen Rechtsordnung ("llegislació civil de Catalunya prenent per base son estat anterior al Decret de Nova Planta"[11]) verfochten und dem *Sometent* (*Somatén*) die öffentliche Ordnung und die innere Sicherheit Kataloniens ("conservació del ordre públich y seguretat interiors de Catalunya") anvertrauten.[12]

Obwohl es ein verbreitetes Gefühl der 'catalanitat' gab, war der Katalanismus jedoch noch nicht in der Mehrheit. Der Übergang von Äußerungen einfacher 'catalanitat' (das Gefühl der regionalen Zugehörigkeit und des regionalen Stolzes, die Verteidigung der eigenen Sprache, die Pflege der Traditionen und der Geschichte der individuellen und kollektiven verlorenen Freiheiten) zu der Forderung, die sich auf der Unterschiedlichkeit und Eigentümlichkeit der eigenen 'nationalen' Identität begründete, nach einer katalanischen politischen Gewalt vollzog sich mit der Krise von 1898. Das Desaster von 1898 – die militärische Katastrophe, die Spanien in seinem Krieg gegen die Vereinigten Staaten erlitt, mit dem darauffolgenden Verlust der letzten Überseekolonien (Kuba, Puerto Rico, Philippinen) – zog einen schweren Legitimitätsverlust des Nationalstaates nach sich und trug deutlich zur Beschleunigung des Prozesses der Umwandlung der Regionalismen in Nationalismen bei. In Katalonien bildete sich die nationalistische Bewegung zu einer mächtigen Kraft heraus, organisiert in der *Lliga Regionalista* und geführt von Enric Prat de la Riba, dem Gründer des *Centre Nacional Catalán*,[13] Direktor der *La Veu de Catalunya*[14] und (zusammen mit P. Muntanyola) Verfasser des *Compendi de la Doctrina Catalanista* (1894)[15] und des Werkes *La nacionalitat catalana* (1906), worin die Forderung nach einer katalanischen Nation und der Einrichtung eines katalanischen Staates erhoben wurde.[16] Im Jahre 1907 verfaßte

[10] "Base 3.ª La llengua catalana será la única que ab carácter oficial podrá usarse á Catalunya y en las relacions d'aquesta regió ab lo Poder central" (Deliberacions de la Primera Assamblea General de Delegats de la Unió Catalanista, S. 29).

[11] Deliberacions de la Primera Assamblea General de Delegats de la Unió Catalanista, «Base 17.ª», S. 232.

[12] Deliberacions de la Primera Assamblea General de Delegats de la Unió Catalanista, «Base 13.ª», S. 231.

[13] Aus der Vereinigung dieses *Centre* mit der *Unió Regionalista* entstand 1901 die *Lliga Regionalista*, eine regionalistisch konservative Partei. Vgl. J. Termes: Història del catalanisme fins el 1923, S. 406-410.

[14] Über diese Zeitung vgl. J. Termes: Història del catalanisme fins el 1923, S. 301-306.

[15] In diesem Kompendium wird dem Staat (als politische, künstliche und gewollte Entität betrachtet) das Vaterland (als historische, natürliche und notwendige Gemeinschaft bezeichnet) entgegengestellt. Vgl. J. L. de la Granja, J. Beramendi, P. Anguera: La España de los nacionalismos y las autonomías, S. 334-335.

[16] „Sent la nacionalitat una unitat de cultura, una ànima colectiva, ab [amb] un sentir, un pensar, y un voler propis, cada nacionalitat ha de tenir la facultat d'acomodar la seva conducta colectiva, això es, la seva política, al seu sentiment de les coses, al seu seny, al seu franch voler. Cada nacionalitat ha de tenir el seu Estat. [...] Conseqüencia de tota la doctrina aquí exposada és la

die *Solidaritat Catalana*, die am 11. Februar 1906 in Gerona durch die Vereinigung aller Parteien mit autonomistischen Tendenzen (*Lliga Regionalista*, *Catalunya Federal*, *Centre regionalista Catalá*, *Unió Catalanista*) gegründet worden war,[17] ein Minimalprogramm von Forderungen, das sogenannte 'Programa del Tívoli'.[18]

Auf den Wahlsieg der *Solidaritat Catalana* bei den Wahlen vom 10. März 1907 in den katalanischen Provinzen und bei den allgemeinen nationalen Wahlen vom 21. April 1907[19] folgten jedoch drei Niederlagen: 1908 die Niederlage bei den in Barcelona ausgeschriebenen Wahlen für einige freigewordene Abgeordnetenposten, 1909 bei den Gemeinderatswahlen und 1910 bei den allgemeinen Wahlen. So spaltete sich die *Solidaridat Catalana* in zwei Flügel: der linke bildete die *Unión Federal Nacionalista Republicana*, die aufgrund ihres ausgeprägten Nationalismus *Partido nacionalista* genannt wurde; der rechte Flügel kehrte zur *Lliga Regionalista* zurück. Und gerade die *Lliga Regionalista* war es, die unter der geschickten Führung Francesc Cambós von der Regierung von Antonio Maura die Bildung einer wichtigen Einrichtung mit regionaler Gewalt erreichte: die *Mancomunitat de Catalunya*.[20]

Unter dem Druck von Cambó hatte sich nämlich die konservative Regierung entschlossen, die Zweckverbände (*Mancomunidades*) der Provinzen „im Verordnungswege zu regeln, obwohl dieser Weg verfassungsrechtlich nicht unbe-

---

reivindicació d'un Estat català, en unió federativa ab [amb] els Estats de les altres nacionalitats d'Espanya. Del fet de la nacionalitat catalana neix el dret a la constitució d'un Estat propi, d'un *Estat Català*" (Enrich Prat de la Riba: La Nacionalitat Catalana. Barcelona 1910. In: Enric Prat de la Riba: La Nacionalidad Catalana - La Nacionalitat Catalana. Edición bilingüe. Introducción de Javier Tusell. Madrid: Biblioteca Nueva 1998, S. 111 u. 125).

17 Vgl. J. Termes: Història del catalanisme fins el 1923, S. 419-424.

18 „Es desde abajo, es del cuerpo social que el movimiento de regeneración tiene que venir y que desde abajo ha empezado. En los órganos vitales más poderosos de nuestra sociedad se ha iniciado una vigorosa renovación. Por debajo de un Estado que es artificioso instrumento de dominio oligárquico, sin comunión de pensamiento ni de vida con el país, los grandes organismos sociales en que se manifiesta rica y varia la unidad española han sentido renacer intensas energías.

Cataluña, por su temperamento y su situación, ha sentido antes que las otras regiones y con mayor fuerza que ellas esta renovación social, precursora de la renovación política. En Cataluña la vivificación del cuerpo social, la intensificación de su vivir, ha alcanzado un estado de plenitud, y por esto Cataluña ha empezado el proceso de penetración del Estado, la lucha para llevar al Estado el empuje fecundante de la vitalidad popular" (Programa del Tívoli. 1907. In: J. L. de la Granja, J. Beramendi, P. Anguera: La España de los nacionalismos y las autonomías, S. 326).

19 Vgl. Albert Balcells: Història del nacionalisme català dels orígens al nostre temps. Barcelona: Generalitat de Catalunya 1997, S. 73-76. - J. Termes: Història del catalanisme fins el 1923, S. 424-427.

20 Mancomún = Gemeinhand. Hans Gmelin (vgl. folgende Anm.) übersetzt *Mancomunidades* mit 'Zweckverbände', glaubt aber, daß *Mancomunidad* eigentlich 'Gesamthand' (allenfalls 'gemeine, gemeinschaftliche Hand') bedeutet!

denklich war".[21] So wurde am 18. Dezember 1913, nach langen parlamentarischen Debatten (schon am 17. Oktober 1912 hatte der Kongreß der Abgeordneten den Gesetzentwurf über die *Mancomunitats Provincials* angenommen[22]), die ,die katalanische Frage' ('cuestión catalana') und das Problem der Dezentralisierung ins Zentrum des spanischen politischen Lebens rückten, der *Real Decreto* veröffentlicht, der die vier katalanischen Provinzverbände (Barcelona, Gerona, Lérida, Tarragona) autorisierte, sich zu ausschließlich administrativen Zwecken zu vereinigen ("para fines exclusivamente administrativos, que sean de competencia de las provincias, podrán éstas mancomunarse previos los trámites que se publican", erklärte der *Real Decreto*). Mit dieser Formulierung, die indirekt, aber deutlich die 'politischen Zwecke' ausschloß – diese hätten nicht miteinbezogen werden können, ohne die Verfassung von 1876 zu verändern, die nur Gemeinden und Provinzen als territoriale Körperschaften vorsah[23] –, hatte die Regierung versucht, dem *Real Decreto* "den Charakter einer bloßen Verwaltungsverordnung"[24] zu geben und das konstitutionelle Problem zu umgehen, das jede Veränderung der Verwaltungsorganisation des Nationalgebiets aufwarf (und die Bildung von Zweckverbänden für lokale Verwaltungsaufgaben stellte sicherlich eine solche Veränderung dar).

Die vier Provinzen vereinigten sich in *Mancomunidad* für unbestimmte Zeit ("se unen indefinidamente", wurde im ersten Artikel des Statuts festgesetzt, das mit der Kgl. Verordnung vom 26. März 1914 approbiert werden sollte) und arbeiteten ihr Statut aus, das als Organe eine *Asamblea de la Mancomunidad*, einen *Consejo Permanente* (Ständiger Rat) und einen Präsidenten vorsah, der sowohl der *Asamblea* (Versammlung) als auch dem *Consejo* vorstehen sollte. Am 24. März 1914 nahm die spanische Regierung das Statut der *Mancomunitat de Catalunya* an, die sich offiziell am 6. April konstituierte und zum Präsidenten Enric Prat de la Riba wählte.

Die 'cuestión catalana' hatte die Reaktion der 'españolistas', der spanischen Nationalisten, im Land und im Parlament hervorgerufen. Im Verlauf der langen parlamentarischen Debatte über das Projekt der Einrichtung der *Mancomunitat de Catalunya* hatten viele Mitglieder des *Congreso* und des *Senado* in

---

21 Hans Gmelin: Die Entwicklung des Verfassungsrechts in Spanien von 1913-1932. In: Jahrbuch des öffentlichen Rechts 21 (1933/34), S. 335-465; hier S. 341.

22 Projecte de Llei aprovat definitivament sobre Mancomunitats Provincials de 17 octubre 1912. El Congreso de Diputados, tomando en consideración lo propuesto por el Gobierno de S. M., ha aprobado el siguiente Proyecto de Ley... In: C. Massó i Escofet i R. Gay de Montellà: L'Estatut de Catalunya. Text oficial comentat, amb referències legals i notes de la discussió parlamentària. Barcelona: Llibreria Bosch 1933, S. 159-167. Der Entwurf versandete im Senat. Erst die Regierung von Eduardo Dato Iradier erließ das Gesetz per Dekret am 18. Dezember 1913. Vgl. A. Balcells: Història del nacionalisme català dels orígens al nostre temps, S. 87. - J. Termes: Història del catalanisme fins el 1923, S. 505-511.

23 Vgl. E. Orduña: El regionalismo en Castilla y León, S. 122-123.

24 H. Gmelin: Die Entwicklung des Verfassungsrechts in Spanien von 1913-1932, S. 341.

ihren Reden behauptet, daß eine solche Institution eine große Gefahr für die nationale Einheit darstellte, und gemahnt, daß der erste Schritt zur Zerstückelung des Vaterlandes ("desmembración de la patria") vollzogen wäre, wenn man jetzt den Forderungen der Katalanen nachgeben würde.[25] Tatsächlich schien die darauffolgende Entwicklung ihre Befürchtungen zu bestätigen. Im November 1918 versammelten sich auf Initiative der *Mancomunitat de Catalunya* die *Ayuntamientos* der Provinz Barcelona, um darüber zu beraten, wie eine noch breitere - als notwendige betrachtete - Autonomie zu erlangen wäre. Diese Beratung und die darauffolgenden Versammlungen trugen in ganz Spanien zur Bildung einer gegen die katalanischen Forderungen eingestellten öffentlichen Meinung bei. Die vor den *Cortes* am 20. November 1918 gehaltene Rede, in der Francesc Cambó die Autonomie Kataloniens forderte, um das Problem des Nationalismus zu lösen, und die *Bases para la autonomía de Cataluña*, die der Regierung am 25. November 1918 vom *Consejo Permanente de la Mancomunidad* zugesandt wurden, lösten eine große Empörung aus und verstärkten in Spanien die Strömung der den katalanischen Autonomiebestrebungen feindlich gesinnten öffentlichen Meinung. Das Kabinett von Manuel García Prieto, in dem Francesc Cambó Unterrichtsminister war, mußte zurücktreten (3. Dezember 1918). Der neue, liberale Ministerpräsident Graf von Romanones (Álvaro de Figueroa y Torres, Conde de R.) hielt es für opportun, den Wünschen der Regionalisten innerhalb gewisser Grenzen entgegenzukommen, obwohl fast alle Parteien - von den Konservativen bis zu den Sozialisten - die als übertrieben empfundenen Forderungen der Katalanen ablehnten. Zu diesem Zwecke setzte die Regierung einen außerparlamentarischen Ausschuß (*Comisión extraparlamentaria*) ein, der Leitsätze für eine autonomistische Organisation der Gemeinden und der Regionen ausarbeiten sollte. Die *Comisión extraparlamentaria* verfaßte einen Entwurf, den die Regierung genehmigte und dem Kongreß der Abgeordneten am 20. Januar 1919 vorlegte.[26]

Der Entwurf, der sich in seiner ersten Hälfte nur mit der Selbstverwaltung der Gemeinden befaßte, eröffnete allen spanischen (also nicht nur den katalanischen) Gemeinden die Möglichkeit, aneinander angrenzende Provinzen zu Regionen zu vereinigen. So erschien die Anerkennung der katalanischen Region, deren Neuordnung den Kern des Entwurfs darstellte, nicht als eine Besonderheit. Der Entwurf beabsichtigte eine bedeutende Verstärkung des regionalen Eigenlebens sowohl in Hinsicht auf die Zuständigkeiten wie auch auf die Selbstorganisation[27] und verlieh der Region sogar das Recht der Gesetzgebung (Art. 6: „El Parlament regional estarà facultat per a dictar lleis, i el Poder executiu regional per a execu-

---

[25] Vgl. Borja de Riquer i Permanyer: Escolta, Espanya. La cuestión catalana en la época liberal, S. 215-217.

[26] H. Gmelin: Die Entwicklung des Verfassungsrechts in Spanien von 1913-1932, S. 342-343.

[27] H. Gmelin: Die Entwicklung des Verfassungsrechts in Spanien von 1913-1932, S. 343.

tar-les").[28] Der Entwurf, der für Katalonien eine lange Reihe von Kompetenzen („ensenyança en tots els seus graus", „règim dels Municipis i Províncíes", „Dret civil", „organizació dins el territori de Catalunya de l'administració de la justícia", „Beneficència i Sanitat", „Policia i ordre públic interior", usw.[29]) vorsah, mißfiel sowohl den Konservativen und den Liberalen, die eine zu große Schwächung der Zentralgewalt befürchteten, als auch den Katalanen, die die gewährten Zugeständnisse für zu bescheiden hielten. Das Ziel der Katalanen war in der Tat die Erlangung einer vollständigen Autonomie, wie aus dem Entwurf zu einem Statut deutlich hervorgeht, das vom Rat der *Mancomunitat* und den 11 katalanischen Abgeordneten und Senatoren, die sich diesem Rat angeschlossen hatten, ausgearbeitet worden war. Der *Estatut de Catalunya*, der von der Versammlung der *Mancomunitat* am 24. Januar 1919 verabschiedet wurde, sah eine politische Autonomie vor, die eher der Autonomie eines Gliedstaates eines Bundesstaates als jener einer autonomen Region glich. Das Statut verlangte nämlich die Rechtsprechung einschließlich der oberen Instanz und forderte verschiedene Verwaltungszweige, darunter auch die Polizei. Das Spanische („l'idioma castellà") wurde dort wie eine Fremdsprache behandelt, deren Unterricht in den Volksschulen verpflichtend war. Da schon der gemäßigte Regierungsentwurf von der Mehrheit der *Cortes* als eine Bedrohung der Staatseinheit zurückgewiesen wurde, hatte der *Estatut de Catalunya* wirklich keine Aussicht auf Verwirklichung![30]

1922 gründete Francesc Maciá, der drei Jahre zuvor die *Federació Democràtica Nacionalista* ins Leben gerufen hatte, den *Estat Catalá*, mit ganz deutlich separatistischen Tendenzen. Ebenfalls 1922 wurde die *Acció Catalana* gegründet. 1923 ist das Gründungsjahr der *Unió Socialista de Catalunya*. Am 8. Juli 1923 verbreitete die *Acció Catalana* über ihre Zeitung *La Publicitat* die Idee, gemeinsam mit den baskischen und galicischen Nationalisten eine interregionale (in Wahrheit von den Nationalisten als *internationale* definierte) Vereinigung zu bilden. Diese Idee wurde mit großer Begeisterung vom *Partido Nacionalista Vasco* (*Aberri*) und von der *Irmandade Nazonalista Galega* aufgenommen. Und so wurde am 11. September 1923 in Barcelona in einer Versammlung von Vertretern der *Acció Catalana*, des *Estat Catalá* und der *Unió Catalanista*, von Vertretern des PNV und der *Comunión Nacionalista Vasca* (diese unterschrieb jedoch den Bündnispakt nicht) und von Vertretern der *Irmandade da Fala* von A Coruña die 'Triple Alianza' geschaffen.[31] Aber gerade die Unruhen, die am 11. September die

---

[28] Projecte d'Estatut de Catalunya (Fou convertit en projecte de llei presentat a les Corts per R. D. de 20 de gener de 1919). In: C. Massó i Escofet i R. Gay de Montellà: L'Estatut de Catalunya, S. 169-186; hier S. 176.

[29] Projecte d'Estatut de Catalunya (Fou convertit en projecte de llei presentat a les Corts per R. D. de 20 de gener de 1919), S. 176-178.

[30] H. Gmelin: Die Entwicklung des Verfassungsrechts in Spanien von 1913-1932, S. 343-344.

[31] Vgl. J. L. de la Granja, J. Beramendi, P. Anguera: La España de los nacionalismos y las autonomías, S. 253-255.

Kundgebungen der katalanischen, baskischen und galicischen Separatisten in Barcelona begleiteten (man ging soweit die Nationalflagge zu verunglimpfen, indem sie durch den Straßenstaub gezogen wurde), boten Miguel Primo de Rivera y Orbaneja den unmittelbaren Anlaß für seinen Staatsstreich vom 13. September 1923. Die Diktatur von Primo de Rivera war jeder autonomistischen - auch der gemäßigtesten - Bewegung gegenüber feindlich eingestellt.[32] Die *Mancomunitat de Catalunya* wurde aufgelöst und die katalanischen Parteien, einschließlich der *Lliga Regionalista*, stellten ihre Tätigkeit ein oder gingen in den Untergrund.[33]

b) *Valencia.* Die regionalistische Bewegung entstand in Valencia verspätet. Sie war eine Reaktion aus Ablehnung einerseits und Abwehr andererseits: Ablehnung des spanischen Zentralismus, Abwehr gegen den eindringenden katalanischen Regionalismus und Nationalismus. Die Bewegung setzte sich aus zwei konservativen und föderalistischen Gruppen zusammen: die Gruppe, die sich um den aus Valencia stammenden Schriftsteller Teodoro Llorente, einen 'dynastischen' Konservativen, versammelte und für eine stärker ausgeprägte konservative Lösung eintrat, und die Gruppe, die sich um den Schriftsteller Constantí Llombart scharte und eine stärker ausgeprägte föderalistische Lösung befürwortete. Trotz dieser Unterschiede, die ohnehin nicht tiefgreifend waren, bildeten die zwei Gruppen 1878 die *Lo Rat Penat* genannte kulturelle Gesellschaft, eine Einrichtung, die das kulturelle Leben des 'Valencianismus' bis ins 20. Jahrhundert monopolisierte. Der Übergang vom 'Provinzialismus' zum echten Regionalismus vollzog sich, einigen Historikern zufolge, mit der Rede *De regionalisme i Valentinicultura*, die der Arzt Faustí Barberá i Martí vor der Gesellschaft *Lo Rat Penat* 1902 hielt (die Rede wurde jedoch erst 1910 veröffentlicht). Ebenfalls 1902 wurde die regionalistische Organisation *Valencia Nova* gegründet. Die Bewegung blieb aber auf die kulturellen Eliten beschränkt und erst viel später verbreitete sie sich in der Gesellschaft und füllte sich mit politischen Inhalten. Das grundlegende Dilemma der Bewegung war die Wahl zwischen einer eigenen Autonomie, die im kulturellen und sprachlichen Vermächtnis des alten Königreichs von Valencia zu verankern war, und der Integration in den Nationalismus der katalanischen Länder.[34]

---

[32] Vgl. Maximiano García Venero: Historia del nacionalismo catalán. (Segunda edición definitiva). Madrid: Editora Nacional 1967, 2 Bände. - A. Balcells: Història del nacionalisme català, S. 43-104. - Justa de la Villa: «Regionalismo». In: Diccionario de Historia de España. Dirigido por Germán Bleiberg. 3: N/Z. Madrid: Alianza Editorial 1981, S. 431-438. - J. M. Souvirón Morenilla: Realidad y perspectivas de la organización territorial del Estado. I. El Estado de las Autonomías, S. 15-16. - Borja de Riquer i Permanyer: Escolta, Espanya. La cuestión catalana en la época liberal, S. 102-107, 209-226. - J. L. de la Granja, J. Beramendi, P. Anguera: La España de los nacionalismos y las autonomías, S. 23-30, 60-80.

[33] J. Termes: Història del catalanisme fins el 1923, S. 784.

[34] Ángel Bahamonde, Pedro Carasa, Pere Gabriel, Jesús A. Martínez, Alejandro Pizarroso: Historia de España. Siglo XX. 1875-1939. Madrid: Cátedra 2000, S. 182-183. – Javier Paniagua: Valencianismo político. In: Andrés de Blas Guerrero (Director): Enciclopedia del

c) *Baskenland.* Im Baskenland erfolgte der Übergang vom Regionalismus zum separatistischen Nationalismus rascher als in den anderen peripheren Regionen Spaniens. Die Regionalisten forderten die Wiedereinführung des 'Régimen Foral',[35] der ja mit dem Gesetz vom 21. Juli 1876 abgeschafft worden war (dieses Gesetz, das im Baskenland eine tiefe Unzufriedenheit hervorrief, erlegte Vizcaya, Álava und Guipúzcoa den obligatorischen Militärdienst[36] und Beitragszahlungen zu den allgemeinen Ausgaben auf,[37] beseitigte aber noch nicht ihre *Juntas* und *Diputaciones Forales*; erst das Königliche Dekret vom 5. Mai 1877 wird alle 'forales' Einrichtungen auflösen[38]), und die Rückkehr zu den Verhältnissen, die vor dem Gesetz vom 25. Oktober 1839 bestanden und die als einen Zustand der Unabhängigkeit vom spanischen Staat betrachtet wurden.[39] Das Gesetz vom 25. Oktober 1839 hatte nämlich die *Fueros* zwar bestätigt, jedoch auch bestimmt, daß ihre Einhaltung und Befolgung "la unidad constitucional de la Monarquía" nicht beeinträchtigen durften, eine Klausel die der Zentralregierung weite Interventi-

---

nacionalismo. Madrid: Tecnos 1997, S. 523-525. – J. Termes: Història del catalanisme fins el 1923, S. 610-630.

35 Über die *Fueros Vascongados* vgl. Maximiano García Venero: Historia del nacionalismo vasco, 1793-1936. Madrid: Editora Nacional 1945, S. 11-23. – Über die Ursprünge (XI.-XII. Jahrhundert) der ‚privilegios', ‚libertades' und ‚inmunidades' sowie der *Juntas generales de Hermandad* und der *Diputaciones forales* der ‚Países vascongados' vgl. Luis García de Valdeavellano: Curso de Historia de las Instituciones españolas. De los orígenes al final de la Edad Media. Madrid: Revista de Occidente 1970, S. 511-514.

36 Bereits Manuel Godoy hatte versucht, die Wehrdienstbefreiung von Vizcaya aufzuheben. Der Versuch rief eine Volkserhebung hervor: die *zamacolada* von 1804-1805. Vgl. J. L. de la Granja, J. Beramendi, P. Anguera: La España de los nacionalismos y las autonomías, S. 31.

37 "Art. 2.°[...] las tres provincias referidas [Vizcaya, Guipúzcoa, Álava] quedan obligadas desde la publicación de esta ley a presentar, en los casos de quintas o reemplazos ordinarios y extraordinarios del Ejército, el cupo de hombres que les correspondan con arreglo a las leyes. Art. 3.° Quedan igualmente obligadas desde la publicación de esta ley las provincias de Vizcaya, Guipúzcoa y Álava a pagar, en la proporción que les correspondan y con destino a los gastos públicos, las contribuciones, rentas e impuestos ordinarios y extraordinarios que se consignen en los presupuestos generales del Estado." Vgl. den Text des Gesetzes von 1876 über die *Fueros* in: M. García Venero: Historia del nacionalismo vasco, S. 206-207.

38 Vgl. Javier Corcuera - Yolanda Oribe: Historia del nacionalismo vasco en sus documentos. Bilbao: Eguzki Argitaldaria 1991, 4 Bände; hier I, S. 24. - J. L. de la Granja, J. Beramendi, P. Anguera: La España de los nacionalismos y las autonomías, S. 38-39.

39 „[...] hasta 1839 los vascos de aquende el Pirineo se rigieron por las leyes que ellos mismos hacían para su gobierno en sus Cortes o Juntas generales, y las leyes de Castilla o España obligaban y se cumplían en Euzkadi lo mismo que las leyes de China o de Inglaterra. Luego hasta 1839 los Estados vascos de aquende el Pirineo fueron completamente independientes del Estado español." So heißt es in einem Dokument, das mit 'Iber' unterzeichnet und mit *Ami Vasco* übertitelt ist. Das Dokument stellt eine Kompilation der Ideen der Brüder Arana und von Engracio de Aranzadi dar. Zum Teil ist es von M. García Venero transkribiert worden: Historia del nacionalismo vasco, S. 258-271; hier S. 263.

onsmöglichkeiten offen ließ.[40] Der 'Foralismo' (oder 'Fuerismo') hatte als Verteidigungsinstrument der konservativen Klassen und der Landbesitzer gedient. Die *Juntas Generales* und der *Pase foral*,[41] der die Macht der zentralen Regierung stark einschränkte, bedeuteten nämlich auch Verfahrens-, Wahl- und Handelsrechte sowie steuerliche Befreiungen zugunsten der Kaufleute und der Landbesitzer, die die *Ayuntamientos* und die *Juntas* - oligarchische Versammlungen, die einem korporativen Modell der Gesellschaft entsprachen - kontrollierten.[42] Aber der einfache 'Fuerismo' erwies sich bald ungeeignet, die schwierigen Probleme zu lösen, die im letzten Drittel des 19. Jahrhunderts in Vizcaya und in einem Teil von Guipúzcoa durch die rasche Entwicklung der Industrie (Eisenindustrie, Schiffswerften, Bergbau) entstanden waren.

Die Industrialisierung hatte ein industrielles und finanzielles Bürgertum hervorgebracht, das eng mit der Struktur des spanischen Staates der Restauration verbunden war, einen breiten, nicht baskischen Einwanderungsfluß ausgelöst und starke und gefährliche Ungleichgewichte im sozialen und wirtschaftlichen Gefüge des Baskenlandes verursacht. Sowohl das Großbürgertum aus Industrie, Reederei, Handel und Hochfinanz, mit seiner neuen städtischen Kultur wie auch die Immigration der Arbeiter wurden von den städtischen und ländlichen Mittelschichten als eine Bedrohung und ein Bruch mit den traditionellen Sitten und Gebräuchen empfunden.[43] Diese Mittelschichten (kleiner Landadel, Landwirte, kleine Besitzer und Fabrikanten, Akademiker und Freiberufler, Händler, städtische Handwerker, Klerus) schlossen sich in Massen der nationalistischen Bewegung an, um sich sowohl dem neuen Kapitalismus und seiner Oligarchie als auch dem neuen Proletariat, das vom Sozialismus angezogen wurde, entgegenzustellen.

---

40 Vgl. den Text des Gesetzes vom 25. Oktober 1839 in: M. García Venero: Historia del nacionalismo vasco, S. 94-95.

41 Kraft des *Pase foral*, einer alten Institution des Baskenlandes und der Navarra, die von großer politischer Bedeutung war, überprüften die *Juntas Generales* die von der Zentralregierung erlassenen Anordnungen und die von dieser an die Richter mit Rechtsprechung in den baskischen und navarresischen Ländern gesandten Depeschen, mit der Absicht festzustellen, ob diese Anordnungen und Depeschen ihren Gesetzen und *Fueros* widersprachen. Für den Fall, daß dieser Widerspruch bestand, konnte die *Junta* die Formel "se obedece, pero no se cumple" (es wird gehorcht, aber nicht ausgeführt!) verwenden. Vgl. Ricardo Ibáñéz Salas: Pase Foral. In: Enciclopedia de Historia de España. Dirigida por Miguel Artola. V. Diccionario temático. Madrid: Alianza Editorial 1991, S. 925.

42 Vgl. Coro Rubio Pobes: Fueros y Constitución: La lucha por el control del poder (País Vasco, 1808-1868). Bilbao: Servicio Editorial de la Universidad del País Vasco 1997, S. 47-107.

43 Zu den sozialen Umwälzungen und der starken Immigration (zwischen 1877 und 1899 erhöhte sich die Bevölkerungszahl von Vizcaya um 47,76%), die die industrielle Revolution im Baskenland begleiteten, vgl. J. Corcuera - Y. Oribe: Historia del nacionalismo vasco en sus documentos I, S. 29-36. - José Luis de la Granja Sainz: El nacionalismo vasco (1876-1975). Madrid: Arco/Libros 2000, S. 18-20. - Antonio Elorza: Un pueblo escogido. Génesis, definición y desarrollo del nacionalismo vasco. Barcelona: Crítica 2001, S. 139-146.

Die Ideologie und das Programm der nationalistischen Bewegung wurden von Sabino de Arana y Goiri[44] ab 1890 (dem Jahre, in dem er das Werk *Bizkaya por su independencia* verfaßte) entwickelt. Arana war der Ansicht, daß die durch die Industrialisierung verursachten sozialen und kulturellen Veränderungen die baskische Gesellschaft auflösen würden, und prangerte sowohl die von der Einwanderung der Arbeiter und dem Sozialismus bewirkte 'desvasquización' als auch den Kapitalismus von Bilbao an, der für alle diese negativen Erscheinungen verantwortlich gemacht wurde. Durchdrungen von einem starken theokratischen Traditionalismus, verteidigte er natürlich die traditionelle und agrarische Kultur, die er für das Modell hielt, das zu bewahren und der städtischen Lebensart des neuen, industriellen und merkantilen Bilbao entgegenzusetzen war. Er setzte die Modernität mit moralischer und sittlicher Verderbnis gleich und hielt ihr eine moralische, integralistische ('integrista'[45]) Intransigenz entgegen. Von einer (angenommenen) politischen Unabhängigkeit in der Vergangenheit, von der Existenz einer Tradition der politischen Autonomie und der Verschiedenheit der Sprache und der Rasse ließ er das Recht auf die volle Souveränität von Euzkadi[46] – das baskische Land, das er als konföderatives, gemeinsames Vaterland der Basken auffaßte – ableiten. Zwar war er Befürworter von sozialer Gerechtigkeit und Gleichheit, er verachtete aber die sozialistische Ideologie. In seinem Werk *El Partido Carlista y los Fueros Vasconavarros* (1897) distanzierte sich Sabino de Arana y Goiri ausdrücklich vom Karlismus, der doch jahrzehntelang der Fahnenträger der "libertad fuerista y regional" und der eingeschworene Feind des büro-

---

44 Über Sabino de Arana y Goiri vgl. M. García Venero: Historia del nacionalismo vasco, S. 221-255. - J. Corcuera - Y. Oribe: Historia del nacionalismo vasco en sus documentos I, S. 51-669; II, S. 5-668; III, S. 3-41. - A. Elorza: Un pueblo escogido. Génesis, definición y desarrollo del nacionalismo vasco, S. 179-189.

45 Der ‚Integrismo' und der *Partido Integrista* (auch: *Partido Católico Nacional*) ließen sich von der Verurteilung des Liberalismus anregen, die Papst Pius IX. in dem der Enzyklika *Quanta cura* (1864) beigelegten *Syllabus errorum* und Papst Leo XIII. in der Enzyklika *Rerum Novarum* (1891) ausgesprochen hatten. Keine Partei konnte sich katholisch nennen, wenn sie nicht das päpstliche Anathema annahm, weil bei der nicht Annahme des Anathemas die vollständige („*integra*") päpstliche Lehre nicht verteidigt wurde. Über den ‚Integrismo' und den *Partido Integrista* vgl. Pedro Carlos González Cuevas: Historia de las derechas españolas. De la Ilustración a nuestros días. Prólogo de Andrés de Blas. Madrid: Biblioteca Nueva 2000, S. 176-180. – Jordi Canal: El carlismo. Dos siglos de contrarrevolución en España. Madrid: Alianza Editorial 2000, S. 228-231, 244-245. – Rafael María Sanz de Diego: Integrismo. In: Enciclopedía de Historia de España. Dirigida por Miguel Artola. V. Diccionario temático. Madrid: Alianza 1991, S. 677-678. – A. Bahamonde, P. Carasa, P. Gabriel, J. A. Martínez, A. Pizarroso: Historia de España. Siglo XX. 1875-1939, S. 123-124.

46 Euzkadi - ‚Das baskische Land' - ist ein von Sabino de Arana-Goiri geschaffener Neologismus. Vgl. J. Corcuera - Y. Oribe: Historia del nacionalismo vasco en sus documentos IV, S. 7.

kratischen Zentralismus gewesen war.[47] Er beschuldigte ihn, die Bedürfnisse und Bestrebungen des baskischen Volkes für dynastische Zwecke zu mißbrauchen, und erklärte - in scharfem Gegensatz zu der politischen Position der karlistischen Partei, die autonomistisch, aber nicht separatistisch war -, daß Navarra, Guipúzcoa, Álava und Vizcaya in ihren alten *Fueros* unabhängige Staaten mit einem eigenen König oder Herrscher, einer eigenen Regierung und einer eigenen Gesetzgebung waren. Am 8. Juni 1893 begannen Sabino de Arana y Goiri, der auch Herausgeber der Zeitschrift *Euzkadi* war, und sein Bruder Luis in Bilbao mit der Veröffentlichung der nationalistischen Zeitung *Bizkaitarra* (*El Vizcaíno*), die das Motto "Jaun-Goikua eta Lagi-Zarra" ("Gott und altes Gesetz") zur Schau trug, das die katholische Tradition, die radikale Opposition zum Liberalismus, die Treue zu Rasse, Sprache und baskischen Sitten zusammenfaßte.[48] Am 16. August

---

[47] In einem Dokument vom 20. Januar 1897 heißt es: "Las tradiciones venerandas, que constituyen la Patria, porque son la expresión de la vida nacional organizada por los siglos, se resumen en estas tres grandiosas afirmaciones: la *Unidad Católica*, que es la tradición en el orden religioso y social; la *Monarquía*, tradición fundamental en el orden político, y la *libertad fuerista y regional*, que es la tradición democrática de nuestro pueblo. [...] Enfrente del centralismo burocrático y despótico que del paganismo tomó la revolución para esclavizar a los pueblos, se levantan como aurora de libertad nuestros antiguos fueros, organizando el regionalismo tradicional, que contenido por la unidad religiosa y monárquica, y por el interés de la Patria común, no podrá tender jamás a separatismos criminales. Independientes del poder central deben vivir los municipios, administrando los jefes de familia los intereses concejiles, sin que el alcalde sea un mero agente del gobernador [...]. Y así como de las uniones y hermandades de los municipios se forman las provincias, de igual modo del conjunto histórico de varias de éstas se constituyen las regiones, que siendo entidades superiores confirmadas por la tradición y las leyes, vienen a fundirse al calor de una misma fe, de una misma monarquía, de un común interés y de fraternales amores en la sublimidad de la Patria española. Por efecto de sus fueros y libertades la región conserva y perfecciona su antigua legislación, en lo que tenga de especial, modificándola directamente y con el concurso del rey, cuando el tiempo lo exija o las circunstancias se lo aconsejen, pero siempre sin ajenas imposiciones. Administrando una junta peculiar con la libertad más completa los intereses privativos de la región, y quedando reconocido y sancionado el 'pase foral', resulta imposible cualquier indebida injerencia del poder central, en lo que solo a la región compete [...]. Reintegradas en sus fueros las provincias Vascongadas y Navarra; restablecidos también los de Aragón, Cataluña, Valencia y Mallorca; restauradas de nuevo las antiguas instituciones de Galicia y Asturias, y garantidas para en adelante las libertades de los diversos países de la corona de Castilla y León, entonará la patria agradecida a su rey un himno de redención en sus diferentes idiomas, conservados como eco de la tradición, voz de la familia y grandeza de la literatura nacional. [...] Pero si se proclama el respeto de los fueros y libertades regionales, se ha de afirmar con toda entereza y eficacia la unidad política nacional..." (Acta política de la Conferencia de Loredan. 20 de enero de 1897. In: J. L. de la Granja, J. Beramendi, P. Anguera: La España de los nacionalismos y las autonomías, S. 306-307).

[48] In der «Doctrina política», die Sabino Arana für die Versammlung der *Junta* am 25. Juli 1894 verfaßte und die die grundlegenden Prinzipien des baskischen Nationalismus enthält, heißt es: "Art. 2.° *Jaun-Goikua*. – Bizkaya será católica, apostólica, romana, en todas las manifestaciones de su vida interna y en sus relaciones con los demás pueblos. Art. 3.° *Lagi-*

1893 wurde in Guernica während eines Banketts zu Ehren des *Orfeón Pamplonés*, zum ersten Mal - vielleicht von Ramón de la Sota Llano - der Schrei „Spanien soll sterben!“ (“¡Muera España!”) ausgestoßen.[49] Der gleiche Ausruf wurde in Bilbao bei der Rückkehr derjenigen, die sich nach Guernica begeben hatten, um am Bankett teilzunehmen, wiederholt. Einige Tage später verbrannten die zwei Brüder Arana und Ramón de la Sota Llano eine spanische Fahne; ein Vorfall (bekannt unter dem Namen der *Sanrocada*, es war der Tag des Heiligen Roque), der Unruhen und das Einschreiten der Regierungsbehörden nach sich zog.[50]

Die separatistische Bewegung, die in Vizcaya begonnen hatte, breitete sich rasch in den anderen Provinzen des Baskenlandes aus. Am 25. Juli 1894 wurde in Bilbao die allgemeine Versammlung (*Junta general*) der ersten separatistischen Organisation, der von den Gebrüdern Arana gegründeten *Euskeldun Batzokija* (Baskisches Zentrum, oder: Baskischer Zirkel), abgehalten. Am 31. Juli 1895 wurde der *Bizkai-Buru-Batzar* (Provinzrat von Biscaya) ins Leben gerufen, aus dem der *Partido Nacionalista Vasco* (PNV) hervorging.[51] Beim Tod Sabino Aranas (1903) hatte der PNV noch keine wirkliche Organisation. Eine organische Infrastruktur wurde von Ángel de Zabala, Aranas Nachfolger, und von José Horn y Areilza geschaffen. 1904 wurde in Vizcaya die *Baskische Jugend* mit 400 Mitgliedern gebildet und das *Baskische Zentrum* von San Sebastián gegründet (es folgten 1907 das *Baskische Zentrum* von Vitoria und 1909 das von Pamplona). Im Jahr 1905 bildeten die Republikaner, die Liberalen, die Karlisten und die Integralisten (‘Integristas’) die *Liga foral* von Guipúzcoa. In den Jahren 1906-1907 entzündete sich eine breite Debatte zwischen den orthodoxen Militanten des PNV, die die Reinheit der von Sabino de Arana y Goiri ausgearbeiteten Doktrin erhalten wollten, und einem Flügel der Partei (‘euskalerríaco’ genannt und vom Reeder Ramón de la Sota aus Bilbao angeführt), der Befürworter einer flexiblen, kom-

---

Zarra. – Bizkaya se reconstituirá libremente. Restablecerá en toda su integridad lo esencial de sus Leyes Tradicionales llamadas Fueros. Restaurarà los buenos usos y las buenas costumbres de nuestros mayores. Se constituirá, si no exclusivamente, principalmente con familias de raza euskeriana. Señalará el euskera como lengua oficial. Art. 4.° *Eta.* Bizkaya se establecerá sobre una perfecta armonía y conformidad entre el orden religioso y el político, entre lo divino y lo humano. Art. 5.° *Distinción de Jaun-Goikua y Lagi-Zarra.* – Bizkaya se establecerá sobre una clara y marcada distinción entre el orden religioso y el político, entre lo eclesiástico y lo civil. Art. 6.° *Anteposición de Jaun-Goikua a Lagi-Zarra.* Bizkaya se establecerá sobre una completa e incondicional subordinación de lo político a lo religioso, del Estado a la Iglesia ”. Vgl. M. García Venero: Historia del nacionalismo vasco, S. 244-245. - J. Corcuera - Y. Oribe: Historia del nacionalismo vasco en sus documentos II, S. 5-49.

49 Vgl. J. Corcuera - Y. Oribe: Historia del nacionalismo vasco en sus documentos I, S. 69, S. 172-174.

50 Vgl. M. García Venero: Historia del nacionalismo vasco, S. 238-239. – J. Corcuera - Y. Oribe: Historia del nacionalismo vasco en sus documentos I, S. 67-70.

51 Vgl. M. García Venero: Historia del nacionalismo vasco, S. 247. - J. Corcuera - Y. Oribe: Historia del nacionalismo vasco en sus documentos I, S. 73-85.

promißbereiten Politik, einer Politik 'nach katalanischer Art', war. Der PNV erkannte 1908 formell die Orthodoxie und die Notwendigkeit einer straffen und autoritären internen Organisation unter der Führung von Luis de Arana Goiri an, legte jedoch einer pragmatischen und possibilistischen politischen Praxis keine echten Hindernisse in den Weg. Die theoretische Rechtfertigung des Kompromisses wurde von Engracio de Aranzadi (Kiskitza) geliefert: Die Gesamtheit der Doktrin von Sabino de Arana Goiri könne nicht angewandt werden, solange die 'nationale Seele' nicht wiederhergestellt sei. Ende 1910 kam es innerhalb des PNV zu einer Spaltung, die anfangs sensationell erschien, sich aber bald von geringer Bedeutung erwies. Eine Gruppe antiklerikaler Dissidenten löste sich von der Partei und bildete in Bilbao ein *Nationalistisches Republikanisches Baskisches Zentrum.* Diese neue Partei, die als Devise das Motto "Vaterland und Freiheit" trug, führte aber ein kümmerliches Leben.

Am 1. Februar 1913 erschien in Bilbao die erste Tageszeitung des baskischen Nationalismus: *Euzkadi.* Im Juni desselben Jahres hißte der steinreiche Industrielle Horacio Echevarrieta, der in Vizcaya einen großen, vor allem ökonomischen Einfluß ausübte, in Éibar die Fahne der "República y Fueros". Zum ersten Mal bezog sich der baskische Republikanismus dermaßen explizit auf die *Fueros.* Die Bewegung von Echevarrieta hätte vielleicht politische Konsequenzen haben können, aber der Erste Weltkrieg verursachte eine rasche Bereicherung Vizcayas und eine Pause im politischen Konflikt. 1917 forderten die baskischen Abgeordneten von der zentralen Regierung, mit einer 'Botschaft', die am 17. Dezember dem Marqués de Alhucemas (Manuel García Prieto) vorgelegt wurde, die volle Wiederherstellung der *Fueros* und eine weitgehende Autonomie.[52] Nachdem es Ramón de la Sota und Engracio de Aranzadi gelungen war, Luis Arana und die germanophilen Orthodoxen auszuschließen, engagierte sich ab 1918 der PNV, der sich nun *Baskische Nationalistische Gemeinschaft* (CNV) nannte, in der Ausar-

---

52 In diesem *Mensaje* an den Regierungschef wurde die 'regionalistische' Änderung der Verfassung gefordert: "[...] la modificación del Código constitucional, en lo que se refiere a la estructura del Estado, ha de basarse necesariamente en un amplio régimen de autonomía, admitiendo como organismo natural la región, aceptando su existencia en todos aquellos casos en que la voluntad de constituirse se manifieste en forma adecuada a las circunstancias y su formación ofrezca las necesarias garantías a un provechoso funcionamiento, y reconociendo a la región como atribuciones propias emanadas de la Constitución, las de gobernarse y regirse libremente en todos los órdenes que afecten al pleno desenvolvimiento de su vida interna, sin perjuicio de la plena autonomía municipal, que será objeto de otro acuerdo". Es wurde außerdem eine absolute Trennung zwischen den Finanzen des Staates und jenen der Regionen gefordert: "Al reconocer a una región el derecho a regir su vida interior, se fijarán claramente los impuestos que el Estado se reserva para atender a los servicios que quedan a su cargo, y aquellos que se traspasan a la región para sufragar las atenciones [Geschäfte] que implica el ejercicio de las atribuciones que se le reconozcan, estableciendo un régimen de absoluta separación de las Haciendas." Der vollständige Text der 'Botschaft' wurde von M. García Venero in seine *Historia del nacionalismo vasco* aufgenommen (S. 285-288).

beitung von Entwürfen für die Bildung einer *Mancomunidad* und eines Autonomiestatuts nach dem katalanischen Vorbild.

Im Herbst des Jahres 1920 prangerten die Jugendorganisationen von Vizcaya, die die Wochenzeitschrift *Aberri* (Vaterland) kontrollierten, in einer von ihnen einberufenen Versammlung die konservative Linie der Führung der CNV an. Sie wollten eine größere Unnachgiebigkeit und beschlossen - in einer in San Sebastián abgehaltenen Versammlung - die Abspaltung. Die Dissidenten, die 'aberrianos', vereinten sich mit der Fraktion von Luis Arana und im Juli 1921 wurde die *Baskische Nationalistische Partei* (PNV) neu gegründet, nun wieder unter dem Vorsitz von Ángel de Zabala. Die 'aberrianos' begannen bestimmte Formen des bewaffneten Kampfes zu vertreten, wobei sie sich am irischen Modell orientierten, einem Modell, das auch gewisse Aspekte der Doktrin und der Organisation beeinflußte (in Nachahmung des irischen *Cumannan* wurde, zum Beispiel, die *Vaterländische Frauenvereinigung - Emakume Abertzale Batzar* - geschaffen). Im Jahre 1923, als die radikalen Nationalisten dachten, daß aufgrund der politischen Staatskrise die Unabhängigkeit nunmehr in greifbarer Nähe sei, wurde die Diktatur ausgerufen. Primo de Rivera erklärte die *Baskische Nationalistische Partei* für illegal. 1930 vereinigten sich der PNV und die CNV wieder.[53]

d) *Galicien.* Der galicische 'Provinzialismus', Keim des zukünftigen Nationalismus, forderte die Wiederherstellung der territorialen Einheit der alten 'Provinz' - oder Reich - von Galicien, die im Jahre 1833 mit der Verwaltungsreform von Javier de Burgos zergliedert worden war. Die Bewegung, die von den ‚Progressisten' (sie waren aber zugleich 'Traditionalisten', Verteidiger des historischen Vermächtnisses und der regionalen Identität) initiiert wurde, begann mit der Bildung der *Junta* von Santiago am 24. Juli 1840. Noch im gleichen Jahr wurde die *Junta Superior Central de Galicia* mit dem erklärten Ziel gebildet, das galicische Land zu regieren, "en tanto no se formase el gobierno central". 1843 gewannen die 'Progressisten' die Wahlen in Galicien und riefen am 15. Juli in Lugo eine *Junta Central de Galicia* ins Leben, die die Bildung einer *Junta Central de España* vornehmen sollte, um den Staat 'von unten nach oben' in föderalistischer Art und Weise umzuformen.

Keine nationalistische oder separatistische Tendenz kommt ans Licht in den Erscheinungen des galicischen 'Provinzialismus', einer Bewegung, deren Ideologie eine Mischung aus literarischer Romantik, sozialem Christentum (nach Lamennais), demokratisch-progressistischem Liberalismus und Historismus – der

---

[53] Vgl. M. García Venero: Historia del nacionalismo vasco, S. 257-289, 381-409. - A. Bahamonde, P. Carasa, P. Gabriel, J. A. Martínez, A. Pizarroso: Historia de España. Siglo XX. 1875-1939, S. 176-180, 321-324. - Justa de la Villa: Regionalismo, S. 437-438. - J. L. de la Granja Sainz: El nacionalismo vasco (1876-1975), S. 24-54. - J. L. de la Granja, J. Beramendi, P. Anguera: La España de los nacionalismos y las autonomías, S. 30-39, 80-99. - A. Elorza: Un pueblo escogido. Génesis, definición y desarrollo del nacionalismo vasco, S. 301-400.

unmittelbare Vorläufer des Historismus wird von der 1838 publizierten *Historia de Galicia* von José Verea y Aguiar repräsentiert; stärkeren Einfluß übten dann jedoch die 1849 erschienene *Historia de Galicia* von Leopoldo Martínez Padín und die von Antolín Faraldo für *El Recreo Compostelano* verfaßten Artikel aus – war.[54] Das Scheitern des 'Juntismo', der von internen Zwistigkeiten untergraben wurde, begünstigte den Aufstieg der Gemäßigten ('Moderados') zur Macht in Galicien, so wie in ganz Spanien. Das Pronunciamiento in Lugo am 2. April 1846 des Kommandanten Miguel Solís, ein Versuch der Progressisten die Gemäßigten zu entmachten, wurde blutig niedergeschlagen. Die Wechselfälle dieser Episode "se convierten de inmediato en el hito fundacional del galleguismo político y le proporcionan unos primeros mártires que, paradójicamente, no eran galleguistas".[55] Auch bei dieser Gelegenheit war jedoch das politische Programm der *Junta Superior de Galicia*, die von den Aufrührern gebildet wurde, ausschließlich spanisch-progressistisch, enthielt keine Maßnahmen zur Dezentralisierung und stellte nicht einmal die Provinzaufteilung von 1833 in Frage. (Und das offizielle Presseorgan der Aufständischen hieß *La Revolución*!)

Wegen der Revolution von 1868 und der turbulenten sechs Jahre, die darauf folgten (Monarchie von Amadeus von Savoyen, Ausrufung der Ersten Republik), gewann die progressistisch-demokratische Komponente des 'Provinzialismus' die Oberhand über die galicistische (‚galleguista'). Die Dezentralisationsforderungen waren nun ein Monopol des föderalistischen Republikanismus. Innerhalb des galicischen Föderalismus stellten die 'galleguistas' eine Minderheitsrichtung dar. Aber der Fall der Ersten Republik bewirkte ein Wiederaufblühen des 'Provinzialismus', den Niedergang des Föderalismus und das Abdriften einer Minderheitsgruppierung des galicischen Traditionalismus nach dem 'galleguismo' (‚galeguismo'). In den Jahren 1885/1890 entwickelte sich der 'Provinzialismus' zu einem Regionalismus katalanischen Schlags hin. Diese Entwicklung war von einer großen Renaissance (*Rexurdimento*) der Literatur in galicischer Sprache (Rosalía de Castro: *Cantares Gallegos*, 1863; *Follas Novas*, 1880. – Eduardo Pondal: *A Campana de Anllóns*, 1862; *Queixumes dos Pinos*, 1886. – Manuel Curros Enríquez: *Aires da minha terra*, 1880; *O Divino Sainete*, 1888) und von einer Historiographie (Benito Vicetto: *Historia de Galicia*, Ferrol 1865-1873. – Manuel Murguía: *Historia de Galicia*, Lugo/A Coruña 1865-1913) vorbereitet worden, die das Bewußtsein einer spezifischen rassischen (keltischen), nationalen und kulturellen Identität nährten.[56] Der Übergang vom 'Provinzialismus' zum Regionalismus erfolgte mit der Veröffentlichung des Werkes *Los precursores* (1886) von Manuel Murguía, der bis dahin der führende Vertreter des 'Provinzia-

---

54 Vgl. Justo G. Beramendi: El nacionalismo gallego. Madrid: Arco Libros 1997, S. 8-12.

55 J. G. Beramendi: El nacionalismo gallego, S. 13.

56 Zum *Rexurdimento* vgl. Roberto Blanco Valdés: Rexurdimento. In: A. de Blas Guerrero (Director): Enciclopedía del nacionalismo, S. 466-467.

lismus' gewesen war. In diesem Werk sowie in einer Rede, die er in Pontevedra beim literarischen Wettstreit ('Certamen Literario') hielt, der von der auf Galicisch erscheinenden Zeitschrift *O Galiciano* (1884-1887) organisiert worden war, und in einem Artikel, den er für die von ihm herausgegebene *La Región Gallega* (Santiago, 1886) verfaßt hatte, zeigte Manuel Murguía auf, daß der 'galleguismo' das Bewußtsein erlangt hatte, schon eine eigene Geschichte zu besitzen. Er erklärte weiter, daß der 'galleguismo' in eine neue Phase eintreten mußte, da Galicien alle Bedingungen in sich vereinigte, um eine Nation zu sein. Auf diese Weise stellte er den 'galleguismo' an eine protonationalistische Schwelle, die bis zur Versammlung von Lugo im Jahr 1918 nicht überschritten werden sollte.[57]

Der Regionalismus stellte - ungefähr von den Jahren 1885/1886 bis 1916 - die wichtigste politische Bewegung Galiciens dar. Seine Ideologie war jedoch nicht homogen. Im galicischen Regionalismus koexistierten nämlich drei widerstreitende ideologische Tendenzen: a) die liberale Tendenz, direkte Nachfolgerin des 'Provinzialismus'; b) die föderalistische Tendenz, die dem 'galleguismo' den demokratisch-republikanischen Radikalismus aufpfropfte; c) die traditionalistische Tendenz, die - auf den integralistischen Katholizismus und die Verteidigung der Rückkehr zur Vergangenheit gestützt - einen ökonomischen und politischen Korporativismus verfocht und eine Dezentralisierung vorschlug, die zu einem guten Teil die Wiedereinführung der alten Privilegien (oder 'libertades') und die Wiederherstellung des alten Königreiches (Reino de Galicia), der Gemeinden, Gremien und Körperschaften implizierte (s. die von Alfredo Brañas im Werk *El Regionalismo*, 1889,[58] und in den *Bases generales del regionalismo*, 1893,[59]

---

57 J. G. Beramendi: El nacionalismo gallego, S. 24-25.

58 "En la esfera 'política' los regionalistas queremos autoridades con atribuciones propias, conocedoras de las necesidades de la región, morales, fuertes, capaces é ilustradas, elegidas ó designadas por las diferentes clases sociales, pero sin que tales autoridades gocen de completa independencia, pues han de estar sometidas ó subordinadas al Soberano de la nación. La soberanía no se entiende en este caso 'dividida', porque eso sería absurdo, sino 'prorrogada', para las especialidades ó particularidades, que ofrecen los territorios regionales.

En la esfera 'administrativa' todos los servicios públicos han de estar 'descentralizados' concediendo solo al Estado, ó mejor dicho, al poder central, la intervención estrictamente necesaria, que requieran los intereses nacionales, en aquel ó aquellos servicios que como los impuestos, el Ejército, la Armada, etc., convienen por igual á todas las regiones que componen el Estado.

En la esfera 'social', la región está ligada á las demás, no solo por los intereses comunes del territorio nacional y en el que, todas ellas se hallan enclavadas, sino por la participación que tienen en lo que pudiera llamarse la 'fisonomía', el 'carácter' ó la 'personalidad' propia del Estado" (Alfredo Brañas: El Regionalismo. Estudio sociológico, histórico y literario. 1889. In: Alfredo Brañas Menéndez: Obras selectas. Edición e introducción de Xavier Castro Rodríguez. Laracha - A Coruña -: Xuntanza Editorial 1990, S. 33-322; hier S. 73).

59 "*Base 1.ª* El fundamento del Regionalismo es la región natural autónoma, según la cual los intereses peculiares y características de las regiones jamás deben ser gobernados, dirigidos, unificados y confundidos con los sistemas generales del Estado. [...]*Base 2.ª* El Regionalismo

dargelegten Ideen). Abgesehen von den Gegensätzen hatten die drei ideologischen Richtungen jedoch die Idee gemeinsam, daß Galicien eine Region, oder 'Nationalität', für sich sei und als solche ein Recht auf die Wiederherstellung der eigenen kulturellen und sprachlichen Wesenszüge und vor allem auf die politische Autonomie, unabdingbares Instrument für die Lösung der Probleme des Landes, habe.[60] 1906 wurde die *Solidaridad Gallega* - nach dem Vorbild der *Solidaritat Catalana* - gegründet.

Der Wandel des 'galleguismo' zum Nationalismus vollzog sich in den Jahren 1916-1918 mit der Veröffentlichung der Zeitschrift *Estudios Gallegos* (1915-1916) und der Broschüre *Nacionalismo Gallego* (1916) von Antonio Villar Ponte, mit der Gründung der *Irmandade dos Amigos da Fala* (Bruderschaft der Freunde der Sprache), die bestrebt war, den mündlichen und schriftlichen Gebrauch des Galicischen zu verbreiten, die autochtone Kultur in allen ihren Erscheinungen zu verteidigen und die Kenntnis der Vergangenheit zu fördern, und schließlich mit dem Erscheinen - im November 1916 - von *A Nosa Terra*, dem offziellen Presseorgan der verschiedenen *Irmandades*, das in wechselnden Zeitabständen und in variablem Format bis Juli 1936 das große Sprachrohr des galicischen Nationalismus sein wird. Ab September 1917 entwickelte sich eine enge Zusammenarbeit mit dem Katalanismus und im besonderen mit der *Lliga Regionalista*, eine Zusammenarbeit, die in eine Allianz für die allgemeinen Wahlen des Februars 1918 mündete. Am 17./18. November 1918 wurde in Lugo die *I Asamblea Nacionalista* (Erste Nationalistische Versammlung) abgehalten, deren *Manifiesto* die gemein-

---

español considera la patria común y la patria natural ó pequeña patria. [...] El regionalismo afirma, pues, la integridad y la unidad de la patria común española [...]. *Base 13.ª* El Poder regional sería subordinado al central solo en cuanto al mantenimiento de la unidad de la patria común, á la independencia política de España y á los intereses generales y comunes á todas las Regiones, pero sería autónomo y único soberano para dictar las leyes interiores y peculiares de cada territorio regional. *Base 14.ª* El Poder regional ejercería su función legislativa por medio de Cortes ó Asambleas formadas bien por el sistema de la representación de gremios y clases, bien por el más adecuado á las tradiciones y al carácter de cada región [...]. *Base 23.ª* Cada región será libre para organizar la enseñanza pública en todos sus grados y con absoluta independencia del poder central. [...] *Base 24.ª* El Regionalismo, que profesa el dogma de las dos patrias, es decir de la patria común española y de la regional, admite como necesarios, armónicos y mutuamente complementarios dos lenguajes: el común y el regional. El lenguaje interregional ó común será el castellano por ser entendido y hablado generalmente en todas las regiones. El lenguaje regional gallego será de uso potestativo entre los naturales de nuestra región, tanto en la esfera oficial y pública como en la privada, y obligatorio en las Escuelas primarias en concurrencia con el castellano" (Alfredo Brañas: Bases generales del regionalismo y su aplicación a Galicia. 1893. In: J. L. de la Granja, J. Beramendi, P. Anguera: La España de los nacionalismos y las autonomías, S. 386-388). Vgl. auch Alfredo Brañas: La crisis económica en la época presente y la Descentralización Regional (1892). In: Alfredo Brañas Menéndez: Obras selectas. Edición e introducción de Xavier Castro Rodríguez. Laracha - A Coruña -: Xuntanza Editorial 1990, S. 323-485; hier S. 481-483.

60 J. G. Beramendi: El nacionalismo gallego, S. 25.

same Grundlage aller Programme des galicischen Nationalismus[61] bis zur Zweiten Republik bildete.[62] Ende November 1931 berief der *Comité Xeral do Partido Galeguista* für den 5. und 6. Dezember eine Versammlung aller nationalistischen Organisationen nach Pontevedra ein, welche die siebente und letzte der *Irmandades* und die erste des *Partido Galleguista* sein sollte, worin alle ideologischen Richtungen und Gruppierungen, von der traditionalistischen bis zur 'marxistischen' von Suárez Picallo, zusammenflossen.[63]

Im Jahre 1920 war das Werk *Teoría do nacionalismo galego* von Vicente Risco erschienen, das einen Begriff von Galicien als Nation entwarf, der einen entscheidenden Einfluß auf die nationalistische Ideologie ausüben sollte. Risco faßt die Nation als natürliche, biologische, vom Willen der Menschen unabhängige Gegebenheit ("feito natural, feito biológico, independente da vontade dos homes"), als ein organisches System von Beziehungen und Werten auf, das sich im Lauf der Geschichte herausgebildet hat.[64] Die Interaktion von "Boden" und (keltischer) "Rasse" hat die „galicische Volksseele" („alma do pobo galego") - oder *Volksgeist* -, gegenwärtige Substanz der Nation, geschaffen.[65] Zwar ist die Sprache für Risco der wichtigste Faktor für die Differenzierung und die Bewah-

---

[61] Es wird dort behauptet: "Reuniendo Galicia todas las características de la nacionalidad, nosotros nos llamamos, desde hoy y para siempre, nacionalistas gallegos, ya que la palabra 'regionalismo' no recoge todas las aspiraciones ni encierra toda la intensidad de nuestros problemas". Diese waren die wichtigsten 'konstitutionellen' Forderungen: "1°. Autonomía integral para Galicia. 2°. Autonomía municipal. 3°. Cooficialidad de los idiomas gallego y castellano. 4°. Federación de la Iberia. 5°. Dentro de esta federación, igualdad de relaciones con Portugal". Und diese waren die wichtigsten Kompetenzen, die Galicien zuzuerkennen waren: "Todas las funciones administrativas. [...] Legislación social. [...] Régimen tributario, sin intervención del Poder Central, al que sólo pagará el Autónomo la cantidad que se fije en los conciertos económicos. [...] La potestad docente del Estado actual pasará entera al Poder Gallego. [...] Correos y Telégrafos [...]. Ferrocarriles: su nacionalización [...]. Puertos Francos" (Manifiesto de la I Asamblea Nacionalista, Lugo, 18.XI.1918. In: J. G. Beramendi: El nacionalismo gallego, S. 77-78).

[62] J. G. Beramendi: El nacionalismo gallego, S. 29-34.

[63] Über den *Partido Galleguista* vgl. J. G. Beramendi: El nacionalismo gallego, S. 49-62.

[64] "[...] a nación, independentemente da vontade dos homes, está constituida por unha comunidade de intereses espirituais e materiais producida pola natureza. [...] unha nacionalidade é un pobo afincado nunha terra, é un grupo de homes xunguidos entre eles, xunguidos con terra da que son donos colectivamente, e que traballan en común, por un conxunto de vínculos naturais, nodos de comunidade de orixe e da convivencia no terreo. Este vínculos (fala, tradicións, costumes, historia, etc.), engadindo a súa acción á da etnia e a da terra, determinan nos individuos certas coincidencias psicolóxicas, certa maneira de ser común a todos eles, que costitúe o *carácter nacional*, e xunguen nunha interdependencia, nunha solidariedade necesaria os intereses de todos eles nun interés colectivo superior que é o *interés nacional*. A nación vén a se resolver deste xeito, nunha comunidade de intereses espirituais e materiais determinada pola natureza" (Vicente Risco: Teoría do nacionalismo galego. In: V. R.: Obras completas. 4. Vigo: Editorial Galaxia 1994, S. 7-57; hier S. 15, 27).

[65] V. Risco: Teoría do nacionalismo galego, S. 9, 27-30.

rung der Nationalität, sie ist jedoch nicht ihr genetischer Faktor. Dieser ist nämlich die Rasse. Deshalb hat sich die historische Herausbildung der Nation bereits in prähistorischen Zeiten vollzogen, seit welchen das Wesen der Nation so gut wie unverändert blieb. Galicien ist daher bereits eine Nation ("*Galicia é xa unha nación*; a nacionalidade galega é un feito xeográfico e histórico, que se non pode negar. Galicia é un organismo vivo, e polo feito de selo, ten dereito á vida"[66]), behauptet Risco. Er sieht Kastilien als Ursache so gut wie aller Probleme und Übel der galicischen Nation an und bestreitet die Existenz einer spanischen Nation. Der spanische Staat ist plurinational (mehrstaatlich) in seiner Zusammensetzung (Castilla, Cataluña, Euskadi, Galicia), aber nicht in seiner Funktion, da er nur im Dienste einer einzigen Nation steht: Kastilien, das ihn benützt, um die anderen drei Nationen zu unterdrücken, zu verleugnen und auszubeuten.[67]

Diese von Risco entwickelte Konzeption von der Natur und Wesenheit der Nation Galicien machen sich alle vier Richtungen des galicischen Nationalismus zu eigen: a) Die *liberal-demokratische*, Fortführerin des liberalen Regionalismus. Sie ist vom Krausismus und der regenerationistischen Bewegung beeinflußt und faßt den Nationalismus als Mittel auf, um in Galicien nicht nur die nationale Freiheit, sondern auch den materiellen und intellektuellen Fortschritt und eine besser entwickelte Demokratie einzuführen. b) Die *neo-traditionalistische*, Nachfolgerin der Ideen von Alfredo Brañas. Sie ist auf die katholische Weltanschauung gegründet und vom sozialen Katholizismus beeinflußt, sehnt sich nach der vergangenen Hegemonie der 'hidalgos' und nach der alten ländlichen Gesellschaft und verabscheut den Liberalismus, den Marxismus, den Anarchismus, die 'unorganische' Demokratie und schließlich, um die Worte eines ihrer Vertreter, Ramón Otero Pedrayo, zu verwenden, die ganze "cultura laica e mecánica que no nome da libertade quer matar a Deus, e no nome da fisioloxía e a quimica asesina a libertade". c) Die *separatistische*. Diese Richtung befürwortet die Unabhängigkeit Galiciens und wird von drei Gruppen repräsentiert, alle von ziemlich kurzer Lebensdauer: die erste, *Comité Revolucionario Arredista Galego*, entsteht in La Habana 1922 und verschwindet 1923; die zweite bildet sich in Buenos Aires gegen 1926 im Umkreis der *Socedade Nazonalista Pondal* und der Zeitschrift *A Fouce* und besteht bis zum Beginn des spanischen Bürgerkrieges; die dritte, *Vangarda Nazonalista Galega*, ist ein ebenso winziges wie vergängliches Fragment des *Partido Galeguista*, von welchem sie sich 1933 abgespalten hatte. d) Die *sozialistische*. Diese Richtung hat ihre erste Erscheinung in der politischen Entwicklung des Arztes Xaime Quintanilla, des Gründers der *Irmandade de Ferrol*. Im Jahre 1922 war er schon Mitglied des PSOE, gleichzeitig wurde er aber in der *Irmandade Nazonalista Galega* aktiv, die in der in Monforte im Februar 1922 abgehal-

[66] V. Risco: Teoría do nacionalismo galego, S. 38.

[67] J. G. Beramendi: El nacionalismo gallego, S. 35-36. – Francisco Bobillo de la Peña: Vicente Risco. In: A. de Blas Guerrero (Director): Enciclopedía del nacionalismo, S. 467-470.

tenen IV. Versammlung der *Irmandades* gegründet worden war.[68] Eine ideologische Synthese zwischen Nationalismus und Marxismus gelang Quintanilla nicht. 1932 schuf Juan Jesús González die *Unión Socialista Gallega*, eine kleine Gruppierung, die dem Programm des PSOE zustimmte und nach wenigen Monaten wieder verschwunden war.[69]

e) *Kastilien - León.* Die ersten Manifestationen eines kastilisch-leonischen 'Regionalismus' gab es in den Jahren 1879-1885. In diesem geographischen Raum entstanden und entwickelten sich 'regionalistischer' Geist und ‚regionalistisches' Bewußtsein aus der Notwendigkeit, die wirtschaftlichen Interessen der Region (im besonderen die protektionistischen Interessen der großen Weizenexporteure) zu schützen.[70] Natürlich wurde in Kastilien-León, wie in den anderen Regionen Spaniens, der Nährboden für die Entwicklung des 'regionalistischen' Geistes und des ‚regionalistischen' Bewußtseins auch von der romantischen Literatur (vor allem vom historischen Drama und vom historischen Roman), von der Publikation von städtischen und territorialen Geschichtsquellen[71] und von den Abhandlungen über die Geschichte der kastilischen Institutionen vorbereitet.[72]

Mit dem Verlust von Kuba und Puerto Rico, in Folge des Krieges von 1898, verloren Kastilien und León zwei Märkte, die wichtige Abnehmer von Weizen und Mehl waren. Die Landwirte, die im *Centro Castellano* und später in der *Federación Agrícola de Castilla la Vieja* (im September 1901 gegründet) organisiert waren, reagierten auf diesen schmerzlichen Verlust mit der Forderung nach noch protektionistischeren Grenzzöllen und sogar mit der Forderung nach einem Importverbot von Getreide. Die Kampagnen für die Verteidigung der Wirtschaftsinteressen der Region, die in den ersten zwei Jahrzehnten des 20. Jahrhunderts besonders intensiv geführt wurden, förderten in massiver Art und Weise die Bildung und die Ausbreitung von regionalistischen Tendenzen und von einem regionalistischen Bewußtsein.[73] Auch das katholische agrarische Gewerkschaftswesen (die aus kleinen Landbesitzern, Bauern und Tagelöhnern zusammenge-

---

68 Vgl. Xavier Castro Pérez: Irmandade Nazonalista Galega. In: A. de Blas Guerrero (Director): Enciclopedía del nacionalismo, S. 257-258.

69 J. G. Beramendi: El nacionalismo gallego, S. 36-38. – J. L. de la Granja, J. Beramendi, P. Anguera: La España de los nacionalismos y las autonomías, S. 99-112.

70 Vgl. E. Orduña: El regionalismo en Castilla y León, S. 63-75.

71 Es sei an die von Tomás Muñoz y Romero herausgegebene *Colección de los fueros municipales y cartas pueblas de los reinos de Castilla y León, Corona de Aragón y Navarra* (1847) und an die vom *Congreso* der Abgeordneten veröffentlichten *Actas de las Cortes de Castilla y León* (1863-1916) erinnert.

72 Unter diesen Abhandlungen ragen *De la Constitución y del Gobierno de los reinos de León y Castilla* (Madrid 1855) und der *Curso de derecho político, según la historia de León y Castilla* (Madrid 1873) von Manuel Colmeiro sowie *Las Municipalidades de Castilla y León* (1877) von Antonio Sacristán Martínez heraus.

73 Vgl. E. Orduña: El regionalismo en Castilla y León, S. 102-107.

setzte katholische Gewerkschaftsbewegung war in Kastilien-León in der zweiten Dekade des 20. Jahrhunderts entstanden) gab dem Regionalismus wichtige Impulse. Die wichtigsten Stützpunkte der Organisation des katholischen agrarischen Gewerkschaftswesens, das die Gründung von landwirtschaftlichen Kooperativen, die Verbreitung landwirtschaftlicher Kenntnisse, die Bildung von Bauernbünden und Vereinigungen von Landlehrern förderte, waren die *Casa Social Católica*, in Valladolid im November 1915 eröffnet, und die *Unión Católico-Agraria Castellano-Leonesa*, 1924 vom Jesuitenpater Nevares geschaffen.

Die Stärke der kastilischen protektionistischen Bewegung und der regionalistischen Organisationen zeigte sich im Kampf gegen die Zolltarife, die am 14. Februar 1922 per Erlaß eingeführt wurden (den Text des Erlasses hatte Francesc Cambó, Finanzminister der Regierung von Antonio Maura, ausgearbeitet). Die *Conferencia de las Diputaciones Castellanas*, die in Burgos ab dem 2. März tagte, und die *Asamblea de Ayuntamientos de la Provincia de Valladolid*, die am 23. März zusammengetreten war, lehnten den neuen 'arancel' (Zolltarif) ab und forderten, daß "la prohibición de importar trigo y harinas extranjeras, establecida por el Real Decreto de 8 de noviembre de 1921" aufrechterhalten bleibe. Der Protest, der von einer intensiven Pressekampagne und dem Druck der Bevölkerung unterstützt wurde, hatte Erfolg. Am 10. Juni 1922 wurde die *Real Orden* (Königlicher Erlaß) erlassen, mit dem die Einfuhrsperre für ausländisches Getreide verfügt wurde. Die Einfuhrsperre galt für die Halbinsel und die Balearen.[74]

Der kastilische Protektionismus verstieß natürlich gegen die Interessen der Mehlfabriken Kataloniens, der Region, die weitaus mehr industrialisiert als Kastilien war, und gegen das Interesse des Hafens von Barcelona an einem regen Handelsaustausch - auch durch den Schmuggel! (Ende 1914 wurde dem Parlament auf Betreiben einiger katalanischer Abgeordneten sogar ein Gesetzentwurf für die Genehmigung einer Freihandelszone im Hafen von Barcelona vorgelegt, ein Vorhaben, das die Reaktion der kastilisch-leonischen Abgeordneten hervorrief und den Konflikt zwischen Katalonien und Kastilien-León verschärfte.) Und so nährte sich der kastilische Regionalismus auch vom 'Antikatalanismus'. Aber Katalonien nährte den kastilischen und leonischen Regionalismus nicht nur in negativer Weise, indem es in Kastilien-León eine Reaktion auf seine spezifischen wirtschaftlichen 'freihändlerischen' Interessen und auf seinen alten Groll und seine alten Ressentiments auslöste, sondern auch auf positive Art, indem es ihm mit seiner *Mancomunitat* ein nachahmungswürdiges institutionelles Modell bot. Als mit dem *Königlichen Dekret* vom 18. Dezember 1913 die *Mancomunitat de Catalunya* ins Leben gerufen wurde, verlangten die Befürworter des kastilisch-leonischen Regionalismus die Errichtung einer analogen *Mancomunidad de Castilla y León* und bildeten in Burgos eine Versammlung von zehn Provinzialvertretungen (die zehn *Diputaciones Provinciales* waren: Burgos, Salamanca, Soria, Zamora,

[74] Vgl. E. Orduña: El regionalismo en Castilla y León, S. 160-164.

Avila, Segovia, Palencia, Valladolid, Santander, León). Aber diese *Mancomunidad* wurde wegen des Widerstands der Zentralregierung, die vollkommen unfähig war, die spanische Regionalfrage zu lösen, nicht realisiert.[75]

Als Reaktion auf die - oben dargelegten - Versuche, die im November 1918 von Francesc Cambó und vom *Consejo Permanente de la Mancomunidad* unternommen wurden, um für Katalonien die Autonomie zu erreichen, versammelten sich am 2. Dezember 1918 in Burgos die Vertreter aller Deputationen von Kastilien und León - mit Ausnahme derjenigen von Salamanca, die jedoch ihre Zustimmung übermittelte. In dieser Versammlung wurde ein Dokument ausgearbeitet, das dann unter dem Namen *Mensaje de Castilla* bekannt werden sollte. Angesichts der katalanischen Forderungen wurde in diesem *Mensaje* ein Bekenntnis zur Einheit der spanischen Nation abgelegt, Widerstand gegen alle Versuche der Regionen - gleichgültig welcher -, irgendeinen Autonomiegrad zu erlangen, der die spanische Souveränität schmälerte, angekündigt und schließlich die wirtschaftlich-administrative Autonomie der Gemeinden und der Provinzen, auch wenn in *Mancomunidades* vereinigt, verlangt. Dieser *Mensaje*, der am 6. Dezember der Regierung des Grafen von Romanones, die sich am Tag zuvor gebildet hatte, überreicht wurde, wird als die wichtigste Manifestation des kastilisch-leonischen Regionalismus und als die entschlossenste Reaktion auf die katalanischen Autonomieforderungen angesehen. Er ist das erste kollektive regionale Dokument („documento colectivo regional"), ein bedeutendes Dokument des sogenannten „gesunden Regionalismus" („regionalismo sano", [76] oder „regionalismo españolista"[77]).

Am 25. Januar 1919 versammelten sich neuerlich - diesmal in Segovia - die Vertreter der *Diputaciones Provinciales* von León und Kastilien, um die Grundsätze auszuarbeiten, die die Autonomie der Gemeinden, der Provinzen und der Regionen regeln sollten. Der entworfene Text, bekannt als die *Bases de Segovia*, betrachtete zum ersten Mal die Struktur und die Organisation des Territoriums von Kastilien und León in Gemeinden, Provinzen und Regionen "dentro de unos marcados planteamientos autonómicos en los tres niveles".[78] Er wurde einstimmig von den Vertretern der elf (diesmal war auch die *Deputación Provincial* von Logroño dabei) Deputationen angenommen, dem *Congreso* der Abgeordneten am 28. Januar 1919 präsentiert und am 29. dem Präsidenten des Ministerrates, dem Grafen von Romanones, übergeben. Auch die *Bases de Segovia* blieben erfolglos.[79] Das politische System, das mit der Restauration von 1874 entstanden war und sich auf die in der Verfassung von 1876 festgelegte zentralistische und

---

[75] Vgl. E. Orduña: El regionalismo en Castilla y León, S. 111-134.

[76] Vgl. E. Orduña: El regionalismo en Castilla y León, S. 136-138.

[77] Vgl. E. Orduña: El regionalismo en Castilla y León, S. 150.

[78] E. Orduña: El regionalismo en Castilla y León, S. 143.

[79] Über die *Bases de Segovia* vgl. E. Orduña: El regionalismo en Castilla y León, S. 142-151.

einheitliche Staatsauffassung gründete, war, wie schon erwähnt, nicht fähig, die spanische Regionalfrage ('cuestión regional') zu lösen, und diese Unfähigkeit wurde zu einer der Hauptursachen seines Unterganges. Mit dem Aufstieg zur Macht von Miguel Primo de Rivera, der am Anfang der Diktatur dem Regionalismus gegenüber nicht feindlich eingestellt und sogar geneigt schien, eine administrative Dezentralisation und eine vorsichtige Autonomie zuzulassen, war die Entwicklung des kastilisch-leonischen Regionalismus sowie jene der anderen spanischen Regionen vollkommen gestoppt.[80]

Regionalismus und 'Regeneracionismo'

In den letzten zwei Jahrzehnten des 19. und in den ersten Jahren des 20. Jahrhunderts erhielt der Regionalismus starke Impulse vom *Regeneracionismo*, einer weitgreifenden kulturellen Bewegung, die eine radikale Dezentralisierung des Staates, die Abschaffung der Provinzen[81] und die Wiederherstellung der historischen Regionen mit ihren autonomen *Juntas* und *Diputaciones* verfocht. In einem regenerationistischen 'Manifest', dem *Mensaje y programa de la Cámara Agrícola del Alto Aragón* (13. XI. 1898), heißt es:

---

80 E. Orduña: El regionalismo en Castilla y León, S. 168.

81 Über die Provinzen schrieb Luis Morote im Jahre 1900: „Se cogió el mapa de España y con un tiralíneas, considerando a los individuos como unidades y a los pueblos como totales, se hizo trizas nuestra historia. Por las medidas de la escuadra y del compás se decretó que se nos midiera y repartiera para ser luego administrados como decía Napoleón con *la sonnette qui tinte dans l'appartement central.* Las organizaciones históricas, formadas por los siglos: Castilla, Aragón, Cataluña, Valencia, Andalucía, Extremadura, León, Galicia, Asturias, las Vascongadas, Navarra, aún viven a pesar de cuanto hizo la monarquía absoluta y el gobierno constitucional para matarlas. ¿Qué queda en pie como cuerpo vivo de la división artificial, burocrática, funcionarista de España en Provincias? ¿Dónde está en la mayor parte de ellas la capitalidad, dónde la puso el gobierno o dónde la industria y el progreso y las necesidades modernas la han colocado? No citemos casos, a todo el mundo se le ocurrirán. Hay poblaciones en la península que tienen el doble o el triple número de habitantes, de riqueza, de propiedad, que la respectiva capital de su provincia. Otras que son por los ferrocarriles, por su situación o su producción, las verdaderas capitalidades, sin que sin embargo gocen siquiera del beneficio de ser cabezas de partido judicial. Y hay, por último, diez, doce, veinte, que sé yo cuántas, tituladas capitales, que tienen menos importancia, vecinos y vida, que el postrer villorio de la nación. ¡Y a eso se llama una división territorial política! Las Diputaciones sucumben al peso de su descrédito y de sus deudas, los municipios rurales casi todos, urbanos en gran parte, al peso de sus deudas y de su descrédito" (Luis Morote: La moral de la derrota. Introducción de Juan Sisino Pérez Garzón. Madrid: Biblioteca Nueva 1997, S. 224-225). Der *Gobernador civil*, der politische Chef der Provinz, wurde von Joaquín Costa als "rueda maestra", "pieza integrante del sistema caciquil" bezeichnet (Joaquín Costa: Oligarquía y caciquismo como la forma actual de gobierno en España; urgencia y modo de cambiarla. Introducción de José Varela Ortega. Madrid: Biblioteca Nueva 1998, S. 86-90).

Una prudente y progresiva descentralización habría bastado en aquellos veinte años de paz corridos desde 1875: en las aflictivas circunstancias presentes, el remedio tiene que ser más radical y de resultados más prontos y eficaces. Hay que trasplantar renuevos del árbol de Guernica[82] a todas las comarcas de la Península; acercar el gobierno a los gobernados; acabar de un tajo con los mandarinatos y proconsulados; pasar la esponja a las provincias y sus odiosos organismos de toda casta; llamar a nueva vida las regiones históricas, con sus juntas o diputaciones autónomas, para repartir y hacer efectivos de los ayuntamientos los impuestos nacionales y los suyos propios, para regir sus obras públicas y sus instituciones de progreso y de beneficencia, con limitación sólo en cuanto a empréstitos, para recopilar y sistematizar su derecho civil, observancias, fueros y jurisprudencia, para declarar y sancionar su derecho consuetudinario, sea de carácter general en toda la región, sea de una o más localidades dentro de la misma.[83]

Vom Darwinismus und dem Positivismus des Hippolyte Taine beeinflußt, faßten die 'wissenschaftlichen Regenerationisten' ('regeneracionistas científicos') die Gesellschaft als einen lebenden Organismus auf, der den Gesetzen der Evolution, der natürlichen Selektion und des Existenzkampfes unterworfen ist. In ihrem Versuch, die Gründe für die spanische Dekadenz und Degeneration auszumachen, wurden sie von der Überzeugung geleitet, daß die großen Determinanten der sozialen Prozesse die Rasse, das Milieu und der Zeitpunkt (‚le moment' von H. Taine) wären. Nur indem man das Milieu, die Rasse und die historisch-politischen Umstände analysiere, könne man daher die Übel, die Spanien plagen, und ihre Ursachen entdecken. Die unbarmherzige Diagnose der Regenerationisten stellt eine ganze Reihe von Übeln und Krankheitserregern fest: die widrige natürliche Umwelt, der die arme körperliche Verfassung ihrer Bewohner – verursacht von der Mangelernährung, dem schlechten Zustand der Häuser und vielleicht auch vom Blut der Berber und Semiten – sowie eine noch ärmere moralische Verfassung entsprechen, die vom Individualismus, von einem übertriebenen Unabhängigkeitssinn, von der Faulheit, die bis zur Abscheu vor der Arbeit geht, von dem Gefallen an dem gewalttätigen und anmaßenden Verhalten, von der Vorherrschaft der Phantasie und der Einbildung über die Vernunft, von Mangel an Patriotismus und von Ignoranz gekennzeichnet ist; die Bodenerosion, die die ohnehin schon widrige natürliche Umwelt noch verschlechtert; das Fehlen eines Bewässerungssystems; die technische und kulturelle Rückständigkeit; der Analphabetismus, vor

---

82 Symbol der ‚libertades forales'. Einer alten Tradition zufolge, die auch von der apokryphen Fortsetzung des *Guzmán de Alfarache* (Valencia 1602) überliefert wird, versammelten sich unter dem Baum von Guernica ("el sagrado roble") die *Juntas Generales*. Vom Gesang rund um den "Santo Arbol" ("Guernikako-Arbola") spricht man im Zusammenhang mit der *Fiesta de Guernika*, die am 16. August 1893 von Sabino Arana und anderen organisiert worden war. Vgl. A. Elorza: Un pueblo escogido. Génesis, definición y desarrollo del nacionalismo vasco, S. 4-5 u. S. 54. - Juan Marti: Segunda parte de la vida del pícaro Guzmán de Alfarache. In: La novela picaresca española. Estudio preliminar, selección, prólogos y notas de Ángel Valbuena Prat. Tomo I. Madrid: Aguilar 1978, S. 721-876; hier S. 794 (Libro II, Cap. VIII). - J. Corcuera - Y. Oribe: Historia del nacionalismo vasco en sus documentos I, S. 177-179.

83 Manifiesto regeneracionista. 1898. In: J. L. de la Granja, J. Beramendi, P. Anguera: La España de los nacionalismos y las autonomías, S. 307-309.

allem in den ländlichen Gebieten; das Wahlsystem, das zwar scheinbar demokratisch ist, weil auf dem allgemeinen Wahlrecht basiert, aber in Wirklichkeit vom Innenministerium und vom 'caciquismo' manipuliert wird; die in den kastilischen Gemeinden herrschende Korruption; der wirtschaftliche Liberalismus; der liberale Konstitutionalismus; die Berufspolitiker.

Nur mit der Rückkehr zur Tradition, zu den alten 'Sitten', zum Gewohnheitsrecht, zu lebendigen und organischen Verwaltungsgemeinschaften, wie der Gemeinde und der Region, kann die kranke Nation (Marqués de Torre Hermosa: "nación enferma"; Emilia Pardo Bazán: "la enfermedad de España") geheilt und die Regeneration des Vaterlandes ("regeneración de la patria") erreicht werden.

Lucas Mallada, Verfasser der Werke *Descripción física y geológica de la Provincia de Huesca* (1878), *Los males de la Patria* (Madrid 1890) und *La futura revolución española* (Madrid 1897-1898), erkannte in der Armut des Bodens[84] und in den Unzulänglichkeiten der Verwaltung die zwei tiefgreifendsten Übel Spaniens und prophezeite den Triumph der Republik und der Revolution, wenn das Problem der Landwirtschaft nicht gelöst und eine einschneidende Verwaltungsreform auf territorialer Ebene nicht ausgeführt worden wäre.[85]

Ricardo Macías Picavea – auch Autor eines sehr wichtigen regionalistischen Romans über die ländliche Welt (*La Tierra de Campos*, 1897-1898) und der Abhandlung *Apuntes y estudios sobre la instrucción pública en España y sus reformas* (1882) – schlug in dem Werk *El problema nacional: hechos, causas y remedios* (1898), um die Atrophie der Organe des nationalen Lebens („regiones, concejos, gremios, clases, corporaciones sociales")[86] zu bekämpfen, sowohl die Errichtung von Regionen als Organismen "de la vida nacional y del Estado",[87] die mit Autonomie und weitreichenden Kompetenzen ausgestattet und von einer regionalen, aus einem Präsidenten und einem Regionalrat zusammengesetzten Regierung geleitet werden sollten,[88] wie auch die Schaffung von gleichermaßen autonomen Gemeinden[89] und die Bildung von organischen Vertretungsgremien und Gemeinschaften von Arbeitern und Arbeitgebern („obreros" und „productores")[90] vor. Der 'Regionalismus' war der Schwerpunkt seines Regenerationismus, weil seiner organizistischen Auffassung entsprechend die Regionen „natürliche

---

84 Vgl. Lucas Mallada: Causas de la pobreza del nuestro suelo (1882). In: L. M.: La futura revolución española y otros escritos regeneracionistas. Edición a cargo de Steven L. Driever y Francisco Javier Ayala-Carcedo. Madrid: Biblioteca Nueva 1998, S. 79-134.

85 Lucas Mallada: La futura revolución española (1897-1898). In: L. M.: La futura revolución española y otros escritos regeneracionistas. Edición a cargo de Steven L. Driever y Francisco Javier Ayala-Carcedo. Madrid: Biblioteca Nueva 1998, S. 179-238; hier S. 215-231.

86 Ricardo Macías Picavea: El problema nacional (1899). Introducción de Andrés de Blas Guerrero (= Cien años después, 4). Madrid: Biblioteca Nueva 1996, S. 240.

87 R. Macías Picavea: El problema nacional (1899), S. 260, 261.

88 R. Macías Picavea: El problema nacional (1899), S. 260-262.

89 R. Macías Picavea: El problema nacional (1899), S. 263-264.

90 R. Macías Picavea: El problema nacional (1899), S. 304-309.

Glieder" und „lokale Organe der spanischen Nation" sind und als solche danach streben, zu Organen des nationalen Lebens zu werden:

> ¿Qué es el regionalismo? Es la aspiración de las *naturales regiones* españolas a constituirse en órganos de la vida nacional, ya social, ya políticamente, gobernándose con autonomía en su actividad interior y privativa, y con subordinación a la Nación misma en lo general y conjunto, de suerte que el influjo sea mutuo y recíproco; es decir, influyendo ellas, pues que de ellas es y no de ningún Don Entrometido, en la Nación, y la Nación en ellas, pues que la pertenecen. [...]
>
> ¡Regionalismo ha de ser, regionalismo autonómico, regionalismo puro y neto, sin mixtificaciones doctrinarias de descentralizaciones administrativas y otras tautologías de parecida estofa!
>
> Regionalismo, porque las regiones son los miembros naturales y órganos locales de la nación española.
>
> Regionalismo, porque la organización política regional constituye el único y propio gobierno de la nación por la nación misma, el único orden posible en el buen régimen y concertada distribución de las actividades y funciones de la sociedad española, la única manera de poner cada cosa en su sitio, y todas en condiciones de ser atendidas como deben.
>
> Regionalismo, porque es la vuelta a lo castizo, la restauración de la tradición y de la historia [...].
>
> Regionalismo, en fin, porque es la resurrección de la patria, lejos de ser su muerte; la vivificación de los miembros paralíticos, atrofiados, gangrenosos, para vivificar también el todo; el triunfo de la variedad que, por serlo, lo será también de la unidad, no de la unidad vacía e inerte, sino de la unidad que crece de abajo arriba, que exubera jugo y savia desde las raíces hasta las flores y frutos, que es plenitud, que es alma común, que es vida de vidas defendida por ellas, porque es su defensa, por ellas nutrida, porque representan su propio ser y esencia.
>
> ¡Qué error tan inmenso, qué cortedad de vista, qué ceguera, más bien, las de quienes ven en el regionalismo, en las autonomías locales, los peligros que dicen ver para la patria y su unidad! ¡Lo otro, lo otro, es precisamente la verdad! No hay naciones más fuertes, más sólidamente trabadas, más plenas que las constituidas autonómicamente en sus miembros locales. No hay, sobre todo, naciones más vivas. [...].
>
> ¡Qué mortales efectos los efectos de la centralización! ¡Ésos, esos sí que son peligros terribles y ya experimentados! La vida se paraliza en los órganos del cuerpo. Todo afluye a la cabeza. El aflujo acaba por abrumarla, ahogarla, imposibilitarla para las reacciones bien concertadas y medidas. [...]
>
> Es, pues, indispensable esa autonomía [regional]; es necesario el regionalismo. Lo pide España entera. Lo pide la intelectual Cataluña, que no es posible que sufra sin rasgamientos interiores la tiranía de la inepta caciquería madrileña.[91]

Die Regionalautonomie ist aus folgenden Gründen die grundlegende Reform für die Wiedergeburt Spaniens:

> 1.° constituye la vuelta al camino propio de la gran tradición nacional; 2.° es la base de la restauración de la Nación, llevando y excitando la vida en los miembros de la misma, hoy moribundos; 3.° representa, bien planteada, el golpe de gracia al actual caciquismo; 4.° descongestiona la Administración central, víctima hoy de un cólico cerrado de asuntos a resolver; 5.° lleva esos asuntos a sus asientos y competencias naturales; 6.° tornará la circulación normal a toda la vida de la Na-

---

[91] R. Macías Picavea: El problema nacional (1899), S. 298-302.

ción, hoy atascada y estancada en los centros madrileños, con gravísimo parálisis de esa vida nacional.[92]

Die Errichtung der regionalen Autonomie soll aber graduell sein (diese Auffassung wird dreißig Jahre später auch der Vorsitzende des Verfassungsausschusses der *Cortes* der Zweiten Republik, Luis Jiménez de Asúa, vertreten):

La autonomía regional no se decretará por patrón único, sino que se hará surgir por grados, según la preparación y situación presente de cada región, habiendo algunas, como el País Vasco y Cataluña, que podrán acaso ejercerla completa, o poco menos, desde luego; otras como Valencia, Asturias, Aragón, intermedia, en algo más o algo menos; otra en fin, como Andalucía y las Castillas, sólo inicial.[93]

Auch Gumersindo de Azcárate, Autor verschiedener Abhandlungen und parlamentarischer Reden zur Frage des Regionalismus (*Hasta que punto es compatible en España el regionalismo con la unidad necesaria del Estado*, 1899. - *Centralización, descentralización y regionalismo*, 1900. - *El programa de Manresa*, 1902. - *El problema regional*, 1907), war der Ansicht, daß die Strukturierung Spaniens als Regionalstaat einen wichtigen Beitrag zur Lösung der spanischen Probleme - jedenfalls jener von territorialer und administrativer Art - hätte leisten können.

Joaquín Costa y Martínez, Verfasser von Studien zum Agrarproblem und von Werken über Geschichte, Soziologie, Folklore, Recht (*Derecho municipal consuetudinario de España*, 1885) und Politik (*Oligarquía y caciquismo*, Madrid 1901-1902), predigte die Entwurzelung, den "descuaje del caciquismo",[94] stieß einen Schmerzensschrei über die Degeneration der spanischen Rasse ("raza atrasada, imaginativa y presuntuosa, y por lo mismo, perezosa e improvisadora, incapaz para todo lo que signifique evolución, para todo lo que suponga discurso, reflexión, labor silenciosa y perseverante"[95]) aus, donnerte gegen die "opinión

---

92 R. Macías Picavea: El problema nacional (1899), S. 261.

93 R. Macías Picavea: El problema nacional (1899), S. 261.

94 "[...] hay que extirpar físicamente al cacique [...]; hay que reprimir o extirpar, repito, mediante coacción exterior, al cacique, como se extirpa un cáncer o un tumor, y hay que purificar a la vez la sangre viciada del cuerpo social que lo produjo, para que no rebrote. En otros términos: el sanar a España del cacique, el redimirla de esa cautividad, supone dos distintas cosas: operación quirúrgica, de efecto casi instantáneo, y tratamiento médico, de acción lenta y paulatina" (J. Costa: Oligarquía y caciquismo, S. 110).

95 J. Costa: Oligarquía y caciquismo, S. 118. Lucas Mallada schrieb: "La fantasía, la loca fantasía, es nuestro principal defecto; la fantasía convierte en un verdadero laberinto parte de la administración pública; la fantasía nos hace ser los mayores proyectistas y no los más trabajadores de Europa; a la fantasía debemos ese lujo de las fiestas, romerías y ferias en que se negocia poco y nos divertimos mucho" (Causa de la pobreza de nuestro suelo, S. 104). Vgl. auch Lucas Mallada: Cartas aragonesas (1905). In: L. M.: La futura revolución española y

castrada", die "nación de mujeres" und den "pueblo de eunucus", und – überzeugt, daß die Erneuerung des Ackerbodens und die Neubelebung der Landwirtschaft die Basis der nationalen Wiedergeburt waren – appellierte an die "fuerzas agrícolas", um für die Regeneration Spaniens die *Liga Nacional de Productores* zu gründen. (Zuvor - im Jahre 1899 - hatte Costa, einer der einflußreichsten Autoren der sogenannten *Generación del 98* und des *Regeneracionismo*, die *Asamblea de las federaciones Agricolas* nach Saragossa einberufen. Unter seinem Vorsitz und auf seine Initiative wurden in dieser Versammlung die grundlegenden Prinzipien eines politischen Programmes für die Wiederherstellung des nationalen agrarischen Reichtums formuliert und beschlossen.[96])

Der ungelöste Konflikt zwischen protektionistischem und freihändlerischem Regionalismus

Der von Kastilien-León (und auch von Extremadura und Andalusien) vertretene protektionistische Regionalismus und der von Katalonien (sowie von Valencia und vom Baskenland) vertretene freihändlerische Regionalismus waren unvereinbar, weil sie einen tiefen, unüberbrückbaren Interessenkonflikt ausdrückten: jenen zwischen agrarischen und industrialisierten Gebieten.

Über den zwischen freihändlerischem und protektionistischem Regionalismus bestehenden Konflikt schrieb Miguel de Unamuno, eine der hervorragendsten Gestalten der *Generación del 98*, in einem Essay, der *La crisis del patriotismo* behandelte und am Ende des 19. Jahrhunderts erschien, folgendes:

Hay dos regionalismos: el de esos propietarios que luchan contra los efectos del libre cambio y el de los que, llevados por éste, buscan por el camino de la diferenciación la integración suprema.

---

otros escritos regeneracionistas. Edición a cargo de Steven L. Driever y Francisco Javier Ayala-Carcedo. Madrid: Biblioteca Nueva 1998, S. 239-331; hier S. 301-302.

96 Vgl. E. Orduña: El regionalismo en Castilla y León, S. 83-91. - Enrique Tierno Galván: Costa y el regeneracionismo. Barcelona: Editorial Barna 1961. - Manuel Tuñón de Lara: España: la quiebra de 1898 (Costa y Unamuno en la crisis de fin de siglo). Madrid 1986. - Teresa Gómez Trueba: Regeneracionismo. In: Diccionario de Literatura Española e Hispanoamericana. N-Z. Dirigido por Ricardo Gullón. Madrid: Alianza Editorial 1993, S. 1363-1365. - Javier Varela: Joaquín Costa. In: Blas Guerrero (Director): Enciclopedía del nacionalismo, S. 104-107. - Javier Varela: Literatura del 'Desastre del 98'. In: Blas Guerrero (Director): Enciclopedía del nacionalismo, S. 112-114. – A. Bahamonde, P. Carasa, P. Gabriel, J. A. Martínez, Alejandro Pizarroso: Historia de España. Siglo XX. 1875-1939, S. 154-159. – Manuel Moreno Alonso: La literatura del Desastre. Una crítica histórica desde la otra cara del espejo. Epílogo de Juan Marichal. Sevilla: Alfar 2000. – M. Ángeles Varela Olea: Galdós regeneracionista. Madrid: Fundación Universitaria Española 2001, S. 12-171. – Marcelino Cortés: Al final de la escapada. Prensa y regeneracionismo en las Cinco Villas de Aragón (1910-1914). Ejea de los Caballeros: Institución «Fernando el Católico» 2001.

Hay un regionalismo retrógrado, proteccionista del terruño, el mezquino y pobre que forma juntas de defensa para evitar el traslado de una capitanía general, el que pide cruceros, guarniciones, limosna de la que mancha y empobrece, y hay un regionalismo que pide que se deje a cada pueblo desarrollarse según es él. El uno, atizando los odios entre las regiones, sirve a los que las explotan; el otro pide la separación de los elementos antitéticos violentamente unidos para que se comprenda y se unan al cabo, en coordinación santa y libre, no en subordinación maldita y autoritaria. Y téngase en cuenta que dos términos pueden estar entre sí subordinados cada uno de ellos al otro, según el respeto. Hay quien dice: subordínense ellos a nosotros en lo económico, y nosotros nos subordinaremos a ellos en lo político. Y de aquí nace la muerte de ambos. El libre cambio es, si bien se mira, un precepto de moral, una derivación rigurosa del "ama a tu prójimo como a ti mismo". Libertad, libertad ante todo, verdadera libertad. Que cada cual se desarrolle como él es, y todos nos entenderemos. La unión fecunda es la unión espontánea, la del libre agrupamiento de los pueblos. El regionalismo proteccionista y retrógrado arranca y termina en la propiedad acaparada: el librecambista y progresivo, en el individuo libre; el uno quiere remachar las cadenas que sujetan al hombre al terruño; libertarle de éste, para que lo posea, el otro.[97]

Unamunos Feststellung, daß sich die zwei gegensätzlichen Regionalismen gegenseitig neutralisierten, war sicherlich richtig. Aber mit seinem naiven Glauben an die heilbringende Funktion des freien Handels, mit seinen konfusen antikapitalistischen und kommunistisch angehauchten Utopien[98] und mit seinem völligen Unverständnis für die wirtschaftlichen Gründe des agrarischen Protektionismus, der keineswegs mit der ökonomischen Rationalität und dem kapitalistischen Geist unvereinbar war,[99] konnte Unamuno sicherlich nicht zu der Überwindung der sehr schweren politischen Krise beitragen, in der sich Spanien nach der Katastrophe von 1898 befand.

Ein anderer großer Vertreter der *Generación del 98*, Pío Baroja, polemisierte hingegen vehement gegen den "fanatismo liberal". Stark von seinem medizinischen Studium geprägt, empfahl er eine "política ... absolutamente experimental" und "positiva" als die einzige Politik, die im Stande wäre, "la redención de España" zu ermöglichen. Bezüglich des Problems des Regionalismus vermied er die Gegenüberstellung Landwirtschaft-Industrie:

---

[97] Miguel de Unamuno: La crisis del patriotismo. In: M. de U.: Obras selectas. Madrid: Biblioteca Nueva 1977, S. 145-151; hier S. 149.

[98] „Borrada la funesta propiedad capitalista actual, convertida la agricultura en vasta explotación industrial, en libre aprovechamiento, aliviado el labrador por la máquina, que le permita mirar más al cielo que une que a la tierra que separa, ¿qué se hará del apego al terruño? Convertido en amor de artista a su obra, servirá de materia al ideal cosmopolita, será la base sentimental e histórica de un sentimiento conceptual y filosófico, si cabe así decirlo; el hombre amará a la tierra, que ha hecho, y este amor servirá de núcleo a la fraternidad universal. Entonces se verá patente e intuitivamente que la Tierra ha sido humanizada por el hombre, entonces se vivificará el sentimiento patriótico por la fusión de sus dos factores: el que arranca del primitivo comunismo de tribu y el que tiende al final comunismo universal. «Todo lo hemos hecho entre todos», se dirá entonces" (M. de Unamuno: La crisis del patriotismo, S. 150-151).

[99] Vgl. Ángel Bahamonde, Pedro Carasa, Pere Gabriel, Jesús A. Martínez, Alejandro Pizarroso: Historia de España. Siglo XX. 1875-1939. Madrid: Cátedra 2000, S. 146-152.

Aquí se debían de estudiar lo mejor posible las cualidades de una provincia o de una región, sus aspiraciones y sus necesidades, y, según el resultado, darles una manera de regirse más o menos autonómica. El terruño sería la base del plan de vida en la aldea; la industria y el comercio, en la ciudad.[100]

Die Regionalismen, die Nationalismen und die Separatismen - "los fenómenos más característicos de la vida política española en los últimos veinte años", wie José Ortega y Gasset 1921 schrieb[101] - waren nicht die Ursachen, sondern die Symptome eines Prozesses von "descomposición", von "decadencia" und von "desintegración", der, wenn er auch nicht gerade nach dem Jahre 1580 (1580: Einverleibung Portugals und dessen Reiches; 1581: Verlust der Souveränität über sieben Provinzen der nördlichen Niederlande) begann - wie der Autor der *España invertebrada*[102] behauptete -, ohne Zweifel sehr ferne Ursprünge hatte.

Zur Gesundung Spaniens hatten die Vertreter des 'wissenschaftlichen Regenerationismus' verschiedene politische, soziale und wirtschaftliche Vorschläge – einige davon wurden schon erwähnt – gemacht: Ausrottung des ‚caciquismo', Abbau der Bürokratie, Reform des Steuer-, Schul- und Kreditwesens, Aufgabe der Kolonialpolitik, Dezentralisierung der Verwaltung von Gemeinden und Provinzen, Förderung der Landwirtschaft, Verbesserungen für die Arbeiterklasse, allgemeine Wehrpflicht. Die Intellektuellen der Generation vom Jahre 1898, die wie die Regenerationisten für eine radikale (oder moderate) ‚Europäisierung', d. h. Modernisierung, des Landes eintraten,[103] setzten mehr auf die Wiederbelebung der Tradition und auf geistige Werte. Sie suchten mit großem Eifer nach dem "espiritu castellano" (um ihn zu erhalten),[104] nach der "tradición eterna",[105] nach der "alma de la nación" und der "alma castellana",[106] nach der 'Hispanidad', nach den „raíces de España",[107] den 'Essenzen' und den reinen Werten „de la España

[100] Pío Baroja: El tablado de Arlequín (1904). In: P. B.: Obras completas. Madrid: Biblioteca Nueva 1974-1980, 8 Bde; hier Bd. V, S. 31.

[101] José Ortega y Gasset: España invertebrada (1. Ausg. 1921. – 2. Ausg. 1922). In: J. O. y G.: Obras completas. Madrid: Alianza Editorial - Revista de Occidente 1994, 12 Bde.; hier Bd. III, S. 68.

[102] J. Ortega y Gasset: España invertebrada, S. 67.

[103] Zur 'Europäisierung' Spaniens vgl. J. Costa: Oligarquía y caciquismo, S. 206-219. - Pío Baroja: Nuevo tablado de Arlequín (1917). In: P. B.: Obras completas. Madrid: Biblioteca Nueva 1974-1980, 8 Bde; hier Bd. V, S. 96-98 («Europeización»).

[104] Miguel de Unamuno: El espiritu castellano (1895). In: M. de U.: Obras selectas. Madrid: Biblioteca Nueva 1977, S. 86-110.

[105] Miguel de Unamuno: La tradición eterna (1895). In: M. de U.: Obras selectas. Madrid: Biblioteca Nueva 1977, S. 47-65.

[106] Azorín (José Martínez Ruiz): El alma castellana (1900). In: Azorín: Obras escogidas. Madrid: Espasa Calpe 1999, 3 Bände; hier Bd. III, S. 181-296.

[107] Azorín (José Martínez Ruiz): Los pueblos (1905). In: Azorín: Obras escogidas, Bd. III, S. 367-372.

de siempre",[108] der 'España eterna'. Sie bemühten sich mit ebenso großem Eifer, "el paisaje de España" und "las costumbres tradicionales" wiederzuentdecken und „entonación lírica y sentimental a cosas y hombres de España" zu geben.[109] Aber weder den Regenerationisten noch den Schriftstellern der *Generación del 98* gelang es, die spanische Nation aufzubauen und den Spaniern jenen "serio, digno, sólido, perdurable" Patriotismus einzuflößen,[110] der zur Schaffung eines neuen Bewußtseins und einer nationalen Identität notwendig gewesen wäre.

Im Jahre 1835 hatte Antonio Alcalá Galiano vor den *Cortes*, die von Francisco Martínez de la Rosa gemäß dem 1834 erlassenen *Estatuto Real* einberufen worden waren, erklärt, daß "uno de los objet[iv]os principales que nos debemos proponer nosotros es hacer a la nación española, una nación, que no lo es ni lo ha sido hasta ahora".[111] Fünfundsiebzig Jahre später behauptete José Ortega y Gasset in seiner ersten großen öffentlichen, am 12. März 1910 gehaltenen Rede, daß Spanien als Nation nicht existierte und es daher die Pflicht der Intellektuellen war, Spanien aufzubauen ("construir España").[112] Elf Jahre danach diagnostizierte José Ortega y Gasset den Triumph der regionalen Partikularismen, der Partikularismen der ethnischen Gruppen und der Gesellschaftsklassen sowie das Fehlen kollektiver Solidarität.[113]

Aber wenn 1921 und auch noch 1922 - in der zweiten Ausgabe seiner *España invertebrada* - Ortega behaupten konnte, daß "la actualidad pública de España [...] por un imperio casi exclusivo del particularismo" gekennzeichnet sei,[114] so waren die Versuche der Intellektuellen, die "restauración de la vida entera de España", die Palingenese des Vaterlandes zu realisieren[115] und auf diese

---

108 Pío Baroja schrieb: "Los que esperamos y deseamos la redención de España no la queremos ver como un país próspero sin unión con el pasado; la queremos ver próspera, pero siendo sustancialmente la España de siempre" (El tablado de Arlequín, S. 30).

109 Azorín (José Martínez Ruiz): Obras escogidas, Bd. III, S. 994.

110 Azorín (José Martínez Ruiz): Obras escogidas, Bd. III, S. 995.

111 Zit. nach Josep Fontana: La fi de l'Antic Règim i la industrializació (1787-1868). Pròleg de Pierre Vilar (= Història de Catalunya. Director: Pierre Vilar. Volum V). Barcelona: *Edicions 62* 1993, S. 453.

112 Zit. nach José Álvarez Junco: El nacionalismo español como mito movilizador. Cuatro Guerras. In: Rafael Cruz y Manuel Pérez Ledesma (eds.): Cultura y movilización en la España contemporánea. Madrid: Alianza 1997, S. 35-67; hier S. 55.

113 J. Ortega y Gasset: España invertebrada, S. 66-75.

114 J. Ortega y Gasset: España invertebrada, S. 89.

115 Ángel Ganivet: Idearium español (1897). Edición de Nelson Orringer. Salamanca: Almar 1999, S. 242. Über dieses Werk, das am Beginn der 20er Jahre in Madrid ein großes *Revival* erlebte, schrieb Manuel Azaña einen langen Verriß. Der künftige Präsident der spanischen Republik hatte bestimmt keine Sympathie für einen Autor, der die Demokratie ("la inmunda democracia"!) tief verachtete. Vgl. Manuel Azaña: El "Idearium" de Ganivet (1921-1930). In: M. A.: Obras completas. I. México: Ediciones Oasis 1966, S. 568-619.

Weise die spanische Nation aufzubauen, gescheitert.[116] Vielleicht waren sie gescheitert, weil die Regenerationisten zwar politische Lösungen vorschlugen, sie aber ohne politische Mittel (sie weigerten sich, eine politische Partei zu bilden und auch an der Politik der vorhandenen Parteien teilzunehmen) erreichen wollten. Vielleicht waren sie gescheitert, weil die Intellektuellen der Generation von 1898 spiritualistische Lösungen zu Problemen, die vor allem wirtschaftlicher und politischer Natur waren, suchten. Vielleicht waren sie gescheitert, weil man jedem praktikablem Kompromiß den Weg versperrte, indem man den regionalistischen Bewegungen jegliche Legitimität negierte, sich jeder Abtretung von Souveränität widersetzte und den Föderalismus ablehnte, wie es der liberale José Ortega y Gasset tat.[117] (Nichts anderes tat aber auch die politische Linke - und zwar sowohl die republikanische als auch die sozialistische -, die seit jeher in der jakobinischen und zentralistischen Tradition verwurzelt war.[118])

Durch die offensichtliche Unzulänglichkeit und Erfolglosigkeit sowohl der ‚wissenschaftlichen' wie auch der spiritualistischen Erneuerungsversuche entmutigt, waren einige Vertreter des *Regeneracionismo* und der *Generación del 98* zu dem Schluß gekommen, daß nur eine starke Hand und ein autoritäres Regime, wenn auch nicht die notwendige Palingenese bewirken, so wenigstens die Auflösung der Nation verhindern konnten. So forderte Ángel Ganivet in einem Brief von 1898 an Miguel de Unamuno "una representación efectiva que sustituya a la ficción parlamentaria y una autoridad fuerte, verdadera, que garantice el orden y la cohesión territorial".[119] So rief Joaquín Costa in seinem Werk *Oligarquía y caciquismo* (1901-1902)[120] nach einem "cirujano de hierro", einem eisernen Chirurgen, der das korrupte politische System der Restauration zerschlüge und

[116] Über den spanischen Nationalismus und sein Scheitern vgl. José Álvarez Junco: El nacionalismo español como mito movilizador. Cuatro Guerras, S. 35-67. - José Álvarez Junco: Mater Dolorosa. La idea de España en el siglo XIX. Madrid: Taurus 2001. - Ángel Bahamonde, Pedro Carasa, Pere Gabriel, Jesús A. Martínez, Alejandro Pizarroso: Historia de España. Siglo XX. 1875-1939, S. 165-169.

[117] Vgl. José Ortega y Gasset: Federalismo y autonomismo (Discurso pronunciado en las Cortes Constituyentes en la noche del 25 a 26 de septiembre de 1931). In: J. O. y G.: Obras completas. Tomo XI. Madrid: Alianza Editorial - Revista de Occidente 1994, S. 391-397. - José Ortega y Gasset: Discurso sobre el Estatuto de Cataluña (1932). In: J. O. y G.: Obras completas. Tomo XI, S. 455-474. Über Ortegas Ablehnung des Föderalismus vgl. Andrés de Blas Guerrero: Nación y nacionalismo en Ortega y Gasset. In: Justo G. Beramendi - Ramón Máiz (comps.): Los nacionalismos en la España de la II República. Madrid: Siglo XXI 1991, S. 27-37.

[118] Vgl. dazu Borja de Riquer i Permanyer: Escolta, Espanya. La cuestión catalana en la época liberal. Madrid: Marcial Pons 2001, S. 274-276.

[119] Ángel Ganivet - Miguel de Unamuno: El porvenir de España. Edición: Fernando García Lara. Estudio preliminar y notas: Pedro Cerezo Galán. Granada: Diputación Provincial de Granada 1998, S. 181.

[120] Über *Oligarquía y caciquismo* und den Einfluß dieses Werkes auf Ortega y Gasset vgl. E. Tierno Galván: Costa y el regeneracionismo. Barcelona: Barna 1961, S. 223-269.

eine vorübergehende Diktatur errichtete, die die Ideen der Rettung des Landes unterordnete:

[...] esa política [la quirúrgica], sin la cual la libertad podrá ser una promesa y una esperanza para mañana, para un mañana muy remoto, en manera alguna para hoy, y España como una simiente de nación enterrada en el surco, que otra generación podrá ver nacer, si antes el campo no es subvertido por uno de tantos terremotos de la historia: esa política quirúrgica, repito, tiene que ser cargo personal de un cirujano de hierro, que conozca bien la materia del pueblo español y sienta por él una compasión infinita, como aquella que inspiró los actos de gobierno del conde de Aranda hace siglo y tercio; que tenga buen pulso y un valor de héroe, y más aún que valor lo que llamaríamos entrañas y coraje, para tener a raya a esos enjambres de malvados que viven de hacer morir a los demás; que sienta un ansia desesperada y rabiosa por tener una patria y se arroje, artista de pueblos, a improvisarla. [...]

Ese gobernante, ese libertador, que ha de sacar a la nación del cautiverio en que gime y desencantar la libertad, no tiene que hacer nada de extraordinario: garantizar *personalmente* la efectividad de la ley; ponerse en lugar del rico arsenal de garantías exteriores inventado por el doctrinarismo y que no ha garantizado nada; a eso se reduce todo; cortar por propia mano las ligaduras que oprimen a la ley, y con la ley a las masas no políticas, haciendo en obra de meses una revolución pacífica de que nadie se haya dado cuenta; convertirse en alma de la nación, en fuerza de haberse compenetrado con ella, y al propio tiempo ser su brazo armado; poner en ecuación la España legal con la España real y viva, para que desaparezca esa inmensa ficción que llamamos «Estado», y el interés de todos vuelva a anteponerse al de unos cuantos, y el gobierno «de los peores» quede sustituido por el «de los mejores», que es decir por el del país...[121]

Auch César Silió, in den *Problemas del día* (1899), Joaquín Sánchez de Toca, in *Reconstitución de España* (1911), und Julio Senador, in *Castilla en escombros* (1915), betrachteten die Diktatur als die einzig mögliche Lösung. Ricardo Macías Picavea, der in dem 'caciquismo' den Krebs der Nation sah[122] und die Schließung der *Cortes* („¡Fuera Cortes!") forderte,[123] ersehnte „la aparición de *un hombre*, del hombre histórico, del hombre genial, encarnación de un pueblo y cumplidor de sus destinos", vor dessen „mano de hierro" wie vor dem Blitz „oligarcas, banderías y caciques" fallen würden.[124] Pío Baroja wünschte sich die „supresión

[121] J. Costa: *Oligarquía y caciquismo*, S. 115-116.

[122] Ricardo Macías Picavea: El problema nacional (1899). Introducción de Andrés de Blas Guerrero. Madrid: Biblioteca Nueva 1996, S. 169-181.

[123] R. Macías Picavea: El problema nacional (1899), S. 289-290. Lucas Mallada sprach von den "inmundas farsas del sufragio" und von den "charlas insustanciales del Parlamento" (La futura revolución española, S. 196).

[124] R. Macías Picavea: El problema nacional (1899), S. 324-325. Lucas Mallada schrieb: "Ha de venir el hombre, ha de venir el Gobierno que, sobreponiéndose al caciquismo y a esas Cortes infecundas, sean capaces de extinguir los abusos y la tiranía de la desacertada centralización, que sólo espíritus despóticos y mezquinos podrían defender o disculpar. [...] Cerca debe estar el día en que aparezca esa dictadura. Si así no sucediera, no tardarían en alzarse las exageraciones del regionalismo, y desbaratada la Patria en menudos fragmentos, se necesitaría la repetición de otra secular epopeya para restablecer la unidad nacional, por largos años deshecha. De un extremo caeríamos bruscamente en el opuesto, cuyos desastres nadie

de las instituciones democráticas, como las Cortes, el Jurado y las demás, que no tienen más bases que la ley de las mayorías y el número aplastante que representa la fuerza de un rebaño de bárbaros".[125] Und der herbeigewünschte ,eiserne Chirurg' kam.[126]

Die Diktatur von Primo de Rivera

Miguel Primo de Rivera, der jahrelang in Marokko, auf Kuba und auf den Philippinen tapfer gekämpft hatte und dann zum Generalkapitän (*Capitán General*) von Valencia, von Madrid und schließlich von Katalonien ernannt worden war, übernahm am 13. September 1923 mit einem Militärputsch die Macht. Alfons XIII. betraute ihn mit der Regierungsbildung und übertrug ihm (mit Kgl. Verordnung vom 15. September) das Amt des Präsidenten eines Militärdirektoriums (*Directorio Militar*), das den Staat provisorisch regieren sollte.[127] Die Ausrufung der Diktatur wurde nicht nur von einem großen Teil der Mittelschicht, die auf die Umsetzung eines 'regenerationistischen' Programms hoffte (eine der Grundlagen des Erfolgs von Primo de Rivera war gerade der regenerationistische Gehalt seines an das spanische Land und Heer - *Al país y al ejército españoles* - gerichteten Manifestes vom 13. September gewesen, in welchem der General versprach, die öffentliche Ordnung wiederherzustellen, die durch Terrorismus, Separatismus und Inflation entstandenen Probleme zu lösen, Spanien von den Berufspolitikern, "los profesionales de la política", zu befreien - also den 'caciquismo' zu vernichten -

adivinaría en su intensidad ni en sus consecuencias. Ciertamente que el dictador que hoy necesita la Patria para evitar una revolución sangrienta ha de tener condiciones excepcionalmente difíciles, si bien no imposibles, de reunirse en una sola persona. A un conocimiento exacto de la situación del país, de sus recursos, de las condiciones vitales de las diversas regiones y provincias, de sus elementos sanos, perturbados y nocivos, ha de agregar una rectitud de conciencia y una severidad de conducta a la que no estamos acostumbrados hace mucho tiempo" (La futura revolución española, S. 220).

125 Pío Baroja: El tablado de Arlequín (1904), S. 32.

126 Gerade im Jahre 1923, und zwar nach dem Militärputsch von Miguel Primo de Rivera, kritisierte Manuel Azaña die Ansichten von Joaquín Costa über den "cirujano de hierro", die er auf den „pesimismo radical" und den „antidemocratismo" des Autors von *Oligarquía y caciquismo* zurückführte. Vgl. Manuel Azaña: El cirujano de hierro, según Costa (1923). In: M. A.: Obras completas. I. México: Ediciones Oasis 1966, S. 560-563.

127 Über den Militärputsch von Primo de Rivera vgl. Javier Tusell: La Dictadura de Primo de Rivera (1923-1930). In: La España de Alfonso XIII. El Estado y la política (1902-1931). Volumen II: Del plano inclinado hacia la Dictadura al final de la Monarquía. 1922-1931. Por Carlos Seco Serrano y Javier Tusell (= Historia de España. Fundada por Ramón Menéndez Pidal. Dirigida por José María Jover Zamora. Tomo XXXVIII). Madrid: Espasa Calpe 1995, S. 133-623; hier S. 133-166.

und die an den Mißständen schuldigen Personen strafrechtlich zu verfolgen[128]), sondern auch von der linken Presse und von angesehenen Intellektuellen begrüßt. Etwas später gewann der General auch einen Teil der Arbeiterschaft für sich. Von 1923 bis 1928 erfreute sich die Diktatur zweifellos einer breiten Zustimmung unter der Bevölkerung. In einem Land, das von dramatischen sozialen Konflikten, von der Anarchie und vom Terrorismus erschüttert war, hatte Primo de Rivera die öffentliche Ordnung wiederhergestellt (dies beweist die bloße Statistik der Attentate: 1.493 Attentate vom 13. September 1918 bis zum 13. September 1923, 51 Attentate in den fünf Jahren von 1923 bis 1928) und die Macht des Zentralstaates gestärkt.[129] Außerdem hatte die Diktatur Primo de Riveras mit ihrer interventionistischen Politik der Produktionsförderung (Industrieschutzgesetz von 1926) ab 1923 eine starke Produktionssteigerung der spanischen Industrie bewirkt, die den Index der industriellen Produktion von 102,5 (im Jahre 1923) bis auf 146,1 (im Jahre 1931) fast ohne Unterbrechung stetig steigen ließ.[130]

Mit der Ersetzung der Zivilgouverneure durch Militärgouverneure (Kgl. Verordnung vom 15. September 1923),[131] mit der Auflösung der *Diputaciones Provinciales* (Kgl. Verordnung vom 13. Januar 1924), ausgenommen jene von Navarra und des Baskenlandes, mit der Erlassung des *Estatuto Municipal* (in der *Gazeta* vom 9. Mai 1924 veröffentlicht) und des *Estatuto Provincial* (*Gazeta* vom 21. März 1925) zwang Primo de Rivera dem Land ein dezentralisiertes Verwaltungssystem auf, das aber streng von der Zentralgewalt kontrolliert war, und zerstörte das Wahlsystem der *Ayuntamientos*, das auf jenem 'caciquismo' aufgebaut war, der sich in allen sensiblen Lebensbereichen (lokale Verwaltung, zentrale Verwaltung, Gerichtssystem, politische Parteien) des Landes eingenistet und das allgemeine Wahlrecht und den Parlamentarismus in eine reine Fiktion verwandelt

---

[128] Die zwischen *Regeneracionismo* und Diktatur bestehenden Beziehungen waren sehr eng. Javier Tusell schreibt: „El origen mismo de la Dictadura de Primo de Rivera se explica por el ambiente regeneracionista y sin él resulta incomprensible toda su evolución hasta 1930". Vgl. J. Tusell: La Dictadura de Primo de Rivera (1923-1930), Cap. II: «La Dictadura regeneracionista», S. 167-266; hier S. 167. - Carlos Ernesto Hernández Hernández: ¿Regeneración o reconstrucción? Reflexiones sobre el Estado bajo la Dictadura Primorriverista. In: Historia Contemporánea, Universidad del País Vasco, Número 17 (1998), S. 335-357; hier S. 343-354.

[129] Vgl. C. E. Hernández Hernández: ¿Regeneración o reconstrucción? Reflexiones sobre el Estado bajo la Dictadura Primorriverista, S. 335-357. - José Luis Gómez-Navarro: El Régimen de Primo de Rivera. Madrid: Cátedra 1991.

[130] Walther L. Bernecker: Spanien 1914-1975. In: Europäische Wirtschafts- und Sozialgeschichte vom Ersten Weltkrieg bis zur Gegenwart. Herausgegeben von Wolfram Fischer (= Handbuch der europäischen Wirtschafts- und Sozialgeschichte. Band 6). Stuttgart: Klett-Cotta 1987, S. 946-974; hier S. 965.

[131] Die von den Militärs ausgeübte Regierung der Provinzen erstreckte sich bis zum 5. April 1924. Von diesem Datum an begann man, die Militärgouverneure mit den Zivilgouverneuren auszutauschen.

hatte.[132] Auch durch die Reform der Justiz - eines Grundpfeilers des 'caciquismo' nach der regenerationistischen Literatur -, die mit der Aussetzung der Tätigkeit des *Tribunal del Jurado* (Kgl. Dekret vom 21. September 1923), mit der Errichtung einer *Junta Inspectora del Personal Judicial* (Kgl. Dekret vom 2. Oktober 1923) und einer *Junta Organizadora del Poder Judicial* (Kgl. Dekret vom 23. Oktober 1923), mit der vom Königlichen Dekret vom 30. Oktober 1923 verordneten Auflösung der früheren *Tribunales municipales* (die Abhängigkeit der Gemeindejustiz vom 'caciquismo' war besonders stark) und schließlich mit der Errichtung einer *Junta Depuradora de la Justicia Municipal* (Kgl. Verordnung vom 5. April 1924) durchgeführt wurde, hatte sich der General vorgenommen, den 'caciquismo' zu vernichten (ihm gelang es aber wohl, die 'caciques' auf lokaler Ebene - Gemeinderäte, *Alcaldes*, Gemeinderichter - zu neutralisieren, nicht jedoch die großen ‚caciques' - die Oligarchen). Er löste die schwere marokkanische Krise (das Desaster von Anual, 21. Juli - 9. August 1921, war einer der ausschlaggebenden Gründe des Sturzes der Regierungen in den Jahren 1921-1923), indem er direkt das Kommando über die militärischen Operationen in Afrika übernahm, und stellte die spanische Herrschaft in Marokko wieder her. Er reformierte das ungerechte Steuersystem, das die privilegierten Klassen begünstigte und ebenfalls einen wesentlichen Bestandteil des auf dem 'caciquismo' begründeten Systems darstellte, tilgte 1927 durch eine doppelte Operation der Konvertierung und der Konsolidierung die enormen Staatsschulden - einer der großen finanziellen Erfolge seines Finanzministers José Calvo Sotelo -, verabschiedete den *Código de*

---

132 Joaquín Costa schrieb, daß der „régimen oligárquico" aus drei Elementen bestand: „1.° Los *oligarcas* (los llamados primates, prohombres o notables de cada bando, que forman su «plana mayor»), residentes ordinariamente en el centro. 2.° Los *caciques*, de primero, segundo o ulterior grado, diseminados por el territorio. 3.° *El gobernador civil*, que les sirve de órgano de comunicación y de instrumento. A esto se reduce fundamentalmente todo el artificio bajo cuya pesadumbre gime rendida y postrada la Nación. Oligarcas y caciques constituyen lo que solemos denominar clase directora o gobernante, distribuida o encasillada en «partidos». Pero aunque se lo llamamos, no lo es: si lo fuese, formaría parte integrante de la Nación, sería orgánica representación de ella, y no es sino un cuerpo extraño, como pudiera serlo una facción de extranjeros apoderados por la fuerza de Ministerios, Capitanías, telégrafos, ferrocariles, baterías y fortalezas para imponer tributos y cobrarlos" (Oligarquía y caciquismo, S. 74-75). Über den 'caciquismo' vgl. Manuel Azaña: Caciquismo y democracia (1923). In: M. A.: Obras completas. I. México: Ediciones Oasis 1966, S. 471-474. - José Ortega y Gasset: Las Asambleas regionales y el caciquismo (1924). In: J. O. y G.: Obras completas. Tomo XI. Madrid: Alianza Editorial - Revista de Occidente 1994, S. 41-44. – A. Bahamonde, P. Carasa, P. Gabriel, J. A. Martínez, A. Pizarroso: Historia de España. Siglo XX. 1875-1939, S. 115-120, 131-146. – José Álvarez Junco: Estado y sociedad en España durante la década de 1890. In: J. P. Fusi y A. Niño: Vísperas del 98. Orígenes y antecedentes de la crisis del 98. Madrid: Biblioteca Nueva 2000, S. 47-64; hier S. 56-59. – El Poder de la Influencia. Geografía del caciquismo en España (1875-1923). *Director* José Varela Ortega. *Prólogo* Pilar del Castillo. Madrid: Centro de Estudios Políticos y Constitucionales - Marcial Pons. Ediciones de Historia 2001.

Trabajo (1926)[133] und den von Galo Ponte, Eugenio Cuello Colón und Inocencio Jiménez Vicente verfaßten *Código Penal* (1928),[134] der das alte Strafgesetzbuch von 1870 ersetzte, und unternahm mit einer Reihe von Verwaltungsreformen jene umfangreiche materielle ‚Europäisierung' des Landes (große Ausweitung des Eisenbahnnetzes und Beginn seiner Elektrifizierung, Bau von Straßen und Autobahnen, Schaffung eines Systems von großen hydrographischen Verbänden für die Bewässerung der Felder und für die Elektrifizierung des Landes), die gemeinsam mit der kulturellen ‚Europäisierung' der Traum von vielen Intellektuellen - von Ramiro de Maeztu bis José María Salaverría, von Miguel de Unamuno bis José Ortega y Gasset - gewesen war.

Aber obwohl Primo de Rivera, vom 'Regenerationismus' stark beeinflußt, gegen all das gekämpft hatte, wogegen auch die Intellektuellen ab 1898 gekämpft hatten, und er das politische Programm der 'Regenerationisten' zum Teil realisiert, zum Teil in Angriff genommen hatte, um es zu realisieren, erlangte er nicht die Gunst der Schriftsteller, der Universitätsprofessoren und der Studenten. Im Gegenteil! Von vielen Schriftstellern, Universitätsprofessoren und Studenten wurde er hart bekämpft.[135] Die Unterstützung der Intellektuellen hätte vielleicht den Widerstand der privilegierten Klassen und der alten entmachteten Politiker erschwert, die im Hintergrund intrigierten und auf den Augenblick der Revanche warteten. Aber der Diktator war nicht fähig, mit der Intelligenz des Landes zu kommunizieren und, wie sein Sohn José Antonio, der Gründer der *Falange*, sagen wird, "la generación joven" um sich zu scharen. Sein Ausscheiden aus der Politik – ein Ausscheiden, welches er für vorübergehend hielt, das aber durch seinen Tod am 17. März 1930 (wenige Wochen nach seinem freiwilligen Rücktritt, den er beim König am 28. Januar 1930 eingereicht hatte) endgültig gemacht wurde – war durch eine starke Entwertung der *peseta* und durch die Drohung eines von der Linken für den 28. Januar angesetzten Generalstreiks veranlaßt worden.

Der tiefere Grund des Scheiterns von Primo de Riveras Politik ist aber darin zu suchen, daß er die Dinge nur halb gemacht hatte und es nicht vermochte, eine echte "obra revolucionaria" (José Antonio Primo de Rivera) zu verwirklichen. So hatten - zum Beispiel - fast alle wichtigen Steuer- und Finanzreformen des *Ministerio de Hacienda*, die von großer sozialer Tragweite waren und gegen den aktiven Widerstand der privilegierten Klassen durchgeführt wurden, provisorischen Charakter. Die *Asamblea Nacional*, das Parlament, arbeitete an einer großen, von Primo de Rivera angeregten Steuerreform, die eine generelle Steuerabgabe auf Renten und Einkünfte vorsah und eine enorme soziale Auswirkung gehabt hätte, weil sie auf dem Prinzip einer ausgleichenden Gerechtigkeit gegründet war. Aber das Reformprojekt wurde nie Gesetz. Und so wurde es dem Diktator

---

[133] Vgl. Francisco Tomás y Valiente: Manual de historia del Derecho español, S. 610-611.
[134] Vgl. F. Tomás y Valiente: Manual de historia del Derecho español, S. 502-503.
[135] Vgl. Javier Tusell: La Dictadura de Primo de Rivera (1923-1930), S. 242-248, 568-577.

zum Verhängnis, daß er die verschiedenen Reformprojekte nicht in endgültige Gesetze umsetzen ließ und daß er nicht mit einer neuen Verfassung die Grundlage schaffen konnte, die für die Befestigung seines umfangreichen Reformwerks und für die Ermöglichung des Übergangs von der Diktatur zu einer anderen - als jener vor 1923 bestehenden - verfassungsmäßigen Legalität notwendig gewesen wäre.[136]

Nicht daß es an Versuchen, eine neue Verfassung vorzubereiten, gemangelt hätte! Mit der Kgl. Verordnung vom 15. September 1923 waren der Kongreß und der gewählte Teil des Senats aufgelöst worden. Der andere Teil des Senats (die Senatoren aus eigenem Recht und die vom König auf Lebenszeit ernannten Mitglieder) blieb unberührt. Die Auflösung des Kongresses und des gewählten Teils des Senats stellte an und für sich keine Verfassungsverletzung dar. Innerhalb von drei Monaten mußte aber nach Art. 32 der Verfassung die Wahl und die Konstituierung der neuen *Cortes* erfolgen. Die Frist verstrich, ohne daß Neuwahlen ausgeschrieben wurden. Am 12. November 1923 erinnerten der Präsident des Kongresses, Álvaro de Figueroa y Torres, Conde de Romanones, und der Präsident des Senats, Melquíades Álvarez, den König an die Erfüllung seiner verfassungsmäßigen Pflicht. Primo de Rivera weigerte sich, Wahlen anzuberaumen, und erklärte, daß die *Cortes* erst dann einberufen werden würden, wenn die Organismen, auf die sich eine rechtmäßige Volksvertretung gründet, von allen Mängeln befreit worden wären. Denn das Direktorium hätte die Regierung der Berufspolitiker nicht gestürzt, um die bestehenden Mißbräuche - wie Stimmenkäufe und Fälschungen der Wählerlisten - wiederkehren zu lassen. Am 13. November wurde eine Kgl. Verordnung erlassen, die die beiden Kammerpräsidenten absetzte, die Verwaltungsausschüsse der *Cortes* auflöste und die Gebäude des Parlaments der Regierung zur Verfügung stellte.[137] Die Verfassung von 1876 wurde jedoch formell nicht aufgehoben.

Nachdem es zwischen November 1925 und September 1926 zum offenen und expliziten Bruch zwischen der Diktatur und dem vorherigen Regime - und folglich mit der Verfassung von 1876 - gekommen war, lag die einzige Möglichkeit, die Normalität wiederherzustellen, darin, das aus dem Militärputsch hervorgegangene Regime in einer neuen Verfassung zu verankern. Schon seit der Einsetzung des *Directorio Civil* im Dezember 1925 hatte Primo de Rivera überlegt, eine auf dem berufsständischen Prinzip aufgebaute *Asamblea Nacional Consultiva* einzuberufen. Diese *Asamblea Nacional Consultiva* hätte eben die Aufgabe gehabt, eine neue Verfassung auszuarbeiten. Die *Asamblea* wurde tatsächlich mittels

---

[136] Javier Tusell schreibt: „un factor decisivo que explica la incapacidad para lograr la definitiva constitucionalización del sistema dictatorial fue [...] la persistencia [... del] regeneracionismo que impedía la emergencia de una nueva concepción, autoritaria o fascista del Estado" (J. Tusell: La Dictadura de Primo de Rivera, S. 167).

[137] Vgl. Hans Gmelin: Die Entwicklung des Verfassungsrechts in Spanien von 1913-1932. In: Jahrbuch des öffentlichen Rechts der Gegenwart 21 (1933/34), S. 335-465; hier S. 347.

Kgl. Verordnung vom 12. September 1927 einberufen. Sie hätte gemäß der Königlichen Einberufungsverordnung innerhalb von drei Jahren "un anteproyecto, una legislación general y completa" vorbereiten und stufenweise der Regierung vorlegen sollen. Der Vorentwurf wäre dann der öffentlichen Meinung und der Genehmigung durch den König ("a un sincero contraste de opinión pública y, en la parte que proceda, a la real sanción") unterzogen worden. Die *Asamblea* bildeten Vertreter (darunter auch Frauen – sowohl verheiratete und ledige Frauen als auch Witwen) der Gemeinden, der Provinzen, des Staates, der zentralen Verwaltung, des Heeres, der Justiz, der Kirche, der Kultur, der akademischen und wissenschaftlichen Kreise, der Aktivitäten der verschiedenen Klassen (Produktion, Arbeit, Finanz, Handel, freie Berufe usw.). Wenngleich Primo de Rivera eine bedeutende Beteiligung von Linken und Liberalen gewollt und angesehene Republikaner und Liberale sowie hervorragende Vertreter der konservativen Rechte ernannt hatte, wurde das Projekt scharf kritisiert und viele prominente Persönlichkeiten lehnten die Einladung des Diktators ab. Die neue *Asamblea* implizierte den völligen Bruch mit dem liberalen Parlamentarismus. In der Tat wurde zum ersten Mal ein politisches Organ durch ein System der Vertretung nicht politischer, sondern sozioökonomischer Interessen, gemäß einer vom korporativistischen Traditionalismus der Regenerationisten und vom Korporativismus des italienischen Faschismus abgeleiteten korporativen Auffassung, errichtet.

Die Nationalversammlung trat am 10. Oktober zusammen. Ihrer ersten Sektion (*Sección Primera*) fiel die Aufgabe zu, den Vorentwurf (*Anteproyecto*) für die Verfassung anzufertigen. Der *Anteproyecto* der Verfassung wurde ausgearbeitet und dann der *Asamblea Nacional Consultiva* in der Sitzung vom 5. Juli 1928 vorgelegt. Der *Estatuto Fundamental de la Monarquía*, wie der *Anteproyecto* benannt wurde, bestand aus 110 in 11 'Titel' gegliederten Artikeln. Der Entwurf setzte Volk und Staat einander gleich, denn er bestimmte: "Spanien ist eine Nation" (Art. 1), die durch den „Staat als ihr dauerndes repräsentatives Organ die Souveränität ausübt" (Art. 4). Außer der einheitsstaatlichen Form wurden auch die schon in der Verfassung von 1876 enthaltene Rechtseinheit (Art. 2) und die Unteilbarkeit der Souveränität (Art. 4) festgelegt. Das Kastilische wurde als die Staatssprache, "idioma oficial de la nación" (Art. 8), bezeichnet. Der *Estatuto Fundamental de la Monarquía* sah einerseits *Cortes del Reino* (Reichsversammlung) vor, deren Abgeordnete zur Hälfte mittels allgemeiner Wahl gewählt und zur Hälfte von dem König ernannt oder von den speziellen Kollegien der Berufsvertretungen und der Ständevertretungen entsandt worden wären, andererseits einen *Consejo del Reino* (Reichsrat) mit gewählten Mitgliedern sowie mit Mitgliedern auf Lebenszeit (Art. 44). So wurde die Volksvertretung scheinbar auf dem Einkammersystem aufgebaut, da nur die Abgeordnetenkammer die Bezeichnung *Cortes* führte, in Wirklichkeit bestand aber das Zweikammersystem, wenn auch in abgeschwächtem Maße, durch die Einrichtung des Reichsrats fort. Die Kompetenzen des *Consejo del Reino* waren vielfältig. Er hatte als Nachfolger des früheren Staatsrats die Aufgabe, die Regierung in wichtigen Angelegenheiten (Kriegserklärung, Friedensschluß, internationale Verträge, Maßnahmen des Ausnahmezustandes, Auflösung von Zweckverbänden der Provinzen) zu beraten. Er war an der Gesetzgebung und insbesondere an der Notgesetzgebung, falls nach Auflösung der *Cortes* eine Notverordnung erlassen werden sollte, beteiligt. Außerdem hatte der Reichsrat noch die Stellung eines Wahlprüfungsgerichts für die Wahlen der Abgeordneten der *Cortes*, eines Staatsgerichtshofs zur Entscheidung bei Anklagen von Ministern und hohen Beamten, eines Kompetenzgerichtshofs und eines Verfassungsgerichtshofs zur Entscheidung über Anfechtung von Gesetzen wegen Verfassungswidrigkeit und von Verordnungen wegen Verfassungs- und Gesetzwidrigkeit. Während dem Reichsrat so weitreichende Befugnisse erteilt wurden, erfuhr die Bedeutung der *Cortes* eine erhebliche Minderung. So beschnitt - zum Beispiel - der Verfassungsvorentwurf das Recht der *Cortes* auf Gesetzesinitiative in folgenden Bereichen: Finanzen, Verfassungsänderungen, auswärtige Politik, Landesverteidigung.[138]

Das Statut, an dessen Ausarbeitung die Anhänger des ‚maurismo' - darunter Gabriel Maura Gamazo, Sohn des kurze Zeit vorher verstorbenen Antonio Maura - und die Anhänger des 'ciervismo' - darunter derselbe Juan de la Cierva (Cierva und die 'Ciervisten' glaubten noch an die Nützlichkeit der Verfassung von 1876) - sehr aktiv teilgenommen hatten, war - wie man sehen konnte - vom Geist der bourbonischen Tradition durchdrungen. Das Statut mißfiel Primo de Rivera, der eine einzige Kammer wollte und daher über die Erfindung des *Consejo del Reino* nicht glücklich war. Der Diktator beschloß dann, die Nationalversammlung durch Aufnahme weiterer Mitglieder zu vergrößern. Mit dem *Decreto Real* vom 26. Juli 1928 wurden zahlreiche andere Personen - darunter die ehemaligen Präsidenten des Ministerrats, der beiden Kammern und des Staatsrates, also die Spitzenvertreter des alten Regimes - ernannt. Obwohl Primo de Rivera genaue Anweisungen erteilt hatte, bekamen die Arbeiten eine eigene Dynamik. Die Verfasser des Textes (insbesondere Gabriel Maura Gamazo und Antonio Goicoechea, zwei der wichtigsten Persönlichkeiten des 'maurismo') ignorierten schließlich die Anweisungen Primo de Riveras, der der Monarchie nicht zuviel Macht gewähren wollte, und schrieben dem König und dem vom Monarchen, der alle ständigen Mitglieder (diese machten 50 % aus; die andere Hälfte wurde gewählt) bestimmte, dominierten *Consejo del Reino* die gesamte Macht zu (der König ernannte den Regierungschef, die Minister und 30 Abgeordnete der einzigen Kammer; die Monarchie wurde als heilig und unverletzbar betrachtet). Primo de Rivera widersetzte sich dieser vom *Anteproyecto* vorgesehenen 'gekrönten Diktatur' (das vorgeschlagene Verfassungssystem war in der Tat nichts anderes als eine legalisierte Diktatur des Königs mit seinem *Consejo del Reino*:

[138] Vgl. H. Gmelin: Die Entwicklung des Verfassungsrechts in Spanien von 1913-1932, S. 358-361.

also eine Diktatur der Honoratioren). Außerdem wollte Primo de Rivera den *Anteproyecto* einer Volksabstimmung unterziehen, während nicht nur der König und Maura, sondern auch selbst Mitglieder der Regierung des Generals strikt gegen diese Prozedur waren. Im Dezember 1929 unterschrieb Primo de Rivera ein Dokument, in dem die Nutzlosigkeit der *Asamblea* eingestanden wurde, und einen Gesetzesvorschlag für ihre Auflösung. (Am 28. Januar wurde die Nationalversammlung suspendiert und am 15. Februar aufgelöst.) Es war seine Absicht, eine neue *Asamblea* zu bilden und sie auf einer neuen Repräsentationsbasis aufzubauen, aber bevor er sie realisieren konnte, erfolgte (am 28. Januar 1930) der Sturz der Diktatur.

Zu diesem Sturz hatte mit Sicherheit das ungelöste Problem der politisch-administrativen Organisation des Landes beigetragen. Als Primo de Rivera Generalkapitän Kataloniens war, wurde er von den bedeutendsten Führern der *Lliga Regionalista* und des *Somatén* (Katal.: *Sometent*: die im Mittelalter mit der Aufgabe der Organisierung einer Zivilmiliz zur Verteidigung und Aufrechterhaltung der Ordnung und des inneren Friedens entstandene katalanische Institution, die in Folge der sozialen Spannungen und Aufstände in den ersten zwei Jahrzehnten des 20. Jahrhunderts ein Wiederaufleben erfahren hatte) umworben. Die *Lliga Regionalista* und der *Somatén* hatten den Staatsstreich unterstützt und begrüßt.[139] Und im *Al País y al ejército españoles* gerichteten Manifest hatte der General die Schaffung eines *Gran Somatén Español* versprochen. Aber die Idylle währte nicht lange. Schon das Verbot des Gebrauches der katalanischen Sprache im amtlichen Verkehr (18. September 1923) und das Verbot des Gebrauches nichtspanischer Flaggen (also der katalanischen Flagge) im Dezember 1923 hatten den Konflikt zwischen der Diktatur und der *Lliga Regionalista* entfacht. Die Auflösung der *Diputaciones Provinciales* im Januar 1924 und der katalanischen *Mancomunidad* (20. März 1925) wegen Verfolgung separatistischer Ziele machte den Konflikt unheilbar und unlösbar.[140]

Primo de Rivera erkannte die Autonomie der Gemeinde, die er als eine natürliche, der Zentralverwaltung des Staates vorhergehende Entität betrachtete, vollkommen an. Und gerade mit der Gemeindereform hatte er die Mißstände des bisherigen Systems beseitigen wollen. Die Zentralisierung nach französischem Vorbild, die die Provinzialorganisation bestimmte, hatte nämlich die Partei- und Cliquenwirtschaft stark begünstigt. Durch Stärkung der Selbstverwaltung hatte Primo de Rivera nun versucht, diesem Übel zu begegnen. Sein *Estatuto*

139 Vgl. Melchor Fernández Almagro: Catalanismo y República española. Madrid-Barcelona: Espasa-Calpe 1932, S. 116-128. - Maximiano García Venero: Historia del nacionalismo catalán. Segunda edición definitiva. Tomo II. Madrid: Editora Nacional 1967, S. 305-315.

140 Vgl. J. Tusell: La Dictadura de Primo de Rivera (1923-1930), S. 249-261. - José Luis de la Granja, Justo Beramendi, Pere Anguera: La España de los nacionalismos y las autonomías. Madrid: Síntesis 2001, S. 78-80.

Municipal[141] stellte durch Berücksichtigung des berufsständischen Elements und durch Verselbständigung der Gemeinden gegenüber dem Staat die Gemeindeverwaltung auf neue Grundlagen. Während bis dahin auch die kleinste Gemeinde eine Gemeindevertretung hatte, wurde diese in den Gemeinden bis zu 1000 Einwohnern durch eine Gemeindeversammlung ersetzt, die in Gemeinden bis 500 Einwohnern aus allen stimmberechtigten Bürgern bestand, in den Gemeinden zwischen 500 und 1000 Einwohnern aus der einen Hälfte der Bürger, die periodenweise jeweils mit der anderen abwechselte. In Gemeinden von über 1000 Einwohnern blieb der Rat bestehen, wurde aber durch eine berufsständische Vertretung ergänzt, indem neben 8-48 Vertreter der Bürger 3-16 Vertreter (also ein Drittel) von Berufsständen traten. Zum ersten Mal in Spanien erhielten auch Frauen das Wahlrecht, wenn sie Haushaltsvorstände waren. Die Wählbarkeit bekamen alle Wähler, auch Frauen, wenn sie lesen und schreiben konnten. Die Selbständigkeit der Gemeinden gegenüber dem Staate wurde durch den Bestellungsmodus des Bürgermeisters vervollständigt und abgesichert. Während bisher der *Alcalde* in allen wichtigeren Orten vom König ernannt werden konnte oder zu ernennen war (in Madrid und Barcelona) und immer ein Mitglied des Gemeinderats sein mußte (mit Ausnahme von Madrid und Barcelona), war er nun ausnahmslos durch den Gemeinderat - beziehungsweise durch die Gemeindeversammlung - zu wählen und er mußte nicht Mitglied des Gemeinderats sein.[142] Der *Estatuto Municipal* war, jedenfalls theoretisch betrachtet, das anspruchsvollste Projekt unter den zahlreichen, die seit Anfang des Jahrhunderts für die Gemeindereform ausgearbeitet wurden. Und tatsächlich stellte er das tauglichste Instrument dar, um die jahrhundertealten Gemeindeoligarchien, den ‚caciquismo' und die alte Politik ('la vieja política'[143]) zu zerstören und damit den Regenerationsprozeß des politischen Systems anzubahnen und zu unterstützen.

Aber während der General der Gemeinde, die er als eine natürliche, vorstaatliche Gemeinschaft („un hecho social de convivencia anterior al Estado"[144]) ansah, eine vollständige Verwaltungsautonomie geben wollte, verweigerte er der Provinz und der Region jegliche administrative Unabhängigkeit. Er bekämpfte

---

141 Der *Estatuto Municipal* wurde in der Tat von José Calvo Sotelo, dem Primo de Rivera die *Dirección General de Administración Local* anvertraut hatte (1923-1925), verfaßt. Vgl. J. Tusell: La Dictadura de Primo de Rivera (1923-1930), S. 205-208.

142 H. Gmelin: Die Entwicklung des Verfassungsrechts in Spanien von 1913-1932, S. 349-350.

143 Der Begriff ‚vieja política' wurde von José Ortega y Gasset geprägt, der ihn zum ersten Mal im Jahre 1914 in einer Konferenz verwendete. Vgl. José Ortega y Gasset: Vieja y nueva política (Conferencia dada en el Teatro de la Comedia el 23 de marzo de 1914. In: J. O. y G.: Obras completas. Tomo I. Madrid: Alianza Editorial - Revista de Occidente 1993, S. 267-307. - José Ortega y Gasset: La Constitución y la nación (1928). In: J. O. y G.: Obras completas. Tomo XI. Madrid: Alianza Editorial - Revista de Occidente 1994, S. 201-227; hier S. 202. - José Ortega y Gasset: Rectificación de la República (1931). In: J. O. y G.: Obras completas. Tomo XI, S. 398-417; hier S. 403.

144 Zit. nach J. Tusell: La Dictadura de Primo de Rivera (1923-1930), S. 207.

den Regionalismus radikal. Seine Auffassung der Gesellschaft war korporativ und kannte nur folgende Institutionen: Familie, Gemeinde, Provinz, Staat. Die Provinz aber, im Unterschied zu der Gemeinde, wurde nicht als eine natürliche Entität, sondern als eine Schöpfung der Zentralverwaltung zum Zwecke der Dezentralisierung oder der rationelleren Zusammenlegung der öffentlichen Dienste (theoretisch sollten die *Diputaciones Provinciales* von den *Ayuntamientos* abhängen) angesehen. Mit dem *Estatuto Provincial* erhielten die Provinzen, die bisher reine Staatsverwaltungsbezirke waren, wie die Gemeinden eigene Rechtspersönlichkeit und sie bekamen einen Teil der staatlichen Aufgaben und eigene Einnahmen zu ihrer Erfüllung zugewiesen. Die Provinzialvertretung (*Diputación Provincial*) ging zum Teil aus unmittelbaren Wahlen der Provinzangehörigen, zum Teil aus Wahlen der Gemeinden hervor. Den Vorsitz führte nicht mehr der vom Staat ernannte Zivilgouverneur, sondern ein von der *Diputación* unter ihren Mitgliedern gewählter Präsident. Dieser Präsident mußte die Beschlüsse der *Diputación* ausführen.[145] Der *Estatuto Provincial* erlaubte es, daß sich mehrere Provinzen zu einer *Mancomunidad* vereinigen konnten, wenn diese Union den wirtschaftlichen Interessen der Provinzen, die eben eine solche *Mancomunidad* bilden wollten, entsprach. Für die Bildung der *Mancomunidad* mußten mindestens drei Viertel der Abgeordneten jeder Provinzvertretung gestimmt haben. Außerdem mußte der Minister des Inneren den Zusammenschluß bestätigen. *Mancomunidades Regionales* mit politischen Befugnissen waren nicht gestattet. Auf der Grundlage des *Estatuto Provincial* wurde eine *Mancomunidad* zwischen den kanarischen Inseln gebildet. Wenige Wochen nach dem Erlaß des *Estatuto Provincial* wurde hingegen, wie wir schon erwähnt haben, die *Mancomunidad* der katalanischen Provinzen, die einzige bereits bestehende *Mancomunidad* in Spanien, aufgelöst. So hatte sich der General des *Estatuto Provincial* bedient, um jegliche Spur von Regionalismus zu tilgen.[146] Auch in den für die Ausarbeitung des letzten *Anteproyecto* erteilten Anweisungen schrieb der General einen politisch-administrativen Unitarismus vor, der nur eine Dezentralisierung der Verwaltung in Gemeinden und Provinzen zulassen und den Regionalismus bekämpfen würde. Die *Asamblea Nacional,* die in vielen Punkten die Anweisungen des Diktators mißachtet hatte, hatte hingegen jene zur politisch-administrativen Organisation des nationalen Territoriums vollständig übernommen. Im *Anteproyecto* war der Antiregionalismus radikal: die einzigen vorgesehenen Institutionen waren die Gemeinde, die Provinz und der Staat. Aber alle Verordnungen und die erlassenen Statuten (und auch das Verfassungsprojekt, wenn es ausgeführt worden wäre) lösten nicht das regionalistische Problem. Und der Diktator unterlag einer verhängnisvollen Selbsttäuschung, als er

[145] H. Gmelin: Die Entwicklung des Verfassungsrechts in Spanien von 1913-1932, S. 350.

[146] J. Tusell: La Dictadura de Primo de Rivera (1923-1930), S. 208-211.

meinte, daß das regionalistische Problem nicht mehr existierte („El problema regional, en su aspecto jurídico, sentimental, y político, no existe ya“).[147]

Die Zweite Republik

Die Diktatur hatte sich gegen die 'vieja política', gegen die 'política profesional' – also gegen die ‚dynastischen Parteien', die von der Regierung und der öffentlichen Verwaltung ausgeschlossen wurden – durchgesetzt, und hatte versucht, von der Monarchie unabhängig zu werden. Der König, der sicherlich nicht an einer Festigung des Regimes des Generals interessiert war, hatte zuerst dazu beigetragen, die Einberufung der *Asamblea Nacional Consultiva* zu verzögern, und dann eine den Anweisungen und den Wünschen des Diktators konforme Ausarbeitung des Verfassungstextes verhindert. Der König hatte außerdem in den dem Rücktritt Primo de Riveras vorangehenden Tagen im Einverständnis mit der Konspiration der 'alten Politiker', die vom Exminister und Expräsidenten des *Congreso* Miguel Gómez y Villanueva angeführt wurden, und der Republikaner, die im Begriff waren ein Pronunciamiento einiger Generäle gegen den Diktator vorzubereiten, gehandelt. Sowohl das Regime Primo de Riveras als auch das zweideutige Verhalten des Königs und seine Versuche, die Diktatur zu destabilisieren, hatten die Monarchie geschwächt. Die monarchistischen politischen Kräfte waren gespalten. Viele unter den Konservativen selbst hielten Alfons XIII. für die Aussetzung der Verfassung, und daher für die diktatorische Illegalität, verantwortlich. Und zahlreiche alte Anhänger der dynastischen Parteien waren der Ansicht, daß es zur Rettung der Monarchie - oder jedenfalls der konservativen Gesellschaft - notwendig war, Alfons XIII. fallenzulassen. Die bürgerlichen Eliten, die besorgt waren, ihre Hegemonie und die politische Kontrolle des Landes zu bewahren, legten auch dem Monarchen und nicht nur Primo de Rivera den von der sozialen und politischen Linken erhaltenen Aufschwung zur Last. Aber das politische System der Restauration konnte nicht mehr erneuert werden. Die alten an das Räderwerk des ‚caciquismo' gewöhnten politischen Eliten waren weder im Stande, neue wirksame politische Projekte vorzuschlagen, die geeignet gewesen wären, die durch die tief-

[147] Über Primo de Rivera und seine Diktatur vgl. Gaspar Gómez de la Serna: Miguel Primo de Rivera y Orbaneja. In: Diccionario de Historia de España. Dirigido por Germán Bleiberg. 3: N/Z. Madrid: Alianza Editorial 1981, S. 333-339. - A. Bahamonde, P. Carasa, P. Gabriel, J. A. Martínez, A. Pizarroso: Historia de España. Siglo XX. 1875-1939, S. 439-480. - Alberto de la Puente O'Connor: Asamblea Nacional. In: Diccionario de Historia de España I, S. 392. - H. Gmelin: Die Entwicklung des Verfassungsrechts in Spanien von 1913-1932, S. 345-364. - Manuel Tuñón de Lara: La España del Siglo XX. Vol. I: La quiebra de una forma de Estado (1898-1931). Madrid: Ediciones Akal 2000, S. 153-234. - J. Tusell: La Dictadura de Primo de Rivera (1923-1930), S. 133-623.

greifenden sozialen und wirtschaftlichen Veränderungen der ersten Jahrzehnte des 20. Jahrhunderts hervorgerufene Krise zu bewältigen, noch die Monarchie zu modernisieren oder ihr Machtsystem zu retten, indem sie den König opferten.

Während Konservative, Liberale und ‚Dynastische' gespalten waren, hatten die Oppositionskräfte ab 1930 ein Konvergenzprojekt gestartet, das im *Pacto de San Sebastián* vom 17. August kulminierte. Dem Pakt schlossen sich die republikanischen Parteien (*Alianza Republicana*, *Derecha Liberal Republicana*, *Partido Radical-Socialista*), die republikanischen katalanischen Gruppen (*Acció Catalana*, *Acció Republicana de Catalunya*, *Estat Català*) sowie die *Organización Republicana Gallega Autónoma* an; später - im Oktober - der *Partido Socialista* und die *Unión General de Trabajadores* (UGT) und - im November - die *Confederación Nacional del Trabajo* (CNT). In dem Pakt verpflichteten sich die Teilnehmer, den Sturz der Monarchie zu betreiben und das katalanische Problem durch die Gewährung eines von den Vertretern der katalanischen Provinzen aufgestellten, vom Volk in Katalonien per Referendum genehmigten und von den *Cortes Constituyentes* (Verfassunggebende Versammlung) beschlossenen Statuts zu lösen.[148] Die Ergebnisse der Gemeindewahlen vom 12. April 1931,[149] die in den großen Städten und in den Hauptorten der Provinzen den Triumph der Republikaner und der Sozialisten (auch sie waren Befürworter der Republik als Staatsform) ergaben, während die Monarchisten eine vernichtende Niederlage erlitten,[150] wurden als Niederlage der Monarchie, der nunmehr eine breite Unterstützung in der Gesellschaft fehlte, interpretiert (Alfons XIII. selbst sagte in einem an das Land gerichteten *Mensaje*: "las elecciones celebradas el domingo [den 12. April] me revelan claramente que no tengo hoy el amor de mi pueblo") und bewirkten deren Sturz. Alfons XIII. verließ am 14. April 1931 den Königlichen Palast und reiste nach Cartagena, wo er sich am Tag danach auf dem Kreuzer *Príncipe Alfonso* einschiffte, der ihn nach Marseille brachte. Formell dankte Alfons XIII., der Spanien verließ, um keinen Bürgerkrieg zu provozieren, nicht ab. Am 14. April wurde die Zweite Republik ausgerufen und eine provisorische Regierung (*Gobierno Provisional*), deren Ernennung in der *Gazeta* vom 15. April veröffentlicht wurde, gebildet. Der Übergang von der Monarchie zur Republik war rechtlich unklar. Manuel Azaña, einer der Protagonisten dieses Übergangs,

---

[148] Zum Pakt von San Sebastián vgl. M. Fernández Almagro: Catalanismo y República española, S. 141-154. - M. Tuñón de Lara: La España del Siglo XX. Vol. I: La quiebra de una forma de Estado (1898-1931), S. 246-248.

[149] Vgl. Enciclopedía de Historia de España. Director: Miguel Artola. VI. Cronología. Mapas. Estadísticas. Madrid: Alianza Editorial 1993, S. 747-748 («Elecciones Municipales, 12 de Abril de 1931»).

[150] Vgl. M. Tuñón de Lara: La España del Siglo XX. Vol. I: La quiebra de una forma de Estado, S. 276-281. - Javier Tusell: El Gobierno Berenguer y el final de la Monarquía (1930-1931). In: La España de Alfonso XIII. El Estado y la política (1902-1931). Volumen II: Del plano inclinado hacia la Dictadura al final de la Monarquía, S. 627-747; hier S. 720-728.

sprach immer von einer „spanischen Revolution", von einer „Volksrevolution" (auch von einem „Volksfest") und von einer Machtübernahme der provisorischen Regierung durch die Revolution.[151] Ihre Legitimität hatte also die neue Staatsform nicht durch eine Reform der Verfassung und ein Plebiszit, sondern durch eine Revolution erhalten, die es nicht gegeben hatte![152]

Die provisorische Regierung, die in ihrem ersten Dekret (14. April) Niceto Alcalá Zamora zum Regierungschef ernannte und eine Notverfassung (*Estatuto jurídico de la República*) erließ, mußte sofort an das Problem der politisch-administrativen Strukturierung des nationalen Gebiets herangehen. Am 14. April hatte der Führer der *Esquerra Republicana de Catalunya* (ERC) Francesc Macià – gegen die Vereinbarungen des *Pacto de San Sebastián* zwischen den republikanischen Parteien Spaniens und den katalanischen republikanischen Gruppen und Parteien (*Acció Catalana* und *Acció Republicana de Catalunya*, die sich im Februar 1931 zum *Partit Catalanista Republicá* zusammengeschlossen hatten, und *Estat Catalá*) – in Barcelona die Katalanische Republik als unabhängigen Staat, der sich in eine Föderation iberischer Völker integriert hätte, ausgerufen: "Catalans: Interpretant el sentiment i els anhels del poble que ens acaba de donar el séu sufragi, proclamo la República Catalana, com Estat integrant de la Federació ibérica."[153] Macià übernahm vorübergehend das Amt des Regierungspräsidenten Kataloniens und bildete sein Kabinett mit Ministern verschiedener politischer Gruppierungen (Radikale, UGT, *Acció Catalá*, katalanische Sozialisten, katalanische Linke, *Estat Catalá*).

Die Ausrufung der Katalanischen Republik, die von dem Großteil der politischen Kräfte und sogar von der *Confederación Nacional del Trabajo* (CNT) verurteilt wurde,[154] alarmierte Madrid. Drei Minister der Zentralregierung fuhren nach Barcelona, um einen Kompromiß zu finden. Die Verhandlungen waren erfolgreich. Am 21. April wurden die Einrichtung der *Generalitat de Catalunya* als

---

[151] Vgl. Manuel Azaña: La revolución en marcha (Alocución en el mitín republicano de la plaza de toros de Madrid, el 29 de septiembre de 1930). - Acción Republicana ante la revolución y ante las Cortes (Discurso en el banquete ofrecido por el partido a sus candidatos a diputados, el 17 de julio de 1931). - Fases de la revolución. Porvenir de las Constituyentes. La política y el Gobierno, funciones creadoras (Discurso en la sesión de clausura de la asamblea nacional de Acción Republicana, el 14 de septiembre de 1931). - Política religiosa: El artículo 26 de la Constitución (Sesión de Cortes del 13 de octubre de 1931). - Crisis del 14 de octubre de 1931: Presentación y programa del nuevo Gobierno (Sesión de Cortes del 14 de octubre de 1931). - Condena de Alfonso XIII (Sesión de Cortes del 19 de noviembre de 1931). In: M. A.: Obras completas. II. México: Ediciones Oasis 1966, S. 13-17, 19-28, 29-44, 49-58, 59-63, 81-83.

[152] Vgl. die eindrucksvolle literarische Darstellung der Revolution - oder des ‚Volksfestes' - vom 14. April in: Agustín de Foxá, conde de Foxá: Madrid de Corte a checa (1938). Barcelona: Planeta 1993, S. 72-88.

[153] Vgl. M. Fernández Almagro: Catalanismo y República española, S. 158.

[154] Vgl. J. L. de la Granja, J. Beramendi, P. Anguera: La España de los nacionalismos y las autonomías, S. 115.

autonomes Regierungsorgan innerhalb der spanischen Republik und die Ausarbeitung eines Autonomiestatuts vereinbart, das zuerst einer Volksabstimmung in Katalonien und danach der Abstimmung in den *Cortes Constituyentes* unterzogen werden sollte.

Am 24. Mai fanden in Katalonien die Wahlen zu der *Diputació* statt, die den Entwurf des Statuts auszuarbeiten und anzunehmen hatte. Die Partei der katalanischen Linken gewann die absolute Mehrheit, da die gemäßigten Parteien, vor allem die Regionalisten, den Wahlen fern blieben. Der durch einen von der *Diputació* gebildeten Ausschuß in dem Wallfahrtsort Nuria (Santuario de Nuria) redigierte Entwurf des Statuts (*Proyecte únic d'Estatut de Catalunya*), der auf dem Selbstbestimmungsrecht des katalanischen Volkes fußte[155] und den Willen Kataloniens zu einer föderalistischen Strukturierung des spanischen Staats zum Ausdruck brachte,[156] wurde am 14. Juli von der *Diputació* angenommen. Am 2. August fand in Katalonien die Volksabstimmung über das Statut statt. Mit überwältigender Mehrheit (99%) wurde das Statut angenommen. Seine wichtigsten Punkte sind die folgenden: Katalonien wird als Staat innerhalb der spanischen Republik bezeichnet (Art. 1);[157] die Amtssprache Kataloniens ist das Katalanische (Art. 5);[158] Katalonien ist ausschließlich zuständig für das gesamte Schulwesen (Art. 13 lit. a), das Gemeindewesen und die „divisió territorial de Catalunya" (Art. 13 lit. b), „la regulació del Dret civil i la legislació hipotecària" (Art. 13 lit. c), „l'organizació dels Tribunals que administraran la justícia en el territori de Catalunya" (Art. 13 lit. d), die öffentliche Ordnung und die Polizei (Art. 13 lit. i), den Flugverkehr und das Funkwesen (Art. 13 lit. j); „les matèries concernents exclusivament a la vida interior de Catalunya" (Art. 13 lit. n);[159] dem katalanischen Staat

---

155 „La Diputación provisional de la Generalidad de Cataluña, en la redacción del proyecto único de Estatuto, ha partido del derecho de autodeterminación que compete al pueblo catalán..." (Estatuto redactado por la Generalidad de Cataluña. In: Melchor Fernández Almagro: Catalanismo y República española. Madrid-Barcelona: Espasa-Calpe 1932, S. 197-214; hier S. 197). Der Originaltext lautet: "La Diputació provisional de la Generalitat de Catalunya, en la redacció del projecte únic d'Estatut, ha partit del dret que té Catalunya, com a poble, a l'autodeterminació...". In: Projecte de l'Estatut de Catalunya (Agost de 1931). *Anomenat de Núria*. In: C. Massó i Escofet - R. Gay de Montellà: L'Estatut de Catalunya. Text oficial comentat, amb referèrencies legals i notes de la discussió parlamentària (= Biblioteca de Cultura Jurídica Catalana. Volum 1). Barcelona: Llibreria Bosch 1933, S. 187-202; hier S. 187.

156 „Catalunya vol que l'Estat espanyol s'estructuri d'una manera que fes possible la federació entre tots els pobles hispànics, ja establerta de moment per mitjà d'estatuts particulars com el nostre, ja d'una manera gradual". Vgl. Projecte de l'Estatut de Catalunya (Agost de 1931). *Anomenat de Núria*, S. 188.

157 „Catalunya és un Estat autònom dintre la República espanyola". Vgl. Projecte de l'Estatut de Catalunya (Agost de 1931). *Anomenat de Núria*, S. 189.

158 „La llengua catalana serà l'oficial a Catalunya, però en les relacions amb el Govern de la República serà oficial la llengua castellana" (Projecte de l'Estatut de Catalunya (Agost de 1931). *Anomenat de Núria*, S. 189.

159 Projecte de l'Estatut de Catalunya (Agost de 1931). *Anomenat de Núria*, S. 191-193.

stehen die Einnahmen aus den gesamten direkten Steuern zu, dem Gesamtstaat nur die Einnahmen aus den indirekten Steuern, den Monopolen und den Gebühren (Art. 19-26).[160] Die Urheber des Statuts erteilten außerdem Richtlinien auch für ureigenste Aufgaben des Gesamtstaats, nämlich Rechtsprechung (das Statut sah die Errichtung eines höchsten Gerichtshofs - *Tribunal Superior de Justícia* - vor, Art. 18[161]). Die *Verfassunggebenden Cortes* werden das katalanische Statut, das für hochangesehene Anhänger des Einheitsstaats wie Miguel de Unamuno und José Ortega y Gasset unannehmbar war, wesentlich modifizieren.[162]

Im Baskenland scheiterte das Vorhaben der *Comisión de Alcaldes*, am 17. April in Guernica die Baskische Republik auszurufen,[163] da die provisorische Zentralregierung mit bewaffnetem Aufgebot (Heer und *Guardia civil*) eine nach Guernica einberufene Versammlung verhinderte.[164] Am 14. Juni 1931 fand aber in Estella eine Versammlung der Vertreter von etwa 500 baskischen und navarresischen Gemeinden statt. Der von der baskischen Studiengesellschaft ausgearbeitete Verfassungsentwurf des baskischen Staates wurde von 427 baskischen und navarresischen Gemeinden angenommen. Nach dem *Estatuto General del Estado Vasco* (bekannt als Statut von Estella), der sich als „expresión del alma genuina de la raza con sus aspiraciones espirituales y materiales" definiert[165] und die „Reintegración foral" fordert (d. h. die Aufhebung der vom 1839 bis 1876 erlassenen „speziellen Gesetze"),[166] umfaßt der baskische Staat außer Álava, Guipúzcoa und

---

[160] Projecte de l'Estatut de Catalunya (Agost de 1931). *Anomenat de Núria*, S. 194-197.

[161] Projecte de l'Estatut de Catalunya (Agost de 1931). *Anomenat de Núria*, S. 194.

[162] H. Gmelin: Die Entwicklung des Verfassungsrechts in Spanien von 1913-1932, S. 372-377.

[163] Die *Alcaldes* hatten ein von der Tageszeitung *Euzkadi* am 18. April wiedergegebenes Manifest vorbereitet, in dem sie erklärten: "En nombre de Dios Todopoderoso y del pueblo vizcaíno: Pedimos se proclame y reconozca solemnemente la República Vasca, cuya Constitución y leyes serían desarrolladas sin demora, ingresando Vizcaya en ella en virtud del inalienable y natural derecho de los pueblos a regirse por su libre determinación. [...] Asimismo, defenderá la República la libertad e independencia del Estado, garantizando a la Iglesia Católica como Corporación rectora de la religión de la mayoría de los vascos, la libertad e independencia en su esfera" (vgl. Maximiano García Venero: Historia del nacionalismo vasco, 1793-1936. Madrid: Editora Nacional 1945, S. 415).

[164] Vgl. M. García Venero: Historia del nacionalismo vasco, S. 415.

[165] Estatuto General del Estado Vasco. Aprobado en la Magna Asamblea de Municipios Vascos, celebrada en Estella (Lizara) el día 14 de junio de 1931. In: Maximiano García Venero: Historia del nacionalismo vasco. Madrid: Editora Nacional 1945, S. 473-491; hier «Exposición», S. 475.

[166] „Las leyes aprobadas por las Cortes españolas y promulgadas con fechas de 25 de octubre de 1839, 16 de agosto de 1841 y 21 de julio de 1876, se encaminaron a extender la unidad constitucional de España a los territorios de Navarra, Vizcaya, Guipúzcoa y Álava. Su carácter de leyes especiales, la preparación y disposiciones de la del año 1841 y las facultades especiales que se reservan a los Gobiernos en la de 1876, no son sino la consagración de la personalidad peculiar del País Vasco. Este no dió nunca su consentimiento al régimen de derecho que quisieron crear dichas leyes.

Vizcaya auch Navarra (Art. 1 u. 2), dessen Hauptstadt Pamplona der Sitz der baskischen Regierung sein sollte. Der baskische Staat ist kein einheitliches Gemeinwesen, sondern ein Bundesstaat. Seine vier ‚Provinzen' werden autonom verwaltet.[167] Das Hauptorgan des Bundes, der *Consejo General del País Vasco*, geht aus den gesetzgebenden Versammlungen (den drei *Juntas* der baskischen ‚Provinzen' Vizcaya, Guipúzcoa, Álava, und den *Cortes* von Navarra) der vier ‚Provinzen' hervor (Art. 4 Abs. 5), die je 20 Mitglieder zu wählen haben (Art. 6). Auch die acht Mitglieder der *Comisión Ejecutiva* (Vollzugsausschuß) sind zu je 2 von den *Juntas* der vier Landesteile zu bestellen (Art. 7). Das Baskische ist (neben dem Spanischen) Amtssprache[168] und Unterrichtsprache in den Schulen des baskischen Sprachgebiets (Art. 17).[169] Der baskische Gesamtstaat ist nur für die ihm in Art. 15 des Statuts ausdrücklich übertragenen Materien zuständig; alles übrige verbleibt in der Zuständigkeit der ‚Provinzen' (Art. 20).

Die Materien, für welche der Baskenstaat sich die Kompetenz vorbehielt, waren folgende:

En el transcurso del siglo XIX y durante todo lo que va del presente, la protesta contra la extensión de la unidad constitucional de la Monarquía española fué general y reiteradamente expresada por sus organismos forales y públicos, por las organizaciones políticas y por la opinión general del país.

De aquí que, como siempre, exista un movimiento universal en el pueblo vasco que reclama la derogación de aquellas leyes, volviendo al estado jurídico anterior a ellas, que es lo que en nuestro país se conoce con el nombre de Reintegración foral. [...] Según acuerdo adoptado por unanimidad en la Asamblea de Estella, los Municipios vascos declaran solemnemente que la aprobación de este Estatuto no supone renuncia a la reintegración foral plena, concretada en su anhelo a la derogación total y plena de las leyes de 25 de octubre de 1839, 16 de agosto de 1841 y todas cuantas, bien con anterioridad o posterioridad a estas fechas, hayan conculcado de alguna manera los derechos sagrados de este País" (Estatuto General del Estado Vasco, «Exposición», S. 473-474 u. S. 476).

167 „Artículo 1.° Se declara que el País Vasco, integrado por las actuales provincias de Álava, Guipúzcoa, Navarra y Vizcaya, constituye una entidad natural y jurídica, con personalidad política propia, y se le reconoce como tal el derecho a constituirse y regirse por sí mismo, como Estado autónomo dentro de la totalidad del Estado español, con el que vivirá articulado conforme a las normas de la ley de relaciones, concertada en el presente Estatuto.

Cada una de las referidas provincias se constituirá y regirá, a su vez, autonómicamente, dentro de la unidad del País Vasco.

Este Estatuto tiene por objeto establecer las normas jurídicas que permitan consagrar en la Ley la expresada personalidad natural, estructurando la unidad vasca sobre la base del respeto a las autonomías partículares, para asegurar la prosperidad del País Vasco, la libertad y el bienestar material y espiritual de sus habitantes" (Estatuto General del Estado Vasco, «Declaración Preliminar», S. 477).

168 „Art. 16. La lengua nacional de los vascos es la éuskera. Ella será reconocida como oficial en iguales condiciones que el castellano" (Estatuto General del Estado Vasco, S. 486).

169 H. Gmelin: Die Entwicklung des Verfassungsrechts in Spanien von 1913-1932, S. 378-379.

1.° Las relativas a la constitución y al régimen autonómico del País Vasco, interpretación y aplicación de este Estatuto general y de los Estatutos particulares.
2.° Administración local [...].
3.° Organización y administración de la Justicia en todos sus órdenes y grados [...].
4.° Las relaciones de la Iglesia y del Estado Vasco, el cual negociará un Concordato con la Santa Sede.
5.° Establecimientos penitenciarios [...].
6.° Régimen tributario y económico, incluyendo impuestos, contribuciones, empréstitos, presupuestos, cuentas.
7.° Vida y política económica del País Vasco: regulación industrial, mercantil y agricola; organización corporativa; Consejos de Economía; Cámara de Comercio y Agrícolas; Asociaciones de Navieros; Asociaciones Bancarias; Marina mercante, separada de la militar; [...] Expropiación forzosa, y, en general, todas las instituciones y materias relacionadas con la economía del País Vasco.
8.° Seguridad pública y defensa, incluyendo Policía, Ejército y Marina Militar [...].
9.° Sanidad e Higiene.
10.° El régimen de los cementerios [...].
11.° Enseñanza en todos sus grados y especialidades, Lengua y Cultura, Bellas Artes.
12.° Legislación social y del trabajo [...].
13.° Beneficencia pública y privada [...].
14.° Obras públicas, minas, aguas, saltos de agua y ferrocariles, tranvías, puertos, canales, caminos y montes [...].
15.° Creación y fomento de la riqueza pública y privada forestal, agrícola, pecuaria, industrial, minera, caza y pesca fluvial, marítima e industria pesquera.
16.° Comunicaciones interiores: aéreas, telegráficas, telefónicas e inalámbricas, y los transportes por via aérea, terrestre y marítima.
17.° Turismo, conservación y propaganda de las bellezas artísticas y naturales del país, juegos y espectáculos públicos.
18.° Legislación civil, hipotecaria, procesal y notarial.[170]

Die Verfasser des Statuts von Estella begnügten sich nicht damit, daß sie dem baskischen Staat so weitreichende Kompetenzen zuschrieben. In einem «Principio fundamental», der der Auflistung der dem spanischen Staat übertragenen Materien vorangestellt wurde, stellten sie fest, daß es das baskische Volk war, das dem spanischen Staat einige Kompetenzen abtrat und auf diese Art von sich aus die eigene Souveränität beschränkte.[171] Nicht umgekehrt! In der einleitenden «Exposición» wurde ja ausdrücklich erklärt, daß man keine "dificultades a la consolidación de la República Española", die dabei war, ihre Verfassung auszuarbeiten, bereiten wollte.[172]

170 Estatuto General del Estado Vasco, S. 483-485.

171 "El Pueblo Vasco es reconocido como soberano en todo lo que no esté limitada su soberanía por las atribuciones de que taxativamente hace cesión, en este Estatuto, al Estado español. Por consiguiente, asumirá todos los derechos y facultades que no se reserven para el poder del Estado español en este Estatuto, y los ejercerá con la máxima intensidad y plenitud" (Estatuto General del Estado Vasco, S. 485).

172 Estatuto General del Estado Vasco, «Declaración Preliminar», S. 474.

Bei den dem spanischen Staat übertragenen Materien handelte es sich um folgende:

1. Toda la parte de la Constitución de la República relativa a la forma de gobierno, los derechos individuales y sociales, derecho de sindicación y libre ejercicio de la actividad económica individual. Todos estos derechos estarán bajo la salvaguardia del Estado nacional, al cual podrán acudir con sus reclamaciones en la última instancia, así los ciudadanos como las asociaciones, los municipios o las provincias del País Vasco, contra las infracciones que se cometieren por las autoridades o los particulares.
2. La vida internacional de la República española, que ostentará la representación del Estado Vasco, en sus relaciones exteriores y su sanción.
3. Aduanas y política arancelaria.
4. Moneda, pesas y medidas.
5. Deuda del Estado español.
6. Correos y Telégrafos, con las salvedades establecidas en este Estatuto para los servicios interiores del País Vasco.
7. Guerra [...].
8. Representación del País Vasco en el Parlamento español y procedimiento electoral para constituirlo.
9. Propiedad industrial e intelectual.
10. Derecho mercantil y penal.
11. Facultad de resolver las cuestiones interestatales.
12. El fomento y auxilio como medios de tráfico y comunicación internacionales de los grandes puertos de tal carácter de la navegación marítima y aérea en las mismas condiciones, y de la construcción de buques y aparatos aéreos.
13. La intervención en las iniciativas de carácter interestatal, para fijar, de acuerdo con los Estados a quienes afecten, las normas de cooperación económica.[173]

Die Lösung eventueller Kompetenzkonflikte zwischen dem Baskenstaat und der Republik Spanien wurde einer "Comisión mixta, nombrada la mitad por el Consejo General del País Vasco, y la otra mitad por el Parlamento español, presidida por el Presidente de la República Española", anvertraut.[174]

Am 22. September 1931, mehr als drei Monate nach seiner Annahme durch die Versammlung der baskischen und navarresischen Gemeinden in Estella, wurde der *Estatuto General del Estado Vasco* dem Regierungschef Niceto Alcalá Zamora übergeben. Die provisorische Regierung und jene, die ihr nachfolgte und von Manuel Azaña geleitet war, legten den *Estatuto* von Estella endgültig *ad acta.*[175]

Die Autonomiebewegungen in den anderen Regionen (Asturien, Galicien, Aragonien, Valencia, Andalusien, Kanarische Inseln) waren nicht so radikal wie in Katalonien und in den baskischen Provinzen und bereiteten der provisorischen Zentralregierung keine großen Schwierigkeiten.

---

[173] Estatuto General del Estado Vasco, S. 485-486.

[174] Estatuto General del Estado Vasco, S. 487.

[175] M. García Venero: Historia del nacionalismo vasco, S. 430.

Am 6. Mai 1931 hatte der Justizminister Fernando de los Ríos, ein Sozialist, eine *Comisión jurídica asesora* (Juristische Hilfskommission) aus dreißig Mitgliedern eingesetzt, die die Aufgabe erhielt, einen Verfassungsvorentwurf auszuarbeiten. Der von dieser juristischen Kommission redigierte Vorentwurf (*Anteproyecto constitucional*) war gemäßigt (er wurde daher von einem Teil der Regierung als zu wenig fortschrittlich betrachtet und gefiel weder den äußersten linken noch den äußersten rechten Parteien). Seine durch die Weimarer Reichsverfassung beeinflußten Verfasser (darunter Adolfo Posada, Professor des Staatsrechts an der Universität Madrid; den Vorsitz der Kommission führte A. Ossorio Gallardo, Vorsitzender des Advokatenkollegiums) versuchten, einen Mittelweg zwischen der Verfassung von 1876 und den Tendenzen und Bestrebungen der radikalen Parteien und Gruppen zu finden. Besonders schwierig war die Suche nach einem gangbaren Kompromiß für die Lösung des Problems der regionalen Autonomien. Die Mitglieder der Kommission waren der Meinung, daß die Errichtung eines Bundesstaates nicht den Erwartungen und Bedürfnissen der breiten Mehrheit des spanischen Volkes entsprach („Hubiera sido ... arbitrario trazar sobre el papel una República federal que, por lo visto, no apetece la generalidad del pueblo, a quien había serle impuesta“[176]). Sie schlugen daher eine fakultative Autonomie vor. Sie bewahrten die Form des Einheitsstaates, aber gewährten den Provinzen die Möglichkeit, sich mit benachbarten Provinzen zu einer Region zusammenzuschließen (*Anteproyecto constitucional*, Art. 3). Die auf diese Weise gebildete Region war – im Gegensatz zu den früheren *Mancomunidades*, die ausschließlich verwaltungsmäßige Zuständigkeiten zugeteilt bekommen hatten – ein echter politischer Körper mit eigener Verfassung. Der Bereich der regionalen Gesetzgebung war aber eng bemessen. Die meisten Kompetenzen behielt der *Anteproyecto constitucional* dem Staat vor (Art. 4 u. 5).[177]

Die provisorische Regierung, die sich schon bei ihrer Bildung verpflichtet hatte, *Cortes Constituyentes* einzuberufen, verabschiedete am 8. Mai 1931 ein Dekret zur Regelung der Wahlen, mit dem sie das Wahlrechtsgesetz vom 8. August 1907 änderte, das das Gesetz vom 26. Juni 1890 ersetzt und das allgemeine 'männliche' Wahlrecht ("sufragio universal masculino") auch auf die Gemeindewahlen ausgedehnt hatte. Die Reform zielte auf die Stärkung des demokratischen Charakters der Wahlen: Das aktive Wahlrecht wurde von 25 auf 23 Jahre herabgesetzt, Frauen und Priester erhielten das passive Wahlrecht und man ersetzte, um

[176] Zit. nach H. Gmelin: Die Entwicklung des Verfassungsrechts in Spanien von 1913-1932, S. 380.

[177] Vgl. Fr. W. von Rauchhaupt: Zur Entstehungsgeschichte der republikanischen Verfassung Spaniens vom 9. Dezember 1931. In: Ibero-Amerikanisches Archiv 6 (1932/33), S. 1-33; hier S. 2-4. - H. Gmelin: Die Entwicklung des Verfassungsrechts in Spanien von 1913-1932, S. 380-381.

die alte "coacción caciquil" zu vermeiden, die kleinen Wahlbezirke durch provinzielle Wahlkreise, die wesentlich schwerer von irgendwelcher "clientela caciquil" manipulierbar waren.[178] Am 3. Juni 1931 wurden die Wahlen zur Bildung der *Cortes Constituyentes* anberaumt. Am 28. Juni fand die erste Wahlrunde statt, am 12. Juli die zweite (Nachwahlen). Die Parteien der Linken gewannen das Übergewicht. Die Sozialisten, die Radikalsozialisten, die Radikalen, die *Acción Republicana*, die Progressisten, die *Ezquerra catalana* (Katalanische Linke) und andere kleinere Gruppen erhielten im ganzen etwa 400 Abgeordnete, die die in der provisorischen Regierung vereinigten Richtungen vertraten. Die Opposition, deren Kern die Agrarier und die Baskonavarresen bildeten, zählte dagegen nur ca. 70 Abgeordnete. Der Zusammentritt der *Cortes* erfolgte am 14. Juli. Am 29. Juli konstituierten sich die *Verfassunggebenden Cortes* und am selben Tag wählte die Nationalversammlung die mit der Ausarbeitung eines Verfassungsentwurfes beauftragte parlamentarische Kommission (*Comisión de parlamentarios*).

Dieser Verfassungsausschuß setzte sich aus 5 Sozialisten, 3 Radikalsozialisten, 4 Radikalen, 2 Katalanen und je einem Vertreter sieben kleinerer Gruppen zusammen. Den Vorsitz führte der Madrider Strafrechtler Luis Jiménez de Asúa, ein Sozialist. Zur Grundlage seiner Arbeiten nahm der Verfassungsausschuß den von der *Comisión Jurídica Asesora* ausgearbeiteten Vorentwurf (*Anteproyecto constitucional*). Die sozialistischen Mitglieder des Ausschusses fügten in den Vorentwurf der Juristischen Hilfskommission eine Anzahl ihrer Parteigrundsätze ein. So wird, zum Beispiel, in dem Artikel über das Eigentum gesagt, daß der Staat nur „gegenwärtig" das Privateigentum anerkennt, aber es stufenweise sozialisieren wird, und daß die Enteignung auch ohne Entschädigung erfolgen kann (*Entwurf des parlamentarischen Verfassungsausschusses*, Art. 36).[179] Im Artikel

---

178 Vgl. F. Tomás y Valiente: Manual de Historia del Derecho español, S. 459. – José Luis Ibáñez Salas - Belén Izquierdo: Elecciones. In: Enciclopedía de Historia de España. Dirigida por Miguel Artola. V. Diccionario temático. Madrid: Alianza 1991, S. 448-450.

179 H. Gmelin: Die Entwicklung des Verfassungsrechts in Spanien von 1913-1932, S. 387. Wegen der unterbliebenen Unterstützung durch die Republikaner waren die Sozialisten gezwungen, über das Eigentum eine abgeschwächte Formulierung zu akzeptieren. Der Artikel der *Constitución de la República Española* v. 9. Dezember 1931 über das Eigentum (Art. 44) lautet folgendermaßen: "Toda la riqueza del país, sea quien fuere su dueño, está subordinada a los intereses de la economía nacional y afecta el sostenimiento de las cargas públicas, con arreglo a la Constitución y a las leyes.

La propiedad de toda clase de bienes podrá ser objeto de expropiación forzosa por causa de utilidad social mediante adecuada indemnización, a menos que disponga otra cosa una ley aprobada por los votos de la mayoría absoluta de las Cortes.

Con los mismos requisitos la propiedad podrá ser socializada.

Los servicios públicos y las explotaciones que afecten al interés común pueden ser nacionalizados en los casos en que la necesidad social así lo exija.

El Estado podrá intervenir por ley [en] la explotación y coordinación de industrias y empresas cuando así lo exigieran la racionalización de la producción y los intereses de la economía nacional.

15 des Entwurfes der *Comisión de parlamentarios* wird den Religionsgemeinschaften nur noch die Stellung von gewöhnlichen Vereinen zugestanden und die Aufhebung aller religiösen Orden (wie auch die Einziehung ihres Vermögens) angeordnet.[180] Am 18. August legte der Verfassungsausschuß den Entwurf den *Cortes* vor. Die Verfassungsberatung endete am 1. Dezember; dann redigierte der Verfassungsausschuß den endgültigen Text, indem er die bei der Beratung über die einzelnen Artikel gefaßten Beschlüsse berücksichtigte. Am 9. Dezember konnte die Schlußabstimmung erfolgen. Der Verfassungstext wurde von den anwesenden 368 Abgeordneten einstimmig angenommen. (Die Parteien der Rechte hatten sich aus der Nationalversammlung zurückgezogen.) Am gleichen Tag erfolgte die Promulgation der neuen Verfassung.[181]

Die Verfassung, die - wie schon gesagt - vor allem von der Staats- und Gesellschaftsauffassung der Sozialisten und Radikalsozialisten[182] bestimmt und von

---

En ningún caso se impondrá la pena de confiscación de los bienes" (Constitución de la República Española. 1931. Madrid: Sucesores de Rivadeneyra 1931, S. 13).

180 H. Gmelin: Die Entwicklung des Verfassungsrechts in Spanien von 1913-1932, S. 387. Artikel 26 der *Constitución de la República Española* v. 9. Dezember 1931 lautet: „Todas las confesiones religiosas serán consideradas como Asociaciones sometidas a una ley especial.

El Estado, las regiones, las provincias y los Municipios, no mantendrán, favorecerán, ni auxiliarán económicamente a las Iglesias, Asociaciones e Instituciones religiosas.

Una ley especial regulará la total extinción, en un plazo máximo de dos años, del presupuesto del Clero.

Quedan disueltas aquellas Ordenes religiosas que estatutariamente impongan, además de los tres votos canónicos, otro especial de obediencia a autoridad distinta de la legítima del Estado. Sus bienes serán nacionalizados y afectados a fines benéficos y docentes.

Las demás Ordenes religiosas se someterán a una ley especial votada por estas Cortes Constituyentes y ajustada a las siguientes bases:

1° Disolución de las que, por sus actividades, constituyan un peligro para la seguridad del Estado.

2° Inscripción de las que deban subsistir, en un Registro especial dependiente del Ministerio de Justicia.

3° Incapacidad de adquirir y conservar, por sí o por persona interpuesta, más bienes que los que, previa justificación, se destinen a su vivienda o al cumplimiento directo de sus fines privativos.

4° Prohibición de ejercer la industria, el comercio o la enseñanza.

5° Sumisión a todas las leyes tributarias del país.

6° Obligación de rendir anualmente cuentas al Estado de la inversión de sus bienes en relación con los fines de la Asociación.

7° Los bienes de las Ordenes religiosas podrán ser nacionalizados" (Constitución de la República Española. 1931. Madrid: Sucesores de Rivadeneyra 1931, S. 8).

181 Vgl. H. Gmelin: Die Entwicklung des Verfassungsrechts in Spanien von 1913-1932, S. 387-390. - Fr. W. von Rauchhaupt: Zur Entstehungsgeschichte der republikanischen Verfassung Spaniens vom 9. Dezember 1931, S. 11-14, 30-31.

182 Luis Jiménez de Asúa sagte, daß es sich um "una Constitución avanzada, no socialista [...], una Constitución democrática, liberal y de un gran contenido social" handelte. Auch F. Tomás y Valiente, der an diese Worte von Jiménez de Asúa erinnert, schreibt, daß die Verfassung von

der *Weimarer Reichsverfassung* (Verfassung des Deutschen Reichs vom 11. August 1919) stark beeinflußt war, bestand aus neun Titeln und 124 Artikeln. Sie sah eine einzige Kammer vor (Art. 51-52) und zwar jene der Abgeordneten (*Cortes*, oder *Congreso de los Diputados*). Der Senat (oder jede vergleichbare Institution) und somit das von den Progressisten und den Radikalen befürwortete Zweikammersystem wurden abgeschafft. Zum ersten Mal in der Geschichte des spanischen Parlamentarismus - mit Ausnahme der Verfassung von 1812 - wurde das Einkammersystem eingeführt, das von den Sozialisten, den Radikalsozialisten, von der *Acción Republicana* und vom Vorsitzenden des Verfassungsausschusses, Professor Jiménez de Asúa, verfochten war, die sich auf die Ansicht Carl Schmitts von der Unvereinbarkeit einer zweiten Kammer mit der Demokratie beriefen.[183]

Bereits im ersten Artikel der Verfassung, in dem Spanien als "una Républica democrática de trabajadores de toda clase, que se organiza en régimen de Libertad y de Justicia"[184] ("Spanien ist eine demokratische Republik von Arbeitern jeder Art, die sich in Freiheit und Gerechtigkeit einrichten [*organiza*: einrichtet!]"[185]), bezeichnet und erklärt wird, daß "los poderes de todos sus órganos emanan del pueblo"[186] ("Die Gewalt aller Organe geht vom Volke aus"[187]), versuchte man das Problem der territorialen Organisation des Staates zu lösen. Ein Problem, das die *Generalitat de Catalunya* zu einem sehr dringenden gemacht hatte, da die *Diputació* - wie oben erwähnt - bereits vor der parlamentarischen Debatte über den Verfassungstext einen *Estatuto de Autonomía* redigieren

---

1931 keine „Constitución socialista, pero sí un texto de avanzado contenido social, habida cuenta del momento histórico en que surge", war (Manual de historia del Derecho español, S. 460-461). Jesús A. Martínez schreibt hingegen, daß die Verfassung von 1931 ein „producto de un consenso de izquierdas, vertebrado por socialistas y republicanos de izquierda, a los que quedó asociada, perdiendo la vocación universalista con la que había nacido", war (A. Bahamonde, P. Carasa, P. Gabriel, J. A. Martínez, A. Pizarroso: Historia de España. Siglo XX. 1875-1939, S. 564).

183 H. Gmelin: Die Entwicklung des Verfassungsrechts in Spanien von 1913-1932, S. 416. – A. Bahamonde, P. Carasa, P. Gabriel, J. A. Martínez, A. Pizarroso: Historia de España. Siglo XX. 1875-1939, S. 561.

184 Constitución de la República Española. 1931. Madrid: Sucesores de Rivadeneyra 1931, «Título preliminar. Disposiciones generales. Artículo 1.°», S. 1.

185 Verfassung der spanischen Republik v. 9. Dezember 1931. In: H. Gmelin: Die Entwicklung des Verfassungsrechts in Spanien von 1913-1932, S. 448-465; hier S. 448.

186 Constitución de la República Española. 1931, S. 1.

187 Verfassung der spanischen Republik v. 9. Dezember 1931, S. 448. Die *Weimarer Reichsverfassung* (Art. 1) bestimmt: „Die Staatsgewalt geht vom Volke aus" (Die Verfassung des Deutschen Reichs vom 11. August 1919. In: Dokumente zur deutschen Verfassungsgeschichte. Hg. von Ernst Rudolf Huber. Bd. 3: Dokumente der Novemberrevolution und der Weimarer Republik, 1918-1933. Stuttgart: W. Kohlhammer 1966, S. 129-156; hier S. 129). Zur Weimarer Verfassung vgl. Ernst Rudolf Huber: Deutsche Verfassungsgeschichte seit 1789. *Band V: Weltkrieg, Revolution und Reichserneuerung*, 1914-1919. Stuttgart: W. Kohlhammer 1978, S. 1179 bis 1181.

und durch Volksabstimmung genehmigen ließ. Die Formel, auf die die Mitglieder der Verfassunggebenden Versammlung zurückgriffen, um dieses heikle Problem zu lösen, ist die folgende: "La República constituye un *Estado integral*, compatible con la autonomía de los Municipios y las Regiones"[188] ("Die Republik errichtet einen, mit der Selbstverwaltung der Gemeinden und Regionen vereinbaren, integralen Staat."[189]). Was bedeutete die rätselhafte Formel ‚Estado integral'?

Exkurs: Die deutschen Ursprünge des Begriffes ‚Estado integral'

Nach Nicolás Pérez Serrano, der glaubt, daß das Adjektiv integral "absolutamente vacío de sentido" sei, handelt es sich um eine "fórmula híbrida y no del todo clara".[190] Adolfo Posada bezeichnet den Ausdruck ‚Estado integral' als ungenau und meint, daß die Autoren des Verfassungstextes einen lexikalischen Fehler begangen und integral statt integrado geschrieben haben.[191] Segismundo Royo schreibt: "lo que se ha querido decir es que la integridad del Estado español es compatible con la autonomía de las regiones (art. 1), las cuales integran el Estado español (art. 8)".[192] So weit die Staatsrechtler, die gleich nach seinem Erscheinen den Text der republikanischen Verfassung erläuterten.

Es seien nun auch ein paar Interpretationen von Staatsrechtlern und Verfassungshistorikern erwähnt, die sich in den letzten Jahren mit der Formel ‚Estado integral' beschäftigt haben. Jordi Solé Tura und Eliseo Aja bezeichnen 'Estado integral' als "un concepto nuevo que en realidad era un compromiso entre los partidarios del federalismo y del unitarismo".[193] Luis Sánchez Agesta vermutet, daß diese Formel angewendet wurde, um den Begriff "Estado federal" zu vermeiden. Darunter war aber das gemeint, was später "Estado regional" genannt wurde.[194] Pedro Cruz Villalón bezeichnet die Formel *Integralstaat* als „Leerfor-

---

188 Constitución de la República Española. 1931, «Título preliminar. Disposiciones generales. Artículo 1.°», S. 1.

189 Verfassung der spanischen Republik v. 9. Dezember 1931, S. 448.

190 Nicolás Pérez Serrano: La Constitución española. Antecedentes. Texto. Comentarios. Madrid: ERDP 1932, S. 61-64.

191 Adolfo Posada: La nouvelle Constitution espagnole. Paris 1932, S. 129. Zit. nach Francisco Tomás y Valiente: El «Estado integral»: Nacimiento y virtualidad de una formula poco estudiada. In: F. T. y V.: Códigos y Constituciones (1808-1978). Madrid: Alianza Editorial 1989, S. 175-190; hier S. 177.

192 Segismundo Royo: «El Estado integral». In: Revista de Derecho Público, Jg. IV, Nr. 45, September 1935, S. 261-272; hier S. 263.

193 Jordi Solé Tura - Eliseo Aja: Constituciones y períodos constituyentes en España (1808-1936). Madrid: Siglo XXI 1980, S. 100.

194 Luis Sánchez Agesta: Historia del constitucionalismo español (1808-1936). Madrid: Centro de Estudios Constitucionales 1984, S. 489-490.

mel".[195] Francisco Tomás y Valiente schreibt in seinem *Manual de Historia del Derecho español*, daß "la expresión *Estado integral* ... intentaba escapar a la disyuntiva entre unitarismo o federalismo" und daß sie keine treffende und gelungene ("acertada") Formel war.[196] Gerade dieser Forscher hat aber später einen wichtigen Beitrag zur Erläuterung des Begriffes ‚Estado integral' geliefert.

Im allgemeinen war die organizistische Auffassung von der spanischen Nation vom Regenerationismus beeinflußt worden.[197] *In concreto* ist der häufig auch von José Ortega y Gasset verwendete Begriff ‚Estado integral'[198] auf die Organismustheorie des Staates von Rechtsgelehrten wie Wilhelm Joseph Behr (*System der angewandten Staatslehre oder Staatskunst. Politik.* Frankfurt 1810), Otto von Gierke (*Die Grundbegriffe des Staatsrechts und die neuesten Staatsrechtstheorien.* 1874. - *Das Wesen der menschlichen Verbände.* 1902. - *Deutsches Genossenschaftsrecht.* 1866-1913) und Hugo Preuß (*Gemeinde, Staat, Reich als Gebietskörperschaften. Versuch einer deutschen Staatskonstruktion auf Grundlage der Genossenschaftstheorie.* Berlin 1889. - *Die Entwicklung des deutschen Städtewesens.* 1906. - *Staat, Recht und Freiheit.* 1926) sowie auf die Theorie der ‚Stadt' als „ein gemeinschaftlich lebender Organismus"[199] und der Gegensätzlichkeit von Gesellschaft (= Maschine) und Gemeinschaft (= lebender Organismus) von Soziologen wie Ferdinand Tönnies (*Gemeinschaft und Gesellschaft. Grundbegriffe der reinen Soziologie.* 1887) zurückzuführen.[200]

---

[195] Pedro Cruz Villalón: Die Neugliederung des Spanischen Staates durch die »Autonomen Gemeinschaften«. In: Jahrbuch des öffentlichen Rechts der Gegenwart, Neue Folge, Band 34 (1985), S. 195-243; hier S. 239.

[196] F. Tomás y Valiente: Manual de Historia del Derecho español, S. 461-462.

[197] Vgl. J. L. de la Granja, J. Beramendi, P. Anguera: La España de los nacionalismos y las autonomías, S. 114. Eine ausgeprägte organizistische Auffassung von der spanischen Nation entwickelten Ricardo Macías Picavea in seinem Werk *El problema nacional* (1899) und Joaquín Costa in *Oligarquía y caciquismo* (vgl. insb. S. 67, 70, 75, 107-113).

[198] Vgl. z. B. José Ortega y Gasset: Proyecto de Constitución (1931). In: J. O. y G.: Obras completas. Tomo XI. Madrid: Alianza Editorial - Revista de Occidente 1994, S. 367-384; hier S. 374. - José Ortega y Gasset: Federalismo y autonomismo (1931). In: J. O. y G.: Obras completas. Tomo XI, S. 391-397; hier S. 394.

[199] Ferdinand Tönnies: Gemeinschaft und Gesellschaft. Grundbegriffe der reinen Soziologie. Darmstadt: Wissenschaftliche Buchgesellschaft 1979, S. 31.

[200] Zur organischen Staatslehre vgl. Carl Schmitt: Hugo Preuss. Sein Staatsbegriff und seine Stellung in der deutschen Staatslehre (= Recht und Staat in Geschichte und Gegenwart, 72). Tübingen: J. C. B. Mohr (Paul Siebeck) 1930, S. 10-12. – Ernst-Wolfgang Böckenförde: Die deutsche verfassungsgeschichtliche Forschung im 19. Jahrhundert. Zeitgebundene Fragestellungen und Leitbilder (= Schriften zur Verfassungsgeschichte, Bd. 1). Berlin: Duncker & Humblot 1961. – Ernst-Wolfgang Böckenförde: Organ, Organismus, Organisation, politischer Körper. VII: Der Übergang von der Corpus-/Mechanismusvorstellung zu Organisation und Organismus. VIII: ‚Organismus'/'Organ' als Leitbegriffe der staatstheoretischen und verfassungspolitischen Diskussion. IX: Ausblick. In: Geschichtliche Grundbegriffe. Histori-

Von Bedeutung für die spanischen Verfassungsrechtler war sicherlich auch die lebhafte Debatte gewesen, die nach dem Ersten Weltkrieg über die Auflösungserscheinungen der modernen industriellen Gesellschaft stattfand. Der Begriff des Organismus und des Organischen erhielt dabei einen ganzheitlich korporativ-orientierten Gehalt. Der organische Staatsgedanke bzw. der Staat als Organismus wurde von Wissenschaftlern wie Othmar Spann (*Der wahre Staat. Vorlesungen über Abbruch und Neubau der Gesellschaft.* Leipzig 1921) oder Peter Tischleder (*Organismus.* 1929)[201] gegen die mechanistische Massendemokratie der Volkssouveränität ins Feld geführt.[202] Besonders die jungen spanischen Gelehrten (etwa Eduardo Llorens, Francisco Ayala, Luis Tobío, Manuel García Pelayo, Francisco Javier Conde), die in den 20er Jahren in Berlin oder in Freiburg im Breisgau die deutsche juridisch-politische Lehre (Rudolf Smend, Hermann Heller, Carl Schmitt) aufgesaugt hatten,[203] hatten diese Debatte ohne Zweifel mit großem Interesse verfolgt. Aber nicht nur die Rechtsgelehrten befaßten sich mit der deutschen organischen Staatslehre. Auch ein Intellektueller wie Ramiro de Maeztu hatte sich schon vor Ende des Ersten Weltkrieges mit der deutschen Staatslehre und insbesondere mit der „teoría orgánica del Estado" Otto von Gierkes auseinandergesetzt[204] und eine eigene Theorie des Staates und der Gesellschaft entworfen, deren Grundbegriffe die Genossenschaft („corporación", „gremio") und die Gemeinschaft („comunidad") waren.[205] In dem einzigen bekannten Dokument, das konkret auf die deutsche Staatslehre als Quelle des Begriffes ‚Estado integral' hinweist, wird aber nur Hugo Preuß genannt.

In seiner die Generaldiskussion im Parlament einleitenden Rede vom 27. August 1931 berief sich Luis Jiménez de Asúa, der Vorsitzende des Verfassungsausschusses, ausdrücklich auf die juridisch-politische Lehre von Hugo Preuß, dem Autor der oben erwähnten Werke und ‚Vater' der Reichsverfassung von Weimar. Der Madrider Ordinarius meinte, daß nach dem Scheitern des „unitarismo" und der Krise der föderalistischen Idee „las doctrinas del Estado integral" von Preuß den vielversprechenden Weg darstellten, der einzuschlagen war:

El ensayo de H. Preuß, ese gran talento [...], ha fijado, con su gran mente, poderosa y elegante, las doctrinas del Estado integral y ha intentado llevarlas a la Constitución, obra suya, de 1919, aun cuando no lo ha logrado por entero, tratando [...] que los residuos de la soberanía de los Estados

---

sches Lexikon zur politisch-sozialen Sprache in Deutschland. Hg. von Otto Brunner, Werner Conze, Reinhart Koselleck. Band 4: Mi-Pre. Stuttgart: Klett-Cotta 1978, S. 561-622.

201 Artikel in *Staatslexikon* (5. Aufl. Bd. 3).

202 E.-W. Böckenförde: Organ, Organismus, Organisation, politischer Körper, S. 617.

203 Vgl. F. Tomás y Valiente: El «Estado integral»: Nacimiento y virtualidad de una formula poco estudiada, S. 184-190.

204 Ramiro de Maeztu: La crisis del humanismo [1. Ausgabe auf Englisch: 1916; 1. spanische Ausgabe: 1919]. Estudio preliminar de Pedro Carlos Gonzáles Cuevas. Salamanca: Ediciones Almar 2001, S. 131.

205 R. de Maeztu: La crisis del humanismo, S. 159, 187, 243-251.

queden reducidos a una autonomía que no es más que político-administrativa [...]. Esto es lo que hoy viene haciendose y esto es lo que ha querido hacer la Comisión: Un Estado integral.[206]
[...] queremos establecer un gran Estado integral en el que son compatibles, junto a la gran España, las regiones, y haciendo posible, en ese sistema integral, que cada una de las regiones reciba la autonomía que merece por su grado de cultura y de progreso. Unas querrán quedar unidas, otras tendrán su autodeterminación en mayor o menor grado. Esto es lo que en la Constitución ofrecemos y queremos hacer, y así vemos claramente atacado el unitarismo en los artículos 15 y 19, no admisión del federalismo en los artículos 14 y 17 y, en cambio, proclamado el integralismo absoluto en los artículos 16, 18 y 20.[207]

In seiner Abhandlung *Gemeinde, Staat, Reich als Gebietskörperschaften* (1889) hatte Hugo Preuß – auf der Grundlage von Gierkes Genossenschafts- und organischer Staatslehre – die Auffassung von der organischen Persönlichkeit des Staates entwickelt,[208] während er in seinem Hauptwerk *Die Entwicklung des deutschen Städtewesens* (1906) sowie in einer Reihe juristischer, historischer und politischer, in dem Band *Staat, Recht und Freiheit* (1926) gesammelter Schriften und Aufsätze für die Förderung der Selbstverwaltung eingetreten war.

Luis Jiménez de Asúa dachte mit großer Wahrscheinlichkeit an die Otto von Gierke gewidmete Habilitationsschrift und an die Ideen über den Staat als Organismus, die Hugo Preuß darin entwickelt, als er „*el* ensayo de H. Preuß" erwähnte. In unmittelbarer Anknüpfung an Gierkes Behauptung, daß die „Körperschaft so gut wie der Staat ... nur als Organismus begriffen" werden kann, schreibt Hugo Preuß in diesem Werk, zum Beispiel, daß die organische Staatslehre „die Wesensgleichheit der staatlichen und der analogen Verbände" zeigt und „den Staat als ein Glied in der ungeheuren Kette der Organismen" betrachtet. Und dann fährt er folgendermaßen fort:

Die Naturwissenschaften beschäftigen sich mit jener Reihe organischer Erscheinungen und Entwicklungen, welche von dem Protoplasma hinaufführen bis zum menschlichen Individuum. Hier setzt sich die Thätigkeit der sog. moralischen Disciplinen ein; und die Rechts- und Staatswissenschaft im besonderen beschäftigt sich mit jener Reihe organischer Erscheinungen und Entwicklungen, welche von dem Individuum hinaufführen bis zur internationalen Gemeinschaft. Das Gemeinsame aller socialen Gebilde: der Familie, des Stammes und Volkes; der Körperschaft, der Gemeinde, des Staates und Reiches führt die organische Theorie vor Augen. Sie zeigt, wie der Staat als Organismus schon in den unteren und engeren Verbänden vorgebildet ist.[209]

---

206 Aus dem *Diario de Sesiones de las Cortes Constituyentes* zitiert von H. Gmelin (Die Entwicklung des Verfassungsrechts in Spanien von 1913-1932, S. 392, Anm. 1).

207 Aus dem *Diario de Sesiones de las Cortes Constituyentes* zitiert von F. Tomás y Valiente (El «Estado integral», S. 180).

208 Hugo Preuß: Gemeinde, Staat, Reich als Gebietskörperschaften. Versuch einer deutschen Staatskonstruktion auf Grundlage der Genossenschaftstheorie. Neudruck der Ausgabe Berlin 1889. Aalen: Scientia Verlag 1964. Vgl. insbesondere das Kapitel VI: «Analyse des organischen und persönlichen Staatsbegriffs», S. 137-173.

209 H. Preuß: Gemeinde, Staat, Reich als Gebietskörperschaften, S. 144-145.

Hugo Preuß, für den im Begriff des Organismus die Überwindung der „Identität von Person und Individuum" liegt („denn - jede Person ist ein Organismus") und für den „das öffentliche Recht, als welches ausschliesslich Sozialrecht ist," völlig „auf dem Wesen des Organischen" basiert,[210] scheint an anderen Stellen die Smendsche Integrationstheorie (das Wort *Integration* kommt bei Hugo Preuß öfters vor[211]) vorwegzunehmen, wenn er schreibt:

Im Anschluß an die naturwissenschaftliche Erklärung Hyrtl's[212] haben wir [...] als das auch in der Staatswissenschaft wirksame Wesen des Organischen *die Vereinigung von an sich heterogenen Theilen* zu einem lebensfähigen Ganzen, dem Organismus, erkannt. Wohl muss jeder organische Theil seine partielle Existenz den Existenzbedingungen der Gesammtheit unterordnen; aber zugleich hängt wieder jedes Glied mit allen übrigen so zusammen, dass keines aufgehoben werden darf, ohne den Begriff des Ganzen zu stören. Demgemäss beruht das begriffliche Wesen des Organismus gerade darauf, dass er eine Einheit in der Vielheit ist.[213]
[...] Die Personen der Bürger als Theile der Gesammtperson des Staates sind die Zellen, welche dem sie umschliessenden Organismus Nahrung zuführen; und die Gesammtperson des Staates schützt die Gliedpersonen der Bürger als *integrirende* Theile ihres eignen Selbst. [...] es ist eine Pflicht des organischen Sozialrechts; die Pflicht jedes organischen Theils, seine partielle Existenz den Existenzbedingungen des Gesammtorganismus unterzuordnen.[214]

Die Organismustheorie liefert Hugo Preuß auch eine optimale Erklärung für die Herrschaft des Reiches über die Einzelstaaten, die den Vorstellungen von Luis Jiménez de Asúa über das Zusammenwirken von Zentralstaat und autonomen Regionen sehr ähnlich war:

[man] darf [...] die Vorstellung der Gliedstaaten als Personen und als Theile des Reichs nicht von einander trennen; vielmehr erscheinen sie als Theile des Reichs juristisch insofern, als sie gegenüber demselben Rechte und Pflichten haben, d. h. Personen sind; und die ihnen eigenthümliche Persönlichkeit erklärt sich nur daraus, dass sie Theilpersonen der Gesammtperson des Reichs sind. Diese beiden einander bedingenden Seiten ihres Wesens, welche die individualistische Betrachtung [H. P. bezieht sich auf das *Staatsrecht des Deutschen Reiches*, 1876-1882, von Paul Laband, dem großen Vertreter der Staatsrechtslehre des kaiserlichen Deutschland, gegen den H. P. ständig polemisiert] aus einander reissen muss, vermag nur die organische Anschauung der Staatspersönlichkeit in einem Gesammtbegriff zusammenzufassen. Wie sie jegliches Gemeinwesen als die aus der Gesammtheit der Gliedpersonen bestehende Gesammtperson erkennt, ohne sich die Personen der organischen Theile als solche ‚wegdenken' zu müssen, so erkennt sie die Persönlichkeit des Reiches als die aus Partikeln einzelstaatlichen Willens organisch gebildete Willenseinheit, ohne dass sie bei dieser Vorstellung von der Persönlichkeit der Gliedstaaten ‚abstrahiren' müsste oder

[210] H. Preuß: Gemeinde, Staat, Reich als Gebietskörperschaften, S. 161-162.
[211] Vgl. C. Schmitt: Hugo Preuss. Sein Staatsbegriff und seine Stellung in der deutschen Staatslehre, S. 21 und S. 33 Anm. Nr. 23.
[212] Joseph Hyrtl: Lehrbuch der Anatomie des Menschen. 1846.
[213] H. Preuß: Gemeinde, Staat, Reich als Gebietskörperschaften, S. 162.
[214] H. Preuß: Gemeinde, Staat, Reich als Gebietskörperschaften, S. 166-167. Vgl. auch S. 239 (hier spricht H. P. von dem „Drang zu organischer Zusammenschliessung" der Elemente der Vielheit und der Einheit).

dürfte. Und wie die Recht- und Pflichtverhältnisse zwischen Individuen und Gemeinde auf der Eigenschaft der ersteren als Theile der letzteren beruhen, so die zwischen Gliedstaaten und Reich auf derselben Eigenschaft.[215]

Auch die *Entwicklungsgeschichte der deutschen Städteverfassung* (1906), der erste und einzige erschienene Band des Werkes *Die Entwicklung des deutschen Städtewesens*,[216] und die zur Festgabe der Juristen für Paul Laband beigesteuerte Abhandlung *Selbstverwaltung, Gemeinde, Staat, Souveränität* (1908)[217] sowie die im Sammelband *Staat, Recht und Freiheit* (1926) nachgedruckten Schriften zur Selbstverwaltung und Verwaltungsreform in Preußen[218] könnten Luis Jiménez de Asúa zu der Annahme geführt haben, daß Hugo Preuß derjenige Staatsrechtler sei, der „las doctrinas del Estado integral" entwickelt und formuliert hat. In den Schriften zur Selbstverwaltung überwindet nämlich Hugo Preuß den Dualismus von Staats- und Selbstverwaltung mit seinem Grundbegriff der (organischen) Wesensgleichheit von Staat und Gemeinde.[219] (Die auf Hugo Preuß zurückzuführende Lehre von der Wesensgleichheit von Reich, Land und Gemeinde in Art. 17 der Weimarer Verfassung bezeichnete Carl Schmitt als „verhängnisvoll".[220])

Was schließlich den von Luis Jiménez de Asúa erwähnten Vorentwurf einer Reichsverfassung betrifft, so ensprach der von Hugo Preuß ausgearbeitete, am 3. Januar 1919 abgeschlossene Text den Wünschen und den Vorstellungen des

---

215 H. Preuß: Gemeinde, Staat, Reich als Gebietskörperschaften, S. 172-173.

216 Hugo Preuss: Die Entwicklung des deutschen Städtewesens. Erster Band: Entwicklungsgeschichte der deutschen Städteverfassung. Leipzig: B. G. Teubner 1906.

217 Hugo Preuss: Selbstverwaltung, Gemeinde, Staat, Souveränität. In: Staatsrechtliche Abhandlungen. Festgabe für Paul Laband zum fünfzigsten Jahrestage der Doktor-Promotion. Zweiter Band. Tübingen: J. C. B. Mohr (Paul Siebeck) 1908, S. 197-245. Hier will Preuß „die begriffliche Gleichartigkeit von *Gemeinde* und *Staat*" (S. 218) beweisen. Er schreibt: „Der Begriff des Lokalverbandes ist ... ein lediglich relativer, der auf jedes politische Gemeinwesen anzuwenden ist, dessen Gebiet einer weiteren Gebietskörperschaft organisch eingegliedert ist; die Ortsgemeinde ist daher im Verhältnis zur Kreis- und Provinzialgemeinde ebenso ein Lokalverband, wie der Gliedstaat im Verhältnis zum Gesamtstaat" (S. 232). Er bestreitet, daß es möglich sei, "einen a priori gegebenen begrifflichen Gegensatz zwischen der Gemeinde an sich und dem Staat an sich zu konstruieren" (S. 233). An der Souveränitätsidee im Staatsrecht bemängelt er, daß ihr „die Erfassung der Autonomie des Rechts als eines organischen Produkts des von unten nach oben aufsteigenden genossenschaftlichen Gemeinlebens innerlichst fremd" ist (S. 244).

218 Hugo Preuss: Staat, Recht und Freiheit. Aus 40 Jahren deutscher Politik und Geschichte. Mit einem Geleitwort von Theodor Heuss. Hildesheim: Georg Olms 1964 (Reprographischer Nachdruck der Ausgabe Tübingen: J.C.B. Mohr 1926), S. 25-143.

219 Zu den Ideen von Hugo Preuß über die Selbstverwaltung vgl. Heinrich Hefter: Die deutsche Selbstverwaltung im 19. Jahrhundert. Geschichte der Ideen und Institutionen. Stuttgart: K. F. Koehler 1969, S. 753-759.

220 „Verhängnisvoll ist die Lehre von der Wesensgleichheit von Reich, Land und Gemeinde bei dem Artikel 17 RV geworden" (C. Schmitt: Hugo Preuss. Sein Staatsbegriff und seine Stellung in der deutschen Staatslehre, S. 18 und S. 31 Anm. Nr. 17).

Madrider Professors und seiner Partei. Das Hauptkennzeichen dieses Vorentwurfs - *Entwurf I.* - war ja der konsequente Unitarismus im Sinne eines "dezentralisierten Einheitsstaats"![221] Stärker als der *Entwurf I.*[222] oder der *Entwurf II.*,[223] haben aber wahrscheinlich die *Denkschrift zum Entwurf des allgemeinen Teils der Reichsverfassung vom 3. Januar 1919* (datiert „Berlin, den 3. Januar 1919"; veröffentlicht in dem *Reichsanzeiger* v. 20. 1. 1919)[224] und die in der 14. Sitzung der National-Versammlung zu Weimar am 24. Februar 1919 gehaltene Rede *Begründung des Entwurfs einer Verfassung für das Deutsche Reich*[225] auf Luis Jiménez de Asúa gewirkt.[226] (Gewirkt hat auch die Weimarer Verfassung, wo Hugo Preuß trotz aller Änderungen seiner *Entwürfe* noch einige seiner Vorstellungen zur Geltung gebracht hatte, und insbesondere ihr erster - organisatorischer - Hauptteil, der „mit seiner Ausbalancierung von parlamentarischer und plebiszitärer Demokratie den besten Integrationsmodus einführte", den man – nach der Meinung von Carl Schmitt – finden konnte.[227]) Der Versuch von Hugo Preuß, Unitarismus und

---

[221] E. R. Huber: Deutsche Verfassungsgeschichte seit 1789. Band V, S. 1179.

[222] Hugo Preuß: Vorentwurf zur Verfassung des Deutschen Reichs. (Entwurf I.) Vom 3. Januar 1919. (Nicht veröffentlicht). In: Quellensammlung zum Deutschen Reichsstaatsrecht. Zusammengestellt von Heinrich Triepel. Vierte Auflage (= Quellensammlung zum Staats- Verwaltungs- und Völkerrecht, 1). Tübingen: J. C. B. Mohr (Paul Siebeck) 1926, S. 6-8.

[223] Hugo Preuß: Entwurf einer Verfassung des Deutschen Reichs. (Entwurf II.) Vom 20. Januar 1919. (Deutscher Reichsanzeiger 1919, Nr. 15, Erste Beilage). In: Quellensammlung zum Deutschen Reichsstaatsrecht, S. 10-15. Es folgten *Entwurf III.* (Vom 17. Februar 1919), *Entwurf IV.* (Vom 21. Februar 1919) und *Entwurf V.* (Vom 18. Juni 1919). In: Quellensammlung zum Deutschen Reichsstaatsrecht, S. 17-31, 38-44.

[224] Hugo Preuss: Denkschrift zum Entwurf des allgemeinen Teils der Reichsverfassung vom 3. Januar 1919. In: H. P.: Staat, Recht und Freiheit, S. 368-394.

[225] Hugo Preuss: Begründung des Entwurfs einer Verfassung für das Deutsche Reich. In: H. P.: Staat, Recht und Freiheit, S. 394-421.

[226] In der *Denkschrift* spricht H. Preuß von „einem sich selbst organisierenden Staatsvolk" und von der deutschen Republik als „einheitlichem Volksstaat", als „Selbstorganisation des deutschen Volkes", als „einer politischen Gesamtheit". Es kommt aber der Begriff ‚organisch' vor: „Weder wirtschaftlich noch kulturell noch nach Stammeszusammenhängen bildet der preußische Staat *ein organisches Ganze*". – „Baut sich so das Reich, der Struktur des Volksstaats entsprechend, von unten nach oben auf, und ruht es infolgedessen mit seiner ganzen inneren Lebenstätigkeit auf dem *organischen* Unterbaue seiner kommunalen und einzelstaatlichen Glieder, so ist ein gewisser normierender Einfluß des Gesamtwillens, also der Reichsgesetzgebung auf die Organisation der Einzelstaaten und ihrer Gemeinden unentbehrlich. Aber er soll sich auch auf das Unentbehrliche beschränken, indem er nur die Homogenität zwischen der Struktur des Reichs und der seiner einzelstaatlichen und kommunalen Glieder sicherstellt. Soweit diese nicht in Frage kommt, ist der Autonomie die Freiheit zum Ausbau ihrer Verfassung und Verwaltung nach der Verschiedenheit der landschaftlichen und örtlichen Verhältnisse zu lassen. Aus der Natur des Volksstaats ergibt sich die freiere Stellung und weitere Entfaltung der örtlichen Selbstverwaltung, im Gegensatz zu deren Einengung und Bevormundung durch den Obrigkeitsstaat" (S. 370, 375, 382).

[227] C. Schmitt: Hugo Preuss. Sein Staatsbegriff und seine Stellung in der deutschen Staatslehre, S. 28.

föderalistische Bestrebungen, Reichseinheit und Autonomie der Gliedstaaten (er sprach von „Freistaaten“ und „Gliedstaaten“ und plante eine Neugliederung des Reiches in sechzehn Gebiete[228]), starke Regierungsgewalt und Dezentralisation in Einklang zu bringen, bot – wie man sieht – dem Vorsitzenden des spanischen Verfassungsausschusses viele Anregungen und ein willkommenes Modell.

Eine andere, zusätzliche Quelle des Begriffes ‚Integralstaat' könnte das Werk *Verfassung und Verfassungsrecht* (Berlin 1928) von Rudolf Smend sein, der gegen den juristischen Formalismus von Hans Kelsen und seine Reduktion des Staates auf das Recht polemisierte und eine Theorie des Staates als Integration (Integration als fundamentaler Prozeß der Dynamik des Staates) entwickelte.

Die Integrationstheorie von Rudolf Smend,[229] die eine starke Resonanz hatte[230] – eine Resonanz, die durch den Verriß von Hans Kelsen[231] (der Schöpfer

---

228 H. Preuß: Vorentwurf zur Verfassung des Deutschen Reichs. (Entwurf I.), S. 7-8. Vgl. dazu H. Hefter: Die deutsche Selbstverwaltung im 19. Jahrhundert, S. 769-771. - E. R. Huber: Deutsche Verfassungsgeschichte seit 1789. Band V, S. 1180.

229 Verfassung und Verfassungsrecht. Von Rudolf Smend, o. Professor des öffentlichen Rechts an der Universität Berlin. München und Leipzig: Duncker & Humblot 1928. Vgl. insbesondere die Kapitel «Integration als grundlegender Lebensvorgang des Staates», «Persönliche Integration», «Funktionelle Integration», «Sachliche Integration», «Die Einheit des Integrationssystems», «Integrationslehre und Staatstheorie», «Das Wesen der Verfassung», S. 18 bis 88.

230 Das Wort ‚Integration', das R. Smend schon in dem Aufsatz *Die politische Gewalt im Verfassungsstaat und das Problem der Staatsform* (in: Festgabe der Berliner Juristischen Fakultät für Wilhelm Kahl. 1923) vorgeschlagen hatte, wurde schnell fast zu einem ‚Modeausdruck'. Viele Forscher übernahmen den Integrationsbegriff. Vgl. die von Rudolf Smend (Verfassung und Verfassungsrecht, S. 18-19 Anm.) selbst aufgelistete Literatur und insbesondere Leo Wittmayers Beitrag *Die Staatlichkeit des Reichs als logische und als nationale Integrationsform* (in: Zeitschrift für Verwaltungsrecht. Hrsg. v. Schelcher. Jg. 57, 1925, S. 145 ff.). Carl Schmitt spricht von der “vielgenannten Integrationstheorie von Rudolf Smend” (vgl. C. Schmitt: Hugo Preuss. Sein Staatsbegriff und seine Stellung in der deutschen Staatslehre, S. 21). Hans Kelsen, der die „starke Wirkung“ bestätigte, die „die Integrationstheorie im Kreise der Fachgenossen ausgelöst“ hatte, schrieb: “Ein Schlagwort ist in der deutschen Staatslehre aufgetaucht, um das sich – recht wie um eine Fahne – eine Gruppe von Schriftstellern gesammelt hat, die mit großem Eifer das Ende einer alten und den Anfang einer neuen Wissenschaft vom Staate verkünden. Das Wort, das sie wie eine Zauberformel verwenden, um alle Fragen der Staatslehre zu beantworten, es lautet: Integration. Und ein Gelehrter von Namen, Professor Rudolf Smend, ist der Fahnenträger der neuen Schule“. Vgl. Der Staat als Integration. Eine prinzipielle Auseinandersetzung. Von Hans Kelsen, Professor an der Universität Wien. Wien: Verlag von Julius Springer 1930, S. 1-2.

231 Die „Eigenart der Smendschen Darstellung“ ist nach Hans Kelsen: „ein völliger Mangel systematischer Geschlossenheit, eine gewisse Unsicherheit der Auffassung, die klaren, eindeutigen Entscheidungen ausweicht, sich am liebsten nur in vagen Andeutungen ergeht und jede einigermaßen faßbare Position mit vorsichtigen Einschränkungen belastet; daher ein dunkler, von allzu vielen sich selbst nur halb erklärenden Fremdwörtern erfüllter, überaus schwerfälliger Sprachstil“ (Der Staat als Integration, S. 2). Mit dem Smendschen Begriff der Integration – „hinter diesem neuen Wort [steckt] kein neuer Begriff, kein Sachverhalt [...], der

der österreichischen Verfassung von 1920 bezeichnete seine Kritik als „eine prinzipielle Auseinandersetzung der normativen Staatslehre mit der Integrationstheorie“[232]) und durch die ausgewogene Besprechung von Otto Hintze[233] noch erheblich erhöht wurde –, spielte wahrscheinlich eine wichtige Rolle (nicht aber die einzige Rolle, wie Francisco Tomás y Valiente glaubt, der dem Hinweis von Luis Jiménez de Asúa auf Hugo Preuß keine Aufmerksamkeit widmet) bei der Formulierung des Begriffes ‚Estado integral'. Der Berliner Ordinarius, der – von der Soziologie von Ferdinand Tönnies und insbesondere von der Kulturphilosophie von Theodor Litt (*Geschichte und Leben.* 1918. - *Individuum und Gemeinschaft.* 1919) beeinflußt – sich bereits mit dem Titel seines Werkes *Verfassung und Verfassungsrecht* von der normativistischen Einengung des Verfassungsbegriffs, der durch Hans Kelsen eine äußerste Steigerung erfahren hatte, distanziert[234] und heftig gegen den „rein normativen juristischen Staatsbegriff„[235] und die ‚Wiener Staatslehre' polemisiert[236] (aber auch gegen den Begriff des Staats als Technik oder als Betrieb[237] von Max Weber[238]), bezeichnet die Integration als „grundle-

---

nicht schon längst erkannt wäre“ (S. 48) – setzt sich Kelsen, der *Verfassung und Verfassungsrecht* als „Apologie der Diktatur“ (S. 77) und als „Kampf gegen die [Weimarer] Verfassung der deutschen Republik“ (S. 91) auffaßt, im Kapitel «Der Staat als Integration» (S. 45-59) auseinander.

232 H. Kelsen: Der Staat als Integration, S. 2. Über Kelsen und seine ‚reine Rechtslehre' vgl. Robert Walter: Hans Kelsen (1881-1973). In: Wilhelm Brauneder *(Herausgeber)*: Juristen in Österreich. 1200-1980. Wien: Orac 1987, S. 290-296.

233 Otto Hintze: Rudolf Smend, Verfassung und Verfassungsrecht. In: Historische Zeitschrift 139 (1929), S. 557-562. Vgl. nun Otto Hintze: Soziologie und Geschichte. Gesammelte Abhandlungen zur Soziologie, Politik und Theorie der Geschichte. Hrsg. v. Gerhard Oestreich. 2., erweiterte Auflage. Göttingen: Vandenhoeck & Ruprecht 1964, S. 232-238.

234 Dieter Grimm: Verfassung (II.). Konstitution, Grundgesetze. In: Geschichtliche Grundbegriffe. Historisches Lexikon zur politisch-sozialen Sprache in Deutschland. Hg. von Otto Brunner, Werner Conze, Reinhart Koselleck. Band 6: St-Vert. Stuttgart: Klett-Cotta 1990, S. 863-899; hier S. 894. Vgl. auch Ernst Rudolf Huber: Deutsche Verfassungsgeschichte seit 1789. *Band VI: Die Weimarer Reichsverfassung.* Stuttgart: W. Kohlhammer 1981, S. 15-18, 59-62, 428-429.

235 R. Smend: Verfassung und Verfassungsrecht, S. 17.

236 Er behauptet etwa, daß „Kelsens methodische Grundlagen auf neukantischen Kampfformeln gegenüber dem Positivismus beruhen, die der Neukantianismus selbst längst preisgegeben hat“, und wirft der Wiener Schule „die Ignorierung des heutigen Standes des Denkens“ vor. Er bezeichnet die Wiener Staatslehre „als verspätete Nachfahre des Rationalismus“ und schreibt, daß sie das Ziel verfolgt, „geistige Wirklichkeit möglichst weitgehend in Fiktion, Illusion, Verschleierung und Betrug aufzulösen“, und daß sie die „soziologische Realität“, die „soziale Realität“ des Staates bestreitet (R. Smend: Verfassung und Verfassungsrecht, S. 2, S. 2 Anm., S. 95, S. 13).

237 Vgl. R. Smend: Verfassung und Verfassungsrecht, S. 72-73.

238 Vgl. Max Weber: Parlament und Regierung im neugeordneten Deutschland. Zur politischen Kritik des Beamtentums und Parteiwesens (1918). – Wahlrecht und Demokratie in Deutschland (1917). – Politik als Beruf (1919). In: Max Weber: Gesammelte politische Schriften. Mit einem Geleitwort von Theodor Heuss hrsg. von Johannes Winckelmann. Vierte

genden Lebensvorgang des Staats" und den Staat als einen „Teil der geistigen Wirklichkeit". Hier einige Kerngedanken:

[...] Der Staat [ist] nicht ein ruhendes Ganzes, das einzelne Lebensäußerungen, Gesetze, diplomatische Akte, Urteile, Verwaltungshandlungen von sich ausgehen läßt. Sondern er ist überhaupt nur vorhanden in diesen einzelnen Lebensäußerungen, sofern sie Betätigungen eines geistigen Gesamtzusammenhanges sind, und in den noch wichtigeren Erneuerungen und Fortbildungen, die lediglich diesen Zusammenhang selbst zum Gegenstande haben. Er lebt und ist da nur in diesem Prozeß beständiger Erneuerung, dauernden Neuerlebtwerdens [...]. Es ist dieser Kernvorgang des staatlichen Lebens, wenn man so will, seine Kernsubstanz, für die ich [...] die Bezeichnung als Integration vorgeschlagen habe. [...] Der Staat ist nur, weil und sofern er sich dauernd integriert, in und aus den Einzelnen aufbaut – dieser dauernde Vorgang ist sein Wesen als geistig-soziale Wirklichkeit. [...] Stellt sich die Wirklichkeit des staatlichen Lebens als die dauernde Herstellung seiner Wirklichkeit als souveräner Willensverband dar, so ist seine Wirklichkeit die seines Integrationssystems. Und dieses, d. h. die staatliche Wirklichkeit überhaupt, ist nur dann richtig verstanden, wenn es gefaßt wird als die Einheitswirkung aller, der Wertgesetzlichkeit des Geistes entsprechend sich immer von neuem automatisch zu einheitlicher Gesamtwirkung zusammenschließenden Integrationsfaktoren. D. h. die verschiedenen Seiten des Staats, insbesondere die bezeichneten verschiedenen Arten [persönliche Integration, funktionelle Integration, sachliche Integration] seiner Integration, oder etwa die beiden in ihrem Verhältnis zueinander so problematischen Hauptrichtungen seines Lebens, die innere und die auswärtige Politik, sind nur zu verstehen als die Momente seines einheitlichen Lebens, d. h. Integrationssystems. [...] Die Verfassung ist die Rechtsordnung des Staats, genauer des Lebens, in dem der Staat seine Lebenswirklichkeit hat, nämlich seines Integrationsprozesses. Der Sinn dieses Prozesses ist die immer neue Herstellung der Lebenstotalität des Staates, und die Verfassung ist die gesetzliche Normierung einzelner Seiten dieses Prozesses. [...] Als positives Recht ist die Verfassung nicht nur Norm, sondern auch Wirklichkeit; als Verfassung ist sie integrierende Wirklichkeit.[239]

Die Gedanken von Rudolf Smend über die integrierende Funktion des Staates in Bundesstaaten konnten sehr gut auch auf die spanischen Umstände bezogen werden. Nachdem er behauptet hatte, daß in England oder in Frankreich die Staatstheorie "zur Grundlage die elementare naive Selbstverständlichkeit nationalstaatlicher Einheit" habe, fuhr er auf diese Weise fort:

In Deutschland fehlt diese Voraussetzung; aber anderseits ist die Besinnung auf den integrierenden Sinn aller staatlicher Ordnung eben darum auch um so angebrachter in einem Bundesstaat voller

Auflage. Tübingen: J. C. B. Mohr (Paul Siebeck) 1980, S. 306-443, 245-291, 505-560. – Max Weber: Die drei reinen Typen der legitimen Herrschaft (posthum veröffentlicht im Jahr 1922). In: Max Weber: Gesammelte Aufsätze zur Wissenschaftslehre. Hrsg. von Johannes Winckelmann. Vierte Auflage. Tübingen: J. C. B. Mohr (Paul Siebeck) 1973, S. 475-488. – Max Weber: Wirtschaft und Gesellschaft. Grundriß der verstehenden Soziologie. Hrsg. von Johannes Winckelmann. Fünfte Auflage. Tübingen: J. C. B. Mohr (Paul Siebeck) 1976, S. 28-30, 821-837 (S. 825: „Ein ‚Betrieb' ist der moderne Staat, gesellschaftswissenschaftlich angesehen, ebenso wie eine Fabrik: das ist gerade das ihm historische Spezifische. Und gleichartig bedingt ist auch das Herrschaftsverhältnis innerhalb des Betriebes hier und dort").

[239] R. Smend: Verfassung und Verfassungsrecht, S. 18, 20, 57-58, 78, 80.

Spannungen zwischen Gesamtstaat und Einzelstaaten, in einem Volk ohne selbstverständliche nationalstaatliche Geschlossenheit.[240]

Auch seine Erkenntnis, es sei falsch, anzunehmen, daß in einem Bundesstaat die Ausdehnung der Kompetenzen des Zentralstaates die Stärkung desselben und eine größere Integration notwendigerweise bewirkt, war für die spanischen Umstände treffend. Die Ausdehnung der Kompetenzen des Zentralstaates kann sogar eine desintegrierende Wirkung haben, wenn sich ein Teil des Volkes einer größeren Zentralisation widersetzt:

[...] die sachliche Zuständigkeitserweiterung im Bundesstaat [wirkt] nicht notwendig auch praktisch unitraisierend [unitarisierend], d. h. integrierend, weil die rechtliche Möglichkeit einer staatlichen Betätigung noch nicht die Wirklichkeit eines integrierenden Verbandswillens in dieser Richtung bedeutet, bei Widerstreben eines Volksteils gegen solche Betätigung diese auch desintegrierend, belastend für das Ganze wirken kann – eine Möglichkeit, die offenbar übersehen wurde, wenn in Weimar grundsätzlich Zuständigkeitsausdehnung und Stärkung des Reichs gleichgesetzt wurden.[241]

Nach F. Tomás y Valiente, der eine zu freie spanische Übersetzung[242] des Werkes von Rudolf Smend benutzt, das er als „un libro polémico y metodológicamente innovador" bezeichnet,[243] vermittelt diese Stelle "la impresión de estar, quizá, en el trasfondo del discurso de Jiménez de Asúa del 27 de agosto".[244] Es gibt aber im Buch von Smend ein umfangreiches Kapitel über «Das Wesen des Bundesstaats», das eine stärkere Verwandtschaft mit den Intentionen des Vorsitzenden des Verfassungsausschußes aufweist. In diesem Kapitel lehnt Rudolf Smend zuerst die herkömmliche ‚mechanizistische' Bundesstaatstheorie ab:

Das Problem der Zusammenordnung von Bundesstaat und Einzelstaaten wird häufig aufgelöst in die Alternative der Nebenordnung beider Teile einer- oder ihrer Über- und Unterordnung anderseits. Derartige verräumlichende und mechanisierende Gedankenbilder sind aber zur Erfassung geistiger Wirklichkeit ungeeignet; sie sind denn auch in der Regel nichts als Hilfsvorstellungen zur begrifflich-anschaulichen Substruktion bestimmter einzelner Rechtsverhältnisse.

Nicht wesentlich anders steht es mit der Zurückführung des Wesens der bundesstaatlichen Problemlösung auf einen technisch gedachten Gesamtplan, der in erster Linie die Arbeitsteilung, in zweiter das Zusammenwirken und die Einheitlichkeit der Ausführung regelt. Das ist objektivie-

---

[240] R. Smend: Verfassung und Verfassungsrecht, S. 74.

[241] R. Smend: Verfassung und Verfassungsrecht, S. 51. Vgl. auch S. 110 („Es gibt Zuständigkeitsbestimmungen im Bundesstaat, die unitarisch wirken sollen, aber durch Überspannung das Gegenteil bewirken").

[242] R. Smend: Constitución y Derecho constitucional. Madrid: Centro de Estudios Constitucionales 1985.

[243] F. Tomás y Valiente: El «Estado integral», S. 185.

[244] F. Tomás y Valiente: El «Estado integral», S. 187.

rende Mechanistik und Teleologie, die an ihrer Stelle ihr Recht hat, aber den eigentlichen Schlüssel zum Verstehen geistiger Wirklichkeit nicht liefert.[245]

Dann skizziert er seine Auffassung von einer ‚integrierenden' Bundesstaatstheorie:

Eine Bundesstaatstheorie hat darzutun, wieso der Bundesstaat ein sinnvolles politisches System sein kann [...]. Sie hat deshalb darzutun, wieso sinngemäß die Einzelstaaten im Bundesstaat nicht unvermeidliche Hypotheken auf der als Ideal zu wünschenden konsolidierten Einheitsstaatlichkeit des Gesamtstaats, auch nicht lediglich in ihrem Ansichsein nützliche Nebeneinrichtungen und Entlastungen des Ganzen sind, sondern gerade eine positive Kraftquelle für das Ganze, in ihrer Selbständigkeit „gerade die Stärke des Reiches" [Reichspräsident Friedrich Ebert], und wie eben deshalb zugleich die Einordnung in das Ganze eine positive Wesens- und Lebenserfüllung für die eingeordneten Glieder ist. Staatliche Lebenswirklichkeit ist Integration, und als nächstliegenden Sinn der bundesstaatlichen Integration hat man zunächst stets mit einem gewissen Recht die dauernde Einordnung des Lebens der Einzelstaaten in das Ganze angesehen; mehr passiv durch Aufsicht ([Heinrich] Triepel), mehr aktiv durch Willensbeteiligung verschiedenster Art ([Carl] Bilfinger). Der Kern liegt aber darin, daß die Einzelstaaten in einem gesunden Bundesstaat nicht nur Integrationsobjekt, sondern vor allem auch Integrationsmittel sind. [...]

Die Faktoren, vermöge deren der Gesamtstaat sich vor den Einzelstaaten als daseinsberechtigt rechtfertigt, ja sogar sie in seinen Dienst zu stellen vermag, machen seine spezifische Legitimität aus. Die Lehre vom Bundesstaat ist im letzten Grunde die Lehre von seiner Legitimität.[246]

Rudolf Smend benutzt als Adjektiv fast immer nur das Wort 'integrierend'.[247]Aber auch das in Art. 1 der spanischen Verfassung vorkommende Wort 'integral' findet sich - als Synonym von ‚integrierend' - in seiner Schrift.[248]

Wenn man sich die Ausführungen von Hugo Preuß und Rudolf Smend sowie die allgemeine kulturphilosophische und soziologische Debatte über organische, integrationswirkende Gemeinschaften und mechanistische, desintegrierende Gesellschaften vergegenwärtigt, wird völlig klar, was unter der Formel ‚Estado integral' gemeint war. Es war eigentlich schon Francisco Ayala klar, der sich im Jahre 1930 in Deutschland aufgehalten hatte, um auf dem Gebiet der Soziologie und der Politologie zu forschen. Hier faszinierte ihn insbesondere die Lehre von Hermann Heller, den er nach Hitlers Machtergreifung - unterstützt von

---

245 R. Smend: Verfassung und Verfassungsrecht, S. 116.

246 R. Smend: Verfassung und Verfassungsrecht, S. 118-120.

247 „Die integrierende Wesensbestimmung der staatlichen Gemeinschaft" (S. 31); „integrierende Funktionen" (S. 32); „integrierende Zusammenfassung" (S. 33); „integrierende Vorgänge eines bestimmten Gemeinschaftstypus" (S. 34); „Soviel integrierende Wirkung das sachliche Leben der Staatsgemeinschaft auch ... hat" (S. 48); „integrierender Verbandswille" (S. 51), usw.

248 „Der faschistische Korporativismus bezeichnet sich [...] ausdrücklich als ‚integral', d. h. als integrierend, nicht etwa im Sinne der bekannten älteren Fälle politischer Verwendung des Worts, wo es ‚vollständig', d. h. radikal bedeutet" (R. Smend: Verfassung und Verfassungsrecht, S. 23-24 Anm.).

Adolfo Posada - zu einem Lehrstuhl in Madrid verhalf. [249] Francisco Ayala, der (seit 1932) Professor für *Derecho Político* an der Universität Madrid war, gab im Vorwort zu seiner im Jahre 1934 erschienenen Übersetzung der *Verfassungslehre* von Carl Schmitt die beste Definition[250] des Begriffes *Estado integral*: „convivencia y coordinación de cuerpos autónomos y centros de poder político dentro de un complejo orgánico“.[251]

Es sollte jedenfalls nicht vergessen werden, daß außer den jetzt erwähnten deutschen Quellen sowohl die katholische Soziallehre (Leo XIII., Pater Luigi Tapparelli d'Azeglio, Giuseppe Toniolo) und der katholische Korporativismus, die "la ricostituzione organica della società" verfochten, wie auch der faschistische Korporativismus (Alfredo Rocco, Giuseppe Bottai, Ugo Spirito)[252] die Ausarbeitung des Begriffes *Estado integral* beeinflußt haben könnten. Eine besondere Rolle hat vielleicht der faschistische "corporativismo *integrale*" gespielt. Er wird von Rudolf Smend erwähnt,[253] der eine gewisse Sympathie für den italienischen Faschismus nicht verbirgt,[254] da er in seinen Methoden und 'Techniken' die "unmittelbare Integration" verwirklicht sah.[255]

Nach dieser langen Ausschweifung ist es nun Zeit, auf die spanische Verfassung von 1931 zurückzukommen.

---

249 Vgl. Francisco Ayala: Recuerdos y olvidos. Madrid: Alianza 2001, S. 147-150.

250 F. Tomás y Valiente: El «Estado integral», S. 190.

251 Francisco Ayala: «Prólogo» zu: Carl Schmitt: Teoría de la Constitución. Traducción y presentación de Francisco Ayala. Madrid: Alianza Universidad 1982 (Reproduktion der Ausgabe von 1934), S. 18 (zit. nach F. Tomás y Valiente: El «Estado integral», S. 190).

252 Über den italienischen Korporativismus vgl. Ludovico Incisa: Corporativismo. In: Dizionario di politica. Diretto da Norberto Bobbio e Nicola Matteucci. Torino: UTET 1976, S. 248-253.

253 R. Smend: Verfassung und Verfassungsrecht, S. 23-24.

254 O. Hintze schreibt in der erwähnten Rezension des Buches von R. Smend: „Der Verfasser ist ein abgesagter Feind des Liberalismus, den er gern mit dem Epitheton ‚staatsfremd' brandmarkt; seine Neigungen gehen mehr nach der faschistischen Seite“ (O. Hintze: Soziologie und Geschichte. Gesammelte Abhandlungen zur Soziologie, Politik und Theorie der Geschichte, S. 238).

255 „Nur in der direkten Aktion ist nach Sorel auch der Einzelne unmittelbar beteiligt und politisch lebendig – auf die unmittelbare Integration durch Korporativismus, Militarismus, Mythus und ungezählte andere Techniken ist der Faschismus gestellt“ (R. Smend: Verfassung und Verfassungsrecht, S. 42).

Die Verfassung hatte, nachdem sie – wahrscheinlich auf Anregung von einem der jungen von der deutschen organizistischen Theorie des Staates beeinflußten spanischen Rechtsgelehrten – die "necesidad de propiciar la voluntaria integración de las partes en la totalidad, de las regiones autonómicas en el Estado" postuliert hatte,[256] die Aufgabe, die passenden Mechanismen festzusetzen, um diese freiwillige Integration zu ermöglichen. Mit dem Begriff des ‚Integralstaates' (‚Estado integral') wurde also ein organischer Komplex gemeint, der in der Lage war, autonome Gebietskörperschaften zu koordinieren.[257] Im ersten Titel der Verfassung (Art. 8-22), der der "Organización nacional" gewidmet ist, wurden die Mechanismen präzisiert, durch die die Harmonisierung des Prinzips der Einheit und 'Integralität' des Staates mit jenem der gemeindlichen und regionalen Autonomie erreicht werden sollte. Hier die grundlegenden Artikel:

Art. 8. Der spanische Staat wird, innerhalb der unveränderlichen Grenzen seines [aktuellen] nationalen Gebiets, verkörpert [integrado] durch in Provinzen vereinigte Gemeinden und durch Regionen, die nach dem System der Selbstverwaltung (régimen de autonomía) eingerichtet werden. [...]

Art. 9. Alle Gemeinden der Republik sind in ihren Angelegenheiten selbständig, und sie wählen ihre Gemeindevertretungen (Ayuntamientos) nach allgemeinem, gleichem, unmittelbarem und geheimem Wahlrecht, außer im Fall, daß eine Gemeindeversammlung besteht (Consejo abierto).

Die Bürgermeister werden immer unmittelbar vom Volk oder von der Gemeindevertretung gewählt.

Art. 10. Die Provinzen werden durch die vereinigten Gemeinden gebildet entsprechend einem Gesetz, das ihre Verwaltungsform, ihre Tätigkeiten und die Art der Wahl des Organs für ihre politischen und Verwaltungsaufgaben bestimmt.

In ihren Amtsbereich fallen die gegenwärtig ihnen angehörenden Gemeinden, vorbehaltlich der Änderungen, zu denen das Gesetz entsprechend den aufgestellten Bedingungen ermächtigt.

In den kanarischen Inseln bildet jede Insel ein besonderes Gemeinwesen mit einem Inselrat (Cabildo insular) für die Wahrung ihrer besonderen Interessen, mit den gleichen Tätigkeiten und Verwaltungsbefugnissen, die das Gesetz den Provinzen zuweist.

Die Balearen können sich für die gleiche Ordnung entscheiden.

Art. 11. Wenn eine oder mehrere aneinander angrenzende Provinzen mit gemeinsamen geschichtlichen, kulturellen und wirtschaftlichen Merkmalen die Einrichtung einer autonomen Region beschließen sollten, um eine politisch-administrative Einheit innerhalb des spanischen Staates zu bilden, legen sie entsprechend Art. 12 eine Satzung (Estatuto) vor.

In dieser Satzung können sie die in Art. 15, 16 und 18 der Verfassung aufgezählten Zuständigkeiten ganz oder teilweise für sich in Anspruch nehmen, und im zweiten Fall steht nichts im Wege,

---

256 F. Tomás y Valiente: El «Estado integral», S. 189. Vgl. auch A. Bahamonde, P. Carasa, P. Gabriel, J. A. Martínez, A. Pizarroso: Historia de España. Siglo XX. 1875-1939, S. 560.

257 "Un Estado integrador significa en esto contexto, aquel que está dotado por su Constitución de mecanismos adecuados para encauzar la voluntaria integración de las regiones dotadas de autonomía en la dinámica estatal" (F. Tomás y Valiente: El «Estado integral», S. 189). Vgl. auch A. Bahamonde, P. Carasa, P. Gabriel, J. A. Martínez, A. Pizarroso: Historia de España. Siglo XX. 1875-1939, S. 560.

daß sie auch die übrigen Zuständigkeiten im gleichen, im Grundgesetz geregelten Verfahren beanspruchen.

Die Bedingung des Angrenzens gilt nicht für Inselgruppen untereinander.

Ist das Statut genehmigt, so bildet es das Grundgesetz der politisch-administrativen Organisation der Region, und der spanische Staat anerkennt und schützt es als wesentlichen Bestandteil seiner Rechtsordnung.

Art. 12. Für die Genehmigung des Statuts der autonomen Region sind folgende Bedingungen aufgestellt:

a) Vorschlag durch die Mehrheit ihrer Gemeindevertretungen oder wenigstens durch Gemeindevertretungen, deren Gemeinden zwei Drittel der eingetragenen Wähler der Region umfassen.

b) Annahme durch wenigstens zwei Drittel der in die Wählerliste der Region eingetragenen Wähler nach dem vom Wahlgesetz vorgeschriebenen Verfahren. Bei ablehnendem Ergebnis des Volksentscheids kann der Antrag auf Autonomie erst wieder nach fünf Jahren gestellt werden.

c) Genehmigung durch die Cortes.
Die regionalen Satzungen werden von dem Kongreß genehmigt, wenn sie dem vorliegenden Titel entsprechen und in keinem Fall der Verfassung oder den organischen Staatsgesetzen in Gegenständen, die der regionalen Gewalt nicht übertragen sind, zuwiderlaufen, unbeschadet der den Cortes in Art. 15 und 16 zuerkannten Befugnis.

Art. 13. In keinem Fall ist der Zusammenschluß autonomer Regionen zulässig.[258]

Artikel 14 zählte, den Artikeln 6-7 und 78-101 der *Weimarer Reichsverfassung* (manchmal wortwörtlich) folgend, die Materien auf, für die der spanische Staat die ausschließliche Zuständigkeit sowohl in der Gesetzgebung als auch in der Ausführung besaß. Diese waren: Beziehungen zwischen Staat und Kirche, Außenpolitik, Kriegserklärung, Friedensschlüsse, öffentliche Sicherheit, Zolltarife und Zollwesen, Seefischerei, Rechtsprechung des höchsten Gerichtshofes, Münzsystem, Notenausgabe, Allgemeines Verkehrswesen, Rundfunkwesen, Fluglinien, Post- und Telegraphenwesen, Gesundheitswesen, Allgemeine Staatsfinanzen, Grenzpolizei, Einwanderung, usw. Artikel 15 zählte die Gegenstände auf, für die der Staat die ausschließliche Gesetzgebungskompetenz hatte, deren Ausführung aber den autonomen Regionen, "soweit sie nach dem Ermessen der *Cortes* die politische Befähigung" dazu besaßen, anvertraut werden konnte. Es wurden aufgezählt: Strafrecht, Handels- und Prozeßrecht, soziale Gesetze, Maße und Gewichte, Bergrecht, Wasser-, Jagd- und Fischereigesetze, Presserecht, Vereine, Vergesellschaftung von Naturschätzen und wirtschaftlichen Unternehmungen, Enteignungsrecht, Zivilluftfahrt und Rundfunkübertragung, usw. Artikel 16 präzisierte, daß – „entsprechend den Bestimmungen der von den *Cortes* genehmigten Satzungen" – für die in Art. 14 und 15 nicht enthaltenen Gegenstände die ausschließliche Gesetzgebung und die unmittelbare Ausführung den Autonomen Regionen zustehen konnten. Artikel 18 setzte fest, daß alle Gegenstände, „die nicht

258 Verfassung der spanischen Republik v. 9. Dezember 1931, S. 448-449.

ausdrücklich einer autonomen Region in ihrer Satzung zugewiesen" waren, als zur Zuständigkeit des Staates gehörig galten.

In den folgenden Artikeln (19-22) des ersten Titels wurden die Prärogativen des Staates sowie sein Recht, in die Verwaltung der autonomen Regionen einzugreifen und die Gesetzgebung zu ändern, sooft er es für notwendig erachtete, weiter ausgedehnt.

Art. 19. Wenn die Übereinstimmung der lokalen Interessen und des allgemeinen Interesses es erfordert, darf der Staat durch Gesetz Grundsätze aufstellen, denen sich die Gesetzgebung der autonomen Regionen anzupassen hat. Die vorherige Prüfung dieser Notwendigkeit steht dem Staatsgerichtshof zu.

Für die Genehmigung eines solchen Gesetzes ist Zustimmung von zwei Dritteln der Cortesmitglieder erforderlich.

In den durch ein Grundsatzgesetz der Republik geregelten Gegenständen können die Regionen das Nötige durch Gesetz oder Verordnung bestimmen.

Art. 20. Die Gesetze der Republik werden in den autonomen Regionen durch ihre entsprechenden Behörden ausgeführt, ausgenommen solche, deren Anwendung besonderen Organen übertragen ist, oder für die das Gesetz, immer im Einklang mit diesem Titel, anderes vorsieht.[259]

Die Regierung der Republik kann Verordnungen zur Ausführung ihrer Gesetze erlassen, auch in den Fällen, in denen diese Ausführung den regionalen Behörden zusteht.

Art. 21. Das Recht des spanischen Staates geht dem der autonomen Regionen vor[260] in allem, was in ihren Satzungen nicht ihrer ausschließlichen Zuständigkeit übertragen ist.

Art. 22. Jede Provinz, die eine autonome Region oder einen Teil davon bildet, kann auf ihre Verwaltungsform verzichten und wieder zu einer unmittelbar von der Zentralgewalt abhängenden Provinz zurückkehren. Für diesen Beschluß ist Vorschlag durch die Mehrheit der Gemeindevertretungen und Annahme durch wenigstens zwei Drittel der in die Wählerliste der Provinz eingetragenen Wähler erforderlich.[261]

Es war klar, daß die Föderalisten mit einem solchen Text nicht zufrieden sein konnten. Die Gemeinden, denen im Art. 9 die Selbstverwaltung zuerkannt wurde, waren der grundlegende Kern des Staates: mehrere Gemeinden bildeten eine Provinz, mehrere Provinzen konnten eine Region mit einer autonomen Satzung bilden. Die Provinzen sollten nach dem der Initiative der Progressisten entsprungenen Art. 10 auf eine neue Rechtsgrundlage gestellt werden und nicht mehr identisch mit den nach französischem Muster geschaffenen Verwaltungsbezirken sein. Die Bildung ihrer Organe wurde aber offengelassen. Bei der Beratung über den Text der Verfassung wurde sogar die Frage aufgeworfen, ob die Provinzen, die als den eigentlichen Sitz des Caciquenunwesens betrachtet wurden, überhaupt beibehalten werden sollten. Die Regionen stellten den Hauptgegenstand des Streits

[259] Im Art. 14 der *Weimarer Reichsverfassung* liest man: „Die Reichsgesetze werden durch die Landesbehörden ausgeführt, soweit nicht die Reichsgesetze etwas anderes bestimmen".

[260] „Reichsrecht bricht Landrecht", bestimmte Art. 13 der *Weimarer Reichsverfassung.*

[261] Verfassung der spanischen Republik v. 9. Dezember 1931, S. 449-450. Über die Artikel 8-22 vgl. Gaspare Ambrosini: Autonomia regionale e federalismo. Austria, Spagna, Germania, U.R.S.S. Roma: Edizioni Italiane 1944, S. 55-65.

zwischen den Verfechtern des Unitarismus (‚Unitarios') und jenen des Föderalismus (‚Federales') dar. Die Föderalisten hatten versucht, den im Art. 11 enthaltenen Grundsatz der fakultativen Bildung von Regionen zu ändern. Davon überzeugt, daß die Autonomie einer Region nur dann wirklich gesichert war, wenn das System der regionalen Autonomien in ganz Spanien durchgeführt wurde, hatten die Radikalen, Vaskonavarresen und Katalanen gefordert, die einzelnen spanischen Regionen mit Namen in der Verfassung anzuführen. Der Antrag wurde aber mit den Stimmen der Sozialisten und der Radikalsozialisten abgelehnt. Die Abgeordneten der baskischen Provinzen lehnten die Zuständigkeit des Staates zur Regelung der Beziehungen zwischen Staat und Kirche ab. Sie wollten der Region das Recht zum Abschluß von Konkordaten gewähren, das schon im Statut von Estella vorgesehen war. Aber ihr Antrag hatte bei der antiklerikalen Stimmung der Versammlung von vornherein keine Chance. Auch die Regelung der Religionsfrage, wie sie nach dem Muster der *Weimarer Reichsverfassung* (Art. 137: „Es besteht keine Staatskirche") im Art. 3 („Der spanische Staat hat keine offizielle Religion") vorgesehen war, war nicht nach dem Geschmack der Basken, die auch gegen die im Art. 26 geplanten Aufhebung und Enteignung von religiösen Orden und völlige Beseitigung der Dotation für die katholische Kirche erfolglos gekämpft hatten.

Nicht den Vorstellungen der Föderalisten entsprach die im Art. 48 enthaltene Bestimmung über die Pflege der Bildung als wesentliche Aufgabe des Staates. Wenn die Bildung ausschließlich Aufgabe des Staates ist, der diese Aufgabe „durch Erziehungsanstalten, die durch das System der Einheitsschule (‚escuela unificada') verbunden sind", erfüllen wird, so waren die Regionen (und andere Verbände) aus dem Unterricht ausgeschaltet bzw. sie konnten das Unterrichtswesen nur kraft Übertragung durch den Staat pflegen.[262] Auch Art. 49 baut den Vorrang des Staates vor den Regionen aus, indem er die Verleihung von akademischen Titeln und von Berufstiteln ausschließlich dem Staat vorbehält, der „die Prüfungen und die nötigen Bedingungen zu ihrer Erlangung auch in den Fällen, in denen die Zeugnisse von Schulen der autonomen Regionen ausgestellt werden", regelt. Auch die Festsetzung des Schulalters für jede Stufe, der Dauer der Schulperioden, des Inhalts der Unterrichtspläne und der Bedingungen für die Zulassung von Privatschulen ist exklusive Prärogative des Staates.[263]

Eine weitere Quelle von Spannungen, Reibungen und Konflikten stellten der Art. 4 über die offizielle Sprache der Republik und der Art. 50 über die Unterrichtssprache dar:

---

[262] H. Gmelin: Die Entwicklung des Verfassungsrechts in Spanien von 1913-1932, S. 394-399, 404-409, 414-415.

[263] Verfassung der spanischen Republik v. 9. Dezember 1931, S. 453.

Art. 4. Das Kastilische ist die offizielle Sprache der Republik.

Jeder Spanier ist zu ihrer Kenntnis verpflichtet, und zu ihrem Gebrauch berechtigt, unbeschadet der Rechte, die die Staatsgesetze den Sprachen der Provinzen und Regionen zuerkennen.

Vorbehaltlich besonderer Gesetze darf niemand die Kenntnis oder der Gebrauch einer regionalen Sprache auferlegt werden.

Art. 50. Die autonomen Regionen dürfen Unterricht in ihren Sprachen einrichten in Übereinstimmung mit den Zuständigkeiten, die ihnen ihre Satzungen gewähren. Das Studium der kastilischen Sprache ist Pflichtfach, und diese Sprache dient auch als Unterrichtssprache in allen Volks- und Mittelschulen der autonomen Regionen. Der Staat kann in ihnen Unterrichtsanstalten aller Stufen mit der Amtssprache der Republik beibehalten oder gründen.

Der Staat übt die oberste Aufsicht im ganzen Staatsgebiet, um die Ausführung der Bestimmungen dieses Artikels und der beiden vorangehenden [Art. 48 u. Art. 49] zu sichern.

Der Staat fördert die Ausdehnung der spanischen Kultur durch Einrichtung von Abordnungen und Schulen für Studium und Unterricht im Ausland, vor allem in den spanisch-amerikanischen Ländern.[264]

Der endgültigen Fassung des Art. 50 waren hitzige Debatten vorangegangen. Anträge wurden gestellt, um den Text des Entwurfes der parlamentarischen Kommission zu modifizieren bzw. in seiner ursprünglichen Fassung wiederherzustellen. In der ersten Fassung dieses Artikels hatte die Kommission vorgesehen, daß der Staat Anstalten aller Grade in den Regionen beibehielt, die ihre Landessprache als Leitsprache in ihren Schulen einführten. In einer neuen Fassung hatte dann die Kommission das Kastilische zum obligatorischen Unterrichtsfach in allen spanischen Volksschulen erklärt, gleichzeitig aber diese Bestimmung abgeschwächt, indem sie dem Staat das Recht verlieh, in einer zu anderer Unterrichtssprache übergehenden Region Anstalten mit spanischer Unterrichtssprache erhalten zu „können". In dieser Formulierung erblickten die Radikalen und die Progressisten eine zu weitgehende Preisgabe der Staatssprache. Noch explosiver als bei den Schulen war das Problem der Sprache bei den Universitäten, da für diese die Anwendung des Kastilischen neben der Landessprache nicht vorgesehen wurde.[265] (Das Recht, das Kastilische als Unterrichtssprache auch an den Universitäten zu benutzen, wurde aber durch Art. 4 gewährleistet, der vorschrieb, daß niemandem „die Kenntnis oder der Gebrauch einer regionalen Sprache auferlegt werden [darf]".[266] Sowohl Professoren wie Studenten hatten also das Recht, die kastilische Sprache zu gebrauchen.) Die späteren Verhandlungen über das katalanische Statut zeigten, wie schwer die Lösung der Sprachenfrage war.

---

264 Verfassung der spanischen Republik v. 9. Dezember 1931, S. 448 u. S. 453.

265 H. Gmelin: Die Entwicklung des Verfassungsrechts in Spanien von 1913-1932, S. 414-416.

266 „El castellano es el idioma oficial de la República.

Todo español tiene obligación de saberlo y derecho de usarlo, sin perjuicio de los derechos que las leyes del Estado reconozcan a las lenguas de las provincias o regiones.

Salvo lo que se disponga en leyes especiales, a nadie se le podré exigir el conocimiento ni el uso de ninguna lengua regional" (Constitución de la República Española. 1931, S. 1).

Das katalanische Statut, dessen Hauptzüge oben erwähnt worden sind, stellte überhaupt das schwierigste Problem dar, das die Regierung und die *Cortes* zu lösen hatten. Schon vor der Annahme der Verfassung hatten die *Cortes* entgegen den Wünschen der katalanischen Linken einen Ausschuß gebildet, der die Verfassungsmäßigkeit des Statuts zu überprüfen hatte und der bereits Ende September 1931 seine Beratungen begann. Schon der erste Artikel des Statuts, in dem Katalonien ausdrücklich als Staat bezeichnet wurde, war zu modifizieren (das Wort Staat wurde dann durch „autonome Region" ersetzt). Die anderen Bereiche, auf die der Ausschuß bei der Anpassung des Statuts an die spanische Verfassung sein Hauptaugenmerk richtete, waren die Sprachenfrage, das Problem der Abgrenzung der Kompetenzen zwischen Staat und Region und der Finanzausgleich. In der Sprachenfrage sah der Ausschuß der *Cortes* vor, daß als Amtssprache das Kastilische mit dem Katalanischen gleichzustellen sei. Die Frage der ausschließlichen Zuständigkeiten des Staates war in Art. 14 der spanischen Verfassung geregelt. Die Kommission verzichtete darauf, die Materien noch einmal aufzuzählen, für die der Staat sowohl in der Gesetzgebung wie auch in der Ausführung ausschließlich zuständig war. Die Kommission listete dagegen die Materien auf, deren Ausführung nach Art. 15 der Verfassung der Region überlassen werden konnte, nicht aber *mußte*. Noch notwendiger war es, jene Materien aufzuzählen, für die der autonomen Region nach Art. 16 der spanischen Verfassung die ausschließliche Gesetzgebung und die unmittelbare Ausführung zustehen *konnten*. In der Aufzählung dieser Materien schloß sich die Kommission im allgemeinen an das katalanische Statut an. In zwei wichtigen Punkten entfernte sich aber die Kommission vom Text des Statuts: Schulwesen und öffentliche Ordnung. Die Region erhielt nicht das ausschließliche Recht der Gesetzgebung und Verwaltung für das Schulwesen, sondern nur das Recht, Unterrichtsanstalten nach den Bestimmungen des Art. 50 der Verfassung einzurichten. Dem Staat wurde das Recht verliehen, zur Aufrechterhaltung der öffentlichen Ordnung - auch ohne ein Ersuchen der *Generalitat* - in Katalonien zu intervenieren.[267]

An dem katalanischen Statut entzündete sich eine leidenschaftliche Debatte in der Nationalversammlung und in ganz Spanien. Neben der Agrarreform war doch die katalanische Frage („el problema catalán") die wichtigste Frage, die das Parlament zu lösen hatte.[268] Die Überzeugung, daß die Republik scheitern würde, wenn sie die ‚katalanische Frage' nicht lösen konnte, war sehr verbreitet. Die Beratung in der Vollversammlung fand vom 13. Mai bis zum 9. September 1932 statt. Schon in der Sitzung der Nationalversammlung vom 13. Mai hielt José Ortega y Gasset seinen berühmten *Discurso sobre el Estatuto de Cataluña*.

---

[267] H. Gmelin: Die Entwicklung des Verfassungsrechts in Spanien von 1913-1932, S. 435-436.
[268] J. Ortega y Gasset: Discurso sobre el Estatuto de Cataluña, S. 456.

Der bedeutendste Vertreter der spanischen Intelligenz der ersten Hälfte des 20. Jahrhunderts war davon überzeugt, daß für das katalanische Problem - „un problema perpetuo“ - eine radikale und endgültige Lösung unmöglich war. Er betrachtete den „nacionalismo particularista“ als eine „misteriosa y fatal predisposición“ eines Volkes („pueblo“) oder einer Kollektivität („colectividad“), die sich von den anderen „pueblos o colectividades“ absondern und sich nicht in eine „gran unidad histórica“, in die Schicksalsgemeinschaft („comunidad de destino“) einer großen Nation integrieren wollten. Dieser „afán de quedar fuera“, dieser „anhelo de vivir aparte“ und dieser „instinto de apartarse“ stellten “el caso doloroso de Cataluña” dar, “el caracter mismo de ese pueblo”, “su terrible destino”.[269] Da das Problem nicht gelöst werden konnte, schlug Ortega vor, es zu tolerieren (“conllevarlo”) und auf das Mögliche zu reduzieren, indem man nicht eine absolute und radikale Lösung, sondern eine relative Lösung suchte.[270] Der Inhaber des Lehrstuhls für Metaphysik an der Universität Madrid, der ein Befürworter eines starken Staates[271] und ein Gegner des von ihm als eine gefährliche Regression betrachteten Föderalismus war,[272] behauptete, daß es absolut notwendig war, aus dem katalanischen Statut all das zu entfernen, was eine Bedrohung der staatlichen Souveränität, die er als “la facultad de las últimas decisiones”, als “el poder que crea y anula todos los otros poderes, cualesquiera sean ellos”, definierte, darstellte oder als eine solche hätte erscheinen können.[273] Den regionalen Autonomien, die er für die Lösung der partikularistischen Konflikte und für die Entwicklung von “fuertes corrientes de vitalidad pública”[274] als die angemessenste Organisationsform eines Einheitsstaates betrachtete, wohlgewogen,[275] forderte er die Vertreter

---

269 J. Ortega y Gasset: Discurso sobre el Estatuto de Cataluña, S. 458-460.

270 J. Ortega y Gasset: Discurso sobre el Estatuto de Cataluña, S. 463.

271 Vgl. J. Ortega y Gasset: Proyecto de Constitución (Discurso pronunciado en las Cortes Constituyentes el 4 de septiembre de 1931), S. 377-378.

272 „Un Estado Unitario, que se federaliza, es un organismo de pueblos que retrograda y camina hacia su dispersión. [...] yo considero la organización federal como arcaica y perturbadora de los nuevos destinos españoles”. Vgl. J. Ortega y Gasset: Federalismo y autonomismo (Discurso pronunciado en las Cortes Constituyentes en la noche del 25 a 26 de septiembre de 1931) S. 395-396. In seinem *Discurso sobre el Estatuto de Cataluña* erinnerte Ortega y Gasset daran, daß er über das Projekt einer “Constitución federal de España”, das im Parlament während der Diskussion über die Verfassung vorgeschlagen worden war, entsetzt gewesen war und daß er damals vor den *Cortes* über die Souveränität gesprochen hatte (S. 464).

273 [...] es absolutamente necesario que quede deslindado de este proyecto de Estatuto, todo cuanto signifique, cuanto pueda parecer amenaza de la soberanía unida, o que deje infectada su raíz. Por este camino iríamos derechos y rápidos a una catástrofe nacional” (J. Ortega y Gasset: Discurso sobre el Estatuto de Cataluña, S. 464).

274 J. Ortega y Gasset: Autonomía, descentralización, S. 87.

275 Vgl. J. Ortega y Gasset: Autonomía, descentralización (1926). In: J. O. y G.: Obras completas. Tomo XI. Madrid: Alianza Editorial - Revista de Occidente 1994, S. 84-88. - J. Ortega y Gasset: La autonomia regional y sus razones (1926). In: J. O. y G.: Obras completas. Tomo XI. Madrid: Alianza Editorial - Revista de Occidente 1994, S. 88-91. - J. Ortega y Gasset: Proyecto

Kataloniens auf, ihr Projekt nicht als ein Souveränitäts-, sondern als ein Autonomieprojekt zu gestalten und vorzustellen, wobei er präzisierte:

Y conste que autonomía significa, en la terminología juridicopolítica, la cesión de poderes; en principio no importa cuáles ni cuántos, con tal que quede sentado de la manera más clara e inequívoca que ninguno de esos poderes es espontáneo, nacido de sí mismo, que es, en suma, soberano, sino que el Estado lo otorga y el Estado lo retrae y a él reviene. Esto es autonomía. Y en ese plano, reducido así el problema, podemos enterdernos muy bien, y entendernos – me importa subrayar esto – progresivamente, porque esto es lo que más conviene hallar: una solución relativa y además progresiva.[276]

Inakzeptabel war es also, daß man im katalanischen Statut erklärte: "El Poder de Cataluña emana del pueblo", weil die Quelle der Macht nicht das katalanische, sondern das spanische Volk war. Inakzeptabel war auch der im Statut verwendete Begriff der "ciudadanía catalana", da die Staatsbürgerschaft jener juristische Begriff ist, der das Individuum unmittelbar und eng mit dem Staat verbindet. Inakzeptabel war es schließlich, daß der *Generalitat de Catalunya* die exklusive Zuständigkeit (Gesetzgebung und Ausführung) in Materien des Schulwesens, der öffentlichen Ordnung, der Gesetzgebung, der Gerichtsbarkeit und der Finanzen übertragen würde.[277] Ortega, der glaubte, daß die regionalen Nationalismen sich abschwächen und zurückentwickeln würden, wenn das Unternehmen, "un gran Estado español" zu schaffen – ein Unternehmen, das sein politischer Traum war –, durchgeführt worden wäre,[278] plädierte in diesen Materien für die von der parlamentarischen Kommission vorgeschlagenen Kompromißlösungen.

Auch Manuel Azaña, der seit dem 14. Oktober 1931 Ministerpräsident war (und er wird es bis 12. Juni 1933 sein), intervenierte mehrmals in der parlamentarischen Debatte über das Statut Kataloniens. Er tat es das erste Mal am 27. Mai 1932 mit einer sehr langen Rede, die als der "legado más importante y de mayor vigencia de toda la acción oratoria de Azaña" gilt.[279] Der Gründer der *Acción Republicana* (1925) setzte sich am Beginn seiner Rede mit den Vorstellungen des liberalen Ortega y Gasset - nicht ohne polemische Pointen[280] - auseinander. Nach-

de Constitución (Discurso pronunciado en las Cortes Constituyentes el 4 de septiembre de 1931), S. 372-373.

[276] J. Ortega y Gasset: Discurso sobre el Estatuto de Cataluña, S. 464.

[277] J. Ortega y Gasset: Discurso sobre el Estatuto de Cataluña, S. 467-472.

[278] J. Ortega y Gasset: Discurso sobre el Estatuto de Cataluña, S. 473-474.

[279] Juan Marichal: La oratoria y los designios españoles de Manuel Azaña (1930-1934). In: Manuel Azaña: Obras completas II, S. VII-L; hier S. XLI-XLII.

[280] Manuel Azaña hatte keine große Sympathie für den größten Vertreter der spanischen Intelligenz. In seinen Tagebüchern sind mehrere giftige Bemerkungen über Ortega zu finden. Vgl. Manuel Azaña: Cuadernillo de apuntes: 1920. In: M. A.: Obras completas. III. México: Ediciones Oasis 1967, S. 863-868; hier S. 866-867 («Sobre Ortega y Gasset»). – Manuel Azaña: Diarios, 1932-1933. «Los cuadernos robados». Introducción de Santos Juliá. Barcelona: Crítica 1997, S. 9, 31 („el jesuitismo de Ortega"), 141 u. 404. – Manuel Azaña:

dem er die pessimistische Grundanschauung von Ortega y Gasset als "excesiva" und "exagerada" bezeichnet und insbesondere seinem Begriff vom "tragischen Schicksal" (Ortega sprach in der Tat von schrecklichem Schicksal - "terrible destino") Kataloniens Gültigkeit negiert hatte, bemühte sich Azaña vor allem darum, die Haltlosigkeit der Meinung Ortega y Gassets, daß das katalanische Problem ein unlösbares sei, zu beweisen.[281]

Das Problem war für den Regierungschef ganz einfach ein politisches und als solches politisch und juristisch lösbar. Azaña bemüht sich, die Legitimität des katalanischen "movimiento particularista, nacionalista" zu unterstreichen. Legitim sei die Forderung der Katalanen, "de otra manera dentro del Estado español" leben zu wollen, weil die Verfassung dazu ermächtigt, diese Forderung zu erheben. Also muß die Lösung des Problems mittels und innerhalb der Verfassung gesucht werden. Das Problem selbst definiert sich nach Azaña folgendermaßen: "conjugar la aspiración particularista o el sentimiento o la voluntad autonomista de Cataluña con los intereses o los fines generales y permanentes de España dentro del Estado organizado por la República".[282] Während die monarchischen Regierungen und insbesondere die Diktatur die Existenz des Problems geleugnet und damit vergrößert hatten, erhebt das neue Regime zu "preocupación primordial en la organización del Estado republicano" das, was bis dahin "un problema local, catalán o nacionalista" gewesen war.

Die Lösung des katalanischen Problems - wenn sie einmal geglückt ist - wird, erklärt Azaña, die "obra mayor" der Republikaner und der Republik sein. Dazu beigetragen zu haben, seinem Land diesen Dienst zu erweisen, würde der höchste Traum seines Ehrgeizes sein, wenn er ehrgeizig wäre. Das katalanische Problem muß aber in das breitere Problem der regionalen Autonomien eingeordnet werden und sowohl das katalanische Problem als auch jenes der regionalen Autonomien sind als "un hecho y un problema en la historia de España" zu betrachten. Deswegen ist es notwendig, ermahnt Azaña, indem er einen schon geäußerten Gedanken wiederaufgreift und erweitert, daß die Republik die Probleme der regionalen und lokalen Partikularismen und die "consecuencias políticas de los sentimientos nacionalistas" zum Rang eines "problema capital y fundamental en la organización del Estado" erhebt.[283] Und die Lösung der Probleme der Organisation des Staates wird von der Verfassung selbst angeboten, die die Normen enthält, die geeignet sind, "en fórmulas de armonía y de colaboración las divergencias históricas peninsulares" zu lösen.[284]

Diarios completos. Monarquía, República, Guerra civil. Introducción de Santos Juliá. Barcelona: Crítica 2000, S. 525.

281 Manuel Azaña: El Estatuto de Cataluña (Sesión de Cortes del 27 de mayo de 1932). In: M. A.: Obras completas II, S. 249-285; hier S. 251-252.

282 M. Azaña: El Estatuto de Cataluña (Sesión de Cortes del 27 de mayo de 1932), S. 253.

283 M. Azaña: El Estatuto de Cataluña (Sesión de Cortes del 27 de mayo de 1932), S. 254-257.

284 M. Azaña: El Estatuto de Cataluña (Sesión de Cortes del 27 de mayo de 1932), S. 258.

Indem er ein zum Teil verzerrtes Bild der historischen Entwicklung entwirft, versucht Azaña, die territoriale Organisation des Staates und die Gründung der nationalen Einheit durch die Republik und ihre *Cortes* als eine Erschaffung darzustellen, die *ex nihilo* geschieht. Weder die Katholischen Könige noch die Habsburgische und die Bourbonische Dynastie hätten nämlich einen zentralistischen Staat geschaffen. Die Könige beseitigten zwar die lokalen und die regionalen Freiheiten, aber nicht, um einen homogenen Staat zu gründen, sondern nur um ihre Untertanen besser unterdrücken und ihre despotische Macht verstärken zu können. Auch die vom parlamentarischen und bürgerlichen Liberalismus des 19. Jahrhunderts verfolgte Politik der Assimilation scheiterte. Sie scheiterte, weil das Vorbild der Liberalen der „unitarismo centralizador, absorbente, jacobino" der Franzosen war und weil der erste karlistische Krieg - kein dynastischer Krieg, sondern „una guerra de asimilación" - und ihre Allianz mit den Bourbonen in Madrid sie daran hinderten, "liberal con las regiones españoles" zu sein, und sie sogar zwangen, „esfuerzos enormes de asimilación" zu unternehmen. Diese Assimilationsanstrengungen bewirkten aber nicht die Unterdrückung und Ausrottung des Munizipalismus und des Regionalismus, sondern ihre Verstärkung und Vertiefung. So wurde die Einheit der Nation, - die „unión de los Españoles bajo un Estado común" - weder von der Monarchie noch von den Liberalen verwirklicht. Sie zu gründen, zu erhalten und zu schützen, ist eben die Aufgabe der republikanischen *Cortes* und der republikanischen Regierung. „La unidad española, la unión de los Españoles bajo un Estado común, la vamos hacer nosotros", ruft Azaña aus, der die spanische Geschichte der letzten viereinhalb Jahrhunderte – mit Ausnahme der Revolution der *Comunidades* von Kastilien[285] und des Unabhängigkeitskriegs gegen Napoleon – als eine lange Reihe von Fehlentwicklungen und von nicht wahrgenommenen Chancen betrachtet.

Die Unfähigkeit, Zugeständnisse an den „sentimiento autonomista, particularista o regionalista", der durch die entstehende Demokratie gefördert wurde, zu machen, führte zu dem ‚Desaster', zu der militärischen Katastrophe des Jahres 1898, die Manuel Azaña als "la culminación del régimen asimilista, unitario, intransigente con las pretensiones autonómicas de las regiones españolas

[285] Azaña, der in der Revolution der *Comunidades* von Kastilien „la primera percepción de un concepto de las libertades del Estado moderno, que nosotros hemos venido ahora a realizar", erblickte und bewunderte, sagte unter dem Beifall der Deputierten: „[las] ciudades castellanas, sublevadas contra el César, reunieron unas Cortes revolucionarias y redactaron una Constitución revolucionaria, que elevaron al rey como suma de sus aspiraciones, y es una cosa que emociona [...] leer en aquel texto constitucional frustrado [...] los preceptos garantizadores de la libertad individual, que en todo el siglo XIX no hemos sabido consignar en una Constitución ni mucho menos cumplir; y es una cosa que emociona pensar que ha sido menester que venga la República en 1931 para que en la Constitución republicana se consigne por vez primera una garantía constitucional que los castellanos pedían a su rey en 1521" (M. Azaña: El Estatuto de Cataluña, S. 265).

del siglo pasado", ansieht. Es wäre deshalb falsch, weiter auf den „unitarismo absorbente y de asimilación" zu setzen und die alten partikularistischen und regionalistischen Forderungen abzulehnen. Ziel der neuen Politik ist gerade das Gegenteil. Sie will „satisfacer viejas querencias y apetencias españolas que habían sido desterradas del acervo del sentimiento político español por la monarquía absorbente y unitaria"; sie verfolgt „la extirpación del descontento" und „la reincorporación a la obra del Gobierno, del Estado de la República, de capacidades, de fuerzas, de impulsos que ahora están apartados de ella".[286] Der Weg zur Verwirklichung dieses ehrgeizigen politischen Programms ist, wie schon angedeutet, in der Verfassung vorgezeichnet:

> [...] en la Constitución se establecen, al propio tiempo que la potestad legislativa de organizar las autonomías, límites para las autonomías; es decir, en el texto legal votado por las Cortes se transfieren a las regiones autónomas estas o las otras potestades, y estos límites son de dos clases; unos son taxativos, enumerativos, en cuanto van relacionando las facultades de poder que pueden o no ser objeto de transferencia; pero otros límites no son de este orden, sino límites conceptuales, en cuanto la Constitución, tácita o expresamente, está fundada en ciertos principios que presiden la reorganización del Estado de la República y nada podrá admitirse en el texto legal que regule las autonomías de las regiones españolas si contradice, no ya los límites taxativos y enumerativos de la Constitución, sino los límites conceptuales implícitos en los dogmas que presiden la organización del Estado en la República.[287]

Für Azaña, der nicht anders als die Intellektuellen der *Generation von 1898* von der Landschaft und der Seele Kastiliens,[288] von "la España perdurable", von "la España espiritual", von "los valores del genio español" und von "los valores perdurables de España" spricht,[289] obwohl er kein Regenerationist war,[290] gibt es also unantastbare Prinzipien, Dogmen, die die Organisation des Staates bestimmen und gestalten und die folglich bei der Gewährung der Autonomie nicht verletzt werden dürfen. Eines dieser Dogmen ist, daß der Staat einheitlich und nicht föderal ist. Also muß alles, was nach Föderalismus - geschweige denn nach Separatismus - klingen würde, aus den regionalen Statuten getilgt werden. Die Aufgeschlossenheit Manuel Azañas gegenüber den alten Autonomiebestrebungen offenbart ganz genaue Grenzen. Es ist leicht zu verstehen, warum der Ministerpräsident, genauso wie Alcalá Zamora, den *Estatuto General del Estado Vasco* ignoriert hatte.

---

[286] M. Azaña: El Estatuto de Cataluña (Sesión de Cortes del 27 de mayo de 1932), S. 258-264.

[287] M. Azaña: El Estatuto de Cataluña (Sesión de Cortes del 27 de mayo de 1932), S. 268.

[288] M. Azaña: El Estatuto de Cataluña (Sesión de Cortes del 27 de mayo de 1932), S. 284.

[289] M. Azaña: El Estatuto de Cataluña (Sesión de Cortes del 27 de mayo de 1932), S. 262.

[290] Vgl. Francisco Tomás y Valiente: Huir hacia arriba. Reflexiones sobre Azaña. In: F. T. y V.: Escritos sobre y desde el Tribunal Constitucional. Madrid: Centro de Estudios Constitucionales 1993, S. 263-288; hier S. 269.

Auf das von den Katalanen mit Plebiszit genehmigte Statut von Nuria *in concreto* zu sprechen kommend, weist Azaña auf jene Punkte hin, die zu der Verfassung im Widerspruch stehen. Bei ihrer Erläuterung tut er so, als ob er der Ansicht wäre, daß diese Punkte bloß auf den Umstand zurückzuführen wären, daß das Statut vor der Verfassung und gerade zu einer Zeit entstand, als noch viele Republikaner wünschten und glaubten, es würde eine föderale Republik errichtet. (Über die Ausrufung der Katalanischen Republik verliert der Ministerpräsident kein Wort.) Hier also die Worte Azañas, die nicht zufällig in einigen Sektoren der *Cortes* ein Rumoren des Protestes hervorriefen:

> [...] cuando yo tomo el dictamen de la Comisión [Azaña bezieht sich hier auf den Ausschuß, den die *Cortes* für die Überprüfung der Kompatibilität des katalanischen Statuts mit der spanischen Verfassung gebildet hatten, und auf seine Stellungnahme zum Estatuto de Núria und seine Vorschläge zur Modifizierung des ursprünglichen Texts], lo primero que me encuentro es una oposición entre los límites conceptuales de la Constitución relativos a la naturaleza, a la índole del Estado de la República y lo que aquí se define como el contenido del poder autónomo. Esto me lo explico, indudablemente, porque el proyecto de Estatuto ha sido elaborado en un tiempo en que no se había votado la Constitución, en que muchos republicanos españoles deseaban y creían que se iba a votar una República federal. Se confeccionó así y se votó así el Estatuto antes de haber Constitución. Ha venido el proyecto a las Cortes, ha pasado a la Comisión, y la Comisión ha rectificado en el dictamen algunos de estos conceptos incompatibles con la Constitución, por ejemplo, el de que Cataluña era un Estado, etc. Ahora dice el dictamen: "Cataluña es una región autónoma de la República española." Pero quedan otros más; queda el artículo 2.° ["El Poder de Cataluña emana del pueblo y lo encarna en la Generalidad"[291]], que no es compatible con los límites conceptuales de la Constitución, que es unitaria, no federal, y este artículo 2.° yo rogaré a la Comisión que lo reestudie, que lo refunda con el artículo 1.°, haciendo desaparecer del dictamen una expresión, que no es que a mí me parezca buena ni mala, ni disgregadora ni no disgregadora. No; es que no cabe dentro del concepto de la Constitución respecto de lo que es el Estado español de la República, que es un Estado unitario y no un Estado federal; y no habiendo Estado federal, no puede hablarse de "el poder", etcétera, de que habla el artículo 2.° Esto es clárisimo.[292]

Auch bei der Analyse von anderen Artikeln des Statuts von Katalonien – wie jenem Artikel, in dem der Begriff der "ciudadanía catalana" vorkommt – und von den mit der Autonomie verbundenen Hauptproblemen – wie jenen der Finanzen (‚Hacienda'), der öffentlichen Ordnung, der sozialen Gesetzgebung, der Justiz, der Schulen und der Universität – wird Azaña nicht müde, zu betonen, daß das Primat des Zentralstaates, seiner Autorität und seiner Institutionen unbestritten ist und daß die Gewährung des Statuts die "unidad nacional" nicht zertrümmern und auch nicht vermindern wird. Er präzisiert auch, um verbreitete Ängste und Sorgen wegen der nach der Gewährung des Statuts zu erwartenden plötzlichen Veränderungen zu zerstreuen, daß sich die "implantación de la autonomía" in Katalonien

---

[291] Estatuto de Cataluña elaborado en 1931 por la Diputació Provisional de Catalunya: Estatuto de Núria. In: J. L. de la Granja, J. Beramendi, P. Anguera: La España de los nacionalismos y las autonomías, S. 340.

[292] M. Azaña: El Estatuto de Cataluña (Sesión de Cortes del 27 de mayo de 1932), S. 268.

nicht von einem Tag auf den anderen verwirklichen, sondern eine lange Übergangszeit benötigen wird, die in Jahren und nicht in wenigen Wochen oder Monaten zu bemessen ist. Um dann die Befürchtungen zu zerstreuen, "que se diera una autonomía que no se pudiese derogar", versteigt er sich sogar zu der Behauptung, daß die Autonomie nicht für die Ewigkeit gewährt wird und daß sie wohl jederzeit auch aufgehoben werden könnte.[293] Seine Rede beendet Azaña mit der Aufforderung an das Parlament und insbesondere an die Abgeordneten der republikanischen und der sozialistischen Partei, für die Gewährung des Autonomiestatuts zu stimmen und damit eine nationale "obra de pacificación" zu verwirklichen.[294]

Azaña wird wieder über das Statut von Katalonien am 2. Juni,[295] am 3. Juni,[296] am 20. Juli,[297] am 2. August[298] und am 31. August[299] vor den *Cortes* reden, um die in den Entgegnungen von Melquíades Álvarez, Miguel Maura, José Ortega y Gasset, Alejandro Lerroux, Santiago Alba y Bonifaz und anderen auf seine Rede vom 27. Mai vorgebrachten Argumente zu widerlegen.[300] In diesen parlamentarischen Gegenreden weist Azaña die häufig erhobenen Einwände über die "divergencia entre el sentimiento público y las Cortes"[301] – also über die Divergenz zwischen der öffentlichen Meinung in Spanien, die gegen die Gewährung eines Statuts an Katalonien wäre, und dem Parlament, das hingegen bereit ist, dieses zu gewähren – mit der Behauptung zurück, daß "el deber del político no es seguir ciegamente cualquier estado de opinión que se produzca", sondern das zu tun, was richtig und für das Land vorteilhaft ist;[302] er bestreitet die an seiner Darstellung der spanischen Geschichte erhobenen Kritiken; er verteidigt seine Ansichten über die Finanzen (‚Hacienda') der autonomen Region, über die Justiz,

---

293 M. Azaña: El Estatuto de Cataluña (Sesión de Cortes del 27 de mayo de 1932), S. 268-281.

294 M. Azaña: El Estatuto de Cataluña (Sesión de Cortes del 27 de mayo de 1932), S. 284-285.

295 M. Azaña: El Estatuto de Cataluña (Sesión de Cortes del 2 de junio de 1932). In: M. A.: Obras completas II, S. 287-300.

296 M. Azaña: El Estatuto de Cataluña (Sesión de Cortes del 3 de junio de 1932). In: M. A.: Obras completas II, S. 301-309.

297 M. Azaña: La opinión pública y las Cortes. La coalición electoral y la mayoría parlamentaria. El Estatuto de Cataluña (Sesión de Cortes del 20 de julio de 1932). In: M. A.: Obras completas II, S. 355-369.

298 M. Azaña: La enseñanza en Cataluña, según el Estatuto (Sesión de Cortes del 2 de agosto de 1932). In: M. A.: Obras completas II, S. 371-377.

299 M. Azaña: La Hacienda de la Generalidad de Cataluña (Sesión de Cortes del 31 de agosto de 1932). In: M. A.: Obras completas II, S. 397-407.

300 Über die parlamentarische Debatte im Parlament schrieb Foxá: „Se discutía aquella tarde el Estatuto de Cataluña. Se enajenaba un trozo de España, con sus montañas, sus mares y sus fábricas, en aquella gran tertulia nacional [das Parlament], en aquel ingenioso café de sobremesa". Vgl. Agustín de Foxá, conde de Foxá: Madrid de Corte a checa (1938), S. 127.

301 M. Azaña: El Estatuto de Cataluña (Sesión de Cortes del 2 de junio de 1932), S. 288.

302 M. Azaña: La opinión pública y las Cortes. La coalición electoral y la mayoría parlamentaria. El Estatuto de Cataluña (Sesión de Cortes del 20 de julio de 1932), S. 367.

über das Schulwesen und die Universität sowie die diese Materien betreffenden Artikel des Statuts; er bekräftigt seine Überzeugung, daß die Gewährung des Statuts die nationale Einheit nicht beeinträchtigen wird; er wehrt sich mit Empörung gegen den Vorwurf, daß er eine Tauschvereinbarung (Gewährung des Statuts gegen eine Unterstützung bei der Bildung seiner Regierung) mit den Katalanen getroffen habe (dieser Verdacht wurde durch den Umstand genährt, daß als Finanzminister im von Azaña gebildeten Kabinett der reiche Industrielle und Rechtsanwalt Jaime Carner Romeu saß, der der „principal autor del anteproyecto de Estatuto presentado por la Generalidad" war[303]).

Der endgültige Text des katalanischen Statuts, das am 9. September 1932 von den *Cortes Constituyentes* mit 318 Jastimmen und 19 Gegenstimmen verabschiedet und am 15. September 1932 vom Präsidenten der Republik Niceto Alcalá Zamora y Torres in San Sebastián erlassen wurde, entsprach in den oben erwähnten neuralgischen Punkten den Ansichten der parlamentarischen Kommission sowie jenen von Ortega y Gasset und von Manuel Azaña, die - wie derselbe Ministerpräsident in seiner Rede vom 2. Juni erklärte[304] - viel ähnlicher waren, als es auf den ersten Blick erscheinen könnte.[305]

Hier die entsprechenden Artikel (bzw. Teile von Artikeln):

Art. 1. Katalonien wird als autonome Region eingerichtet in Übereinstimmung mit der Verfassung der Republik und dem vorliegenden Statut. Sein Vertretungsorgan ist die Generalidad, und sein Gebiet ist das der Provinzen Barcelona, Tarragona, Lérida und Gerona zu dem Zeitpunkt der Genehmigung des Statuts.[306]

Art. 2. Die katalanische Sprache ist, wie die kastilische, Amtssprache in Katalonien.

Für die amtlichen Beziehungen zwischen Katalonien und dem übrigen Spanien, wie für den Verkehr der Staatsbehörden mit denen Kataloniens, ist die Amtssprache kastilisch.

Jede amtliche Verfügung oder Entscheidung wird in Katalonien in beiden Sprachen verkündigt.

[...]

Art. 5. [...]

11. [...] Der Staat kann einen eigenen Rundfunk einrichten und übt die Aufsicht über die [Rundfunksender], die auf Grund einer Konzession der Generalidad bestehen.

Art. 7. Die Generalidad von Katalonien kann Schulen aller Stufen und Arten, die sie für zweckmäßig hält, gründen und unterhalten mit den Mitteln, mit denen dieses Statut die Finanzen der Ge-

303 M. García Venero: Historia del nacionalismo catalán, S. 374.

304 M. Azaña: El Estatuto de Cataluña (Sesión de Cortes del 2 de junio de 1932). In: M. A.: Obras completas II, S. 293.

305 Vgl. auch Borja de Riquer i Permanyer: Escolta, Espanya. La cuestión catalana en la época liberal, S. 106, 279-281, 285-286, 306.

306 „Cataluña se constituye en región autónoma dentro del Estado español, con arreglo a la Constitución de la República y el presente Estatuto. Su organismo representativo es la Generalidad y su territorio el que forman las provincias de Barcelona, Gerona, Lérida, y Tarragona en el momento de promulgarse el presente Estatuto" (Estatuto Catalán. In: Maximiano García Venero: Historia del nacionalismo catalán. Segunda edición definitiva. Tomo II. Madrid: Editora Nacional 1967, S. 545-557; hier S. 545).

neralidad ausstattet, aber immer gemäß den Bestimmungen des Art. 50 der Verfassung und unter Unabhängigkeit der staatlichen Schulen und Bildungsanstalten. [...]

Auf Vorschlag der Generalidad kann die Regierung der Republik der Universität von Barcelona Selbstverwaltung (régimen de autonomía) verleihen. In diesem Fall wird sie als einzige Universität eingerichtet, unter der Leitung eines Patronats, das der kastilischen und katalanischen Sprache und Kultur die für das Zusammenleben und die Rechtsgleichheit der Professoren und Studierenden erforderlichen wechselseitigen Garantien bietet.

Die Prüfungen und Bedingungen, die der Staat gemäß Art. 49 der Verfassung für Verleihung von Titeln vorschreibt, gelten allgemein für alle Schüler, die aus den Schulen des Staates und der Generalidad hervorgehen.

Art. 8. Im Gebiet der öffentlichen Ordnung bleiben dem Staat, in Übereinstimmung mit den Bestimmungen der Nummern 4, 10 und 16 des Art. 14 der Verfassung, alle Zweige der öffentlichen Sicherheit in Katalonien vorbehalten, soweit sie außer- oder überregionale Bedeutung haben; ferner die Grenzpolizei, Einwanderung, Auswanderung, das Fremdenwesen, Auslieferung und Ausweisung. Im übrigen stehen der Generalidad alle Zweige der Polizei und inneren Ordnung in Katalonien zu. [...]

Art. 9. Die Regierung der Republik kann in Anwendung ihrer Befugnis und in Ausübung ihrer verfassungsmäßigen Funktionen, die Leitung der im vorhergehenden Artikel enthaltenen Dienste für die Aufrechterhaltung der inneren Ordnung Kataloniens in folgenden Fällen übernehmen:

Erstens. Auf Ansuchen der Generalidad.

Zweitens. Aus eigener Initiative, wenn sie das allgemeine Interesse des Staates oder seine Sicherheit für gefährdet hält. [...]

Art. 10. Der Generalidad von Katalonien steht die Gesetzgebung über die Lokalverwaltung zu, sie gewährt den Gemeinderäten und den übrigen Körperschaften, die sie einführt, volle Selbstverwaltung für die Regierung und Leitung ihrer Vermögensinteressen und bewilligt ihnen eigene Mittel, um die Aufgaben ihrer Zuständigkeit erfüllen zu können. Diese Gesetzgebung darf die Selbstverwaltung der Gemeinden nicht mehr beschränken, als dies durch die allgemeine Gesetzgebung geschieht. [...]

Art. 11. Der Generalidad steht ausschließlich die Gesetzgebung im bürgerlichen Recht zu, vorbehaltlich der Bestimmung in Art. 15 Nummer 1 der Verfassung, ebenso die Verwaltungsgesetzgebung, die ihr durch dies Statut im vollen Umfang übertragen wird. [...]

Der höchste Gerichtshof der Republik entscheidet ebenso über die Kompetenz- und Jurisdiktionskonflikte zwischen den Gerichten Kataloniens und denen des übrigen Spanien. [...]

Art. 16. Die Finanzen der Generalidad von Katalonien setzen sich zusammen aus:

a) Dem Ertrag der Steuern, die der Staat der Generalidad überläßt.
b) Einem bestimmten Hundertsatz an den vom Staat nicht abgetretenen Steuern.
c) Den Steuern, Rechten und Gebühren der früheren Provinzialdeputationen Kataloniens und den Einnahmen, die die Generalidad einführt.[307]

Die Katalanen waren nicht über die Änderungen glücklich, die an dem ursprünglichen von ihnen selbst ausgearbeiteten und mittels Volksabstimmung angenommenen Text vorgenommen wurden. Sie waren mit der Ersetzung - in Art. 1 - des Wortes ‚Staat' durch das Wort ‚Region' und auch mit der endgültigen Begrenzung der katalanischen Region auf die Provinzen Barcelona, Tarragona, Lérida

[307] Statut von Katalonien (15. September 1932). In: H. Gmelin: Die Entwicklung des Verfassungsrechts in Spanien von 1913-1932, S. 460-465. Über das *Statut von Katalonien* vgl. G. Ambrosini: Autonomia regionale e federalismo, S. 66-88.

und Gerona nicht zufrieden. (Ihr Text des Statuts und, wenn auch nur indirekt, Art. 11 der Verfassung sahen nämlich die Möglichkeit der Ausdehnung der autonomen Region durch Angliederung benachbarter Gebiete vor.) Sie waren mit der Änderung des Sprachenartikels und des Artikels über das Schulwesen nicht zufrieden. Sie waren mit der Reduzierung der rechtlichen Zuständigkeiten und mit dem Artikel über den Finanzausgleich nicht zufrieden.

Es war also klar, daß die Katalanen versucht hätten, die ihrer Region zugeteilte Kompetenzsphäre immer mehr auszuweiten, obwohl das von den *Cortes* verabschiedete Statut den Grad der Autonomie und den Grad der Abhängigkeit Kataloniens vom spanischen Staat deutlich festgelegt hatte. So erklärte Francesc Macià in einer Rundfunkaussendung gleich nach der Verabschiedung des Statuts durch die *Cortes*: „Al pesar de no ser el [el Estatuto] que reclamábamos, nos da facultades para la creación de nuestro Gobierno autónomo, y estas facultades podrán, aún, ser ampliadas, legalmente, a medida que lo vayan exigiendo nuestras necesidades“.[308] Und C. Massó i Escofet und R. Gay de Montellà leiteten in ihrem Werk *L'Estatut de Catalunya* (Barcelona 1933) vom ersten Artikel des Statuts die Anerkennung des Selbstbestimmungsrechts für Katalonien ab, indem sie mit der möglichen doppelten Bedeutung der Wendung "Cataluña *se constituye*" spielten. Wenn man die Wendung als "Katalonien *wird eingerichtet*" interpretiert, ist es der Staat, der Katalonien als autonome Region organisiert; wenn man hingegen den Satz wie "Katalonien *richtet sich ein*" liest, dann sind es die Katalanen selbst, die eine autonome Region organisieren. Die Macht geht in diesem Fall von Katalonien aus und nicht vom spanischen Volk. C. Massó i Escofet und Gay de Montellà erklärten in ihrem Kommentar zu dem katalanischen Statut:

> No es pot negar que el principi i el fet d'autodeterminació, ha quedat reconegut amb la frase *Cataluña se constituye...*[309] ("Man kann nicht leugnen, daß das Prinzip und das Faktum der Selbstbestimmung in dem Satz *Cataluña se constituye* anerkannt geblieben sind".)

---

[308] Zit. nach M. García Venero: Historia del nacionalismo catalán. Tomo II, S. 381. Kriegerischer hatte sich Macià in einem Interview, das er am 29. Mai 1931 der Zeitung *El Sol* gewährt hatte, geäußert: „Un periódico de Madrid ha dicho que yo acataré lo que acuerden las Cortes Constituyentes. ¿De dónde han sacado eso? ¿Como se me puede atribuir semejante cosa? Ahora vamos a elaborar aquí el Estatuto de Cataluña. El Gobierno de Madrid está comprometido a convertir nuestro Estatuto en ponencia para elevarla como tal a las Cortes Constituyentes. Si las Cortes resuelven de acuerdo con los sentimientos y los deseos de Cataluña, muy bien. Pero, ¿y si los acuerdos de las Constituyentes fueran contrarios a nuestros ideales de libertad? Suponga usted que saliera de allí una República unitaria o cosa por el estilo. ¿Cómo podríamos acatarla?" (Zit. nach M. García Venero: Historia del nacionalismo catalán. Tomo II, S. 360.)

[309] C. Massó i Escofet - R. Gay de Montellà: L'Estatut de Catalunya. Text oficial comentat, amb referèrencies legals i notes de la discussió parlamentària (= Biblioteca de Cultura Jurídica Catalana. Volum 1). Barcelona: Llibreria Bosch 1933, S. 12. Im Vorwort zu ihrem Kommentar schrieben C. Massó i Escofet und R. Gay de Montellà: „La llei anomenada *Estatuto de Cataluña*, aprovada per les Corts Constituents de la República espanyola i sancionada pel

Auch aus Art. 11 der Verfassung extrapolierten die beiden Kommentatoren das grundlegende Element für die Errichtung eines Staates, nämlich die Herrschaftsgewalt:

[La *Constitució*] dóna a les posibles regions autònomes un dels elements concrets per a constituir l'Estat, qual és el poder o domini, vinculat precisament en el poder legislatiu, en virtut del qual, la Regió autònoma, en certs sectors i serveis (art. 12 Est. Cat.), pot determinar no solament la seva pròpia forma, sinó també estructurar independentment la seva organizació semiestatal.[310] („Die *Verfassung* gibt den möglichen autonomen Regionen eines der konkreten Elemente für die Einrichtung des Staates, nämlich die Herrschaftsgewalt, bestehend eben aus der gesetzgebenden Gewalt, kraft derer die autonome Region, in gewissen Bereichen und Dienstleistungen, nicht nur ihre eigene Organisation bestimmen, sondern auch ihre halbstaatliche Organisation unabhängig strukturieren kann.“)

Das Statut löste also nicht das katalanische Problem. Und so wurde die 'cuestión catalana', das Problem der katalanischen Autonomie (wie auch das Problem der baskischen Autonomie), eine der wichtigsten Ursachen für die Instabilität der Zweiten Republik.[311] Ihrer Verfassung vom 9. Dezember 1931 hatte die Zweite Republik verhängnisvolle Keime der Selbstzerstörung eingepflanzt, aber auch fruchtbare Ansätze zu einer Dezentralisierung, die sich jedoch erst in der Verfassung vom 29. Dezember 1978 entfalten und zu dem *Estado de las Autonomías* - zu dem gegenwärtigen Autonomienstaat - führen werden.

Die politische und soziale Instabilität und der Ausbruch des Spanischen Bürgerkriegs

Die fortschreitende Abwendung des *Partido Radical* vom republikanischen Bündnis, die Meinungsverschiedenheiten, die zwischen den Linksrepublikanern und den Sozialisten während der Ausarbeitung der Reformgesetze und der Debatte über sie im Parlament aufgekommen waren, sowie die zu große Heterogenität der Regierung und die Schwierigkeiten, die diese Meinungsverschiedenheiten und diese Heterogenität bei der Umsetzung der Reformen - die ohnehin immer das

---

President de la República, constitueix per a Catalunya un document legislatiu emanat del Parlament d'Espanya, que marca una fita transcendental en el procés i en la lluita que aquest país sosté enfront de l'Estat espanyol, per arribar al reconeixement de l'autonomia política, des que el Decret de Nova Planta marcà la fi de les llibertas i privilegis de què gaudia Catalunya. [...] L'Estatut de Catalunya constitueix el primer monument legislatiu de reconeixement de la personalitat històrica del poble de Catalunya després del Decret de Nova Planta“ (S. 5-6).

310 C. Massó i Escofet – R. Gay de Montellà: L'Estatut de Catalunya, S. 12.

311 Vgl. Albert Balcells: El sistema de partidos políticos en Cataluña entre 1934 y 1936. In: La II República Española. Bienio rectificador y Frente Popular, 1934-1936. Edición al cuidado de José Luis García Delgado. Madrid: Siglo XXI 1988, S. 83-104; hier S. 95.

Ergebnis von Kompromissen waren - bereiteten, verhinderten eine wirkungsvolle, konsequente und organische Reformpolitik. Zudem sorgten die geplanten Reformen nicht nur für Spannungen und Konflikte zwischen den Kräften der Regierungs- und Parlamentskoalition, sondern trugen auch zur Stärkung der Opposition bei, weil über sie kein breiter sozialer Konsens bestand. Es waren insbesondere die Militärreformen, die Religionspolitik, die Agrarreform und das Statut von Katalonien, die in der öffentlichen Meinung eine starke, gegen die Regierung und die Koalitionsparteien gerichtete Strömung entstehen ließen, die sozialen Konflikte nährten und eine intensive politische - wenn nicht sogar aufständische - Mobilmachung heraufbeschworen.

Alle jene Erlässe, in denen Manuel Azaña - der Kriegsminister der provisorischen Regierung - sein ehrgeiziges Projekt der Modernisierung und Neuorganisation des Heeres strukturierte und umsetzte,[312] erweckten die Ängste und Befürchtungen des Militärs,[313] so daß sich viele Generäle und Offiziere in einer Oppositionskampagne gegen die Politik der neuen Regierung engagierten.[314] Am 10. August 1932 versuchte José Sanjurjo y Sacanell (‚Marqués del Rif‘), ein General, der im spanischen Heer ein sehr hohes Ansehen genoß, mit der Unterstützung von Karlisten und von Anhängern von Alfons XIII. aus Militär und Zivil, von nationalistischen Faschisten und auch von einigen liberalen Monarchisten einen Staatsstreich durchzuführen. Gerechtfertigt wurde dieses Unterfangen mit der Notwendigkeit, sich der Agrarreform, dem Säkularisierungsprozeß und vor

---

312 Mit dem Dekret vom 23. April 1931 wurden die Streitkräfte gezwungen, der Republik die Treue zu schwören. Das Dekret vom 25. April verfügte die Absetzung und die Versetzung in den Ruhestand von Generälen und höheren Offizieren. Die Dekrete vom 11. Mai und vom 2. Juni reformierten die militärische Jurisdiktion, indem ihre Kompetenz auf ausschließlich militärische Vergehen eingeschränkt wurde. Mit dem Dekret vom 16. Juni wurde die Charge des *Capitán General* (diese Charge, hieß es im Dekret, "conservaba cierta sombra de los virreyes") und des *Teniente General* (der höchste Dienstgrad in der militärischen Hierarchie wäre daher der des Divisionsgenerals gewesen) abgeschafft. Schließlich wurde mit dem Dekret vom 1. Juli die *Academia General Militar* von Saragossa aufgelöst. Im Erlaß vom 23. April 1931 wurde die Maßnahme so gerechtfertigt: „La República es para todos los españoles, pero sólo pueden servirla en puestos de confianza los que sin reserva y fervorosamente adoptan su régimen. Retirar del servicio activo a los que rehúsen la promesa de fidelidad no tiene carácter de sanción, sino de ruptura de su compromiso con el Estado".

313 M. Azaña verteidigte seine ‚política militar' in einer Rede vor den *Cortes*. Vgl. Manuel Azaña: Política militar: Líneas generales de las reformas de Guerra y creación del cuerpo de suboficiales (Sesión de Cortes del 2 de diciembre de 1931). In: M. A.: Obras completas II, S. 85-102. Vgl. außerdem Manuel Azaña: Política militar: Reorganización de las fábricas militares (Sesión de Cortes del 27 de enero de 1932). - Política militar: Reorganización de las fábricas militares (Sesión de Cortes del 28 de enero de 1932). - Supresión de la prensa llamada militar. Sanciones a los militares retirados. Selección del generalato (Sesión de Cortes del 1 de marzo de 1932). In: M. A.: Obras completas II, S. 145-160, 161-163, 173-183.

314 Vgl. A. Bahamonde, P. Carasa, P. Gabriel, J. A. Martínez, A. Pizarroso: Historia de España. Siglo XX. 1875-1939, S. 551-552.

allem dem Statut von Katalonien zu widersetzen.[315] Der Aufstand scheiterte und Sanjurjo wurde zum Tode verurteilt. Das Urteil wurde aber zuerst in lebenslange Haft und dann in Exil umgewandelt; am 17. Juli 1936 wurde Sanjurjo zum Oberhaupt des ‚Neuen Staates' ernannt, er starb jedoch drei Tage später bei einem Flugzeugabsturz.

Während die Reformen, die eine Rationalisierung und 'Modernisierung' des Heeres und seine Unterwerfung der Republik und der Zivilgewalt anstrebten, beim Militär starke Unzufriedenheit hervorriefen, beschwor die Art und Weise, wie die Regierung die religiöse Frage ('cuestión religiosa') anging und zu lösen versuchte, den Unwillen des Klerus und der Katholiken herauf. Das Dekret, das die Übertragung oder den Verkauf kirchlicher Güter verbot, und vor allem das Dekret zur Unterrichtsreform, das die obligatorische religiöse Erziehung abschaffte, brachten die Bischöfe, und im besonderen den Kardinal Pedro Segura y Sáenz, Erzbischof von Toledo und Primas von Spanien, dazu, die neue Regierung zu bekämpfen. Die in Madrid zwischen dem 10. und dem 13. Mai 1931 ausgebrochenen Unruhen, die in dem Brand von Kirchen und Klöstern gipfelten und sich in den darauffolgenden Tagen auf andere spanische Städte, vor allem Andalusiens und des ‚Levante' (Valencia, Murcia, Cataluña), ausbreiteten, verdarben die Beziehungen der Regierung, die die Unruhen nicht mit der notwendigen Energie unterdrückt hatte, zu der Kirche endgültig. Die Ausweisung des Bischofs von Vitoria und dann auch des Kardinals Segura aus Spanien, Mitte Juni, verbesserte die Situation nicht.[316] Genausowenig taten dies Artikel 3 ("El Estado español no tiene religión oficial"), die bereits erwähnten Klauseln von Art. 26[317] und jene über die Säkularisierung des Unterrichts, der als wesentliche und ausschließliche Staatsfunktion angesehen wurde, von Art. 48[318] der Verfassung vom 9. Dezember 1931

[315] Vgl. Enciclopedía de Historia de España, dirigida por Miguel Artola. IV. Diccionario biográfico. Madrid: Alianza Editorial 1991, S. 775. - A. Bahamonde, P. Carasa, P. Gabriel, J. A. Martínez, A. Pizarroso: Historia de España. Siglo XX. 1875-1939, S. 591-592.

[316] Vgl. A. Bahamonde, P. Carasa, P. Gabriel, J. A. Martínez, A. Pizarroso: Historia de España. Siglo XX. 1875-1939, S. 552-554.

[317] Zur Verteidigung des Artikels 26 der Verfassung hielt Manuel Azaña, leidenschaftlicher aber unkluger Verfechter eines konfessionell neutralen und säkularisierten Staates und im besonderen einer konfessionslosen Schule, vor den *Cortes* eine kämpferische Rede – wir haben sie bereits anläßlich der Desamortisation erwähnt –, worin er auch die konzilianten Positionen des Justizministers, Fernando de los Ríos, scharf angriff. Vgl. M. Azaña: Política religiosa: El artículo 26 de la Constitución (Sesión de Cortes del 13 de octubre de 1931).

[318] „El servicio de la cultura es atribución esencial del Estado, y lo prestará mediante instituciones educativas enlazadas por el sistema de la escuela unificada.

La enseñanza primaria será gratuita y obligatoria.

Los maestros, profesores y catedráticos de la enseñanza oficial son funcionarios públicos. La libertad de cátedra queda reconocida y garantizada.

La República legislará en el sentido de facilitar a los españoles económicamente necesitados el acceso a todos los grados de enseñanza, a fin de que no se halle condicionado más que por la aptitud y la vocación.

sowie Art. 21 der *Ley de congregaciones religiosas* vom 6. April 1933, der den Priestern das Unterrichten verbot.

Die Agrarreform rief nicht weniger heftige Konflikte hervor als diejenigen, die von den Versuchen, das Heer zu modernisieren und die Gesellschaft zu säkularisieren, verursacht worden waren. Am 20. Juli 1931 hatte die *Comisión Técnica Agraria*, die eingesetzt worden war, um die Agrarreform auszuarbeiten, ihren Entwurf präsentiert, aber erst am 9. September 1932 wurde die *Ley de Reforma Agraria* verabschiedet.[319] In diesem langen Zeitraum bekam die Agrarfrage ('cuestión agraria') wegen der hitzigen Debatten im Parlament und im ganzen Land eine enorme Bedeutung, mehr noch politischer und sozialer als wirtschaftlicher Natur. Die republikanische Regierung, die aus der Agrarreform einen der grundlegenden Punkte, wenn nicht überhaupt den Hauptpunkt ihres Programms und ihrer politischen Identität gemacht hatte, wollte eine Umverteilung des Bodens durchführen, um den Hunger der Feldarbeiter und Tagelöhner nach einem Stück Land zu befriedigen. Auf diese Weise hatte sie große Erwartungen beim ländlichen Proletariat und große Befürchtungen bei den Großgrundbesitzern hervorgerufen. Die Vergabe von Land an Landarbeitern setzte naturgemäß die Enteignung der großen agrarischen Latifundien voraus, die es vor allem in Andalusien, Estremadura, La Mancha und in der Provinz von Salamanca gab. Der Entwurf der *Comisión Técnica Agraria* hatte für die Enteignung folgende Begrenzungen festgesetzt: 300 Hektar für Getreideland, 150 für Olivenhaine, 100 für mit Weinreben bepflanztes Land und 400 für Weiden. Die *Ley de Reforma Agraria* verdoppelte diese Grenzwerte beinahe, indem sie die Grenzen für nicht zu enteignenden Landbesitz auf 600 Hektar für Getreideland, auf 300 für Olivenhaine, auf 150 für mit Weinreben bepflanztes Land und auf 750 für Weiden erweiterte. Landbesitz, der diese Grenzen nicht überschritt, wurde also von der Agrarreform nicht berührt. Bei Überschreitung wurden die 'überschüssigen' Flächen enteignet. Nicht nur das. Diese Grenzen wurden noch mehr ausgedehnt, wenn die Landbesitzer ihr Land selbst direkt bebauten. Außerdem wurde nicht der gesamte Landbesitz – d. h. der Landbesitz einer Person auf dem ganzen spanischen Gebiet – berücksichtigt, sondern nur der Landbesitz in den einzelnen Gemeinden. So wäre einem Landbesitzer, der einen Olivenhain von 300 Hektar innerhalb der Grenzen einer Gemeinde und einen zweiten Olivenhain von 300 Hektar in einer anderen Gemeinde besaß, nichts genommen worden. Der Boden, der enteignet werden

---

La enseñanza será laica, hará del trabajo el eje de su actividad metodológica y se inspirará en ideales de solidaridad humana.

Se reconoce a las Iglesias el derecho, sujeto a inspección del Estado, de enseñar sus respectivas doctrinas en sus propios establecimientos" (Constitución de la República Española. 1931, S. 14).

319 Über «La Ley de reforma agraria de septiembre de 1932» vgl. Edward Malefakis: Reforma agraria y revolución campesina en la España del siglo XX. Madrid: Espasa Calpe (Colección Austral) 2001, S. 304-348.

konnte, wurde auf diese Weise drastisch reduziert. Obwohl bereits dermaßen verwässert, wurde das Agrargesetz, dessen Text das Ergebnis einer ganzen Reihe politischer und sozialer Zwänge und Verhandlungen innerhalb und außerhalb des Parlaments war, von den Grundbesitzern als revolutionär empfunden. Die Sozialisten hielten es dagegen für unzureichend. Für die besitzlosen Landarbeiter und Tagelöhner bedeutete dies eine bittere Enttäuschung ihrer Hoffnungen und Erwartungen. Die Auswirkungen des Agrargesetzes waren wahrlich sehr bescheiden, sowohl wegen seiner begrenzten Tragweite und Wirksamkeit als auch wegen des Fehlens von angemessenen begleitenden Maßnahmen (so wurde, zum Beispiel, das Vorhaben nicht durchgeführt, einen *Banco de Crédito Agrícola* zu gründen). Vom 9. September 1932 bis 31. Dezember 1934 wurden nur 529 Landgüter (‚fincas') von den Enteignungsmaßnahmen (116.837 Hektar) betroffen und bloß 12.260 Ansiedlungen ('asentamientos') realisiert (die *Comisión Técnica Agraria* hatte berechnet, daß es zur Lösung der Agrarfrage notwendig war, schon im ersten Jahr ab dem Inkrafttreten des Gesetzes – also vom 9. September 1932 bis zum 8. September 1933 – 60.000-75.000 Familien auf enteigneten Grundstücken anzusiedeln). Die Landarbeiter, in ihren Erwartungen enttäuscht und von einer wachsenden Arbeitslosigkeit betroffen, machten ihrer Wut Luft, indem sie Landgüter überfielen und Ernten anzündeten. Sie wurden in ihren gewalttätigen Protesten von der *Federación Nacional de Trabajadores de la Tierra* (FNTT), Sektion der *Unión General de Trabajadores* (UGT), unterstützt. Auf der anderen Front hatten sich die Großgrundbesitzer bereits seit Beginn der Diskussion über die Agrarreform in der *Agrupación Nacional de Propietarios de Fincas Rústicas* organisiert und gegen diese Reform eine kämpferische Oppositionskampagne gestartet. Und so wurde die Agrarreform, die das Vorzeigeprojekt des neuen Regimes sein sollte, sowohl für die radikalen Linken als auch für die Rechten zur Fahne des Kampfes gegen die Regierung.[320]

Unter den vielen schweren Fehlern, die von der Regierungskoalition begangen wurden, war es nicht der kleinere, die Bestrebungen und Erwartungen der Katalanen durch die tiefgreifende Umänderung des ursprünglichen, vom Volk fast einstimmig angenommenen Textes des *Statuts* vereitelt zu haben.

Die Reformen, denen das Meisterstück gelang, alle zu ärgern, die tiefen sozialen Konflikte, die undemokratische und freiheitsfeindliche *Ley de Defensa de la República* vom 20. Oktober 1931,[321] die die Einstellung der Veröffentlichung

---

[320] Vgl. A. Bahamonde, P. Carasa, P. Gabriel, J. A. Martínez, A. Pizarroso: Historia de España. Siglo XX. 1875-1939, S. 568-572. – E. Malefakis: Reforma agraria y revolución campesina en la España del siglo XX, S. 349-565.

[321] Das Agrargesetz wurde von Manuel Azaña mit Eifer verteidigt. Vgl. M. Azaña: Defensa de la República (Sesión de Cortes del 20 de octubre de 1931). - Prórroga de la ley de Defensa de la República (Sesión de Cortes del 8 de diciembre de 1931). - Suspensión de periódicos (Sesión de Cortes del 19 de febrero de 1932). - Los periódicos y la ley de Defensa de la República

von Zeitungen und Zeitschriften ermöglichte, die Deportation von Personen, das Verbot von Vereinen und Vereinigungen, die - oft brutale und blutige - Niederschlagung der von der *Federación Anarquista Ibérica* (FAI) und der *Confederación Nacional del Trabajo* (CNT) entfesselten Volkserhebungen, die Verschleppung und Ermordung von Anarchisten und Arbeitern (Vorfälle von Castilblanco, Estremadura, und von Arnedo, Rioja[322]), die Streiks, die wirtschaftliche Rezession (der Index der industriellen Produktion war von 92,2 im Jahr 1932, auf 84,4 im Jahr 1933 gesunken[323]) und der Anstieg der Arbeitslosigkeit hatten stark dazu beigetragen, das Ansehen der Regierung und ihre Stabilität zu untergraben. Infolge des Blutbades vom 12. Januar 1933,[324] das die *Guardia civil* angerichtet hatte, um die öffentliche Ordnung im Sinne der repressiven Politik der Regierung aufrecht zu erhalten, war es zum Bruch der Koalition zwischen *Partido Republicano Radical-Socialista* und *Partido Socialista Obrero Español* (PSOE) gekommen. Die allgemeinen politischen Wahlen vom 19. November (erster Durchgang) und 3. Dezember 1933 wurden von den Rechten gewonnen (insbesondere von der CEDA - die *Confederación Española de Derechas Autónomas* von José María Gil Robles y Quiñones[325] -, die die größte Zahl von Abgeordneten erhielt: 115) und änderten gründlich die Zusammensetzung des Parlaments, das von einer starken Zersplitterung geprägt war (es waren dort mehr als zwanzig politische Formationen vertreten). Von den verschiedenen republikanischen Gruppierungen - von Rechts, Mitte und Links - ging der *Partido Radical* von Alejandro Lerroux (102

(Sesión de Cortes del 9 de marzo de 1932). In: M. A.: Obras completas II, S. 65-70, 103-109, 167-171, 191-200.

322 Manuel Azaña stritt die Verantwortung der Regierung und der *Guardia civil* an diesen tragischen Vorfällen ab. Vgl. Manuel Azaña: Sucesos de Castilblanco: La Guardia civil (Sesión de Cortes del 5 de enero de 1932). - Sucesos de Arnedo: La Guardia civil (Sesión de Cortes del 6 de enero de 1932). In: M. A.: Obras completas II, S. 127-131, 133-137.

323 Vgl. W. L. Bernecker: Spanien 1914-1975, S. 966.

324 Die 'matanza de Casas Viejas' ereignete sich, als ein Tagelöhner, 'Seisdedos' genannt, den anarchistischen Kommunismus ausrief und sich mit einigen Familien in den ärmlichen Häusern der kleinen Ortschaft Casas Viejas (Provinz Cádiz) verbarrikadierte. Die *Guardia civil* setzte die Behausungen in Brand und ermordete die Aufständischen. Manuel Azaña Díaz bemühte sich, die Tragödie als unausweichlich erscheinen zu lassen und die Verantwortung seiner Regierung abzustreiten. Vgl. Manuel Azaña: El orden público y la política general del Gobierno (Sesión de Cortes del 2 de febrero de 1933). In: M. A.: Obras completas II, S. 531-545. - Manuel Azaña: Diarios, 1932-1933. «Los cuadernos robados». Introducción de Santos Juliá. Barcelona: Crítica 1997, S. 134-137, 160-161, 171-173, 180-189, 191-218. - Manuel Tuñón de Lara: La España del Siglo XX. Vol. II: De la Segunda República a la Guerra Civil (1931-1936). Madrid: Ediciones Akal 2000, S. 349-353. - A. Bahamonde, P. Carasa, P. Gabriel, J. A. Martínez, A. Pizarroso: Historia de España. Siglo XX. 1875-1939, S. 593-594. - E. Malefakis: Reforma agraria y revolución campesina en la España del siglo XX, S. 379-383.

325 Über die CEDA vgl. José Ramón Montero: Las derechas en el sistema de partidos del segundo bienio republicano: algunos datos introductorios. In: La II República Española. Bienio rectificador y Frente Popular, 1934-1936. Madrid: Siglo XXI 1988, S. 3-33.

Abgeordnete),[326] der sich immer mehr nach rechts bewegt hatte, aus der Wahl gestärkt hervor. Die großen Verlierer waren die Linksrepublikaner (11 Abgeordnete) und der PSOE (59 Abgeordnete), der mehr als die Hälfte der Abgeordneten, die er 1931 bekommen hatte, verlor. Die *Esquerra Republicana de Catalunya* verlor, behielt jedoch 22 Abgeordnete.

Die CEDA konnte aufgrund ihrer antirepublikanischen Einstellung und ihrer antidemokratischen Ideologie nicht unmittelbar die Macht übernehmen. Ihre Unterstützung war aber für die Bildung einer Mehrheit im Parlament notwendig. Zwischen Dezember 1933 und Oktober 1934 gab es zwei Regierungen unter dem Vorsitz von Alejandro Lerroux und eine unter Ricardo Samper Ibáñez, gebildet aus dem *Partido Radical* und einigen rechten Gruppierungen, mit der formellen Unterstützung der CEDA. Zwischen Oktober 1934 und April 1935 gab es eine vierte Regierung, neuerlich unter dem Vorsitz von Lerroux, aber diesmal mit direkter Beteiligung der CEDA. Eine fünfte Regierung, angeführt von Lerroux, aber nicht von der CEDA unterstützt und daher ohne parlamentarische Mehrheit, dauerte nur einen Monat. Am 6. Mai bildete Lerroux eine neue Regierung mit den gleichen Gruppierungen, aus denen seine Regierung vom Oktober 1934 zusammengesetzt war: *Partido Radical*, CEDA, *Partido Republicano Liberal Demócrata* von Melquiades Álvarez, *Partido Agrario* von Martínez de Velasco und Unabhängige der Rechten. Diese Regierung, die sechste, bestand bis September 1935. Von 25. September bis 29. Oktober 1935 gab es eine Regierung unter der Führung von Joaquín Chapaprieta und von Ende Oktober bis 9. Dezember 1935 eine weitere unter Chapaprieta. Nach dem Zerfall der zweiten Regierung Chapaprieta vertraute der Präsident der Republik, Niceto Alcalá Zamora, der alles getan hatte, um zu verhindern, daß die CEDA durch die Ernennung von José María Gil Robles y Quiñones zum Vorsitzenden des Ministerrates an die Macht gelangte, die Regierungsgeschäfte Manuel Portela Valladares an. Unterstützt vom Präsidenten der Republik, aber nicht vom Parlament, zerfiel die Regierung, die neunte, beinahe sofort. Nach einer Umbildung bildete Portela Valladares am 30. Dezember eine neue Regierung *ad interim*. Am 7. Januar 1936 wurden die *Cortes* aufgelöst und Wahlen für den 16. Februar 1936 ausgeschrieben. Die durchschnittliche Dauer der zehn Regierungen, die zwischen dem 16. Dezember 1933 und dem 30. Dezember 1935 gebildet worden waren, betrug 76-77 Tage.

Die hohe Anzahl der Regierungen und die Kürze ihrer Dauer – überaus deutliche Indikatoren für die extreme Instabilität und Unsicherheit der politischen Situation – verhinderten wohl die Festigung der Zweiten Republik, aber es war

[326] Über Alejandro Lerroux und den *Partido Radical* vgl. José Álvarez Junco: Los antecedentes del radicalismo en España y la personalidad de D. Alejandro Lerroux. In: La II República Española. Bienio rectificador y Frente Popular, 1934-1936, S. 35-52. - Nigel Townson: Algunas consideraciones sobre el proyecto 'republicano' del Partido Radical. In: La II República Española. Bienio rectificador y Frente Popular, 1934-1936, S. 53-69.

sicherlich die 'Revolution' vom Oktober 1934, die das demokratische Regime unwiderruflich delegitimierte. Unter dem Druck der CEDA hatten die Rechtsregierungen, trotz des Widerstandes des Präsidenten der Republik, das Amnestiegesetz für diejenigen, die in den Staatsstreich von 1932 verwickelt waren, verabschieden lassen und versucht, die Agrarreform zu modifizieren und in die Frage der Dotation des Klerus einzugreifen. Außerdem hatten sie den Prozeß der Bildung von regionalen Autonomien gehemmt, da sie diese als Angriffe gegen die Einheit des Landes verstanden. Im Fall des Baskenlandes wurde, auch aufgrund von Unstimmigkeiten zwischen den baskischen Parteien,[327] das Verfahren für die parlamentarische Diskussion und Annahme des Statuts von Estella blockiert, das in den ersten Dezembertagen 1933 wieder in Madrid präsentiert und in Anwesenheit von Lerroux dem Vorsitzenden der Abgeordnetenkammer, Santiago Alba y Bonifaz, überreicht worden war, der versprach, es unverzüglich den *Cortes* vorzulegen (aber der *Anteproyecto* war dazu bestimmt, weitere zwei Jahre in Vergessenheit zu geraten).[328] Außerdem wurden - und dies ärgerte die Basken maßlos - die fiskalischen Bestimmungen über den Weinhandel abgeändert, womit einseitig in ein vom sogenannten *Concierto Económico*[329] geregeltes Gebiet eingegriffen wurde.[330] Die Blockade des Statuts und die Modifizierung der Steuerbestimmungen über den Weinhandel drängten die baskischen Parteien, der PNV miteingeschlossen, zu einer Annäherung an die Sozialisten.

Im Fall Kataloniens war der Widerstand der Rechtsregierungen gegen das Statut vom 15. September 1932 auch durch die Vorherrschaft, die die *Esquerra Republicana de Catalunya* über die katalanische Politik ausübte, und durch die Versuche hervorgerufen, die Lluis Companys i Jover, der am 1. Januar 1934 infolge des Todes von Maciá Vorsitzender der *Generalitat* geworden war, unternommen hatte, um den Autonomieprozeß zu beschleunigen und zu intensivieren. Die vom katalanischen Parlament am 12. April 1934 verabschiedete *Ley de*

[327] Vgl. José Luis de la Granja: El sistema vasco de partidos en la II República. In: La II República Española. Bienio rectificador y Frente Popular, 1934-1936, S. 105-124.

[328] Vgl. M. García Venero: Historia del nacionalismo vasco, S. 448.

[329] Das erste 'Wirtschaftliche Übereinkommen' war auf Initiative von Antonio Cánovas del Castillo, Regierungschef, mit dem Königlichen Dekret vom 28. Februar 1878 erzielt worden, das den neuen *Diputaciones Provinciales* eine weitgehende steuerliche Autonomie einräumte. Der zweite *Concierto Económico* wurde im Jahr 1887, der dritte 1894, der vierte 1906, der fünfte 1925 getroffen. Im Jahre 1934 war der 1925 abgeschlossene *Concierto Económico* in Kraft. Einige Forscher betrachten als ersten *Concierto Económico* das Königliche Dekret vom 13. November 1877. Vgl. J. Corcuera - Y. Oribe: Historia del nacionalismo vasco en sus documentos I, S. 25. Über die *Conciertos Económicos* vgl. F. Tomás y Valiente: Manual de Historia del Derecho español, S. 576-578. – J. Corcuera - Y. Oribe: Historia del nacionalismo vasco en sus documentos I, S. 26-27. – J. L. de la Granja, J. Beramendi, P. Anguera: La España de los nacionalismos y las autonomías, S. 39.

[330] Vgl. M. García Venero: Historia del nacionalismo vasco, S. 211-217. – J. L. de la Granja, J. Beramendi, P. Anguera: La España de los nacionalismos y las autonomías, S. 152.

Contratos de Cultivo, die den Pächtern ('rabassaires'[331]) die Möglichkeit einräumte, nach einer Bewirtschaftungszeit von 18 Jahren selbst Besitzer des von ihnen bebauten Bodens zu werden, verbesserte die Beziehungen zwischen Zentralregierung und *Generalitat* nicht. Die *Confederación Patronal Española*, die *Lliga Regionalista* und die *Acció Popular* protestierten, da sie die Ansicht vertraten, daß das katalanische Parlament in dieser Materie keine Gesetze erlassen dürfe. Der Kompetenzstreit wurde vor das *Tribunal de Garantías Constitucionales* getragen, das am 8. Juni erklärte, daß das katalanische Parlament nicht zuständig war. Die *Esquerra Republicana de Catalunya* zog aus Protest ihre Abgeordneten zurück und das katalanische Parlament forderte die Zentralregierung heraus, indem es das Gesetz am 12. Juni neuerlich zur Abstimmung brachte und annahm. Die Regierung Samper begann nun Verhandlungen mit Companys, um einen Ausweg zu finden, aber die CEDA, die gegen solche Verhandlungen war, ließ die Regierung stürzen. Die *Generalitat* geriet in eine schwierige Situation, da mit Samper bereits ein Übereinkommen über die *Ley de Contratos de Cultivo* erzielt worden war, und sah die katalanische Autonomie in Gefahr. Der Konflikt zwischen Katalonien und der Zentralregierung gipfelte in der Ausrufung des Katalanischen Staates (*Estat Catalá de la Republica Federal Espanyola*), die von Companys am 6. Oktober 1934 unter Ausnutzung der revolutionären Aufstände, die in ganz Spanien ausgebrochen waren, vorgenommen wurde.[332]

Die *Unión General de Trabajadores* (UGT), die die Politik der Regierungen des von der CEDA unterstützten *Partido Radical* als Angriff auf die Errungenschaften der Arbeiterklasse empfand, hatte sich nach und nach der *Confederación Nacional del Trabajo* (CNT) angenähert, die keinen Unterschied zwischen einer reformistischen Republik und einer Republik der Rechten sah. Die Notwendigkeit der Einheit im Kampf gegen den gemeinsamen Feind – die Rechten, das Unternehmertum, die Arbeitgeber, die Besitzbürger, die Eigentümer, den Faschismus – hatte nicht nur die Annäherung zwischen der UGT und der CNT, sondern auch zwischen dem PSOE und dem *Partido Comunista Español* (PCE) bewirkt; außerdem hatte sie die *Alianzas Obreras* entstehen lassen. Der PSOE rechtfertigte die Annäherung an Gewerkschaftsorganisationen und revolutionäre Parteien und die Übernahme von deutlich subversiven und antidemokratischen Positionen mit der Notwendigkeit, der faschistischen Gefahr entgegenzutreten und die Errungenschaften der Arbeiter zu verteidigen. Es war die Idee der 'insurrección

[331] Über die 'rabassa [Stamm der Weinrebe] morta' - eine Art von Emphyteuse für den Weinanbau - und die 'rabassaires' vgl. Rosa Congost: *Rabassa morta.* In: Enciclopedia de Historia de España. Dirigida por Miguel Artola. V. Diccionario temático. Madrid: Alianza Editorial 1991, S. 1003. – Jordi Pomés i Vives: La Unió de Rabassaires. Lluis Companys i el republicanisme, el cooperativisme i el sindicalisme pagès a la Catalunya dels anys vint. Barcelona: Publicacions de l'Abadia de Montserrat 2000.

[332] Vgl. A. Balcells: El sistema de partidos políticos en Cataluña entre 1934 y 1936. In: La II República Española. Bienio rectificador y Frente Popular, 1934-1936, S. 93-97.

defensiva'. So waren es die drei sozialistischen Organisationen (PSOE, UGT, *Juventudes Socialistas*) – Verfechterinnen und Fördererinnen des Arbeiteraufstandes und der Aktionseinheit mit der *Unión de Juventudes Comunistas* (UJC) –, die über eine aus ihren Mitgliedern zusammengesetzte *Comisión Mixta* zum Generalstreik aufriefen. Im Morgengrauen des 5. Oktobers 1934 (am 3./4. Oktober war die vierte Regierung Lerroux gebildet worden – es war die vierte, weil Lerroux schon am 12. September 1933 einer Regierung vorgestanden war, die nicht einmal einen Monat gedauert hatte) gab das sozialistische Komitee den Befehl aus, mit dem 'Revolutionsstreik' (‚huelga revolucionaria') zu beginnen. Die revolutionäre Bewegung, die schlecht organisiert und auf die städtischen Gebiete beschränkt geblieben war, wurde innerhalb weniger Tage erstickt. So geschah es in Madrid, genauso in Sevilla, Valencia, Salamanca, Córdoba, Barcelona oder Bilbao. Die Regierung bezwang die bewaffneten Gruppen ohne Schwierigkeiten. Der Aufstand nahm nur im Baskenland, in Katalonien und vor allem in Asturien größere Dimensionen an. In den Gebieten der asturischen Bergwerke verwandelte sich der Generalstreik rasch in einen bewaffneten Aufstand. Vom 6. bis 20. Oktober gelang es den aufständischen Bergarbeitern, ein weites Gebiet unter ihrer Kontrolle zu halten und eine eigene egalitäre soziale Revolution in die Realität umzusetzen. Am 20. Oktober war die Revolution in Asturien und in ganz Spanien beendet. Es gab mehr als 1.300 Tote und ungefähr 3.000 Verletzte. Der größte Anteil an Toten und Verletzten war unter den Rebellen zu verzeichnen, aber unter den Opfern fanden sich auch *Guardias civiles*, Zivilisten und Priester. Die von Heer und Polizeikräften durchgeführte Repression war sehr hart: ungefähr 30.000 Gefangene, Massenentlassungen von Arbeitern, Folter von Häftlingen, wobei mehrere davon an den Folgen der erlittenen grausamen Mißhandlungen starben, zwanzig Todesurteile (zwei davon wurden vollstreckt). In Katalonien hatte der von Companys ausgerufene katalanische Staat nicht einmal einen ganzen Tag überdauert. Die katalanische Rebellion war mit dem Angriff des Heeres auf den Regierungspalast der *Generalitat*, der in der Nacht vom 6. auf den 7. Oktober ausgeführt wurde, niedergeschlagen worden.

Paradoxerweise waren es gerade die Linksparteien – im besonderen die Sozialisten, die katalanischen Republikaner und die Linksrepublikaner (*Acción Republicana* von Manuel Azaña, die sich im April 1934, nach der Vereinigung mit den Radikalen von Marcelino Domingo, in *Izquierda Republicana* verwandelt hatte) – , die Parteien also, die im reformistischen Biennium 1931/1933 den Konsens herbeigeführt hatten, auf dem das neue Regime aufgebaut worden war, die nun die demokratische Rechtmäßigkeit der Zweiten Republik, unter dem Vorwand sie zu verteidigen, untergruben. Die Wahlen wurden disqualifiziert und der Aufstand legitimiert. Der Schaden, der den republikanischen Institutionen von den gleichen politischen Kräften, die sie errichtet hatten, zugefügt wurde, war irreparabel.

Nach der 'Oktoberrevolution' intensivierten die Rechtsregierungen den Prozeß der 'rectificación' - der Berichtigung - der Reformen des 'Bienio Azañista' und versuchten auch, eine Revision der Verfassung einzuleiten. Die *Ley de Yunteros* (21. XII. 1934)[333] des Landwirtschaftsministers Manuel Giménez Fernández (Professor für Kirchenrecht an der Universität von Sevilla) hatte die Enteignungen gestoppt, aber die Verlängerung der Landbesetzungen durch die Bauern der Estremadura ermöglicht. Die Agrarpolitik von Giménez Fernández, der von den reformistischen Ideen des sozialen Katholizismus durchdrungen war,[334] mißfiel dem *Partido Agrario*. Giménez Fernández wurde durch Nicasio Velayos y Velayos ersetzt, der eine 'landwirtschaftliche Gegenreform' begann, die in der *Ley para la Reforma de la Reforma agraria* vom 26. Juli 1935 - einem Gesetz, das jenes von 1932 praktisch aufhob - gipfelte.[335] Die Religionspolitik wurde geändert, natürlich zu Gunsten der Kirche. Die Abänderung konnte jedoch bestimmte Grenzen nicht überschreiten. Für das Umkippen der Gesetzgebung wäre eine Revision der Verfassung notwendig gewesen, die die CEDA zwar versprochen hatte, aber aufgrund der Zersplitterung und der Heterogenität der politischen Szene nicht verwirklichen konnte. Auch die Militärgesetzgebung von Manuel Azaña wurde nicht demontiert. Die Kriegsminister der Rechtsregierungen - vor allem José María Gil Robles - setzten jedoch alles daran, die Beziehungen zu den Streitkräften zu verbessern. Viele der hohen und höchsten Kommandos wurden Offizieren anvertraut, die Feinde von Azaña waren. Zudem hatte das Heer mit der Niederschlagung der Oktoberrevolution die Rolle des Verteidigers der öffentlichen und sozialen Ordnung übernommen und diese Rolle stärkte seine Position in der Gesellschaft sehr und verschaffte ihm die Unterstützung und Sympathie der Rechtsregierungen.

Der von der *Alianza Obrera* am 5. Oktober in Katalonien ausgerufene Generalstreik, die blutigen Zwischenfälle, die sich in einigen Ortschaften ereignet hatten, und die Proklamation des Katalanischen Staates durch Companys am 6. Oktober lieferten mehr als ausreichende Vorwände und Motive, um die Autonomieprozesse zu stoppen. Der Großteil der Abgeordneten und die Rechtsregierungen sahen das von der Verfassung von 1931 vorgesehene Modell der territorialen Organisation als ein 'separatistisches' Modell an. Die Oktoberrevolution bestätigte ihre Überzeugung, daß die regionalen Autonomien eine Gefahr für die Einheit des Staates darstellten. So wurden mehr als hundert *Ayuntamientos* vorübergehend aufgehoben, das Statut von Katalonien am 2. Januar 1935 suspendiert, das

[333] Über die *Ley de Yunteros* ('yuntero' ist der Bauer, der mit einem Gespann Ochsen oder Maultiere - 'yunta' - den Acker bestellt) vgl. E. Malefakis: Reforma agraria y revolución campesina en la España del siglo XX, S. 512-513.

[334] Vgl. E. Malefakis: Reforma agraria y revolución campesina en la España del siglo XX, S. 509-521.

[335] Über dieses Gesetz vgl. E. Malefakis: Reforma agraria y revolución campesina en la España del siglo XX, S. 522-533.

katalanische Parlament geschlossen, die *Generalitat* jeglicher Kompetenz enthoben und ein Generalgouverneur von der Zentralregierung eingesetzt.. Die Insurrektion vom Oktober 1934 und diese Maßnahmen verursachten einen tiefen Bruch zwischen Arbeiter- und Bauernorganisationen und den Linksparteien einerseits und den Organisationen und Parteien der bürgerlichen Klasse andererseits. Das Bürgertum und die Konservativen, von den Aufständen erschrocken, arbeiteten bei der Repression von 1935 mit der Zentralregierung zusammen und verzichteten - zumindest vorläufig - auf ihre Autonomiebestrebungen. Die *Lliga* kollaborierte mit den Generalgouverneuren und dem neuen Verwaltungsapparat, und überließ es damit den Linksparteien, die Initiative für die Wiedererlangung des Statuts zu ergreifen.[336]

Die für den 16. Februar 1936 ausgeschriebenen Wahlen radikalisierten den politischen Kampf in Spanien. Am 15. Januar 1936 hatten *Izquierda Republicana, Unión Republicana*, PSOE, *Partido Comunista, Partido Obrero de Unificación Marxista* (POUM), *Partido Sindicalista, Federación Nacional de Juventudes Socialistas* und UGT den *Pacto de Frente Popular* unterzeichnet. Auch in Katalonien vereinigten sich die Linken und schufen am 4. Februar 1936 den *Front d'Esquerres*, in dem sich der *Partit Comunista de Catalunya*, der *Partit Catalá Proletari*, der POUM und die *Unió de Rabassaires* zusammenschlossen. So präsentierten sich die Linken bei den Wahlen geeint und mit einem, wenn auch minimalen, gemeinsamen Programm (Amnestie und Rehabilitierung für die in der ‚Oktoberrevolution' verwickelten Personen und Wiederaufnahme der Reformpolitik des ersten Bienniums). In allen Wahlkreisen hatten sich die zum *Frente Popular* zugehörigen Gruppen auf eine einzige und gemeinsame Kandidatur geeinigt und stellten insgesamt 342 Kandidaten auf. Die Rechten und die Mitte präsentierten sich dagegen geteilt und ohne gemeinsames Programm und stellten dabei 569 Kandidaten auf. So erlangten die Linken, aufgrund der Mechanismen des Wahlgesetzes, mit 4.654.116 Stimmen 263 Abgeordnete, während die Rechten und die Mitte, obwohl sie 5.029.823 Stimmen bekommen hatten, nur 210 Abgeordnete erhielten. Der *Partido Radical*, der die regierende Partei gewesen war, verschwand so gut wie ganz aus dem Parlament. Die CEDA, die größte Partei der Rechten, kam auf 101 Abgeordnete. Die Zersplitterung des Parlaments verringerte sich nicht, sondern nahm noch zu. Die Koalition der Linken umfaßte gut 18 Parteien oder politische Gruppierungen, das Mitte-rechts-Bündnis 9; die Rechte bestand aus 5 Parteien.[337]

---

[336] Vgl. A. Bahamonde, P. Carasa, P. Gabriel, J. A. Martínez, A. Pizarroso: Historia de España. Siglo XX. 1875-1939, S. 597-626.

[337] Vgl. A. Bahamonde, P. Carasa, P. Gabriel, J. A. Martínez, A. Pizarroso: Historia de España. Siglo XX. 1875-1939, S. 627-630.

Am 19. Februar bildete Manuel Azaña eine Regierung, die sich ausschließlich aus Republikanern, die von der *Izquierda Republicana* (79 Abgeordnete) und der *Unión Republicana* (34 Abgeordnete) kamen, zusammensetzte. Die anderen Parteien des *Frente Popular* lieferten der Regierung die notwendige Unterstützung im Parlament. Auch der PSOE – obwohl der *Partido Socialista Obrero Español* die Partei der Linke mit der größten Zahl an Abgeordneten war (88) – beteiligte sich nicht direkt an der Regierung. Am 21. Februar erließ die Regierung von Azaña die Amnestie für die wegen der Teilnahme an der ‚Oktoberrevolution' inhaftierten Personen und verfügte die Wiedereinstellung der entlassenen Arbeiter. Sie gab der *Generalitat de Catalunya* ihre ursprünglichen Funktionen einer regionalen Regierung zurück, eröffnete das katalanische Parlament wieder und setzte das *Estatut* neuerlich in Kraft. (Das katalanische Parlament versammelte sich am 24. Februar und nahm seine Sitzungen am 26. wieder auf. Am 2. März trafen Companys und seine Räte in Barcelona ein, wo sie enthusiastisch empfangen wurden. Die Räte, die im Oktober 1934 im Amt gewesen waren, wurden in ihren Ämtern bestätigt.[338]) Am 15. Juni wurde die *Ley de reforma agraria* von 1932 in ihrer Gesamtheit wiedereingeführt und – mit der Berufung auf das im Art. 44 der Verfassung festgelegte Prinzip der Unterordnung des Besitzes unter die "utilidad social" – die Enteignung von landwirtschaftlichem Boden erleichtert (unter dem Druck der Verbände der Landarbeiter und der Tagelöhner – im besonderen der *Federación Española de Trabajadores de la Tierra*, die sich in Madrid im April 1930 unter dem Namen *Federación Nacional de Trabajadores de la Tierra* gebildet hatte, indem sie alle der *Unión General de Trabajadores* beigetretenen Landarbeiter aufnahm – betrieb die Regierung geradezu eine Politk der vollendeten Tatsachen, d. h. zuerst begünstigte - oder tolerierte - sie die Besetzung der Felder, dann legalisierte sie diese Besetzung). Zudem baute die republikanische Regierung ihre reformistische Politik im militärischen, erzieherischen und religiösen Bereich wieder auf und verschärfte sie sogar. Dieses Werk der 'Restauration' beschwor natürlich eine Intensivierung der Konflikte herauf und steigerte die politische Instabilität.

Zur Steigerung der politischen Instabilität trug auch die von dem *Frente Popular* verlangte und mit Hilfe einer spitzfindigen Interpretation des Art. 81 der Verfassung bewerkstelligte Amtsenthebung des Präsidenten der Republik, Alcalá Zamora, nach der Konstituierung der *Cortes* (3. April) bei. Nach dem Interim von Martínez Barrio wurde am 10. Mai Manuel Azaña zum Präsidenten gewählt. Nun mußte eine neue Regierung gebildet werden. Der Präsident der Republik hätte die neue Regierung auf die Zusammenarbeit von Republikanern und Sozialisten gründen und den Regierungsvorsitz dem Sozialisten Indalecio Prieto anvertrauen wollen. Einer Regierungsbeteiligung der Sozialisten widersetzte sich aber der ra-

---

[338] Vgl. Francisco González Navarro: España, nación de naciones. El moderno federalismo. Pamplona: EUNSA 1993, S. 116.

dikale Flügel des PSOE, der die politische Macht durch eine von der Arbeiterklasse durchgeführte Revolution übernehmen wollte und von Francisco Largo Caballero angeführt war, der im Oktober 1934 in Madrid den Aufstand geleitet hatte. So bildete sich am 12. Mai eine schwache Regierung unter dem Vorsitz von Santiago Casares Quiroga, die hauptsächlich von *Izquierda Republicana* und von *Unión Republicana* unterstützt wurde. Der Extremismus des radikalen Flügels des PSOE, die Versuche der Gewerkschaften, eine Arbeiterrevolution auszulösen, die gegenrevolutionären Tätigkeiten der subversiven rechtsextremen Gruppierungen und die Verschwörungspläne hoher Generäle verhinderten eine Festigung des demokratischen Systems.

Die zwei großen Gewerkschaften, die *Confederación Nacional del Trabajo* und die *Unión General de Trabajadores*, seit Oktober 1934 von den radikalen Extremisten – den anarchistischen 'Faisten' (*Federación Anarquista Ibérica*) der CNT und den 'Caballeristen', den Anhängern von Francisco Largo Caballero, der UGT – dominiert, organisierten ab April 1936 eine Reihe von Streiks in großen Dimensionen, die als Momente des sozialen Kampfes gegen das Bürgertum und als Mittel aufgefaßt wurden, die geeignet waren, die notwendigen Voraussetzungen für die Auslösung der Arbeiterrevolution zu schaffen. Die monarchistisch-autoritären Rechten – im besonderen *Renovación Española*, angeführt von José Calvo Sotelo, dem politischen Führer, der sich mit dem größten Elan und der größten Kampfbereitschaft der Regierung und selbst der Republik widersetzte, und *Comunión Tradicionalista*, eine andere monarchistische Gruppierung – verdoppelten ihre aufrührerischen Anstrengungen. Die *Falange* erhöhte ihre Präsenz auf den Straßen. Die Zusammenstöße zwischen den militanten Anhängern der gegnerischen Parteien wurden immer häufiger und immer blutiger. Der Verfall der öffentlichen Ordnung wurde zum Hauptproblem in der politischen Debatte. Die Gewalt hatte jedoch nunmehr schon zu tiefe Wurzeln gefaßt, um noch wirkungsvoll bekämpft werden zu können.

In der Tat hatte sich in Spanien schon seit Jahren eine immer stärker wachsende 'Militarisierung der Politik' manifestiert und entwickelt, sei es mit der Theoretisierung der Legitimität der Gewalt, sei es mit der Bildung bewaffneter Milizen. Faschisten und Bolschewiken, rechte und linke Revolutionäre, Anarchisten und revolutionäre Gewerkschafter, autoritäre Nationalisten und Monarchisten, Revolutionäre und Gegenrevolutionäre, sie alle waren Verächter des Parlamentarismus und der Demokratie, alle glaubten an den Vorrang von Tat und Kraft, sie alle waren überzeugt, daß eine neue Ordnung und eine neue Gesellschaft nur mit der Mobilisierung der Massen - und im besonderen der Jugend - sowie mit der Insurrektion und der Gewalt, den notwendigen und legitimen Instrumenten der politischen Aktion, aufgebaut werden konnten. Vor allem zwischen 1933 und 1936 wurden paramilitärische Organisationen von den faschistischen, nationalistischen, karlistischen, populistischen, sozialistischen, kommunistischen und anarchistischen Bewegungen gebildet. Die Karlisten hatten den *Requeté*, die am besten organisierte und mächtigste bewaffnete Miliz, formiert; im Februar 1936 zählte er 25.000 Mann. Der *Partido Nacionalista Español*, konterrevolutionär und Verfechter einer autoritären Monarchie, hatte die *Legionarios de España*, die nach 1934 zur Fusion mit der falangistischen Miliz tendierten. Die Monarchisten der *Renovación Española* versuchten bis 1934, die *Falange* zu finanzieren und zu kontrollieren; 1935 schufen sie eigene Gruppen, die *Guerrillas de España*. Die *Juntas de Ofensiva Nacional-Sindicalista* (JONS) von Ramiro Ledesma Ramos und Onésimo Redondo Ortega, vom italienischen Faschismus angeregt, bildeten *Patrullas de Asalto* und *Comandos de Asalto* (1934 vereinigten sich die JONS mit der von José Antonio Primo de Rivera im Oktober 1933 gegründeten *Falange Española* und so entstand die *Falange Española de las JONS*;[339] später - am 19. April 1937 - bildete sich aus der Union von *Comunión Tradicionalista* mit der *Falange* die *Falange Española Tradicionalista y de las JONS*, die die zentrale politische Struktur des Franco-Regimes sein wird). Die *Juventudes de Acción Popular* organisierten keine bewaffneten Milizen, aber ein Teil ihrer 225.000 Mitglieder traten der *Falange* bei. Der *Partido Nacionalista Vasco* hatte paramilitärische, aus den Sportvereinigungen hervorgegangene Gruppen, die sogenannten *Mendigoitzales*; der *Estat Català* von Josep Dencás hatte die *Escamots*, Gruppen von Ultranationalisten, die in der Organisation, den Uniformen und in der ‚Szenographie' an die italienischen faschistischen *Squadre d'azione* erinnerten. Die Sozialisten hatten auf dem Kongreß der *Federación de Juventudes Socialistas* von 1932 die Bildung sozialistischer Milizen geplant. Die Kommunisten bauten 1933 die *Milicias Antifascistas Obreras y Campesinas* auf, die militärisch organisiert waren und, wie die sozialistischen Milizen, umstürzlerische Ideen hegten. Die anarchistischen Gewerkschafter gründeten 1934 ein *Comité Nacional de Defensa*, der in territoriale, lokale und regionale Ausschüsse gegliedert und vor allem aus Mitgliedern der *Federación Anarquista Ibérica* (FAI) und der *Juventudes Libertarias* zusammengesetzt war.[340]

In Anbetracht der Existenz von so vielen paramilitärischen Organisationen mit ihrer Gewaltideologie, ihrer Verachtung für das demokratische und parlamentarische Regime, ihrer Bereitschaft, durch bewaffneten Kampf eine Revolution oder Gegenrevolution auszulösen, erscheint die Krise der öffentlichen Ordnung in den Monaten nach den Wahlen als unausweichlich und unvermeidbar. Die Situation konnte sich nur immer mehr verschlechtern und die Voraussetzungen für die so sehr ersehnte Revolution oder Gegenrevolution schaffen. Die Ermordungen, die Attentate und die Zusammenstöße des ‘tragischen Frühlings' von 1936, die mehr als 200 Tote und 500 Verletzte verursachten, waren noch kein Bürgerkrieg, aber sie schufen jenes ‘Bürgerkriegsklima', das den Bürgerkrieg fast unab-

[339] Vgl. Pedro Carlos González Cuevas: Historia de las derechas españolas, S. 319-325.

[340] Über die ‚militarización de la política' vgl. A. Bahamonde, P. Carasa, P. Gabriel, J. A. Martínez, A. Pizarroso: Historia de España. Siglo XX. 1875-1939, S. 607-611.

wendbar werden ließ. Nach der Ermordung - am 12. Juli, bei Einbruch der Nacht - des Leutnants der *Guardia de Asalto* José del Castillo[341] durch Karlisten oder Falangisten und dem Meuchelmord - am 13. Juli, vor dem Tagesanbruch - an dem Abgeordneten José Calvo Sotelo, der mit einem Trick von seiner Wohnung entführt und in einem Wagen der *Guardia de Asalto* von den vom Hauptmann der *Guardia Civil* Fernando Condés[342] befehligten *Guardias de Asalto* und Mitgliedern der sozialistischen Miliz (zwei davon waren Leibwächter von Indalecio Prieto) umgebracht wurde,[343] brach der Bürgerkrieg tatsächlich aus. Er begann am 17. Juli 1936 und dauerte bis zum 1. April 1939.[344]

Der Ausgang der Wahlen vom Februar 1936 hatte dem Entwicklungsprozeß der Regionalautonomien kräftige Impulse gegeben. Das katalanische Statut war, wie wir gesehen haben, neuerlich in Kraft gesetzt worden.

Baskenland. Das Statut des Baskenlandes wurde am 1. Oktober 1936 von den *Cortes* des *Frente Popular* verabschiedet, also während der Bürgerkrieg in vollem Gange war. Es handelte sich nicht um den ursprünglichen Text des Statuts von Estella. Mit Hilfe von zahlreichen Juristen war ein neuer Vorentwurf verfaßt worden, aus dem alles getilgt worden war, was im Statut von Estella im Widerspruch zu der verfassungsmäßigen Einheit der Republik stand. Dieser *Anteproyecto* war von den *Diputaciones provinciales*, die von den sogenannten *Comisiones Gestoras* geleitet waren, verabschiedet worden, von den baskischen *Ayuntamientos* im August 1933 in der Versammlung von Vitoria ratifiziert und mit großer Mehrheit im Volksreferendum, das am 5. November 1933 abgehalten worden war, angenommen worden. Als aber dieser Entwurf im Dezember 1933 den *Cortes* vorgelegt wurde, die von einer Mitte-Rechts Mehrheit dominiert waren, hatten diese, da sie gegen die Regionalautonomien waren, den Weg zur Verabschiedung des Vorentwurfs blockiert. Nachdem dieser im Frühjahr 1936 den *Cortes*, die nun vom *Frente Popular* beherrscht waren, präsentiert worden war, wurde sein Text von der *Comisión de Estatutos* nach den von Indalecio Prieto, ihrem Präsidenten, erteilten Anweisungen gekürzt und abgeändert. Im Juli war der Text reif für die Übermittlung an die Abgeordnetenkammer.

---

[341] Er war ein Offizier der Polizei, der in Madrid an der ‚Oktoberrevolution' teilgenommen hatte, und ein Ausbilder der sozialistischen Milizen.

[342] Auch Fernando Condés war - wie José del Castillo - Sozialist und hatte in Madrid an der ‚Oktoberrevolution' teilgenommen.

[343] Vgl. Pío Moa: El derrumbe de la segunda república y la guerra civil. Madrid: Ediciones Encuentro 2001, S. 321-339.

[344] Vgl. Manuel Tuñón de Lara: La España del Siglo XX. Vol. III: La Guerra Civil (1936-1939). Madrid: Ediciones Akal 2000. – P. Moa: El derrumbe de la segunda república y la guerra civil, S. 343-509. – A. Bahamonde, P. Carasa, P. Gabriel, J. A. Martínez, A. Pizarroso: Historia de España. Siglo XX. 1875-1939, S. 630-687.

Der am 1. Oktober 1936 verabschiedete *Estatuto de autonomía del País Vasco* orientierte sich am katalanischen Modell von 1932. Er schuf eine "región autónoma" mit den Provinzen Álava, Guipúzcoa und Vizcaya (*de facto* wurde er nur auf letztere angewandt)[345] und war aus fünf Titeln (allgemeine Bestimmungen, Reichweite der Autonomie, Organisation des Baskenlandes, Finanzen, Änderung des Statuts) und vierzehn Artikeln zusammengesetzt, die meisten davon der Aufzählung der - bescheidenen - Kompetenzen der Region gewidmet. Wenig Augenmerk wurde auf die Regulierung von Exekutivgewalt und Legislative gelegt. Obwohl der *Concierto económico* von 1925 in Kraft blieb, hatte er nichts vom Geist des 'Fuerismo'. Nicht umsonst war der *Estatuto* von den Linken beeinflußt worden. Er war schließlich ein 'Estatuto de mínimos'. Der im Eil- und Ausnahmeverfahren (es war nicht möglich, Wahlen auszuschreiben) am 7. Oktober 1936 gewählte Regierungspräsident des Baskenlandes, José Antonio Aguirre, wußte aber daraus eine 'autonomía de máximos' zu machen. In der Tat übte die Regierung Aguirres die volle Macht aus. Sie versah sich mit den Attributen eines souveränen Staates: sie knüpfte internationale Beziehungen, schuf ein reguläres Heer von Euskadi, prägte Geld, stellte Pässe aus, organisierte die Justiz neu, gewährte Straferlässe und ernannte den *Tribunal Popular de Euskadi*. Treu zu seinem Versprechen stehend, das er Azaña und den *Cortes* zum Zeitpunkt der Verabschiedung des Statuts gegeben hatte, nämlich für die Sache der Republik bis zum Ende zu kämpfen, führte Präsident (*Lehendakari*) Aguirre, als am 19. Juni 1937 die Regimenter (*Tercios*) der karlistischen *Requetés* Bilbao besetzten, den Krieg in Katalonien fort. So entstand und verging Euskadi in neun Kriegsmonaten wie ein kleiner und ephemerer Staat.[346]

Galicien. In Galicien hatte die *Organización Republicana Gallega Autónoma* (ORGA), die im September 1929 gegründet wurde und sich dann in die *Federación Republicana Gallega* umgewandelt hatte, am 4. Juni 1931 in La Coruña eine Versammlung einberufen, um über die Natur der galicischen Selbstregierung zu beraten. Es wurden verschiedene Projekte vorgeschlagen. Die Versammlung lehnte die radikalsten – wie dasjenige, das von Vicente Risco und anderen vorgelegt worden war und das auf dem nationalistischen Programm und der Annahme der Existenz einer Föderalen Republik basierte – ab und beauftragte eine Kommission mit der Ausarbeitung eines an den moderaten und realistischen Kriterien der ORGA orientierten Vorentwurfes (*Anteproyecto*) des Autonomiestatuts. So

---

345 "Con arreglo a la Constitución de la República y al presente Estatuto, Álava, Guipúzcoa y Vizcaya se constituyen en región autónoma dentro del Estado español, adoptando la denominación de *País Vasco*" (Estatuto de autonomía del País Vasco aprobado por las Cortes republicanas. Madrid, 1 de octubre de 1936, Título primero, Artículo 1. In: J. L. de la Granja, J. Beramendi, P. Anguera: La España de los nacionalismos y las autonomías, S. 366-367).

346 Vgl. J. L. de la Granja, J. Beramendi, P. Anguera: La España de los nacionalismos y las autonomías, S. 147-154. - M. García Venero: Historia del nacionalismo vasco, S. 433-464.

wurde ein Statut angefertigt, das die nicht föderalistische Natur der Zweiten Republik berücksichtigte und den galicischen Abgeordneten des Parlaments übergeben wurde. Am 27. April 1932 berief jedoch der *Ayuntamiento* der Stadt Santiago "una Asamblea de los elementos políticos, administrativos, económicos y culturales" des sozialen Lebens Galiciens ein, [347] in der ein neuer Vorentwurf angenommen wurde. Der neue *Anteproyecto* wurde einer in Santiago von 17. bis 19. Dezember 1932 abgehaltenen Versammlung der Gemeinden vorgelegt und mit einer Mehrheit von mehr als zwei Dritteln (77,4%) der galicischen *Ayuntamientos* angenommen. Aber die Zentralregierungen, die einander in Madrid ablösten, erwiesen sich als immer mehr widerwillig, die Volksabstimmung für die Annahme des Statuts auszuschreiben. Erst als sich der *Partido Galeguista* auf die Seite des *Frente Popular* stellte, öffnete sich der Weg zum Autonomiereferendum, das schließlich am 28. Juni 1936 durchgeführt wurde. Das Statut wurde mit Zweidrittelmehrheit angenommen, konnte aber nicht mehr von den *Cortes* diskutiert und verabschiedet werden.[348]

Kastilien-León. In Kastilien-León hatte die Verabschiedung des katalanischen Statuts neuerlich das Interesse für den Regionalismus geweckt und so wurde im Herbst 1932 der Versuch unternommen, ein Autonomiestatut auszuarbeiten. Zu diesem Vorhaben gab es drei Positionen: a) die Position der 'Unitaristen', die die vollständige Unterdrückung jeder Bestrebung zu einer regionalen Autonomie verlangten; b) die Position der Befürworter eines 'gesunden Regionalismus', die sich an dem *Mensaje de Castilla* von 1918 und an den *Bases de Segovia* von 1919 orientierten und rasch eine Regionalautonomie erreichen wollten, die geeignet wäre, sofort die Lage in Kastilien-Lèon zu verbessern, und die dann im Laufe der Zeit viele Kompetenzen – bis hin zur Bildung einer politisch-administrativen Autonomie innerhalb der Einheit und Integrität Spaniens – erhalten sollte; c) die Position derjenigen, die ganz einfach die Ausarbeitung eines mit dem katalanischen bis auf die unerläßlichen Anpassungen identischen Statuts forderten.[349] Die Zeitung *El Norte de Castilla* führte im Oktober 1932 eine Kampagne für die Ausarbeitung eines gemäßigten Autonomiestatuts. Die Initiative erhielt viel Zustimmung, aber sie wurde auch von einigen Handelskammern und manchen Intellektuellen abgelehnt. Vor allem bekam sie nicht die entschlossene und einheitliche Unterstützung der politischen Parteien. Und so verlief die Initiative im Sand. Ab 1934 nahmen jedoch fast alle politischen Parteien - auch die CEDA - Projekte zur regionalen Organisation des Staatsgebietes in ihre Programme auf. Die ‚Oktoberrevolution' von 1934 brachte den kastilisch-leonischen regionalistischen Prozeß

[347] Zit. nach J. G. Beramendi: El nacionalismo gallego, S. 58.

[348] Vgl. J. G. Beramendi: El nacionalismo gallego, S. 47-61. - J. L. de la Granja, J. Beramendi, P. Anguera: La España de los nacionalismos y las autonomías, S. 154-164.

[349] E. Orduña: El regionalismo en Castilla y León, S. 233-234.

zum Stillstand, aber der Sieg des *Frente Popular* bei den Wahlen des 26. Februar 1936 gab ihm neue Impulse. In den Monaten April und Mai erklärten Intellektuelle, Vereinigungen, Politiker, Zeitungen, Handelskammern und verschiedene Institutionen ihre Zustimmung zu einem Autonomiestatut für Kastilien und León. Auch die CEDA und die Parteien des *Frente Popular* bezogen eine entschlossene Position zugunsten des Regionalismus. Im Mai 1936 entwarf Misael Bañuelos, Professor an der Medizinischen Fakultät der Universität von Valladolid, dreizehn *Bases políticas y administrativas*[350] für die Redaktion eines kastilisch-leonischen Autonomiestatuts, das wegen der tragischen Ereignisse der folgenden Monate nie ausgearbeitet wurde.[351]

Valencia. Aragonien. Andalusien. Die statutarischen Vorentwürfe von Valencia,[352] Aragonien[353] und Andalusien[354] gelangten nicht einmal zur Volksabstimmung.[355]

---

[350] Hier einige dieser *Bases*: "PRIMERA: Castilla y León se constituyen en región autónoma para defender España y su imperio espiritual y para defender sus derechos, en régimen de igualdad, con las demás regiones autónomas de España. SEGUNDA: En la región autónoma castellano-leonesa seguirán, como hasta hoy, las provincias con sus limites actuales y administración provincial autónoma, dentro de la región. TERCERA: Para evitar gastos de nuevos organismos burocráticos, las diputaciones provinciales, que recibirán desde la promulgación del Estatuto el nombre de consejos provinciales castellano-leoneses, deliberarán reunidos, en primavera y otoño, durante el menor número posible de dias, con el nombre de Asamblea de los Consejos de Castilla y León. CUARTA: De todas las provincias se nombrará un representante, que reunido con los de las otras provincias, constituirán el Consejo Supremo Permanente de Castilla y León. [...] NOVENA: Castilla y León reclaman para su Consejo Supremo las mismas atribuciones políticas concedidas a la Generalidad de Cataluña. Y para la Asamblea de consejos castellano-leoneses, los mismos poderes legislativos que se han otorgado al Parlamento catalán. DECIMA: Para los efectos de orden público, el Consejo Supremo de Castilla y León y su presidente gozarán de iguales poderes que el presidente y la Generalidad de Cataluña" (M. Bañuelos: El Estatuto de Castilla y León. Sus posibles Bases políticas y administrativas. In: *El Norte de Castilla* vom 26. Mai 1936, S. 1. Zit. nach E. Orduña: El regionalismo en Castilla y León, S. 259-261).

[351] Vgl. E. Orduña: El regionalismo en Castilla y León, S. 237-265. – Celso Almuiña Fernández: Castilla ante el problema nacionalista durante la II República. El Estatuto castellano «non nato». In: Justo G. Beramendi – Ramón Máiz (comps.): Los nacionalismos en la España de la II República. Madrid: Siglo XXI 1991, S. 415-437.

[352] Über den politischen 'Valencianismus' und seine Entwicklung vom zaghaften Regionalismus zum nach Unabhängigkeit strebenden Nationalismus vgl. J. Paniagua: Valencianismo político, S. 524-525 – Albert Girona Albuixech: Valencianos y valencianistas. Un estudio de la estructura de los partidos políticos en el País Valenciano de los años treinta. A propósito del valencianismo. In: Justo G. Beramendi - Ramón Máiz (comps.): Los nacionalismos en la España de la II República. Madrid: Siglo XXI 1991, S. 195-212.

[353] Zur Entstehung und Festigung des aragonischen Nationalismus vgl. Antonio Peiró: La consolidación del nacionalismo aragonés (1929-1938). In: Justo G. Beramendi - Ramón Máiz (comps.): Los nacionalismos en la España de la II República. Madrid: Siglo XXI 1991, S. 213-225.

Nachdem der Bürgerkrieg Ende März 1939 mit dem Sieg der 'Nationalen' über die Republikaner beendet war, wurde der organizistische und zentralistische spanische Nationalismus zu dem Kernstück aller Ideologien, die im ‚Franquismo' zusammenliefen, sowie zu dem größten Inspirator des politischen Handelns und des institutionellen Projekts des Franco-Regimes.[356]

Die "unicidad nacional de España" ist apodiktisch in allen *Leyes fundamentales* der Diktatur erklärt. Die Existenz von anderen 'Nationen' und ‚Völkern' innerhalb des Landes wurde nicht einmal erwähnt. Am 17. Mai 1958 hatte der *Caudillo de España* diese Grundsätze des "Movimiento Nacional, entendido como comunión de los españoles en los ideales que dieron vida a la Cruzada", verkündet:

I. España es una unidad de destino en lo universal. El servicio a la unidad, grandeza y libertad de la Patria es deber sagrado y tarea colectiva de todos los españoles.
II. La Nación española considera como timbre de honor el acatamiento a la Ley de Dios, según la doctrina de la Santa Iglesia Católica, Apostólica y Romana, única y verdadera fe inseparable de la conciencia nacional que inspirará su legislación.
III. España, raíz de una gran familia de pueblos, con los que se siente indisolublemente hermanada, aspira a la instauración de la justicia y de la paz entre las naciones.
IV. La unidad entre los hombres y las tierras de España es intangible. La integridad de la Patria y su independencia son exigencias supremas de la comunidad nacional. [...]
V. La comunidad nacional se funda en el hombre, portador de valores eternos, y en la familia, como base de la vida social; pero los intereses individuales y colectivos han de estar subordinados siempre al bien común de la Nación, constituída por las generaciones pasadas, presentes y futuras. La ley ampara por igual el derecho de todos los españoles.
VI. Las entidades naturales de la vida social: familia, municipio y sindicato, son estructuras básicas de la comunidad nacional. Las instituciones y corporaciones de otro carácter que satisfagan exigencias sociales de interés general deberán ser amparadas para que puedan participar eficazmente en el perfeccionamiento de los fines de la comunidad nacional.
VII. El pueblo español, unido en un orden de Derecho, informado por los postulados de autoridad, libertad y servicio, constituye el Estado Nacional. Su forma política es, dentro de los principios inmutables del Movimiento Nacional y de cuanto determinan la Ley de Sucesión y demás Leyes fundamentales, la Monarquía tradicional, católica, social y representativa.
VIII. El carácter representativo del orden político es principio básico de nuestras instituciones públicas. La participación del pueblo en las tareas legislativas y en las demás funciones de interés

---

[354] Über den 'Andalusismus' vgl. Manuel González de Molina Navarro y Eduardo Sevilla-Guzmán: Movimiento jornalero y Andalucismo Histórico. In: Justo G. Beramendi - Ramón Máiz (comps.): Los nacionalismos en la España de la II República. Madrid: Siglo XXI 1991, S. 304-331. – Antonio J. Porras Nadales: Andalucismo y reformismo: Los problemas del Estado desde Andalucía. In: Justo G. Beramendi - Ramón Máiz (comps.): Los nacionalismos en la España de la II República. Madrid: Siglo XXI 1991, S. 405-413.

[355] F. Tomás y Valiente: Manual de Historia del Derecho español, S. 462.

[356] J. L. de la Granja, J. Beramendi, P. Anguera: La España de los nacionalismos y las autonomías, S. 165.

general se llevará a cabo a través de la familia, el municipio, el sindicato y demás entidades con representación orgánica que a este fin reconozcan las leyes. Toda organización política de cualquier índole, al margen de este sistema representativo, será considerada ilegal.
Todos los españoles tendrán acceso a los cargos y funciones públicas según su mérito y capacidad.
IX. Todos los españoles tienen derecho: a una justicia independiente, que será gratuita para aquellos que carezcan de medios económicos; a una educación general y profesional, que nunca podrá dejar de recibirse por falta de medios materiales; a los beneficios de la asistencia y seguridad sociales, y a una equitativa distribución de la renta nacional y de las cargas fiscales. El ideal cristiano de la justicia social, reflejado en el Fuero del Trabajo,[357] inspirará la política y las leyes.[358]

Der Einfluß der falangistischen, traditionalistischen und sozialkatholischen Ideen auf die hier ausgedrückte Konzeption von Spanien als einer "nationalen Gemeinschaft", gegliedert in "natürliche Entitäten des sozialen Lebens", wie die Familie, die Gemeinde und die Gewerkschaft,[359] durch die sich die korporative Vertretung auf allen Ebenen (*Cortes*, *Diputaciones Provinciales*, *Ayuntamientos*) strukturierte, ist offensichtlich.

Wenn die Einheit und Integrität des Vaterlandes und die Einheit zwischen den Menschen und den Landschaften Spaniens unverletzlich und unantastbar waren, so war auch die nationale Souveränität eins und unteilbar. In der Definition des "Estado nacional" - im «Título 1» (Art. 2) der *Ley Orgánica del Estado* vom 10. Januar 1967 - wurde festgesetzt: "La soberanía nacional es una e indivisible, sin que sea susceptible de delegación ni cesión".[360] Die territoriale Organisation des Staates, die sich in die Triade Regierung-*Diputaciones Provinciales-Ayuntamientos* gliederte, war einheitlich und die Zentralisierung der Macht und der öffentlichen Verwaltung stark. Die Machtstrukturen waren hierarchisch und ab-

---

357 Vgl. Fuero del Trabajo (aprobado por Decreto de 9 de marzo de 1938, modificado por la Ley Orgánica del Estado de 10 de enero de 1967). In: Javier Hervada - José M. Zumaquero: Textos constitucionales españoles (1808-1978). Pamplona: Ediciones Universidad de Navarra 1980, S. 303-313.

358 Ley de Principios del Movimiento Nacional de 17 de mayo de 1958. In: Javier Hervada - José M. Zumaquero: Textos constitucionales españoles (1808-1978). Pamplona: Ediciones Universidad de Navarra 1980, S. 291-295.

359 Vgl. auch der *Fuero de los Españoles* (Tit. 1, Cap. I, Art. 10): "Todos los españoles tienen derecho a participar en las funciones públicas de carácter representativo, a través de la familia, el municipio y el sindicato, sin perjuicio de otras representaciones que las leyes establezcan". Vgl. Fuero de los Españoles (de 17 de julio de 1945, modificado por la Ley Orgánica del Estado de 10 de enero de 1967). In: Javier Hervada - José M. Zumaquero: Textos constitucionales españoles (1808-1978). Pamplona: Ediciones Universidad de Navarra 1980, S. 296-303; hier S. 298.

360 Ley Orgánica del Estado de 10 de enero de 1967. In: Javier Hervada - José M. Zumaquero: Textos constitucionales españoles (1808-1978). Pamplona: Ediciones Universidad de Navarra 1980, S. 313-342; hier S. 315.

solut ‚vertikal'[361] (schon die *Ley de Administración central del Estado* vom 30. Januar 1938 legte in ihrem Art. 17 fest, daß dem Oberhaupt des Staates "la suprema potestad de dictar normas jurídicas de carácter general" zustehe; ein Prinzip, das in seinem Kern von der *Ley de reorganización de la Administración central del Estado* vom 8. August 1939[362] bekräftigt wurde). Die lokale Verwaltung, die vollkommen der zentralen Administration unterworfen war, wurde durch die *Ley de Bases de Régimen Local* von 1945 geregelt, die das Gesetz vom 16. Dezember 1950, die *Ley de Bases* von 1953 und das Gesetz vom 18. Dezember 1953 weiterentwickelten. Diese Gesetze, die nach ihrer Umarbeitung und Verschmelzung zum Text des Gesetzes vom 24. Juni 1955 wurden, faßten den *Ayuntamiento* als natürliche Entität auf und sahen die Ernennung durch die Regierung der als Leiter der Gemeindeverwaltung und *Delegados del Gobierno en el Municipio* bezeichneten *Alcaldes* vor. Was die *Diputación Provincial* betrifft, so wurden ihre Mitglieder aus der Gruppe der *Alcaldes* gewählt und sie stand unter dem Vorsitz des Gouverneurs. Diese rigide Verwaltungsstruktur des Territoriums blieb bis zum Ende der Diktatur so gut wie unverändert, wenn auch von 1958 bis 1975 einige schüchterne Versuche gemacht wurden, die territoriale Organisation durch die Einführung von mehrere Provinzen umfassenden Verwaltungsbezirken neu zu ordnen. So sahen der *Estatuto de los Gobernadores civiles* von 1958 und die *Ley Orgánica del Estado* von 1967 (Tit. VII, Art. 45 Abs. 2) *Gobernadores Generales* mit Jurisdiktion über verschiedene Provinzen bzw. die mögliche Einrichtung von "divisiones territoriales distintas de la Provincia" vor;[363] die *Ley del Plan de Desarrollo* vom 10. Mai 1972, die sich mit dem Problem der Regionalentwicklung befaßte, gestattete - vorbehaltlich der Billigung durch die Regierung - die Bildung von *Mancomunidades de Diputaciones provinciales* und von *Cabildos insulares* zur Verwirklichung von gemeinsamen Projekten, die der Entwicklung einer Region oder mehrerer Provinzen förderlich gewesen wären. Schließlich widmete die *Ley de Bases del Estatuto de Régimen Local* vom 19. November 1975 ihre *Base* Nr. 20 genau diesen *Mancomunidades de Diputaciones provinciales*. Die von diesen Gesetzen vorgesehenen Möglichkeiten wurden jedoch nicht wahrgenommen und der Verwaltungsaufbau des Territoriums blieb, wie gesagt, unverändert.[364]

---

361 "El Jefe del Estado es el representante supremo de la Nación; personífica la soberanía nacional; ejerce el poder supremo político y administrativo..." (Ley Orgánica del Estado de 10 de enero de 1967, Tit. II, Art. 6).

362 Vgl. Ángel Bahamonde - Jesús A. Martínez: La construcción de la Dictadura (1939-1951). In: Jesús A. Martínez (coord.): Historia de España. Siglo XX, 1939-1996. Madrid: Cátedra 1999, S. 17-68; hier S. 19.

363 Ley Orgánica del Estado de 10 de enero de 1967, S. 328.

364 Vgl. J. M. Souvirón Morenilla: Realidad y perspectivas de la organización territorial del Estado. I. El Estado de las Autonomías, S. 22.

Die 'regionalen' Nationalismen, die nach Ansicht des ‚Franquismo' die Einheit der spanischen Nation zerstören wollten, gehörten zur "anti-España" und wurden daher verfolgt und verboten, so wie die nicht-kastilischen sprachlichen und kulturellen Manifestationen, da sie diese Nationalismen erzeugten oder jedenfalls förderten. Doch trotz der repressiven Maßnahmen der Dikatur wurden die 'regionalen' nationalen Identitäten nicht vollkommen ausgelöscht. Die Nationalismen und die Regionalismen, die sich vor Francos Aufstieg zur Macht entwickelt hatten, überlebten, wenn auch mit Mühe, im Exil oder im Untergrund.[365] In den letzten Jahren des Franco-Regimes konnten sich dann nicht nur Organisationen, die sich der Traditionspflege und dem kulturellen Erbe der Regionen widmeten, neu bilden, sondern sogar auch politische Parteien.

Der katalanische Nationalismus wurde sofort mit Erbitterung und Verbissenheit von Franco unterdrückt, der noch mitten im Bürgerkrieg seine Absicht bekundete, "una sola lengua, el castellano, y una sola personalidad, la española", durchsetzen zu wollen, und am 5. April 1938, als er in Lleida einrückte, den "en mala hora concedido" *Estatuto* aufhob, obwohl er die fast einstimmige Unterstützung der Bevölkerung der Stadt erhalten hatte.[366] Nach dem Ende des Bürgerkrieges wurde Katalanisch in der Schule, in der Presse, im Radio, im ganzen öffentlichen, amtlichen und halbamtlichen Leben und sogar in den religiösen Feiern und Riten abgeschafft. Die Veröffentlichung und die Aufführung katalanischer Werke wurden verboten, die Kulturzentren geschlossen, die Verlagsbestände katalanischer Bücher vernichtet, die katalanischen Orts- und Straßennamen ins Kastilische übersetzt. Die politischen Parteien (darunter auch die *Lliga*, die von den Republikanern aufgelöst worden war[367]) konnten - außer im Exil und im Untergrund - keinerlei Aktivitäten entwickeln. Der 'Katalanismus' beschränkte sich, da er sich nicht politisch betätigen konnte, auf kulturelle Aktivitäten folkloristischer, musikalischer und exkursionistischer Natur. In den Sechziger Jahren war die kulturelle Wiederbelebung besonders bedeutend und manifestierte sich in der Gründung von Zeitschriften und Verlagshäusern. 1966 war der *Sindicato Democrático de Estudiantes de la Universidad de Barcelona* geschaffen und die *Taula Rodona* (Runder Tisch) unter der Beteiligung aller Parteien gebildet worden, die kommunistische PSUC (*Partit Socialista Unificado de Catalunya*) miteingeschlossen. Die Erfahrungen mit diesem *Runden Tisch* erlaubten im Dezember 1969 die Gründung der *Coordinadora de Forçes Politiques de Catalunya* (CFPC), gebildet von *Esquerra Republicana de Catalunya*, von dem *Front Nacional de Catalunya*, von dem *Partit Socialista Unificado de Catalunya* (PSUC), von der *Unió Democràtica*

---

365 Vgl. J. L. de la Granja, J. Beramendi, P. Anguera: La España de los nacionalismos y las autonomías, S. 166.

366 Zitate nach J. L. de la Granja, J. Beramendi, P. Anguera: La España de los nacionalismos y las autonomías, S. 170.

367 Vgl. A. Balcells: Història del nacionalisme català, S. 142.

Català und vom *Moviment Socialista de Catalunya* (MSC), der 1945 in Toulouse mit der Vereinigung der *Unió Socialista de Catalunya* und des *Partit Obrer d'Unificació Marxista* gegründet worden war. In ihrem Gründungsmanifest forderte die CFPC die Amnestie, die politischen und gewerkschaftlichen Freiheiten, die Einberufung der *Cortes Constituyentes* und die Wiedereinführung des *Estatuto* von 1932 als Voraussetzung für die Ausübung der Selbstbestimmung, ein Recht, das auf alle Regionen des Staates ausgedehnt werden sollte. Das war das erste gemeinsame und konkrete von der Opposition vorgelegte Programm. Der katalanische ‚Antifranquismo' setzte sich so an die Spitze der spanischen Opposition gegen die Diktatur. Im November 1971 initiierte und berief die CFPC die *Assemblea de Catalunya* ein, an der Vertreter der verschiedenen Parteien und Gewerkschaften teilnahmen. Unter dem Slogan "Llibertat, amnistia, estatut d'autonomia" nahm die *Assemblea de Catalunya* das politische Programm des Manifestes der CFPC von 1969 wieder auf und startete im Mai 1972 die Kampagne "Per qué l'Estatut de 1932", die großen Erfolg hatte. Keinen besonderen Erfolg hatten dagegen die nach dem Vorbild der baskischen ETA geschaffenen Gruppen für den bewaffneten Kampf, wie der 1969 gegründete *Front d'Alliberament de Catalunya* (FAC), der bis 1971 verschiedene terroristische Anschläge verübte, die 1972 gebildete *Organizació de Lluita Armada* (OLLA) oder der *Exèrcit Popular Català* (EPOCA).[368]

Auch der baskische Nationalismus wurde vom Franco-Regime unerbittlich verfolgt. Im Juni 1937 wurde nicht nur die Aufhebung der Autonomie von Euskadi und des entsprechenden Statuts verfügt, sondern auch die Außerkraftsetzung der *Conciertos económicos*. Aufgelöst wurden auch die *Fueros*, außer in Álava und Navarra, Verbündete Francos während des Bürgerkrieges (so wiederholte sich zum Teil die Situation zur Zeit des spanischen Erbfolgekrieges). Nach der Niederlage mußten die Aktivisten des baskischen Nationalismus zwischen Exil, Gefängnis oder Untergrund wählen. Mehr als 100.000 Basken, Nationalisten und Anhänger der Linksparteien, entschieden sich für den Weg ins Exil. Viele Funktionäre des PNV gerieten in Gefangenschaft, anderen gelang es, sich nach Frankreich zu flüchten. Im Jahre 1940 gründete der Abgeordnete Manuel Irujo in London den *Consejo Nacional de Euzkadi*. Dieser Nationalrat von Euskadi, dessen Vorsitz Irujo übernommen hatte, verdrängte die baskische Regierung, die nach dem vorübergehenden Verschwinden von José Antonio Aguirre ohne Führung geblieben war, und entwarf einen *Anteproyecto para una Constitución de la República vasca*, die außer dem Baskenland auch Navarra und Gebiete von Aragonien umfassen sollte. Doch im Januar 1942 stellte der *Consejo Nacional de Euzkadi* seine Aktivitäten ein, nachdem ihn Aguirre desavouiert hatte. Nach einer langen Odyssee, die ihn bis nach Berlin verschlug, war nämlich Aguirre in den

---

[368] Vgl. J. L. de la Granja, J. Beramendi, P. Anguera: La España de los nacionalismos y las autonomías, S. 170-178. - A. Balcells: Història del nacionalisme català, S. 155-202.

Vereinigten Staaten gelandet, wo er seine Funktion als Präsident der baskischen Regierung wiederaufgenommen und den Amerikanern die Dienste des PNV angeboten hatte. So arbeiteten Agenten des baskischen Geheimdienstes für das FBI und das OSS (*Office of Strategic Services*; ab 1947: CIA) und entfalteten sowohl antifaschistische als auch antikommunistische Tätigkeiten. Die Wunschvorstellung von Aguirre, der sich zum glühenden Propagandisten der amerikanischen Demokratie gewandelt hatte, war es, das baskische Problem zu internationalisieren und die Unabhängigkeit von Euskadi durchzusetzen, wenn der Zusammenbruch Hitlerdeutschlands auch den Fall Francos nach sich gezogen hätte. Er sah die Verfassung von 1931 und das baskische Statut von 1936 nunmehr als überholt an und wäre nur bereit gewesen, eine *Confederación de Repúblicas Ibéricas* als provisorische Zwischenlösung zu akzeptieren. Um die Unabhängigkeit zu erreichen, versuchte der PNV, die Regierung Aguirre in einen *Bloque Nacional Vasco* umzuwandeln. Er forderte dabei von den baskischen republikanischen und sozialistischen Parteien die Trennung von den spanischen Mutterparteien. Die Partei schuf zudem ein kleines Heer, das jedoch nie ins Feld zog, und organisierte das Bataillon *Gernika*, das im April 1945 in der Gegend um Bordeaux an einer der letzten Schlachten gegen die Deutschen teilnahm.[369] Franco stürzte mit dem Ende des Zweiten Weltkriegs jedoch nicht und der PNV mußte seine undurchführbaren Pläne aufgeben und Vorschläge machen, die - wie die Rückkehr zur Verfassung von 1931 und zu dem Statut von 1936 - auch für die anderen baskischen Parteien annehmbar gewesen wären. Im August 1946 organisierte Aguirre in Bayonne - mit den gleichen Parteien wie im Jahr 1936 - wieder seine Regierung. Sein Hauptziel war, die Dikatur von Franco zu stürzen. Zu diesem Zweck organisierte er mit der Unterstützung der UGT, des STV (*Sindicato de Trabajadores Vascos*) und der CNT, den Generalstreik vom 1. Mai 1947, der (wie auch später der Streik vom April 1951[370]) einen gewissen Erfolg hatte. Auch fuhr er fort, den baskischen Geheimdienst für die USA arbeiten zu lassen. Es geschah aber nicht nur, daß Franco nicht gestürzt wurde, sondern auch, daß das Konkordat mit dem Vatikan und das Abkommen des Jahres 1953 zwischen den Vereinigten Staaten und der spanischen Regierung seine Macht noch mehr stärkten. Der *Partido Nacionalista Vasco*, der sich nach und nach während der Vierziger und Fünfziger Jahre zu einer christlich-demokratischen Partei gewandelt hatte (diese politische und ideologische Entwicklung hatte sich bereits während der Zweiten Republik abgezeichnet), wurde unterdessen zum Verfechter des Europagedankens. 1947 hatte der PNV die *Nuevos Equipos Internacionales* gegründet, die 1965 die *Unión Europea de los Demócratas Cristianos* ins Leben riefen. 1949 regte der PNV die Bildung des *Con-*

---

[369] J. L. de la Granja, J. Beramendi, P. Anguera: La España de los nacionalismos y las autonomías, S. 179-180.

[370] Vgl. Ángel Bahamonde - Jesús A. Martínez: La construcción de la Dictadura (1939-1951), S. 66-68.

sejo Federal Español del Movimiento Europeo an und 1951 gründete er den *Consejo Vasco por la Federación Europea.* Der PNV trat für den Aufbau einer Europäischen Föderation ein, die mehr auf den Völkern als auf den Staaten basieren sollte, und strebte - in Übereinstimmung mit der 'Aguirre-Lehre' - nach einem künftigen freien Staat ‚Euskadi' in einem vereinten Europa. Im Jahr 1956 hielt der PNV in Paris den *Congreso Mundial Vasco* ab. Nach dem plötzlichen Tod Aguirres im März 1960 in Paris verzichtete der PNV allmählich auf die spezifisch politische Arbeit und beschränkte sich auf die Entwicklung von ‚symbolischen' Aktivitäten, d. h. auf die Pflege des historischen und kulturellen Erbes von Euskadi. In den Sechziger und Siebziger Jahren wurde die Aufgabe des aktiven Widerstands gegen das Franco-Regime von neuen, im Baskenland entstandenen Organisationen übernommen, insbesondere von der ETA.[371] Die baskische revolutionäre Organisation ETA war im Juli 1959 entstanden, als der 1952 gegründete und 1956 in die Jugendsektion des PNV (EGI) aufgenommene Verband der nationalistischen Studenten *Ekin* ('Machen'), die EGI verließ und eine neue Organisation unter dem Namen *Euskadi Ta Askatasuna* (Baskenland und Freiheit) bildete, die sich die Dogmen von Sabino Arana - mit Ausnahme des religiösen Integralismus - und im besonderen seine Vorstellung, daß Euskadi im 18. Jahrhundert von Spanien erobert und besetzt worden sei, zu eigen machte. Der Feind, gegen den es bis zum Erreichen der Unabhängigkeit von Euskadi zu kämpfen galt, war also nicht nur die Diktatur von Franco, sondern auch Spanien. Um diese Unabhängigkeit zu erreichen, betrachtete die ETA die Gewaltanwendung, den bewaffneten Kampf, den politischen Mord und den Terrorismus als legitim. In der ersten (1962) der abgehaltenen Versammlungen definierte sich die ETA als "Movimiento Revolucionario Vasco de Liberación Nacional"; in der fünften (1967) als "Movimiento Socialista Vasco de Liberación Nacional". In ihrer dritten Versammlung (1964) hatte sich die ETA den Ideen von Federico Krutwig angeschlossen, der in seinem Buch *Vasconia. Estudio dialéctico de una nacionalidad* (1963) Euskadi als eine spanische Kolonie ansah und - durch die nationalen Befreiungsbewegungen der Dritten Welt (Algerien, Kuba, Vietnam) angeregt - die Strategie eines Revolutionskrieges vorschlug, der mit 'Guerillas' geführt werden mußte. 1968 gab es die ersten Morde. Von da an riß die Serie der Morde, der Attentate und der Entführungen von Unternehmern nicht mehr ab und nicht einmal der Tod Francos, am 20. November 1975, setzte dem ein Ende. (Das bekannteste von der ETA organisierte Attentat war jenes vom 20. Dezember 1973, das den Tod des Admirals Luis Carrero Blanco, des Präsidenten der spanischen Regierung, verursachte.) Im Jahre 1972 wurde die ETA (von der sich 1970 eine Gruppe von Marxisten-Leninisten abgespalten hatte, die sich dann der *Liga Comunista Revolucionaria* anschloß)

[371] J. L. de la Granja, J. Beramendi, P. Anguera: La España de los nacionalismos y las autonomías, S. 181-183.

durch die Eingliederung der EGI-*Batasuna*, eine Gruppierung, die sich von der EGI, der Jugendorganisation des PNV, getrennt hatte, gestärkt.[372]

Der galicische Nationalismus war schon in den allerersten Anfängen des Bürgerkrieges schwer getroffen worden, da in Galicien die militärische Erhebung rasch - in kaum zwei Wochen - und vollkommen triumphiert hatte. In den Jahren von 1939 bis 1945 gab es Aktivitäten des galicischen Nationalismus fast ausschließich nur außerhalb Spaniens. Einige Aktivisten, wie Alfonso D. Rodríguez Castelao, der ins Ausland geflüchtet war, versuchten Zentren des galicischen Nationalismus in den lateinamerikanischen Ländern, wo es bedeutende Kolonien von galicischen Immigranten gab, zu gründen. In Galicien war der *Partido Galleguista* bereits 1939 vollkommen zersetzt. Nur einer kleinen Gruppe von Aktivisten war es gelungen, eine minimale Organisation im Untergrund und manche Kontakte mit den Exilierten aufrecht zu erhalten. Aber ab 1948/49 gab es von dem *Partido Galleguista* kein Lebenszeichen mehr. Die Überlebenden des historischen Nationalismus, wie Ramón Piñeiro, zogen sich aus jeder politischen Tätigkeit zurück, brachen jeglichen Kontakt mit dem Nationalismus im Exil ab und widmeten ihre ganze Energie der kulturellen Arbeit, die im Verlag Galaxia, gegründet 1950 in Vigo, ihr wichtigstes Zentrum hatte. Ende der Fünfziger Jahre bildete eine kleine Gruppe von jungen Nationalisten - Studenten, Beamten und Angestellten - in Madrid die Gruppierung *Brais Pinto*, die wieder eine galicische nationale Partei gründen wollte. So wurde dann ein *Consello de Mocedade* ins Leben gerufen, der als Mitglieder treue Anhänger des historischen 'Galleguismo', Aktivisten des PCE, Sozialdemokraten, Christdemokraten und marxistische Nationalisten hatte. Vom *Consello de Mocedade* ausgestoßen, gründete der radikalste Flügel mit einigen historischen 'Galleguistas' 1963, in Madrid, die *Unión do Pobo Galego*, die erste revolutionäre marxistische Partei in der Geschichte des 'Galleguismo'. Die Gründung der *Unión do Pobo Galego* wurde in Santiago am 25. Juli 1964 bestätigt. Im selben Jahr der Gründung der UPG war - auf Initiative des historischen 'Galleguismo' - der *Partido Socialista Galego* gegründet worden, der die demokratisch-reformistische Tradition des *Partido Galleguista* hätte fortsetzen sollen. Die politische Aktivität des PSG war so gut wie Null. Seine Anstrengungen konzentrierten sich auf die Einrichtung kultureller Vereinigungen und in der Vorbereitung der Führungskräfte einer zukünftigen Partei, die in einem zukünftigen Galicien eine ähnliche Rolle wie die großen sozialdemokratischen europäischen Parteien hätte spielen sollen.[373]

---

[372] J. L. de la Granja, J. Beramendi, P. Anguera: La España de los nacionalismos y las autonomías, S. 181-187.

[373] Vgl. J. G. Beramendi: El nacionalismo gallego, S. 61-67. - J. L. de la Granja, J. Beramendi, P. Anguera: La España de los nacionalismos y las autonomías, S. 188-191.

Der Zeitraum vom Ende des 19. Jahrhunderts bis zur Zweiten Republik war von politischen und kulturellen Protestbewegungen in den peripheren Regionen gekennzeichnet, die die Verwaltungsautonomie und den Anspruch auf eigene kulturelle Identität erhoben. An der Spitze dieser Bewegungen, die viele Intellektuelle und Politiker die Auflösung Spaniens befürchten ließen, standen Katalonien, wo der ‚nationale Konsens' so schwach wie das partikularistische Bewußtsein stark war, und das Baskenland, wo sich die althergebrachte und ununterbrochene Tradition des ‚Fuerismo' von Anfang an in Opposition zum liberalen Staat fand. In diesen zwei Regionen verwandelte sich die regionalistische Bewegung allmählich in einen radikalen, separatistischen Nationalismus. In Galicien und Valencia entstand der Regionalismus später und entwickelte sich zu einem gemäßigten Nationalismus. Regionalistische Tendenzen bildeten sich auch in Kastilien-León heraus, der Region, die wegen ihres politischen und kulturellen Monopols von fast allen anderen spanischen Regionen bekämpft wurde.

Mächtige Impulse erhielt der politische Regionalismus im Lauf des 19. Jahrhunderts von literarischen Bewegungen wie der katalanischen *Renaixença* (Wiedergeburt) oder dem galicischen *Rexurdimento* (Wiedergeburt), die sich um die Wiederbelebung des Katalanischen beziehungsweise des Galicischen als Literatursprachen bemühten, sowie von der Historiographie und der Rechtsgeschichte, die durch die Publikation von städtischen und territorialen rechtlichen Quellen (insbesondere Sammlungen von Stadtverfassungen, *Cartas pueblas* und regionalen *Fueros*) und von Abhandlungen über die Geschichte der regionalen Institutionen die Erinnerung an die alten ‚Freiheiten' und Autonomien auffrischten. In den letzten zwei Jahrzehnten des 19. und in den ersten Jahren des 20. Jahrhunderts erhielt der Regionalismus kräftige Impulse vom *Regeneracionismo*, einer weitgreifenden kulturellen Bewegung, die die Wiedergeburt Spaniens durch eine radikale Dezentralisierung des Staates, die Abschaffung der Provinzen und die Wiederherstellung der historischen Regionen mit ihren autonomen *Juntas* (Versammlungen) und *Diputaciones* (Vertretungen) erreichen wollte und die eine organizistische Staatsauffassung vertrat, wonach die Regionen „natürliche Glieder" und „lokale Organe der spanischen Nation" waren.

Entscheidend wurde die Entwicklung des Regionalismus auch vom ‚Desaster' des Jahres 1898 und von dem sozialen Wandel, der den Prozeß der Industrialisierung begleitete, begünstigt. Der verlorene Krieg gegen die USA löste in Spanien eine tiefe, dramatische Krise aus. Der Verlust der letzten Überseekolonien (Kuba, Puerto Rico, Philippinen) verursachte einen erheblichen Legitimitätsverlust des Nationalstaates und vertiefte das Unbehagen über das politische System des ‚caciquismo'. Die Industrialisierung erweiterte die Kluft zwischen agrarischen und industrialisierten Regionen (Katalonien und Baskenland) und ließ schwere Interessenkonflikte entstehen, da die agrarischen Regionen eine protektionistische Politik von der Regierung verlangten, während sich die industrialisierten Regionen für den Freihandel einsetzten. Die Industrialisierung hatte außerdem zur Bildung sowohl einer Oligarchie von Unternehmern und Bankiers wie auch eines städtischen Proletariats geführt, die das Gefüge der traditionellen Gesellschaft veränderten. So wurden das Großbürgertum aus Industrie, Reederei, Handel und Hochfinanz und das Proletariat aus eingewanderten Arbeitern von den baskischen städtischen und ländlichen Mittelschichten als eine Bedrohung und ein Bruch mit den traditionellen Sitten und Gebräuchen empfunden. Die Flucht in die ‚kleine Heimat' schien die einzige mögliche Rettung zu sein.

Die regionalistischen Parteien - wie die katalanische *Lliga Regionalista*, der PNV (*Baskische Nationalistische Partei*) oder die *Solidaridad Gallega* - fanden einen ständig anwachsenden Zustrom von Anhängern und verbuchten manchmal große Erfolge bei den Wahlen. Der *Lliga Regionalista* gelang es, auch die Errichtung einer wichtigen Institution mit regionaler Gewalt durchzusetzen: 1913 erlaubte die Madrider Regierung den vier katalanischen Provinzen, sich zu ausschließlich administrativen Zwecken zu vereinigen und die *Mancomunitat de Catalunya* zu bilden. Die Katalanen versuchten nun eine vollständige Autonomie zu erlangen. Im Jahre 1919 wurde von der Versammlung der *Mancomunitat* der Entwurf zu einem *Estatuto de Catalunya* verabschiedet, der eine politische Autonomie vorsah, die eher der Autonomie eines Gliedstaats eines Bundesstaates als jener einer autonomen Region glich. Die Bestrebungen der peripheren Regionen zu immer mehr Autonomie gipfelten in der Gründung (oder Neugründung) von ausgesprochen separatistischen Parteien - wie dem *Estat Catalá* (1922), der *Acció Catalana* , dem PNV (1921) oder dem *Comité Revolucionario Arredista Galego* (1922) - und in der Bildung in Barcelona der sog. *Triple Alianza* (1923), eines Bündnispaktes der katalanischen, baskischen und galicischen Bewegungen und Parteien. Die Unruhen, die am 11. September die Kundgebungen der katalanischen, baskischen und galicischen Separatisten in Barcelona begleiteten, boten dem General Primo de Rivera den Anlaß zu seinem Staatsstreich vom 13. September 1923 und zur Errichtung einer Diktatur, die jede autonomistische Bewegung - auch die gemäßigteste - bekämpfte. Die *Mancomunitat de Catalunya* und die *Diputaciones Provinciales* wurden aufgelöst, alle regionalistischen und nationalistischen Parteien für illegal erklärt, die Verwendung der katalanischen Sprache im amtlichen Gebrauch und der Gebrauch nichtspanischer Flaggen verboten.

Primo de Rivera, der von dem *Regeneracionismo* beeinflußt worden war, wollte das Klientelenwesen und die ‚alte Politik' vernichten, die von den separatistischen Bewegungen und den terroristischen Attentaten bedrohte Einheit der Nation wiederherstellen und Spanien modernisieren. Er dämmte den Terrorismus ein, kurbelte die Wirtschaft an, zwang dem Land ein scharf von der Zentralgewalt kontrolliertes dezentralisiertes Verwaltunssystem auf und zerstörte das Wahlsystem der *Ayuntamientos*, das auf jenem ‚caciquismo' aufgebaut war, der sich in allen sensiblen

Lebensbereiches des Landes eingenistet und das allgemeine Wahlrecht und den Parlamentarismus in eine reine Fiktion verwandelt hatte. Der General scheiterte aber an seinem Unvermögen, die geplanten, zum Teil revolutionären Reformen vollständig durchzuführen. Er ließ die Reformprojekte nicht in endgültige Gesetze umsetzen und konnte wegen des Widerstands des Königs und der 'alten Politiker' nicht jene neue (berufsständische) Verfassung erlassen, die für die Befestigung seines umfangreichen Reformwerks und für die Ermöglichung des Übergangs von der Diktatur zu einer anderen - als jener vor 1923 bestehenden - verfassungsmäßigen Legalität notwendig gewesen wäre. Insbesondere wurde ihm das ungelöste Problem des administrativen Aufbaus des Staates zum Verhängnis. Er hatte zwar die Autonomie der Gemeinde, die er als eine natürliche, 'vor-staatliche' Gemeinschaft betrachtete, vollkommen anerkannt und gerade durch die Stärkung ihrer Selbstverwaltung die Mißstände des bisherigen Systems beseitigen wollen; der Provinz und der Region hatte er aber jegliche administrative Unabhängigkeit verweigert. Primo de Rivera trat Anfang 1930 zurück.

Die Monarchie, die zuerst Primo de Rivera unterstützt und dann zu seinem Sturz beigetragen hatte, ging geschwächt aus dem Scheitern der Diktatur hervor. Viele unter den Konservativen selbst hielten Alfons XIII. für die Diktatur verantwortlich und waren bereit, den König fallen zu lassen, um die konservative Gesellschaft zu retten. Die bürgerlichen Eliten, die besorgt waren, ihre Hegemonie und die politische Kontrolle des Landes zu bewahren, legten auch dem Monarchen und nicht nur Primo de Rivera den von der sozialen und politischen Linken erhaltenen Aufschwung zur Last. Aber Konservative, Liberale und ‚Dynastische' waren uneinig und nicht im Stande, die durch die tiefgreifenden sozialen und wirtschaftlichen Veränderungen der ersten Jahrzehnte des 20. Jahrhunderts hervorgerufene Krise zu bewältigen. Die Oppositionsparteien hatten sich dagegen geeinigt und sich in dem Pakt von San Sebastian (1930) verpflichtet, den Sturz der Monarchie zu betreiben und das katalanische Problem durch die Gewährung eines Autonomiestatuts zu lösen. Nach der vernichtenden Niederlage, die die Monarchisten bei den Gemeindewahlen von 1931 erlitten hatten, verließ König Alfons XIII. Spanien. Am 14. April 1931 wurde die Zweite Republik ausgerufen.

Sofort mußte die provisorische Regierung an das Problem der politisch-administrativen Strukturierung des Staates herangehen, da der Führer der *Esquerra Catalana*, Francesc Maciá, die Katalanische Republik als unabhängigen Staat ausgerufen hatte. Die Zentralregierung vereinbarte mit Barcelona die Einrichtung eines autonomen katalanischen Regierungsorganes, der *Generalitat de Catalunya,* und die Ausarbeitung eines Autonomiestatuts, das zuerst einer Volksabstimmung in Katalonien und danach der Abstimmung in der Verfassunggebenden Nationalversammlung unterzogen werden mußte. Im Baskenland scheiterte hingegen das Vorhaben der *Comisión de Alcaldes* (Ausschuß der Bürgermeister), am 17. April in Guernica die Baskische Republik auszurufen, da die provisorische Zentralregierung mit bewaffnetem Aufgebot die nach Guernica einberufene Versammlung verhinderte. Zu einem späteren Zeitpunkt beschloß aber eine Versammlung der Vertreter von etwa 500 baskischen und navarresischen Gemeinden die Ausarbeitung eines Verfassungsentwurfes für den baskischen Staat (Statut von Estella), der die „Reintegración foral“ – d. h. die Wiederherstellung des ‚Foral'-Regimes, das im Jahre 1876 aufgehoben worden war – forderte.

Um die Autonomiebewegungen – jene in Asturien, Galicien, Aragón, Valencia, Andalusien und in den Kanarischen Inseln waren aber nicht so radikal wie in Katalonien und in den baskischen Provinzen – unter Kontrolle zu halten und die neue Staatsform zu legitimieren, brauchte die provisorische Zentralregierung schnell eine neue Verfassung. Am 9. Dezember 1931 wurde eine stark von der Weimarer Reichsverfassung beeinflußte Verfassung erlassen, die Spanien als 'integralen Staat' einrichtete. Mit dem auf den *Regeneracionismo* und die organizistische Staatslehre von Hugo Preuß und Rudolf Smend zurückzuführenden Begriff des ‚Integralstaates', unter dem ein organischer Komplex gemeint wurde, der in der Lage war, autonome Gebietskörperschaften zu koordinieren, glaubte die Verfassunggebende Nationalversammlung die Formel gefunden zu haben, die das heikle Problem der territorialen Organisation des Staates lösen konnte. So sah die Verfassung von 1931 drei Gebietskörperschaften (Gemeinden, Provinzen und Regionen) vor und präzisierte in ihrem ersten Titel die Mechanismen, durch die die Harmonisierung des Prinzips der Einheit und ‚Integralität' des Staates mit jenem der gemeindlichen und regionalen Autonomie erreicht werden sollte. Aneinander angrenzende Provinzen mit gemeinsamen geschichtlichen, kulturellen und wirtschaftlichen Merkmalen konnten die Einrichtung einer autonomen Region beschließen, um eine politisch-administrative Einheit innerhalb des spanischen Staates zu bilden. Die Kompetenzen der Regionen blieben aber insgesamt gering und der Zentralstaat behielt ein großes Eingriffsrecht in die Verwaltung der Regionen.

Die Föderalisten waren mit dem Text der Verfassung nicht zufrieden. Insbesondere lehnten sie die bloß fakultative Bildung der Regionen ab und verlangten die explizite namentliche Aufzählung der Regionen sowie mehr Kompetenzen für die Regionen. Die Probleme, die die Autonomiebestrebungen der peripheren Regionen der jungen Republik bereiteten, konnte eine solche Verfassung nicht lösen, wie der katalanische Fall zeigte. Der Entwurf des katalanischen Autonomiestatuts, der auf dem Selbstbestimmungsrecht des katalanischen Volkes fußte und den Willen Kataloniens zu einer föderalistischen Strukturierung des spanischen Staates zum Ausdruck brachte, war am 2. August 1931 der Volksabstimmung unterzogen und mit überwältigender Mehrheit (99%) angenommen worden. Im September 1931 wurde ein parlamentarischer Ausschuß gebildet, der die Verfassungsmäßigkeit des Statuts zu überprüfen hatte. Schon der erste Artikel des Statuts, in dem Katalonien ausdrücklich als Staat bezeichnet wurde, wurde modifiziert. Modifiziert wurden viele andere Artikel, darunter jene über das Katalanische als Amtssprache Kataloniens und über die ausschließliche Zuständigkeit Kataloniens für das Schulwesen sowie die Artikel über die öffentliche Ordnung und den Finanzausgleich. Die *Cortes Constituyentes* folgten in den neuralgischen Punkten den Ansichten der parlamentarischen Kommission und verabschiedeten am 9. September 1932 einen Text des katalanischen Statuts, der die Erwartungen der Katalanen bitter enttäuschte. Das Statut löste also nicht das katalanische Problem. Und so wurde die 'cuestión catalana', die Frage der katalanischen Autonomie (wie auch das Problem der baskischen Autonomie), eine der wichtigsten Ursachen für die Instabilität der Zweiten Republik.

Durch mißlungene Reformen (insbesondere die Agrar- und die Militärreform), die kirchenfeindliche Politik, das katalanische Autonomiestatut, das Verbot von Vereinen, die Deportation von Personen, die Unterdrückung der Pressefreiheit, die blutige Niederschlagung der von der *Federación Anarquista Ibérica* und der *Confederación Nacional del Trabajo* entfesselten Volkserhebungen, die Verschleppung und Ermordung von Anarchisten und Arbeitern, die Streiks und die wirtschaftliche Rezession war das Ansehen der Regierung stark gesunken. Es kam zum Bruch der Koalition zwischen dem *Partido Republicano Radical-Socialista* und dem *Partido Socialista Obrero Español* und am 19. November 1933 zu Neuwahlen, die von den Rechten - insbesondere von der *Confederación Española de Derechas Autónomas* (CEDA) - gewonnen wurden. Da aber der Präsident der Republik die CEDA wegen ihrer antirepublikanischen Einstellung und ihrer antidemokratischen Ideologie daran hinderte, die Macht direkt zu übernehmen, war die politische Instabilität groß. Zwischen dem 16. Dezember 1933 und dem 30. Dezember 1935 wurden zehn Regierungen gebildet. Die Rechtsregierungen versuchten, die Agrarreform zu modifizieren, betrieben eine kirchenfreundliche Politik und hemmten den Prozeß der Bildung regionaler Autonomien, da sie diese als Angriffe gegen die Einheit des Landes verstanden. Die Annahme des Statuts von Estella wurde blockiert. Die Beziehungen zu Katalonien verschlechterten sich. Der Konflikt zwischen der Zentralregierung und Katalonien mündete schließlich in der Ausrufung der katalanischen Republik, als im Oktober 1934 in ganz Spanien revolutionäre Aufstände ausbrachen.

Nach der Niederschlagung der ‚Oktoberrevolution' intensivierten die Rechtsregierungen den Prozeß der Berichtigung der Reformen, die in den ersten zwei Jahren der Republik eingeleitet worden waren, und versuchten, die Verfassung zu ändern. Der Großteil der Abgeordneten und die Rechtsregierungen betrachteten nämlich das von der Verfassung von 1931 vorgesehene Modell der territorialen Organisation als ein 'separatistisches' Modell. Die ‚Oktoberrevolution' bestätigte ihre Überzeugung, daß die regionalen Autonomien eine Gefahr für die Einheit des Staates darstellten. So wurden das Statut von Katalonien am 2. Januar 1935 suspendiert, das katalanische Parlament geschlossen, die *Generalitat* jeglicher Kompetenz enthoben, ein Generalgouverneur von der Zentralregierung eingesetzt, mehr als hundert *Ayuntamientos* vorübergehend aufgehoben. Bei den allgemeinen Wahlen vom 16. Februar 1936 präsentierten sich die im *Frente Popular* vereinten Linksparteien geschlossen und stellten gemeinsame Kandidaten auf, während die Rechte geteilt auftrat (dieser Fehler kostete der Rechten den Sieg, obwohl sie die Mehrheit der abgegebenen Stimmen erhalten hatte).

Der Ausgang der Wahlen gab dem Autonomieprozeß neue Impulse. Das katalanische Statut wurde wieder in Kraft gesetzt. Das Statut des Baskenlandes wurde am 1. Oktober 1936 erlassen. In Galicien wurde ebenfalls ein Statut verfaßt und mittels Volksabstimmung vom galicischen Volk angenommen. Es kam aber nie zu seiner Sanktionierung durch die *Cortes*. Vorentwürfe von Statuten von Valencia, Aragonien und Andalusien konnten nicht einmal der Volksabstimmung unterzogen werden. Der Bürgerkrieg war am 17. Juli 1936 ausgebrochen. Er dauerte bis zum 1. April 1939. Der Extremismus des radikalen Flügels des PSOE, die Versuche der Gewerkschaften, eine Arbeiterrevolution auszulösen, die gegenrevolutionären Tätigkeiten der subversiven rechtsextremen Gruppierungen und die Verschwörungspläne hoher Generäle hatten eine Festigung des demokratischen Systems verhindert. Die Bildung von zahlreichen paramilitärischen Organisationen mit ihrer Gewaltideologie, ihrer Verachtung für die Demokratie und den Parlamentarismus, ihrer Bereitschaft, durch bewaffneten Kampf eine Revolution oder Gegenrevolution auszulösen, hatten die Autorität der Regierung unterminiert, die unfähig gewesen war, die öffentliche Ordnung zu gewährleisten. Die Ermordungen, die Attentate und die Zusammenstöße des ‚tragischen Frühlings' 1936 hatten die Voraussetzungen für die so ersehnte Revolution bzw. Gegenrevolution geschaffen.

Nachdem der Bürgerkrieg mit dem Sieg der von General Franco angeführten 'Nationalen' über die ‚Republikaner' beendet war, wurde der organizistische und zentralistische spanische Nationalismus zu dem Kernstück aller Ideologien, die im 'Franquismo' zusammenliefen, sowie zu dem größten Inspirator des politischen Handelns und des institutionellen Projekts des Franco-Regimes. Die nationale Einheit - oder genauer, die „*unicidad* nacional" - Spaniens ist apodiktisch in allen ‚Grundgesetzen' der Diktatur erklärt. Die Existenz von anderen ‚Nationen' und ‚Völkern' innerhalb des Landes wurde nicht einmal erwähnt. Die nationale Einheit und Integrität waren unantastbar, die Machtstrukturen hierarchisch und absolut 'vertikal'. Die territoriale Organisation des Staates gliederte sich in Staat, Provinzen und Gemeinden. Die Gemeinde wurde als natürliche Entität aufgefaßt, an deren Spitze ein durch die Regierung ernannter Bürgermeister stand, der gleichzeitig als ‚Delegierter der Regierung in der Gemeinde' fungierte. Die Provinzvertretung stand unter dem Vorsitz des Gouverneurs. Die 'regionalen' Nationalismen wurden verfolgt und verboten, genauso wie alle nicht-kastilischen Manifestationen kultureller und sprachlicher Natur. Eine vollständige Auslöschung der regionalen Bewegungen gelang zwar nicht, doch spielten sich ihre Aktivitäten bloß im Exil oder im Untergrund ab.

Erst in den sechziger Jahren kam es zu einer Wiederbelebung des Regionalismus mit der Gründung von Zeitschriften und Verlagshäusern. In Katalonien wurde die sog. *Taula Rodona* (Runder Tisch) gebildet, die alle katalanischen Parteien einschloß und die die Gründung der *Coordinadora de Forces Politiques de Catalunya* (CFPC) im Jahre 1969 vorbereitete. In ihrem Gründungsmanifest, das auch das erste gemeinsame und konkrete von der Opposition festgelegte Programm war, verlangte die CFPC die Amnestie, die politischen und gewerkschaftlichen Freiheiten, die Einberufung der *Cortes Constituyentes* und die Wiedereinführung des Statuts von 1932. Wie der katalanische, so wurde auch der baskische Nationalismus vom Franco-Regime unerbittlich verfolgt (die Basken hatten während des Bürgerkriegs auf der Seite der Republikaner gekämpft). Der *Partido Nacionalista Vasco* (PNV) überlebte im Exil und wurde nach dem zweiten Weltkrieg zu einem Verfechter des Europagedankens. Er trat für den Aufbau einer Europäischen Föderation ein, die mehr auf den Völkern als auf den Staaten basieren sollte, und strebte nach einem unabhängigen Staat (Euskadi) in einem vereinten Europa. Ab den 60er Jahren verzichtete der PNV allmählich auf spezifisch politische Tätigkeiten. Die Aufgabe des aktiven Widerstands gegen das Franco-Regime wurde von der 1959 gegründeten revolutionären Organisation ETA übernommen, die sich als Ziel die Erlangung - auch durch Gewaltanwendung und Terrorismus - der Unabhängigkeit des Baskenlandes gesetzt hatte. Der galicische Nationalismus, der schon in den allerersten Anfängen des Bürgerkriegs schwer getroffen worden war, entwickelte einige Tätigkeiten ausschließlich außerhalb Spaniens. 1963 wurde aber in Madrid die *Unión do Pobo Galego*, eine revolutionäre marxistische Partei, gegründet. 1964 entstand der *Partido Socialista Galego*, seine politische Tätigkeit war aber so gut wie Null. Seine Anstrengungen konzentrierten sich auf die Einrichtung kultureller Vereinigungen und in der Vorbereitung der Führungskräfte einer zukünftigen Partei, die in einem zukünftigen Galicien eine ähnliche Rolle wie die großen sozialdemokratischen europäischen Parteien hätte spielen sollen.

III. Kapitel: Die ‚demokratische Transition' und die Errichtung des Staates der Autonomien durch die Verfassung von 1978

Übersicht: Die Wiederherstellung der Monarchie und die Verfassung von 1978: Die territoriale Neuorganisation des spanischen Staates und die Konstituierung der Autonomen Gemeinschaften. – Die 'Historischen Rechte' der ‚forales' Gebiete. – Die Kompetenzen der Autonomen Gemeinschaften. – Die Autonomiestatuten. – Heterogenität der Verfahren zur Erreichung der Autonomie. – Harmonisierungs- und Homogenisierungsversuche: Die Autonomie-Vereinbarungen (‚Acuerdos Autonómicos'). – Die ‚differentiellen Fakten' (‚hechos diferenciales'). – Auf dem Weg zu einer föderalistischen Organisation des Staates? – Autonome Gemeinschaften und Europäische Union. – Die Autonomen Gemeinschaften und das von den Vereinten Nationen anerkannte Recht auf Selbstbestimmung der Völker. Ein gangbarer Ausweg? – Zusammenfassung.

Die Wiederherstellung der Monarchie und die Verfassung von 1978: Die territoriale Neuorganisation des spanischen Staates und die Konstituierung der Autonomen Gemeinschaften

Die Wiederherstellung der Monarchie, die von Franco mit der *Ley de Sucesión* vom Juni 1947 vorbereitet wurde,[1] und die feste Neigung von König Juan Carlos I. zu einem vollkommen demokratischen politischen System begünstigten einen untraumatischen Übergang von der Diktatur zur Demokratie und zu einer verfassungsmäßigen Normalität. Dieser Prozeß, von der spanischen Historiographie als 'transición democrática' definiert, vollzog sich im wesentlichen von 1976 bis 1978. Die *Ley para la Reforma Política* (LRP) von 1976 und der Erlaß der Verfassung im Dezember 1978 bildeten die rechtlichen Grundlagen des demokratischen Übergangsprozesses, der mit den allgemeinen Wahlen abgeschlossen wurde.[2]

Der Vorentwurf zu der *Ley para la Reforma Política* wurde am 24. August 1976 von Regierungschef Adolfo Suárez dem Ministerrat vorgelegt. Der *Anteproyecto* erklärte die Demokratie für die "organización política del Estado español", legte die Wahl der *Cortes* durch das allgemeine Wahlrecht fest und führte das parlamentarische Zweikammersystem (*Congreso* und *Senado* bildeten die *Cortes*) ein. Schließlich gab eine Übergangsbestimmung der LRP der Regierung die Möglichkeit, mit einer Verordnung die ersten allgemeinen Wahlen auszu-

[1] Ley de Sucesión en la Jefatura del Estado (de 26 de julio de 1947, modificada por la Ley Orgánica del Estado de 10 de enero de 1967). In: Javier Hervada - José M. Zumaquero: Textos constitucionales españoles (1808-1978). Pamplona: Ediciones Universidad de Navarra 1980, S. 351-359.

[2] Vgl. Julio Aróstegui: La transición política y la construcción de la democracia (1975-1996). In: Jesús A. Martínez (coord.): Historia de España. Siglo XX, 1939-1996. Madrid: Cátedra 1999, S. 245-362; hier S. 254-260.

schreiben. Der endgültige Text wurde am 10. September 1976 vom Ministerrat genehmigt und dann dem *Consejo Nacional del Movimiento*,[3] dem ,órgano corporativo deliberante del régimen', übermittelt, der seine zustimmende Stellungnahme am 21. Oktober bekanntgab (80 Mitglieder des *Consejo* hatten für den Vorentwurf gestimmt, 13 dagegen, 6 enthielten sich der Stimme). In den Tagen des 16., 17. und 18. November debattierten die *Cortes Orgánicas* [4] die *Ley para la Reforma Política*, die schließlich mit 425 Zustimmungen, 59 Gegenstimmen und 13 Enthaltungen angenommen wurde. So billigten, aus Weisheit oder aus politischem Kalkül, der *Consejo Nacional del Movimiento* und die *Cortes Orgánicas*, die zwei tragenden Institutionen der Diktatur, sowie eine Regierung unter dem Vorsitz von Adolfo Suárez, der aus dem Zentralapparat der *Secretaría General del Movimiento* kam, ein Gesetz, das die Auflösung des ganzen bestehenden institutionellen Apparates und das Ende der politischen Hegemonie der Sieger des langen und blutigen Bürgerkrieges vorsah. Dem Volksreferendum unterzogen, wurde die *Ley para la Reforma Política* am 15. Dezember 1976 mit großer Mehrheit (81%) angenommen und im *Boletín Oficial del Estado* am 5. Januar 1977 veröffentlicht.[5]

Die Auflösung der *Organización Sindical del Movimiento*, der Einheitsgewerkschaft des Franco-Regimes,[6] und die Auflösung des *Movimiento Nacional*, der Einheitspartei des Franco-Regimes, die mit der Verfügung vom 8. Oktober 1976 bzw. mit der Königlichen Verordnung 23/1977 vom 1. April 1977 einsetzten, sowie die Wiederherstellung der rechtlichen Grundlagen für die Bildung

---

3 Die *Falange Española Tradicionalista y de las JONS*, die sich - wie bereits erwähnt - am 19. April 1937 gebildet hatte, war 1958 von Franco zum *Movimiento Nacional* erhoben worden.

4 Die *Ley de las Cortes* vom 17. Juli 1942, die zweite in chronologischer Reihenfolge der sogenannten 'Leyes Fundamentales', hatte das Prinzip der 'representación orgánica', der körperschaftlichen Vertretung also, eingeführt: die Mitglieder der *Cortes*, 'Procuradores' genannt, wurden von Institutionen - wie der Familie, der Gewerkschaft, der Gemeinde - und von Körperschaften ernannt. Vgl. Ley de las Cortes (de 17 de julio de 1942, modificada por la Ley Orgánica del Estado de 10 de enero de 1967). In: Javier Hervada - José M. Zumaquero: Textos constitucionales españoles (1808-1978). Pamplona: Ediciones Universidad de Navarra 1980, S. 342-351. Zu diesem Gesetz vgl. A. Bahamonde - J. A. Martínez: La construcción de la Dictadura, S. 28-30.

5 Ley 1/1977, de 4 de enero, para la Reforma Política. In: Javier Hervada - José M. Zumaquero: Textos constitucionales españoles (1808-1978). Pamplona: Ediciones Universidad de Navarra 1980, S. 360-363. Zu diesem Gesetz vgl. J. Aróstegui: La transición política y la construcción de la democracia (1975-1996), S. 267-273.

6 Die *Organización Sindical del Movimiento* wurde mit der *Ley de Unidad Sindical* vom 26. Januar 1940 und mit der *Ley de Constitución de Sindicatos* vom 6. Dezember 1940 eingerichtet und mit dem Gesetz vom 23. Juni 1940 in die *Sindicatos Nacionales de Falange Española Tradicionalista y de las JONS* eingegliedert. Sie war als *Sindicato Vertical* oder *Sindicatos Verticales* bekannt.

freier Gewerkschaften[7] und die Wiederherstellung der Freiheit, politische Parteien und Gruppierungen zu bilden,[8] schufen die Voraussetzungen für die Ausschreibung der von der Übergangsklausel der LRP vorgesehenen allgemeinen Wahlen.[9] Die Wahlen fanden am 15. April 1977 statt. Die Partei, die die meisten Stimmen erhielt, war die *Unión de Centro Democrático*: 6.309.517 Stimmen (47,14%) und 165 Abgeordnete). Die zweitstärkste Partei war der PSOE, der sich zusammen mit dem *Partit Socialista de Catalunya* (PSC) präsentiert hatte und auf 5.240.464 Stimmen (33,71%) und 118 Abgeordnete kam. Bescheiden war das Wahlergebnis des *Partido Comunista de España* (PCE), der sich zusammen mit dem *Partido Socialista Unificado de Cataluña* (PSUC) den Wahlen gestellt hatte und 1.655.744 Stimmen (5,71%) und damit 20 Abgeordnete bekam. *Alianza Popular* (die Partei des 'franquismo reciclado') wurde von 1.503.376 Personen (4,57%) gewählt und erreichte 16 Abgeordnete. Der *Partido Nacionalista Vasco* (304.244 Stimmen, 8 Abgeordnete) und der *Pacte Democràtic de Catalunya-Unió Demòcrata Cristiana Catalana* (666.398 Stimmen, 13 Abgeordnete) hatten auf der regionalen Ebene einen gewissen Erfolg. Von den anderen sechzehn Parteien, die an den Wahlen teilgenommen hatten, erreichten nur der *Frente Democrático de Izquierdas-Esquerra Catalana* und *Euzkadiko Eskerra* jeweils einen Abgeordneten, alle anderen (insbesondere diejenigen der extremen Rechten und der extremen Linken) keinen. Keine Partei erreichte die absolute Mehrheit für die 350 Sitze des *Congreso de los Diputados* und die 201 Sitze des *Senado*. Am 4. Juli 1977 bildete Adolfo Suárez eine Minderheitsregierung, unterstützt von der *Unión de Centro Democrático*.[10]

Die *Cortes*, die sich am 15. Juni 1977 konstituierten, hatten juristisch nicht den Charakter von *Cortes Constituyentes*, da diese Funktion nicht im mindesten in der *Ley para la Reforma Política* erwähnt wurde. Und dennoch war die erste Aufgabe der neuen *Cortes* gerade die Ausarbeitung des Textes einer Verfassung, die die Grundlage der neuen liberal-demokratischen Regierungsform bilden könnte. Um den den *Cortes* verliehenen 'verfassunggebenden' Charakter noch mehr hervorzuheben, löste im Jahre 1979 die Regierung von Suárez Kongreß und Senat auf,

---

7 Es geschah mit der Verordnung 17/1977 vom 4. März 1977 (Streikrecht), mit dem Gesetz 17/1977 vom 1. April 1977, mit dem Dekret 1.048/1977 vom 13. Mai 1977 und mit dem Dekret 2.508/1977 vom 17. Juni 1977. Vgl. Josefina Cuesta: Sindicatos Verticales. In: Enciclopedia de Historia de España. Dirigida por Miguel Artola. V. Diccionario temático. Madrid: Alianza Editorial 1991, S. 1112-1113.

8 Verordnung vom 8. Februar 1977 und Dekret vom 9. April 1977 (Legalisierung des PCE).

9 Es wurde das von der Verordnung vom 23. März 1977 definitiv festgelegte Wahlsystem angewandt.

10 Vgl. J. Aróstegui: La transición política y la construcción de la democracia (1975-1996), S. 271-281.

nachdem die Verfassung von den Kammern angenommen, dem Volksreferendum unterzogen und vom König sanktioniert worden war.[11]

Zuerst hatte die Regierung vorgeschlagen, das Projekt der Verfassung einer Expertenkommission anzuvertrauen. Doch dieser Vorschlag wurde verworfen. Es wurde dann entschieden, daß der *Congreso* der Abgeordneten die Aufgabe, eine Verfassung auszuarbeiten, übernehmen sollte. So wurde am 26. Juli 1977 eine *Comisión Constitucional* ernannt, die ihrerseits am 2. August einen Ausschuß (*Ponencia*) einsetzte, der ausschließlich aus Abgeordneten zusammengesetzt war. Der Verfassungsausschuß, der beauftragt wurde, den Text der Verfassung zu entwerfen, war aus sieben Mitgliedern zusammengesetzt und wollte repräsentativ für alle im Parlament vertretenen politischen Kräfte - von den Konservativen bis zu den Kommunisten - sein. Ihre Zusammensetzung war diese: 3 Mitglieder gehörten der UCD an, 1 dem PSOE, 1 der AP, 1 dem PCE-PSUC, 1 der Katalanischen Minderheit. Die *Ponencia*, in der kein Vertreter der baskischen Parteien saß, stellte ihren Vorentwurf (*Anteproyecto*) im Januar 1978 fertig. Nachdem er - zwischen Mai und Juli 1978 - zuerst in der *Comisión Constitucional* und dann im *Plenum* des Kongresses diskutiert worden war, wurde der Verfassungstext von den Deputierten (258 Jastimmen, 2 Gegenstimmen, 13 Enthaltungen) angenommen. Der Senat diskutierte den Text in den Monaten August und September und nahm ihn im Oktober an. Die gemischte Kommission *Congreso-Senado* nahm den endgültigen Text am 20. Oktober an. Am 31. Oktober fand die definitive Abstimmung in den zwei Kammern - getrennt - statt. Nur einige Abgeordnete der AP und die radikalen Basken stimmten dagegen. Die Abgeordneten des *Partido Nacionalista Vasco* entfernten sich vom Plenarsaal zum Zeitpunkt der Abstimmung, ein Abgeordneter der *Esquerra Republicana de Catalunya* und einige andere enthielten sich der Stimme. Der Verfassungstext wurde angenommen (nur 25 waren die Gegenstimmen) und am 6. November veröffentlicht. Am 6. Dezember wurde die Volksabstimmung abgehalten. Von den fast 18 Millionen Personen, die an der Volksabstimmung teilnahmen, stimmten 15.706.078 (87%) mit *Ja*, 1.400.505 mit *Nein*, 133.786 gaben einen leeren Stimmzettel ab. Die Enthaltung lag bei 30% der Stimmberechtigten (im Baskenland bei 50%; in dieser Region überwogen, aufgrund der Propaganda des PNV, die Neinstimmen - zusammen mit den Enthaltungen - die Jastimmen). Am 27. Dezember sanktionierte der König vor den *Cortes* die Verfassung, die am 29. Dezember 1978 (*Boletín Oficial del Estado* nr. 311-1) erlassen wurde.

Der Wunsch, einen Text zu entwerfen, der eine breite Zustimmung finden und von allen oder von fast allen politischen Kräften akzeptiert werden konnte, ist dafür verantwortlich, daß die Verfassung von 1978 ein manchmal wenig genaues, manchmal sogar ein zweideutiges Dokument ist. Zweideutig und ungenau ist die Verfassung vor allem im «Título VIII» («De la Organización Territorial del

---

[11] J. Aróstegui: La transición política y la construcción de la democracia (1975-1996), S. 283.

Estado»),[12] dem Titel, der sich gerade mit jenen Problemen der Natur, Ausdehnung und Begrenzung des sogenannten *Estado de las Autonomías* befaßt, auf die die besondere Aufmerksamkeit dieser Arbeit gerichtet ist. Alle Reformversuche der Verfassung, die nach ihrem Erlaß unternommen wurden, betreffen den «Título VIII». Ein offensichtlicher Beweis für die Ungenauigkeit und Ambiguität einiger der Normen über den Aufbau des *Estado de las Autonomías*. Obwohl fast alle Parteien, die *Alianza Popular* miteingeschlossen, in ihre offiziellen Programme

---

[12] Hier einige Urteile über den «Título VIII»: J. Leguina (Las Comunidades Autónomas. In: A. Predieri y E. García de Enterría [Eds.]: La Constitución Española de 1978. Madrid 1981, S. 804): „[son patentes] los graves defectos de técnica legislativa de que adolece todo el Título VIII, alimentados por el temor al cambio, el compromiso, la ambigüedad y el confesado deseo de abreviar al máximo los trámites finales en la discusión del Proyecto de Constitución". – L. Cosculluela (La determinación constitucional de las competencias de las Comunidades Autónomas. In: Revista de Administración Pública, 89, 1979, S. 9): "Lo menos que se puede decir del sistema de atribución de competencias que regula la Constitución española es que es deficiente en el orden técnico y poco claro en las intencionalidades políticas que persigue". – T. R. Fernández (El sistema de distribución de competencias entre el Estado y las Comunidades Autónomas. In: Revista de Estudios de la Vida Local, 201, 1978, S. 10): „[el Título VIII] no satisfece a nadie, ni a políticos ni a expertos, no responde a ningún molde conocido ... carece de la imprescindible claridad y ya desde ahora se revela claramente insuficiente para garantizar las relaciones entre los sujetos en presencia". – S. Muñoz Machado (La potestades legislativas de las Comunidades Autónomas. Madrid 1981, S. 19): „[el análisis doctrinal del Título VIII] revela inmediatamente una cierta sensación de impotencia de la doctrina cuando se plantea la necesidad de reducir a términos de racionalidad científica un texto que parece resistirse a cualquier sistematización". – L. Parejo (La prevalencia del Derecho estatal sobre el regional. Madrid 1981, S. 75): „[el Título VIII] es técnicamente deficiente, frecuentemente contradictorio y claramente ambiguo. En él no se ofrece un cuadro sistemático y acabado ... sino, todo lo más, los criterios y principios (a menudo incoherentes entre sí)". – G. Ariño Ortiz (El Estado de las Autonomías: realidad política, interpretación jurídica. Contribución a un enigma jurídico-estatal. In: La España de las Autonomías. Tomo II. Madrid 1981, S. 12): „La ambigüedad es constante, los equívocos frecuentes y la confusión máxima". – A. Nieto (La Administración pública en la Constitución española. In: La Constitución Española de 1978. Un análisis comparado. Roma: Instituto Jurídico Español 1982, S. 86): "Empedrado de violaciones flagrantes y de frustraciones políticas tremendas, el título octavo es el escollo más grande que tiene nuestra Constitución, no por su contenido político, sino por su redacción. El título octavo es un compromiso de esquivar problemas y de no decir nada". Eduardo García de Enterría, dem wir diese Zitate verdanken, schreibt: "Es ya común observar que el Título VIII de la Constitución es el más imperfecto de todo su texto, y probablemente así es. Pero aun partiendo de ese aserto, ello no implica que el contenido de dicho título deje de ser por eso un contenido normativo al que es menester atender, con el valor superior propio de todos los preceptos constitucionales" (Eduardo García de Enterría: Estudios sobre autonomías territoriales. Madrid: Civitas 1985, S. 87). Leicht gesagt! Wie kann aber eine Norm beachtet werden, die widersprüchlich und zweideutig ist? Hier liegt das Problem, das García de Enterría übersieht - übersehen will. Seine einflußreichen Ideen über die Verfassung als absolute Norm und über den normativen Charakter des *ganzen* Textes der Verfassung hat García de Enterría in seinem Buch *La Constitución como Norma y el Tribunal Constitucional* (Madrid 1981) dargelegt.

regionalistische Ingredienzien aufgenommen hatten,[13] konnte nämlich der Versuch, den Zentralismus der 'Konservativen' und der 'Progressisten' (wenn auch offiziell föderalistisch, so hatte - zum Beispiel - der PSOE in Wirklichkeit eine starke jakobinische Komponente; sogar der PCE, obwohl Befürworter der Regionalautonomien, war in dieser Frage - wie schon in der Vergangenheit[14] - nicht frei von einer gewissen Ambiguität) mit dem Föderalismus der katalanischen und baskischen nationalistischen Bewegungen in Einklang zu bringen, nur Kompromißformeln hervorbringen, die unbefriedigend und unklar waren.[15]

Die Opposition gegen das zentralistische Franco-Regime, während dem die Homogenität Spaniens als Nationalstaat (,Estado-Nación') ihren höchsten Grad erreicht hatte,[16] implizierte fast automatisch die Verteidigung der kulturellen Identität und der administrativen Autonomie der Regionen sowie die "voluntad de recuperar la historia", indem man sich wieder auf den unterbrochenen Weg ("camino interrumpido") der Zweiten Republik machte. Die Institutionalisierung der Regionen verwandelte sich so in ein notwendiges Erfordernis gerade des Übergangs vom ,Franquismo' zur Demokratie. Sie wurde sogar mit der ,transición democrática' identifiziert. Zu den Gründen und Sehnsüchten der Opposition und zu dem regionalistischen Druck (vor allem von Katalonien und dem Baskenland ausgeübt) kam noch das politische Kalkül der Zentralregierung hinzu.[17]

In seinem *Mensaje de la Corona* vom 22. November 1975, dem Tag seiner Ausrufung zum König, kündigte Juan Carlos I. die Anerkennung - "dentro de la unidad del Reino y del Estado" - der regionalen Eigentümlichkeiten („de las peculiaridades regionales") an. Ähnliche Formulierungen finden sich in der *Exposición de Motivos* (4. Januar 1976), "originaria de la Ley para la Reforma Política"[18] vom 10. September 1976, dem Gesetz also, das den politischen Übergang eröffnete: "Podrá acometerse democráticamente y con posibilidades de estabilidad y futuro la solución de los importantes temas nacionales, como son la institucionalización de las peculiaridades regionales como expresión de la diversidad de

---

13 Zur Einstellung der verschiedenen Parteien zum Problem der regionalen Autonomien vgl. J. L. de la Granja, J. Beramendi, P. Anguera: La España de los nacionalismos y las autonomías, S. 193-200.

14 Vgl. was zum Beispiel in Bezug auf das Nationalitätenproblem das *Programa del Partido Comunista de España frente a las próximas elecciones* (Madrid 1931) behauptete. In: J. L. de la Granja, J. Beramendi, P. Anguera: La España de los nacionalismos y las autonomías, S. 312.

15 Vgl. Aróstegui: La transición política y la construcción de la democracia (1975-1996), S. 283-286. - María Teresa González Calbet: Constitución de 1978. In: Enciclopedia de Historia de España. Bd. V: Diccionario temático, S. 335-336.

16 J. M. Souvirón Morenilla: Realidad y perspectivas de la organización territorial del Estado. I. El Estado de las Autonomías, S. 22.

17 J. M. Souvirón Morenilla: Realidad y perspectivas de la organización territorial del Estado. I. El Estado de las Autonomías, S. 24-25.

18 J. M. Souvirón Morenilla: Realidad y perspectivas de la organización territorial del Estado. I. El Estado de las Autonomías, S. 25.

pueblos que constituyen la unidad del Reino y del Estado".[19] Und in einem *Documento ideológico de Unión de Centro Democrático* vom Januar 1978 wurde festgestellt:

U. C. D. defiende la unidad de España, que se enriquece con la existencia sobre su territorio de una pluralidad de pueblos con una historia, una cultura, una lengua y, en suma, con una personalidad singular y diferenciada. Consecuentemente, U. C. D. considera que España y el Estado español han de organizarse sobre el reconocimiento de la región dotada de un ámbito existencial, político, cultural, económico y jurídico propio. U. C. D., sin embargo, rechaza toda idea de privilegio y reclama de forma especial, la solidaridad con las regiones más deprimidas y manifiesta la exigencia de contribuir a un más justo equilibrio económico y social entre todas las regiones.[20]

Noch vor der Umwandlung der *Unión de Centro Democrático* in eine richtige Partei hatte Adolfo Suárez begonnen, eine Politik der vollendeten Tatsachen zu praktizieren, mit der er - soweit es möglich war - beabsichtigte, die zentrifugalen Tendenzen der regionalen Nationalismen unwirksam zu machen und die Ressentiments des zentralistischen spanischen Nationalismus zu neutralisieren. Mit verschiedenen Erlässen hatte er in der Tat eine Reihe von Vor-Autonomien gewährt: im September 1977 Katalonien (am 29. September wurde die *Generalitat de Catalunya* wieder eingerichtet); im Januar 1978 Euskadi; im März Galicien, Valencia, Aragonien und den Kanarischen Inseln; im April Andalusien; im Juni Estremadura, Kastilien-León und den Balearen. So entwarf die Regierung *de facto* den Plan von der territorialen Organisation des Staates, um dann den *Cortes* und dem spanischen Volk nur die Aufgabe zu überlassen, sie *de jure* vermittels der zukünftigen Verfassung zu bestätigen.[21]

Im «Título Preliminar» der *Constitución Española* von 1978, die das Zweikammersystem wieder einführte,[22] wird das Prinzip der unauflöslichen Einheit der

---

19 Zitate nach J. M. Souvirón Morenilla: Realidad y perspectivas de la organización territorial del Estado. I. El Estado de las Autonomías, S. 25-26.

20 Documento ideológico de Unión de Centro Democrático. Enero de 1978. In: J. L. de la Granja, J. Beramendi, P. Anguera: La España de los nacionalismos y las autonomías, S. 317.

21 Vgl. J. L. de la Granja, J. Beramendi, P. Anguera: La España de los nacionalismos y las autonomías, S. 199-200.

22 Art. 66 Abs. 1 der Verfassung (Título III) stellte fest: "Las Cortes Generales representan al pueblo español y están formadas por el Congreso de los Diputados y el Senado". Art. 69 Abs. 1 definierte den Senat dann so: "El Senado es la Cámara de representación territorial". Die territoriale Repräsentationsfunktion des Senates ist in Wirklichkeit recht bescheiden. Art. 69 Abs. 2 verfügt, daß in jeder Provinz vier Senatoren durch allgemeine Wahlen gewählt werden. Außerdem sieht Abs. 5 desselben Artikels die direkte Ernennung von Senatoren durch die Autonomen Gemeinschaften vor: "Las Comunidades Autónomas designarán además un Senador y otro más por cada milión de habitantes de su respectivo territorio. La designación corresponderá a la Asamblea legislativa o, en su defecto, al órgano colegiado superior de la Comunidad Autónoma, de acuerdo con lo que establezcan los Estatutos, que asegurarán, en todo caso, la adecuada representación proporcional". Vgl. Constitución Española. Con las

spanischen Nation postuliert und sogar zum Fundament der Verfassung erhoben ("Die Verfassung gründet sich auf die unauflösliche - bzw.: gründet in der unauflöslichen - Einheit der spanischen Nation..."). Gleichzeitig wird das Recht auf Autonomie der verschiedenen Nationalitäten und der Regionen, die die spanische Nation bilden, anerkannt. Hier im folgenden die Artikel des «Título Preliminar», die sich, direkt oder indirekt, auf das Dilemma Einheit-Autonomie beziehen:

1. 1. España se constituye en un Estado social y democrático de Derecho, que propugna como valores superiores de su ordenamiento jurídico la libertad, la justicia, la igualdad y el pluralismo político.

2. La soberanía nacional reside en el pueblo español, del que emanan los poderes del Estado.

3. La forma política del Estado Español es la Monarquía parlamentaria.

2. La Constitución se fundamenta en la indisoluble unidad de la Nación española, patria común e indivisible de todos los españoles, y reconoce y garantiza el derecho a la autonomía de las nacionalidades y regiones que la integran y la solidaridad entre todas ellas.

3. 1. El castellano es la lengua española oficial del Estado. Todos los españoles tienen el deber de conocerla y el derecho a usarla.

2. Las demás lenguas españolas serán también oficiales en las respectivas Comunidades Autónomas de acuerdo con sus Estatutos.

3. La riqueza de las distintas modalidades lingüísticas de España es un patrimonio cultural que será objeto de especial respeto y protección.

4. 1. La bandera de España está formada por tres franjas horizontales roja, amarilla y roja, siendo la amarilla de doble anchura que cada una de las rojas.

2. Los Estatutos podrán reconocer banderas y enseñas propias de las Comunidades Autónomas. Estas se utilizarán junto a la bandera de España en sus edificios públicos y en sus actos oficiales.

5. La capital del Estado es la villa de Madrid.[23]

Das im Art. 2 formulierte Prinzip der "unauflöslichen Einheit der spanischen Nation, gemeinsames und unteilbares Vaterland aller Spanier", ist im wesentlichen den in der Verfassung von 1931 ("Integralstaat") und in der *Ley de Principios del Movimiento Nacional* von 1958 (Unantastbarkeit der "unidad entre los hombres y las tierras de España", "integridad de la Patria") ausgedrückten Prinzipien nicht

---

doctrinas del Tribunal Constitucional, Tribunal Supremo y Tribunal Europeo de los Derechos Humanos, los Tratados Internacionales suscritos por España y la relación de las leyes dictadas en desarrollo de la Constitución. Tercera edición preparada por José Manuel Martínez-Pereda Rodríguez, Juan José González Rivas, Joaquín Huelin y Martínez de Velasco, José Luis Gil Ibáñez. Madrid: Editorial COLEX 1997, S. 388-395. In Wahrheit ist der Senat, aufgrund seiner Befugnisse, eher eine unnütze Kammer für die zweite Lesung von Gesetzen und nur eine tiefgreifende Reform könnte ihm die Funktion einer wirklichen territorialen Repräsentation verleihen. Vgl. die Untersuchungen über diese Institution und die Vorschläge zu ihrer radikalen Reform, die enthalten sind in Francesc Pau i Vall (Coordinador): El Senado, Cámara de representación territorial. Madrid: Tecnos 1996.

[23] Constitución Española. Con las doctrinas del Tribunal Constitucional, Tribunal Supremo y Tribunal Europeo de los Derechos Humanos, S. 17-24.

unähnlich. Die Artikel des «Título Preliminar» implizieren in ihrer Gesamtheit das Prinzip der absoluten Vorrangstellung des Zentralstaates und daher automatisch das Prinzip der Unterordnung der Autonomie. Die Autonomie ist nicht Souveränität. "In der Verfassung von 1978" - schreibt Pedro Cruz Villalón - "existiert keine andere Souveränität als die des Staates".[24]

Der *Tribunal Constitucional* und der *Tribunal Supremo* – der erste in einem Erkenntnis vom 2. Februar 1981, der zweite in einem Erkenntnis vom 5. Juni 1985 – werden erklären:

Autonomía no es soberanía [...,] y [dado que cada organización territorial dotada de autonomía es una parte del todo,] en ningun caso el principio de autonomía puede oponerse al de unidad, sino que es precisamente dentro de éste donde alcanza su verdadero sentido, como expresa el artículo 2 de la Constitución. Es la Ley la que concreta el principio de autonomía de cada tipo de entes, de acuerdo con la Constitución. Y debe hacerse notar que la misma contempla la necesidad – como una consecuencia del principio de unidad y de la supremacia del interés de la nación – de que el Estado quede colocado en una posición de superioridad (Sentencia 4/1981, de 2-2).

La provincia o el territorio histórico, con todo la autonomía que se quiera, están sometidos, por ser concepciones compatibles, a la soberanía del Estado y a su superior poder, como se determina en el artículo 2 de la Constitución (Sentencia, antigua Sala 4.ª, de 5-6-85).[25]

In seinem Kommentar zu dem Erkenntnis des Verfassungsgerichtes vom 2. Februar 1981 – es war eines der ersten Erkenntnisse, die diese im Jahr 1980 gegründete Institution verkündete – schrieb Francisco Tomás y Valiente, der von Ende Januar 1980 bis zum 8. Juli 1992 Mitglied des *Tribunal Constitucional* und jahrelang dessen Präsident gewesen war, daß der Grundsatz der Autonomie und der Grundsatz der Einheit Tragachsen des Staates sind:

Así, pues, principio de autonomía y principio de unidad como ejes del Estado, sin olvidar que el carácter unitario del Estado como institución compleja deriva de la unidad de la Nación española, y la autonomía de las Comunidades procede a su vez del *derecho a la autonomía* que el mismo artículo 2 de la Constitución Española reconoce a *las nacionalidades y regiones* que integran la unitaria nación española. Unidad no equivale a monolitismo ni a uniformidad, sino a integración de las partes en el todo. Unidad y complejidad son términos que conviven en un sistema de difícil articulación, cuya funcionalidad e integración están garantizadas por el principio de *que la Constitución es la norma suprema del Estado como totalidad*, por lo que, *en consecuencia, sus*

---

24 Pedro Cruz Villalón: Zehn Jahre spanische Verfassung. In: Jahrbuch des öffentlichen Rechts der Gegenwart, Neue Folge, Band 37 (1988), S. 87-114; hier S. 111.

25 Constitución Española. Con las doctrinas del Tribunal Constitucional, Tribunal Supremo y Tribunal Europeo de los Derechos Humanos, S. 20 (in eckige Klammer haben wir einen Satz des Erkenntnisses gesetzt, der im Apparat der *Constitución Española*, der die «Jurisprudencia» enthält, ausgelassen wurde, und sich dagegen in der Stelle findet, die Tomás y Valiente - in seinem im folgenden erwähnten Aufsatz - aus dem Erkenntnis zitiert).

principios obligan por igual a todas las organizaciones que forman parte de esa totalidad (Sentencia del Tribunal Constitucional, 32/1981, F.J. 5).[26]

Das Prinzip des absoluten Primats der Einheit des Staates, geradezu als Totalität verstanden (hier klingen Vorstellungen der regenerationistischen Konzeption vom Staat als organische Gemeinschaft an!), wird - wie man sieht - vom Postulat der Einheit der spanischen Nation mit einem syllogistischen Beweisverfahren abgeleitet. Es ist dies also das erste Prinzip, das dogmatische Postulat, dem sich alle Organisationen, die einen Teil der Staatstotalität bilden, unterordnen und anpassen müssen. Wie ist es nun konkret möglich, dieses Prinzip des absoluten Primats des Staates mit dem Recht der Nationalitäten und Regionen auf Autonomie in Einklang zu bringen? Wie groß ist die Ausdehnung der Autonomie? Wo liegen ihre Grenzen? Wie ist es schließlich möglich, das Recht auf Autonomie der einzelnen Nationalitäten und Regionen mit den Pflichten der interregionalen Solidarität zu vereinbaren?

Der Titel VIII («Über die territoriale Organisation des Staates»), der aus den Artikeln 137-158 der Verfassung besteht, versucht, eine Antwort und eine Lösung auf diese Fragen zu geben. Zuerst legt er in seinem ersten Kapitel folgende «Allgemeine Grundsätze» («Principios Generales») fest:

137. El Estado se organiza territorialmente en municipios, en provincias y en las Comunidades Autónomas que se constituyan. Todas estas entidades gozan de autonomía para la gestión de sus respectivos intereses.

138. 1. El Estado garantiza la realización efectiva del principio de solidaridad consagrado en el artículo 2 de la Constitución, velando por el establecimiento de un equilibrio económico, adecuado y justo entre las diversas partes del territorio español, y atendiendo en particular a las circunstancias del hecho insular.

2. Las diferencias entre los Estatutos de las distintas Comunidades Autónomas no podrán implicar, en ningún caso, privilegios económicos o sociales.

139. 1. Todos los españoles tienen los mismos derechos y obligaciones en cualquier parte del territorio del Estado.

2. Ninguna autoridad podrá adoptar medidas que directa o indirectamente obstaculicen la libertad de circulación y establecimiento de las personas y la libre circulación de bienes en todo el territorio español.[27]

Bevor er an das konkrete Problem der Errichtung und der Ausdehnung der Autonomie und an jenes der Kompetenzen der *Comunidades Autónomas* (Autonome Gemeinschaften) herangeht, bemüht sich der Gesetzgeber, das Prinzip vom Primat des Staates zu bekräftigen. Es ist der Staat, der sich territorial in Städte, Provinzen

[26] Francisco Tomás y Valiente: El desarrollo autonómico a través del Tribunal Constitucional. In: F. T. y V.: Escritos sobre y desde el Tribunal Constitucional, S. 175-188; hier S. 177-178.

[27] Constitución Española. Con las doctrinas del Tribunal Constitucional, Tribunal Supremo y Tribunal Europeo de los Derechos Humanos, S. 507-513.

und Autonome Gemeinschaften aufgliedert; es ist der Staat, der die Umsetzung des Prinzips der interregionalen Solidarität garantiert; es ist schließlich der Staat, der die Rechte aller Spanier und insbesondere ihr Recht schützt, sich überall in allen seinen Territorien frei zu bewegen und niederzulassen. (Der *Tribunal Constitucional* wird in einer Reihe von Erkenntnissen, die sich auf die Artikel der «Principios Generales» direkt beziehen - oder jedenfalls auf sie anwendbar sind -, Sorge tragen, das Prinzip der Überordnung des Staates erneut zu bestätigen und die Grenzen der Autonomie sowie ihre Unterordnung unter die allgemeinen Interessen der Nation und den Grundsatz der Solidarität zu unterstreichen: "Autonomía hace referencia a un poder limitado"; "autonomía no es soberanía"; "la autonomía no se garantiza en la Constitución [...] para incidir de forma negativa sobre los intereses generales de la nación"; "El principio de solidaridad es el corolario del de autonomía".[28])

Schließlich wird im dritten Kapitel - mit der Überschrift «De las Comunidades Autónomas» - des Titels VIII, das die Art. 143-158 der Verfassung umfaßt, die die Autonomen Gemeinschaften betreffende Materie zur Gänze geregelt. In Art. 143 und 144 wird den angrenzenden Provinzen mit gemeinsamen historischen, kulturellen und wirtschaftlichen Merkmalen das Recht zuerkannt, sich zusammenzuschließen und Autonome Gemeinschaften zu bilden (in besonderen Fällen hätte eine Gemeinschaft auch aus einer einzigen Provinz bestehen können). Artikel 145 untersagt den Autonomen Gemeinschaften, sich zu verbünden ("En ningun caso se admitirà la federación de Comunidades Autónomas"), und verwendet dabei Worte, die fast identisch mit jenen sind, die die Verfassung von 1931 benutzte, um in ihrem Art. 13 das gleiche Verbot ("En ningun caso se admite la Federación de regiones autónomas"[29]) zu formulieren. Artikel 146 nennt die Organe und die Personen, die für die Ausarbeitung der Statutsentwürfe der Autonomen Gemeinschaften und für ihre Annahme vorgesehen waren.[30] Artikel 147 definiert die Statuten als "norma institucional básica de cada Comunidad Autónoma", die der Staat als integrierenden Bestandteil seiner Rechtsordnung anerkennen und schützen wird; zudem bestimmt er den obligatorischen Mindestgehalt derselben (Benennung der Gemeinschaft, Begrenzung ihres Territoriums, Bezeichnung, Organisation und Sitz ihrer Institutionen, Auflistung der - "dentro del marco establecido en la Constitución" - übernommenen Kompetenzen). Artikel 148 zählt die Materien auf, für die die Autonomen Gemeinschaften Kompe-

[28] Constitución Española. Con las doctrinas del Tribunal Constitucional, Tribunal Supremo y Tribunal Europeo de los Derechos Humanos, «Jurisprudencia», S. 507-508, 511.

[29] Constitución de la República Española. 1931. Madrid: Sucesores de Rivadeneyra 1931, S. 3.

[30] "El proyecto de Estatuto será elaborado por una asamblea compuesta por los miembros de la Diputación u órgano interinsular de las provincias afectadas y por los Diputados y Senadores elegidos en ellas y será elevado a las Cortes Generales para su tramitación como ley" (Constitución Española. Con las doctrinas del Tribunal Constitucional, Tribunal Supremo y Tribunal Europeo de los Derechos Humanos, S. 525).

tenzen übernehmen dürfen, und führt weiters aus, daß sie diese Kompetenzen - nach Ablauf von fünf Jahren - über die Reform der Statuten erweitern können. Artikel 149 listet die Materien auf, für die ausschließlich der Staat zuständig ist, und bestimmt: “las materias no atribuidas expresamente al Estado por esta Constitución podrán corresponder a las Comunidades Autónomas, en virtud de sus respectivos Estatutos”. Artikel 150, der sich ebenfalls mit der Kompetenzaufteilung zwischen Staat und Autonomen Gemeinschaften befaßt, behält im zweiten bzw. im dritten Absatz dem Staat die Befugnis vor, auf die Autonomen Gemeinschaften jene “facultades correspondientes a materia de titularidad estatal” zu übertragen oder zu delegieren, die “por su propia naturaleza ... susceptibles de transferencia o delegación” seien, und Gesetze zu erlassen, “que establezcan los principios necesarios para armonizar las disposiciones normativas de las Comunidades Autónomas, aun en el caso de materias atribuidas a la competencia de éstas, cuando así lo exija el interés general”. Artikel 151 legt das Verfahren für die Ausarbeitung und Verabschiedung der Statuten in den Fällen fest, in denen die Autonomen Gemeinschaften nicht auf den Ablauf der im Art. 148 festgesetzten Frist von fünf Jahren warten müssen, um den Autonomieprozeß (“proceso autonómico”) einzuleiten und die volle Autonomie zu erlangen. Artikel 152 führt aus, welcher Art die institutionelle autonomische Organisation in den Gemeinschaften sein soll, deren Statuten mit der im Art. 151 festgelegten Verfahrensweise verabschiedet werden. Artikel 153 setzt fest, daß die Kontrolle über die Aktivitäten der Organe der Autonomen Gemeinschaften ausgeübt wird: *a*) vom Verfassungsgerichtshof, *b*) von der Zentralregierung, *c*) von der Verwaltungsgerichtsbarkeit (‘Jurisdicción Contencioso-Administrativa’), *d*) vom *Tribunal de Cuentas*. Artikel 154 überträgt einem von der Regierung ernannten Delegierten die Leitung der Staatsverwaltung im Territorium der Autonomen Gemeinschaft. Artikel 155 betraut die Zentralregierung mit der Aufgabe, die Autonomen Gemeinschaften zu zwingen, die ihnen von der Verfassung oder anderen Gesetzen auferlegten Pflichten zu erfüllen und das allgemeine Wohl Spaniens zu verteidigen, falls sie diese Pflichten versäumen bzw. gegen das allgemeine Wohl wirken sollten. Artikel 156 legt die finanzielle Unabhängigkeit der Autonomen Gemeinschaften „para el desarrollo y ejecución de sus competencias“ fest, unterwirft sie aber gleichzeitig den von den Grundsätzen “de coordinación con la Hacienda estatal y de solidaridad entre todos los españoles” abzuleitenden Begrenzungen. Artikel 157 zählt die Steuern und die diversen Einnahmen auf, die die den Gemeinschaften zur Verfügung stehenden finanziellen Ressourcen bilden. Artikel 158 schreibt die Bildung eines Kompensationsfonds (*Fondo de Compensación Interterritorial*) vor, um das ökonomische Ungleichgewicht zwischen den Territorien auszugleichen und das Solidaritätsprinzip zu verwirklichen.[31]

---

[31] Constitución Española. Con las doctrinas del Tribunal Constitucional, Tribunal Supremo y Tribunal Europeo de los Derechos Humanos, S. 522-619.

Die Verfassung von 1978, wie schon die von 1931, entwirft keine Landkarte der Autonomen Gemeinschaften. Ihre Bildung ist der Initiative der Provinzen überlassen. Doch die vor dem Erlaß der Verfassung verliehenen Vor-Autonomien und der Wunsch, alte Zwistigkeiten beizulegen, beeinflußten ganz deutlich sowohl den Verfassungstext als auch die transitorischen und die derogativen Bestimmungen, die diesen begleiten. Artikel 143, 144 und 151 sowie einige der «Disposiciones transitorias» der Verfassung erkannten das Recht auf Autonomie zu, fixierten unterschiedliche Verfahren für den Zugang zur Autonomie und sahen verschiedene Arten von Gemeinschaften vor. Aufgrund ihrer Bedeutung ist es notwendig, sie hier im Folgenden anzuführen:

143. 1. En el ejercicio del derecho a la autonomía reconocido en el artículo 2 de la Constitución, las provincias limítrofes con características históricas, culturales y económicas comunes, los territorios insulares y las provincias con entidad regional histórica podrán acceder a su autogobierno y constituirse en Comunidades Autónomas con arreglo a lo previsto en este Título y en los respectivos Estatutos.

2. La iniciativa del proceso autonómico corresponde a todas las Diputaciones interesadas o al órgano interinsular correspondiente y a las dos terceras partes de los municipios cuya población represente, al menos, la mayoría del censo electoral de cada provincia o isla. Estos requisitos deberán ser cumplidos en el plazo de seis meses desde el primer acuerdo adoptado al respecto por alguna de las Corporaciones locales interesadas.

3. La iniciativa, en caso de no prosperar, solamente podrá reiterarse pasados cinco años.

144. Las Cortes Generales, mediante ley orgánica, podrán, por motivos de interés nacional:

a) Autorizar la constitución de una comunidad autónoma cuando su ámbito territorial no supere el de una provincia y no reúna las condiciones del apartado 1 del artículo 143.

b) Autorizar o acordar, en su caso, un Estatuto de autonomía para territorios que no estén integrados en la organización provincial.

c) Sustituir la iniciativa de las Corporaciones Locales a que se refiere el apartado 2 del artículo 143.

151. 1. No será preciso dejar transcurrir el plazo de cinco años, al que se refiere el apartado 2 del artículo 148, cuando la iniciativa del proceso autonómico sea acordada dentro del plazo del artículo 143.2, además de por las Diputaciones o los órganos interinsulares correspondientes, por las tres cuartas partes de los municipios de cada una de las provincias afectadas que representen, al menos, la mayoría del censo electoral de cada una de ellas y dicha iniciativa sea ratificada mediante referéndum por el voto afirmativo de la mayoría absoluta de los electores de cada provincia en los términos que establezca una ley orgánica.

2. En el supuesto previsto en el apartado anterior, el procedimiento para la elaboración del Estatuto será el siguiente:

1° El Gobierno convocará a todos los Diputados y Senadores elegidos en las circunscripciones comprendidas en el ámbito territorial que pretenda acceder al autogobierno, para que se constituyan en Asamblea, a los solos efectos de elaborar el correspondiente proyecto de Estatuto de autonomía, mediante el acuerdo de la mayoría absoluta de sus miembros.

2° Aprobado el proyecto de Estatuto por la Asamblea de Parlamentarios, se remitirá a la Comisión Constitucional del Congreso, la cual, dentro del plazo de dos meses, lo examinará con el concurso y asistencia de una delegación de la Asamblea proponente para determinar de común acuerdo su formulación definitiva.

3° Si se alcanzare dicho acuerdo, el texto resultante será sometido a referéndum del cuerpo electoral de las provincias comprendidas en el ámbito territorial del proyectado Estatuto.

4° Si el proyecto de Estatuto es aprobado en cada provincia por la mayoría de los votos válidamente emitidos, será elevado a las Cortes Generales. Los Plenos de ambas Cámaras decidirán sobre el texto mediante un voto de ratificación. Aprobado el Estatuto, el Rey lo sancionará y lo promulgará como ley.

5° De no alcanzarse el acuerdo a que se refiere el apartado 2° de este número, el proyecto de Estatuto será tramitado como proyecto de ley ante las Cortes Generales. El texto aprobado por éstas será sometido a referéndum del cuerpo electoral de las provincias comprendidas en el ámbito territorial del proyectado Estatuto. En caso de ser aprobado por la mayoría de los votos válidamente emitidos en cada provincia, procederá su promulgación en los términos del párrafo anterior.

3. En los casos de los párrafos 4° y 5° del apartado anterior, la no aprobación del proyecto de Estatuto por una o varias provincias no impedirá la constitución entre las restantes de la Comunidad Autónoma proyectada, en la forma que establezca la ley orgánica prevista en el apartado 1 de este artículo.[32]

Disposiciones Transitorias

Primera. En los territorios dotados de un régimen provisional de autonomía, sus organos colegiados superiores, mediante acuerdo adoptado por la mayoría absoluta de sus miembros, podrán sustituir la iniciativa que el apartado 2 del artículo 143 atribuye a las Diputaciones Provinciales o a los órganos interinsulares correspondientes.

Segunda. Los territorios que en el pasado hubiesen plebiscitado afirmativamente proyectos de Estatuto de autonomía y cuenten, al tiempo de promulgarse esta Constitución, con regímenes provisionales de autonomía podrán proceder inmediatamente en la forma que se prevé en el apartado 2 del artículo 148, cuando así lo acordaren, por mayoría absoluta, sus órganos preautonómicos colegiados superiores, comunicándolo al Gobierno. El proyecto de Estatuto será elaborado de acuerdo con lo establecido en el artículo 151, número 2, a convocatoria del órgano colegiado preautonómico.

Cuarta. 1. En el caso de Navarra, y a efectos de su incorporación al Consejo General Vasco o al régimen autonómico vasco que le sustituya, en lugar de lo que establece el artículo 143 de la Constitución, la iniciativa corresponde al Organo Foral competente, el cual adopterá su decisión por mayoría de los miembros que lo componen. Para la validez de dicha iniciativa será preciso, además, que la decisión del Organo Foral competente sea ratificada por referéndum expresamente convocado al efecto, y aprobado por la mayoría de los votos válidos emitidos.

2. Si la iniciativa no prosperase, solamente se podrá reproducir la misma en distinto período del mandato del Organo Foral competente, y en todo caso, cuando haya transcurrido el plazo mínimo que establece el artículo 143.

Séptima. Los organismos provisionales autonómicos se considerarán disueltos en los siguientes casos:

a) Una vez constituidos los órganos que establezcan los Estatutos de Autonomía aprobados conforme a esta Constitución.
b) En el supuesto de que la iniciativa del proceso autonómico no llegara a prosperar por no cumplir los requisitos previstos en el artículo 143.

---

[32] Constitución Española. Con las doctrinas del Tribunal Constitucional, Tribunal Supremo y Tribunal Europeo de los Derechos Humanos, S. 522, 524, 604-605.

c) Si el organismo no hubiera ejercido el derecho que le reconoce la disposición transitoria primera en el plazo de tres años.[33]

Der unmittelbare und direkte Zugang zur vollen Autonomie – also mit der Übernahme des Höchstmaßes an den von der Verfassung für die Autonomen Gemeinschaften in Art. 148 und 149 vorgesehenen Kompetenzen – war nach der zweiten der «Disposiciones transitorias» Katalonien, dem Baskenland und Galicien möglich, den einzigen Territorien, die einen Statutsvorentwurf der Volksabstimmung unterzogen (Galicien hatte das, wie schon erwähnt, mit dem Autonomiereferendum vom 28. Juni 1936 getan) und ein provisorisches Autonomieregime zum Zeitpunkt des Erlasses der Verfassung hatten. Theoretisch wäre der Zugang zur vollen Autonomie auch den Territorien möglich gewesen, die das vom Art. 151 vorgesehene Verfahren in seiner Gesamtheit durchlaufen hätten. Doch die Starrheit des Verfahrens machte es faktisch unmöglich, die volle Autonomie über diesen Weg und bei korrekter Einhaltung aller Bestimmungen zu erreichen. (Die Verfassungsvorschriften mit der Anwendung eines ebenso komplexen wie dubiosen formal-juristischen Mechanismus verdrehend, wurde aber Andalusien – in Folge der von dem PSOE in dieser Region ausgelösten Volksmobilmachung, um die Regierung der UCD[34] zu schwächen – gestattet, über Art. 151 die volle Autonomie zu erlangen[35] und sein Statut am 30. Dezember 1981[36] verabschieden zu lassen.) In Wahrheit wollte der verfassunggebende Gesetzgeber mit Art. 151 die Außerordentlichkeit des an Katalonien, Galicien und dem Baskenland verliehenen Privilegs abschwächen, oder vielmehr, um es deutlicher zu sagen, sich ein formales Alibi schaffen. Das normale, von der Verfassung vorgesehene Zu-

---

[33] Constitución Española. Con las doctrinas del Tribunal Constitucional, Tribunal Supremo y Tribunal Europeo de los Derechos Humanos, S. 648-650.

[34] J. L. de la Granja, J. Beramendi, P. Anguera: La España de los nacionalismos y las autonomías, S. 203.

[35] Andalusien war die einzige Autonome Gemeinschaft, die sich den Voraussetzungen des Art. 151 Abs. 1 der Verfassung unterwarf und die volle Autonomie nach seinen Bestimmungen erhielt. In der Tat wurden nicht alle Voraussetzungen des Art. 151 Abs. 1 erfüllt, da im Referendum vom 28. Februar 1980 die notwendige absolute Mehrheit der Stimmen in der Provinz Almería nicht erreicht wurde. Man modifizierte aber das Organgesetz über das Referendum und es gab nun die Möglichkeit, daß das Begehren der einzelnen Provinz, das nicht die absolute Mehrheit der Stimmen erreicht hatte, durch die Regierung ersetzt werden konnte. Ein Mechanismus, dessen Verfassungsmäßigkeit sehr umstritten war. Vgl. Francisco Balaguer Callejón: Die Autonome Gemeinschaft Andalusien im Bildungsprozeß des Autonomischen Spanischen Staates. In: Jahrbuch des öffentlichen Rechts der Gegenwart, Neue Folge, Band 47 (1999), S. 109-147; hier S. 113, Anm. 9.

[36] Vgl. J. M. Souvirón Morenilla: Realidad y perspectivas de la organización territorial del Estado. I. El Estado de las Autonomías, S. 84-85.

gangsmodell war daher das in Art. 143 und Art. 148 Abs. 1 festgelegte Modell der langsamen und schrittweisen Autonomie.[37]

Die 'Historischen Rechte' der ,forales' Gebiete

Den 'historischen Gebieten' der Autonomie wurde jedoch nicht nur das Privileg eines unmittelbaren und direkten Zugangs zur vollen Autonomie gewährt. Die erste der «Disposiciones adicionales» und der zweite Absatz der «Disposición derogatoria» der Verfassung versuchten die alten Konflikte endgültig zu beenden, indem sie feierlich die historischen Rechte der 'forales' Gebiete anerkannten. In der ersten der «Disposiciones adicionales» wurde in der Tat erklärt:

> La Constitución ampara y respecta los derechos históricos de los territorios forales.
>
> La actualización general de dicho régimen foral se llevará a cabo, en su caso, en el marco de la Constitución y de los Estatutos de Autonomía.[38]

Außerdem wurde für das Baskenland, eines der drei 'forales'[39] Territorien, im zweiten Absatz der «Disposición derogatoria» (in ihrem ersten Absatz wurden die *Ley de Principios del Movimiento Nacional* vom 17. Mai 1958 und alle anderen Grundgesetze des Franco-Regimes abgeschafft) folgendes festgelegt:

> En tanto en cuanto pudiera conservar alguna vigencia, se considera definitivamente derogada la Ley del 25 de octubre de 1839 en lo que pudiera afectar a las provincias de Alava, Guipúzcoa y Vizcaya.
>
> En los mismos términos se considera definitivamente derogada la Ley de 21 de julio de 1876.[40]

---

[37] Vgl. J. M. Souvirón Morenilla: Realidad y perspectivas de la organización territorial del Estado. I. El Estado de las Autonomías, S. 38-42.

[38] Constitución Española. Con las doctrinas del Tribunal Constitucional, Tribunal Supremo y Tribunal Europeo de los Derechos Humanos, S. 643.

[39] Der Ausdruck 'territorios forales', in den Versionen der spanischen Verfassung als "territori forali", "territoires foraux", "Foralgebiete", "territories with *fueros*" wiedergegeben, ist in der Tat unübersetzbar, da es im Italienischen, Französischen und Deutschen das Adjektiv 'forale' oder 'foral' nicht gibt. Der englische Übersetzer hat also zu Recht den kastilischen Terminus beibehalten. Unübersetzbar ist auch der Ausdruck 'derecho foral' oder 'derechos forales', wiedergegeben als "diritto forale", "diritti forensi"(!) oder "diritti forali", "droit foral", "Foralrecht" oder "Sonderrecht", "*fuero* or special rights". Vgl. Bartolomé Clavero: «Territorios forales»: una pagina spagnola del palinsesto europeo. In: Le autonomie e l'Europa. Profili storici e comparati. A cura di Pierangelo Schiera. Bologna: Il Mulino 1993, S. 15-45; hier S. 15-19.

[40] Constitución Española. Con las doctrinas del Tribunal Constitucional, Tribunal Supremo y Tribunal Europeo de los Derechos Humanos, S. 652.

Die Anerkennung der historischen Rechte der 'territorios forales' und die Annullierung der Gesetze vom 25. X. 1839 und vom 21. VII. 1876 konnten Bestrebungen und Wünsche nach Separatismus, Föderalismus oder Selbstbestimmung wekken. Der Verfassungsgerichtshof wollte daher die Tragweite dieser Anerkennung beschränken. In einer Reihe von zwischen 1984 und 1990 verkündeten Erkenntnissen wurde genau erklärt, daß die Idee der Historischen Rechte der 'territorios forales', auf die die Zusatzbestimmung der Verfassung anspielt, nicht "como un título autónomo del que puedan deducirse específicas competencias" (S. 124 1, v. 18. XII. 1984) verstanden werden konnte. Den 'forales' Gebieten wurde die Wiederbelebung der Historischen Rechte nämlich nur in dem von der Verfassung und den Autonomiestatuten festgelegten Rahmen („en el marco de la Constitución[41] y de los Estatutos de Autonomía") zuerkannt, wie der zweite Absatz der ersten Zusatzbestimmung darlegt, der "un complemento indisoluble del primer párrafo de la misma disposición" bildet (SS. 123/1984, v. 18. XII; u. 76/1988, v. 26. IV). Es wurde jedoch eingeräumt, daß die Begrenzung der Zuständigkeiten der 'forales' Gebiete in Zukunft "una investigación histórica acerca de cuáles sean tales «derechos»" (S. 11/1984, v. 2. II) fordern könnte. Dieses Zugeständnis brachte es - zumindest theoretisch - mit sich, daß die historischen Forschungen nicht die Begrenzung der Kompetenzen, sondern das Fehlen jeder Begrenzung hätten feststellen können. Die Folgen, die eine solche eventuelle Feststellung nach sich ziehen würde, wurden aber von der folgenden Argumentation, die im Erkenntnis vom 26. April 1988 enthalten ist, *a priori* vereitelt:

El carácter de norma suprema de la Constitución, a la que están sujetos todos los poderes del Estado y que resulta del ejercicio del poder constitucional del pueblo español, titular de la soberanía nacional, y del que emanan todos los poderes del Estado imposibilita el mantenimiento de situaciones jurídicas (aun con una probada tradición) que resulten incompatibles con los mandatos y principios constitucionales. La Constitución no es el resultado de un pacto entre instancias territoriales históricas que conserven unos derechos anteriores a la Constitución y superiores a ella, sino una norma del poder constituyente que se impone con fuerza vinculante general en su ámbito, sin que queden fuera de ella situaciones «históricas» anteriores. En este sentido, y desde luego, la actualización de los derechos históricos supone la supresión, o no reconocimiento, de aquellos que contradigan los principios constitucionales. Pues será de la misma disposición adicional primera de la Constitución y no de su legitimidad histórica de donde los derechos históricos obtendrán o conservarán su validez y vigencia.

[...] De la consideración de la disposición adicional primera de la Constitución en su totalidad, en relación con los mandatos constitucionales y la nueva estructura territorial que la Constitución prevé, se deriva que la garantía, o, literalmente, el amparo y respeto por parte de la Constitución de los derechos históricos de los territorios forales no puede estimarse como una garantía de toda competencia que pueda legitimamente calificarse de histórica. Lo que la Constitución ha venido a

---

[41] „Marco de la Constitución" bedeutet nach einigen Verfassungsrechtlern „toda la Constitución", nach anderen nur „los principios fundamentales de la Constitución". Vgl. E. García de Enterría: Estudios sobre autonomías territoriales, S. 87-94. - Miguel Herrero de Miñón: Derechos Históricos y Constitución. Madrid: Taurus 1998, S. 285-293.

amparar y respetar no es una suma o agregado de potestades, facultades o privilegios, ejercidos históricamente, en forma de derechos subjetivos de corporaciones territoriales, susceptibles de ser traducidos en otras tantas competencias de titularidad o ejercicio respaldadas por la Historia. Como resulta de la misma dicción del párrafo segundo de la disposición adicional primera de la Constitución, lo que se viene a garantizar es la existencia de un régimen foral, es decir, un régimen propio de cada territorio histórico de autogobierno territorial, esto es, de su «foralidad», pero no de todos y cada uno de los derechos que históricamente la hayan caracterizado. La garantía constitucional supone que el contenido de la foralidad debe preservar tanto en sus rasgos organizativos como en su propio ámbito de poder la imagen identificable de ese régimen foral tradicional. Es ese núcleo identificable lo que se asegura. Todo ello bien entendido que esa garantía alcanza, como mínimo irreductible, a proteger un régimen de autogobierno territorial con el que quepa reconocer el régimen foral tradicional de los distintos territorios históricos. Dentro de estos límites, es al proceso de actualización previsto en la disposición adicional primera de la Constitución al que corresponde precisar cuál es el contenido concreto que, en el nuevo marco constitucional y estatutario, se da al régimen foral de cada uno de los territorios históricos, garantizado por la Constitución.[42]

Das Erkenntnis geht also von dem Charakter der Verfassung als „höchste Norm", der das Beibehalten von rechtlichen, mit den Verfassungsgrundsätzen unvereinbaren Zuständen unmöglich macht, und von der Annahme aus, daß die Verfassung nicht das Ergebnis eines Paktes zwischen historischen territorialen Instanzen ist. Diese Argumente sind nicht stichhaltig. Sie sind in Wahrheit fadenscheinige Vorwände und Sophismen. Die Verfassung war vielleicht nicht „das Ergebnis eines Paktes zwischen historischen territorialen Instanzen", aber sie war sicherlich das Ergebnis eines politischen Kompromisses. Und sie ist sicherlich kein Text, der nur auf einigen allgemeinen Prinzipien und politisch-juristischen Postulaten aufgebaut ist, aus denen dann alle einzelnen Normen mit eiserner Folgerichtigkeit abgeleitet worden sind. Und kein Text, dessen allgemeine Prinzipien und Postulate sowie besondere Normen in einem reinen metahistorischen, von den Bedingtheiten der vorhergehenden historischen Situation vollkommen freien Vakuum erzeugt worden sind und daher auf Grund dieser Genesis nicht nur frei von Widersprüchen und von ‚historischen Überresten' (‚residuos históricos'), sondern auch mit einer Kraft ausgestattet sind, die fähig ist, gerade alle jene 'historischen Überreste', die im Widerspruch zu ihnen stehen, zu beseitigen.

Wenn es so wäre, hätte man nicht mit gutem Grund behaupten können, daß die Verfassung von 1931 das Konzept oder das Brouillon ("borrador") gewesen sei, nach dem die Mitglieder der Verfassunggebenden Versammlung den Staat der Autonomien entworfen und gezeichnet hatten,[43] oder daß dieser Autonomienstaat

---

[42] Constitución Española. Con las doctrinas del Tribunal Constitucional, Tribunal Supremo y Tribunal Europeo de los Derechos Humanos, «Jurisprudencia», S. 643-646.

[43] „[...] no se olvide que la Constitución de 1931 es el borrador sobre el que nuestros constituyentes elaboran y acuerdan su diseño del vigente Estado autonómico" (Gumersindo Trujillo: Integración constitucional de los hechos diferenciales y preservación de la cohesión básica del Estado autonómico. In: Asimetría y cohesión en el Estado autonómico. Jornadas

ein "reflejo decisionista del *Estado integral*" der Zweiten Republik sei, hervorgebracht von dem Willen, sich mit dieser - "a modo de culminación de un camino fatalmente interrumpido" - zu vereinigen.[44] Einer der augenfälligsten 'historischen Überreste' der Verfassung von 1978 – in vielfacher Hinsicht auch von der italienischen Verfassung beeinflußt,[45] die am 1. Januar 1948 in Kraft getreten[46] und ihrerseits wieder von der spanischen Verfassung von 1931 beeinflußt worden war – ist, zum Beispiel, die Bewahrung der traditionellen peripherischen Provinzstruktur in der territorialen Staatsorganisation. Die Provinz, fundamentaler Kern des jahrhundertealten Zentralismus des Einheitsstaates, bleibt eines der Grundelemente der territorialen Organisation und der staatlichen Kontrolle über das Territorium. Sie wird in der Tat im Art. 141 als Entität "para el cumplimiento de las actividades del Estado"[47] definiert und vom Zivilgouverneur geführt, der auffälligsten institutionellen Erscheinung des staatlichen Zentralimus – er wurde als dessen Symbol und Reliquie bezeichnet.[48] (Von der *Convergencia y Unión*, von der katalanischen *Generalitat* und vom PNV angefochten, wurde das Amt des Zivilgouverneurs nach einem langen ideologischen und politischen Kampf über die Staatsorganisation mit der *Ley de Organización y Funcionamiento de la Administración General del Estado* - LOFAGE - vom 14. April 1997, also fast

---

sobre el Estado autonómico: integración y eficacia. Madrid: Instituto Nacional de Administración Pública 1997, S. 15-32; hier S. 23).

44 J. M. Souvirón Morenilla: Realidad y perspectivas de la organización territorial del Estado. I. El Estado de las Autonomías, S. 29.

45 Über den „starken Einfluß" der italienischen Verfassung auf die spanische Verfassung von 1978 vgl. Michael Johannes Busch: Autonomie und Föderalismus. Eine Studie zur spanischen Verfassung von 1978 unter besonderer Berücksichtigung des Grundgesetzes der Bundesrepublik Deutschland. Diss. Mainz 1987, S. 15-16. – Luciano Vandelli: Poteri locali. Le origini nella Francia rivoluzionaria. Le prospettive nell'Europa delle regioni. Bologna: Il Mulino 1990, S. 134-135.

46 So lautet, zum Beispiel, Art. 5: „La Repubblica, una e indivisibile, riconosce e promuove le autonomie locali; attua nei servizi che dipendono dallo Stato il piú ampio decentramento amministrativo; adegua i principi ed i metodi della sua legislazione alle esigenze della autonomia e del decentramento". Der ganze Titel V über die Unterteilung der Republik in Regionen, Provinzen und Gemeinden hat den Titel VIII der spanischen Verfassung deutlich beeinflußt. Vgl. La Costituzione esplicata. La Carta fondamentale della Repubblica spiegata Articolo per Articolo. Aggiornata alla L. cost. 18 ottobre 2001, n. 3. Edizioni Giuridiche Simone 2001, «Principi fondamentali, Art. 5», «Titolo V. Le Regioni, le Province, i Comuni, Art. 114-133», S. 23-25, 249-294. – M. Ainis - T. Martines: Codice costituzionale. Bari: Laterza 2001, S. 4, 23-27, 73-90, 712-858.

47 Constitución Española. Con las doctrinas del Tribunal Constitucional, Tribunal Supremo y Tribunal Europeo de los Derechos Humanos, S. 519.

48 Vgl. José María Souvirón Morenilla: Realidad y perspectivas de la organización territorial del Estado. II. Los elementos esenciales del sistema constitucional de organización territorial del Estado y su concreción. Granada: COMARES 2000, S. 90, Anm. 137.

zwanzig Jahre nach dem Erlaß der Verfassung, abgeschafft und durch das neue Amt des Unterdelegierten der Regierung - *Subdelegado del Gobierno* - ersetzt.[49])

Doch kehren wir zu den Erkenntnissen des Verfassungsgerichtshofes über die Historischen Rechte zurück. Die Rechtsprechung des Verfassungsgerichtshofes in der Frage der Historischen Rechte wurde von Miguel Herrero de Miñón – ‚Oberanwalt' (*Letrado Mayor*) des Staatsrates (*Consejo de Estado*), Referent des am 2. August 1977 eingesetzten Verfassungsauschusses und Abgeordneter, außerdem einer der größten Experten für Verfassungsrecht und insbesondere für das Problem der ‚Derechos Históricos' – als "insuficiente" und "manifiestamente contradictoria" definiert. Er hebt die Widersprüche hervor, die zwischen dem Erkenntnis 11/1984 vom 2. Februar und dem Erkenntnis 124/1984 vom 18. Dezember bestehen, stellt bei der Analyse des Erkenntnisses vom 26. April 1988 fest, daß in diesem Erkenntnis zu der Inkohärenz noch Fehler hinzukommen, und bemerkt schließlich, daß so große Widersprüche von seiten des höchsten Verfassungsauslegers dessen "poco aprecio por los Derechos Históricos" deutlich zeigen.[50]

Doch welche sind die 'Territorios Forales', die als Inhaber von Historischen Rechten gelten? Der Text der Verfassung enthält keinen Hinweis auf sie. (Die Auslassung ist kein Zufall. Die Verfassunggebende Versammlung war im Begriff, die Frage zu behandeln, doch die ‚fuerzas españolistas' - die politischen Kräfte des spanischen Nationalismus jeglicher Farbe - und der katalanische Nationalismus verhinderten dies aus „miope antihistoricismo".[51]) Die Provinzen von Álava, Guipúzcoa und Vizcaya werden im zweiten Absatz der «Disposición derogatoria» erwähnt; Navarra wird in der vierten der «Disposiciones transitorias» genannt. Der Verfassungsgerichtshof legt in Erkenntnissen (‚Sentencias') von 1985, 1989 und 1990 fest, daß Navarra zweifellos die Historischen Rechte (S. 94/1985, v. 29. VII; S. 140/1990, v. 20. VII)[52] zuerkannt werden müssen, diese aber nicht auf die Autonomen Gemeinschaften von Katalonien und Galicien ausgedehnt werden können. Aber der Staatsrat, der nach Art. 107 der Verfassung „el supremo órgano consultivo del Gobierno" ist,[53] legte in seinen Gutachten -

---

[49] Vgl. J. M. Souvirón Morenilla: Realidad y perspectivas de la organización territorial del Estado. II, S. 89-91, 94-95.

[50] M. Herrero de Miñón: Derechos Históricos y Constitución, S. 122-123.

[51] „[las fuerzas españolistas], especialmente en la derecha, no comprendieron las ventajas de insertar, a través de los Derechos y denominaciones históricas, las reivindicaciones de una personalidad como la catalana, eminentemente peculiar e irreductible a cualquier generalización autonómicas. Los [...] [nacionalistas catalanes] desecharon la ocasión de garantizar, a través de una fórmula singular, y la vía vasca ha demostrado la eficacia de la misma, la singularidad de su autonomía" (M. Herrero de Miñón: Derechos Históricos y Constitución, S. 118-119).

[52] Constitución Española. Con las doctrinas del Tribunal Constitucional, Tribunal Supremo y Tribunal Europeo de los Derechos Humanos, «Jurisprudencia», S. 652 und S. 646.

[53] Constitución Española. Con las doctrinas del Tribunal Constitucional, Tribunal Supremo y Tribunal Europeo de los Derechos Humanos, S. 455. Vgl. außerdem die *Ley Orgánica del*

'Dictámenes' - (Nr. 50.452 vom 7. Mai 1987 und Nr. 51.040 vom 7. April 1988) über die Zivilgesetzgebung von Galicien, Katalonien und Euskadi den Art. 149 Abs. 1 Z. 8 über die ausschließliche Zuständigkeit des Staates für die Zivilgesetzgebung im Lichte der ersten Zusatzbestimmung aus. Diese Bestimmung erklärt nach dem Staatsrat "el respeto y protección que la Constitución dispensa a los Derechos Históricos en general de los Territorios Forales, que se especifica, respecto de los derechos civiles forales en cuanto Derechos Históricos en el artículo 149.1.8ª".[54] Dem Staatsrat zufolge sind also Katalonien, Galicien, Euskadi – und natürlich auch Navarra – Inhaber von Historischen Rechten. (Der Staatsrat erkennt dagegen den anderen Gemeinschaften – auch nicht Aragonien oder den Balearen, obwohl diese 'forales' Rechte besitzen – keine Inhaberschaft Historischer Rechte zu.)[55] Doch wenn man einmal erkannt hat, daß die 'foralidad civil' Kataloniens und Galiciens ein Historisches Recht ist, warum - fragt sich Miguel Herrero de Miñón - wird nicht auch ihre 'foralidad política' als Historisches Recht anerkannt? In Wahrheit ist es unverständlich, daß die volle Inhaberschaft der Historischen Rechte nicht auch auf Galicien und Katalonien ausgedehnt wird, um so mehr als nur diese zwei Gemeinschaften, außer Euskadi, das Historische Recht anführen können, vor der Verfassung Autonomiestatuten der Volksabstimmung unterzogen zu haben.[56]

Sicherlich könnte eine zufriedenstellende Lösung des Problems der Historischen Rechte einen wichtigen Beitrag zur politischen Integration Spaniens leisten. Trotz der verschiedenen Zugeständnisse an die unterschiedlichen 'Nacionalidades' und Regionen, die die spanische Nation ausmachen, gibt die Verfassung von 1978 keine klare Antwort auf das konkrete Problem der ‚Plurinationalität', der Existenz verschiedener Völker und Nationen. In dieser Hinsicht ist sie ein zweideutiger Text.[57] Wie auch die erste der «Disposiciones Adicionales» zweideutig ist.[58] Und doch, wie richtigerweise Miguel Herrero de Miñón hervorgehoben hat, ist es nicht die 'Plurinationalität', die eine Bedrohung der Einheit Spaniens darstellt, sondern die Nichtanerkennung dieses "rasgo constitutivo de su propia estructura". Die Frage der 'Plurinationalität' wird nicht durch die Gewäh-

---

Consejo de Estado: "1. 1. El Consejo de Estado es el supremo órgano consultivo del Gobierno. 2. Ejerce la función consultiva con autonomía orgánica y funcional [...]. 2. 1. En el ejercicio de la función consultiva el Consejo de Estado velará por la observancia de la Constitución y del resto del ordenamiento jurídico" (Ley Orgánica 3/1980, de 22 de abril, del Consejo de Estado. In: Eduardo García de Enterría - José A. Escalante: Código de las Leyes Administrativas. Madrid: Civitas 2001, S. 1097-1104; hier S. 1097).

54 Consejo de Estado, Doctrina Legal 1987, S. 87ff., 1988, S. 65ff., 1992, S. 153ff (zit. nach M. Herrero de Miñón: Derechos Históricos y Constitución, S. 156).

55 M. Herrero de Miñón: Derechos Históricos y Constitución, S. 156-157.

56 M. Herrero de Miñón: Derechos Históricos y Constitución, S. 158.

57 M. T. González Calbet: Constitución de 1978, S. 335.

58 M. Herrero de Miñón: Derechos Históricos y Constitución, S. 17.

rung von mehr oder weniger weitgehenden Autonomien, sondern durch die Anerkennung der "existencia de cuerpos políticos diferentes" gelöst.[59]

Die Verfassunggebende Versammlung hatte jedoch ausdrücklich die Anerkennung der 'Plurinationalität' abgelehnt, die in der Debatte über den am 5. Januar 1978 vorgelegten Verfassungsvorentwurf mit einer Zuerkennung des Rechts auf Selbstbestimmung der verschiedenen Nationen oder Nationalitäten, die den spanischen Staat bilden, verknüpft worden war. Letamendía, ein Abgeordneter von *Euzkadiko Ezkerra*, hatte nämlich eine Abänderung des Textes des Art. 2 des *Anteproyecto* beantragt, der mit verschiedenen Hinzufügungen zum schon erwähnten Art. 2 der Verfassung werden sollte und so formuliert war:

> La Constitución se fundamenta en la unidad de España y la solidaridad entre sus pueblos, y reconoce el derecho a la autonomía de las nacionalidades y regiones que la integran.[60]

Die Abänderung von Letamendía hatte folgenden Wortlaut:

> La Constitución se fundamenta en la plurinacionalidad del Estado español. La solidaridad entre sus pueblos. El derecho a las autonomías de las regiones y naciones que lo integran. Y el derecho de autodeterminación de estas últimas.[61]

Die Unterschiede zwischen den beiden Texten sind bemerkenswert. In der beantragten Abänderung verschwindet die Erklärung von der Einheit Spaniens; die Zusammensetzung des spanischen Staates aus mehreren Nationalitäten („plurinacionalidad") wird unterstrichen; das Wort 'España' wird durch die Wörter 'Estado español' ersetzt; das Recht auf Autonomie der Regionen und Nationen (es wird nicht der unbestimmtere Begriff *Nacionalidades* verwendet) wird nicht von der Verfassung anerkannt, sondern bildet eine ihrer Grundlagen; schließlich wird erklärt, daß die Verfassung auf dem Selbstbestimmungsrecht der *Nationen* gründet.[62] Die Abänderung wurde vom Abgeordnetenkongreß abgelehnt. Später wurde sie neuerlich, mit keinem besseren Ergebnis, von Senator Bandrés, auch dieser von *Euzkadiko Ezkerra*, dem Senat vorgelegt. Zaghafter hatte die sozialistische Gruppe der parlamentarischen Kongreßabgeordneten versucht, das Prinzip des Selbstbestimmungsrechtes einzuführen, indem sie eine Abänderung des Textes eines Artikels des *Anteproyecto* über die internationalen Verträge vorschlug, die so lautete:

> Las relaciones internacionales de España se regirán por los principios de cooperación internacional, de respeto a la integridad territorial, de derecho de los pueblos a la autodeterminación.[63]

---

[59] M. Herrero de Miñón: Derechos Históricos y Constitución, S. 16-17.

[60] Zit. nach F. González Navarro: España, nación de naciones. El moderno federalismo, S. 210.

[61] *Diario de sesiones del Congreso*, número 66, 12 de mayo de 1978, pág. 2.263 (zit. nach F. González Navarro: España, nación de naciones. El moderno federalismo, S. 210).

[62] Vgl. F. González Navarro: España, nación de naciones. El moderno federalismo, S. 210-211.

[63] Zit. nach F. González Navarro: España, nación de naciones. El moderno federalismo, S. 211.

Der Unterschied zwischen der Abänderung von Letamendía und der Abänderung der sozialistischen Gruppe, die auch die Unterstützung der katalanischen Sozialisten und der Kommunisten erhielt, ist sehr auffällig. Während der baskische Abgeordnete, der den Sozialisten und den Kommunisten inkonsequentes Verhalten wegen der Aufgabe ihrer früheren Positionen vorwarf, die ausdrückliche Anerkennung des Selbstbestimmungsrechtes forderte und die Erklärung der Einheit Spaniens als gründendes Prinzip der Verfassung ausließ, erkannte die sozialistische Abänderung das Selbstbestimmungsrecht als ein Prinzip, das nur nach außen, auf der Ebene internationaler Beziehungen, und nicht in der inneren Ordnung des Staates Geltung haben sollte.[64] In der parlamentarischen Debatte über den *Anteproyecto* waren die Positionen deutlich. Letamendía ließ keine Zweifel offen über den Gebrauch, den die baskische Fraktion von dem Selbstbestimmungsrecht machen wollte: sich vom spanischen Staat friedlich trennen ("separarse pacíficamente") und einen unabhängigen Staat bilden ("constituir un Estado independiente").[65] Bandrés kritisierte im Senat den zweiten Artikel, der von der *Comisión de asuntos constitucionales* des Abgeordnetenkongresses in der Fassung, die die endgültige werden sollte, vorgelegt worden war, und behauptete, daß der Artikel an "la grandilocuencia de las peores etapas franquistas" erinnerte. Zum Selbstbestimmungsrecht sagte er:

> [...] estoy obligado a deciros, que para nosotros, la izquierda vasca, el derecho de autodeterminación es un derecho irrenunciable que, aparezca o no en la Constitución, es inseparable de nuestra condición de comunidad nacional, al que no hemos renunciado ni vamos jamás a renunciar.[66]

Waren für die baskische nationalistische Linke das Selbstbestimmungsrecht und folglich auch die Unabhängigkeit von Euzkadi unverzichtbar, so akzeptierten die Abgeordneten anderer Lager nicht einmal die Aufnahme des Konzepts von den "Nacionalidades" in Art. 2. So sagte - zum Beispiel - Gómez de las Roces in seiner Rede im Abgeordnetenkongreß:

> Es una contradicción gravísima de conceptos la que contiene el artículo 2.° No es posible considerar compatible de una parte el concepto de España como patria común e indivisible y el derecho a la autodeterminación efectiva de cada nacionalidad. Porque el objetivo de las nacionalidades es su pleno reconocimiento soberano, en tanto que las regiones se limitan al autogobierno en los propios asuntos. [...] Contra el centralismo estamos todos, pero España y el centralismo no son la misma cosa. Sin embargo, 'nacionalidades' y 'naciones' sí lo son - como ha dicho el señor Roca y celebro

---

64 F. González Navarro: España, nación de naciones. El moderno federalismo, S. 211-212.

65 *Diario de sesiones del Congreso*, número 66, 12 de mayo de 1978, pág. 2.265 (zit. nach F. González Navarro: España, nación de naciones. El moderno federalismo, S. 212-213).

66 *Diario de sesiones del Senado*, número 40, 19 de agosto de 1978, pág. 1.601-1.602 (zit. nach F. González Navarro: España, nación de naciones. El moderno federalismo, S. 216).

esa sinceridad en algo que, por otra parte, es evidente -. Sólo quiero añadir que si 'nación' lo es de presente, la 'nacionalidad' es simplemente lo mismo en potencia.[67]

Die Abänderungsvorschläge von Letamendía und von Bandrés wurden abgelehnt. Der im Art. 2 enthaltene Begriff der "Nacionalidades", der von Gómez de las Roces als gefährlich eingeschätzt worden war, wurde aber beibehalten. Es herrschte die Meinung vor, daß die Einführung des Terminus 'Nacionalidades' in den Art. 2 - wenn auch die Begriffe 'Nation' und 'Nationalität' identisch sind – keinen Separatismus implizieren und nicht den Zerfall der spanischen Nation mit sich bringen würde. So meinte der Abgeordnete Ortí Bordás in seiner Rede:

Estamos pues en que nacionalidad es exactamente igual que nación, pero con el gran avance (que ha sido reconocido esta mañana por algunos diputados, como, por ejemplo, el señor Carro, en relación con el primitivo texto de la ponencia) de que la introducción de esa innovación de la nacionalidad en la Constitución española no va a representar, si se mantiene en el texto presente del artículo 2.°, la decapitación de la nación española.[68]

Selbst Arzalluz – der Abgeordnete des *Partido Nacionalista Vasco*, der in einer späteren Sitzung behaupten wird, daß "la soberanía originaria reside en los pueblos del Estado" und daß "el Estado ha asumido la soberanía precisamente a partir de esos pueblos, [los cuales] han cedido la parte de soberanía necesaria para la coordinación de esa solidaridad, de esa convivencia total"[69] – ging so weit, zu erklären: "No buscamos ni en la palabra 'nacionalidades' ... ni en la de autonomía un trampolín para la secesión".[70]

Und so wurde im Text von Art. 2 des *Anteproyecto* das Wort 'Nacionalidades' beibehalten, dafür aber das Postulat von der "Einheit Spaniens" als Grundlage der Verfassung durch die Hinzufügung des Adjektivs "unauflöslich" verstärkt, das nicht auf die Einheit Spaniens ("la unidad de España"), sondern auf die „Einheit der spanischen Nation" bezogen wurde. Eine weitere Steigerung erfuhr dann die Formel "la indisoluble unidad de la nación española" durch folgenden Zusatz: "patria común e indivisible de todos los españoles". Der Wert des schon an sich vagen Begriffes 'Nacionalidades' wurde so auch dadurch stark geschwächt, daß er nun dem Begriff "spanische Nation" gegenüberstand, einem Begriff, der nicht nur genauer bestimmt ist, sondern auch mit beinahe mystischen Attributen ausgestattet wurde. Auch das Verschwinden des Wortes "Völker" ("La

---

[67] *Diario de sesiones del Congreso*, número 66, 12 de mayo de 1978, pág. 2.286 (zit. nach F. González Navarro: España, nación de naciones. El moderno federalismo, S. 214).

[68] *Diario de sesiones del Congreso*, número 66, 12 de mayo de 1978, pág. 2.296 (zit. nach F. González Navarro: España, nación de naciones. El moderno federalismo, S. 215).

[69] *Diario de sesiones del Congreso*, número 103, 4 de julio de 1978, pág. 3.780 (zit. nach F. González Navarro: España, nación de naciones. El moderno federalismo, S. 215).

[70] *Diario de sesiones del Congreso*, número 66, 12 de mayo de 1978, pág. 2.312 (zit. nach F. González Navarro: España, nación de naciones. El moderno federalismo, S. 215).

Constitución se fundamenta en la unidad de España y la solidaridad entre sus *pueblos*") aus dem endgültigen Text des Art. 2 ("La Constitución ... reconoce y garantiza el derecho a la autonomía de las nacionalidades y regiones que la integran y la solidaridad entre todas ellas") trug dazu bei, den Wert des Begriffs "Nationalitäten" abzuschwächen. Und natürlich schwächte die Hypertrophie des Begriffs "spanische Nation" nicht nur den Begriff "Nationalitäten" ab, sondern auch den Begriff „Autonomie".

Der beschränkte Wert der Autonomie, der wiederholt vom Verfassungsgerichtshof hervorgehoben worden ist, wird ständig auch von Eduardo García de Enterría[71] und von Francisco González Navarro betont, die sich dabei selbstverständlich auf die Erkenntnisse des Verfassungsgerichtshofes berufen.[72]

Wenn die Verfassung als „la norma suprema del Estado como totalidad",[73] als „único criterio normativo",[74] als „norma jurídica, parámetro de validez de todas las demás normas del Ordenamiento y, a la vez, determinante de toda su interpretación y aplicación",[75] betrachtet wird, dann ist es leicht, die Irrelevanz der Historischen Rechte, die beschränkte Tragweite der Autonomie, das Primat des Staates usw. zu beweisen. Von der "höchsten Norm des Staates als *Totalität*" wird alles abgeleitet und von ihr wird alles annulliert, was zu ihr im Widerspruch steht. Es war dies die Argumentationslinie von Manuel Azaña in der parlamentarischen Debatte über den Text des katalanischen Statuts. Und es ist die Argumentationslinie des Verfassungsgerichtshofes und seines berühmtesten Präsidenten, des am 14. Februar 1996 von der ETA ermordeten Francisco Tomás y Valiente. Von diesem großen Rechtsgelehrten haben wir bereits die Thesen vom absoluten Primat des Staates und von der Autonomie als einem von der Verfassung abgeleiteten und dieser daher zur Gänze untergeordnetem Recht erwähnt. Es ist nun auf seine Einstellung zu Art. 149 Abs. 1 Z. 8 einzugehen. Ziffer 8 lautet wie folgt:

149. 1. El Estado tiene competencia exclusiva sobre las siguientes materias: [...] 8.ª Legislación civil, sin perjuicio de la conservación, modificación y desarrollo por las Comunidades Autónomas

---

71 E. García de Enterría schreibt: "Las autonomías [...] son esencialmente subsistemas, que suponen un sistema superior que los trascienden y en cuyos alveolos las autonomías justamente se insertan y juegan. [...] En modo alguno [...] podrían las Comunidades Autónomas ser consideradas como unidades fragmentadas de un conglomerado mecánico puramente atomístico, sino como unidades necesariamente integradas en un sistema superior. Ese supraordenamiento autonómico sólo en la Constitución puede buscarse y apoyarse. El papel de ésta para definir y delimitar el sistema de las autonomías territoriales es, así, capital e insustituible" (Estudios sobre autonomías territoriales, S. 100-101).

72 Vgl. E. García de Enterría: Estudios sobre autonomías territoriales, S. 100, 141, 143-144 Anm., 219, 229, 238-241, 262 Anm., 337, 365. - F. González Navarro: España, nación de naciones. El moderno federalismo, S. 218-230.

73 Vgl. die schon zitierte "Sentencia del Tribunal Constitucional, 32/1981, F.J. 5".

74 E. García de Enterría: Estudios sobre autonomías territoriales, S. 95.

75 E. García de Enterría: Estudios sobre autonomías territoriales, S. 87.

de los derechos civiles, forales o especiales, allí donde existan. En todo caso, las reglas relativas a la aplicación y eficacia de las normas jurídicas, relaciones jurídico-civiles relativas a las formas de matrimonio, ordenación de los registros e instrumentos públicos, bases de las obligaciones contractuales, normas para resolver los conflictos de leyes y determinación de las fuentes del Derecho, con respeto, en este último caso, a las normas de derecho foral o especial.[76]

Im wesentlichen wird also bestimmt, daß der Staat über die ausschließliche Zuständigkeit für die Zivilgesetzgebung verfügt – dies aber ohne Beeinträchtigung der Beibehaltung, Änderung und Entwicklung durch die Autonomen Gemeinschaften der eventuell vorhandenen zivilen, ,forales' oder besonderen Rechte. Francisco Tomás y Valiente interpretiert diese Ziffer im Lichte des dritten Absatzes[77] der «Disposición derogatoria», der die Aufhebung aller Bestimmungen anordnet, die im Gegensatz zu dem stehen, was die Verfassung vorsieht ("Asimismo quedan derogadas cuantas disposiciones se opongan a lo establecido en esta Constitución"):

La disposición derogatoria tercera de la Constitución afecta también a las vigentes Compilaciones de los Derechos civiles forales, pues ninguna norma preconstitucional opuesta a la Constitución puede sobrevivir en el ordenamiento tras la entrada en vigor de nuestra norma suprema. El hecho de que los preceptos civiles forales procedan de épocas más o menos remotas hace que, al estar lógicamente informados por valores y convicciones sociales propios de aquéllas, puedan en buena medida estar en contradicción con algún precepto constitucional. Como, por muy venerable que sea la tradición de cualquier Derecho civil foral, en nuestro ordenamiento es la Constitución y no la historia la fuente y el parámetro de la validez del Derecho, cuando se dé la citada contradicción habrá de entenderse derogado el precepto civil foral preconstitucional de que se trate y los jueces y los Tribunales de la jurisdicción ordinaria están facultados para inaplicarlo (Sentencia del Tribunal Constitucional de 1 de junio de 1981 en su fundamento jurídico primero).
[...] Los órganos legislativos de las correspondientes Comunidades Autónomas (de momento los de Cataluña y País Vasco) al modificar y desarrollar su Derecho civil deberán tener en cuenta, como supremo punto de referencia, a la Constitución. Y conviene que esa tarea de actualización y compatibilización de los Derechos civiles forales con la Constitución la lleven a cabo con la mayor diligencia...[78]

Er meint also, daß die dritte derogatorische Bestimmung auch die geltenden zivilen ,forales' Rechte betrifft, da keine vorkonstitutionelle Norm, die im Gegensatz zu der Verfassung steht, nach dem Inkrafttreten der höchsten Norm weiter bestehen darf. In der Abhandlung *La Constitución de 1978 y la historia del constitucionalismo español* (1980) lehnt Francisco Tomás y Valiente mit noch größerem Nachdruck die These ab, daß als Quelle der Legitimität die Vergangenheit über

---

[76] Constitución Española. Con las doctrinas del Tribunal Constitucional, Tribunal Supremo y Tribunal Europeo de los Derechos Humanos, S. 542.

[77] Im ersten wurden, wie schon erwähnt, die Gesetze des Franco Regimes und im zweiten die Gesetze von 1839 und von 1876 zur Abschaffung der 'forales' Rechte von Álava, Guipúzcoa und Vizcaya aufgehoben.

[78] F. Tomás y Valiente: Manual de Historia del Derecho Español, S. 556.

der Verfassung stehe und daher die Geschichte und nicht die Verfassung "causa y origen de legitimidad jurídico-política" sei.[79] Nachdem er verneint, daß die Geschichte als solche eine Quelle des Rechtes ("en sí misma fuente de derechos") sei, schreibt er:

Este tipo de historicismo emocional es inadmisible en un Estado de Derecho cuya norma superior positiviza el principio de que la soberanía nacional reside en el pueblo español. Esta, la soberanía popular, y la Constitución como su expresión jurídica son la única fuente de legitimidad.

El proceso constituyente actuó ante la historia pretérita como un filtro que dejó pasar a su través para recogerlos en el texto de la Constitución, sólo aquellos elementos del pasado que los constituyentes consideraron adecuados para la construcción actual de un estado social y democrático de Derecho articulado territorialmente sobre el derecho a la autonomía. Historiadores y políticos tienen el deber inexcusable de conocer, dar a conocer y asumir toda la historia de España, entendida ésta como entidad resultante de un proceso histórico y no como sujeto metafísico o metahistórico previo a dicho proceso. Pero no toda la historia es válida para crear en el presente y hacia el futuro ese Estado. La Constitución la selecciona, y, en ese sentido, legitima determinadas tendencias o elementos de la historia de España y de la de sus pueblos componentes, al mismo tiempo que rechaza otros aspectos o ciertos modos de entender y construyr el Estato, también presentes en nuestro pasado. Que esa selección haya sido o no acertada y deba o no ser corregida ha de decidirlo el titular de la soberanía actuando en todo caso por los cauces constitucionales. Entre tanto, hemos de atenernos a la Constitución, que es la norma legitimadora por antonomasia, la que regula y encauza hacia el futuro el ordenamiento jurídico del Estado y los de las nacionalidades y regiones que componen la nación española. Conviene repetir una vez más que *el régimen jurídico de cada Comunidad Autónoma no debe identificarse con el que haya estado vigente en su territorio en cualquier etapa del pasado, pues la Constitución está por encima de toda tentación fuerista y de toda nostalgía que intente resuscitar sin más instituciones pretéritas*, acaso incompatibles con determinados preceptos constitucionales. Es el Derecho del pasado el que habrá de amoldarse a la Constitución si quiere subsistir o renacer, pero no a la inversa. Porque la Constitución es el fundamento sobre el que hay que construir el presente, un presente que también es historia.[80]

Die These, wonach die Geschichte und nicht die Verfassung Quelle der rechtlich-politischen Legitimität ist, betrachtet Tomás y Valiente als eine Art von „emotionellem Historizismus", der in einem Staat unzulässig ist, dessen höhere Norm den Grundsatz beinhaltet, daß die nationale Souveränität beim spanischen Volk liegt. Nach diesem Grundsatz sind die Volkssouveränität und die Verfassung - als rechtlicher Ausdruck dieser Souveränität - die einzige Quelle der Legitimität. Aus der Geschichte wurden nur jene Elemente in die Verfassung aufgenommen, die die Verfassunggebende Versammlung als für den Aufbau eines sozialen und de-

[79] Francisco Tomás y Valiente: La Constitución de 1978 y la historia del constitucionalismo español. In: F. T. y V.: Códigos y Constituciones (1808-1978). Madrid: Alianza Editorial 1989, S. 125-151; hier S. 149-150.

[80] F. Tomás y Valiente: La Constitución de 1978 y la historia del constitucionalismo español, S. 150-151. Vgl. auch Francisco Tomás y Valiente: Tribunal Constitucional de España. In: Tribunales Constitucionales Europeos y Autonomías Territoriales. VI Conferencia de Tribunales Constitucionales Europeos - 1984. Madrid: Centro de Estudios Constitucionales. Tribunal Constitucional 1985, S. 133-224.

mokratischen Rechtsstaates geeignet ansah. Ausschließlich der Träger der Souveränität kann entscheiden, ob die Auswahl der historischen Elemente richtig war oder nicht und ob sie verbessert werden soll. Solange dies nicht geschieht, muß die Verfassung eingehalten werden, die die legitimierende Norm schlechthin ist. Die Verfassung regelt und leitet in die Zukunft die Rechtsordnung des Staates und jene der Nationalitäten und Regionen, die die spanische Nation bilden. Die Rechtsordnung jeder Autonomen Gemeinschaft muß sich folglich nicht mit jener identifizieren, die in der einen oder der anderen Phase der Vergangenheit auf ihrem Gebiet galt, da die Verfassung über jede ‚fuerista' Versuchung und jede Nostalgie steht, die beabsichtigt, Institutionen der Vergangenheit wiederauferstehen zu lassen.

Der große Gelehrte selbst erinnert in seiner Argumentation an die Existenz von "einem spanischen Volk", von "Völkern" und von "Nationalitäten", die dieses spanische Volk ausmachen (und gerade aus dieser Existenz, oder Koexistenz, erwachsen die Probleme, die alle 'historische' Probleme sind!). Doch wenn "die nationale Souveränität" beim spanischen Volk liegt, warum liegt diese Souveränität – natürlich auf deren Territorien beschränkt – nicht auch bei den anderen Völkern und den anderen Nationalitäten? Warum können diese Völker und diese Nationalitäten - in ihren Gebieten - nicht "Träger der Souveränität" sein? Was die ‚fuerista' Versuchung und die Nostalgie betrifft, die Institutionen der Vergangenheit wiederauferstehen zu lassen, so war es genau das, was die *Comunidades Autónomas* der historischen Gebiete taten!

Schon in dem Erkenntnis vom 2. Februar 1981 hatte der Verfassungsgerichtshof erklärt, daß die Verfassung ein Gesetz ist, das sowohl nach dem hierarchischen wie auch nach dem zeitlichen Kriterium den vorkonstitutionellen Gesetzen überlegen ist und daß daher diese verfassungswidrig sind, wenn sie im Widerspruch zu der Verfassung stehen:

> La peculiaridad de las Leyes preconstitucionales consiste ... en que la Constitución es una Ley superior - criterio jerárquico - y posterior - criterio temporal -. Y la coincidencia de este doble criterio da lugar - de una parte - a la inconstitucionalidad sobrevenida, y consiguiente invalidez, de las que se opongan a la Constitución, y - de otra - a su pérdida de vigencia a partir de la misma para regular situaciones futuras, es decir, a su derogación. Esta pérdida de vigencia se encuentra expresamente preceptuada por la disposición derogatoria [Abs. 3] de dicha norma fundamental [la Constitución].[81]

Diese Prinzipien wurden in vielen anderen Erkenntnissen des Verfassungsgerichtshofes bekräftigt.[82]

---

[81] Constitución Española. Con las doctrinas del Tribunal Constitucional, Tribunal Supremo y Tribunal Europeo de los Derechos Humanos, «Jurisprudencia», S. 652-653.

[82] Erkenntnisse des Verfassungsgerichtshofes: S. [Sentencia] 66/1983 v. 21. VII. 1983; S. 11/1981 v. 8. IV. 1981; S. 36/1982 v. 16. VI. 1982; S. 77/1982 v. 20. XII. 1982; S. 80/1983 v. 10. X. 1983. Erkenntnisse des Obersten Gerichtshofes (*Tribunal Supremo*): SS. [Sentencias],

Das Prinzip der Unterordnung der *vor* der Verfassung entstandenen Normen des 'foral' Zivilrechts unter die übergeordnete und chronologisch nachfolgende Norm, die von der Verfassung repräsentiert wird, ist einleuchtend. Es muß jedoch darauf hingewiesen werden, daß Art. 149 Abs. 1 Z. 8 der Verfassung nicht früheren Ursprungs als die Verfassung selbst ist! Da diese Ziffer festlegte, daß die Norm der ausschließlichen Zuständigkeit des Staates für die Zivilgesetzgebung die "Bewahrung" („conservación") der 'forales' Zivilrechte und der besonderen Rechte der Autonomen Gemeinschaften nicht beeinträchtigen durfte, einverleibte die Verfassung, indem sie diesen Absatz in ihren Text aufnahm, diese 'forales' Zivilrechte und diese besonderen Rechte aus der Zeit *vor* der Verfassung und 'aktualisierte' sie.[83] Sie führte also die 'Novation'[84] dieser Rechte durch. Man könnte sich zudem fragen, warum die Z. 8 von Art. 149 Abs. 1 überhaupt eingefügt – und außerdem ohne irgendeine Einschränkung und irgendeinen Hinweis auf das Prinzip der Unterordnung der Normen des präkonstitutionellen 'foral' Zivilrechts unter die Verfassung! – wurde, wenn diese Einfügung dann durch eine derogatorische Verfügung abgewertet werden sollte, die nicht Teil des Verfas-

---

Sala 2.ª v. 14. XI. 1986 u. 21. IV. 1987; S., antigua Sala 3.ª v. 3. X. 1986. Vgl. Constitución Española. Con las doctrinas del Tribunal Constitucional, Tribunal Supremo y Tribunal Europeo de los Derechos Humanos, «Jurisprudencia», S. 653-655. Bartolomé Clavero schreibt: „La historia habilita al pueblo en un presente, no lo condena a un pasado. Y no hace falta que éste sea de opresión paladina [...] para que la historia confiera el derecho. Basta, como en este caso, el vasco, con haberse mantenido un tracto jurídico colectivo para tenerse no sólo testimonio, sino también título. Vienen así a reconocerlo Constitución española y Estatuto propio. Y por mucho que se repita otra cosa de parte precisamente constitucionalista, o que ésta dé por entendido con el desprecio, la ignorancia o el silencio, la historia no es nada extemporánea en el edificio de unos derechos no sólo individuales, sino también colectivos. La naturaleza produce individuos y humanidad, mientras que es la historia la que genera culturas y pueblos." Vgl. Bartolomé Clavero: Derechos humanos (individuales) y Derechos históricos (colectivos). In: Miguel Herrero de Miñón y Ernest Lluch (eds.): Derechos históricos y constitucionalismo útil. Barcelona: Crítica 2001, S. 105-117; hier S. 117. Vgl. außerdem in demselben Sammelband: Javier Caño: Los Derechos históricos en el siglo XX, S. 119-128. – Juan José López Burniol: Lenguas y Derechos históricos, S. 131-160.

83 Bezug nehmend auf die erste der «Disposiciones adicionales» („La Constitución ampara y respeta los derechos históricos de los territorios forales") schreibt Manuel M.ª Zorrilla Ruiz: „La actualización equivale al cumplimiento del deber de amparo que el constituyente se ha impuesto. *Amparar* y *actualizar* son expresiones sinónimas con las que se designan las operaciones prospectivas y jurídicas necesarias para seleccionar las auténticas demandas históricas, culturales y económicas del presente". Vgl. Manuel M.ª Zorrilla Ruiz: El Poder Judicial en el Estado de las Autonomías (Aspectos notables de su implantación y fenomenología). In: Escuela de Verano del Poder Judicial. Galicia 1999. Madrid: Consejo General del Poder Judicial 2000, S. 205-247; hier S. 224-225.

84 In seiner Untersuchung über die Historischen Rechte führt M. Herrero de Miñón (Derechos Históricos y Constitución, S. 126-127, 142-143) das Konzept der 'Novation' ein und beruft sich dabei auf die ‚Allgemeine Theorie des Rechtes' und im besonderen auf Emilio Betti (Interpretación de la ley y de los actos jurídicos. Madrid 1975, S. 23ff.).

sungstextes ist, ein ebenso vages wie selbstverständliches Prinzip formuliert und nicht den geringsten Bezug auf die 'foral' Gesetzgebung enthält (bedeutsam ist jedoch der Kontext, in dem die dritte derogatorische Verfügung eingefügt ist: die erste bestimmt die Aufhebung der Grundgesetze des Franco-Regimes, die zweite ordnet die volle Wiederherstellung der Historischen Rechte der 'forales' Gebiete Álava, Guipúzcoa und Vizcaya an).

Es ist überraschend, daß Francisco Tomás y Valiente, der auf der letzten Seite seines *Manual de Historia del Derecho español* den juristischen Formalismus und die formalistischen Richter angeprangert hatte, die, – weit entfernt von der "realidad social" und eingeschlossen in "una aséptica coraza profesional" – sich darauf beschränken, die Gesetze anzuwenden, ohne sich zu fragen, ob diese gerecht oder ungerecht seien, und der von den Juristen verlangt hatte, wieder "una conciencia política no desgajada de su trabajo profesional" zu erlangen und eine "postura crítica respecto al Derecho vigente" einzunehmen,[85] seine Thesen vom absoluten Primat des Staates (als Totalität!), von der beschränkten Tragweite der Autonomien und von der Unterordnung der 'foral' Zivilrechtsnormen unter die Verfassung gerade auf den juristischen Formalismus gründet.

Der globale 'Kontext' der Normen, die Umstände, unter denen die Verfassung entworfen, dann diskutiert, angenommen und erlassen wurde, die 'Aporien', die sie enthält, die Zweideutigkeiten, die sie charakterisieren, die politischen Verhandlungen und Kompromisse, die diese ‚Aporien' und diese Zweideutigkeiten verursacht haben, können von den Verfassungsrechtlern nicht ignoriert werden, wenn sie sich an ihre hermeneutische Arbeit machen. Und wenn auch die Verfassungsrechtler – in einem „berufsmäßigen aseptischen Panzer" und in dem „dem formalen Reich der juridischen Dogmen" ("reino formal de los dogmas jurídicos")[86] eingeschlossen – sie ignorieren, so ignorieren sie diejenigen nicht, die – in der Welt der konkreten sozialen Realitäten[87] lebend – die Verfassung als aufgezwungene und nicht als frei gewählte Norm betrachten. Daß die Historischen Rechte nicht auf reine Rhetorik ("a pura retórica")[88] reduziert werden können, wie der Verfassungsgerichtshof zu tun geneigt ist, das zeigen der auf die Verfassung folgende Prozeß der Ausarbeitung der Statuten und die immer wieder erneuerten Unabhängigkeitsforderungen einiger Autonomer Gemeinschaften. Darauf ist noch später zurückzukommen. Nun muß das Problem der Kompetenzen behandelt werden, die den Autonomen Gemeinschaften von der Verfassung zuerkannt worden sind.

---

[85] F. Tomás y Valiente: Manual de Historia del Derecho español, S. 630.

[86] F. Tomás y Valiente: Manual de Historia del Derecho español, S. 630.

[87] Über den Begriff der 'realidades sociales' vgl. M. M.ª Zorrilla Ruiz: El Poder Judicial en el Estado de las Autonomías, S. 226-231.

[88] M. Herrero de Miñón: Derechos Históricos y Constitución, S. 124.

Artikel 148 Abs. 1 der Verfassung zählt, wie bereits erwähnt, die Materien auf, für die die Autonomen Gemeinschaften die Kompetenz übernehmen dürfen. Es handelt sich um die Organisierung der eigenen Institutionen, die Verschiebung der Grenzen der Gemeinden, die Stadtplanung, die öffentlichen Arbeiten, die Eisenbahnen und die Straßen des eigenen Gebietes, die Häfen und die Sportflughäfen, die Landwirtschaft und die Viehzucht, die Wälder, den Umweltschutz, die Kanäle, die Bewässerung und die Thermalquellen, den Fischfang und die -zucht, die Messen, die Förderung der wirtschaftlichen Entwicklung innerhalb der von der nationalen Wirtschaftspolitik vorgegebenen Ziele, das Kunsthandwerk, die lokalen Museen und Bibliotheken, die Kunstschätze von lokalem Interesse, die Förderung der Kultur, der Forschung und des Unterrichts der Sprache der Autonomen Gemeinschaft, die Förderung und Regelung des Turismus auf territorialer Ebene, die Förderung des Sports und der Freizeit, die soziale Fürsorge, die Gesundheit, die Überwachung und den Schutz der Gebäude und Einrichtungen der Autonomen Gemeinschaften:

1.ª Organización de sus instituciones de autogobierno.
2.ª Las alteraciones de los términos municipales comprendidos en su territorio y, en general, las funciones que correspondan a la Administración del Estado sobre las Corporaciones locales y cuya transferencia autorice la legislación sobre Régimen Local.
3.ª Ordenación del territorio, urbanismo y vivienda.
4.ª Las obras públicas de interés de la Comunidad Autónoma en su propio territorio.
5.ª Los ferrocarriles y carreteras cuyo itinerario se desarrolle integramente en el territorio de la Comunidad Autónoma y, en los mismos términos, el transporte desarrollado por estos medios o por cable.
6.ª Los puertos de refugio, los puertos y aeropuertos deportivos y, en general, los que no desarrollen actividades comerciales.
7.ª La agricultura y ganadería, de acuerdo con la ordenación general de la economía.
8.ª Los montes y aprovechamientos forestales.
9.ª La gestión en materia de protección del medio ambiente.
10.ª Los proyectos, construcción y explotación de los aprovechamientos hidráulicos, canales y regadíos de interés de la Comunidad Autónoma; las aguas minerales y termales.
11.ª La pesca en aguas interiores, el marisqueo y la acuicultura, la caza y la pesca fluvial.
12.ª Ferias interiores.
13.ª El fomento del desarrollo económico de la Comunidad Autónoma dentro de los objetivos marcados por la política económica nacional.
14.ª La artesanía.
15.ª Museos, bibliotecas y conservatorios de música de interés para la Comunidad Autónoma.
16.ª Patrimonio monumental de interés de la Comunidad Autónoma.
17.ª El fomento de la cultura, de la investigación y, en su caso, de la enseñanza de la lengua de la Comunidad Autónoma.
18.ª Promoción y ordenación del turismo en su ámbito territorial.
19.ª Promoción del deporte y de la adecuada utilización del ocio.
20.ª Asistencia social.

21.ª Sanidad e higiene.
22.ª La vigilancia y protección de sus edificios e instalaciones. La coordinación y demás facultades en relación con las policías locales en los términos que establezca una ley orgánica.

Der bereits erwähnte zweite Absatz von Art. 148 legt fest, daß die Autonomen Gemeinschaften nach Ablauf von fünf Jahren ihre Zuständigkeiten über die Reform der Statuten erweitern können:

Transcurridos cinco años, y mediante la reforma de sus Estatutos, las Comunidades Autónomas podrán ampliar sucesivamente sus competencias dentro del marco establecido en el artículo 149.[89]

Die Materien, für die den Autonomen Gemeinschaften die Kompetenz übertragen wurde, waren - im großen und ganzen - von bescheidener Bedeutung. Artikel 149 der Verfassung, in dem die Materien, für die ausschließlich der Staat zuständig ist, aufgelistet und definiert – mit Ausdrücken, die manchmal so zweideutig sind, daß sie zahlreiche Streitigkeiten zwischen der Regierung in Madrid und der katalanischen Autonomen Gemeinschaft sowie zwischen der Regierung in Madrid und der baskischen Autonomen Gemeinschaft verursachen sollten[90] – werden, bietet jedoch in der schon zitierten Z. 8 des ersten Absatzes und in seinem dritten Absatz die Möglichkeit, die Kompetenzen der Autonomen Gemeinschaften zu erweitern. Dieser bereits erwähnte dritte Absatz lautet:

Las materias no atribuidas expresamente al Estado por esta Constitución podrán corresponder a las Comunidades Autónomas, en virtud de sus respectivos Estatutos. La competencia sobre las materias que no se hayan asumido por los Estatutos de Autonomía corresponderá al Estado, cuyas normas prevalecerán, en caso de conflicto, sobre las de las Comunidades Autónomas, en todo lo que no esté atribuido a la exclusiva competencia de éstas. El derecho estatal será, en todo caso, supletorio del derecho de las Comunidades Autónomas.[91]

Die Materien, für die die Autonomen Gemeinschaften zuständig sind, sind also nicht nur die im Art. 148 aufgezählten, sondern auch diejenigen, die nicht *expressis verbis* im Art. 149 dem Staat vorbehalten worden sind und die ausdrücklich in die Autonomiestatuten aufgenommen würden. Umgekehrt bleibt dem Staat, dessen Normen im Konfliktfall jenen der Autonomen Gemeinschaften vorgehen werden, die Zuständigkeit für alle Materien vorbehalten, die nicht explizit in den Autonomiestatuten aufgeführt sein sollten.

---

89 Constitución Española. Con las doctrinas del Tribunal Constitucional, Tribunal Supremo y Tribunal Europeo de los Derechos Humanos, S. 530-531.

90 Vgl. Marianick Ithurralde: Le Pays Basque, la Catalogne et l'Europe. Stratégies politiques des Autonomies basque et catalane. Avant-propos de Catherine Lalumière. Préface de Franck Moderne. Paris: L'Harmattan 2002, S. 21-22 Anm.

91 Constitución Española. Con las doctrinas del Tribunal Constitucional, Tribunal Supremo y Tribunal Europeo de los Derechos Humanos, S. 544.

Auch Art. 150 Abs. 1 und 2 sieht die Möglichkeit einer Kompetenzerweiterung der Autonomen Gemeinschaften vor:

1. Las Cortes Generales, en materias de competencia estatal, podrán atribuir a todas o alguna de las Comunidades Autónomas la facultad de dictar, para sí mismas, normas legislativas en el marco de los principios, bases y directrices fijados por una ley estatal. Sin perjuicio de la competencia de los Tribunales, en cada ley marco se establecerá la modalidad del control de las Cortes Generales sobre estas normas legislativas de las Comunidades Autónomas.
2. El Estado podrá transferir o delegar en las Comunidades Autónomas, mediante ley orgánica, facultades correspondientes a materia de titularidad estatal que por su propia naturaleza sean susceptibles de transferencia o delegación. La ley preverá en cada caso la correspondiente transferencia de medios financieros, así como las formas de control que se reserve el Estado.[92]

Die Autonomiestatuten

Natürlich versuchten die Autonomen Gemeinschaften bei der Ausarbeitung ihrer Statuten, die in Art. 149 Abs. 1 Z. 8 und in dem dritten Absatz desselben Artikels sowie die in Art. 150 Abs. 1 und 2 gebotenen Möglichkeiten auszunutzen. So zählt zum Beispiel der *Estatut d'Autonomia de Catalunya* – und er beruft sich dabei auf Art. 149 Abs. 1 Z. 8 der Verfassung – unter den Materien von ausschließlicher Kompetenz der *Generalitat*, die im Art. 9 des «Títol Primer. Competències de la Generalitat» (Art. 9-28) aufgelistet sind, die "Conservació, modificació i desenvolupament del dret civil català" (Art. 9 Abs. 2)[93] und unter den Materien, für die der *Generalitat* die "execució de la legislació de l'Estat" zusteht und die im Art. 11 des gleichen Titels verzeichnet sind, die "Propietat intellectual i industrial" (Art. 11 Abs. 3) auf.[94] Unter Berufung auf Art. 150 Abs. 2 und 1 der Verfassung behält sich dagegen der *Estatut d'Autonomia de Catalunya* die Möglichkeit vor, vom Staat die Übertragung noch nicht übernommener Kompetenzen und von den *Cortes Generales* die Ermächtigung, die von ihnen in Materien von

---

[92] Constitución Española. Con las doctrinas del Tribunal Constitucional, Tribunal Supremo y Tribunal Europeo de los Derechos Humanos, S. 602.

[93] Constitució Espanyola. Estatut d'Autonomia de Catalunya. Reglament del Parlament de Catalunya. Barcelona: Publicacions del Parlament de Catalunya 2001, S. 235. Art. 26 des *Estatut d'Autonomia de Catalunya* spezifizierte außerdem: "1. En matèria de la competència exclusiva de la Generalitat, el dret català és l'aplicable en el seu territori amb preferència a qualsevol altre. 2. En defecte de dret propi el dret de l'Estat serà d'aplicació supletòria. 3. En la determinació de les fonts del dret civil, l'Estat respectarà les normes de dret civil català" (S. 249).

[94] Constitució Espanyola. Estatut d'Autonomia de Catalunya, S. 239.

ausschließlich staatlicher Kompetenz verabschiedeten Rahmengesetze mit eigenen Normen zu entwickeln, zu fordern.[95]

La Generalitat podrà també sollicitar de les Corts Generals que les lleis marc que aquestes aprovin en matèria de competència exclusiva de l'Estat atribueixin expressament a la Generalitat la facultat de legislar en el desenvolupament de les esmentades lleis, en els termes de l'apartat 1 de l'article 150 de la Constitució (Art. 28 Abs. 2).[96]

Vor allem mit der sprachlichen Umformulierung der im Art. 148 der Verfassung angeführten Materien versuchen aber die Autonomiestatuten, den Bereich der Kompetenzen der Gemeinschaften auszudehnen. Während Art. 148 Abs. 1 Z. 17 der Verfassung den Autonomen Gemeinschaften die Kompetenz für den "fomento de la cultura, de la investigación y, en su caso, de la enseñanza de la lengua de la Comunidad Autónoma" erteilt, führt der *Estatut d'Autonomia de Catalunya* im Art. 9 Abs. 4 unter den Materien von ausschließlicher Zuständigkeit der *Generalitat* die "Cultura" *tout court* an!

Eine andere Strategie der Autonomiestatuten ist es, die Kompetenzen der Gemeinschaften auszuweiten und dann diese faktische Ausweitung mit dem Rückgriff auf die Formel «ohne Beeinträchtigung dessen, was in den Artikeln X und Y der Verfassung festgelegt ist» zu verschleiern. Mit diesem Mittel erteilt Art. 15 des *Estatut d'Autonomia de Catalunya* der *Generalitat* die volle Kompetenz für den Unterricht, eine Materie, die absolut nicht unter den im Art. 148 angeführten Materien aufscheint (in diesem Artikel wird nur auf den Unterricht der Sprache der Autonomen Gemeinschaft - falls in dieser nicht Kastilisch gesprochen wird - angespielt):

Es de competència plena de la Generalitat la regulació i administració de l'ensenyament en tota la seva extensió, nivells i graus, modalitats i especialitats, en l'àmbit de les seves competències, sens perjudici d'allò que disposen l'article 27[97] de la Constitució i Lleis Orgàniques que, conforme a

---

[95] Art. 28 Abs. 1: "La Generalitat podrà sollicitar de l'Estat la transferència o delegació de competències no assumides en el present Estatut" (Constitució Espanyola. Estatut d'Autonomia de Catalunya, S. 250-251).

[96] Constitució Espanyola. Estatut d'Autonomia de Catalunya, S. 251.

[97] Der Artikel, auf den sich der *Estatut* bezieht, legt folgendes fest: "1. Todos tienen el derecho a la educación. Se reconoce la libertad de enseñanza. 2. La educación tendrá por objeto el pleno desarrollo de la personalidad humana en el respeto a los principios democráticos de convivencia y a los derechos y libertades fundamentales. 3. Los poderes públicos garantizan el derecho que asiste a los padres para que sus hijos reciban la formación religiosa y moral que esté de acuerdo con sus propias convicciones. 4. La enseñanza básica es obligatoria y gratuita. 5. Los poderes públicos garantizan el derecho de todos a la educación, mediante una programación general de la enseñanza, con participación efectiva de todos los sectores afectados y la creación de centros docentes. 6. Se reconoce a las personas físicas y jurídicas la libertad de creación de centros docentes, dentro del respeto a los principios constitucionales. 7. Los profesores, los padres y, en su caso, los alumnos intervendrán en el control y gestión de

l'apartat primer de l'article 81[98] d'aquella, el desenvolupin, de les facultats que atribueix a l'Estat el número 30 de l'apartat 1 de l'article 149[99] de la Constitució, i de l'alta inspecció necessària per al seu cumpliment i garantia.[100]

Die Tendenz, über Sinn und Wortlaut der Verfassung hinauszugehen und Prärogativen und Kompetenzen zu 'usurpieren', die eher einem Staat als einer regionalen Autonomen Gemeinschaft eigen sind, manifestiert sich deutlich auch in den Präambeln einiger Autonomiestatuten. Der «Preàmbul» des *Estatut d'Autonomia de Catalunya* lautet, zum Beispiel, so:

En el procés de recuperació de les llibertats democràtiques, el poble de Catalunya recobra les seves institucions d'autogovern.

Catalunya, exercint el dret a l'autonomia que la Constitució (Art. 2) reconeix i garanteix a les nacionalitats i regions que integren Espanya, manifesta la seva voluntat de constituir-se en comunitat autònoma.

En aquesta hora solemne en què Catalunya recupera la seva llibertat, cal retre homenatge a tots els homes i dones que han contribuït a fer-ho possible.

El present Estatut és l'expressió de la identitat col.lectiva de Catalunya i defineix les seves institucions i les seves relacions amb l'Estat en un marc de lliure solidaritat amb les altres nacionalitats i regions. Aquesta solidaritat és la garantia de l'autèntica unitat de tots el pobles d'Espanya.

El poble català proclama com a valors superiors de la seva vida col.lectiva la llibertat, la justícia i la igualtat, i manifesta la seva voluntat d'avançar per una via de progrés que asseguri una qualitat de vida digna per a tots els qui viuen, resideixen i treballen a Catalunya.

La llibertat col.lectiva de Catalunya troba en les institucions de la Generalitat el lligam amb una història d'afirmació i respecte dels drets fonamentals i de les llibertats públiques de la persona i dels pobles; història que els homes i dones de Catalunya volen prosseguir per tal de fer possible la construcció d'una societat democràtica avançada.

---

todos los centros sostenidos por la Administración con fondos públicos, en los términos que la ley establezca. 8. Los poderes públicos inspeccionarán y homologarán el sistema educativo para garantizar el cumplimiento de las leyes. 9. Los poderes públicos ayudarán a los centros docentes que reúnan los requisitos que la ley establezca. 10. Se reconoce la autonomía de las Universidades, en los términos que la ley establezca. (Constitución Española. Con las doctrinas del Tribunal Constitucional, Tribunal Supremo y Tribunal Europeo de los Derechos Humanos, S. 281-282.)

98 „Son leyes orgánicas las relativas al desarrollo de los derechos fundamentales y de las libertades públicas, las que aprueben los Estatutos de Autonomía y el régimen electoral general y las demás previstas en la Constitución." (Constitución Española. Con las doctrinas del Tribunal Constitucional, Tribunal Supremo y Tribunal Europeo de los Derechos Humanos, S. 406, Art. 81 Abs. 1.)

99 Ziffer 30 des Abs. 1 des Art. 149, der die Materien aufzählt, für die ausschließlich der Staat zuständig ist, lautet folgendermaßen: "Regulación de las condiciones de obtención, expedición y homologación de títulos académicos y profesionales y normas básicas para el desarrollo del artículo 27 de la Constitución, a fin de garantizar el cumplimiento de las obligaciones de los poderes públicos en esta materia." (Constitución Española. Con las doctrinas del Tribunal Constitucional, Tribunal Supremo y Tribunal Europeo de los Derechos Humanos, S. 544.)

100 Constitució Espanyola. Estatut d'Autonomia de Catalunya, S. 244.

Per fidelitat a aquests principis i per fer realitat el dret inalienable de Catalunya a l'autogovern, els Parlamentaris catalans proposen, la Comissió Constitucional del Congrés dels Diputats acorda, el poble català referma i les Corts Generals ratifiquen el present Estatut.[101]

Die feierliche Erklärung der politischen und sozialen Zielsetzungen, die Proklamation der 'höheren' Werte des kollektiven Lebens, der Grundrechte und der öffentlichen Freiheiten, der Hinweis auf die eigene Geschichte und Identität sowie auf die Wiedererlangung der eigenen Freiheit und einige andere Formulierungen dieser Präambel sind eher einer Verfassung von souveränen Staaten oder zumindest von Gliedstaaten eines Bundesstaates als einem Statut von einfachen Autonomen Gemeinschaften eigen. Der Ausdruck "Selbstregierung" ist zwar in den Art. 143 Abs. 1, 151 Abs. 2 Z. 1 und 148 Abs. 1 Z. 1 der Verfassung enthalten, doch im Kontext des «Preàmbul» erweckt er den Anschein, etwas mehr als die den Regionen von der Verfassung zuerkannte Autonomie zu bedeuten ("autonomía no es soberanía", präzisierte - wie mehrmals erwähnt - der Verfassungsgerichtshof); das "*unveräußerliche* Recht Kataloniens auf Selbstregierung" geht über den Text der Verfassung hinaus (Art. 2: „Die Verfassung ... anerkennt und garantiert das Recht auf Autonomie der Nationalitäten und Regionen") und, schließlich, ist "die Solidarität mit den anderen Nationalitäten und Regionen" nicht "frei", sondern geregelt - vielmehr auferlegt! - von der Verfassung.

In dem Autonomiestatut des Baskenlandes, in dessen zweitem Artikel das Recht der "Territorios Históricos" (Álava, Guipúzcoa, Vizcaya und Navarra) erklärt wird,[102] Teil der *Comunidad Autónoma del País Vasco* zu bilden, ist der Wille, über das von der Verfassung gewährte Regime der Autonomie hinauszugehen, ausdrücklich in einer «Disposición adicional» geäußert:

---

101 Constitució Espanyola. Estatut d'Autonomia de Catalunya, S. 231-232.

102 Die ersten Artikel des Statuts lauten: "1. El Pueblo Vasco o Euskal-Herría, como expresión de su nacionalidad, y para acceder a su autogobierno, se constituye en Comunidad Autónoma dentro del Estado Español, bajo la denominación de Euskadi o País Vasco, de acuerdo con la Constitución y con el presente Estatuto, que es su norma institucional básica. 2. 1. Álava, Guipúzcoa y Vizcaya, así como Navarra, tienen derecho a formar parte de la Comunidad Autónoma del País Vasco. 2. El territorio de la Comunidad Autónoma del País Vasco quedará integrado por los Territorios Históricos que coinciden con las provincias en sus actuales límites, de Álava, Guipúzcoa y Vizcaya, así como la de Navarra, en el supuesto de que esta última decida su incorporación de acuerdo con el procedimiento establecido en la disposición transitoria cuarta de la Constitución. 3. Cada uno de los Territorios Históricos que integran el País Vasco podrán, en el seno del mismo, conservar o, en su caso, restablecer y actualizar su organización e instituciones privativas de autogobierno" (Estatuto de Autonomía para el País Vasco. Ley Orgánica 3/1979, de 18 de diciembre de 1979. In: Eduardo García de Enterría - José A. Escalante: Código de las Leyes Administrativas. Madrid: Civitas 2001, S. 1213-1240; hier S. 1213).

La aceptación del régimen de autonomía que se establece en el presente Estatuto no implica renuncia del Pueblo Vasco a los derechos que como tal le hubieran podido corresponder en virtud de su historia, que podrán ser actualizados de acuerdo con lo que establezca el ordenamiento jurídico.[103]

Im Statut von Navarra (1982) findet sich eine analoge «Disposición adicional».[104] In Art. 2 Abs. 1 dieses Statuts, dessen Ziel es ist, "todas aquellas facultades y competencias propias del Régimen Foral de Navarra" (Art. 3 Abs. 3) zu garantieren, wird an die „ursprünglichen und historischen Rechte der *Comunidad Foral de Navarra*" und an die Gesetze vom 25. Oktober 1839 und vom 16. August 1841 erinnert:

Art. 2. 1. Los derechos originarios e históricos de la Comunidad Foral de Navarra serán respetados y amparados por los poderes públicos con arreglo a la Ley de 25 de octubre de 1839, a la Ley Paccionada de 16 de agosto de 1841 y disposiciones complementarias, a la presente Ley Orgánica y a la Constitución de conformidad con lo previsto en el párrafo 1.° de su disposición adicional primera.[105]

Von großem Interesse ist der «Preámbulo» - eine echte geschichtliche Skizze über Ursprung und Werdegang des ‚Régimen Foral' - des Statuts der *Comunidad Foral de Navarra*, der zeigt, wie wichtig doch für die Historischen Territorien die Geschichte und die Verankerung ihrer Ansprüche in der Geschichte sind:

Navarra se incorporó al proceso histórico de formación de la unidad nacional española manteniendo su condición de Reino, con la que vivió, junto con otros pueblos, la gran empresa de España.

Avanzado el siglo XIX, Navarra perdió la condición de Reino, pero la Ley de 25 de octubre de 1839 confirmó sus fueros, sin perjuicio de la unidad constitucional, disponiendo que, con la parti-

---

[103] Estatuto de Autonomía para el País Vasco. In: E. García de Enterría – J. A. Escalante: Código de las Leyes Administrativas, S. 1236-1237.

[104] "La aceptación del régimen establecido en la presente Ley Orgánica no implica renuncia a cualesquiera otros derechos originarios e históricos que pudieran corresponder a Navarra". Vgl. Reintegración y amejoramiento del Régimen Foral de Navarra. Ley Orgánica 13/1982, de 10 de agosto. In: Eduardo García de Enterría - José A. Escalante: Código de las Leyes Administrativas. Madrid: Civitas 2001, S. 1555-1582; hier S. 1579. Im Statut von Aragonien, in der dritten der «Disposiciones adicionales» findet sich eine Klausel, die fast identisch mit derjenigen des baskischen Statuts ist: "La aceptación del régimen de autonomía que se establece en el presente Estatuto no implica la renuncia del pueblo aragonés a los derechos que como tal le hubieran podido corresponder en virtud de su historia, los que podrán ser actualizados de acuerdo con lo que establece la Disposición adicional primera de la Constitución". Vgl. Estatuto de Autonomía de Aragón. Ley Orgánica 8/1982, de 10 de agosto. (Modificada por Ley Orgánica 5/1996, de 30 de diciembre). In: Eduardo García de Enterría - José A. Escalante: Código de las Leyes Administrativas. Madrid: Civitas 2001, S. 1476-1501; hier S. 1495. Über die historische Berechtigung dieser Klausel vgl. M. Herrero de Miñón: Derechos Históricos y Constitución, S. 107-108.

[105] Reintegración y amejoramiento del Régimen Foral de Navarra, S. 1555-1556.

cipación de Navarra, se introdujera en ellos la modificación indispensable que reclamara el interés de la misma, conciliándolo con el general de la Nación y de la Constitución de la Monarquía.

A tal fin se iniciaron negociaciones entre el Gobierno de la Nación y la Diputación de Navarra y, en el acuerdo que definitivamente se alcanzó, tuvo su origen la Ley Paccionada de 16 de agosto de 1841, aprobada por las Cortes de la Monarquía española.

Al amparo de las citadas leyes, que traían causa de sus derechos originarios e históricos, Navarra conservó su régimen foral y lo ha venido desarrollando progresivamente, conviniendo con la Administración del Estado la adecuación de facultades y competencias cuando fue preciso, acordando fórmulas de colaboración que se consideraron convenientes y atendiendo siempre las necesidades de la sociedad.

En justa consideración a tales antecedentes, la Constitución, que afirma principios democráticos, pluralistas y autonómicos, tiene presente la existencia del régimen foral y, consecuentemente, en el párrafo 1.° de su disposición adicional primera, ampara y respeta los derechos históricos de Navarra y, en el apartado 2 de su disposición derogatoria, mantiene la vigencia en dicho territorio de la Ley de 25 de octubre de 1839. De ahí, que, recién entrada en vigor la Constitución, se promulgara, previo acuerdo con la Diputación Foral, el Real Decreto de 26 de enero de 1979, con el que se inició el proceso de reintegración y amejoramiento del Régimen Foral de Navarra.

Es, pues, rango propio del Régimen Foral navarro, amparado por la Constitución que, previamente a la decisión de las Cortes Generales, órgano del Estado en el que se encarna la soberanía indivisible del pueblo español, la representación de la Administración del Estado y de la Diputación Foral de Navarra acuerden la reforma y modernización de dicho Régimen. Dada la naturaleza y alcance del amejoramiento acordado entre ambas representaciones, resulta constitucionalmente necesario que el Gobierno, en el ejercicio de su iniciativa legislativa, formalice el pacto con rango y carácter de proyecto de Ley Orgánica y lo remita a las Cortes Generales para que éstas procedan, en su caso, a su incorporación al ordenamiento jurídico español como tal Ley Orgánica.[106]

Sowohl das katalanische Statut wie auch das baskische und das navarresische entwerfen von den 'Territorios Forales' ein Bild, das substantiell, wenn auch nicht prinzipiell ("di sostanza, se non di principio"), föderativ erscheint.[107]

---

[106] Ley Orgánica 13/1982, de 10 de agosto (Jefatura del Estado), de reintegración y amejoramiento del Régimen Foral de Navarra. In: Estatutos de Autonomía. Madrid: Boletín Oficial del Estado 2000, S. 965-1036; hier S. 969-970. Der «Preámbulo» fehlt in dem *Código de las Leyes Administrativas* von Eduardo García de Enterría und José A. Escalante (S. 1555), wurde dagegen aufgenommen in: Estatutos de Autonomía. Edición preparada por Joaquín Tornos Mas con la colaboración de Francisco Javier Machado Martín. Madrid: Tecnos 1999, S. 347-348. Der «Preámbulo» des Statuts der *Comunidad Valenciana* lautet: „El presente Estatuto constituye la manifestación de la voluntad autonómica del pueblo de las provincias valencianas, tras su etapa preautonómica, a la que accedió en virtud del Real Decreto-Ley 10/1978, por el que se creaba el «Consell» del País Valenciano. Aprobada la Constitución española, es en su marco donde la tradición valenciana proviniente del histórico Reino de Valencia se encuentra con la concepción moderna del País Valenciano, dando origen a la autonomía valenciana como integradora de ambas corrientes de opinión que enmarcan lo valenciano en un concepto cultural propio en el estricto marco geográfico que comprende." In: Ley Orgánica 5/1982, de 1 de julio (Jefatura del Estado), de Estatuto de Autonomía de la Comunidad Valenciana. In: Estatutos de Autonomía. Madrid: Boletín Oficial del Estado 2000, S. 655-734; hier S. 659.

[107] B. Clavero: «Territorios forales»: una pagina spagnola del palinsesto europeo, S. 21.

Das galicische Statut, in dem erklärt wird, daß "Galicia, nacionalidad histórica, se constituye en Comunidad Autónoma para acceder a su autogobierno" (Art. 1 Abs. 1) und daß die "lengua propia de Galicia es el gallego" (Art. 5 Abs. 1), zeigt vielleicht mehr eine regionalistische als eine föderalistische oder gar separatistische Tendenz. Die Hauptaufgabe der *Comunidad Autónoma de Galicia*, der die "defensa y promoción de los valores culturales del pueblo gallego" (Art. 32) anvertraut werden und die ganze Kompetenz für die "regulación y administración de la enseñanza en toda su extensión, niveles y grados" (Art. 31) übertragen wird, liegt in "la defensa de la identidad de Galicia y des sus intereses y la promoción de la solidaridad entre todos cuantos integran el pueblo gallego" (Art. 1 Abs. 2).[108]

Wie erklären sich die Zweideutigkeiten und die 'Usurpationen' von Prärogativen und Kompetenzen, die die Statuten der Autonomen Gemeinschaften charakterisieren?

Die spanische Verfassung von 1978 deutet eine Konzeption Spaniens als 'Nation von Nationen' an, ohne jedoch bis zu einer deutlichen Anerkennung des ,plurinationalen' Charakters des Staates zu gelangen. Titel VIII entwirft eine territoriale Organisationsstruktur, die ein Mittelding zwischen Zentralismus und Föderalismus ist. Der Staat der Autonomien hat einen Mischcharakter, der sich in der - manchmal vollkommen inkohärenten - Kombination aus Eigenschaften teils vom einen, teils vom anderen Modell manifestiert. Die Einführung der politischen und administrativen Autonomie über die institutionelle Form *Comunidad Autónoma* orientierte sich sicherlich an einem föderalistischen Staatsmodell. Doch das föderalistische Modell der territorialen Staatsorganisation, das man mit der Bildung von regionalen Autonomen Gemeinschaften anscheinend verwirklichen wollte, wurde zum großen Teil durch verschiedene Ursachen und Umstände vernichtet: *a)* die vollständige Ablehnung einer ,vertikalen' Aufteilung – auch nur im bescheidensten Ausmaß – der Souveränität (die endgültigen Entscheidungen sind immer Prärogative der *Cortes Generales*, die alleinigen Trägerinnen der Souveränität; die Zentralregierung kann sogar vorübergehend die Autonomie aufheben); *b)* die Beibehaltung der alten Provinzstruktur, einschließlich der *Diputaciones Provinciales* und der *Gobernadores Civiles* (später, wie bereits erläutert, von den *Subdelegados del Gobierno* ersetzt), zu denen nun eine Art ,Übergouverneur' hinzukommt: der *Delegado del Gobierno*, Vertreter der Zentralgewalt in der Autonomen Gemeinschaft (Art. 154), ein Amt, das in einem echt föderalistischen Staat völlig undenkbar wäre; *c)* das Fehlen eines Organs für Koordination und Dialog zwischen den Autonomen Gemeinschaften und der Zentralgewalt (der Se-

---

108 Estatuto de Autonomía para Galicia. Ley Orgánica 1/1981, de 6 de abril. In: Eduardo García de Enterría - José A. Escalante: Código de las Leyes Administrativas. Madrid: Civitas 2001, S. 1289-1318; hier S. 1289, 1303, 1304.

nat erfüllt, obwohl er als "Cámara de representación territorial"[109] definiert wird und unter seinen Mitgliedern einige direkt von den Autonomen Gemeinschaften ernannte Senatoren hat, diese Funktion - wie bereits angedeutet - nicht, da seine Zusammensetzung hauptsächlich von den Provinzen bestimmt wird[110] und seine Befugnisse fast ausschließlich jene einer unnötigen Kammer für die zweite Lesung der Gesetze sind[111]); *d)* die Geringfügigkeit der fiskalischen und finanziellen Autonomie (außer im Fall des Baskenlandes und von Navarra), Geringfügigkeit, die die praktische Beschränkung der politischen Autonomie bewirkt.[112]

Der von der Verfassung beim Entwurf des Staates der Autonomien angerichtete verworrene und unsichere Kompromiß zwischen zentralistischen und föderalistischen Tendenzen ist sicherlich in der Hauptsache verantwortlich für die Zweideutigkeiten und 'Usurpationen' von Prärogativen und Kompetenzen, die einige Statuten der Autonomen Gemeinschaften charakterisieren. (Einen deutlichen Indikator für die Ambiguität des Titels VIII - demjenigen über die territoriale

---

[109] Art. 69 Abs. 1. Vgl. Constitución Española. Con las doctrinas del Tribunal Constitucional, Tribunal Supremo y Tribunal Europeo de los Derechos Humanos, S. 356.

[110] Art. 69 Abs. 2: „En cada provincia se elegirán cuatro Senadores por sufragio universal, libre, igual, directo y secreto por los votantes de cada una de ellas" (Constitución Española. Con las doctrinas del Tribunal Constitucional, Tribunal Supremo y Tribunal Europeo de los Derechos Humanos, S. 394).

[111] Manuel Fraga Iribarne definiert die Rolle des Senates als "marginal y casi superfluo". Vgl. Mesa redonda. El Senado en la Constitución de 1978: Perspectivas. Moderador: José Antonio Víboras Jiménez. In: F. Pau i Vall (Coordinador): El Senado, Cámara de representación territorial, S. 39-71; hier S. 47. Über die "Nutzlosigkeit" des Senates, die Belanglosigkeit seiner Funktion als Kammer der territorialen Vertretung und die Notwendigkeit einer Reform, die diese Kammer in eine effektive "Cámara territorial" oder "Cámara federal" verwandelt, vgl. Francesc de Carreras Serra: El Senado en la Constitución española. In: F. Pau i Vall (Coord.): El Senado, Cámara de representación territorial, S. 25-35. – Ramón Punset Blanco: El Senado como Cámara de las Comunidades Autónomas. Bases de una propuesta. In: F. Pau i Vall (Coord.): El Senado, Cámara de representación territorial, S. 165-182. – Joan Vintró Castells: Una propuesta sobre la composición y las funciones del Senado. In: F. Pau i Vall (Coord.): El Senado, Cámara de representación territorial, S. 183-189. – Manuel Alba Navarro: Diversos modelos para la reforma del Senado. In: F. Pau i Vall (Coord.): El Senado, Cámara de representación territorial, S. 227-238. – Jorge Apellániz Barrio: El Senado y los Parlamentos Autonómicos. In: F. Pau i Vall (Coord.): El Senado, Cámara de representación territorial, S. 251-261. – Pedro J. Hernando García: Algunos interrogantes ante la futura reforma del Senado: la designación de los senadores como representantes de las Comunidades Autonómicas. In: F. Pau i Vall (Coord.): El Senado, Cámara de representación territorial, S. 281-303. – José Ángel Marín Gámez: La discusión sobre el Senado. Apunte sobre algunos aspectos estructurales y territoriales. In: F. Pau i Vall (Coord.): El Senado, Cámara de representación territorial, S. 317-325. – Francesco Tomás y Valiente: La posible configuración del Senado. In: F. Pau i Vall (Coord.): El Senado, Cámara de representación territorial, S. 367-374. – Francesc Pau i Vall: El Senado y el Estado plurinacional, una reflexión desde Cataluña. In: F. Pau i Vall (Coord.): El Senado, Cámara de representación territorial, S. 393.

[112] Vgl. J. L. de la Granja, J. Beramendi, P. Anguera: La España de los nacionalismos y las autonomías, S. 201-202.

Staatsorganisation - der Verfassung und folglich der Zweideutigkeit der Autonomiestatuten liefert die hohe Zahl der vom Verfassungsgerichtshof gefällten Erkenntnisse zu Autonomiekonflikten: 54 allein in den drei Jahren 1981-1983; 100 in den vier Jahren 1984-1987.[113] Um nur ein konkretes Beispiel von einer Autonomen Gemeinschaft zu geben: zwischen 1981 und 1988 hat die katalanische *Generalitat* 139 Verfassungswidrigkeitsbeschwerden gegen den Staat eingereicht und der Staat etwa hundert gegen die *Generalitat*. Der Höhepunkt wurde im Jahr 1986 mit 31 von der *Generalitat* und 19 vom Staat eingelegten Beschwerden erreicht![114])

Doch ein Teil der Zweideutigkeiten und der 'Usurpationen' hat seinen Ursprung in den konkreten historischen Umständen, unter denen einige besondere Normen der Verfassung und der Autonomiestatuten formuliert wurden.

Katalonien. Noch vor der Verabschiedung der Verfassung, deren Text von fast allen katalanischen Parlamentariern unterstützt wurde, hatte am 3. Juli 1978 die *Assemblea de Parlamentaris* – ein Gremium von katalanischen Senatoren und Abgeordneten, das am 25. Juni 1977 gebildet wurde, um den demokratischen Prozeß des Übergangs vom Franco-Regime zur Autonomie zu leiten – eine Kommission aus zwanzig Mitgliedern (alle waren Parlamentarier) ernannt, um im 'Parador' von Sau den Entwurf des Autonomiestatuts auszuarbeiten. Der in Sau verfaßte Vorentwurf wurde von der Versammlung der Katalanischen Parlamentarier am 29. Dezember desselben Jahres ratifiziert und unverzüglich beim *Congreso* eingereicht. Die Revision des *Estatut de Sau* wurde, nach den allgemeinen Wahlen des Jahres 1979, von einer Kommission von katalanischen und spanischen Parlamentariern durchgeführt. Die Diskussion über den Text war hart. Die *Unión de Centro Democrático* (UCD) legte 59 Änderungsvorschläge (die signifikantesten davon betrafen den offiziellen Charakter der katalanischen Sprache, die Abschaffung der Provinzen und *Diputaciones*, die Finanzierung der Autonomie und das Wahlsystem) vor. Trotz der von den katalanischen Gemeinden (*Municips*) geführten Kampagne für die Aufnahme des Vorentwurfs in seiner ursprünglichen Fassung enthielt der von der Verfassungskommission des Abgeordnetenkongresses[115] am 13. August 1979 verabschiedete Text des Statuts wichtige Änderungen

---

[113] Vgl. Eliseo Aja: El Estado autonómico. Federalismo y hechos diferenciales. Madrid: Alianza 1999, S. 64 u. S. 68.

[114] Albert Balcells: Història del nacionalisme català dels orígens al nostre temps. Barcelona: Generalitat de Catalunya 1997, S. 227.

[115] Art. 2 Abs. 2 der Verfassung: "Aprobado el proyecto de Estatuto por la Asamblea de Parlamentarios, se remitirá a la *Comisión Constitucional del Congreso*, la cual, dentro del plazo de dos meses, lo examinerá con el concurso y asistencia de una delegación de la Asamblea proponente para determinar de común acuerdo su formulación definitiva" (Constitución Española. Con las doctrinas del Tribunal Constitucional, Tribunal Supremo y Tribunal Europeo de los Derechos Humanos, S. 604).

gegenüber dem im 'Parador' von Sau ausgearbeiteten: offizielle Sprache war nicht mehr ausschließlich das Katalanische, auch das Kastilische galt nun als offizielle Sprache (Art. 3 Abs. 2); die *Generalitat* hatte die ausschließliche Zuständigkeit für die Kontrolle der öffentlichen Ordnung verloren (Art. 13 u. 14); die Kompetenzen für die Materien Unterricht und Erziehung wurden eingeschränkt (Art. 15); die Quote der Beteiligung an den staatlichen Steuereinnahmen war reduziert worden (Art. 44); die Provinzen und die *Diputaciones Provinciales* (und damit also auch die Zivilgouverneure) wurden nicht abgeschafft, wie die Katalanen wollten, die eine Neugliederung des Territoriums in *Comarcas* anstrebten; der Staat behielt sich die Zuständigkeit für „las normas que configuran el régimen economico de la Seguridad Social (Sozialversicherung)"[116] und die Ernennung des Präsidenten und der Richter des *Tribunal Superior de Justicia de Cataluña*[117] vor. Am 25. Oktober 1979 wurde das Statut dem Volksreferendum unterzogen und mit großer Mehrheit angenommen, doch der Verzicht auf die Stimmabgabe war von erheblichem Ausmaß (nur 59,6% der stimmberechtigten Bürger gingen zur Wahl). Der *Estatut d'Autonomia de Catalunya* wurde am 19. November vom Abgeordnetenkongreß und am 12. Dezember 1979 vom Senat ratifiziert. Der König sanktionierte ihn am 18. Dezember. Die an dem ursprünglichen Text vorgenommenen Änderungen, die die Katalanen am meisten verbitterten, waren jene, die die Sprache betrafen (während die Kenntnis des Kastilischen für alle Bürger obligatorisch ist, ist es die Kenntnis des Katalanischen nicht, auch nicht für die Beamten), sowie jene, die die Provinzen und die *Diputaciones Provinciales* fortbestehen ließen, was die Verwirklichung der alten Forderung, das Territorium in *Comarcas* (die Aufteilung, die der Großteil der Bevölkerung bevorzugte) zu gliedern, verhinderte.[118] Das

---

[116] Vgl. Ley Orgánica 4/1979, de 18 de diciembre (Jefatura del Estado), de Estatuto de Autonomía de Cataluña. In: Estatutos de Autonomía. Madrid: Boletín Oficial del Estado 2000, S. 82-166; hier S. 102 (Art. 17 Abs. 2 lit. a).

[117] "Art. 21. 1. El Presidente del Tribunal Superior de Justicia de Cataluña será nombrado por el Rey, a propuesta del Consejo General del Poder Judicial. [...] 2. El nombramiento de los magistrados, jueces y secretarios del Tribunal Superior de Justicia de Cataluña se efectuará en la forma prevista en las Leyes Orgánicas del Poder Judicial y del Consejo General del Poder Judicial". Vgl. Ley Orgánica 4/1979, de 18 de diciembre (Jefatura del Estado), de Estatuto de Autonomía de Cataluña, S. 104.

[118] Vgl. J. L. de la Granja, J. Beramendi, P. Anguera: La España de los nacionalismos y las autonomías, S. 214-216 – A. Balcells: Història del nacionalisme català dels orígens al nostre temps, S. 207-208. Jedenfalls erlaubte die *Ley 7/1985, de 2 de abril, reguladora de las bases del régimen local* die Einführung der *Comarca*, neben den lokalen territorialen Körperschaften ('Gemeinde' und 'Provinz'): "Gozan ... de la condición de Entidades locales: [...] Las Comarcas u otra Entidades que agrupen varios Municipios instituidas por las Comunidades Autónomas de conformidad con esta Ley y los correspondientes Estatutos de Autonomía" (Art. 3 Abs. 2 lit. b). Art. 42 Abs. 2 führte näher aus: "La iniciativa para la creación de una comarca podrá partir de los propios Municipios interesados. En cualquier caso, no podrá crearse la comarca si a ello se oponen expresamente las dos quintas partes de los Municipios que debieran agruparse en ella, siempre que, en este caso, tales Municipios representen al

Statut von 1979 war für Katalonien nicht vorteilhafter als das Statut von 1932, das alle katalanischen Parteien im Jahr 1977 für unzureichend gehalten hatten. Die Kompetenzen für die Materien Unterricht und Kommunikationsmittel sind ausgedehnter als die des Statuts der Zweiten Republik, jedoch in den Materien Justiz, öffentliche Ordnung und lokale Verwaltung sind nun die Befugnisse der *Generalitat* eindeutig geringer als diejenigen von 1932; zudem verdoppeln die *Diputaciones Provinciales* und die Zivilgouverneure Funktionen der *Generalitat*, schalten sich zwischen diese und die Gemeinden ein und verhindern so eine auf *Comarcas* basierende, territoriale Umstrukturierung.[119]

Baskenland. Während die katalanischen Parlamentarier an der Ausarbeitung der Verfassung teilgenommen, sie unterstützt und schließlich auch akzeptiert hatten, daß sich von dieser die Legitimation ihres Autonomiestatuts ableitete, nahmen die Basken eine völlig ablehnende Haltung ein. In der parlamentarischen Kommission, die 1977 den Vorentwurf der Verfassung ausarbeitete, war kein Repräsentant des PNV vertreten. Dies war ein schwerer politischer Fehler. Auch hatte aber der PNV kein besonderes Interesse gezeigt, an den Arbeiten der Kommission teilzunehmen und die Verfassung ‚mitzutragen', obwohl diese - zum ersten Mal in der Geschichte des spanischen Konstitutionalismus - "los derechos históricos de los territorios forales" schützte. Die Gründe für die Ablehnung der Verfassung wurden von dem PNV in einem Dokument vom 19. November 1978 dargelegt. Es wurde hier zuerst hervorgehoben, daß der PNV seine "concepción integral de la

---

menos la mitad del censo electoral del territorio correspondiente. Cuando la comarca deba agrupar a Municipios de más de una Provincia, será necesario el informe favorable de las Diputaciones Provinciales a cuyo ámbito territorial pertenezcan tales Municipios". Mit spezifischem Bezug auf Katalonien legte die vierte der «Disposiciones adicionales» fest: "En el supuesto de que, en aplicación de lo previsto en el número 2 del artículo 42 de esta Ley, se impidiera de forma parcial y minoritaria la organización comarcal del conjunto del territorio de la Comunidad Autónoma, la Generalidad de Cataluña, por haber tenido aprobada en el pasado una organización comarcal para la totalidad de su territorio y prever su Estatuto, asimismo, una organización comarcal de carácter general, podrá, mediante Ley aprobada por mayoría absoluta de su Asamblea Legislativa, acordar la constitución de la comarca o las comarcas que resten para extender dicha organización a todo su ámbito territorial". Vgl. Ley 7/1985, de 2 de abril, reguladora de las bases del régimen local. In: Eduardo García de Enterría - José A. Escalante: Código de las Leyes Administrativas. Madrid: Civitas 2001, S. 1695-1749; hier S. 1698, 1718, 1745. Im Art. 2 des Autonomiestatuts von Katalonien heißt es: "El territori de Catalunya com a comunitat autònoma és el de les comarques compreses en les províncies de Barcelona, Girona, Lleida i Tarragona, en el moment d'ésser promulgat el present Estatut". Und Art. 5 Abs. 1 lautet: "La Generalitat de Catalunya estructurarà la seva organizació territorial en municipis i comarques; també podrà crear demarcacions supracomarcals" (Constitució Espanyola. Estatut d'Autonomia de Catalunya. Reglament del Parlament de Catalunya, S. 232-233). Die *Comarcas* sind also eingeführt worden, doch sie entsprechen dem Gebiet der Provinzen und der *Diputaciones Provinciales*, die nicht abgeschafft wurden!

[119] Vgl. A. Balcells: Història del nacionalisme català dels orígens al nostre temps, S. 208.

democracia en lo referente a los derechos de los pueblos“ in dem vorliegenden Verfassungstext nicht wiederfindet, und dann erklärt:

El PNV jamás podrá prestar su adhesión voluntaria a un concepto unitario del Estado que no se fundamente en la libre unión y solidaridad de los pueblos que lo integran, construido democráticamente de abajo arriba, y en el que, por el contrario, el poder reconocido a las nacionalidades y regiones es un mero acto de delegación que se realiza desde el propio poder central del Estado.

Bei der Darlegung der Gründe dieser "postura de abstención ante la Constitución" wurde im Dokument weiter bekräftigt:

La abstensión tiene [...] una significación especifica en el caso del PNV: es la clara y rotunda manifestación de su voluntad de no participar ni prestar su asentimiento en la configuración de un modelo de Estado que desconoce los derechos históricos y nacionales del pueblo vasco y su reafirmación de que sólo concurrirá, con su participación voluntaria, al proceso constituyente de un Estado que se asiente en dicho reconocimiento.[120]

Als der Text des Vorentwurfes der Verfassung in den *Cortes* diskutiert wurde, präsentierte der PNV jedoch einige 'Verbesserungsvorschläge'. Die Ziele dieser Vorschläge waren vor allem zwei: a) dem Baskenland, rasch und ohne Risiko, eine weitgehende Autonomie zu verschaffen, deren Funktionieren eine ausreichende und flexibel definierte Finanzierung (auf diese Weise wäre ihre Erweiterung zum günstigen Zeitpunkt möglich) garantieren sollte; b) die Autonomie zu erlangen, ohne den politischen Preis dafür zu bezahlen, indem diese nicht in der Verfassung, sondern in einem gesonderten Titel verankert wird: dem 'pacto foral con la Corona', kraft dessen das Baskenland durch die Person des Königs mit Spanien verbunden würde.[121]

Die baskischen Nationalisten erreichten das erste Ziel: Der Art. 149 der Verfassung erlaubte eine ausreichende Autonomie, während Art. 150 Abs. 1 und 2 eine eventuelle Ausweitung möglich macht; die erste der «Disposiciones Adicionales» garantierte implizit die sogenannte ‚wirtschaftliche Vereinbarung' (*Concierto Económico*) und die zweite der «Disposiciones Transitorias» ermöglichte den direkten Zugang zur Autonomie und damit eine Umgehung des Risikos, die erwähnten Bestimmungen von Art. 151 Abs. 1 über die für die Erreichung der vollen Autonomie notwendigen Mehrheiten nicht erfüllen zu können.

Der Versuch, eine gesonderte Legitimation der Autonomie außerhalb der Verfassung zu erhalten, scheiterte dagegen. Der 'pacto foral con la Corona' wurde nicht anerkannt. Die baskischen Nationalisten versuchten nun, die Aufnahme ei-

---

[120] El PNV ante la Constitución española de 1978. In: J. L. de la Granja, J. Beramendi, P. Anguera: La España de los nacionalismos y las autonomías, S. 377-378.

[121] Vgl. Jon Arrieta Alberdi: Las «imágenes» de los Derechos históricos: un estado de la cuestión. In: Miguel Herrero de Miñón y Ernest Lluch (eds.): Derechos históricos y constitucionalismo útil. Barcelona: Crítica 2001, S. 221-274; hier S. 236-239.

nes Artikels in die Verfassung durchzusetzen, dessen Text jenem der ersten der «Disposiciones Adicionales» ähnlich war, ohne aber irgendeine Erwähnung von Beschränkungen der Autonomie zu enthalten, die von "el marco de la Constitución" hätten abgeleitet werden können. Doch auch diese Forderung des PNV, die dazu gedient hätte, einen Selbstbestimmungsprozeß ohne irgendwelche Behinderung durch die Verfassung zu legitimieren,[122] wurde nicht angenommen (die baskischen Nationalisten erreichten jedoch mit dem 2. Absatz der «Disposición Derogatoria» der Verfassung die Bestätigung der *Fueros* durch die Aufhebung der Gesetze vom 25. Oktober 1839 und vom 21. Juli 1876).

Nachdem sein Antrag auf Anerkennung der Historischen Rechte als ursprüngliche baskische Souveränität nicht anerkannt wurde, beschloß der PNV, die Abstimmung über die Verfassung zu boykottieren.[123] Mit dem Argument "esta Constitución no reconoce nuestros Fueros" forderte er die baskische Bevölkerung auf, sich der Stimme zu enthalten, als die Verfassung am 6. Dezember 1978 der Volksabstimmung unterworfen wurde. Die von dem PNV betriebene Propaganda zur Stimmenthaltung verzeichnete einen großen Erfolg: in Vizcaya enthielten sich 57,54% der in den Wahllisten registrierten Personen, in Guipúzcoa waren es 56,57% und in Álava 40,7%. Die Summe der Enthaltungen und der Neinstimmen (von der *abertzale* Linken und der extremen Rechten) überstieg die Zahl der Jastimmen um vieles: am Referendum nahmen 44,65% der Wahlberechtigten teil; 23,5% (etwa ein Viertel also) der Personen, die am Referendum teilnahmen, stimmten mit 'Nein'. Insgesamt stimmten nur 30,86% der Basken für die Annahme der Verfassung.[124]

So wird das Autonomiestatut von Euskadi unvermeidlich als das Produkt einer Grundambivalenz, als ein Produkt unheilbarer Widersprüche entstehen. Der PNV wird in der Tat, nachdem er die Verfassung abgelehnt hat, das von der Verfassung vorgesehene Autonomiestatut fordern und sich aktiv an seiner Ausarbeitung sowie an seiner Verteidigung in der parlamentarischen Diskussion und in den Verhandlungen mit der Zentralregierung beteiligen. Die Verfassung wird er aber nicht als Legitimationsquelle des baskischen Statuts anerkennen.

Der von den baskischen Parlamentariern verfaßte und in Gernika ratifizierte Vorentwurf des Autonomiestatuts wurde den *Cortes* in den letzten Tagen des Jahres 1978 vorgelegt. Die Annahme des Vorentwurfes hing von den neuen *Cortes* ab, die aus den Wahlen vom 1. März 1979 hervorgegangen waren. Diese

---

[122] Vgl. A. Elorza: Un pueblo escogido. Génesis, definición y desarrollo del nacionalismo vasco, S. 407-408.

[123] Vgl. Javier Corcuera Atienza: Nacionalismo vasco: De la Reintegración Foral a los Derechos Históricos. In: Los nacionalismos: Globalización y crisis del Estado-Nación. Madrid: Consejo General del Poder Judicial 1999, S. 109-133; hier S. 126-127. - J. L. de la Granja, J. Beramendi, P. Anguera: La España de los nacionalismos y las autonomías, S. 224-226.

[124] Vgl. J. Corcuera Atienza: Nacionalismo vasco: De la Reintegración Foral a los Derechos Históricos, S. 128.

Wahlen hatte die UCD gewonnen, der PSOE verloren. In Euskadi verloren jedoch in diesen allgemeinen Wahlen sowohl die UCD als auch der PSOE, während die nationalistischen Parteien in ihrer Gesamtheit einen bedeutenden Erfolg verbuchen konnten: der PNV erfuhr einen leichten Rückgang - von 28,8% (1977) auf 26,6% Stimmenanteil -, bekam dennoch sieben Abgeordnete und acht Senatoren; die 1978 gegründete und der ETA (*Euskadi ta Askatasuna*) nahestehende Partei *Herri Batasuna*, die für die Unabhängigkeit des Baskenlandes kämpft,[125] erhielt 15% der Stimmen, drei Abgeordnete und einen Senator; *Euskadiko Ezkerra* erhöhte ihren Anteil von 6,3% (1977) auf 8%, erreichte damit aber nur einen Abgeordneten. Die Lokalwahlen vom April 1979 bestätigten das Anwachsen der nationalistischen Parteien in Euskadi. Der PNV gelangte erneut in Besitz der *Alcaldía* (Bürgermeisteramt) von Bilbao und eroberte (zum ersten Mal) diejenigen von San Sebastián und von Vitoria, übernahm außerdem den Vorsitz der drei baskischen *Diputaciones* und des *Consejo General Vasco*.[126]

Der PNV konnte so aus einer Position der Stärke heraus um die Annahme des Statuts von Gernika verhandeln. Die Debatte in den *Cortes* führte zu keiner Entscheidung. Für die Annahme waren direkte Verhandlungen zwischen Adolfo Suárez, Regierungschef, und Carlos Garaikoetxea, Präsidenten des *Consejo General Vasco*, notwendig, die im Juli 1979 stattfanden.[127] Unter den zahlreichen Kompetenzen der *Comunidad Autónoma del País Vasco*, die das Statut vorsah, traten besonders hervor: das Unterrichtswesen, die autonome Polizei (Ertzaintza) und die Finanzen (Hacienda), eine Kompetenz, die sich auf die *Conciertos económicos* gründete, die für Guipúzcoa und Vizcaya wieder eingeführt wurden.[128] Ebenso wurden die *Juntas Generales* und die *Diputaciones Forales* der drei baskischen Provinzen, die im Jahr 1877 abgeschafft worden waren, wiederhergestellt. Die wegen ihrer Bezugnahme auf den "marco de la Constitución" bekämpfte erste Zusatzbestimmung wurde nun paradoxerweise von dem PNV geltend gemacht, um dem Statut von Gernika eine ‚novísima foralidad'[129] (vgl. insbes. die Art. 37-45) einzuverleiben. Außerdem wurde die erste der «Disposiciones Adicionales»

---

[125] Vgl. Patxo Unzueta: Nacionalismo radical vasco. In: A. de Blas Guerrero (Director): Enciclopedía del nacionalismo, S. 346-348. – Javier Fernández Sebastián-José Luis de la Granja: País Vasco: Génesis y evolución de su nacionalismo. In: A. de Blas Guerrero (Director): Enciclopedía del nacionalismo, S. 359-365.

[126] Vgl. J. L. de la Granja, J. Beramendi, P. Anguera: La España de los nacionalismos y las autonomías, S. 226 u. S. 250.

[127] Vgl. Pedro Cruz Villalón: Die Neugliederung des Spanischen Staates durch die »Autonomen Gemeinschaften«. In: Jahrbuch des öffentlichen Rechts der Gegenwart, Neue Folge, Band 34 (1985), S. 195-243; hier S. 213.

[128] Vgl. Ignacio Zubiri: El Concierto económico en el conjunto del sistema fiscal español y europeo. In: Miguel Herrero de Miñón y Ernest Lluch (eds.): Derechos históricos y constitucionalismo útil. Barcelona: Crítica 2001, S. 177-209.

[129] Vgl. J. L. de la Granja, J. Beramendi, P. Anguera: La España de los nacionalismos y las autonomías, S. 226.

dazu herangezogen,[130] um die *Comunidad Autónoma del País Vasco* mit Kompetenzen (vgl. Art. 10-23) auszustatten, die über die in dem Statut von Sau aufgelisteten Kompetenzen (vgl. Art. 9-28) der katalanischen *Generalitat* hinausgingen.[131] Dazu trug auch der Gebrauch des ‚karlistischen Arguments' (ETA verkörpert nun den Karlismus) - das heißt, die Sezessionsdrohung - bei.[132] Der PNV erreichte also die maximale Autonomie mit dem Argument, daß nach ihrer Erreichung ETA - damals in voller terroristischer Offensive - verschwinden würde. All das verlieh dem baskischen Statut (nach dem Ort der Ratifizierung des Vorentwurfes als Statut von Gernika bezeichnet) einen speziellen Charakter. Es war keine 'carta otorgada' - das heißt, ein gewährtes statutarisches Dokument -, sondern das Ergebnis eines doppelten *politischen Paktes*: der Pakt von Euskadi mit dem spanischen Staat und der Pakt zwischen den baskischen Parteien untereinander,[133] sowohl der nationalistischen, als auch der nicht nationalistischen.

Vergleicht man das Statut von 1936 mit dem von 1979, so tritt deutlich hervor, wie sehr das Statut von Gernika im Vergleich zu dem republikanischen eine bemerkenswerte qualitative Verbesserung darstellt: aus einer "región autónoma" ist das Baskenland zu einer "Nacionalidad", Euskadi (dieser Ausdruck fehlte im Text von 1936) genannt, geworden. Und Euskadi - eine Entität, die als rechtlich anerkannte Nationalität erst mit dem Statut von Gernika geboren wird - stellt durch dieses Statut historische Institutionen (die Baskische Regierung, die von sehr kurzer Lebensdauer gewesen war, und die *Juntas Generales de los Territorios Históricos* sowie die *Diputaciones Forales*, die eine lange Tradition besaßen) wieder her und schafft neue Einrichtungen, wie das Baskische Parla-

[130] Der erste Absatz des Art. 17 beginnt zum Beispiel mit folgenden Worten: „Mediante el proceso de actualización del régimen foral previsto en la disposición adicional primera de la Constitución, corresponderá a las instituciones del País Vasco, en la forma que se determina en este Estatuto, el régimen de la policía autónoma..." (Estatuto de Autonomía para el País Vasco. In: E. García de Enterría – J. A. Escalante: Código de las Leyes Administrativas, S. 1226).

[131] Vgl. J. L. de la Granja, J. Beramendi, P. Anguera: La España de los nacionalismos y las autonomías, S. 226.

[132] J. Corcuera Atienza: Nacionalismo vasco: De la Reintegración Foral a los Derechos Históricos, S. 132.

[133] Die Basken erkennen jedoch nur den zweiten Pakt an: "El Parlamento vasco proclama: [...] 3. Que el Estatuto de Autonomía, resultado de un pacto refrendado libremente por la ciudadanía vasca, constituye un punto de encuentro de su voluntad mayoritaria y el marco jurídico del que la sociedad vasca se dota en un determinado momento histórico para acceder al autogobierno y regular la convivencia pacífica, representando, en consecuencia, la expresión legítima de la propia voluntad del pueblo vasco. En tal sentido, la estrategia estatutaria y la profundización en el autogobierno a través del pleno y leal desarrollo de todos y cada uno de los contenidos del Estatuto representan para los ciudadanos vascos el marco válido para la resolución progresiva de los problemas de la sociedad vasca, así como para avanzar en la construcción nacional de Euskadi" (Declaración sobre la autodeterminación de Euskadi aprobada por el Parlamento Vasco. Vitoria, 15 de febrero de 1990. In: J. L. de la Granja, J. Beramendi, P. Anguera: La España de los nacionalismos y las autonomías, S. 381-382).

ment. Die gewonnene Autonomie ist weitreichender geworden (in der Praxis hatte aber - wie schon erläutert - das Baskenland in der Zeit des Spanischen Bürgerkriegs wie ein selbständiger Staat agiert).

Das Referendum, dem das Statut nach der parlamentarischen Annahme unterzogen wurde, fand am 25. Oktober 1979 statt. 90% der Wähler stimmten mit 'Ja'. (Der Anteil der Stimmenthaltungen war jedoch sehr hoch: 40% der Wahlberechtigten.) Nach der Ratifizierung durch die *Cortes* trat das Statut am 18. Dezember 1979 in Kraft.[134]

Der PNV, der der Hauptschöpfer des Statuts gewesen war und sich natürlich während der Volksabstimmungskampagne für seine Annahme eingesetzt hatte, gewann die Regionalwahlen ('elecciones autonómicas') des Jahres 1980. Er übernahm die Regierung und so die Aufgabe, die Institutionalisierung von Euskadi einzuleiten und zu verwirklichen. Bei der Durchführung dieser Institutionalisierung stattete der PNV die baskische Gesellschaft mit einem Netz von Einrichtungen und einer Verwaltungsstruktur aus, die praktisch das gesamte Leben der Bürger des Baskenlandes regeln und beinflussen.[135]

Der PNV, der - wie ihm vorgeworfen wurde - mit dem Statut von Gernika beansprucht hat, gleichzeitig Macht und Opposition zu sein,[136] hat, so wie die anderen baskischen nationalistischen Parteien, nie auf die Forderung nach Selbstbestimmung und auf die Bildung der Nation Euskadi[137] verzichtet und sich immer geweigert, die Legitimität des Verfassungssystems im Baskenland und die Souveränität des spanischen Staates anzuerkennen.[138] Der PNV spricht immer wieder

---

134 J. L. de la Granja, J. Beramendi, P. Anguera: La España de los nacionalismos y las autonomías, S. 226-227.

135 Joseba Arregi: La nación vasca posible. El nacionalismo democrático en la sociedad vasca. Barcelona: Crítica 2000, S. 66-69.

136 Vgl. J. Arregi: La nación vasca posible, S. 65.

137 "El Parlamento vasco proclama: 1. Que el pueblo vasco tiene derecho a la autodeterminación. Este derecho reside en la potestad de sus ciudadanos para decidir libre y democráticamente su estatus político, económico, social y cultural, bien dotándose de un marco propio o compartiendo, en todo o en parte, su soberanía con otros pueblos. 2. Que el ejercicio del derecho a la autodeterminación tiene como finalidad la construcción nacional de Euskadi..." (Declaración sobre la autodeterminación de Euskadi aprobada por el Parlamento Vasco. Vitoria, 15 de febrero de 1990, S. 381). Zuletzt, genau im Januar 2000, wurde das Selbstbestimmungsrecht von der Generalversammlung des PNV eingefordert und als das Recht der baskischen Gesellschaft, die eigene Zukunft zu bestimmen, definiert. Vgl. M. Ithurralde: Le Pays Basque, la Catalogne et l'Europe, S. 107-112.

138 "Los vascos de los seis territorios [(Araba, Bizkaya, Gipuzkoa, Lapurdi, Nafarroa, Zuberoa.) Nicht nur die baskischen Provinzen (Álava, Bizcaya, Guipúzcoa) der baskischen *Comunidad Autónoma*, sondern auch Navarra und die drei Provinzen des französischen Baskenlandes (Labourd, Basse-Navarre, Soule) bilden also nach den Vorstellungen der Nationalisten das Baskenland.] constituimos un mismo pueblo unido por su origen y por su voluntad, dueño de sí mismo, sin que reconozcamos ni acatemos otra soberanía" (Manifiesto del PNV en su

dem spanischen Staat die demokratische Legitimität ab, da er die kollektiven Rechte der Völker (im besonderen das Recht auf Selbstbestimmung) mißachtet, und erinnert immer wieder daran, daß Euskadi die Verfassung nicht annahm. Den *Partido Popular* und den PSOE betrachtet der PNV beharrlich als die politischen Kräfte, die sich zum Ziel die Zerstörung von Euskal Herria gesetzt haben.

Sehr auffallend ist der Widerspruch zwischen der Auffassung, die der PNV vom Autonomiestatut hat, und der Ableitung einiger der in dem Autonomiestatut angeführten Kompetenzen und Prärogativen aus der Verfassung. Wenn das Statut tatsächlich, wie die baskischen Nationalisten und die Verfasser seines Textes glauben, nur *aus eigener Kraft* die Historischen Rechte des baskischen Volkes, die es bereits vor der Verfassung gab, aktualisiert und seine Legitimation ausschließlich aus der Geschichte der Historischen Rechte der Baskischen Territorien und nicht aus der Verfassung schöpft, warum beruft es sich in den Art. 16 ("en aplicación de lo dispuesto en la Disposición Adicional Primera de la Constitución, es de competencia de la Comunidad Autónoma del País Vasco la enseñanza en toda su extensión...")[139] und 17 ("mediante el proceso de actualización del régimen Foral previsto en la Disposición Adicional Primera de la Constitución, corresponderá a las instituciones del País Vasco...")[140] auf die Verfassung, um daraus etliche eigene Zuständigkeiten und Prärogativen abzuleiten? Die dem PNV so häufig vorgeworfene Ambiguität[141] wird so zu einer spezifischen Eigenschaft des Statuts von Gernika.

Galicien. In Galicien waren die nationalistischen Parteien zum Zeitpunkt des Übergangs vom Franco-Regime zur Demokratie Verfechter der Selbstbestimmung. Um ihr politisches Gewicht zu erhöhen, vereinigten sie sich im Januar 1976 im *Consello de Forzas Políticas Galegas* (CFPG) auf Initative der *Unión do Pobo Galego* (UPG), die bereits eine *Asamblea Nacional-Popular Galega* organisiert hatte, um darin alle nationalistischen Parteien, die gerade entstehenden Gewerkschaften sowie die kulturellen Vereinigungen einzugliedern und sich auf diese Weise die Vormachtstellung in dem galicischen Nationalismus (‚galeguismo') zu sichern. Anfänglich setzte sich der CFPG aus der UPG, der wichtigsten der nationalistischen Parteien, dem *Partido Socialista Galego* (PSG) und dem *Partido Galego Social Demócrata* (PGSD) zusammen, doch bald danach schlossen sich ihm der *Partido Carlista* und der *Movemento Comunista de Galicia* (MCG) an. Der *Consello* entwarf und beschloß die *Bases Constitucionais para*

centenario. Bilbao, 31 de julio de 1995. In: J. L. de la Granja, J. Beramendi, P. Anguera: La España de los nacionalismos y las autonomías, S. 382-383).

[139] Estatuto de Autonomía para el País Vasco. In: E. García de Enterría - J. A. Escalante: Código de las Leyes Administrativas, S. 1225.

[140] Estatuto de Autonomía para el País Vasco. In: E. García de Enterría - J. A. Escalante: Código de las Leyes Administrativas, S. 1226.

[141] Vgl. J. Arregi: La nación vasca posible, S. 63-64.

a participación da Nación Galega nun Pacto Federal, ein Programm, das nicht für die Unabhängigkeit eintrat, aber mit Nachdruck auf dem Selbstbestimmungsrecht und dem 'föderalistischen Pakt' bestand.[142] Das Programm des *Consello* unterschied sich sehr von jenem der nicht-nationalistischen Parteien. So hatte zum Beispiel die *Coordinación Democrática* oder *Platajunta* (später *Táboa Democrática de Galicia* benannt), die aus der Vereinigung der im März 1975 von dem *Partido Comunista de Galicia* (PCG) organisierten *Xunta Democrática* mit der von dem PSOE initiierten *Plataforma de Convergencia Democrática de Galicia* hervorgegangen war, in ihrem Programm ein einziges spezifisch ‚galeguista' Ele-

---

[142] Diese waren die wichtigsten *Bases*: "*Primera.* Conforme al principio de autodeterminación nacional, la soberanía política en Galicia corresponde al pueblo gallego. *Segunda.* Un Gobierno Gallego asumirá la representación y el ejercicio del poder político en el territorio de Galicia, en tanto no se establezcan las instituciones políticas definitivas, en el correspondiente proceso constituyente [...]. *Cuarta.* La participación de la nación gallega en un pacto federal español tendrá que ajustarse a las condiciones siguientes: I. El pacto federal tiene que ser concluido sobre el principio de la negociación en plano de igualdad de los representantes legítimos de los pueblos de las diversas naciones hoy integradas en el Estado Español, según vengan determinados por los respectivos procesos constituyentes. II. El pacto federal no podrá reducir las facultades de autoorganización y autogobierno de la nación gallega, excepto en los aspectos libremente consentidos por sus legítimos representantes en el antedicho pacto. III. Los órganos federales que se establezcan, tanto legislativos, como ejecutivos y judiciales, se integrarán sobre la base de la representación por naciones, en igualdad numérica, independientemente de la población y territorio de cada una de ellas. IV. No se podrá tratar de relativizar el peso político de las naciones en los órganos federales mediante la concesión de igual representación en ellos a las regiones integrantes de cualquiera de las naciones. Tal cosa no impedirá que cualquiera de las naciones, en su organización interna, pueda otorgar autonomía a las regiones o provincias que la constituyen. V. La eventual integración de la Federación en organismos supranacionales, de carácter político o económico, deberá ser refrendada por los legislativos de todas las naciones federadas. [...] *Undécima.* Serán competencias nacionales gallegas: I. La autoorganización política y el autogobierno, según determine la voluntad constituyente del pueblo gallego, sin otros límites que los previstos en la base *4.II.* II. El régimen jurídico de la administración gallega. III. El régimen electoral. IV. La determinación de los nacionales gallegos. V. El régimen jurídico de las libertades políticas. VI. La legislación penal. VII. El aseguramiento del orden público; la declaración de estados de excepción. VIII. La política económica y la planificación de la economía. IX. La política fiscal. X. El derecho civil, mercantil y de trabajo; la regulación de la Seguridad Social. XI. La Administración de la justicia en las materias en que la legislación sea de competencia nacional gallega. XII. El registro civil y el notariado. XIII. El régimen urbanístico y la ordenación del territorio. XIV. La política cultural y educativa. XV. La política sanitaria. XVI. La política de transportes y comunicaciones. [...] *Decimotercera.* El idioma oficial de la nación gallega es el gallego. Los órganos federales que actúen en el territorio gallego, en sus relaciones con los administrados estarán obligados a emplear el idioma gallego, excepto requerimiento expreso en contrario de la parte del administrado. [...] *Decimonovena.* La competencia nacional gallega sobre la enseñanza abarcará a todos los grados y niveles, cualquiera que sea el carácter de los centros que los impartan. La enseñanza se impartirá en gallego, en todos sus grados y niveles..." (Bases Constitucionales del Consello de Forzas Políticas de Galicia. 1977. In: J. L. de la Granja, J. Beramendi, P. Anguera: La España de los nacionalismos y las autonomías, S. 403-405).

ment: die Forderung nach der unverzüglichen Wiederherstellung des Statuts von 1936.[143] Doch das Leben des *Consello de Forzas Políticas Galegas* (CFPG) war nur von kurzer Dauer. Im Oktober 1976 erfuhr die *Asamblea Nacional-Popular Galega* (ANPG) eine Spaltung wegen der Bildung der *Asamblea Popular Galega* (APG). Im November 1976 führten Streitigkeiten zwischen UPG und MCG zum Bruch zwischen den beiden Parteien. Auch zwischen UPG und PSG waren die Beziehungen stürmisch. Und so gelangte die nationalistische Bewegung zu den allgemeinen Wahlen von 1977 im denkbar schlechtesten Zustand. Der *Bloque Nacional-Popular Galego* (BNPG), aus UPG und ANPG gebildet, erreichte 2% der Stimmen, der PSG 2,4%. Weder der eine noch der andere erhielt Abgeordnete. Der galicische Nationalismus konnte daher nur eine marginale Rolle spielen, sowohl im verfassunggebenden Prozeß, der auf die allgemeinen Wahlen folgte, als auch bei der Einrichtung der Vor-Autonomie und ihrer Institutionen, bei der Ausarbeitung des Autonomiestatuts, das am 21. Dezember 1980 der Volksabstimmung unterzogen und von den Wählern nahezu einstimmig angenommen wurde (es hatten sich jedoch 73% der Wahlberechtigten Galiciens der Stimme enthalten!), und bei der definitiven Bildung des Parlaments und der *Xunta* (‚Junta')[144] von Galicien.[145] Es überrascht daher nicht, daß der 'Ton' des galicischen Statuts[146] viel versöhnlicher als in den Statuten von Katalonien und dem Baskenland ist, daß sich seine 'ideologische' Grundeinstellung fern von jeglichem Radikalismus hält und daß die Kompetenzen der Autonomen Gemeinschaft von Galicien jenen eines gemäßigten Regionalismus entsprechen.[147]

---

[143] Vgl. J. G. Beramendi: El nacionalismo gallego, S. 69-70.

[144] "Art. 16. 1. La Junta es el órgano colegiado de Gobierno de Galicia. 2. La Junta de Galicia está compuesta por el Presidente, vicepresidente o vicepresidentes, en su caso, y los consejeros. 3. Los vicepresidentes y los consejeros serán nombrados y cesados por el Presidente" (Estatuto de Autonomía para Galicia. In: E. García de Enterría - J. A. Escalante: Código de las Leyes Administrativas, S. 1292).

[145] Vgl. J. G. Beramendi: El nacionalismo gallego, S. 70-71. - Roberto Blanco Valdés: Estatutos de Autonomía: Galicia. In: A. de Blas Guerrero (Director): Enciclopedía del nacionalismo, S. 132-134.

[146] Es wurde von einer Kommission ausgearbeitet, die aus acht Vertretern der *Unión de Centro Democrático*, zwei Vertretern des *Partido Socialista Español*, zwei Vertretern der *Coalición Democrática* und aus jeweils einem Vertreter des *Partido Comunista*, des *Partido Galeguista*, des *Partido Obreiro Galego* und des *Partido do Traballo* zusammengesetzt war.

[147] Die Kompetenzen der *Comunidad Autónoma de Galicia* wurden jedoch mit der *Ley Orgánica 16/1995* weit ausgedehnt. Mit diesem Gesetz wurden - auf Initiative des Staates und daher auf extrastatutarischem Wege - der Autonomen Gemeinschaft von Galicien bestimmte Restkompetenzen des Staates übertragen. Es waren: die Kompetenzen für die Genossenschaften und Krankenversicherungen, die nicht im System der 'Seguridad Social' integriert waren; die Kompetenzen für öffentliche Schauspiele und für Seetransport; die Kompetenzen für die Entwicklung von Rahmengesetzen in der Materie 'Corporaciones de Derecho Público', die wirtschaftliche und berufsmäßige Interessen vertreten, und für die Vollziehung der Ausführungsgesetze; die Kompetenz für die Vollziehung der Gesetze über Vereine. In der Folge wurden mit der *Ley*

Als sie zu wählen hatte, ob die Autonomie nur den 'historischen' Nationalitäten (Katalonien, Baskenland und Galicien) allein oder allen Regionen gewährt werden sollte, entschied sich die spanische Zentralregierung, die vom Wunsch geleitet war, die katalanischen und baskischen Forderungen[148] zu banalisieren, für die Schaffung eines Systems von Autonomien für alle Regionen.[149] Die Verfassung erkannte daher allen 'Nationalitäten' und allen Regionen Spaniens das Recht auf Autonomie (Art. 2) zu und gab angrenzenden Provinzen mit gemeinsamen historischen, kulturellen und wirtschaftlichen Eigenschaften, den insularen Territorien und sogar einzelnen Provinzen "con entidad regional histórica" die Möglichkeit, eine Autonome Gemeinschaft zu bilden und die eigene Selbstregierung aufzubauen (Art. 143 Abs. 1).

Wenn das Recht auf Autonomie für alle Gebiete, die geeignet waren, eine Autonome Gemeinschaft zu bilden, auch gleich war, so war jedoch das Verfahren, über welches das Recht auf Autonomie ausgeübt werden konnte, nicht für alle Territorien das gleiche. Die Verfassung sah – wie durch die minutiöse Untersuchung von Laureano López Rodó herausgefunden werden konnte – je nach Gebiet verschiedene Verfahren vor:

1. Katalonien, Baskenland, Galicien: sofortige Autonomie auf der Grundlage der zweiten der «Disposiciones Transitorias».
2. Die verbleibenden Gebiete mit einer provisorischen Autonomieregierung, die den Weg von Art. 151 beschreiten.
3. Gebiete mit einer provisorischen Autonomieregierung, die die Vorgehensweise nach Art. 143 befolgen.
4. Gebiete, die keine provisorische Autonomieregierung haben, die nach Art. 151 vorgehen.

Orgánica 6/1999 der Autonomen Gemeinschaft von Galicien die Kompetenzen für die Entwicklung von Rahmengesetzen in den Materien Kreditwesen, Banken und Versicherungen erteilt. Vgl. Ley Orgánica 16/1995, de 27 de Diciembre, de Transferencia de Competencias a la Comunidad Autónoma Gallega. In: E. García de Enterría - J. A. Escalante: Código de las Leyes Administrativas, S. 1319-1320. – Ley Orgánica 6/1999, de 6 de Abril, de Transferencia de Competencias a la Comunidad Autónoma de Galicia. In: Eduardo García de Enterría - José A. Escalante: Código de las Leyes Administrativas. Duodecima edición. Madrid: Civitas 2001, S. 1321.

[148] Joan Vintró Castells, Professor für Verfassungsrecht an der Universität von Barcelona, schreibt: "no debe olvidarse que la configuración del Estado Autonómico, o más exactamente, el reconocimiento del derecho a la autonomía en la Constitución española deriva, fundamentalmente, de un dato político que no puede substraerse, el de la reivindicación de la autonomía política de unos territorios determinados del Estado español, principalmente el País Vasco y Cataluña" (Joan Vintró Castells: Una propuesta sobre la composición y las funciones del Senado, S. 184). Wie eben erwähnt, waren die Autonomieforderungen in Galicien wegen der politischen Zersplitterung des nationalistischen Lagers und der Streitigkeiten zwischen den nationalistischen Parteien schwächer (vgl. J. G. Beramendi: El nacionalismo gallego, S. 71-76).

[149] Vgl. M. Ithurralde: Le Pays Basque, la Catalogne et l'Europe, S. 21.

5. Gebiete ohne provisorische Autonomieregierung, die Art. 143 folgen.
6. Gebiete, die aus einer einzigen Provinz bestehen, und die keine "entidad regional histórica" besitzen.
7. Gebiete, die nicht in der Organisation einer Provinz integriert sind.
8. Gebiete, in denen die *Cortes* die Initiative der „Corporaciones Locales" (Art. 144 lit. c) ersetzen.
9. Navarra.
10. Ceuta und Melilla.
11. Madrid.
12. Kanarische Inseln.[150]

In der Praxis erreichten vier *Comunidades Autónomas* die Autonomie über Art. 151 und die zweite der «Disposiciones Transitorias»; dreizehn über Art. 143 und zwei über Art. 144 lit. b und die fünfte der «Disposiciones Transitorias», wie es aus folgender Übersicht entnommen werden kann (in Klammer das Datum der entsprechenden *Ley Orgánica*):

País Vasco: Art. 151 Abs. 2 u. 2. Disp. Trans. (18. 12. 1979).
Cataluña: Art. 151 Abs. 2 u. 2. Disp. Trans. (18. 12. 1979).
Galicia: Art. 151 Abs. 2 u. 2. Disp. Trans. (6. 4. 1981).
Andalucía: Art. 151 Abs. 2 u. 2. Disp. Trans. (30. 12. 1981).
Principado de Asturias: Art. 143 (30. 12. 1981).
Cantabria: Art. 143 (30. 12. 1981).
La Rioja: Art. 143 (9. 6. 1982).
Región de Murcia: Art. 143 (9. 6. 1982).
Comunidad Valenciana: Art. 143 (1. 7. 1982).
Aragón: Art. 143 (10. 8. 1982).
Castilla-La Mancha: Art. 143 (10. 8. 1982).
Canarias: Art. 143 (10. 8. 1982).
Navarra: Art. 143 (10. 8. 1982).
Extremadura: Art. 143 (25. 2. 1983).
Illes Balears: Art. 143 (25. 2. 1983).
Comunidad de Madrid: Art. 143 (25. 2. 1983).
Castilla y León: Art. 143 (25. 2. 1983).
Ciudad de Ceuta: Art. 144 lit. b u. 5. Disp. Trans. (13. 3. 1995).
Ciudad de Melilla: Art. 144 lit. b u. 5. Disp. Trans. (13. 3. 1995).[151]

---

[150] F. González Navarro: España, nación de naciones, S. 226 (der Forscher benützt hier das Werk von Laureano López Rodó: Las autonomías, encrucijada de España. Madrid 1980).

[151] Vgl. Estatutos de Autonomía. Edición preparada por J. Tornos Mas, S. 21, 43, 69, 93, 121, 147, 177, 209, 237, 261, 289, 319, 347, 371, 401, 435, 463, 497, 513.

Harmonisierungs- und Homogenisierungversuche:
Die Autonomie-Vereinbarungen (‚Acuerdos Autonómicos')

Zwischen den Autonomen Gemeinschaften entwickelten sich ein Wettlauf um die möglichst rasche Erlangung der vollen Autonomie und eine "emulación al alza".[152] Dieser Wettlauf um die rascheste Erlangung der vollen Autonomie und dieses ‚Spiel auf Hausse' um die weiteste Ausdehnung der eigenen Kompetenzen trugen die politische Dezentralisierung sehr weit über die Grenzen hinaus, die sich die von der *Unión de Centro Democrático* getragenen Regierungen vorgestellt hatten. Die UCD-Regierung von Leopoldo Calvo Sotelo – der sich auch auf die zu diesem Zweck am 31. Juli mit dem PSOE von Felipe González getroffenen Vereinbarungen stützen konnte, die auf einem durch eine Kommission von Professoren des Öffentlichen Rechts unter der Leitung von Eduardo García de Enterría ausgearbeiteten Gutachten gründeten[153] – versuchte nun, den zu raschen und ungeordneten Dezentralisierungsprozeß mit der *Ley Orgánica Armonizadora del Proceso Autonómico* (LOAPA) einzubremsen. Der Verfassungsgerichtshof hob aber mit dem Erkenntnis vom 5. August 1983[154] (zu diesem Zeitpunkt regierten die Sozialisten, die hätten verwirklichen wollen, was in der LOAPA vorgesehen war) die wichtigsten Normen dieses Organgesetzes zur Harmonisierung des Autonomieprozesses als verfassungswidrig auf[155] und unterstrich den verfassungsmäßigen Charakter der politischen Autonomie, die von keinem staatlichen Gesetz eingeschränkt werden dürfe.[156] Nachdem die von der LOAPA angestrebte Harmonisierung als verfassungswidrig erkannt wurde, nahm der ungeordnete Dezentralisierungsprozeß weiter seinen Lauf.

Unter den vielen von der UCD und dem PSOE nicht vorhergesehenen und sicherlich nicht erwünschten Konsequenzen hatte die generalisierte Einrichtung

[152] J. L. de la Granja, J. Beramendi, P. Anguera: La España de los nacionalismos y las autonomías, S. 203.

[153] Über die 'Pactos autonómicos' vom 31. Juli 1981 vgl. P. Cruz Villalón: Die Neugliederung des Spanischen Staates durch die »Autonomen Gemeinschaften«, S. 222-224. - F. González Navarro: España, nación de naciones. El moderno federalismo, S. 238-243.

[154] Über dieses Erkenntnis des Verfassungsgerichts vgl. P. Cruz Villalón: Die Neugliederung des Spanischen Staates durch die »Autonomen Gemeinschaften«, S. 226-228.

[155] Der restliche Text des LOAPA, nunmehr ohne 'organischen' und harmonisierenden Charakter, wurde zur *Ley del proceso autonómico* vom 14. Oktober 1983. Vgl. Ley 12/1983, de 14 de octubre, del proceso autonómico. In: Eduardo García de Enterría - José A. Escalante: Código de las Leyes Administrativas. Madrid: Civitas 2001, S. 1163-1171. Vgl. dazu J. M. Souvirón Morenilla: Realidad y perspectivas de la organización territorial del Estado. I. El Estado de las Autonomías, S. 87 Anm.

[156] Da sich kein staatliches Gesetz zwischen Verfassung und Autonomiestatuten einschalten kann, nahmen letztere "prácticamente carácter constitucional, derivado de la Constitución y sólo sometidos a ésta", an (E. Aja: El Estado autonómico. Federalismo y hechos diferenciales, S. 65-66).

von Autonomen Gemeinschaften auch jene, daß sich aus dem Wettstreit mit dem Nationalismus der geschichtlich gewachsenen Regionen (Baskenland, Katalonien, Galizien) selbst in Regionen, die zuvor ein recht gering entwickeltes regionales Bewußtsein hatten, ein starker regionalistischer Geist – und manches Mal sogar föderalistische, wenn nicht separatistische Tendenzen – herausbildete, der natürlich die nationale Identität schwächte (das zeigen die Studien zur Entwicklung der nationalen und der regionalen Identität von 1979 bis 1996;[157] heute fühlt sich nur jeder zehnte junge Bürger "sólo español, sin vinculación a su comunidad"[158]). Eine weitere, eben so unvorhergesehene wie unerwünschte Folge war, daß mit der Einrichtung von Parlamenten und Regierungen der Autonomen Gemeinschaften die Bildung regionaler politischer Eliten gefördert wurde. Diese neigen dazu, die Bindungen zu den 'staatlichen' Parteien,[159] denen sie angehören, zu lockern und in ihrer politischen Tätigkeit die eigenen Interessen und die der eigenen Region zu verfolgen, wenn sie nicht sogar so weit gehen, Regionalparteien zu gründen. Die regionale Differenzierung beeinträchtigt schon an und für sich die Einigkeit im Handeln und die Kohäsion der 'staatlichen' Parteien.[160] Die Gründung regionaler Parteien verkompliziert aber die Politik[161] und entzieht den 'staatlichen' Parteien

---

157 Die Zahl der Bürger, die sich ausschließlich als Spanier empfinden, verringerte sich zwischen 1979 und 1996 bedeutend auch in Regionen, in denen es keinen stark ausgeprägten Nationalismus gab. Dagegen erhöhte sich die Zahl der Einwohner mit doppelter Identität (spanisch und regional) und derjenigen, die erklärten, eine überwiegend oder ausschließlich regionale Identität zu besitzen. Vgl. J. L. de la Granja, J. Beramendi, P. Anguera: La España de los nacionalismos y las autonomías, S. 204-205, 247-248. – Luis Moreno: La federalización de España. Poder político y territorio. Madrid: Siglo XXI de España 1997, S. 123-140.

158 Nur unter den Kadetten der Militärakademien ist die Nationalidentität sehr stark. Fast die Hälfte der zukünftigen hohen Offiziere hat wenig Sympathie für die "gobiernos autonómicos" und über 40% fühlen sich ausschließlich als Spanier. Vgl. *El País*, 4. 11. 2002, S. 20.

159 Die spanischen Forscher und Journalisten definieren die im gesamten nationalen Gebiet vertretenen Parteien – also der PP, der PSOE und die *Izquierda Unida* – als 'partidos estatales', 'partidos de ámbito estatal' oder 'partidos de ámbito nacional'.

160 Episoden, wie die vom 'Wasserkrieg' im Jahr 1995, der zwischen der *Comunidad Valenciana*, Murcia und Kastilien-La Mancha, drei Gemeinschaften, die zu jener Zeit von dem PSOE regiert waren, geführt wurde oder wie diejenige der verweigerten Rückgabe von Dokumenten der republikanischen *Generalitat*, die von Francos Heer beschlagnahmt und in Salamanca verwahrt wurden – in diesem Fall stimmte der PSOE zusammen mit dem PP gegen die von den katalanischen Sozialisten geforderte Rückgabe (vgl. *El País*, 25. 9. 2002, S. 41) –, zeigen wie sehr die Dynamik der wachsenden Selbstbehauptung der regionalen Identitäten, die von den Verwaltungen der autonomen Regionen gefördert wird, die Parteisolidarität schwächen kann.

161 Dazu schreibt M. Keating: „El pacto entre CiU y el gobierno central del PSOE después de las elecciones de 1993 provocó muchos sentimientos anticatalanes, especialmente en Madrid. No cabe duda de que la intrusión de movimientos políticos de caracter territorial en un sistema de partidos nacionales complica la política. En este caso presenta un serio obstáculo para la alternancia del poder en el centro, toda vez que el principal partido conservador, el PP, no puede ganar sin Cataluña pero tampoco puede vencer en Cataluña mientras el voto conservador catalán sea para CiU. Fue esta la causa de que el PP se embarcase en su virulenta campaña

– wie die Ergebnisse der regionalen und allgemeinen Wahlen zeigen[162] – Wähler und Zustimmung,[163] da sie die politische Zersplitterung vergrößert.

Zwischen dem 18. Dezember 1979 – Einrichtung der ersten Autonomen Gemeinschaften (Euskadi und Katalonien) – und dem 25. Februar 1983 – Einrichtung der letzten Autonomen Gemeinschaften (Kastilien-León, Estremadura, Balearen und Madrid) – wurden, wie erwähnt, die Statuten der 17 Autonomen Gemeinschaften, die sich insgesamt auf spanischem Gebiet gebildet hatten, verabschiedet. Diese Autonomen Gemeinschaften erfreuten sich nicht alle des gleichen Grades an Autonomie. Sieben (Baskenland, Katalonien, Galicien, Andalusien, Navarra, *Comunidad Valenciana*, Kanarische Inseln) hatten das höchstmögliche Ausmaß an Kompetenzen erreicht, während die anderen zehn Autonomen Gemeinschaften über geringere Kompetenzen verfügten. (Doch auch unter den Autonomen Gemeinschaften mit dem höchsten Kompetenzniveau besteht keine perfekte Homogenität. So ist zum Beispiel die steuerliche Autonomie von Euskadi und Navarra, dank der *Conciertos* - bzw. *Convenios - Económicos*,[164] größer als die Kataloniens. Diese Ungleichheit hat stetig Ansprüche von seiten der anderen Gemeinschaften - im besonderen Kataloniens - hervorgerufen.) Die Landkarte der Autonomien war daher auffallend heterogen.

Die politischen Eliten der Regionen mit geringerem Kompetenzgrad stellten natürlich die Forderung nach einer Homogenisierung der Kompetenzen (für alle Autonomen Gemeinschaften sollte der Kompetenzgrad gleich jenem der sogenannten 'historischen Nationalitäten' sein) und verschiedene regionalistische Parteien wie der *Partido Aragonés Regionalista* (PAR), die *Coalición Canaria* (CC) und die *Unió Valenciana* (UV) deklarierten sich als 'nationalistisch' und verkündeten, daß sie nach der Umwandlung der Autonomen Gemeinschaften in 'Nationalitäten' oder in 'Historische Gemeinschaften' strebten. (Der *Partido Aragonés Regionalista* änderte 1996, um Verwirrung in der öffentlichen Meinung zu vermeiden, seine Definition als 'nationalistische' Partei - die der PAR 1990 angenommen hatte - ab, fuhr aber fort, sich für die Verteidigung der aragonischen

---

anticatalana a comienzos del decenio de 1990, una campaña que amenazó con destruir el consenso social en Cataluña y entre ésta y el resto de España. En la izquierda, la neocomunista IU se sintió igualmente disgustada por la forma en que el socialista PSOE acudía a la conservadora CiU en busca de apoyo cuando perdió su mayoría parlamentaria en 1993" (Michael Keating: Naciones contra el Estado. El nacionalismo de Cataluña, Quebec y Escocia. Barcelona: Ariel 1996, S. 195).

[162] Vgl. J. L. de la Granja, J. Beramendi, P. Anguera: La España de los nacionalismos y las autonomías, S. 206-207, 216-218, 249-251.

[163] Vgl. J. L. de la Granja, J. Beramendi, P. Anguera: La España de los nacionalismos y las autonomías, S. 205. – Xosé Manoel Núñez Seixas: Los nacionalismos en la España contemporánea (siglos XIX y XX). Barcelona: Hipòtesis 1999, S. 152-157.

[164] Mehrfach wurden die *Conciertos Económicos* zwischen dem Staat und dem Baskenland erwähnt. Zu den Navarra betreffenden *Convenios Económicos* vgl. Reintegración y amejoramiento del Régimen Foral de Navarra, Art. 45, S. 1565-1567.

historischen Identität einzusetzen und zu fordern, daß die historische Identität Aragoniens als Nationalität anerkannt werde, was er 1996 erreichte.) So begannen um die Jahre 1987-1989, nach Ablauf der fünf Jahre seit der Verabschiedung der Statuten, einige Autonome Gemeinschaften (Aragonien, Kastilien-León, Balearen, Asturien) mit geringeren Kompetenzen, die Ausweitung derselben zu fordern. Sie beriefen sich dabei auf Art. 148 Abs. 2 der Verfassung, der die Ausweitung der Kompetenzen nach fünf Jahren der bestehenden Autonomie vorsah, und legten dem Abgeordnetenkongreß Reformprojekte für ihre Statuten vor.[165]

Die Initiativen, die ergriffen wurden, um die Homogenisierung der Kompetenzen zu erreichen, lösten eine breite Polemik über die Zweckmäßigkeit, die Tragweite und den am besten geeigneten Weg zur Erlangung der gewünschten Kompetenzerweiterung aus. Die Anstrengungen der mit weniger zahlreichen und ausgedehnten Kompetenzen ausgestatteten Gemeinschaften, den höchsten "nivel competencial" zu bekommen, wurden sowohl von den Befürwortern des Zentralismus, die einen weiteren Machtverlust der Zentralregierung befürchteten, als auch von den nationalistischen Parteien der 'historischen' Gemeinschaften, die eine Gleichstellung nicht akzeptierten und "la igualación competencial con expresiones como el *café para todos*" ins Lächerliche zogen, bekämpft.[166] Die von den Homogenisierungsansprüchen der Autonomen Gemeinschaften mit geringeren Kompetenzen ausgelöste Polemik war eigennützig und faktiös, aber sie hatte ein grundsätzliches Problem ans Licht kommen lassen: War das zweifache Kompetenzniveau als dem Autonomienstaat inhärent anzusehen? Oder war dies nur eine Übergangsphase, 'eine Eingewöhnungszeit' für die Autonomen Gemeinschaften, die, als die Verfassung verabschiedet worden war, weniger Tradition oder Willen zur Selbstregierung hatten? Die Polemik schloß ein anderes wichtiges Dilemma ein: Wie sollte sich die zentrale Verwaltung, der 'Staat' gestalten? Sollte sich der Staat, nachdem er in den Autonomen Gemeinschaften mit dem höchsten Kompetenzniveau bereits einen großen Teil der Verwaltungszuständigkeiten verloren hatte, neuen Übertragungen widersetzen und die Gesamtheit seiner Befugnisse wenigstens in einem Teil seines Gebiets bewahren, oder sollte er die Generalisierung der Dezentralisierung akzeptieren und sich auf diese Weise in eine bloße Instanz für Planung und Koordination verwandeln? Welches Staatsmodell sollte schließlich in der Zukunft realisiert werden?[167]

Am 28. Februar 1992 unterzeichneten die Regierung des PSOE und der *Partido Popular* die sogenannten autonomischen Vereinbarungen ('Acuerdos Autonómicos' oder 'Pactos Autonómicos') über die Reform der Statuten und die entsprechende Kompetenzerweiterung, um über verschiedene Gesetze eine weit-

---

[165] Vgl. E. Aja: El Estado autonómico. Federalismo y hechos diferenciales, S. 69. - Xosé Manoel Núñez Seixas: Los nacionalismos en la España contemporánea, S. 156.

[166] E. Aja: El Estado autonómico. Federalismo y hechos diferenciales, S. 69, 243-244.

[167] E. Aja: El Estado autonómico. Federalismo y hechos diferenciales, S. 69-70.

gehende Homogenisierung der Autonomen Gemeinschaften zu realisieren.[168] Mit der *Ley Orgánica 9/1992* vom 2. Dezember wurde sowohl die Übertragung, die auf 'einseitige' Initiative vom Staat erfolgte und von Art. 149 Abs. 3 und Art. 150 Abs. 2 der Verfassung vorgesehen war, von Kompetenzen auf die Autonomen Gemeinschaften mit 'autonomía lenta o gradual' (diejenigen also, die die Autonomie über den Art. 143 der Verfassung erreicht hatten, nämlich: Asturien, Cantabria, La Rioja, *Región de Murcia*, Aragonien, Kastilien-La Mancha, Estremadura, Balearen, Madrid, Kastilien-León) als auch die Reform der Statuten dieser Gemeinschaften, um die übertragenen Kompetenzen dort zu verankern, angeordnet. Auf diese Weise verwandelten sich staatliche Kompetenzen, die extrastatutarisch den Autonomen Gemeinschaften übertragen wurden, in ausschließliche Kompetenzen der Autonomen Gemeinschaften, die diese kraft ihrer eigenen Statuten innehatten. Mit der *Ley Orgánica 9/92* wurde so die Homogenisierung der Gemeinschaften mit 'langsamer oder gradueller Autonomie' durchgeführt und die anfängliche 'asimetría competencial' zwischen den Autonomen Gemeinschaften des Art. 143 und denjenigen des Art. 151 abgeschwächt. Sie wurde abgeschwächt, verschwand aber nicht ganz. Tatsächlich war die mit dem geschilderten Übertragungsmechanismus durchgeführte Gleichstellung der Kompetenzen zwischen den Autonomen Gemeinschaften des Art. 143 und jenen des Art. 151 nicht vollständig, da unter den übertragenen Kompetenzen jene, die die Justizverwaltung, die Polizei, das Kreditwesen, das Bankwesen und die Gesundheitsversorgung in der Sozialversicherung ('asistencia sanitaria de la Seguridad Social'[169]) betrafen, nicht enthalten waren.[170]

---

[168] Der Zweck der 'Acuerdos Autonómicos' von 1992 - schreibt J. A. Montilla Martos - "es más ambicioso que la ampliación de competencias a determinadas Comunidades. Aspiran [...] a «ultimar, de acuerdo con las previsiones constitucionales, la definición concreta del desarrollo del Título VIII de la Constitución, de manera que se afiance el funcionamiento integrado y estable del Estado autonómico en su conjunto»." Vgl. José Antonio Montilla Martos: Las Leyes Orgánicas de transferencia en el proceso de homogeneización competencial. In: Revista de Administración Pública 140 (1996), S. 281-312; hier S. 305. Über die 'Acuerdos Autonómicos' vom 28. Februar 1992 vgl. auch F. González Navarro: España, nación de naciones. El moderno federalismo, S. 243-246.

[169] Die *Seguridad Social*, die sich laut dem Verfassungsgerichtshof, "en una función del Estado" verwandelt hat, ist in Art. 41 der Verfassung verankert: "Los poderes públicos mantendrán un régimen público de Seguridad Social para todos los ciudadanos que garantice la asistencia y prestaciones sociales suficientes ante situaciones de necesidad, especialmente en caso de desempleo. La asistencia y prestaciones complementarias serán libres" (Constitución Española. Con las doctrinas del Tribunal Constitucional, Tribunal Supremo y Tribunal Europeo de los Derechos Humanos, S. 356).

[170] Vgl. J. M. Souvirón Morenilla: Realidad y perspectivas de la organización territorial del Estado. I. El Estado de las Autonomías, S. 95-99. – Gumersindo Trujillo Fernández: Reformas y nuevos horizontes del Estado Autonómico en los años noventa. In: Los nacionalismos: Globalización y crisis del Estado-Nación. Madrid: Consejo General del Poder Judicial 1999, S.

Ungefähr zwei Jahre später wurde mit einer Reihe von Organgesetzen (Leyes Orgánicas) - alle am 24. März 1994 verabschiedet - die Reform der Statuten der Autonomen Gemeinschaften angenommen, die ursprünglich den langsamen Weg ('vía lenta') der Autonomie hatten wählen müssen: Asturien (L.O. 1/1994), Kantabrien (L.O. 2/1994), La Rioja (L.O. 3/1994), *Región de Murcia* (L.O. 4/1994), Aragonien (L.O. 6/1994), Kastilien-La Mancha (L.O. 7/1994), Estremadura (L.O. 8/1994), Balearen (L.O. 9/1994), Madrid (L.O. 10/1994) und Kastilien-León (L.O. 11/1994). Alle diese Organgesetze berufen sich in den entsprechenden Präambeln - alle mit ähnlichem Text - ausdrücklich auf die 'Acuerdos Autonómicos' vom 28. Februar 1992 und auf das Organgesetz 9/1992. Auch das Statut der *Comunidad Valenciana* wurde mit der *Ley Orgánica 5/1994* vom 24. März 1994 reformiert, um dort als statutarische Kompetenzen diejenigen einzufügen, die ihr auf extrastatutarischem Wege mit der *Ley Orgánica 12/1982 de Transferencia de Competencias a la Comunidad Valenciana* vom 10. August 1982 erteilt worden waren. Schließlich wurde die Reform des Statuts der Kanarischen Inseln mit der *Ley Orgánica 4/1996* vom 30. Dezember 1996 angenommen (die Reform beschränkte sich nicht darauf, dem *Estatuto de Autonomía de Canarias* den Inhalt der *Ley Orgánica 11/1982 de Transferencia de Competencias a la Comunidad Canaria* vom 10. August 1982 einzuverleiben, sondern enthielt auch die Erteilung einer Reihe von fiskalischen Kompetenzen und im besonderen die Anerkennung der Kanarischen Inseln als "Nacionalidad" sowie die Anerkennung ihrer "identidad singular").[171]

In den Jahren 1996-1999 tritt der Prozeß der Gleichstellung der Kompetenzen in eine zweite Phase ein. In der ersten Phase war der Versuch unternommen worden, mittels der Organgesetze und der darauffolgenden entsprechenden Reform der Statuten die Kompetenzen der über Art. 143 eingerichteten Autonomen Gemeinschaften denjenigen der über Art. 151 eingerichteten Autonomen Gemeinschaften - wenn auch nur annähernd - gleichzustellen. In der zweiten Phase wurde die Homogenisierung der Kompetenzen durch eine direkte Reform der Statuten – das heißt, durch eine statutarische Reform, die auf Eigeniniative der über Art. 143 eingerichteten Gemeinschaften verwirklicht wurde – durchgeführt. Ziel dieser direkten Reform der Statuten war es, einen jenem der Autonomen Ge-

---

271-300; hier S. 277-280. – E. Aja: El Estado autonómico. Federalismo y hechos diferenciales, S. 71-74.

171 Estatuto de Autonomía de Canarias. (Modificado por Ley Orgánica 4/1996, de 30 de diciembre.) Ley Orgánica 10/1982, de 10 de agosto. In: Eduardo García de Enterría - José A. Escalante: Código de las Leyes Administrativas. Madrid: Civitas 2001, S. 1527-1554; hier S. 1527 (Art. 1). Vgl. dazu J. M. Souvirón Morenilla: Realidad y perspectivas de la organización territorial del Estado. I. El Estado de las Autonomías, S. 99-102. – Juan Fernando López Aguilar: Estado autonómico y hechos diferenciales. Una aproximación al «hecho diferencial» en el Estado compuesto de la Constitución de 1978: el caso de la autonomía canaria. Madrid: Centro de Estudios Políticos y Constitucionales 1998, S. 119-247.

meinschaften des Art. 151 ähnlichen - wenn nicht identischen - statutarischen Rahmen und sogar ihren ‚Identitätssingularismus' zu erreichen:

[...] lograr un *marco estatutario parejo*, si no idéntico, *al de las Comunidades Autónomas del 151 CE* [Constitución Española] en su organización institucional de autogobierno, sus competencias - las máximas posibles - y *hasta el «singularismo» identitario* tradicionalmente puesto en práctica por estas últimas.[172]

So verabschiedeten die aragonesischen *Cortes* am 30. Juni 1994 – also nur drei Monate nach der Reform des Statuts von Aragonien, die durch das Organgesetz 6/1994 verwirklicht worden war – eine neue direkte statutarische Reform in Übereinstimmung mit Art. 147 Abs. 3 der Verfassung,[173] die dann den *Cortes Generales* übermittelt und von diesen am 30. Dezember 1996 (*Ley Orgánica 5/1996*) angenommen wurde. Am 11. Juni 1996 beschloß das Parlament der Autonomen Gemeinschaft der *Región de Murcia* eine Reform des Autonomiestatuts, die später von den *Cortes Generales* mit der *Ley Orgánica 1/1998* vom 15. Juni angenommen wurde. Es folgte die Reform des Autonomiestatuts der *Comunidad de Madrid* (*Ley Orgánica 5/1998* vom 7. Juli), des Autonomiestatuts von Kantabrien (*Ley Orgánica 11/1998* vom 30. Dezember), des Autonomiestatuts von Asturien (*Ley Orgánica 1/1999* vom 5. Januar), des Autonomiestatuts von La Rioja (*Ley Orgánica 2/1999* vom 7. Januar), des Autonomiestatuts der Balearen (*Ley Orgánica 3/1999* vom 8. Januar), des Autonomiestatuts von Kastilien-León (*Ley Orgánica 4/1999* vom 7. Januar) und des Autonomiestatuts der Estremadura (*Ley Orgánica 12/1999* vom 6. Mai).

Es soll an dieser Stelle auf das Statut von Aragonien, das vor allem auf Betreiben des *Partido Aragonés Regionalista* (PAR) reformiert wurde, der - wie bereits angedeutet - die Anerkennung der spezifischen historischen Identität von Aragonien durchsetzen wollte, etwas näher eingegangen werden. Mit der 'direkten' Reform des aragonischen Statuts wurden die Kompetenzen der Gemeinschaft verstärkt. Es wurden nämlich die ausschließliche Kompetenz oder die Kompetenz für die Entwicklung der Gesetzgebung und ihre Vollziehung in folgenden Materien anerkannt: Berufskollegien und Berufsausübung von Personen mit akademischem Titel; Unterricht auf allen Ebenen, Radio/Fernsehen, Presse und alle Mittel der sozialen Kommunikation; Gesundheit, sozialer Wohlstand, Einrichtungen des ‚sozialen Netzes', Sozialversicherung; Flughäfen und Transportwesen (Art. 35-37, 39), usw. Es wurde außerdem die Kompetenz für die Materie "Régimen estatuta-

---

[172] J. M. Souvirón Morenilla: Realidad y perspectivas de la organización territorial del Estado. I. El Estado de las Autonomías, S. 105.

[173] "La reforma de los Estatutos se ajustará al procedimiento establecido en los mismos y requerirá, en todo caso, la aprobación por las Cortes Generales, mediante ley orgánica" (Constitución Española. Con las doctrinas del Tribunal Constitucional, Tribunal Supremo y Tribunal Europeo de los Derechos Humanos, S. 526).

rio de los funcionarios de la Comunidad Autónoma de Aragón y de su Administración Local" (Art. 35 Abs. 3) sowie für gewisse fiskalische Materien (Art. 53) anerkannt.[174]

Doch wichtiger als die Verstärkung der Kompetenzen war die Anerkennung der spezifischen historischen Identität von Aragonien, eine Anerkennung, die - mit Ausnahme der drei 'historischen' Territorien - zuerst Andalusien bereits im Jahr 1981 erlangt hatte.[175] Schon in der Präambel der statutarischen Reform wird die Reform des Statuts als Wiederentdeckung der aragonischen historischen Identität bezeichnet, auf das alte Königreich ("viejo Reino") hingewiesen und die Autonomie als Idee, die mit demselben Wesen der Krone von Aragonien verbunden ist, vorgestellt ("el largo proceso de nuestra autonomía, idea tan vinculada a la esencia misma de la Corona d'Aragón"). Es wird in dieser Präambel auch mit Stolz betont, daß es "el pueblo de Aragón" gewesen sei, der seine "identidad histórica" wiedererlangt hat.[176] In Art. 1 des Statuts definiert sich Aragonien, nach dem Vorbild der Statuten der Gemeinschaften der 'historischen' Nationalitäten, ebenfalls als Nationalität ("Aragón, en expresión de su unidad e identidad históricas como nacionalidad, en el ejercicio del derecho a la autonomía ... accede a su autogobierno..."). In Art. 7 wird erklärt, daß "las lenguas y modalidades lingüísticas propias de Aragón gozarán de protección" und daß "se garantizará su enseñanza y el derecho de los hablantes en la forma que establezca una Ley de las Cortes de Aragón para las zonas de utilización predominante de aquéllas".[177]

Schritte, oder wenn man so sagen will, Sprünge in Richtung des 'diferencialismo identitario' finden sich auch im Statut von Kantabrien, wo die Identität der Gemeinschaft und die "voluntad política del pueblo cántabro" (Art. 8) besonders stark hervorgehoben und die "defensa y protección de los valores culturales del pueblo cántabro" als wichtige Aufgabe der Gemeinschaft (Art. 30) bezeichnet werden.[178] Im Statut der *Comunidad Valenciana* (Art. 1 Abs. 1) heißt es: "El pueblo valenciano, históricamente organizado como Reino de Valencia, se constituye en Comunidad Autónoma, dentro de la indisoluble unidad de la nación española, como expresión de su identidad histórica y en el ejercicio del derecho de

174 Estatuto de Autonomía de Aragón, S. 1481-1488, 1493.

175 In Art. 1 des Autonomiestatuts für Andalusien steht geschrieben: „Als Ausdruck seiner *historischen Identität* und in Ausübung des Rechts auf Selbstregierung ... konstituiert sich Andalusien ... zur Autonomen Gemeinschaft". Vgl. Autonomiestatut für Andalusien (Organgesetz 6/1981 vom 30. Dezember 1981). In: Francisco Balaguer Callejón: Die Autonome Gemeinschaft Andalusien im Bildungsprozeß des Autonomischen Spanischen Staates. In: Jahrbuch des öffentlichen Rechts der Gegenwart, Neue Folge, Band 47, Jahrgang 1999, S. 131-147; hier S. 131.

176 Zit. nach J. M. Souvirón Morenilla: Realidad y perspectivas de la organización territorial del Estado. I. El Estado de las Autonomías, S. 106, Anm. Nr. 187.

177 Estatuto de Autonomía de Aragón, S. 1476-1477.

178 Estatuto de Autonomía para Cantabria. In: Eduardo García de Enterría - José A. Escalante: Código de las Leyes Administrativas. Madrid: Civitas 2001, S. 1377-1399; hier S. 1378, 1388.

autogobierno que la Constitución reconoce a toda nacionalidad, con la denominación de Comunidad Valenciana".[179] Im Statut von Asturien wird das Fürstentum als "Comunidad histórica" (Art. 1 Abs. 2) definiert und dem Art. 4 des alten Textes des Statuts über den Schutz und die Förderung des asturischen 'Dialektes' ("El bable gozará de protección. Se promoverá su uso, su difusión en los medios de comunicación y su enseñanza, respetando en todo caso las variantes locales y la voluntariedad en su aprendizaje") dieser Satz hinzugefügt: "Una Ley del Principado regulará la protección, uso y promoción del bable".[180] Im Statut der Balearen kommt zu der "identidad histórica" der Gemeinschaft, die im alten Text des Statuts als einzige Grundlage ihrer Autonomie angesehen wurde,[181] nun deren "singularidad" (Art. 1) hinzu; es wird weiter präzisiert, daß "una Ley de las Cortes Generales regulará el reconocimiento específico del hecho diferencial de la insularidad como garantía de la solidaridad y del equilibrio interterritorial" (Art. 58 Abs. 5). Außerdem wird der 'diferencialismo lingüistico' hervorgehoben, indem Art. 3 über die Koamtlichkeit des Katalanischen und des Kastilischen ein Absatz (der dritte) über die Verpflichtung der Institutionen der Balearen, die notwendigen Maßnahmen zu ergreifen, um die "igualdad plena de las dos lenguas" zu sichern, hinzugefügt wird.[182] (Eine Verpflichtung, die sich dann konkret in einer Bevorzugung derjenigen, die das Katalanische beherrschen, bei der Besetzung verschiedener Ämter niederschlägt.[183])

Erheblich schwächer – abgesehen von den manchmal vorhandenen rituellen Formeln für die Hervorhebung der eigenen kulturellen Identität – wird dagegen, wenn überhaupt, die Absicht, sich zu differenzieren und sich zu 'verein-

---

179 Estatuto de Autonomía de la Comunidad Valenciana. In: Eduardo García de Enterría - José A. Escalante: Código de las Leyes Administrativas. Madrid: Civitas 2001, S. 1447-1475; hier S. 1447. Artikel 7 legte fest: "Los dos idiomas oficiales de la Comunidad Autónoma son el valenciano y el castellano. Todos tienen derecho a conocerlos y usarlos".

180 Estatuto de Autonomía del Principado de Asturias. In: Eduardo García de Enterría - José A. Escalante: Código de las Leyes Administrativas. Madrid: Civitas 2001, S. 1354-1376; hier S. 1354.

181 In dem «Preámbulo» zu dem Statut steht geschrieben: „En esta hora histórica en que Mallorca, Menorca, Ibiza y Formentera inician el proceso hacia la institucionalización del autogobierno, rinden homenaje a todos sus hijos que a lo largo del tiempo han trabajado para mantener la identidad de nuestro pueblo". Vgl. Ley Orgánica 2/1983, de 25 de febrero (Jefatura del Estado), de Estatuto de Autonomía de las Illes Balears (Modificada por Leyes Orgánicas 9/1994, de 24 de marzo y 3/1999, de 8 de enero). In: Estatutos de Autonomía. Madrid: Boletín Oficial del Estado 2000, S. 1113-1203; hier S. 1117.

182 Estatuto de Autonomía de las Illes Balears. In: Eduardo García de Enterría - José A. Escalante: Código de las Leyes Administrativas. Madrid: Civitas 2001, S. 1607-1635; hier S. 1607 u. S. 1626.

183 Estatuto de Autonomía de las Illes Balears, Art. 54 Abs. 2 und Art. 56, S. 1626.

zeln',[184] in den Statuten von Kastilien-León,[185] Kastilien-La Mancha,[186] Estremadura,[187] Murcia,[188] La Rioja[189] und Madrid[190] ausgedrückt.

Indem sie behaupteten, eine eigene historische, sprachliche und kulturelle Identität zu besitzen, und ihre Zugehörigkeit zu einer 'Nationalität' und zu einem 'Volk' ('Pueblo'), die sich von anderen 'Nationalitäten' und anderen 'Völkern' unterscheiden, hervorhoben, haben die oben erwähnten, über den Art. 143 errich-

---

[184] Vgl. J. M. Souvirón Morenilla: Realidad y perspectivas de la organización territorial del Estado. I. El Estado de las Autonomías, S. 105-117.

[185] „Los antiguos reinos de Castilla y León han mantenido a lo largo de los siglos una identidad histórica y cultural claramente definida dentro de la plural unidad de España". Vgl. Ley Orgánica 4/1983, de 25 de febrero (Jefatura del Estado), de Estatuto de Autonomía de Castilla y León (Modificada por Ley Orgánica 4/1999, de 8 de enero). In: Estatutos de Autonomía. Madrid: Boletín Oficial del Estado 2000, S. 1285-1368; hier S. 1289.

[186] „Artículo 1. Uno. Castilla-La Mancha, en el ejercicio del derecho a la autonomía reconocido constitucionalmente, accede a su autogobierno de conformidad con la Constitución Española y el presente Estatuto, que es su norma institucional básica.

Dos. La Junta de Comunidades de Castilla-La Mancha es la institución en la que se organiza política y jurídicamente el autogobierno de la región, dentro de la indisoluble unidad de España patria común e indivisible de todos los españoles". Vgl. Ley Orgánica 9/1982, de 10 de agosto (Jefatura del Estado), de Estatuto de Autonomía de Castilla-La Mancha (Modificada por Leyes Orgánicas 7/1994, de 24 de marzo, y 3/1997, de 3 de julio). In: Estatutos de Autonomía. Madrid: Boletín Oficial del Estado 2000, S. 808-886; hier S. 813.

[187] „Art. 1. 1. Extremadura, como expresión de su identidad regional histórica, dentro de la indisoluble unidad de la nación española, se constituye en Comunidad Autónoma de acuerdo con la Constitución Española y con el presente Estatuto, que es su norma institucional básica". Vgl. Ley Orgánica 1/1983, de 25 de febrero (Jefatura del Estado), de Estatuto de Autonomía de Extremadura (Modificada por Ley Orgánica 12/1999, de 6 de mayo). In: Estatutos de Autonomía. Madrid: Boletín Oficial del Estado 2000, S. 1037-1111; hier S. 1041.

[188] Die *Región de Murcia* wird in der Präambel zu ihrem Autonomiestatut „als entidad histórica perfectamente definida" benannt. Vgl. Ley Orgánica 4/1982, de 9 de junio (Jefatura del Estado), de Estatuto de Autonomía para la Región de Murcia (Modificada por Leyes Orgánicas 4/1994, de 24 de marzo, y 1/1998, de 15 de junio, y Ley 34/1997, de 4 de agosto). In: Estatutos de Autonomía. Madrid: Boletín Oficial del Estado 2000, S. 576-653; hier S. 581.

[189] „Artículo 1. Uno. La Rioja, como expresión de su identidad histórica y en el ejercicio del derecho al autogobierno recogido en la Constitución Española, se constituye en Comunidad Autónoma dentro del Estado español...". Vgl. Ley Orgánica 3/1982, de 9 de junio (Jefatura del Estado), de Estatuto de Autonomía de La Rioja (Modificada por Leyes Orgánicas 3/1994, de 24 de marzo, y 2/1999, de 7 de enero). In: Estatutos de Autonomía. Madrid: Boletín Oficial del Estado 2000, S. 495-575; hier S. 499.

[190] „Artículo 1. 1. Madrid, en expresión del interés nacional y de sus peculiares características sociales, económicas, históricas y administrativas, en el ejercicio del derecho a la autonomía que la Constitución Española reconoce y garantiza, es una Comunidad Autónoma que organiza su autogobierno de conformidad con la Constitución Española y con el presente Estatuto, que es su norma institucionasl básica". Vgl. Ley Orgánica 3/1983, de 25 de febrero (Jefatura del Estado), de Estatuto de Autonomía de la Comunidad de Madrid (Modificada por Leyes Orgánicas 10/1994, de 24 de marzo, y 5/1998, de 7 de julio). In: Estatutos de Autonomía. Madrid: Boletín Oficial del Estado 2000, S. 1205-1283; hier S. 1209.

teten Autonomen Gemeinschaften versucht, sich an die Gemeinschaften der 'historischen Territorien' (Katalonien, Galicien, Baskenland, Navarra) anzugleichen. Doch in demselben Maße wie sie sich diesen Gemeinschaften annäherten, entfernten sie sich von denjenigen, die nicht versuchten, die eigenen Statuten auf historische, sprachliche und kulturelle Identität, auf Nationalitäten und anthropologische Verschiedenheiten - echte oder eingebildete - zu gründen. So vereitelte die Einführung der sogenannten 'hechos diferenciales' in die Statuten den mit dem Organgesetz vom 2. Dezember 1992 verordneten Homogenisierungsprozeß zu einem erheblichen Teil. Zudem erschwerte der 'diferencialismo' nicht nur die Integration der Autonomen Gemeinschaften in die übergeordnete Einheit der spanischen Nation, sondern bildete auch an und für sich einen Instabilitätsfaktor. In der Tat kündigte der 'diferencialismo' einerseits bereits die Forderung nach weiteren Kompetenzen und ausgedehnterer Autonomie an und trieb andererseits die *Comunidades* der 'historischen Territorien' – die schon die allgemeine Gewährung der Autonomie nicht gern gesehen hatten und noch weniger akzeptierten, daß alle Regionen die gleichen Rechte und Befugnisse wie sie selbst haben könnten – dazu, immer umfassendere Forderungen nach Ausweitung der Selbstregierung zu erheben, um sich von den 'künstlich' gebildeten Gemeinschaften zu unterscheiden. Doch unabhängig von der Dynamik des 'Spiels auf Hausse', das vom 'Differentialismus' gefördert wurde, verursachte Instabilität schon die Bezugnahme auf die eigene Identität, Nationalität und anthropologische Verschiedenheit als hauptsächliche Legitimationsquellen der statutarischen Rechte, weil dadurch die Rolle der Verfassung – nicht mehr einzige und auch nicht maßgebliche Legitimationsquelle der statutarischen Rechte – und ihr Vermögen, die Einheit in der Vielfalt und somit die nationale Kohäsion zu garantieren, geschwächt wurden.

Die besondere politische Konstellation, die sich aus den Wahlen von 1993 und 1996 ergeben hatte, begünstigte die Forderungen des Baskenlandes und Kataloniens, die auf eine immer größere Ausdehnung ihrer 'Selbstregierung' ausgerichtet waren. Der PSOE verlor in den Wahlen von 1993 die absolute Mehrheit im Parlament, mit der die Sozialisten drei Legislaturperioden lang regiert hatten, und war gezwungen, mit der katalanischen Partei *Convergència i Unió* (CiU) zu koalieren. Der *Partido Popular* gewann die Wahlen von 1996, erhielt aber nicht die absolute Mehrheit in den *Cortes Generales* und mußte daher mit der CiU und dem PNV Vereinbarungen treffen, um regieren zu können. Selbstverständlich war die Unterstützung der katalanischen und der baskischen Partei nicht umsonst zu haben.

Vor allem zwischen 1996 und 1997 intensivierten sich die Regierungsinitiativen zugunsten Kataloniens und des Baskenlandes: Übertragung von Kompetenzen, die laut Art. 149 Abs. 1 der Verfassung ausschließlich dem Staat zustanden, durch Anwendung des Abs. 2 von Art. 150 ("El Estado podrá transferir o delegar en las Comunidades Autónomas, mediante ley orgánica, facultades correspondientes a materia de titularidad estatal que por su propia naturaleza sean susceptibles de transferencia o delegación...");[191] Anpassung der allgemeinen Staatsverwaltung an die Bedürfnisse und Anforderungen der historischen Nationalismen der peripheren Regionen vermittels der mehrfach erwähnten *Ley de Organización y Funcionamiento de la Administración General del Estado 6/1997* (LOFAGE) vom 14. April, womit unter anderem die Abschaffung des Zivilgouverneurs der Provinz (*Gobernador civil de la Provincia*) erfolgte;[192] Steigerung der steuerlichen Autonomie durch die Verabschiedung eines neuen Modells von 'financiación autónomica' für die fünf Jahre 1997-2001.[193]

Doch die Forderungen blieben kontinuierlich und dringend. Zu Beginn des Jahres 1998 brachte die *Generalitat* Kataloniens, über ihren Präsidenten Jordi Pujol, eine ganze Reihe von neuen Forderungen vor: staatliche Investitionen in die katalanische Infrastruktur; Verwaltung der staatlichen Straßen, der *Paradores de Turismo*, die in Katalonien liegen, und des *Instituto Nacional de Seguridad Social*; Übernahme der Kontrolle der *Agencia Estatal Tributaria*. Diese Forderungen gehören schon zu dem Kontext des ebenso neuen wie deutlichen politischen Diskurses der CiU, von dem wir hier einige Slogans zitieren: "Más autonomía para Cataluña"; "el autogobierno bajo la idea de una España plurinacional, que va más allá de la situación actual tanto en lo económico como en lo político"; "soberanía compartida".[194] Die Forderungen des Baskenlandes sind nicht bescheidener und auch die politische Perspektive, in die diese gestellt werden, unterscheidet sich nicht von der katalanischen.

Die Zugeständnisse an Katalonien und das Baskenland riefen natürlich die Reaktion der anderen Autonomen Gemeinschaften hervor. So forderte Manuel Chaves, der Präsident der *Junta* der über den Art. 151 errichteten *Comunidad Autónoma de Andalucía*, von José María Aznar, dem Chef der spanischen Regierung, ihm in den bevorstehenden Verhandlungen über die Übertragung verschiedener, noch ausstehender Kompetenzen die gleiche großzügige Behandlung angedeihen zu lassen, wie jene, die er Pujol zuteil werden ließ. Die aus nur einer Provinz bestehenden Autonomen Gemeinschaften (La Rioja, Madrid, Murcia, Balearen, Kantabrien, Asturien) schlugen dagegen in einem Dokument vom 27. Februar 1998 eine definitive Struktur des Staates der Autonomien vor, die auf der Gleichstellung der Kompetenzen gründen sollte. Die Kompetenzen sollten für *alle Co-*

[191] Constitución Española. Con las doctrinas del Tribunal Constitucional, Tribunal Supremo y Tribunal Europeo de los Derechos Humanos, S. 602.

[192] Ley 6/1997, de 14 de abril, de organización y funcionamiento de la administración general del Estado. In: Eduardo García de Enterría - José A. Escalante: Código de las Leyes Administrativas. Madrid: Civitas 2001, S. 1043-1075. Zur LOFAGE vgl. J. M. Souvirón Morenilla: Realidad y perspectivas de la organización territorial del Estado. II, S. 87-107.

[193] Über dieses Finanzierungsmodell vgl. J. M. Souvirón Morenilla: Realidad y perspectivas de la organización territorial del Estado. II, S. 165-172.

[194] Zit. nach J. M. Souvirón Morenilla: Realidad y perspectivas de la organización territorial del Estado. I. El Estado de las Autonomías, S. 128, Anm. Nr. 209.

munidades Autónomas die gleichen sein, aber im selben Dokument forderten diese über den Art. 143 errichteten Autonomen Gemeinschaften paradoxerweise, daß das Faktum, daß sie aus nur einer Provinz bestehen, als "hecho diferencial" betrachtet werde.[195]

Die nicht mehr kontrollierbare Dynamik von Forderungen der Autonomen Gemeinschaften der ‚historischen Territorien' und von auf sie folgenden ‚Gegenforderungen' der anderen *Comunidades* rückte neuerlich das Problem des Abschlusses ('cierre') des autonomischen Modells in den Vordergrund, so man nicht die Instabilität verewigen wollte. Sollte man jedoch das Modell abschließen – wie die 'uniprovinziellen' Autonomen Gemeinschaften vorschlugen –, nachdem die vollständige und perfekte Gleichstellung der Kompetenzen erreicht und auf diese Weise das sogenannte 'symmetrische' Modell realisiert worden war, oder indem die vorhandene, aus den sogenannten 'hechos diferenciales' hervorgegangenen 'Asymmetrie' - oder Heterogenität der Kompetenzen - akzeptiert wurde, da sie nicht zu beseitigen war? Sowohl der PP als auch der PSOE haben nach der Erkenntnis, daß die 'Pactos Autonómicos' von 1992 nicht die erhofften Früchte getragen hatten, einen "nuevo y definitivo cierre del modelo autonómico" entworfen. Weder die eine, noch die andere Partei spricht jedoch von 'Abschluß', sondern gebraucht Euphemismen. Der PP spricht von "estabilización del modelo autonómico"; der von seiner föderalistischen Tradition beeinflußte PSOE von "cristalización del sistema autonómico como un federalismo cooperativo".[196] Der PSOE hat zu der Problematik ein Papier mit dem Titel *Propuesta de Pacto sobre la estructura del Estado: política autonómica y municipal del PSOE* (Madrid, 21. März 1998) erarbeitet. Sein Generalsekretär, Joaquín Almunia, hat es José María Aznar übergeben und auf einen Dialog über die Zukunft des Staates der Autonomien gedrängt. Der unverzüglich begonnene Dialog geriet doch sehr bald ins Stocken. Die von dem PSOE im Hinblick auf die autonomischen Wahlen vom Juni 1999 mit verschiedenen peripheren nationalistischen Parteien getroffenen Vereinbarungen waren sicherlich nicht geeignet, diesen Dialog zu begünstigen. Den Vertretern der nationalistischen Parteien war wohl klar, daß der PP und der PSOE keine Einigung über eine Einschränkung oder Einstellung der Entwicklung der Autonomien finden konnten, weil – wie der Präsident des PNV, Xavier Arzalluz, erklärte – ihre gegenseitige Abneigung ("aversión mutua") viel zu groß war.[197] Und daraus schlugen die nationalistischen Parteien Profit.

Ab 1998 entwickelten die peripheren historischen Nationalismen eine Reihe gemeinsamer Initiativen für eine radikale Infragestellung des verfassungs-

---

[195] Vgl. J. M. Souvirón Morenilla: Realidad y perspectivas de la organización territorial del Estado. I. El Estado de las Autonomías, S. 128-129 Anm.

[196] J. M. Souvirón Morenilla: Realidad y perspectivas de la organización territorial del Estado. I. El Estado de las Autonomías, S. 130-131.

[197] *El País*, 17. 7. 1998, S. 22 (zit. nach J. M. Souvirón Morenilla: Realidad y perspectivas de la organización territorial del Estado. I. El Estado de las Autonomías, S. 134 Anm.).

mäßigen Systems der territorialen Organisation des Staates und für die Durchsetzung einer Auffassung der Selbstregierung als Souveränität oder wenigstens als ‚geteilte Souveränität' ('soberanía compartida'). In einem am 18. Januar 1998 in der Zeitung *El País* veröffentlichten Interview behauptete Juan José Ibarretxe, damals Vizepräsident (*Vicelehendakari*), ab Oktober desselben Jahres Präsident (*Lehendakari*) der baskischen Autonomen Gemeinschaft, daß das Statut keine Endstation ist und daß die Selbstregierung keine Grenzen hat:

El Estatuto no es una estación término [...]. El autogobierno definido hace veinte años puede ser caduco, como lo es la idea del Estado nación. El autogobierno no tiene límites [...]. España es un Estado de naciones. Un Estado al que pertenecemos. Pero mi país es Euzkadi [...]. Un Estado federal es una nación de naciones, y lo que la Constitución española viene a preconizar, la definición que hace para buscar un encaje a las nacionalidades y regiones, es buscar la idea de un Estado plurinacional [...]. Somos [los Vascos] una nación; la configuración de nación está prevista en el ordenamiento jurídico. Además, por si faltara algo, la propia configuración - en el respeto y amparo - de los derechos históricos que viene a constituir el derecho natural de una comunidad también lo es para poder reivindicar ese derecho, como lo estamos haciendo.[198]

Jordi Pujol, Präsident der *Generalitat* von Katalonien, erklärte seinerseits, daß das Endziel eine authentische Selbstregierung und die geteilte Souveränität sei:

El nacionalismo mayoritario y sus aliados siempre han tratado de ganar terreno por la negociación, pero quizá hemos llegado al límite de esa vía y haya que hacer una formulación política e intelectual nueva. [...] Lo jurídico ya no sirve [...] El objetivo final es ... un auténtico autogobierno en una situación de soberanía compartida.[199]

Das waren keine zufälligen Erklärungen und Behauptungen. Am 27. September 2002 hat der *Lehendakari* Juan José Ibarretxe, der am 12. Juli ultimativ gedroht hatte, die 37 ausstehenden (oder zumindest von ihm beanspruchten[200]) Kompeten-

---

[198] Zit. nach J. M. Souvirón Morenilla: Realidad y perspectivas de la organización territorial del Estado. I. El Estado de las Autonomías, S. 133 Anm.

[199] *El País*, 5. 3. 1998; 28. 9. 1998 (zit. nach J. M. Souvirón Morenilla: Realidad y perspectivas de la organización territorial del Estado. I. El Estado de las Autonomías, S. 135-136).

[200] Der *Ministerio de Administraciones Públicas*, gegenwärtig von Javier Arena geleitet, hat die 37 von Ibarretxe reklamierten Materien in vier Kategorien eingeteilt: "materias pendientes de acuerdo; materias de competencia exclusiva del Estado; competencias o funciones cuyo ejercicio pleno no requiere trapaso de medios y asuntos resueltos." Zu den ersteren zählen: das Transportwesen auf dem Seeweg; das Transportwesen auf dem Straßenweg; die Verwaltung staatlicher Archive; der *Instituto Social de la Marina*; die Entwicklung der Funktionen, die der *Inspección de Trabajo* zugeordnet sind; aktive Arbeitsmarktpolitik; Verwaltung der Strafanstalten (über diese Kompetenz verfügt die katalanische *Generalitat* bereits, doch im baskischen Fall widersetzt sich die Zentralregierung der Übertragung aus politischen Gründen, weil die Kompetenz "afecta a la política antiterrorista"). Unter den Materien der ausschließlichen Kompetenz des Staates, und daher nicht übertragbar, befinden sich, unter anderem, der „régimen económico de la Seguridad Social", die Möglichkeit, eine offizielle Bank von Euskadi zu schaffen, Flughäfen, *Paradores de Turismo*, der Lohngarantiefonds. Die Kompetenzen der

zen einseitig zu übernehmen, wenn ihre Übertragung nicht innerhalb von zwei Monaten erfolgte,[201] im baskischen Parlament anläßlich der allgemeinen politischen Debatte verkündet, seine Drohung wahrzumachen, indem er vollendete Tatsachen schaffen würde. Damit nicht zufrieden, hat er die Idee eines Projektes zur radikalen Reform des Statuts von Gernika dargelegt. (*Eusko Alkartasuna* betrachtet das Statut als "el mayor fraude cometido contra el pueblo vasco"[202] und *Herri Batasuna* hatte es bereits Anfang August für tot erklärt.[203]) Das Ziel der Reform sei es, Euskadi in einen "Estado libre asociado" zu verwandeln. Das Projekt solle innerhalb eines Jahres ausgearbeitet und der Volksbefragung ("consulta popular") unterzogen werden. Auf diese Weise wäre das der spanischen Regierung gemachte Angebot eines Paktes für das Zusammenleben ("Pacto de convivencia") Wirklichkeit geworden. Zwei Tage später, am 29. September, hat der Präsident der Autonomen Gemeinschaft von Euskadi Mitglieder und Sympathisanten des PNV gebeten, den Souveränitätsprozeß mit allen Kräften zu beschleunigen, und erklärt, daß die Errichtung eines 'ko-souveränen' baskischen Staates eine "iniciativa jurídica y políticamente homologable en Europa" sei. Mit dem konföderativen Projekt einer "geteilten Souveränität", einer "freien Assoziierung" von Euskadi mit Spanien und der darauf folgenden Gründung eines ‚freien assoziierten Staates' ('Estado libre asociado') würde das Problem des Baskenlandes gelöst, der Frieden gestiftet und die politische Normalität wiederhergestellt.[204]

---

dritten Gruppe, zu denen die Meteorologie und das maritime Rettungswesen (‚salvamento marítimo') zählen, werden laut Madrid bereits von der baskischen Regierung ausgeübt. Die Kompetenzen der vierten Gruppe, worunter auch Kohlenwasserstoffe, in Konzession betriebene Autobahnen und Häfen von allgemeinem Interesse fallen, werden von der Zentralregierung als schon gelöste Probleme betrachtet (*El País*, 16. 9. 2002, S. 25).

201 Vgl. *El País*, 12. 8. 2002, S. 12-13; 14. 8. 2002, S. 14.

202 Vgl. *El País*, 10. 10. 2002, S. 17.

203 Arnaldo Otegi, Sprecher von *Batasuna*, erklärte am 3. August 2002, nachdem er die Parteien, die die baskische Regierung bilden (PNV, EA, *Izquierda Unida-Ezker Batua*), gewarnt hatte, daß sie auf seine Partei nicht zählen können, wenn sie den „statutarischen Weg" ("la vía estatutaria") nicht als tot betrachten: "Que nadie cuente con Batasuna en septiembre ni por activa ni por pasiva para seguir hablando de Estatuto, de competencias, de aplicación de la ley. [...] Quien quiera contar con Batasuna a partir de septiembre tendrá que hablar de Euskal Herria, de soberanía para el pueblo vasco, de proceso democrático y de autodeterminación" (vgl. *La Vanguardia*, 4. 8. 2002, S. 13).

204 Nach dem *Lehendakari* Ibarretxe soll die Gründung des ‚freien assoziierten Staates' auf gesetzlichem Wege verwirklicht werden. Der Führer des PNV, Xavier Arzalluz, erklärte jedoch, daß der 'plan soberanista' auch ohne Berücksichtigung des Gesetzes realisiert werden könne, "como hace el Gobierno del PP cuando le interesa"). Vgl. *El País*, 30. 9. 2002, S. 14, 18, 23. Sowohl Juan José Ibarretxe als auch Xavier Arzalluz haben angekündigt, daß sie das konföderative Projekt der Volksbefragung ("consulta popular") unterziehen werden, wenn dieses im baskischen Parlament nicht die Mehrheit erreichen sollte. Vgl. *El País*, 24. 10. 2002, S. 16. Nach Juan José Solozábal, Professor für Verfassungsrecht an der *Universidad Autónoma de Madrid*, wäre eine solche Volksbefragung (nach Solozábal handelt es sich aber vielmehr um eine Volksabstimmung) verfassungswidrig, da Art. 92 Abs. 2 und Art. 149 Abs. 1 Z. 32 der

Die Reaktion auf den Vorschlag des PNV ist absolut negativ gewesen. Der Sprecher des PSOE hat dem PNV mitgeteilt, daß seine Partei keine einseitige Änderung der Verfassung und des Statuts unterstützen und akzeptieren wird.[205] Die Reaktion der spanischen Zentralregierung auf den Vorschlag von Juan José Ibarretxe, Euskadi in einen freien, mit einem „plurinationalen Spanien“ assoziierten Staat zu verwandeln, und so - nach seiner Annahme durch das baskische Volk vermittels Referendum - ein Modell von “geteilter Souveränität” zu schaffen, ist noch härter gewesen. Der Präsident der Regierung, José María Aznar, hat das Gespenst einer „Balkanisierung Spaniens wegen des Deliriums einiger Fanatiker“ heraufbeschworen. Der Vizepräsident der Regierung, Mariano Rajoy, hat gesagt, daß die Regierung nicht die geringste Absicht habe, die Verfassung und das Autonomiestatut zu ändern, und daß sie die notwendigen Mittel einsetzen werde, um den Rechtsstaat wiederherzustellen, falls es irgend jemandem in den Sinn käme, die Sezessionsdrohungen in die Tat umzusetzen.[206] Die Baskische Vereinigung der Unternehmer (Confebask), die mehr als 12.000 private Unternehmen aus allen Branchen des Baskenlandes umfaßt, hat den Plan von Ibarretxe als einseitig und gefährlich für das zivile Zusammenleben, den sozialen Frieden und die wirtschaftliche Aktivität beurteilt[207] und damit den Beifall von *Izquierda Unida* (von ihrem Generalvorsitzenden, Gaspar Llamazares, nicht aber von Javier Madrazo, dem Vorsitzenden von IU-*Ezker Batua*, der den ‘plan soberanista’ von Ibarretxe gelobt hat!) und des PSOE erhalten.[208] Auch die *Unión General de Trabajadores* (UGT) des Baskenlandes hat ihre Abneigung gegen die „propuesta soberanista“ von Ibarretxe, die sie als “inoportuna, deshonesta e insolidaria” betrachtet, geäußert.[209]

Die ausgebliebene Übertragung von durch statutarische Normen Euskadi zugeordneten Kompetenzen noch 23 Jahre nach dem Erlaß des Autonomiestatuts – ein Umstand, der von einem Verfassungsrechtler wie Miguel Herrero de

---

Verfassung bestimmen, daß die Einberufung einer Volksabstimmung („referéndum“) - ausschließliche Kompetenz des Staates - nur auf Initiative der Regierung erfolgen kann. Vgl. Juan José Solozábal: Poder y deber. In: El País, 31. 1. 2003, S. 14.

205 “El PSOE no va apoyar ningún cambio en las normas que nos hemos dado, como la Constitución y el Estatuto. Y no vamos a aceptar que esos cambios se impongan de manera unilateral”. Vgl. *El País*, 30. 9. 2002, S. 20. Jedenfalls wünscht der PSOE - wie Patxi López, Generalsekretär der baskischen Sozialisten, erklärt hat - “más autogobierno a través de más Estatuto” (*El País*, 24. 10. 2002, S. 16).

206 Vgl. *Il Corriere della sera*, 9. 10. 2002, S. 12.

207 Vgl. *El País*, 10. 10. 2002, S. 17; 11. 10. 2002, S. 20. – *ABC*, 15. 10. 2002, S. 5; 23. 10. 2002, S. 62. Später hat aber die Confebask José María Aznar aufgefordert, seine Politik Euskadi gegenüber zu ändern, und zur Erfüllung der „legalidad vigente“ ermahnt. Vgl. *El País*, 31. 1. 2003, S. 18.

208 Vgl. *El País*, 11. 10. 2002, S. 20.

209 *ABC*, 17. 10. 2002, S. 13.

Miñón,[210] der den Plan von Ibarretxe unterstützt,[211] als “skandalös” bewertet – hat gewiß nicht dazu beigetragen, die bereits sehr starken Gegensätze zwischen der Autonomen Gemeinschaft des Baskenlandes und der spanischen Regierung abzuschwächen. Das Verbot der radikalen baskischen Partei *Herri Batasuna*,[212] das vom spanischen Parlament am 26. August 2002 unter Berufung auf die *Ley Orgánica de Partidos Políticos* vom 27. Juni 2002, die nach der Regierung von Euskadi Grundrechte verletzt und daher verfassungswidrig ist, beschlossen wurde, sowie die von dem Richter Baltasar Garzón angeordnete Schließung ihrer Büros, ihrer Web-Seiten und der parteinahen Institutionen haben diese Gegensätze erheblich verschärft.[213]

In Katalonien hat der Präsident der *Generalitat*, Jordi Pujol, am 28. Juli 2002 in einer Rede zum feierlichen Abschluß der “XX Escola d'Estiu Ramon Trias i Fargas de la Joventut Nacionalista de Catalunya (JNC)” – einer in Planoles unter dem vielsagenden Motto “Cap a un nou estatut politic” („Einem neuen politischen Statut entgegen“) abgehaltenen Veranstaltung – behauptet, daß in Spanien eine sehr feindliche Ideologie (“ideología muy hostil”) gegen die Katalanen immer mehr an Stärke gewinne. Sollte Spanien die anti-katalanische Kampagne, die von dem PP, von dem PSOE, von den mit diesen Parteien verbundenen Kommunikationsmitteln und von Intellektuellen ausgelöst und gefördert wird, fortsetzen, so würde die moralische Grundlage des konstitutionellen Paktes (“la base moral del pacto constitucional”) verschwinden und Katalonien wäre gezwungen, ihn in Frage zu stellen und von neuem auszuhandeln. Pujol, verbittert wegen der Weigerung des spanischen Staates, die Dokumente der republikanischen *Generalitat*, die

[210] “Si en el mismo [Estatuto] se establece que determinadas competencias deben corresponder al País Vasco, es escandaloso que, veintitrés años después de promulgarse el Estatuto, dichas competencias sigan sin ser debidamente transferidas. Da igual que sean siete las pendientes o treinta y siete. Las transferencias estatutariamente previstas no pueden ser objeto de negociación política según convenga en Madrid. Y la primera prueba de la lealtad al Estatuto que tanto se reclama, sería la de su exacto e inmediato cumplimiento” (Miguel Herrero de Miñón: Tiempo de tirar piedras y tiempo de recogerlas. In: El País, 27. 7. 2002, S. 11-12).

[211] Vgl. über die Möglichkeit der “cosoberanía” auch Miguel Herrero de Miñón: Autodeterminación y Derechos históricos. In: Miguel Herrero de Miñón y Ernest Lluch (eds.): Derechos históricos y constitucionalismo útil. Barcelona: Crítica 2001, S. 211-219; hier S. 216. Antonio Elorza, der Miguel Herrero de Miñón kritisiert, meint dagegen, daß der Plan von Ibarretxe im Gegensatz zur Verfassung und zur “finalidad de preservar España, cuyo armazón institucional es del todo incompatible con una cosoberanía pórtico de independencia”, stehe (Antonio Elorza: Estadistas. In: El País, 11. 10. 2002, S. 26). Außer von Antonio Elorza, Universitätsprofessor für Politikwissenschaften, wird der Plan von Ibarretxe auch von Fernando Savater, Universitätsprofessor der Philosophie, verurteilt. Vgl. *El País*, 14. 10. 2002, S. 13-14.

[212] Das Verbot ist durch die Weigerung von *Herri Batasuna* veranlaßt worden, das blutige Attentat zu verurteilen, das die ETA am 4. August 2002 in Santa Pola vor einer Kaserne der *Guardia civil* verübt hat. Vgl. *El País*, 8. 8. 2002, S. 1, 12-13; 9. 8. 2002, S. 15; 10. 8. 2002, S. 14; 12. 8. 2002, S. 1, 12; 13. 8. 2002, S. 1, 9, 12. - *La Vanguardia*, 12. 8. 2002, S. 1, 9.

[213] Vgl. *El País*, 25. 9. 2002, S. 18; *Die Presse*, 27. 8. 2002, S. 4.

von Francos Heer beschlagnahmt wurden und in Salamanca im *Archivo General de la Guerra Civil* aufbewahrt sind,[214] zurückzugeben, hat außerdem erklärt: "Cataluña ha tenido y tiene un proyecto para España, a pesar de que España no tiene un proyecto para Cataluña. Lo que les interesa es que Cataluña sea como la provincia de Cuenca".[215] Erklärungen – insbesondere die Androhung einer Revision des Verfassungspaktes –, die starke negative Reaktionen ausgelöst haben.[216]

Am 29. September 2002 hat Artur Mas, Chefrat ('Conseller en cap') der katalanischen Regierung (*Consell Executiu*, oder *Govern*) und nächster Kandidat der *Convergència i Unió* (CiU) für die Präsidentschaft der *Generalitat*, auf dem Nationalkongreß seiner Partei angekündigt, daß er am 21. Oktober 2002 einen Vorschlag präsentieren würde, um in der nächsten Dekade der Selbstverwaltung einen großen Sprung nach vorne ("un gran salto hacia adelante") machen zu lassen und Katalonien soweit als nur möglich vorwärtszubringen. Der führende, zum Nachfolger von Pujol designierte katalanische Nationalist, erklärt, daß sein Projekt so konzipiert sei, daß erst in der nächsten Legislaturperiode die Verhandlungen darüber beginnen können. (Die CiU regiert gegenwärtig in Katalonien dank der Unterstützung des PP und hat sich ausdrücklich verpflichtet, in der laufenden Legislaturperiode jegliche Reform des Statuts zu unterlassen.) A. Mas verteidigt auch die Legitimität des Vorschlags des baskischen *Lehendakari*, indem er behauptet, daß der Vorschlag "elementos positivos" enthalte und verdiene, eingehend untersucht zu werden ("merece ser estudiada detenidamente"). Eine Anwendung auf Katalonien schließt er aber aus.[217]

Am 21. Oktober hat dann Artur Mas seinen Vorschlag tatsächlich illustriert, indem er bei der Präsentation seines Wahlprogramms eine Rede 'en clave soberanista'[218] mit dem Titel *Cataluña sin límites: los nuevos horizontes de nuestro proyecto de país* hielt. Es handelt sich um das Projekt eines neuen Statuts, mit dem beabsichtigt wird, "el marco actual" zu überwinden, „aprovechando toda la experiencia acumulada durante las dos últimas décadas, diseñando un nuevo cuadro de relaciones entre Cataluña y España". Mit der neuen Gestaltung der Beziehungen zwischen Katalonien und Spanien soll auch eine Antwort auf den von José María Aznar auf dem 10. Kongreß des katalanischen *Partido Popular* angekündigten "cierre del proceso autonómico" gegeben werden. Der 'neue' Statutsentwurf, den die CiU offiziell bis spätestens Ende März 2003 vorstellen wird, sieht vor: *a*) eine einzige Verwaltung (die staatliche Verwaltung muß also aufhören, in Katalonien Funktionen auszuüben, außer in ganz wenigen, sehr spezifi-

---

214 Vgl. *El País*, 25. 9. 2002, S. 41.

215 Vgl. *La Vanguardia*, 29. 7. 2002, S. 11-12.

216 Vgl. zum Beispiel *El Periódico*, 29. 7. 2002, S. 14; *El País*, 30. 7. 2002, S. 18; 31. 7. 2002, S. 1.

217 Vgl. *El País*, 30. 9. 2002, S. 22.

218 ‚Propuestas soberanistas' hatte *Convergència i Unió* (CiU) sogar dem Kongreß der Abgeordneten schon präsentiert. Vgl. *El País*, 23. 7. 2002, S. 4.

schen Fragen, für die die *Generalitat* jedenfalls die Durchführung übernehmen wird); *b*) eine deutliche Abgrenzung der Kompetenzen zwischen *Generalitat* und Zentralregierung, mit dem Zweck, "la permanente invasión competencial del Gobierno" zu vermeiden; *c*) die Einbindung der *Generalitat* in alle verfassungsmäßigen Einrichtungen des Staates, in die Organisationen der Europäischen Union und in andere Organisationen von internationalem Charakter, wie die Unesco; *d*) die Anerkennung durch den spanischen Staat der Symbole, in denen sich der nationale Charakter und die 'differenzierte' kulturelle Persönlichkeit Kataloniens, das auch ein Staat ist ("también es Estado"), manifestieren; *e*) ungeteilte Entscheidungsgewalt im Bereich der territorialen Organisation und der Finanzierung.[219] Der Plan von Artur Mas ist vom *Partido Popular Catalano*, vom *Partit Socialista de Catalunya* und von der *Esquerra Republicana de Catalunya* abgelehnt worden.[220] In der Debatte über die allgemeine Politik, die Anfang Oktober 2002 im katalanischen Parlament abgehalten worden ist, haben aber alle Parteien, mit Ausnahme des *Partido Popular*, erklärt, daß sie in der kommenden Legislaturperiode einen Reformprozeß des Autonomiestatuts in Gang setzen wollen.[221]

In Galicien ist die Reform des Autonomiestatuts am 25. Juli 2002 von dem *Partido Socialista de Galicia* gefordert worden, der - in Übereinstimmung mit dem PSOE - eine Revision des Statuts, nachdem es seit mehr als zwanzig Jahren in Kraft ist, für notwendig erachtet, um es dem aktuellen wirtschaftlichen, politischen und kulturellen Kontext anzupassen. Die Forderung ist als "irresponsable e inoportuna" von dem *Partido Popular* betrachtet worden, dessen Funktionäre die großen Fortschritte unterstreichen, die das Statut, das sie noch für wirkungsmächtig halten, in der Frage der Selbstverwaltung ermöglicht hat. Der *Bloque Nacionalista Galego*, der die 'propuesta soberanista' von Ibarretxe verteidigt[222] und vor dem "grave proceso de involución en el Estado" - einem Prozeß, der vom "aznarato" und dem PP in Zusammenarbeit mit dem PSOE gefördert wird - warnt, widersetzt sich der sozialistischen Forderung nach einer Reform des galicischen Autonomiestatuts, da diese mehr auf eine "nueva descentralización administrativa" als auf die Stärkung Galiciens und seiner "diversidad" und auf die Hervorhebung des "carácter plurinacional" des Staates abziele.[223]

Doch nicht nur Katalonien, das Baskenland und Galicien zeigen sich unzufrieden mit der gegenwärtigen Situation und denken an eine radikale Reform der Autonomiestatuten oder an konföderative und föderale Formen und Systeme, die ihnen 'Souveränität', 'geteilte Souveränität' oder jedenfalls eine weitestgehende Autonomie garantieren können. Der Regierungspräsident der Kanarischen Inseln,

---

219 Vgl. *ABC*, 22. 10. 2002, S. 12-13.
220 Vgl. *ABC*, 23. 10. 2002, S. 21.
221 Vgl. *El País*, 11. 10. 2002, S. 23.
222 Vgl. *El País*, 16. 10. 2002, S. 20.
223 Vgl. *El País*, 26. 7. 2002, S. 23.

Román Rodríguez Rodríguez, hat am 10. August 2002 anläßlich des zwanzigsten Jahrestages des Statuts (10. 8. 1982) die "regresiones centralistas" kritisiert und mehr Selbstverwaltung sowie einen juristisch einvernehmlichen Rahmen gefordert, in dem "las instancias centrales y autonómicas se encuentran en una situación de *paridad* y ejercen poder político en sus respectivos ámbitos".[224] Der Regierungspräsident der Balearen, Francesc Antich, hat eine Reform des Autonomiestatuts und neue Kompetenzen, um eine "policía autonómica" schaffen zu können, gefordert und ein zukünftiges Gesetz angekündigt, um ein öffentliches Fernsehen und Radio der Balearen einzurichten, die zum Aufbau eines "país moderno, integrador y plural" beitragen sollen.[225] Die Jugendorganisationen der nationalistischen Parteien von Andalusien, Aragonien, Kastilien-León, Valencia und den Balearen (neben jenen von Katalonien und Galicien) haben am 3. August 2002 in Palma de Mallorca eine Erklärung unterschrieben, in der Spanien, Portugal und Frankreich aufgefordert werden, die Ausübung des Rechtes auf Selbstbestimmung von jedem Volk und jeder Nation zu respektieren. In dieser Erklärung wird ferner die durch die "agresiones" gegen die Selbstverwaltung und die Eingriffe in die autonomischen Kompetenzen von seiten der Zentralregierung ausgelöste Krise des "llamado Estado de las autonomías" hervorgehoben.[226]

Nach Meinung von J. M. Souvirón Morenilla sind diese Forderungen weder zufällig noch spontan, sondern das Ergebnis einer konzertierten Aktion. Diese konzertierte Aktion habe am 12. Januar 1988 mit dem 'Pacto de Ajuria Enea' („Acuerdo para la pacificación y normalización del País Vasco") ihren Anfang genommen, den der baskische *Lehendakari* José Antonio Ardanza, der *Centro Democrático y Social* (CDS), *Euzko Alkartasuna* (EA), der *Partido Socialista de Euzkadi* (PSE), *Euzkadiko Ezquerra* (EE), der *Partido Nacionalista Vasco* (PNV) und *Alianza Popular* (AP) unterschrieben hatten. Die Unterzeichner dieses Paktes wollten der Gewalt ein Ende setzen, betrachteten das baskische Statut als Grundlage für die Lösung der Konflikte in der baskischen Gesellschaft und vertrauten dem baskischen *Lehendakari* die Leitung des Normalisierungsprozesses des Baskenlandes an. Zehn Jahre später, im Januar 1998, formulierte der *Lehendakari* José Antonio Ardanza einige Punkte dieses Paktes neu und schlug einen Friedensplan ('Plan de Paz') vor, der vorsah, daß mit der Lösung des baskischen Problems ausschließlich die baskischen politischen Kräfte, die radikalsten miteingeschlossen (*Herri Batasuna* und, über diese, *Euskadi Ta Askatasuna*), betraut würden. Außerdem sah der Friedensplan vor, daß das Recht auf Selbstbestimmung des baskischen Volkes (euphemistisch umgetauft auf "ámbito vasco de de-

[224] Vgl. *El País*, 10. 8. 2002, S. 16. Vgl. auch *ABC*, 23. 10. 2002, S. 28.
[225] Vgl. *El País*, 16. 10. 2002, S. 24.
[226] Vgl. *La Vanguardia*, 4. 8. 2002, S. 13.

ción"[227]) - entweder über eine Verfassungsreform oder durch eine "nueva lectura" des Verfassungstextes - akzeptiert würde. Im Sommer des gleichen Jahres schloß der PNV eine geheime Vereinbarung mit *Euskadi Ta Askatasuna* (ETA) und *Eusko Alkartasuna* (EA) ab. Die Unterzeichner verpflichteten sich, eine einzige und souveräne Institution zu schaffen, die in ihrem Schoß die sechs baskischen Gebiete aufnehme ("una institución única y soberana que acoja en su seno a Araba, Bizkaia, Gipuzkoa, Lapurdi, Nafarroa y Zuberoa"). PNV und EA versprachen, alle Vereinbarungen, die sie "con las fuerzas cuyo objetivo es la destrucción de Euskal Herria y la construcción de España [d. h. PP und PSOE]" getroffen hatten, zu brechen. ETA verpflichtete sich, einen unbestimmten Waffenstillstand zu verkünden[228] (der Waffenstillstand der ETA wurde am 16. September 1998 ausgerufen und währte 14 Monate[229]). Am 12. September 1998 unterzeichneten alle baskischen nationalistischen Kräfte – Parteien (PNV, EA, *Herri Batasuna*), Gewerkschaften (ELA, LAB) und soziale Gruppierungen wie *Elkarri* – den ‚Pacto de Estella' (auch als 'Acuerdo de Lizarra' bekannt),[230] um über die Selbstbestimmung die Unabhängigkeit von Euskal Herria – verstanden als die Gesamtheit der Gebiete von Euskadi (*Comunidad Autónoma Vasca*), Navarra (*Comunidad Foral de Navarra*) und dem französischem 'País Vasco' – zu erreichen.[231]

Die Initiative von José Antonio Ardanza löste die Reaktion des katalanischen Nationalismus aus, der die Bedeutung und die Tragweite des 'Plan de Paz' des *Lehendakari* erkannte. Die katalanische CiU erinnerte daran, daß sie niemals in der Vergangenheit auf die Forderung nach Selbstbestimmung verzichtet habe und dies auch in der Zukunft nicht zu tun beabsichtige. Sie erklärte außerdem, daß jedes an das Baskenland gemachte Zugeständnis auch für Katalonien gelten müsse.[232] Und so kam es, daß die CiU die gleiche Strategie des PNV zu verfolgen

---

227 Vgl. X. M. Núñez Seixas: Los nacionalismos en la España contemporánea (siglos XIX y XX), S. 163.

228 Acuerdo secreto entre Euskadi Ta Askatasuna (ETA), Euzko Alderdi Jeltzalea-Partido Nacional Vasco (PNV) y Eusko Alkartasuna (EA). Agosto de 1998. In: J. L. de la Granja, J. Beramendi, P. Anguera: La España de los nacionalismos y las autonomías, S. 383.

229 Vgl. J. L. de la Granja, J. Beramendi, P. Anguera: La España de los nacionalismos y las autonomías, S. 234.

230 Pacto de Estella o Acuerdo de Lizarra. 12 de septiembre de 1998. In: J. L. de la Granja, J. Beramendi, P. Anguera: La España de los nacionalismos y las autonomías, S. 384.

231 Vgl. J. L. de la Granja, J. Beramendi, P. Anguera: La España de los nacionalismos y las autonomías, S. 233-234.

232 Am 16. März 1998 wies Pere Esteve, zu diesem Zeitpunkt Generalsekretär der *Convergència i Unió*, darauf hin, daß es keinen Text irgendeiner Tagung seiner Partei gäbe, der das Recht auf Selbstbestimmung, "que tenemos como pueblo", nicht erwähne, und daß sich das katalanische Parlament einige Jahre zuvor entsprechend geäußert hätte (tatsächlich hatte das katalanische Parlament am 12. Dezember 1989, mit den Gegenstimmen des PSC und der Enthaltung des PP, ein Dokument verabschiedet, worin erklärt wurde, daß "l'acatament al marc constitucional no implica la renúncia del poble català a l'autodeterminació"). Da jedoch die Selbstbestimmung in permanenter und kontinuierlicher Weise durch die Wahlen ausgeübt wird, zog es seine Partei

begann, obwohl sie sich viel eher für die Anerkennung der geteilten Souveränität ('cosoberanía') und daher für ein föderatives Modell als für die Anerkennung des Rechtes des katalanischen Volkes auf Selbstbestimmung - Auftakt zur Separation - einzusetzen pflegte. Am 16. Juli 1998 kamen die Führer der *Convergència i Unió* (CiU), des *Partido Nacionalista Vasco* (PNV) und des *Bloque Nacionalista Galego* (BNG) in Barcelona zusammen und unterzeichneten die sogenannte *Declaración de Barcelona*, wobei sie sich von früheren analogen Initiativen wie dem 'Pacto de la Triple Alianza' (Barcelona, 11. September 1923)[233] und dem 'Pacto de Compostela' (Santiago, 25. Juli 1933)[234] inspirieren ließen. In dieser Erklärung von Barcelona wurden eine "nueva cultura política tendente a la articulación de un Estado plurinacional", eine "reestructuración del Estado que se adapte formal y materialmente a dicha plurinacionalidad", der "reconocimiento jurídico-político de las realidades nacionales de Cataluña, País Vasco y Galicia" und die Reform der Verfassung verlangt. Es wurde schließlich ausdrücklich "un Estado plurinacional de tipo confederal" gefordert.[235] Es folgten ähnliche Zusammenkünfte der 'Triple Alianza' in Vitoria und Bilbao (September 1998) und in Santiago de Compostela (30-31. Oktober 1998).

---

vor, eher als eine Debatte über die Selbstbestimmung neu zu entfachen, den Akzent lieber auf die Anerkennung der geteilten Souveränität ('soberanía compartida') zu setzen, ein Begriff, der nicht als verfassungswidrig angesehen werden könne, "porque si ceder soberanía fuera del Estado no es anticonstitucional, menos lo tendrá que ser cederla dentro del mismo Estado" (vgl. *ABC*, 17. 3. 1998). P. Esteve bezog sich auf die mit dem Beitritt zur Europäischen Union verbundene Abtretung von Teilen der spanischen 'Souveränität', die kraft Art. 93 der Verfassung erfolgte. J. M. Souvirón Morenilla (Realidad y perspectivas de la organización territorial del Estado. I. El Estado de las Autonomías, S. 138 Anm.) hält die Argumentation von Pere Esteve für nicht korrekt, da mit dem Beitritt zur Europäischen Union Spanien Kompetenzen und nicht Souveränität abgegeben habe und weil die Abtretung jedenfalls - egal, ob es sich nun um Kompetenzen oder um Souveränität handelt - "no afecta a la unidad de la Nación y al Estado de España". Zum Dokument vom 12. Dezember 1989, das eine heftige Reaktion der spanischen Regierung provozierte, vgl. A. Balcells: Història del nacionalisme català, S. 229.

233 Vgl. Pacto de la Triple Alianza. Barcelona, 11 de septiembre de 1923. In: J. L. de la Granja, J. Beramendi, P. Anguera: La España de los nacionalismos y las autonomías, S. 411.

234 Ziel dieses Paktes war: „crear GALEUZCA como organismo encargado de las relaciones entre estas tres nacionalidades [Cataluña, Euzkadi y Galicia]." Diese Beziehungen wurden als „relaciones internacionales en todos sus aspectos" aufgefaßt. Vgl. Pacto de Compostela. Santiago, 25 de julio de 1933. Acta de creación de „GALEUZCA". In: J. L. de la Granja, J. Beramendi, P. Anguera: La España de los nacionalismos y las autonomías, S. 412-413.

235 Vgl. *El País*, 17. 7. 1998, S. 22; 18. 7. 1998, S. 17. – La colaboración de las fuerzas de Galicia, Euzkadi y Catalunya para una reformulación de la concepción del Estado español y para el reconocimiento institucional de los respectivos derechos nacionales. Texto de trabajo. (BNG, PNV, CiU). Barcelona, 16 y 17 de julio de 1998 (zit. nach J. M. Souvirón Morenilla: Realidad y perspectivas de la organización territorial del Estado. I. El Estado de las Autonomías, S. 140-141). Vgl. außerdem César Alonso de los Ríos: La Izquierda y la Nación. Una traición políticamente correcta. Barcelona: Planeta 1999, S. 134-141.

Die Absichten dieses 'Dreibundes' waren recht klar. Ob jedoch alle die nationalistischen Forderungen und Erscheinungen der letzten Jahre wirklich das Ergebnis einer konzertierten Aktion, einer in den Versammlungen der 'Triple Alianza' geplanten Strategie sind, wie J. M. Souvirón Morenilla annimmt,[236] wissen wir nicht. Sicher ist, daß die Konflikte kontinuierlich und endlos sind. Es wird über jede Initiative, über jedes Gesetz gestritten. Streitfälle – um nur jene der letzten Monate zu erwähnen – sind: die Aufstockung der Anzahl der Angehörigen der baskischen Polizei (Ertzaintza), eine von der baskischen Regierung gewünschte und von der spanischen Zentralregierung bekämpfte Maßnahme;[237] der Plan der Zentralregierung zur Bekämpfung der Kriminalität;[238] der von dem PP und dem PSOE am 8. Dezember 2000 unterzeichnete 'Pacto por las Libertades y contra el Terrorismo'; der 'Pacto Antiterrorista' zur Verteidigung der "democracia municipal" im Baskenland, den dieselben Parteien abgeschlossen haben;[239] das in Salamanca verwahrte Archiv der republikanischen *Generalitat*; das katalanische Projekt, eine *Ley de Universidades* zu verabschieden, die finanzielle Anreize für den universitären Unterricht in katalanischer Sprache vorsieht;[240] die *Ley de Grandes Ciudades*;[241] die von Jordi Pujol als "muy antiautonómica" empfundene *Ley de Calidad de la Enseñanza*;[242] die *Ley de Sanidad*, die von dem PNV als ein Versuch der Regierung, dem Staat autonomische Kompetenzen zurückzugeben, gewertet wird.[243] Beinahe täglich gibt es Vorwürfe der Zentralregierung gegen die Katalanen und die Basken, den 'Verfassungspakt' zu brechen oder brechen zu wollen, und Vorwürfe der Katalanen und der Basken gegen die Zentralregierung, den 'Verfassungspakt' nicht einzuhalten und, nach mehr als 22 Jahren, die Autonomiestatuten nicht vollständig umgesetzt zu haben.[244]

Der mehrmals versuchte 'Abschluß' (‚cierre') des autonomischen Modells ist ein Ding der Unmöglichkeit. Das hat zum Beispiel Rodolfo Martín Villa, ehemaliger Innenminister und einer der Urheber - zur Zeit des demokratischen Übergangs - der Wiederherstellung der katalanischen *Generalitat*, klar zugegeben. In einem Interview anläßlich des 25jährigen Jubiläums der Restauration der *Generalitat* hat der prominente, aus León stammende Exponent des *Partido Popular* diejenigen in

---

[236] J. M. Souvirón Morenilla: Realidad y perspectivas de la organización territorial del Estado. I. El Estado de las Autonomías, S. 136-144.
[237] Vgl. *El País,* 11. 10. 2002, S. 18; 14. 10. 2002, S. 16.
[238] Vgl. *El País*, 16. 9. 2002, S. 15.
[239] Vgl. *El País*, 14. 10. 2002, S. 16.
[240] Vgl. *El País*, 23. 7. 2002, S. 4.
[241] Vgl. *El País*, 16. 10. 2002, S. 22.
[242] Vgl. *El País*, 17. 11. 2002, S. 4-5.
[243] Vgl. *El País*, 22. 11. 2002, S. 37.
[244] Vgl. zum Beispiel *La Vanguardia*, 4. 8. 2002, S. 12. – *El País*, 3. 8. 2002, S. 20; 4. 8. 2002, S. 4; 14. 8. 2002, S. 14.

seiner Partei kritisiert, die behaupten, "que hay que diseñar definitivamente el Estado autonómico". Und nach der Feststellung, daß es politisch ein Widerspruch ist, von einem endgültigen Entwurf der Autonomien zu sprechen ("hablar de diseño definitivo de las autonomías es una contradicción en términos políticos"), und daß der autonomische "horizonte no puede estar cerrado ni para los nacionalismos periféricos ni para el nacionalismo español, tan legítimo como aquellos", wird er nicht müde, zu wiederholen, daß der Abschluß des autonomischen Modells unmöglich ist ("el diseño definitivo del modelo autonómico es imposible"; "desde un punto de vista político general es imposible el cierre del modelo autonómico").[245]

Der 'cierre' des autonomischen Modells ist sicherlich unmöglich.[246] Es machen ihn unmöglich nicht nur die Impulse der dem autonomischen Prozeß selbst innewohnenden Dynamik, sondern auch die 'differentiellen Fakten', ein absolut unüberwindliches Hindernis für die Erreichung einer echten und allgemeinen Homogenisierung.

Bevor auf die ‚differentiellen Fakten' eingegangen wird, ist darauf hinzuweisen, daß die siebzehn Autonomen Gemeinschaften, in die Spaniens Staatsgebiet untergliedert ist, in Bezug auf Bevölkerung, Fläche und Einkommen krasse Unterschiede aufweisen. Gemeinschaften wie Kastilien-León (94.147 qkm; 2.456.474 Einw.), Andalusien (87.268 qkm; 7.357.558 Einw.) und Kastilien-La Mancha (79.226 qkm; 1.760.516 Einw.) haben eine Fläche, die 16 bis 18 Mal größer ist, als die Fläche der kleinsten Gemeinschaften: die Balearen (5.014 qkm; 841.669 Einw.), La Rioja (5.034 qkm; 276.702 Einw.), Cantabria (5.289 qkm; 535.131 Einw.). Auch die absolute Zahl ihrer Einwohner ist selbstverständlich erheblich größer. Die Dichte der Bevölkerung pro qkm kann aber im umgekehrten Verhältnis zu der Größe der Fläche stehen. So haben die Balearen ca. 168 Einwohner pro qkm, während Kastilien-Leon nur 28 Einwohner pro qkm aufweist.

---

245 Vgl. *El País*, 30. 9. 2002, S. 26-27. Zum Problem des ‚cierre' des autonomischen Modells vgl. Enriquez Álvarez Conde: Homogenidad y asimetría en el modelo autonómico español. In: Asimetría y cohesión en el Estado autonómico. Jornadas sobre el Estado autonómico: integración y eficacia. Madrid: Instituto Nacional de Administración Pública 1997, S. 79-90.

246 Die spanische Regierung betrachtet inzwischen den Prozeß der autonomischen Dezentralisierung als abgeschlossen („El Estado de las autonomías no es un proceso sin final. No es un pozo sin fondo". [...] "el proceso autonómico está prácticamente culminado"). Sie lehnt kategorisch sowohl die von den nationalistischen Parteien (CiU, PNV, BNG) und von dem *Partit dels Socialistes de Catalunya* (PSC) geforderte Eröffnung eines zweiten Dezentralisierungsprozesses wie auch die weitere Abtretung von ausschließlich staatlichen Kompetenzen über den Art. 150 Abs. 2 der Verfassung ab. „Ninguno de ambos caminos" – stellt ein 'Informe' des *Ministerio de Administraciones Públicas* fest – es razonable. La Constitución de 1978, surgida del consenso de todas las fuerzas políticas y sociales, sigue siendo hoy el único marco válido y adecuado para regir nuestra convivencia, y no son aceptables ninguna de las propuestas que, bajo presuntas relecturas o reinterpretaciones, pretenden forzar una auténtica mutación constitucional." Vgl. *El País*, 7. 4. 2003, S. 28.

Auch das Pro-Kopf-Einkommen kann recht unterschiedlich sein. So ist zum Beispiel das Pro-Kopf-Einkommen der Balearen fast doppelt so hoch wie jenes von Kastilien-La Mancha. Was die ‚historischen Territorien' betrifft, so haben das Baskenland (7.261 qkm; 2.082.587 Einw.), Galicien (29.434 qkm; 2.695.880 Einw.) und Katalonien (31.930 qkm; 6.343.110 Einw.) insgesamt eine Fläche (68.625 qkm), die 13,59% der Fläche Spaniens (504.750 qkm) entspricht, und eine Bevölkerung (11.121.577 Einw.), die 27,27% der Gesamtbevölkerung Spaniens (40.847.371 Einw.) ausmacht.[247] Ihr wirtschaftliches Potential ist um ein Vielfaches größer als jenes der anderen *Comunidades Autónomas*. Allein in Katalonien sind fast ein Fünftel (515.173 = 19%) aller spanischen Unternehmen (2.710.400) angesiedelt. Dagegen sind es in La Rioja nur 0,72% (19. 499), in Cantabria 1,22%, in Estremadura 2,12%.[248]

Schon eine so krasse geographische und wirtschaftliche Heterogenität würde ein fast unüberwindbares Hindernis für eine echte Harmonisierung der Autonomen Gemeinschaften darstellen. Der beschriebene ungleichmäßige Verlauf des autonomischen Prozesses hat die Schwierigkeiten noch gesteigert. Es sind aber die sogenannten ‚hechos diferenciales', die die Harmonisierung der Autonomen Gemeinschaften zu einem aussichtslosen Unterfangen machen.

Die Versuche, die Autonomen Gemeinschaften zu harmonisieren und zu homogenisieren, werden in der Tat von seiten der baskischen, katalanischen und galicischen Gemeinschaften bekämpft und als Versuche, den Geist des Verfassungspaktes und die *differenzierte* Persönlichkeit der 'historischen Territorien' zu zerstören, angesehen. So hat zum Beispiel Jordi Pujol, der Präsident der *Generalitat de Catalunya*, in einem Radiointerview, das am 3. August 2002 von *Catalunya Ràdio* ausgestrahlt wurde, den *Partido Popular* und den PSOE beschuldigt, daß sie mit ihrem Versuch, einen einheitlichen Staat mit homogenen Autonomien zu schaffen, "el espiritu constitucional" brechen, der eine authentische politische Gewalt für Katalonien implizierte. Auch wenn der Text der Verfassung nicht für alle befriedigend war, sagte Pujol weiter, eröffnete er Perspektiven für die Zukunft, da die Autonomie nicht als eine ausschließlich verwaltungsmäßige, den Kontrollen und Eingriffen des Staates stark unterworfene Selbständigkeit aufgefaßt wurde, sondern als echte politische Gewalt. Dieser Pakt, der die graduelle und großzügige Anerkennung der *differenzierten* Persönlichkeit Kataloniens voraussehen ließ, wird aber nicht eingehalten:

---

[247] Vgl. die Tabelle «Indikatoren der Autonomen Gemeinschaften 1981». In: Pedro Cruz Villalón: Die Neugliederung des Spanischen Staates durch die »Autonomen Gemeinschaften«. In: Jahrbuch des öffentlichen Rechts der Gegenwart, Neue Folge, Band 34 (1985), S. 195-243; hier S. 235. – Censo de España (noviembre de 2001). In: El País, 27. 7. 2002, S. 24.

[248] Angaben des *Instituto Nacional de Estadística* für das Jahr 2001. Vgl. *El País*, 9. 8. 2002, S. 3/Cataluña.

[A pesar de que el texto constitucional no fue] satisfactorio para todos, abría perspectivas de futuro, pues se daba por entendido que la autonomía no era una cosa sólo administrativa muy controlada e intervenida por el gobierno central, sino un auténtico poder político [...] Pero ese pacto, que hacía prever que la personalidad *diferenciada* de Cataluña sería gradualmente reconocida y se aplicaría el Estatuto de forma generosa, no se aplica.[249]

Die ,differentiellen Fakten' (,hechos diferenciales')

Was sind nun genau diese 'hechos diferenciales'?

Im «Preámbulo» der Verfassung selbst wurde der Wille der spanischen Nation proklamiert, alle Völker Spaniens und ihre Kulturen, Traditionen, Sprachen und Institutionen zu schützen („La Nación española ... proclama su voluntad de ... proteger a todos los ... pueblos de España [...], sus culturas y tradiciones, lenguas e instituciones").[250] In Art. 2 der Verfassung wird von "*nacionalidades* y regiones" gesprochen, die die spanische Nation bilden. In Art. 3 ist die Rede von dem Kastilischen als offizieller Sprache des Staates und von den anderen spanischen Sprachen, die in den entsprechenden Autonomen Gemeinschaften auch offiziell gemäß ihren Statuten sein werden; in Art. 141 Abs. 4 von den "Cabildos o Consejos" der Archipele; in Art. 143 Abs. 1 von "provincias con entidad regional histórica"; in Art. 149 Abs. 1 Z. 8 von den "derechos civiles, forales o especiales".[251] In den «Disposiciones adicionales» werden die "derechos históricos de los territorios forales" (1.ª D. A.), die "derechos forales" (2.ª D. A.) und der "régimen económico y fiscal del archipiélago canario" (3.ª D. A.) erwähnt.[252] In den «Disposiciones transitorias» werden die Territorien, "que en el pasado hubiesen plebiscitado afirmativamente proyectos de Estatuto de autonomía" (2.ª D. T.), und der "Órgano Foral" von Navarra (4.ª D. T.) genannt.[253] Schließlich sieht der zweite Absatz der «Disposición Derogatoria» die Derogation des Gesetzes vom

---

[249] Vgl. *El País,* 3. 8. 2002, S. 20. Javier García Roca, Professor für Verfassungsrecht an der Universität Valladolid, ist der Ansicht, daß weder „una igualación u homogeneización competencial" noch die Beseitigung der „derechos históricos" durch eine Reform der Verfassung „aconsejable" wäre. Vgl. Javier García Roca: España asimétrica (Descentralización territorial y asimetrías autonómicas: una especulación teórica). In: Asimetría y cohesión en el Estado autonómico. Jornadas sobre el Estado autonómico: integración y eficacia. Madrid: Instituto Nacional de Administración Pública 1997, S. 51-75; hier S. 67.

[250] Constitución Española. Con las doctrinas del Tribunal Constitucional, Tribunal Supremo y Tribunal Europeo de los Derechos Humanos, S. 15.

[251] Constitución Española. Con las doctrinas del Tribunal Constitucional, Tribunal Supremo y Tribunal Europeo de los Derechos Humanos, S. 19, 21, 519, 542.

[252] Constitución Española. Con las doctrinas del Tribunal Constitucional, Tribunal Supremo y Tribunal Europeo de los Derechos Humanos, S. 643 u. S. 647.

[253] Constitución Española. Con las doctrinas del Tribunal Constitucional, Tribunal Supremo y Tribunal Europeo de los Derechos Humanos, S. 648-649.

25. Oktober 1839 und die Derogation des Gesetzes vom 21. Juli 1876, die Álava, Guipúzcoa und Vizcaya betreffen, vor.[254]

Von diesen im Verfassungstext enthaltenen Bezeichnungen, historischen Andeutungen und Normen ausgehend, die für José María Souvirón Morenilla zum großen Teil nur transitorische Bedeutung haben und ihre Wirksamkeit in dem Moment verlieren sollten, in dem alle Autonomen Gemeinschaften die volle Autonomie erreichen würden,[255] nahmen die Autonomiestatuten die Elemente auf, die als Teil der "personalidad diferenciada"[256] der eigenen Autonomen Gemeinschaft angesehen wurden und deren verfassungsmäßige und statutarische Anerkennung natürlich die Existenz einer historischen Tradition voraussetzte. Nur einige Autonome Gemeinschaften können solche Elemente aufweisen. Das sind:

Baskenland: ‚Historische Territorien', Sprache, 'foral' Zivilrecht („Derecho Civil Foral"),[257] eigene Polizei, System der ‚wirtschaftlichen Vereinbarungen' (*Conciertos Económicos*).[258]
Katalonien: Sprache, Zivilrecht,[259] eigene Polizei.

---

[254] Constitución Española. Con las doctrinas del Tribunal Constitucional, Tribunal Supremo y Tribunal Europeo de los Derechos Humanos, S. 652.

[255] José María Souvirón Morenilla vertritt zum Beispiel die Ansicht, daß der privilegierte Zugang zur Autonomie von seiten der sogenannten "Comunidades históricas" – derjenigen also, die in der Vergangenheit die Autonomiestatuten einem Referendum unterzogen hatten – eine Dualität, oder Asymmetrie, zwischen den Autonomen Gemeinschaften erzeuge, die rein vorübergehend ist und sich jedenfalls nicht von jener Dualität, oder Asymmetrie, unterscheidet, die die anderen von der Verfassung vorgesehenen verschiedenen Zugangsarten verursachen. Nur die erste der «Disposiciones Adicionales» und der zweite Absatz der «Disposición Derogatoria» bilden für den Gelehrten die einzigen Verfassungsnormen, aus denen sich die ausdrückliche Absicht der Verfassung ableiten lasse, "un tratamiento jurídico diferenciado, en suma, una asimetría jurídico-constitucional para unos territorios determinados" zu erlauben. Die "actualización general" des "régimen foral", von der die erste der «Disposiciones Adicionales» spricht, kann jedoch weder als "susceptible de nuevas actualizaciones *sine die*" verstanden werden, noch "contraria a la Constitución" sein, weil die Verfassung selbst in derselben «Disposición» ausführt, daß die Aktualisierung "se llevará a cabo ... en el marco de la Constitución". Vgl. J. M. Souvirón Morenilla: Realidad y perspectivas de la organización territorial del Estado. II. Los elementos esenciales del sistema constitucional de organización territorial del Estado y su concreción, S. 264-266, 269-271.

[256] E. Aja: El Estado autonómico. Federalismo y hechos diferenciales, S. 160.

[257] Estatuto de Autonomía para el País Vasco, S. 1216, «Título Primero: De las competencias del País Vasco», Art. 10: "La Comunidad Autónoma del Pais Vasco tiene competencia exclusiva en las siguientes materias: [...] 5. Conservación, modificación y desarrollo del Derecho Civil Foral y especial, escrito o consuetudinario, propios de los Territorios Históricos que integran el País Vasco y la fijación del ámbito territorial de su vigencia".

[258] Estatuto de Autonomía para el País Vasco, S. 1234, Art. 41 Abs. 1: "Las relaciones de orden tributario entre el Estado y el País Vasco vendrán reguladas mediante el sistema foral tradicional de Concierto Económico o Convenios".

[259] Estatut d'Autonomia de Catalunya: «Títol Primer: Competències de la Generalitat», Art. 9: "La Generalitat de Catalunya té competència exclusiva sobre les matèries següentes: [...] 2.

Galicien: Sprache, Zivilrecht („Derecho civil gallego“[260]).
Navarra: ‚foral' Zivilrecht („Derecho Civil Foral“[261]), System der 'wirtschaftlichen Vereinbarungen' (*Convenios Económicos*),[262] eigene Polizei, Sprache (baskische Sprache in Teilgebieten von Navarra).
Kanarische Inseln: *Cabildos*,[263] spezielles ökonomisch-fiskales System („régimen económico-fiscal especial“[264]).
Balearen: Sprache, *Consejos Insulares*,[265] Zivilrecht („Derecho Civil de las Illes Balears“[266]).
Valencia: Sprache, Zivilrecht („Derecho Civil Valenciano“[267]).
Aragon: Zivilrecht („Derecho civil aragonés“[268]).

Man kann daher den 'hecho diferencial' als verfassungsmäßige und statutarische Anerkennung der Elemente einer historisch-politisch 'differenzierten' Persönlichkeit in den oben angeführten Autonomen Gemeinschaften verstehen.[269] Der Begriff 'differentielles Faktum', dessen Dimension in den verschiedenen Gemeinschaften nicht nur nach Anzahl, sondern auch nach 'Intensität' variiert, liefert, laut Eliseo Aja, eine objektive Grundlage, damit die Institutionen der historischen Autonomen Gemeinschaften ihre eigene Persönlichkeit aufbewahren und entwikkeln können, und zwar über die generelle Befugnis zur Selbstregierung hinaus, die sie mit den anderen Gemeinschaften teilen: "el concepto de «hecho diferencial» [...] proporciona un fundamento objetivo para que las instituciones de las respectivas Comunidades Autónomas mantengan y desarrollen su propia personalidad más allá de la genérica potestad de autogobierno que comparten con las demás".[270] Juan Fernando López Aguilar spricht von „verfassungsmäßig relevanten differentiellen Fakten“ und definiert diese so: "los hechos diferenciales constitucionalmente relevantes son aquellos [...] de los que pueda predicarse directa o indirectamente una consignación constitucional razonable, de la que quepa colegir

Conservació, modificació i desenvolupament del dret civil català" (Constitució Espanyola. Estatut d'Autonomia de Catalunya. Reglament del Parlament de Catalunya, S. 235).

260 Estatuto de Autonomía para Galicia, S. 1294, Art. 27 Abs. 4.

261 Reintegración y amejoramiento del Régimen Foral de Navarra, S. 1560, Art. 48.

262 Reintegración y amejoramiento del Régimen Foral de Navarra, S. 1565, Art. 45 Abs. 1: "En virtud de su régimen foral, la actividad tributaria y financiera de Navarra se regulará por el sistema tradicional del Convenio Económico".

263 Estatuto de Autonomía de Canarias, S. 1528, Art. 8 Abs. 2.

264 Estatuto de Autonomía de Canarias, S. 1544-1545, Art. 46.

265 Estatuto de Autonomía de las Illes Balears, S. 1607, Art. 5 und Art. 36-40.

266 Estatuto de Autonomía de las Illes Balears, S. 1613, Art. 10 Abs. 23 und S. 1625, Art. 50 Abs. 2.

267 Estatuto de Autonomía de la Comunidad Valenciana, S. 1452, Art. 31 Abs. 2.

268 Estatuto de Autonomía de Aragón, S. 1482, Art. 35 Abs. 4.

269 E. Aja: El Estado autonómico. Federalismo y hechos diferenciales, S. 161.

270 E. Aja: El Estado autonómico. Federalismo y hechos diferenciales, S. 161.

un mandato de tutela, una «apuesta» o expresión de la voluntad constitucional de proteger ese hecho".[271] Ähnlich schreibt Gumersindo Trujillo Fernández: "los hechos diferenciales son singularidades autonómicas institucionalmente relevantes que, por estar previstas en la Constitución o ser consecuencia de previsiones de la misma, constituyen un limite a la homogenidad".[272] Für Miguel Herrero de Miñón sind die ‚differentiellen Fakten' nichts anderes als die 'Historischen Rechte' und als solche sind sie der Verfassung *prä-existent* und stammen nicht von ihr ab.[273] Nun macht es gerade die Natur von ‚differentiellen Fakten' (manchmal auch mit den 'nationalen Fakten' - "hechos nacionales" - gleichgesetzt) aus, daß diese, wenn sie auf der einen Seite ein unüberwindliches Hindernis für jeden Homogenisierungsversuch bilden, andererseits eine mögliche Lösung bieten, um die Spannungen und die täglichen Konflikte zwischen Zentralregierung und Autonomen Gemeinschaften zu beseitigen, sowie deren Beziehungen endgültig zu normalisieren. Diese mögliche Lösung wäre nichts anderes, als der von Miguel Herrero de Miñón gewünschte Weg "de lo diferencial a lo federal",[274] die Verwirklichung jenes föderativen Modells also, das schon in derselben Verfassung - wenn auch in groben und widersprüchlichen Zügen - entworfen worden ist.

Auf dem Weg zu einer föderalistischen Organisation des Staates?

Die Verfassung von 1978 hat darauf verzichtet, den Staat im Hinblick auf seine territoriale Struktur zu definieren. Dieses Vakuum hat die Lehre zu füllen versucht. Sie hat eine Reihe von Bezeichnungen zum Zweck der Charakterisierung der territorialen Organisationsstruktur des spanischen Staates vorgeschlagen: *Estado compuesto, Estado complejo, Estado regionalizable, Estado federalizable, Estado de Comunidades Autónomas, Estado autonómico, Estado de las Autonomías, Estado federo-regional, Estado regional, Estado plural, Estado federal-unitario, Estado unitario-federal, Estado unitario-regional, Estado semifederal, Estado semiregional, Estado semicentralizado, Estado autonómico con matices federalistas, Estado unitario con espíritu federalista,*[275] *Estado autonómico asimétrico,*[276] *Estado jurisprudencial autonómico.*[277]

---

[271] J. F. López Aguilar: Estado autonómico y hechos diferenciales, S. 42.

[272] G. Trujillo Fernández: Reformas y nuevos horizontes del Estado Autonómico en los años noventa, S. 297. Vgl. auch G. Trujillo: Integración constitucional de los hechos diferenciales y preservación de la cohesión básica del Estado autonómico, S. 19.

[273] M. Herrero de Miñón: Derechos históricos y Constitución, S. 103-106.

[274] M. Herrero de Miñón: Derechos históricos y Constitución, S. 51-54.

[275] Vgl. P. Cruz Villalón: Die Neugliederung des Spanischen Staates durch die »Autonomen Gemeinschaften«, S. 239. – Hermann-Josef Blanke: Föderalismus und Integrationsgewalt. Die Bundesrepublik Deutschland, Spanien, Italien und Belgien als dezentralisierte Staaten in der

Die Bezeichnung, die sich in der Forschung allgemein durchgesetzt und auch in der öffentlichen Meinung die größte Verbreitung gefunden hat, ist *Estado de las Autonomías*. Ein guter Teil der Bezeichnungen hebt aber den Föderalismus als Wesen bzw. als hervorstechendes Merkmal der territorialen Organisationsstruktur des spanischen Staates hervor. Ist der spanische Staat ein Bundesstaat? Oder wenigstens ein Staat, der sich zu einem föderalen Staat entwickelt? In der Tat hat der spanische Staat im Verlauf seines politischen Dezentralisierungsprozesses einen Weg durchlaufen, an dessen Ende – wie der Verfassungsrechtler Pedro Cruz Villalón schon im Jahre 1985 feststellte – er sich viel näher zum Bundes- als zum Einheitsstaat, der ihm als Ausgangspunkt diente, befindet.[278] Zahlreich sind die ‚föderalen' Elemente, die der spanische Staat enthält, und die Verfahrensweisen eines Bundesstaates, die er benutzt.

Die wichtigsten, im Staat der Autonomien vorhandenen föderalen Elemente sind:

a) Die Existenz von zwei Institutionsebenen: doppelte Parlamentsinstanz (*Cortes Generales* und Parlamente der Autonomen Gemeinschaften) und doppelte Regierung (Präsident und Zentralregierung - Präsident und Regierung jeder Autonomen Gemeinschaft), genau wie in den föderalen Systemen.
b) Eigene politische Orientierung der verschiedenen Autonomen Gemeinschaften, nach den politischen Optionen der Wählerschaft von jeder *Comunidad.* Die Autonomen Gemeinschaften sind außerdem von einer politischen Pluralität und Diversität gekennzeichnet, die jene der Einzelstaaten (oder *Länder*) der europäischen föderalen Staaten übertreffen, da in ihren Parlamenten nicht nur die 'staatlichen Parteien' ('partidos estatales', oder 'partidos de ámbito estatal': PP, PSOE, IU) vertreten sind, sondern auch zahlreiche 'regionale' Parteien, die ausschließlich in einer einzigen Autonomen Gemeinschaft vertreten sind (nur in Navarra sind auch

EG (= Schriften zum Europäischen Recht, Bd. 7). Berlin: Duncker & Humblot 1991, S. 117. Die Quelle von P. Cruz Villalón ist: Laureano López Rodó: En torno a la indefinición constitucional del modelo de Estado. 1984, S. 16-17. Hermann-Josef Blanke bezieht sich auf: Laureano López Rodó: El Estado español, ¿es un Estado federal? In: Pro Fide et Iustitia. Festschrift für Agostino Kardinal Casaroli. Hrsg. v. H. Schambeck. Berlin 1984, S. 863-870. – José Juan González Encinar: El Estado unitario-federal. La autonomía como principio estructural del Estado. Madrid: Tecnos 1985, S. 51 ff.

[276] J. F. López Aguilar: Estado autonómico y hechos diferenciales, S. 53.

[277] Vgl. J. F. López Aguilar: Estado autonómico y hechos diferenciales, S. 54 (die Bezeichnung stammt von M. Aragón).

[278] P. Cruz Villalón: Die Neugliederung des Spanischen Staates durch die »Autonomen Gemeinschaften«, S. 239. – G. Trujillo Fernández: Reformas y nuevos horizontes del Estado Autonómico en los años noventa, S. 290-294.

die Parteien autonomischer Basis - 'partidos de base autonómica' - vertreten, die auch im Baskenland vorhanden sind).[279]
c) Die wichtigsten Institutionen der Autonomen Gemeinschaften – der Präsident, das Parlament und die Regierung – haben einen politisch-repräsentativen Charakter. Sie haben ihren Ursprung in den Volkswahlen der *Comunidades*, beziehen daraus ihre Legitimation und werden von den Autonomiestatuten gestaltet und bestimmt. Die Verfassung begnügt sich damit, einen allgemeinen, sehr weiten Rahmen zu stecken: Ein durch allgemeines Verhältniswahlrecht gewähltes Parlament (oder Gesetzgebende Versammlung); eine Regierung mit exekutiven und administrativen Funktionen; ein Präsident, der vom Parlament aus dem Kreis seiner Mitglieder gewählt wird. Alles das ist auch in den föderalen Systemen anzutreffen und als Prinzip der institutionellen Homogenität bekannt.
d) So wie die Gewalten des Staates von der Verfassung geregelt sind und von den parlamentarischen Gesetzen und den Ordnungen des Kongresses und des Senats entwickelt werden, sind die Institutionen der Autonomen Gemeinschaften von ihren Statuten geregelt und von den autonomischen Gesetzen und den parlamentarischen Ordnungen von jeder der 17 Autonomen Gemeinschaften weiterentwikkelt. Auch hier ist der Parallelismus zwischen den Autonomiestatuten und den Verfassungen der Einzelstaaten (oder *Länder*) der Bundesstaaten offensichtlich.[280]

Was die einem föderalen Staat eigenen und vom spanischen Staat benutzten Verfahrensweisen betrifft, so sind sie jene, die mit der Regelung der Konflikte zwischen Staat und Autonomen Gemeinschaften durch das Verfassungsgericht und mit den Verfassungswidrigkeitsbeschwerden in Verbindung stehen, die der Staat oder die Autonomen Gemeinschaften beim Verfassungsgericht einlegen. Doch

---

[279] Die in den Parlamenten der Autonomen Gemeinschaften vertretenen Parteien oder Koalitionen 'autonomischer Basis' sind: *Andalucía*: Partido Andalucista (PA). – *Aragón*: Partido Aragonés Regionalista (PAR), Chunta Aragonesista (ChA). – *Asturias*: Unión Renovadora Asturiana (URAS). – *Canarias*: Coalición Canaria (CC), Asamblea Herreña Independiente (AHI). – *Cantabria*: Partido Regionalista de Cantabria (PRC). – *Castilla y León*: Unión del Pueblo Leonés (UPL), Tierra Comunera (TC). – *Catalunya*: Convergència i Unió (CiU), Esquerra Republicana de Catalunya (ERC). – *Comunidad Valenciana*: Unión Valenciana (UV). – *Galicia*: Bloque Nacionalista Galego (BNG). – *Islas Baleares*: Unión Mallorquina (UM), Partido Socialista de Mallorca-Entesa Nacionalista (PSM-EN). – *La Rioja*: Partido Riojano. – *Navarra*: Unión del Pueblo Navarro (UPN), Convergencia de los Demócratas Navarros (CDN), Partido Nacionalista Vasco (PNV), Euskal Herritarrok (EH) [= Herri Batasuna (HB)], Eusko Alkartasuna (EA). – *País Vasco*: Partido Nacionalista Vasco (PNV), Euskal Herritarrok (EH) [= Herri Batasuna (HB)], Eusko Alkartasuna (EA). Die Autonomen Gemeinschaften, in deren Parlamenten nach den letzten 'autonomen' Wahlen keine 'regionalen' Parteien vertreten sind, sind daher: *Castilla-La Mancha* (PSOE, PP), *Extremadura* (PSOE, PP, IU), *Madrid* (PP, PSOE, IU), *Murcia* (PP, PSOE, IU). Vgl. E. Aja: El Estado autonómico. Federalismo y hechos diferenciales, S. 287-288 («Partidos o coaliciones de base autonómica con representación en sus Parlamentos»).

[280] Vgl. E. Aja: El Estado autonómico. Federalismo y hechos diferenciales, S. 79-154.

gerade diese Verfahrensweisen zeigen, wie schwach die 'föderale' Struktur der Verfassung ist.

Das Verfassungsgericht wacht über die korrekte Anwendung der Normen, die die Kompetenzverteilung regeln:

161. 1. El Tribunal Constitucional tiene jurisdicción en todo el territorio español y es competente para conocer:
[...]
c) De los conflictos de competencia entre el Estado y las Comunidades Autónomas o de los de éstas entre sí.[281]

Konflikte bei den Gesetzgebungskompetenzen werden im Verfahren der abstrakten Normenkontrolle, die übrigen Konflikte meist in einem Verfahren entschieden, das den Namen ‚Kompetenzkonflikt' (‚conflicto de competencias') trägt. Der Staat - d. h. die Zentralregierung - kann über den Weg der Anfechtung jederzeit jeden Rechtsakt einer Autonomen Gemeinschaft anfechten:[282]

161. 2. El Gobierno podrá impugnar ante el Tribunal Constitucional las disposiciones y resoluciones adoptadas por los órganos de las Comunidades Autónomas. La impugnación producirá la suspensión de la disposición o resolución recurrida, pero el Tribunal, en su caso, deberá ratificarla o levantarla en un plazo no superior a cinco meses.[283]

Diese Verfassungsnorm – erklärt das Verfassungsgericht in seinem Erkenntnis 44/1986 vom 17. April – „permite al Gobierno impugnar disposiciones autonómicas de rango infralegal por razones no competenciales".[284] So wird der Zentralregierung die Möglichkeit gegeben, jede Bestimmung, Verfügung und Entschließung der Autonomen Gemeinschaften anzufechten. Die „órganos colegiados ejecutivos" und die „Asambleas" der Autonomen Gemeinschaften sind zwar nach Art. 162 Abs. 1 lit. a „legitimados para interponer el recurso de inconstitucionalidad",[285] aber - nach dem Verfassungsgericht - nur wenn Gesetze des Staates den Bereich ihrer eigenen Interessen berühren. So einschränkend hat zumindest das Verfassungsgericht in einer Reihe von Erkenntnissen den zitierten Art. 162 Abs. 1 lit. a ausgelegt:

---

281 Constitución Española. Con las doctrinas del Tribunal Constitucional, Tribunal Supremo y Tribunal Europeo de los Derechos Humanos, S. 620.

282 P. Cruz Villalón: Die Neugliederung des Spanischen Staates durch die »Autonomen Gemeinschaften«, S. 238.

283 Constitución Española. Con las doctrinas del Tribunal Constitucional, Tribunal Supremo y Tribunal Europeo de los Derechos Humanos, S. 620.

284 Constitución Española. Con las doctrinas del Tribunal Constitucional, Tribunal Supremo y Tribunal Europeo de los Derechos Humanos, S. 628.

285 Constitución Española. Con las doctrinas del Tribunal Constitucional, Tribunal Supremo y Tribunal Europeo de los Derechos Humanos, S. 629.

La legitimación de las Comunidades Autónomas para interponer el recurso de inconstitucionalidad no está objetivamente limitada a la defensa de sus competencias si esta expresión se entiende en su sentido habitual, como acción dirigida a reivindicar para sí la titularidad de una competencia ejercida por otro. Se extiende objetivamente al *ámbito de sus intereses peculiares* que, evidentemente, se ven afectados por la regulación estatal de una materia acerca de la cual la Comunidad Autónoma en cuestión dispone de competencias propias, aunque distintas de las del Estado. El haz de competencias de la Comunidad Autónoma, plasmación positiva de su ámbito propio de autonomía, es, simplemente, el lugar en donde ha de situarse el punto de conexión entre el interés de la Comunidad y la acción que se intenta, pero el objetivo que ésta persigue, la pretensión a que da lugar, no es la preservación o delimitación del propio ámbito competencial, sino la depuración objetiva del ordenamiento mediante la invalidación de la norma inconstitucional (SS. 84/1982, de 23-12; 63/1986, de 21-5; 99/1986, de 11-7; 26/1987, de 27-2; 56/1990, de 29-3; 62/1990, de 30-3).[286]

Pedro Cruz Villalón kommentiert die Normen der Verfassung über die Regelung der Konflikte zwischen Staat und Autonomen Gemeinschaften und über das beschränkte Recht der *Comunidades Autónomas*, Gesetze des Staates anzufechten, auf diese Weise:

Dieses System ist von einer beträchtlichen Ungleichheit zwischen der Stellung des Staates, der erhebliche Vorteile genießt, und der Autonomen Gemeinschaften gekennzeichnet. So kann erstens nur der Staat in jedem Verfahren die Suspendierung der angefochtenen Norm oder des Rechtsaktes erreichen, während die Autonomen Gemeinschaften diese Rechte überhaupt nicht besitzen. Zweitens kann der Staat jedes Gesetz der Autonomen Gemeinschaften anfechten, diese dagegen nur solche Gesetze des Staates, die ‚ihren eigenen Autonomiebereich berühren können'. Schließlich kann nur der Staat das [...] Verfahren der ‚Anfechtung' [Art. 161 Abs. 2], das in diesem Bereich eine gewisse ‚lückenschließende Funktion' erfüllt, in Anspruch nehmen.[287]

Zudem wird der föderalistische Charakter der territorialen Staatsorganisation - wie bereits erwähnt - zum großen Teil von der vollständigen Verweigerung einer 'vertikalen' Aufteilung der Souveränität vereitelt. Artikel 87 Abs. 1 legt fest, daß die gesetzgeberische Initiative der Regierung, dem Kongreß und dem Senat gehört, während die Autonomen Gemeinschaften lediglich die Regierung um die Übernahme eines Gesetzentwurfs ersuchen oder bei dem Präsidium des Kongresses den Antrag auf ein Gesetz einreichen können (Art. 87 Abs. 2).[288] Artikel 150 Abs. 3, Art. 153, Art. 154 und Art. 155 der Verfassung übertragen den *Cortes*

[286] Constitución Española. Con las doctrinas del Tribunal Constitucional, Tribunal Supremo y Tribunal Europeo de los Derechos Humanos, S. 631.

[287] P. Cruz Villalón: Die Neugliederung des Spanischen Staates durch die »Autonomen Gemeinschaften«, S. 238.

[288] „[Art.] 87. 1. La iniciativa legislativa corresponde al Gobierno, al Congreso y al Senado, de acuerdo con la Constitución y los Reglamentos de las Cámaras. 2. Las Asambleas de las Comunidades Autónomas podrán solicitar del Gobierno la adopción de un proyecto de ley o remitir a la Mesa del Congreso una proposición de ley, delegando ante dicha Cámara un máximo de tres miembros de la Asamblea encargados de su defensa" (Constitución Española. Con las doctrinas del Tribunal Constitucional, Tribunal Supremo y Tribunal Europeo de los Derechos Humanos, S. 419-420).

Generales, dem Staat und seinen Institutionen (*Tribunal Constitucional*, *Tribunal de Cuentas*), der Zentralregierung und dem *Delegado del Gobierno* in der Autonomen Gemeinschaft[289] die gesamte Souveränität sowie die Kontroll- und sogar die Zwangsgewalt,[290] die bis zur vorübergehenden Aufhebung der Autonomie gehen kann. Artikel 141 behält die Provinzordnung mit den *Diputaciones Provinciales* und den *Subdelegados del Gobierno*[291] bei und somit das Gerüst der alten zentralistischen Staatsorganisation nach dem Vorbild des französischen Präfektensystems. Auch durch die Zusammensetzung des Verfassungsgerichts, dessen zwölf Mitglieder nach Art. 159 Abs. 1 der Verfassung vom König auf Vorschlag des Kongresses der Deputierten (4), des Senats (4), der *Regierung* (2) und des *Consejo General del Poder Judicial* ernannt werden, werden die Regierung und der Zentralstaat begünstigt.[292] Das Fehlen eines Organs für Koordination und Dialog zwischen der Zentralgewalt und den Autonomen Gemeinschaften verschärft die absolut untergeordnete Stellung dieser noch weiter.

Der am meisten relevante, in allen föderalen Systemen vorhandene Wesenszug der politischen Autonomie ist, erklärt Eliseo Aja, "la inexistencia de jerarquía y de control político de las instituciones estatales sobre las instituciones autonómicas".[293] Gerade dieses Wesenszuges ermangelt aber - ganz im Gegensatz zu dem, was der Ordinarius für Verfassungsrecht der Universität von Barcelona behauptet - die politische Autonomie der *Comunidades Autónomas*, und zwar vollständig. Es ist nicht verständlich, wie Eliseo Aja behaupten kann, daß die Gewaltenteilung des Staates der Autonomien jener der europäischen föderalen Systeme vergleichbar ist ("la división de poderes del Estado autonómico es comparable a la de los sistemas federales europeos") und daß die klassischen Wesenszüge der föderalen Systeme ohne jeden Zweifel in dem Staat der Autonomien anzutreffen sind ("los rasgos clásicos de los sistemas federales [...] se encuentran sin duda ninguna en el Estado autonómico"). Der einzige Unterschied zwischen Spanien und den europäischen föderalen Staaten bestünde in dem Fehlen der föderalen Terminologie. Durch den Austausch der Termini – "federación por Estado y Estados por Comunidades Autónomas" – oder durch die Einführung der "denominación de federal" würde eine zweifellos 'föderale' Realität mit der Bezeich-

289 Ley 6/1997, de 14 de abril, de organización y funcionamiento de la administración general del Estado, S. 1051-1053, Art. 22-28.

290 Das Erkenntnis 49/1988 vom 22. März bezeichnet Art. 155 der Verfassung als „medio extraordinario de coerción". Vgl. Constitución Española. Con las doctrinas del Tribunal Constitucional, Tribunal Supremo y Tribunal Europeo de los Derechos Humanos, S. 611.

291 Ley 6/1997, de 14 de abril, de organización y funcionamiento de la administración general del Estado, S. 1053-1054, Art. 29-30.

292 Constitución Española. Con las doctrinas del Tribunal Constitucional, Tribunal Supremo y Tribunal Europeo de los Derechos Humanos, S. 619.

293 E. Aja: El Estado autonómico. Federalismo y hechos diferenciales, S. 88.

nung, die ihr entspricht, versehen.[294] So einfach ist die Lösung des Problems, das klassische Ei des Kolumbus!

Es kann jedoch kein Zweifel darüber bestehen, daß der spanische Staat kein Bundesstaat ist, obwohl er ein politisch und administrativ[295] dezentralisierter Staat ist, der viele ‚föderalistische' Elemente enthält und viele Verfahrensweisen eines Bundesstaates benutzt. Der heutige spanische Staat der Autonomien bildet nur eine „Vorform eines möglichen Bundesstaates"[296] (beziehungsweise „eine Form des Präföderalismus"[297]) und weist bloß eine „föderalistische Tendenz" auf.[298] Er ist aber längst nicht ein Bundesstaat. Für die Realisierung eines wahren föderalen Staates, einen Prozeß, der zwangsläufig lang dauern und graduell und mühsam verlaufen wird,[299] ist es notwendig, alle aufgezeigten Mißverhältnisse und Ungleichgewichte zu beseitigen und eine ‚bundesstaatliche' Verfassung zu entwerfen, die ein neues, wirkliches Gleichgewicht zwischen *Comunidades Autónomas* und Zentralstaat vorsieht. Solange eine solche Verfassung nicht verab-

---

[294] E. Aja: El Estado autonómico. Federalismo y hechos diferenciales, S. 239-240. Schon Francisco González Navarro antwortete auf die Frage "¿Vamos hacia un Estado Federal o estamos ya en él?", die er sich gestellt hatte, daß der "verdadero federalismo, tal como éste se entiende modernamente", bereits erreicht worden war. Er gestand lediglich ein, daß der "sistema español" nicht vollkommen ("perfecto") war (España, nación de naciones. El moderno federalismo, S. 200-203). Francesc de Carreras Serra, Professor für Verfassungsrecht an der *Universidad Autónoma de Barcelona*, schreibt, daß „el modelo que establece la Constitución y los Estatutos no es otro que el *modelo federal*". Der spanische Staat besitzt alle Elemente der Bundesstaaten. Nur der „Senado federal" fehlt. Trotz dieser „insuficiencia" gehört aber Spanien „a la gran familia de los Estados federales y nuestro modelo estructural se inscribe en este tipo de Estados". Vgl. Francesc de Carreras Serra: El sistema autonómico español: ¿Existe un modelo de Estado? In: Asimetría y cohesión en el Estado autonómico. Jornadas sobre el Estado autonómico: integración y eficacia. Madrid: Instituto de Administración Pública 1997, S. 93-104; hier S. 98-99.

[295] Vor allem in der Organisation der öffentlichen Verwaltung hat Spanien einige konkrete Schritte in Richtung eines föderalen Systems unternommen. Vgl. dazu Tomàs Font i Llovet: Il processo di 'federalizzazione' in Spagna: l'organizzazione amministrativa. In: Le Istituzioni del Federalismo. Bimestrale di studi giuridici e politici della Regione Emilia-Romagna. Anno XXI/1 (2000), S. 151-175. - E. Aja: El Estado autonómico. Federalismo y hechos diferenciales, S. 233-239.

[296] Peter Häberle: Europa in kulturverfassungsrechtlicher Perspektive. In: Jahrbuch des öffentlichen Rechts der Gegenwart, Neue Folge, Band 32 (1983), S. 9-30; hier S. 12, Anm. 18 („Man denke [...] an den Regionalismus in Spanien als Vorform eines möglichen Bundesstaates").

[297] P. Cruz Villalón: Die Neugliederung des Spanischen Staates durch die »Autonomen Gemeinschaften«, S. 240.

[298] F. Balaguer Callejón: Die Autonome Gemeinschaft Andalusien im Bildungsprozeß des Autonomischen Spanischen Staates, S. 115.

[299] Narcis Serra i Serra: La Costituzione spagnola e il federalismo. In: Le Istituzioni del Federalismo. Bimestrale di studi giuridici e politici della Regione Emilia-Romagna. Anno XXI/1 (2000), S. 123-149; hier S. 147.

schiedet ist, wird es den spanischen Bundesstaat als solchen nicht geben.[300] Doch ist eine Umwandlung des Autonomienstaates in einen wahren und echten Bundesstaat überhaupt möglich?

Ein erster, entscheidender Schritt in die Richtung einer stufenweisen Realisierung des föderalen Projekts wäre die Reform des Senates.[301] Wenn der Senat wirklich die Funktionen einer "Cámara de representación territorial" annehmen würde – Funktionen, die er nach der Definition der Verfassung selber ausüben sollte! –, so hätte man jenes Organ für Koordination und Dialog zwischen dem Zentralstaat und den Autonomen Gemeinschaften, das so viel zu einem Ausgleich des Gewaltensystems beitragen könnte. Ein zweiter Schritt bestünde darin, die Verfassung von 1978 an das Ergebnis des Autonomieprozesses der Jahre 1979-1999 anzupassen. Man sollte all das, was als ‚Übergangsrecht' in der Verfassung noch vorhanden ist, also „die ganze Verwirrung der Wege und Umwege", herausnehmen, an ihrer Stelle „die gegenwärtige Staatsform [Staat der Autonomien] formell verankern" und die siebzehn Autonomen Gemeinschaften namentlich erwähnen, die heute den spanischen Staat ausmachen.[302] Es wäre außerdem notwendig, in die Verfassung all das einzubauen, was die Autonomiestatuten zur materiellen Verfassung des spanischen Staates beigetragen haben, vor allem das, was im Hinblick auf die Kompetenzabgrenzung als „bloque de la constitucionalidad"[303] (‚Block der Verfassungsmäßigkeit') bezeichnet wurde. Es wäre auch sinn-

---

300 Vgl. P. Cruz Villalón: Die Neugliederung des Spanischen Staates durch die »Autonomen Gemeinschaften«, S. 239-240.

301 Luis Moreno schreibt: „La conversión del Senado en una cámara territorial de expresión política de las Comunidades es el desafío más importante en el desarrollo futuro del Estado de las Autonomías. La reforma contribuiría a una federalización prescrita como escenario más deseable de la España política finisecular" (L. Moreno: La federalización de España. Poder político y territorio, S. 168. Vgl. auch S. 158-159).

302 P. Cruz Villalón: Die Neugliederung des Spanischen Staates durch die »Autonomen Gemeinschaften«, S. 241.

303 In dem Erkenntnis des Verfassungsgerichts Nr. 88/1989 vom 11. Mai über die Kompetenzkonflikte ist folgendes zu lesen: „El ámbito del conflicto de competencia se configura ... no sólo por su elemento subjetivo, el Estado y las Comunidades Autónomas, o éstas entre sí, sino también por su elemento objetivo, esto es, los límites de las respectivas competencias de cada una de las partes en conflicto. La naturaleza específica del conflicto y la razón de la intervención del Tribunal Constitucional está en que las normas reguladoras de la competencia deben ser normas constitucionales o pertenecientes *al bloque de la constitucionalidad* y que la lesión que viene denunciada se atenga al ámbito de atribuciones definidas por la Constitución. La exigencia del necesario contenido constitucional del conflicto permite así asegurar el carácter constitucional de la controversia y evitar que el conflicto se transforme en un medio ordinario y general de recurso judicial" (Constitución Española. Con las doctrinas del Tribunal Constitucional, Tribunal Supremo y Tribunal Europeo de los Derechos Humanos, S. 625). Der Begriff 'bloque de constitucionalidad' wird von Art. 28 Abs. 1 der LOTC abgeleitet: „Para apreciar la conformidad o disconformidad con la Constitución de una Ley, disposición o acto con fuerza de Ley del Estado o de las Comunidades autónomas, el Tribunal considerará, además de los preceptos constitucionales, las Leyes que, dentro del marco constitucional, se hubieran dictado

voll, die Systematisierung der Kompetenzen in der Verfassung selbst vorzunehmen, die sich zur Zeit in den Autonomiestatuten verstreut befinden. Diese Systematisierung der Kompetenzen und ihre Einfügung in die Verfassung würde freilich ihre vorherige Vereinheitlichung erfordern, die nur als Angleichung der schwächeren an die stärkeren Autonomieregime durchgeführt werden könnte.[304] Diese Angleichung würde aber den Widerstand der ‚historischen' Autonomen Gemeinschaften hervorrufen, da diese nicht bereit sind, das Prinzip ‚Differentialismus', ihre ‚diferencia cualitativa',[305] aufzugeben. Eine Kompromißlösung wäre aber wohl möglich, da die absolute Homogenisierung („la homogeneización absoluta") nicht, wie der Verfassungsrechtler Joan Vintró Castells dargelegt hat, ein Erfordernis der Verfassung ("una exigencia constitucional") ist.[306]

Wie man sieht, wäre die ‚Föderalisierung des Systems' auf der juristisch-verfassungsmäßigen Ebene *schrittweise* möglich. Ist sie jedoch erwünscht? Ist sie politisch möglich?

Eduardo García de Enterría, der Jurist, der einen außergewöhnlichen Einfluß auf Lehre und Praxis des zeitgenössischen spanischen Öffentlichen Rechts und vor allem auf die Führer des 'demokratischen Übergangs'– im besonderen auf diejenigen der *Unión de Centro Democrático* (UCD) und des PSOE – in den Fragen der autonomischen Politik ausgeübt hat (er leitete, wie schon erwähnt, auch die Kommission von Professoren des Öffentlichen Rechts, die das Gutachten - *Informe de la Comisión de Expertos sobre Autonomías* - über die Homogenisierung der Kompetenzen ausarbeitete),[307] schrieb in einem dem autonomischen Modell und den föderalistischen Tendenzen gewidmeten Aufsatz über die "federalización del sistema":

---

para delimitar las competencias del Estado y las diferentes Comunidades autónomas o para regular o armonizar el ejercicio de las competencias de éstas" (Ley Orgánica del Tribunal Constitucional - 2/1979, de 3 de octubre. In: Eduardo García de Enterría - José A. Escalante: Código de las Leyes Administrativas. Madrid: Civitas 2001, S. 77-98; hier S. 80-81. Zum Begriff 'bloque de constitucionalidad' vgl. F. Tomás y Valiente: Tribunal Constitucional de España. In: Tribunales Constitucionales Europeos y Autonomías Territoriales, S. 175-177.

304 P. Cruz Villalón: Die Neugliederung des Spanischen Staates durch die »Autonomen Gemeinschaften«, S. 241.

305 X. M. Núñez Seixas: Los nacionalismos en la España contemporánea (siglos XIX y XX), S. 161.

306 Joan Vintró Castells: Una propuesta sobre la composición y las funciones del Senado, S. 184.

307 M. Herrero de Miñón: Derechos históricos y Constitución, S. 56-59. Nach Herrero de Miñón haben die "criterios racionalizadores" von García de Enterría und seine Erhebung der Verfassung zur absoluten Norm zwar die Rechtssprechung des Verfassungsgerichtshofs über Autonomiefragen beeinflußt, doch sind sie in der "organización de lo autonómico" (Übertragung der Kompetenzen und interne Strukturierung der Autonomen Gemeinschaften) unwirksam geblieben. Das Ergebnis wäre demnach disfunktional gewesen: "las Comunidades se han configurado como reproducciones a escala de las instituciones políticas y administrativas del Estado, y han superpuesto a la administración local una administración periférica duplicada" (S. 59).

la federalización parece ser la desembocadura normal del sistema [autonómico], aunque ese paso final, lejos de ser apremiante, debería dejar lugar a un largo proceso de maduración de la Constitución, que sería temerario comenzar a retocar ya, cuando tanta ha sido su aceptación y su arraigo – sin parangón en toda nuestra historia constitucional –, valor que no sería sensato dilapidar por un simple prurito perfeccionista.[308]

E. García de Enterría, der schon seit der Zeit seiner *Problemas actuales de Régimen Local* (Sevilla 1958)[309] unter dem starken und auch offen zugestandenen Einfluß von José Ortega y Gasset und im besonderen von *La redención de las Provincias* (1931)[310] stand, betrachtete die "Föderalisierung des Systems" als wenig dringend und notwendig, auch weil, seiner Meinung nach, Spanien das föderalistische System – dank der vom Verfassungsgerichtshof durchgeführten Auslegung der Verfassung – im Grunde schon besaß, auch wenn es dem "tipo ideal de Estado federal" nicht entsprach. Er strich zudem heraus, daß es für eine Reform der Verfassung im föderalistischen Sinne, die er für ein riskantes Abenteuer hielt, sehr schwierig gewesen wäre, "una mayoría cualificada"[311] zu finden. In Wahrheit ist diese Schwierigkeit, auf die Eduardo García de Enterría im Jahre 1988 hinwies, fünfzehn Jahre später noch viel größer geworden.

Während der PSOE eine Reform des Senats als ersten Schritt in die Richtung der Entwicklung Spaniens von einem Staat der Autonomien zu einem Bundesstaat vorschlägt, lehnt der PP sowohl die Reform des Senats, als auch die Föderalisierung Spaniens ab.

Der *Partit Socialista de Catalunya* (PSC) hat am 10. Oktober 2002 erklärt, für ein Katalonien mit mehr Selbstregierung und für ein föderales Spanien ("por

---

308 Eduardo García de Enterría: Sobre el modelo autonómico español y sobre las actuales tendencias federalistas. In: E. G. de E.: La revisión del sistema de Autonomías Territoriales: reforma de Estatutos, leyes de transferencia y delegación, federalismo. Madrid: Civitas 1988, S. 21-39; hier S. 31. Obwohl er eine Reform des Staates in föderalistischem Sinne, den Aufbau eines neuen Senates und die Anbahnung neuer Beziehungen zwischen Europa und den Autonomen Gemeinschaften für notwendig erachtet, ist auch Antonio Elorza, Ordinarius für Politikwissenschaft, der Ansicht, daß es ein großes Risiko für die Demokratie wäre, "entrar sin más en un nuevo periodo constituyente". Er schätzt sogar die Verteidigung der "intangibilidad del orden constitucional", die der Regierungschef unternimmt, obwohl er Aznar und seinen "nacionalismo español anejo" kritisiert. Die Reform der Verfassung, meint er, ist zwar notwendig, es ist aber "imprescindible que tenga lugar en un marco de solidez de las instituciones y con el refrendo de un amplísimo consenso" (Antonio Elorza: En torno a Aznar. In: El País, 22. 11. 2002, S. 33).

309 Vgl. M. Herrero de Miñón: Derechos históricos y Constitución, S. 54-57.

310 José Ortega y Gasset: La redención de las Provincias (Madrid: Revista de Occidente 1931). In: J. O. y G.: Obras completas. Tomo XI, S. 181-261. Das kleine Werk enthält Artikel, die von November 1927 bis Februar 1928 veröffentlicht wurden.

311 E. García de Enterría: Sobre el modelo autonómico español y sobre las actuales tendencias federalistas, S. 33-37.

una Cataluña con más autogobierno y por una España federal") zu optieren, wie er dies immer schon auch in der Vergangenheit getan hat.[312] Eine Woche später, am 17. Oktober, beim Abschluß der Arbeiten der parlamentarischen Tagung zum Thema "La reforma del Senado y la integración constitucional",[313] die von den sozialistischen Senatoren organisiert worden war, wird von José Luis Rodríguez Zapatero, Generalsekretär des PSOE, das Modell eines pluralistischen Staates vorgeschlagen, das eine Alternative zu dem Modell des „ranzigen Nationalismus" ("nacionalismo rancio") von José María Aznar und des "soberanismo nacionalista" der radikalen peripheren Nationalismen ("nacionalismos periféricos radicales") darstellen soll. Zentrales Element des von Zapatero vorgeschlagenen Modells der Teilnahme und Zusammenarbeit der Autonomen Gemeinschaften am Aufbau und Funktionieren des pluralistischen Staates ist die tiefgreifende Reform des Senats[314] (eine Verlegung des Sitzes des Oberhauses nach Barcelona können sich die Sozialisten gut vorstellen[315]). Einige Wochen später gratulierte Pasqual Maragall, Präsident des *Partit Socialista de Catalunya*, dem Generalsekretär des PSOE für seine ersten beiden Jahre der Parteiführung und für die Art seiner Oppositionspolitik in einer *Carta abierta a José Rodríguez Zapatero.* Diesen offenen Brief, in dem er den "nacionalismo español fatuo y agresivo" der Zentralregierung angriff und die glorreichen sozialistischen Taten der Regierungen von Felipe González in Erinnerung rief, schloß Maragall mit den Worten ab: "El nuevo socialismo está ya en marcha. El *nuevo federalismo*, o como le llamamos tú y yo, *la España plural*, está a punto. Todas las esperanzas están permitidas. No fallaremos".[316]

Anläßlich einer Rede in Barcelona, am 10. Oktober 2002, hat der spanische Regierungspräsident José María Aznar erklärt, daß der von dem PSOE verfochtene asymmetrische Föderalismus[317] ebenso unwahrscheinlich ("inverosimil") ist, wie der vom *Lehendakari* Juan José Ibarretxe vorgeschlagene Plan eines assoziierten Staates ("estado asociado").[318] Beinahe einen Monat später, am 6. November 2002, hat der Regierungspräsident in Ávila vor Aktivisten des *Partido*

---

312 Vgl. *El País,* 11. 10. 2002, S. 23.

313 Vgl. *ABC,* 17. 10. 2002, S. 14.

314 Vgl. *El País,* 18. 10. 2002, S. 21.

315 Vgl. *ABC,* 17. 10. 2002, S. 14.

316 Pasqual Maragall: Carta abierta a José Rodríguez Zapatero. In: El País, 4. 11. 2002, S. 26. Die *Carta abierta* von Maragall hat César Alonso de los Ríos scharf kritisiert. Er hat die föderalistischen Vorschläge von Maragall als "propuestas insensatas" bezeichnet und behauptet: "Ha terminado la broma de las aventuras federalistas y las concesiones 'regionales'. No hay concepto que obligue a ello". Vgl. César Alonso de los Ríos: El paródico Maragall. In: ABC, 5. 11. 2002, S. 8.

317 "España es un proyecto basado en la diversidad, es la historia de pueblos diversos y plurales que tienen capacidad de convivir". Das ist das auch von Pasqual Maragall erwähnte 'Credo' von José Luis Rodríguez Zapatero (*El País,* 4. 11. 2002, S. 26).

318 Vgl. *El País,* 11. 10. 2002, S. 20, 23.

Popular den PSOE und Zapatero beschuldigt, die konstitutionelle Stabilität Spaniens mit ihrer Forderung nach einer Reform der Verfassung aufs Spiel zu setzen.[319] Nicht weniger scharf sind die Anschuldigungen, konstitutionelle Instabilität zu verursachen, die dem PSOE von anderen hohen Vertretern des PP vorgebracht werden.[320] Was die Umwandlung des Senats in eine echte Länderkammer (diese Umwandlung wurde noch 1994 von José María Aznar in seinem Buch *España. La segunda transición* verfochten und von dem PSOE und von Felipe González bekämpft, die sich als einzige Garanten für nationale Kohäsion und - in Anspielung auf das berühmte Werk von José Ortega y Gasset *España invertebrada* - für "vertebración territorial"[321] erklärten) betrifft, ist einer ihrer schärfsten Gegner ausgerechnet sein Präsident, Juan José Lucas, der viele Jahre lang Präsident der Autonomen Gemeinschaft von Kastilien-León und dann Minister der Regierung Aznar war. Mit den Stimmen von *Partido Popular*, *Convergència i Unió* und *Coalición Canaria*[322] am 22. Oktober 2002 zum Senatspräsidenten gewählt, hat sich Juan José Lucas in einem Interview für *El País* beeilt, seine tiefe Abneigung gegen eine Reform des Senats an den Tag zu legen. Unter anderem erklärte er, daß der *Partido Popular*, seine Partei, nicht will, daß "el ámbito constitucional" geändert werde. Eine Verfassungsreform wie jene, die der Vorschlag 'soberanista' von Ibarretxe erfordern würde, wäre nicht angebracht: "Éste no es un momento para someter a revisión algo que costó tanto hacer, como es la Constitución. La soberanía reside en el pueblo español en su conjunto, no en una parte de ese pueblo. Si se toca ese tema se altera un elemento constitucional esencial".[323] Bereits im Februar 2002 hatte übrigens der Generalsekretär des *Partido Popular*, Javier Arena, den Vorschlag von Manuel Fraga, einem herausragenden Vertreter derselben Partei und seit 1989 Präsidenten der Autonomen Gemeinschaft von Galicien, die Verfassung zu reformieren, um den Senat als Länderkammer zu verstärken, als unangebracht ("inoportuna") und unpassend ("incon-

---

[319] *El País,* 7. 11. 2002, S. 16.

[320] Vgl. *ABC*, 5. 11. 2002, S. 18.

[321] Vgl. *El País*, 12. 2. 2002, S. 1. - Patxo Unzueta: ¿Por qué tan agresivo?. In: El País, 14. 11. 2002, S. 24. P. Unzueta schreibt: "La reforma del Senado (y, para ello, la de la Constitución) corresponde al criterio de perfeccionamento del sistema autonómico; la de los Estatutos en una lógica confederal o soberanista, al de su voladura".

[322] Vgl. *ABC*, 23. 10. 2002, S. 21.

[323] Vgl. *El País*, 4. 11. 2002, S. 22. Auch Juristen wie Luis López Guerra betrachten eine Reform der Verfassung und eine Reform des Senats „a través de una reforma constitucional" als gefährlich. Vgl. Luis López Guerra: Modelo abierto y modelo cerrado del Estado de las Autonomías. In: Asimetría y cohesión en el Estado autonómico. Jornadas sobre el Estado autonómico: integración y eficacia. Madrid: Instituto Nacional de Administración Pública 1997, S. 35-47; hier S. 43. Für möglich und wünschenswert hält dagegen M. Herrero de Miñón die Reform der Verfassung. Vgl. Miguel Herrero de Miñón: Lealtad a la Constitución. In: El País, 6. 12. 2002, S. 13.

veniente") verurteilt.[324] Auch der gegenwärtige Präsident des Verfassungsgerichtshofes, Manuel Jiménez de Parga, verbirgt seine Abneigung gegen das föderale Modell nicht.[325]

Da gemäß Art. 167 der Verfassung die Entwürfe einer partiellen Verfassungsreform von einer drei Fünftel Mehrheit in jeder der zwei Kammern (Senat und Kongreß) oder von einer absoluten Mehrheit des Senates und von zwei Dritteln des Abgeordnetenkongresses angenommen werden müssen, während gemäß Art. 168 die totale Revision der Verfassung oder die Abänderung der Normen des «Título preliminar», des «Título I» (Capítulo Segundo, Sección primera) oder des «Título II» die Zweidrittelmehrheit jeder Kammer verlangen,[326] besteht die Möglichkeit einer Änderung des konstitutionellen Textes nur unter der Voraussetzung, daß eine Einigung zwischen PP und PSOE zustande kommt. Da die Positionen der zwei großen Parteien unvereinbar sind, ist die föderale Reform der Verfassung – oder auch nur die Reform des Senates – praktisch nicht realisierbar. Die erwünschte Revision der Verfassung und der Autonomien in einem "clima de cultura federal"[327] scheint weiter entfernt zu sein, als je zuvor.

Nachdem die Föderalisierung Spaniens also ausgeschlossen scheint, welcher andere Weg ist nun gangbar, um die Beziehungen zwischen Staat und Autonomen Gemeinschaften zu normalisieren und so die Instabilität und die permanenten Konflikte, die seit vielen Jahren die interne spanische Situation prägen, zu beseitigen?

Autonome Gemeinschaften und Europäische Union

Der 1985 erfolgte, ab dem 1. Januar 1986 effektive Beitritt Spaniens zur Europäischen Gemeinschaft nährte und nährt immer noch die Hoffnung auf eine Lösung der spanischen Krise. Für die ‚Konstitutionalisten', jene also, für die die spanische Nation die einzige Trägerin der Souveränität ist, ist die Europäische Union - und sie wird es auch in Zukunft sein - das Europa der Staaten und als solches ein Mit-

[324] Vgl. *El País*, 12. 2. 2002, S. 1.

[325] Vgl. Manuel Jiménez de Parga: España en Cádiz. In: ABC, 11. 11. 2002, S. 3. Die auch in späteren Artikeln der Tageszeitung *ABC* geäußerte Abneigung des Präsidenten des Verfassungsgerichtshofes gegen das föderale Modell und die „Comunidades históricas" ist von Antonio Elorza scharf getadelt worden, der die Meinung vertritt, daß öffentliche und dazu ideologische Stellungnahmen des „juez más importante del país" über Themen „altamente conflictivos acerca de la organización del Estado" ganz fehl am Platz sind. Vgl. Antonio Elorza: La guerra de Aznar. In: El País, 31. 1. 2003, S. 20.

[326] Constitución Española. Con las doctrinas del Tribunal Constitucional, Tribunal Supremo y Tribunal Europeo de los Derechos Humanos, S. 642-643.

[327] Josep M. Vallès: Cultura constitucional, cultura federal. In: El País, 19. 11. 2002, S. 14.

tel, um die regionalen Nationalismen auszuschalten und ihre Forderungen nach Selbstbestimmung sowie ihr Streben nach geteilter Souveränität oder gar nach Unabhängigkeit zu blockieren. Um diese Ziele zu erreichen, akzeptieren es die ,Konstitutionalisten' gern, daß Spanien einen Teil seiner eigenen Souveränität an die EU abtritt. Für die Anhänger eines ,plurinationalen' Spaniens, also eines Staates mit verschiedenen Trägern der Souveränität, schaffen diese Abtretung von Souveränität und das Vorhandensein der Europäischen Union im politischen Szenario günstige Bedingungen für die Bildung - auf Kosten der Nationalstaaten - eines 'Europa der Völker', oder eines 'Europa der Regionen', und somit günstige Voraussetzungen für die Schwächung oder die Aufhebung der Abhängigkeitsbindungen der regionalen Nationalitäten zum spanischen Staat. Die Hoffnung also, ein Projekt von geteilten Souveränitäten *innerhalb der Wirklichkeit der Europäischen Union* ("de soberanías compartidas *dentro de la realidad de la Unión Europea*") realisieren zu können.[328]

Der ,Faktor Europa' hat in Wirklichkeit eine komplexe und gemischte Auswirkung und kann weder die Erwartungen der ,Konstitutionalisten' noch jene der Anhänger eines ,plurinationalen' Spaniens erfüllen. Und tatsächlich, wenn er auf der einen Seite dazu beiträgt, die alten Unabhängigkeitsbestrebungen der regionalen Nationalitäten (außer im Fall von ETA- *Herri Batasuna*) zu hemmen, hat er auf der anderen Seite die Radikalisierung der traditionellen föderalistischen Standpunkte der ,historischen Territorien' begünstigt (diese haben jetzt als Endziel nicht mehr eine hispanische Föderation, die die Einheit Spaniens bewahren würde, sondern eine Föderation europäischer Nationalitäten, in der regionale Nationalitäten wie die katalanische oder die baskische zum höheren Rang von föderierten Entitäten, die von der spanischen verschieden wären, aufsteigen würden).[329] Er hat sie begünstigt, obwohl er sie ablehnt, weil der Vereinigungsprozeß der europäischen Staaten, der zweifellos zu einer ,neuen', wachsenden politischen und administrativen Zentralisierung tendiert, automatisch entsprechende wachsende Forderungen nach Dezentralisierung hervorruft, Forderungen, die nur die lokalen und regionalen Gebietskörperschaften befriedigen können.

Ist eine Umwandlung des 'Europa der Staaten' in ein 'Europa der Völker', in ein 'Europa der Regionen' möglich? Ist also eine ,Regionalisierung' des alten Kontinents, die die Staatsgrenzen sprengt, möglich? In welchem Ausmaß bietet die europäische Szene "brèches régionales"? Welche sind die Möglichkeiten, die den Regionen innerhalb der Europäischen Union offenstehen?[330]

---

[328] Camilo Nogueira: El debate sobre el plan de Ibarretxe. *Obsesión maniquea.* In: El País, 16. 10. 2002, S. 20.

[329] Vgl. J. L. de la Granja, J. Beramendi, P. Anguera: La España de los nacionalismos y las autonomías, S. 208.

[330] M. Ithurralde: Le Pays Basque, la Catalogne et l'Europe, S. 195.

Die Verträge von Rom vom 25. März 1957 zur Gründung der Europäischen Wirtschaftsgemeinschaft (EWG-Vertrag) und der Europäischen Atomgemeinschaft (EAG-Vertrag),[331] die in ihrer Gesamtheit als der Gründungsvertrag der Europäischen Gemeinschaft gelten, boten den Regionen keinerlei Mittel, an den gemeinschaftlichen Tätigkeiten teilzunehmen und ihre Interessen zu verteidigen. In der Präambel zu dem EWGV kündigte aber die Gemeinschaft den Vorsatz an, die "Volkswirtschaften zu einigen und deren harmonische Entwicklung zu fördern, indem sie den Abstand zwischen einzelnen Gebieten und den Rückstand weniger begünstigter Gebiete verringern". Ein Vorsatz, der sich im Art. 130 a II EWGV konkretisiert, der besagt, daß es ein besonderes Ziel der Gemeinschaft ist, "den Abstand zwischen den verschiedenen Regionen und den Rückstand der am stärksten benachteiligten Gebiete zu verringern".[332] Obwohl sich nur diese rudimentären Regelungen und einige Spezialnormen im EWGV finden, wurde die Notwendigkeit einer regionalen Strukturförderung schon in den 60er Jahren erkannt.[333] Und so wurde, um den erwünschten wirtschaftlichen Harmonisierungsprozeß zu realisieren, im Jahre 1967 eine *Generaldirektion für Regionalpolitik* (*Direction Générale de la Politique Régionale*) eingerichtet und im Jahre 1975 ein *Europäischer Fonds für regionale Entwicklung* (EFRE) geschaffen.[334]

Der EFRE funktionierte anfangs auf einer nationalen und intergouvernamentalen Basis. Die Schaffung einer 'außer Quote' genannten Sektion ermöglichte ihm aber später (1979), bestimmte Gemeinschaftsprogramme für unterentwickelte Gebiete aufzustellen. Im Jahre 1983, in Aussicht auf den unmittelbar bevorstehenden Beitritt Portugals und Spaniens zur EG, beauftragte der Europäische Rat die Kommission, eine Reform der Strukturfonds auszuarbeiten, um die größer gewordene Heterogenität der EG bewältigen zu können. Mit der Empfehlung der Kommission, die Strukturfonds als Mittel einer echten EG-Politik und nicht nur als Ergänzungen der nationalen Regionalpolitiken zu verwenden, machte sich die EG auf dem Weg zu einer echten regionalen Gemeinschaftspolitik.[335] Eine Politik, in der sich die Kommission der EG behauptet und die Regionen als neue Akteure hervortreten, "donnant lieu à une sorte de 'concurrence triangulaire' entre les Etats membres, la Commission et les collectivités territoriales".[336] Eine

[331] Vgl. Albert Bleckmann: Europarecht. Das Recht der Europäischen Gemeinschaft. Köln: Carl Heymanns Verlag 1990, S. 3. – Peter Fischer, Heribert Franz Köck, Margit Maria Karollus: Europarecht. Recht der EU/EG, des Europarates und der wichtigsten anderen europäischen Organisationen. Wien: Linde Verlag 2002, S. 35.

[332] Vgl. A. Bleckmann: Europarecht, S. 825-826.

[333] A. Bleckmann: Europarecht, S. 827.

[334] Vgl. Bengt Beutler, Roland Bieber, Jörn Pipkorn, Jóchen Streil: Die Europäische Union. Rechtsordnung und Politik. 4. Aufl. Baden-Baden: Nomos 1999, S. 369. – Thomas Oppermann: Europarecht. Ein Studienbuch. 2. Aufl. München: C. H. Beck 1999, S. 503-504.

[335] M. Ithurralde: Le Pays Basque, la Catalogne et l'Europe, S. 196-197.

[336] M. Ithurralde: Le Pays Basque, la Catalogne et l'Europe, S. 197.

Reform des EFRE, die 1984 (in diesem Jahr, am 14. Februar, hatte das Europäische Parlament den *Entwurf eines Vertrages zur Gründung einer Europäischen Union* beschlossen[337]) vereinbart wurde, ermöglichte die Schaffung von 'Gemeinschaftsprogrammen', die im wesentlichen von der Kommission der EG (jetzt EU) in direkter Zusammenarbeit mit den Regionen, Adressaten derselben Programme, ausgearbeitet werden. So stellte sich ein direkter Dialog zwischen der *Generaldirektion für Regionalpolitik* und den Regionen ein. Im Jahr 1988 wurde eine generelle Reform der Strukturfonds realisiert, die Partnerschaften und Übereinkommen vorsah, die zwischen der Kommission, dem betreffenden Staat und den vom selben Staat bestimmten zuständigen Behörden auf nationaler, regionaler und lokaler Ebene (die Region war also nicht der einzige Gesprächspartner der Kommission) zu schließen und zu treffen waren. Die Kommission führte sog. 'Programmes d'Initiative Communautaire' ein, die aus für sie bestimmten Fonds finanziert und insbesondere für Regionen attraktiv waren, die nach Autonomie strebten.[338]

Obwohl anfangs die Europäische Gemeinschaft mit ihrer Regionalpolitik ausschließlich auf die Beseitigung von strukturellen wirtschaftlichen und sozialen Ungleichgewichten zielte, konnte sie die Bestrebungen zu einer stärkeren politischen Regionalisierung Europas nicht ignorieren, da das Problem der regionalen Minderheiten zu virulent war. In einer Entschließung vom 18. November 1988 äußerte sich das Europäische Parlament zur Regionalpolitik der Gemeinschaft und zu der Rolle der Regionen und verabschiedete die sogenannte *Gemeinschaftscharta der Regionalisierung*. Nach dieser *Charta* sind Regionen Gebiete - oder gleichartige Komplexe von Gebieten -, die aus geographischer Sicht eine deutliche Einheit bilden und deren Bevölkerung durch bestimmte gemeinsame Elemente - wie Sprache, Kultur, geschichtliche Tradition usw. - gekennzeichnet ist. Die Regionen sollen auch gewisse Institutionen (wie eine gewählte Regionalversammlung, die Legislativ- und Kontrollbefugnisse ausübt) aufweisen. Ihre Befugnisse sollen den Bereich der Selbstverwaltung abdecken. Weitere Bestimmungen der *Charta* betreffen die Ausstattung mit eigenen Finanzmitteln, die Zusammenarbeit der Regionen und die Mitwirkung bei den Entscheidungen der Mitgliedstaaten und der Gemeinschaft.[339]

Ein weiterer wichtiger Schritt auf dem Weg zur Bildung eines ‚Europa der Regionen' war die Schaffung einer neuen Einrichtung durch den Vertrag von Maastricht (7. 2. 1992; am 1. 11. 1993 in Kraft getreten[340]), nämlich des

---

[337] A. Bleckmann: Europarecht, S. 5.

[338] Vgl. M. Ithurralde: Le Pays Basque, la Catalogne et l'Europe, S. 198-200. - A. Bleckmann: Europarecht, S. 827-828. – B. Beutler, R. Bieber, J. Pipkorn, J. Streil: Die Europäische Union. Rechtsordnung und Politik, S. 369-371.

[339] A. Bleckmann: Europarecht, S. 830.

[340] P. Fischer, H. F. Köck, M. M. Karollus: Europarecht, S. 59.

Ausschusses der Regionen (AdR).[341] Dieser *Ausschuß der Regionen*, der den oftmals geäußerten Wunsch der *Versammlung der Regionen Europas* (VRE)[342] sowie der *Konferenz ,Europa der Regionen'* und insbesondere der deutschen Bundesländer erfüllte,[343] wurde nach dem Muster des *Wirtschafts- und Sozialausschusses*[344] und mit dem Ziel geschaffen, die föderale Ausrichtung der Gemeinschaft zu unterstreichen, indem er den regionalen und lokalen Gebietskörperschaften die Möglichkeit bietet, ihre Vorstellungen in den EG-Rechtsetzungsprozeß einzubringen.[345] Mit der Schaffung dieses Gremiums, das sich aus

---

[341] Tratado Constitutivo de la Comunidad Europea, Art. 7 Abs. 2: „El Consejo y la Comisión estarán asistidos por un [...] Comité de las Regiones, con funciones consultivas". Art. 263: „Se crea un comité de caracter consultivo compuesto por representantes de los entes regionales y locales, denominado ... «Comité de las Regiones». El número de miembros del Comité será el siguiente: [...] España 21 [...]. Los miembros del Comité ... serán nombrados por el Consejo por unanimidad, a propuesta de sus respectivos Estados miembros, para un período de cuatro años". Art. 265: „El Comité de las Regiones será consultado por el Consejo o por la Comisión, en los casos previstos en el presente Tratado y en cualesquiera otros, en particular aquellos que afecten a la cooperación transfronteriza, en que una de estas dos instituciones lo estime oportuno. [...] Cuando el Comité Económico y Social sea consultado en aplicación del artículo 262, el Consejo o la Comisión informarán al Comité de las Regiones ... El Comité de las Regiones podrá emitir un dictamen al respecto cuando estime que hay intereses regionales específicos en juego. El Comité de las Regiones podrá ser consultado por el Parlamento Europeo. Podrá emitir un dictamen por propia iniciativa cuando lo considere conveniente. El dictamen del Comité será remitido al Consejo y a la Comisión, junto con el acta de las deliberaciones". Vgl. Eduardo García de Enterría - José A. Escalante: Código de las Leyes Administrativas. Madrid: Civitas 2001, S. 843-950; hier S. 845, S. 935-936.

[342] Die *Assemblée des Régions d'Europe* (ARE) ist die 1985 mit dem Namen *Conseil des Régions d'Europe* gegründete europäische Dachorganisation zur Vertretung spezifischer regionaler Interessen. In der ARE sind heute mehr als 300 Regionen vertreten. Vgl. Gurutz Jáuregui: Los nacionalismos minoritarios y la Unión Europea. ¿Utopía o ucronía? Barcelona: Ariel 1997, S. 135-139. - M. Ithurralde: Le Pays Basque, la Catalogne et l'Europe, S. 223-229. - Heinrich Neisser: Souveränität - Mitbestimmung - Föderalismus. Perspektiven der Europäischen Union. In: Juristische Blätter 116. Jg., Heft 11 (November 1994), S. 713-720; hier S. 719.

[343] „Grund für die Errichtung des AdR war der Umstand, dass durch die Zuständigkeitsverlagerung von der mitgliedstaatlichen auf die europäische Ebene auch die Kompetenzen der Gebietskörperschaften in den föderal organisierten EU-Mitgliedstaaten in nicht unbeträchtlichem Ausmaß beschnitten wurden. Dies ließ insbesondere in Deutschland die Forderung nach Einrichtung einer die Länderinteressen vertretenden Beratungsinstitution nach dem Vorbild des Wirtschafts- und Sozialausschuß laut werden, um der befürchteten ,Aushöhlung des Föderalismus' entgegenzuwirken" (P. Fischer, H. F. Köck, M. M. Karollus: Europarecht, S. 610).

[344] Über den *Wirtschafts- und Sozialausschuß* (WSA) vgl. P. Fischer, H. F. Köck, M. M. Karollus: Europarecht, S. 606-609.

[345] Herbert Schambeck: Europäische Integration und Föderalismus. In: Österreichische Juristen-Zeitung 51. Jg., Heft 14/15, 12. Juli 1996, S. 521-537; hier S. 527. Vgl. auch Heiner Timmermann: Die Regionen Europas und der Vertrag von Maastricht. In: Subsidiarität und Föderalismus in der Europäischen Union. Hg. v. H. T. (= Dokumente und Schriften der Europäischen Akademie Otzenhausen, Bd. 83.) Berlin: Duncker & Humblot 1998, S. 41-50.

222 Repräsentanten (nach dem Nizza-Vertrag vom 26. Februar 2001 wurde die Mitgliederzahl des AdR auf höchstens 350 beschränkt; für die neuen Beitrittsländer sind insgesamt 122 Sitze vorgesehen[346]) regionaler und lokaler Gebietskörperschaften zusammensetzt[347] und sich im März 1994 konstituierte,[348] wurden erstmals offiziell die drei ‚Ebenen' der Europäischen Union (EG - Mitgliedstaat - Region) anerkannt. Der *Ausschuß der Regionen* hat aber keine beschließende, sondern nur eine beratende Funktion. Er ist in folgenden Bereichen obligatorisch anzuhören: wirtschaftlicher und sozialer Zusammenhalt; transeuropäische Netze in den Bereichen Verkehr, Telekommunikation und Energie; Gesundheitswesen; Bildung und Jugend; Kultur; Beschäftigung; Sozialpolitik; Umwelt; Berufsbildung; Verkehr.[349] Der *Ausschuß der Regionen* kann auch aus eigener Initiative Stellungnahmen abgeben, wenn der *Wirtschafts- und Sozialausschuß* gehört wird und spezifische regionale Interessen berührt werden, sowie in allen Fällen, in denen der AdR dies für zweckdienlich erachtet; es liegt also ein Selbstbefassungsrecht vor.[350] Obwohl diese neue Vertretungseinrichtung der Regionen (die Errichtung des AdR und seine Forderungen begegneten die Kommission der EU und das Europäische Parlament mit Vorbehalt, ja sogar mit Mißtrauen[351]) noch nicht in den eigentlichen Entscheidungsprozeß der Europäischen Union eingebunden ist und bis heute nicht den ständig von den Gebietskörperschaften der bundesstaatlich organisierten EU-Mitgliedstaaten geforderten Einfluß erlangt hat,[352] könnte sich

346 P. Fischer, H. F. Köck, M. M. Karollus: Europarecht, S. 611.

347 Über Zusammensetzung und Organisation des AdR vgl. G. Jáuregui: Los nacionalismos minoritarios y la Unión Europea, S. 152-157. – Heinrich Neisser - Bea Verschraegen: Die Europäische Union. Anspruch und Wirklichkeit. Wien: Springer 2001, S. 195-198.

348 P. Fischer, H. F. Köck, M. M. Karollus: Europarecht, S. 610.

349 P. Fischer, H. F. Köck, M. M. Karollus: Europarecht, S. 612.

350 H. Schambeck: Europäische Integration und Föderalismus, S. 528.

351 M. Ithurralde: Le Pays Basque, la Catalogne et l'Europe, S. 216. So schreibt M. Ithurralde über die Einstellung des Europäischen Parlaments und der Kommission zu dem AdR: "Le Parlement européen était [...] peu désireux de voir s'installer 'un sénat des pouvoirs territoriaux' susceptible de lui contester des compétences jugées déjà insuffisantes. [...] La Commission va catégoriquement rejeter la plupart des ambitions du Comité. Lui reconnaître le rang d'institution aurait impliqué une sérieuse mutation de l'équilibre institutionnel et du processus décisionnel communautaire. Sans compter que c'était hisser sur la scène européenne les collectivités régionales et locales au dam des Etats" (M. Ithurralde: Le Pays Basque, la Catalogne et l'Europe, S. 216-217).

352 Im Zuge der Regierungskonferenz 2000 wurden vom AdR mehrere Forderungen nach Stärkung seiner Position aufgestellt, so insbesondere die Zuerkennung einer Organstellung; die Einführung einer Begründungspflicht für den Rat der Europäischen Union und für die Europäische Kommission, wenn sie Stellungnahmen des AdR nicht berücksichtigen; die Verankerung eines Klagerechts für den AdR bei Verletzung seiner Rechte. Keine dieser Forderungen wurde erfüllt! Vgl. P. Fischer, H. F. Köck, M. M. Karollus: Europarecht, S. 610-611. Auch in der *Stellungnahme des Ausschusses der Regionen vom 14. November 2001 zu dem Thema „Rolle und Mitwirkung des Ausschusses der Regionen beim europäischen Entscheidungsprozess"* (Brüssel, den 22. November 2001) wird für eine Stärkung der

aus ihr in Zukunft eine echte ‚Regionalkammer' der EU entwickeln.[353] Vorläufig sind aber die Mitgliedstaaten, also die Nationalstaaten, noch die einzigen ‚Herren der Verträge'![354]

Spanien hatte am Anfang kein Interesse an der Errichtung des von Frankreich und Großbritannien vehement bekämpften AdR gezeigt, der die Teilnahme der *Comunidades Autónomas* an der regionalen Politik der Europäischen Union institutionalisiert hätte. Aber nachdem es gesehen hatte, daß die Schaffung dieses von Deutschland und Belgien geforderten Ausschusses unvermeidlich war, änderte Spanien seine Haltung. Seine Strategie war es nun, durch eine direkte Einwirkung auf den Prozeß der Bildung des AdR so weit wie möglich seine Kompetenzen zu beschränken. Und in Wirklichkeit widersetzte sich Spanien mit Erfolg der Aufnahme - unter den Prärogativen des AdR - des Klagerechts vor dem Europäischen Gerichtshof und trug zur Einführung vieler "verrous nationaux et communautaires" bei, um das Funktionieren der neuen ‚Institution' zu kontrollieren.[355]

Während Spanien, das auch versucht hatte, dem Baskenland die Eröffnung eines eigenen Repräsentationsbüros in Brüssel zu verbieten (im Mai 1994 autorisierte aber der Verfassungsgerichtshof mit seinem Erkenntnis 165/94 die baskische Regierung, das Büro zu eröffnen),[356] sich bemühte, den AdR zu behindern,

---

institutionellen Position des AdR im europäischen Entscheidungsprozeß plädiert. In dem *Beitrag des Ausschusses der Regionen zum Europäischen Konvent* (Brüssel, den 8. Juli 2002) wird eine Verstärkung der Mitwirkung der von dem AdR vertretenen regionalen und lokalen Gebietskörperschaften an der Entscheidungsfindung und „eine Aufwertung seiner institutionellen Rolle und seiner Funktionen" (S. 2-3) gefordert. Außerdem fordert der AdR, "dass die wichtige Rolle der lokalen und regionalen Gebietskörperschaften bei der Umsetzung der europäischen Politik anerkannt wird und sie in all jenen Bereichen konsultiert werden, in denen sie aufgrund der Kompetenzaufteilung in ihrem eigenen Staat zuständig sind" (S. 5). Am Ende des *Beitrages* erhebt dann der AdR folgende Forderungen: „1. Zuerkennung des Organstatus; 2. Klagerecht vor dem Europäischen Gerichtshof, zumindest zur Wahrung seiner Rechte und des Subsidiaritätsprinzips; 3. Stärkung der Funktionen des Ausschusses" (S. 7).

353 P. Fischer, H. F. Köck, M. M. Karollus: Europarecht, S. 610. - H. Schambeck: Europäische Integration und Föderalismus, S. 528.

354 Vgl. P. Fischer, H. F. Köck, M. M. Karollus: Europarecht, S. 349. So schreibt Wolfgang Reinhard: „[Die] Mitgliedstaaten [der EU bleiben] «Herren der Verträge» [...]. Nicht nur die ausdrückliche Feststellung ihrer Souveränität auch noch im Vertrag von Maastricht, sondern vor allem die ausschlaggebenden Befugnisse des Rates im Institutionengefüge lassen das überdeutlich erkennen. Vor allem besitzt die Gemeinschaft keine Kompetenzen-Kompetenz, den Inbegriff staatlicher Souveränität. Sie kann ihre Zuständigkeit nicht selbst definieren, sondern ist darin von den Vorgaben der Mitglieder abhängig. Daher halten die europäischen Staatsgewalten bewußt oder instinktiv das europäische Parlament kurz, weil es für sie kein europäisches Volk geben darf, sondern nur ihre jeweiligen Völker" (Wolfgang Reinhard: Geschichte der Staatsgewalt. Eine vergleichende Verfassungsgeschichte Europas von den Anfängen bis zur Gegenwart. München: C. H. Beck 1999, S. 533).

355 M. Ithurralde: Le Pays Basque, la Catalogne et l'Europe, S. 212-213.

356 Vgl. G. Jáuregui: Los nacionalismos minoritarios y la Unión Europea, S. 162.

kam von Katalonien der Versuch, ihn in eine echte Institution umzuwandeln. Jordi Pujol präsentierte am 6. März 1995 in seiner Eigenschaft als Referent der Sonderkommission für Institutionelle Angelegenheiten, die 1994 vom AdR geschaffen wurde, einen *Proyecto de Dictamen de la Comisión especial de Asuntos Institucionales sobre la revisión del Tratado de Maastricht*. In diesem *Projekt* forderte er, daß dem *Ausschuß der Regionen* der Organ-Status (nach dem Vorbild des Europäischen Parlaments oder des Rates der Europäischen Union) zuerkannt würde. Diese neue Institution der EU sollte aus von den regionalen und lokalen Gebietskörperschaften ernannten Vertretern bestehen. Pujol schlug weiter vor, die regionalen Gebietskörperschaften von den lokalen Gebietskörperschaften zu trennen und den AdR in zwei Kammern zu strukturieren (eine lokale und eine regionale). Er forderte außerdem die Ausweitung auf die Regionen und auf die Gemeinden des Subsidiaritätsprinzips, das gemäß Art. 5 (ex Art. 3B) des Vertrages über die Europäische Union (Maastricht-Vertrag) auf die EU und auf die Mitgliedstaaten beschränkt ist,[357] sowie die Beteiligung des AdR am europäischen Gesetzgebungsprozeß und die Gewährung des Klagerechts vor dem Europäischen Gerichtshof. Die Kommission wies alle diese Forderungen kategorisch zurück.[358]

Es war natürlich eine Niederlage für Katalonien und für das Baskenland, deren Präsidenten den AdR verließen. Die zwei Gemeinschaften fuhren jedoch fort, eine sehr aktive Rolle zu spielen – insbesondere in der *Versammlung der Regionen Europas* (VRE), zu deren Präsident Jordi Pujol 1992 mit 104 Stimmen (sein Hauptkonkurrent für das Amt, Manuel Fraga Iribarne, Präsident der Autonomen Gemeinschaft Galicien, hatte bloß 31 Stimmen erhalten) gewählt worden war.[359] Aber trotz der Bemühungen Kataloniens und des Baskenlandes und insbesondere jener von Jordi Pujol, um ein ‚Europa der Regionen' aufzubauen,[360] konnte die VRE nicht in eine "association vecteur des revendications basques et catalanes" verwandelt werden.[361] Die Ergebnisse des politischen Aktivismus beider Gemeinschaften und ihrer Präsidenten waren schließlich bescheiden. Zu groß ist die Heterogenität der europäischen Regionen, zu schwierig, wenn nicht gänzlich unmöglich, ist es, ihre oft gegensätzlichen und divergierenden Interessen zu harmonisieren. Überdies, während zwischen 1993 und 1999 die Schwäche zuerst der Regierung des PSOE und dann jener des *Partido Popular*, die keine absolute

---

[357] Über das Subsidiaritätsprinzip vgl. P. Fischer, H. F. Köck, M. M. Karollus: Europarecht, S. 472-475. – Jens Gaster: Das Subsidiaritätsprinzip im Gemeinschaftsrecht. In: Subsidiarität und Föderalismus in der Europäischen Union. Hg. v. Heiner Timmermann (= Dokumente und Schriften der Europäischen Akademie Otzenhausen, Bd. 83). Berlin: Duncker & Humblot 1998, S. 19-39.

[358] Vgl. M. Ithurralde: Le Pays Basque, la Catalogne et l'Europe, S. 215-217.

[359] Vgl. M. Ithurralde: Le Pays Basque, la Catalogne et l'Europe, S. 225.

[360] Jordi Pujol: «Bâtir l'Europe des régions». Entretien d'Alberto Miguez avec Jordi Pujol. In: Politique Internationale, n° 49, automne 1990, S. 443-447.

[361] M. Ithurralde: Le Pays Basque, la Catalogne et l'Europe, S. 223.

Mehrheit besaßen, dem PNV und der CiU als Unterstützern dieser Regierungen eine gewisse Möglichkeit bat, Druck auch auf die europäischen Institutionen und Organisationen auszuüben, hat sich ab den allgemeinen Wahlen vom März 2000, bei denen José María Aznar und sein PP die absolute Mehrheit erreichten, der Spielraum beider Autonomen Gemeinschaften stark reduziert. Die Nationalstaaten blieben und bleiben "au coeur du système européen".[362]

Wie sehr dies wahr ist, beweisen zwei vor kurzem von der spanischen Regierung ergriffene Initiativen. Mit dem Projekt der *Ley de Cooperación Autonómica*, das am 11. Februar 2002 im Parlament präsentiert wurde, will die Regierung Aznar – entgegen den schon mit der Regierung der Kanarischen Inseln unterzeichneten Vereinbarungen (vom 28. und 30. Juni 1999) und entgegen den vom PP am 25. Oktober 2001 und am 4. Dezember 2001 übernommenen Verpflichtungen[363] – die direkte Beteiligung der Autonomen Gemeinschaften an den Ministerräten der Europäischen Union verhindern.[364] Schon am 10. Dezember 2001 hatte Aznar im Kongreß (*Congreso de los Diputados*) kategorisch erklärt, daß die Vertretung des Staates nach außen und in der EU ausschließlich Angelegenheit der Regierung der Nation sei:

El principio de representación exterior del Estado y el principio de representación en la Unión Europea corresponden al Gobierno de la nación, y naturalmente el Gobierno de la nación responde de ese principio ante la Cámara, que es donde está depositada justamente, y según disposición constitucional, la soberanía nacional. [...] El Gobierno es partidario de que eso siga así, y tengo que decir que con ese modelo hemos ingresado en la Unión Europea, hemos aplicado el acervo comunitario y hoy, por ejemplo, formamos parte del euro.[365]

Der erklärte Wille der spanischen Regierung, die Teilnahme der Autonomen Gemeinschaften an den verschiedenen Ministerräten der EU[366] zu verhindern, wirft ein bezeichnendes Licht auf ihre Einstellung zu dem vielbeschworenen Föderalisierungsprozeß. Nach Art. 203 EGV dürfen nämlich in föderal organisierten Mitgliedstaaten nicht nur die Minister der Zentralregierung, sondern auch die Regie-

---

[362] Vgl. M. Ithurralde: Le Pays Basque, la Catalogne et l'Europe, S. 222-239.

[363] Vgl. *El País*, 18. 2. 2002, S. 14.

[364] Vgl. *El País*, 12. 2. 2002, S. 1 u. S. 13.

[365] Vgl. *El País*, 18. 2. 2002, S. 14. In einer am 20. Mai 2002 in Oxford gehaltenen Rede wird Aznar erklären: „La Unión Europea es, y deberá seguir siendo, una Union de Estados nacionales con personalidades diferentes, con historias diferentes y con culturas diferentes. Unos Estados diferentes que han encontrado una forma de obtener una mayor seguridad y un mayor bienestar para sus ciudadanos, a condición de integrarse, de hacer cosas juntos en beneficio de todos" (vgl. *El País*, 13. 3. 2003, S. 17).

[366] Neben dem eigentlichen Rat - auch ‚Ministerrat' genannt - der Europäischen Union gibt es den Rat *Allgemeine Angelegenheiten* und eine Vielzahl von Fachministerräten, so beispielsweise für die Bereiche *Wirtschaft- und Finanzfragen*, *Landwirtschaft*, *Binnenmarkt*, *Umwelt*, *Verkehr*, *Industrie*, *Justiz und Inneres*, *Verbraucherschutz*, *Gesundheit*. Vgl. P. Fischer, H. F. Köck, M. M. Karollus: Europarecht, S. 481.

rungsmitglieder der Gebietskörperschaften an den Ratstagungen teilnehmen, sofern ihnen die Befugnis zukommt, für die Zentralregierung zu handeln.[367] Es wäre also leicht, den Wunsch der Regionen nach der Eingliederung eines Vertreters der Autonomien in die spanischen Delegationen zu erfüllen, da die EU die Gleichstellung der Autonomen Gemeinschaften mit den ‚Ländern' der Bundesstaaten ohne Schwierigkeit annehmen würde. Die spanische Regierung betrachtet aber nun die Teilnahme der Autonomen Gemeinschaften an den Ministerräten der EU als verfassungswidrig. Dieses Argument ist fadenscheinig, nicht nur weil angesehene und einflußreiche Juristen wie Eduardo García de Enterría und Eliseo Aja behaupten, daß ‚in der Substanz' der Staat der Autonomien ein Bundesstaat ist, und weil Staaten, die derselbe *Partido Popular* als weniger dezentralisiert als Spanien bezeichnet, Vertreter der Regionen in die Ministerräte der EU entsenden, sondern auch weil José María Aznar bereit wäre, katalanische Vertreter in den europäischen Ministerräten zu akzeptieren, wenn Katalonien an der Regierung teilnehmen würde. Juan Carlos Rodríguez Ibarra, seit 1983 Präsident der *Comunidad Autónoma de Extremadura*, zeigt Verständnis für die Bedenken und die Zurückhaltung der Regierung hinsichtlich einer Teilnahme des Baskenlandes an den Ministerräten der Europäischen Union, nicht aber für die ambivalente Haltung von Aznar. Er schreibt:

> [...] comprendo las reticencias del Gobierno desde el punto de vista político [...]. Lo que no se entiende es que Aznar vincule su oferta de entrada en el Gobierno a CiU como una solución para la participación europea de Cataluña. ¿Y los demás, qué? O es que los derechos autonómicos son constitucionales si los ejercitan mis socios y son inconstitucionales si los pretenden otros? El sistema, para que funcione, tiene que ser común y basado en una mutua lealtad constitucional. Ni se le puede ofrecer a Cataluña un acceso privilegiado exclusivamente como botín de un pacto de gobierno, ni se le puede negar a Euskadi su inclusión en un sistema general porque mantenga posiciones diferenciadas. Ni, mucho menos, negarlo a todos por desencuentros circunstanciales entre el Gobierno vasco y el de todos los españoles.[368]

Den Wunsch der Autonomen Gemeinschaften an den Ministerräten der EU teilzunehmen, hat Juan Carlos Rodríguez Ibarra folgendermaßen erklärt:

> ¿Por qué queremos las regiones presencia en estas delegaciones [españolas de los Consejos de Ministros de la Unión Europea]? Porque tenemos un derecho de participación en los asuntos europeos que tocan a nuestras competencias. Porque en esas mesas de Bruselas se negocia con las competencias que tenemos atribuidas y que nosotros, las comunidades autónomas, hemos perdidos en beneficio de las instituciones centrales europeas. Porque nosotros somos las administraciones que ejecutan la mayoría de la normativa europea. Porque el Tratado [EGV] lo prevé expresamente y de esa autorización hacen uso otros estados miembros, de los que el PP dice que son menos

[367] Vgl. P. Fischer, H. F. Köck, M. M. Karollus: Europarecht, S. 480-481.

[368] Juan Carlos Rodríguez Ibarra: Modelo leal de participación autonómica en la UE. In: El País, 18. 2. 2002, S. 23.

descentralizados que España. Porque la Constitución no impide que las delegaciones españolas, presididas por el Gobierno, se formen como queremos nosotros.[369]

Am 30. Oktober 2002 haben alle im katalanischen Parlament vertretenen Parteien, mit Ausnahme des *Partido Popular*, vereinbart, dem *Congreso de los Diputados* einen Gesetzesvorschlag vorzulegen, der vorsieht, daß die Autonomen Gemeinschaften das Recht haben, direkt bei der EU vertreten zu werden, und daß der von ihnen entsandte Sprecher das Recht hat, die Verhandlungen zu führen, wenn Fragen debattiert werden, die ausschließliche autonomische Kompetenzen betreffen. Diesem Gesetzesvorschlag widersetzten sich die dem PP angehörenden Abgeordneten des katalanischen Parlaments mit einem Sondervotum, in dem sie es für unmöglich und undurchführbar erklärten, “daß die Autonomen Gemeinschaften den Staat bei den europäischen Institutionen vertreten und daß sie Entscheidungen treffen können, die die Gesamtheit desselben binden“ (“[es] inviable que las autonomías representen al Estado ante las instituciones europeas y puedan adoptar decisiones que vinculen al conjunto del mismo”). Ohne die Unterstützung des PP ist die Möglichkeit, daß der von den katalanischen Abgeordneten ausgearbeitete Gesetzesvorschlag im Kongreß Erfolg haben kann, praktisch so gut wie nicht vorhanden.[370]

Aber nun ist auf die zweite Initiative des PP und von Aznar einzugehen. Auf dem Kongreß der Europäischen Volkspartei, abgehalten am 17. Oktober 2002 in der portugiesischen Stadt Estoril unter dem Motto “Eine Verfassung für ein starkes Europa”, hat der *Partido Popular* von Aznar ein Dokument präsentiert, in dem erklärt wird, daß die inneren europäischen Grenzen unantastbar sind (“las fronteras internas europeas son intangibles”). Mit dieser Grundsatzerklärung will man für immer die Möglichkeit ausschließen, daß ‘soberanistas’ oder separatistische Bewegungen wie die baskische oder die katalanische versuchen, die Anerkennung ihrer Regionen als neue Staaten der EU zu erlangen.[371] Eine bereits jetzt inexistente Möglichkeit, wie auch die sofortige Ablehnung Brüssels beweist, den Plan von Ibarretxe über die Schaffung eines baskischen, frei mit Spanien assoziierten Staates zu berücksichtigen. Die Kommission der EU hat in einem kurzen, trockenen Kommuniqué erklärt, daß der EUV niemals die rechtliche Grundlage bilden kann, die die Initiative des Herrn Ibarretxe unterstütze (“el Tratado de la Unión no puede en ningún momento constituir la base jurídica que ampare la iniciativa del señor Ibarretxe”).[372]

---

[369] J. C. Rodríguez Ibarra: Modelo leal de participación autonómica en la UE, S. 23.

[370] Vgl. *El País*, 31. 10. 2002, S. 21.

[371] Vgl. *ABC*, 17. 10. 2002, S. 14.

[372] Vgl. *El País*, 24. 10. 2002, S. 15. - *ABC*, 23. 10. 2002, S. 1, 7, 17. Am 23. Dezember 2002 haben die drei Parteien der baskischen Regierung - PNV, EA, IU - der *Comisión de Asuntos Exteriores* des Parlaments von Vitoria ein Gutachten über die baskische Einstellung der Europäischen Union gegenüber vorgelegt. Dieses Dokument, das dem Europäischen Konvent

Die Hoffnungen der spanischen ‚peripheren Nationalismen', im Rahmen der EU die Lösung ihrer größeren Probleme - wenn schon nicht die Realisierung ihrer Träume der geteilten Souveränität - zu finden, scheinen dazu bestimmt, enttäuscht zu werden. Die Europäische Union hat bisher eine schwache, wenn nicht sogar inexistente regionale Sensibilität ("una débil, por no decir nula, sensibilidad regional") gezeigt.[373] Das Interesse für die Regionalisierungsprozesse kann aber in einer Institution, die die reine Projektion der nationalen Staaten ist, nicht anders als gering sein. Einem doppelten Erosionsprozeß ihrer Souveränität unterliegend – auf der einen Seite die Abtretung bedeutender Befugnisse an die Europäische Union, auf der anderen Seite eine wachsende Übertragung von Kompetenzen auf die Regionen –, versuchen die Nationalstaaten, die auf die Beschlagnahme und die Enteignung der gemeinschaftlichen Rechte ("sopra il sequestro e l'espropriazione dei diritti comunitari") gegründet und errichtet wurden,[374] auf jede Art und Weise das, was ihnen von den alten Prärogativen übrigbleibt, zu verteidigen. Ihre ‚angeborene' Tendenz, zu zentralisieren und für die anderen den Raum und die Möglichkeit des eigenen Rechts („lo spazio e le possibilità del diritto proprio") zu verengen,[375] wird zweifellos sowohl durch das Fehlen eines - wenn auch ungefähren - Entwurfs der künftigen politischen Struktur der EU und der rechtlichen Position der Regionen in dieser Struktur, als auch durch die enorme Heterogenität der europäischen Regionen,[376] eine Heterogenität, die die unmittelbar bevorstehende Erweiterung sehr verstärken wird, begünstigt. Die Verfassung der Europäischen Union, die zur Zeit in Ausarbeitung im von Valéry Giscard d'Estaing geleiteten Europäischen Konvent ist, wird vielleicht eine Antwort auf das Problem der Institutionalisierung und der ‚politischen' Rolle der Regionen geben. Es ist aber anzunehmen, daß sie – trotz der Erklärungen und Initiativen, die dem Anschein nach den Forderungen der lokalen und regionalen Gebietskörper-

---

zugeschickt werden wird, enthält eine Reihe von Forderungen: die Europäische Verfassung soll "la figura de naciones sin Estado" und von "regiones asociadas" einschließen; "la voluntad de los vascos" – ein Euphemismus, unter dem sich für den PSOE und PP die Forderung nach dem Selbstbestimmungsrecht verbirgt – respektieren und die Bildung einer "euroregion vasca", die auch den französischen Teil des Baskenlandes sowie Navarra umfaßt, zulassen. Natürlich hat das Gutachten, das von der *Kommission für Auswärtige Angelegenheiten* mit den Stimmen der drei regierenden baskischen Parteien und den Gegenstimmen des PP und des PSOE angenommen worden ist, die herbe Reaktion der zwei großen Parteien hervorgerufen. Der Sprecher des baskischen PP, Carmelo Barrio, hat erklärt: "Son los Estados y no la UE los competentes para establecer los mecanismos de participación de las regiones". Der Sprecher des PSOE hat hingegen gesagt, daß der angenommene Vorschlag derselbe sei, den der Pakt von Lizarra gemacht hätte ("la propuesta que hubiera hecho el Pacto de Lizarra"). Vgl. *El País*, 24. 12. 2002, S. 27.

[373] G. Jáuregui: Los nacionalismos minoritarios y la Unión Europea, S. 152.

[374] B. Clavero: «Territorios forales»: una pagina spagnola del palinsesto europeo, S. 44.

[375] B. Clavero: «Territorios forales»: una pagina spagnola del palinsesto europeo, S. 44.

[376] Vgl. G. Jáuregui: Los nacionalismos minoritarios y la Unión Europea, S. 167-175.

schaften entgegenkommen[377] – mehr von einem überkommenen ,vertikalen' hierarchischen Geist als von einem ,horizontalen' regionalistischen Geist geprägt sein wird (auch der Vorentwurf einer Verfassung der Europäischen Union, der auf Wunsch des Präsidenten der Kommission Romano Prodi ausgearbeitet worden

---

[377] Auf der Konventstagung vom 28./29. Oktober 2002 erklärte Giscard d'Estaing bei der Vorlegung eines Vorentwurfes des Verfassungsvertrages folgendes nachdrücklich: „Ein Verfassungsvertrag legt den Grundstein für die Schaffung eines erneuerten Europas, das sich unseren Brüdern und Schwestern in den Kandidatenländern öffnet, eines Europas, in dem sich die Bürger als Europäer fühlen und an dem alle Institutionen – nationale, regionale und kommunale – mitwirken, jede auf ihrer Zuständigkeitsebene". Die Mitwirkung der lokalen und regionalen Institutionen bezweifelt niemand. Das Problem ist aber gerade jenes ihrer *Zuständigkeitsebene*! Der vom Vorsitzenden des Europäischen Konvents vorgelegte Vorentwurf des Verfassungsvertrages sieht für den Ausschuß der Regionen nur eine beratende Funktion vor (Art. 23 des Vorentwurfs: der Rat und das Europäische Parlament werden von einem Ausschuß der Regionen und einem Wirtschafts- und Sozialausschuß als Einrichtungen *mit beratender Aufgabe* unterstützt). Der Ausschuß der Regionen hat darauf mit der Forderung seiner Anerkennung als Organ reagiert. Vgl. Europäische Union. Ausschuß der Regionen. Europäischer Konvent: Stand der Arbeiten. *Vorlage des Generalsekretärs* (Brüssel, den 13. November). Im ersten Bericht über die Rolle der regionalen und lokalen Gebietskörperschaften im künftigen Europa, den das Europäische Parlament ausgearbeitet hat und nach seiner Genehmigung dem EU-Verfassungskonvent senden wird, wird erklärt, daß die Rolle der Regionen im Entscheidungsprozeß verstärkt werden soll, um die EU ihren Bürgern näherzubringen. Es wird darin auch vorgeschlagen, daß Vertreter der Regionen an den Entscheidungen des Ministerrats teilnehmen dürfen und daß die Kommission der Meinung der Regionen Rechnung tragen solle, wenn sie Gesetze entwirft, die deren Interessen berühren. Der Bericht verlangt ferner, daß die EU nicht nur die nationale Identität ihrer Mitgliedstaaten, sondern auch jene der lokalen und regionalen Gebietskörperschaften respektiere. Er stellt dann fest, daß sich zu häufig die Gebietskörperschaften - zu Recht oder zu Unrecht - vom 'Spiel' ausgeschlossen fühlen und empfiehlt daher dort, wo es die Verfassung vorsieht, den Regionen die Leitung und die Durchführung der europäischen Politik zu übertragen. Aber er präzisiert sogleich: "Diferente, pero inaceptable, sería la pretensión de que se reconociera el derecho a la autodeterminación de los pueblos para aquellos entes territoriales de la Unión Europea en los que los ciudadanos tengan un sentimiento fuerte y compartido de identidad nacional, lingüistica o regional". Der Grund für die Unannehmbarkeit dieses eventuellen Anspruchs auf die Selbstbestimmung lautet folgendermaßen: "La Unión no puede intervenir con relación a opciones que deben valorar de forma autónoma y exclusiva los Estados miembros". Trotz dieser Präzisierung und der bescheidenen Tragweite der ,regionalen' Forderungen, die im von Giorgio Napolitano, einem Exponenten des ehemaligen *Partito Comunista Italiano*, ausgearbeiteten Bericht enthalten sind, haben die europäischen Abgeordneten des *Partido Popular* – dem es gemeinsam mit der spanischen Regierung gelungen ist, die Schaffung einer Arbeitsgruppe über die Regionen innerhalb des Europäischen Konvents zu verhindern – eine Reihe von Abänderungen vorgeschlagen, um den ohnehin schon schwachen ,regionalistischen' Gehalt des Textes noch mehr zu schwächen. Für diese Abgeordneten muß die Beteiligung der Regionen an der Politik der EU auf das beschränkt sein, was jeder Staat für sich selbst bestimmt. Vgl. *El País*, 28. 11. 2002, S. 24; 2. 12. 2002, S. 12. Vgl. außerdem Europarlament: Quel rôle pour les régions dans l'Union de demain? Bruxelles, 29 novembre 2002.

ist,[378] und die letzten Indiskretionen über den Vorentwurf des Konvents[379] lassen vermuten, daß die staatlichen Machtstrukturen vorherrschend sein werden).

Die künftige europäische Verfassung wird jedenfalls den Föderalisierungs- und Regionalisierungsprozeß nicht endgültig abschließen, weil neue Staaten und damit neue Regionen der EU beitreten werden. Und auch wenn einmal die Landkarte der EU vervollständigt sein wird, werden weder die Integrations-, Anpassungs- und Berichtigungsprozesse beendet, noch die mit diesen Prozessen verbundenen politischen Probleme ein für alle Mal gelöst sein. Sowohl der Prozeß der Regionalisierung wie auch der Prozeß der Föderalisierung sind ja Prozesse, denen ein dynamisch-evolutives Potential immanent ist.[380]

Es ist daher im Grunde nicht möglich zu wissen, ob die EU die Nationalstaaten und die Staatsregierungen gestärkt – dies war vor Jahren die Ansicht von Eduardo García de Enterría[381] und Bartolomé Clavero[382] – oder geschwächt haben wird. Was Spanien anbelangt, so ist es nicht möglich zu wissen, ob der autonomische Prozeß zur Krise und zur Auflösung des Staates führen kann, wie José María

---

[378] Die von diesem Entwurf vorgesehenen Organe sind: Europäisches Parlament, Rat, Kommission, Gerichtshof, Rechnungshof (Art. 14: «Organe»). Die Regionen werden in Art. 35 («Einrichtungen»: „Die Versammlung der Regionen, der Wirtschafts- und Sozialausschuss, die Europäische Investitionsbank und die anderen Einrichtungen der Union unterstützen die Organe bei der Wahrnehmung der ihnen zugewiesenen Aufgaben"), sowie in Art. 65 („Die Versammlung der Regionen gibt auf eigene Initiative oder auf Antrag eines Organs der Union Stellungnahmen ab. Die Versammlung der Regionen achtet in ihren Stellungnahmen zu Gesetzesvorschlägen besonders auf die Wahrung des Subsidiaritätsprinzips") und in Art. 66 („Die Versammlung der Regionen setzt sich aus Vertretern der regionalen und lokalen Gebietskörperschaften zusammen, die entweder ein auf Wahlen beruhendes Mandat in einer regionalen oder lokalen Gebietskörperschaft innehaben oder gegenüber einer gewählten Versammlung politisch verantwortlich sind") erwähnt. Vgl. Europäische Kommission: Durchführbarkeitsstudie. Beitrag zum Vorentwurf einer *Verfassung der Europäischen Union*. Arbeitspapier. Dieser Beitrag wurde auf Wunsch des Präsidenten Prodi im Einvernehmen mit den Herren Barnier und Vitorino von einer Arbeitsgruppe unter der Leitung von François Lamoureux erstellt. Mitglieder der Arbeitsgruppe: Marie Lagarrigue, Paolo Stancanelli, Pieter van Nuffel, Alain van Solinge. Technische Unterstützung: Marguerite Gazze. Bruxelles 4. Dezember 2002, S. 11, 21.

[379] Vgl. Claudio Lindner: Giscard: «Piú potere agli Stati». Critiche da Bruxelles per le indiscrezioni sulla nuova Costituzione europea. In: Corriere della Sera, 17. 1. 2003, S. 13.

[380] "Im Begriff der Föderalisierung klingt das Moment" – schreibt Markus Kotzur – „des ‚schrittweise Werdens' unmissverständlich an. Die Föderalisierung ist ein *föderativer Prozeß* mit dynamisch-evolutivem Potential". Vgl. Markus Kotzur: Föderalisierung, Regionalisierung und Kommunalisierung als Strukturprinzipien des europäischen Verfassungsraumes. In: Jahrbuch des öffentlichen Rechts der Gegenwart, N. F. / Bd. 50 (2002), S. 257-279; hier S. 266.

[381] Eduardo García de Enterría: Comunidades autónomas y Comunidad Europea: ¿Desaparecen los Estados? In: E. G. de E.: La revisión del sistema de Autonomías Territoriales (1988), S. 87-94.

[382] B. Clavero: «Territorios forales»: una pagina spagnola del palinsesto europeo, S. 42.

Souvirón Morenilla glaubt,[383] oder ob der autonomische Prozeß bei aller Verwandlung der Machtstrukturen, die er bewirkt, die Kohäsion und die Stärke des Staates am Ende steigern wird. Die Vermutungen werden durch das Fehlen eines sicheren Bezugspunktes erschwert. Wenn von der Krise oder der Auflösung des Staates die Rede ist, wird damit der moderne Nationalstaat (Staat-Nation) gemeint, der sich in Europa im Laufe der Jahrhunderte entwickelt hat.[384] Aber der ‚moderne' Staat – verstanden als Einheitlichkeit von Staatsvolk und Staatsgewalt, Staatsgebiet und Staatshoheit (Souveränität) – hat sich entweder sehr geschwächt oder existiert fast nicht mehr, wie Michael Keating,[385] Wolfgang Reinhard,[386] Sabino Cassese[387] und derselbe Eduardo García de Enterría festgestellt haben.[388] Und der Staat von heute, nachdem er einen so massiven Verlust seines Machtmonopols – nach unten, zu Gunsten intermediärer Instanzen und substaatlicher Verbände der verschiedensten Art, nach oben, zu Gunsten einer ganzen Reihe von supranationaler Institutionen und Organisationen mit denen er in höchstem Maße vernetzt und gebunden ist[389] – erfahren hat, daß von seiner 'Souveränität' kaum noch die Rede sein kann, ist ein noch zu konfuses, in Entwicklung begriffenes Gebilde, um einen sicheren Bezugspunkt bilden zu können. Ein Gebilde übrigens, von dem wir nicht wissen, ob es seine Selbstauflösung oder seine Wiederzusammenfügung ankündigt. Nach manchen Forschern nähern wir uns nämlich einem "world in which states themselves increasingly accept the need for stateless

383 José María Souvirón Morenilla: Realidad y perspectivas de la organización territorial del Estado. III. Balance y futuro del Estado Autonómico. Granada: COMARES 2000, S. 41-101, 133-189. Ursachen für den Auflösungsprozeß sind nach Souvirón Morenilla nicht nur die 'politischen' (die Nationalismen und die separatistischen Tendenzen, die von den Konstruktionsmechanismen des autonomischen Staates gefördert werden), sondern auch jene technisch-juristischen wie "la entropía competencial" und "el babel normativo". Ein paradigmatisches Beispiel des "fenómeno entrópico de carácter general (competencial, normativo y consecuentemente administrativo)" stellt nach dem Gelehrten, der den "régimen del procedimiento administrativo" als "la auténtica tierra de nadie (lo más opuesto al Derecho)" bezeichnet, die städtische Raumplanung dar.

384 Zur Bildung des modernen Nationalstaates vgl. Dieter Langewiesche: Nation, Nationalismus, Nationalstaat in Deutschland und Europa. München: C. H. Beck 2000.

385 M. Keating: Naciones contra el Estado. El nacionalismo de Cataluña, Quebec y Escocia, S. 37-58.

386 W. Reinhard: Geschichte der Staatsgewalt, S. 535.

387 Sabino Cassese: La crisi dello Stato. Roma-Bari: Laterza 2002, S. 44-53.

388 E. García de Enterría: Comunidades autónomas y Comunidad Europea: ¿Desaparecen los Estados?, S. 89.

389 W. Reinhard: Geschichte der Staatsgewalt, S. 535. – S. Cassese: La crisi dello Stato, S. 47-49.

government".[390] Nach anderen Forschern wird sich dagegen der Staat wieder zusammenfügen und in den Mittelpunkt des politischen Lebens zurückkehren.[391]

Da sie sehr eng mit der Entwicklung des Staates und der EU verbunden ist, ist die Zukunft der Autonomen Gemeinschaften und im besonderen der Gemeinschaften der 'historischen Territorien' zur Zeit nicht vorhersehbar. Ein doppeltes Föderationssystem – 'innerer Föderalismus', zwischen den Regionen des spanischen Staates, und 'äußerer Föderalismus', zwischen den Staaten der EU – und die Umwandlung des *Ausschusses der Regionen* in eine echte Kammer der Europäischen Regionen oder in eines der Hauptorgane der EU (neben dem Parlament, dem Rat und der Kommission) könnte ein taugliches Modell darstellen, um das Verhältnis zwischen Zentralismus und Regionalismus, zwischen spanischem Nationalismus und den regionalen Nationalismen, zwischen Zentralregierung und autonomischen Regierungen zu normalisieren und um vielleicht auch endgültig die separatistischen Bestrebungen des Baskenlandes und Kataloniens zu neutralisieren. Aber dieses Modell ist zweifellos Zukunftsmusik, wenn nicht sogar Illusion!

Die Autonomen Gemeinschaften und das von den Vereinten Nationen anerkannte Recht auf Selbstbestimmung der Völker. Ein gangbarer Ausweg?

Einige Politiker und Juristen glauben, daß sich die 'historischen Territorien' auf das von den Vereinten Nationen anerkannte Recht auf Selbstbestimmung der Völker berufen könnten, um ihre Forderung nach Selbstbestimmung durchzusetzen. Ist das ein gangbarer Weg? Oder ist das Recht auf Selbstbestimmung der Völker eine reine Prinzipienerklärung, die dazu bestimmt ist, für immer wirkungslos zu bleiben?

Gegenwärtig hat das Recht auf Selbstbestimmung der Völker einen eher eingeschränkten Anwendungsbereich. Das Völkerrecht unterstützt nicht die sezessionistischen Bestrebungen von Regionen, die sich ethnisch vom restlichen Land unterscheiden. Das Prinzip der Selbstbestimmung der Völker als rechtliches Prinzip ist aber eine in Evolution befindliche Norm,[392] die in Zukunft auf die ‚innere' Selbstbestimmung[393] ausgedehnt werden könnte. Die Entwicklung zu einer Umsetzung oder wenigstens zu einer abstrakten Anerkennung der ‚inneren' Selbst-

---

[390] John Hofmann: Beyond the State. Cambridge 1995, S. 195 (zit. nach W. Reinhard: Geschichte der Staatsgewalt, S. 536).

[391] Vgl. S. Cassese: La crisi dello Stato, S. 53. – V. Wright - S. Cassese: La recomposition de l'Etat en Europe. Paris: La Découverte 1996.

[392] Vgl. Benedetto Conforti: Diritto Internazionale. Napoli: Editoriale Scientifica 1999, S. 22-27.

[393] Über die ‚innere Selbstbestimmung' (‚internal self-determination') vgl. Antonio Cassese: Self-determination of peoples. A legal reappraisal. Cambridge: University Press 1995, S. 101-140.

bestimmung der Völker wird durch die der *Allgemeinen Erklärung der Menschenrechte* inhärente Dynamik begünstigt, wie die spätere von den Vereinten Nationen festgelegte und entwickelte Kodifikation in dieser Materie beweist.

Während nach der *Erklärung* vom 10. 12. 1948 nur die einzelnen Individuen ("Jeder Mensch...", "Alle Menschen...", "Niemand...") und nie die kollektiven Subjekte als Träger der Menschenrechte - und im besonderen des Rechts auf Freiheit - angesehen waren,[394] verkündete Art. 1 der *Deklaration über die Gewährung der Unabhängigkeit an koloniale Länder und Völker* von 1960, daß „the subjection of peoples to alien subjugation, domination and exploitation" eine Verneinung der Menschenrechte darstellt und im Gegensatz zu der VN-Satzung steht. Artikel 2 dieser *Deklaration* verkündete ferner, daß alle Völker "the right to self-determination" haben und daß sie kraft dieses Rechts frei „their political status" bestimmen und frei „their economic, social and cultural development" gestalten.[395] Im *Internationalen Pakt über wirtschaftliche, soziale und kulturelle Rechte* (19. 12. 1966) und im *Internationalen Pakt über bürgerliche und politische Rechte* (19. 12. 1966) wurden die selben Prinzipien von Art. 2 der *Deklaration* in ihrem ersten Artikel formuliert.

Die Vereinten Nationen erkannten also auch den Völkern das Recht auf Freiheit und folglich auf freie Selbstbestimmung an.[396] Während es nach der

---

[394] Allgemeine Erklärung der Menschenrechte. Resolution der Generalversammlung der Vereinten Nationen 217 (III), 10. 12. 1948. In: Österreichisches Handbuch des Völkerrechts. Band 2: Materialienteil. Hg. v. Hanspeter Neuhold, Waldemar Hummer, Christoph Schreuer. Wien: Manz 1997, S. 244-247. Vgl. Art. 1, Art. 7, Art. 23 Abs. 2 („Alle Menschen..."); Art. 2 Abs. 1, Art. 3, Art. 6, Art. 8, Art. 10, Art. 11 Abs. 1, Art. 13, Art. 14, Art. 15. 1, Art. 17-29 („Jeder Mensch..."); Art. 4, Art. 5, Art. 9, Art. 11 Abs. 2 , Art. 12, Art. 15 Abs. 2, Art. 20 Abs. 2 („Niemand...").

[395] Deklaration über die Gewährung der Unabhängigkeit an koloniale Länder und Völker, Resolution der Generalversammlung der Vereinten Nationen 1514 (XV), 14. 12. 1960. In: Österreichisches Handbuch des Völkerrechts. Band 2: Materialienteil, S. 391-392. Das Prinzip wurde in der Resolution der Generalversammlung der Vereinten Nationen 2105 (XX) vom 20. 12. 1965 bekräftigt (in: Österreichisches Handbuch des Völkerrechts. Band 2: Materialienteil, S. 392).

[396] „Alle Völker haben das Recht auf Selbstbestimmung. Kraft dieses Rechts entscheiden sie frei über ihren politischen Status und gestalten in Freiheit ihre wirtschaftliche, soziale und kulturelle Entwicklung" (Internationaler Pakt über wirtschaftliche, soziale und kulturelle Rechte – Internationaler Pakt der Vereinten Nationen über bürgerliche und politische Rechte. In: Österreichisches Handbuch des Völkerrechts. Band 2: Materialienteil, S. 248-251, 251-258. Der Text des Artikels ist in den zwei Dokumenten identisch und befindet sich auf S. 248 bzw. 251). Die *Friendly-Relations-Deklaration* der UNO-Generalversammlung vom 24. 10. 1970 hat in einem «The principle of equal rights and self-determination of peoples» betitelten Abschnitt diese Definition noch verfeinert: „By virtue of the principle of equal rights and self-determination of peoples enshrined in the Charter of the United Nations, all peoples have the right freely to determine, *without external interference*, their political status and to pursue their economic, social and cultural development, and every State has the duty to respect this right in accordance with the provisions of the Charter". Ferner heißt es in diesem Abschnitt der

Allgemeinen Erklärung von 1948 möglich schien in einem einer Fremdherrschaft unterworfenen Land oder Gebiet individuell frei zu sein,[397] erscheint es nun im Lichte der Verkündungen der *Deklaration* aus dem Jahre 1960 und der *Internationalen Pakte* aus dem Jahre 1966, daß das Recht jedes Volkes auf kollektive Freiheit die notwendige Voraussetzung für die individuelle Freiheit sei.[398] Artikel 27 des *Internationalen Paktes über bürgerliche und politische Rechte* von 1966 schneidet explizit auch die Frage der Staaten an, in denen ethnische, religiöse oder sprachliche Minderheiten existieren. Er bestimmt, daß jenen Personen, die Angehörige einer solchen Minderheit sind, das Recht nicht verwehrt werden darf, ein eigenes kulturelles Leben zu haben, sich zur eigenen Religion zu bekennen und die eigene Sprache zu verwenden. Hier ist wieder das individuelle Subjekt Träger

---

Erklärung: "The establishment of a sovereign and independent State, the free association or integration with an independent State or the emergence into any other political status freely determined by a people constitute modes of implementing the right of self-determination by that people. Every State has the duty to refrain from any forcible action which deprives peoples referred to above in the elaboration of the present principle of their right to self-determination and freedom and independence. In their actions against, and resistance to, such forcible action in pursuit of the exercise of their right to self-determination, such peoples are entitled to seek and to receive support in accordance with the purposes and principles of the Charter". Diese Grundsätze sind für den Prozeß der Dekolonisation aufgestellt worden. Sie berechtigen nicht ethnische oder sprachliche Minderheiten zu separatistischen Bestrebungen, wie es aus folgender Präzisierung klar hervorgeht: „Nothing in the foregoing paragraphs shall be construed as authorizing or encouraging any action which would dismember or impair, totally or in part, the territorial integrity or politically unity of sovereign and independent Staates conducting themselves in compliance with the principle of equal rights and self-determination of peoples as described above and thus possessed of a government representing the whole people belonging to the territory without distinction as to race, creed or colour" (Die *Friendly-Relations-Deklaration.* Annex zur Deklaration über die Grundsätze des Völkerrechts betreffend die freundschaftlichen Beziehungen und die Zusammenarbeit zwischen den Staaten gemäß der Satzung der Vereinten Nationen, Resolution der Generalversammlung der Vereinten Nationen 2625 (XXV), 24. 10. 1970. In: Österreichisches Handbuch des Völkerrechts. Band 2: Materialienteil. Hg. v. Hanspeter Neuhold, Waldemar Hummer, Christoph Schreuer. Wien: Manz 1997, S. 328-332). Über die *Friendly-Relations-Deklaration* und insbesondere über die Ablehnung jedes Rechts auf Separatismus und Sezession vgl. A. Cassese: Self-determination of peoples. A legal reappraisal, S. 109-125.

397 „Art. 2. 1. Jeder Mensch hat Anspruch auf die in dieser Erklärung verkündeten Rechte und Freiheiten, ohne irgendeine Unterscheidung, wie etwa nach Rasse, Farbe, Geschlecht, Sprache, Religion, politischer und sonstiger Überzeugung, nationaler oder sozialer Herkunft, nach Eigentum, Geburt oder sonstigen Umständen. 2. Weiter darf keine Unterscheidung gemacht werden auf Grund der politischen, rechtlichen oder internationalen Stellung des Landes oder Gebietes, dem eine Person angehört, ohne Rücksicht darauf, ob es unabhängig ist, unter Treuhandschaft steht, keine Selbstregierung besitzt oder irgendeiner anderen Beschränkung seiner Souveränität unterworfen ist" (Allgemeine Erklärung der Menschenrechte, S. 244).

398 Vgl. Bartolomé Clavero: Derechos humanos (individuales) y Derechos históricos (colectivos). In: Miguel Herrero de Miñón y Ernest Lluch: Derechos históricos y constitucionalismo útil. Barcelona: Crítica 2001, S. 105-117; hier S. 107.

von Rechten.[399] Der Gruppe, dem kollektiven Subjekt wird keinerlei Recht zuerkannt. Auch in der *Erklärung über die Rechte von Personen, die nationalen oder ethnischen, religiösen und sprachlichen Minderheiten angehören* von 1992, die eine Weiterentwicklung von Art. 27 des *Internationalen Paktes über bürgerliche und politische Rechte* darstellt, sind die verkündeten Rechte individueller Inhaberschaft (“Angehörige von Minderheiten können ihre Rechte ... einzeln sowie in Gemeinschaft mit anderen Mitgliedern ihrer Gruppe ohne jegliche Diskriminierung ausüben“).[400] Den Personen, die nationalen oder ethnischen, religiösen und sprachlichen Minderheiten angehören, wird aber jetzt außer dem Recht, ihr eigenes kulturelles Leben zu pflegen, ihre eigene Religion zu bekennen und sich ihrer eigenen Sprache zu bedienen, auch das Recht zuerkannt, Kontakte über die Grenzen hinweg mit Bürgern anderer Staaten herzustellen, mit denen sie nationale oder ethnische, religiöse oder sprachliche Gemeinsamkeiten verbinden (Art. 2 Abs. 5).[401] In Art. 2 Abs. 3 wird - wenn auch mit viel Vorsicht - das Recht der Beteiligung der Minderheiten an den Entscheidungen, die sie betreffen, angedeutet:

> Angehörige von Minderheiten haben das Recht auf wirksame Beteiligung an den auf nationaler und gegebenenfalls regionaler Ebene getroffenen Entscheidungen, welche die Minderheit betreffen, der sie angehören, oder die Regionen, in denen sie leben, in einer Art und Weise, die mit den Rechtsvorschriften ihres Landes nicht unvereinbar ist.[402]

Es ist aber in Art. 8 Abs. 3, wo vielleicht das bedeutendste Element eingeführt wird:

> Die Maßnahmen, welche die Staaten ergreifen, um den tatsächlichen Genuß der in dieser Erklärung niedergelegten Rechte zu gewährleisten, dürfen nicht von vornherein als im Widerspruch zu dem in der Allgemeinen Erklärung der Menschenrechte enthaltenen Gleichheitsgrundsatz stehend angesehen werden.[403]

---

399 „In Staaten mit ethnischen, religiösen oder sprachlichen Minderheiten darf Angehörigen solcher Minderheiten nicht das Recht vorenthalten werden, gemeinsam mit anderen Angehörigen ihrer Gruppe ihr eigenes kulturelles Leben zu pflegen, ihre eigene Religion zu bekennen und auszuüben oder sich ihrer eigenen Sprache zu bedienen“ (Internationaler Pakt der Vereinten Nationen über bürgerliche und politische Rechte, S. 256).

400 Erklärung über die Rechte von Personen, die nationalen oder ethnischen, religiösen und sprachlichen Minderheiten angehören. Resolution der Generalversammlung der Vereinten Nationen 47/135 v. 18. 12. 1992. In: Österreichisches Handbuch des Völkerrechts. Band 2: Materialienteil, S. 303 (Art. 3 Abs. 1).

401 Erklärung über die Rechte von Personen, die nationalen oder ethnischen, religiösen und sprachlichen Minderheiten angehören, S. 303.

402 Erklärung über die Rechte von Personen, die nationalen oder ethnischen, religiösen und sprachlichen Minderheiten angehören, S. 303.

403 Erklärung über die Rechte von Personen, die nationalen oder ethnischen, religiösen und sprachlichen Minderheiten angehören, S. 303.

Nach Bartolomé Clavero, Professor für Rechtsgeschichte an der Universität Sevilla, enthalten diese Zeilen einen Wechsel des Maßstabs ("un cambio de medida"). Die Gleichheit der individuellen Rechte würde nunmehr von der Minderheit selbst und nicht vom Staat beurteilt werden ("La igualdad de derechos individuales, que se predica universal, ha de medirse, ya no por el Estado, como viene practicándose, sino por la minoría misma. [...] La igualdad se mide ahora por la «minoría», lo que puede ser por el pueblo, ya no en todo caso por el Estado").[404] Ein Prinzip, dessen grundlegende Bedeutung ganz klar aus dem Vergleich mit Art. 149 Abs. 1 Z. 1 der spanischen Verfassung hervorgeht, wo hingegen dem Staat die ausschließliche Kompetenz für die Regelung der Bedingungen, die die Gleichheit aller Bürger garantieren sollen, zuerkannt wird:

El Estado tiene competencia exclusiva sobre ... la regulación de las condiciones básicas que garanticen la igualdad de todos los españoles en el ejercicio de los derechos y en el cumplimiento de los deberes constitucionales.[405]

Die Deutung, die Clavero dem Art. 8 Abs. 3 gibt, ist vielleicht zu optimistisch. Sollte aber seine Deutung auch völlig richtig sein, so wird auf jeden Fall die Bedeutung von Art. 8 Abs. 3 und der gesamten *Erklärung über die Rechte von Personen, die nationalen oder ethnischen, religiösen und sprachlichen Minderheiten angehören* beträchtlich durch Art. 8 Abs. 4, den Bartolomé Clavero nicht erwähnt, beschränkt. Dieser Absatz lautet wie folgt:

Diese Erklärung ist nicht so auszulegen, als gestatte sie eine Tätigkeit, die im Widerspruch zu den Zielen und Grundsätzen der Vereinten Nationen steht, einschließlich der souveränen Gleichheit, der territorialen Unversehrtheit und der politischen Unabhängigkeit der Staaten.[406]

Artikel 1 der *Erklärung über die Rechte von Personen, die nationalen oder ethnischen, religiösen und sprachlichen Minderheiten angehören* hatte übrigens sehr deutlich erklärt, daß der Schutz der Existenz und der Identität der Minderheiten zur ausschließlichen Zuständigkeit der Staaten gehört:

1. 1. Die Staaten schützen die Existenz und die nationale oder ethnische, kulturelle, religiöse und sprachliche Identität der Minderheiten in ihrem Hoheitsgebiet und begünstigen die Schaffung von Bedingungen für die Förderung dieser Identität.
2. Die Staaten treffen geeignete Gesetzgebungs- und sonstige Maßnahmen zur Erreichung dieser Ziele.[407]

---

404 B. Clavero: Derechos humanos (individuales) y Derechos históricos (colectivos), S. 115.
405 Constitución española. Con las doctrinas del Tribunal Constitucional, Tribunal Supremo y Tribunal Europeo de los Derechos Humanos, S. 542.
406 Erklärung über die Rechte von Personen, die nationalen oder ethnischen, religiösen und sprachlichen Minderheiten angehören, S. 303.
407 Erklärung über die Rechte von Personen, die nationalen oder ethnischen, religiösen und sprachlichen Minderheiten angehören, S. 303.

Auch Art. 4, 6 und 7 übertragen alle Initiativen, die geeignet sind, günstige Bedingungen für die Minderheiten zu schaffen, einzig und allein den Staaten („Die Staaten ergreifen Maßnahmen...", "Die Staaten sollen geeignete Maßnahmen erwägen...", "Die Staaten sollen zusammenarbeiten..."). Die Anerkennung der ausschließlichen Rolle des Staates in Angelegenheiten der Minderheiten – wie in jeder anderen 'inneren' Angelegenheit – ist im übrigen mit der Norm des Art. 2 Abs. 7 der *Satzung der Vereinten Nationen* im vollen Einklang, die es den Vereinten Nationen verbietet, in Angelegenheiten einzugreifen, die ihrem Wesen nach in die innerstaatliche Kompetenz jedes Staates gehören.[408]

Wenn das Prinzip des Rechts der Völker auf die 'innere' Selbstbestimmung – ein Prinzip, das fast vierhundert Nationen ohne Staat betrifft – klar und ausdrücklich von den Vereinten Nationen anerkannt würde, wären es nicht alle Spanier, die über den politischen Status Kataloniens, Galiciens oder des Baskenlandes zu entscheiden hätten, sondern einzig und allein die Einwohner dieser Regionen. Es würde so das Prinzip wirkungslos bleiben, auf das regelmäßig Verfassungsrechtler und Politiker pochen und wonach das Schicksal Kataloniens, Galiciens oder des Baskenlandes eine Angelegenheit aller Spanier sei und daher von allen Spaniern bestimmt werden müsse. (Dieses Prinzip beruht sicherlich auf der Verfassung, oder es kann wenigstens aus einigen ihrer Postulate abgeleitet werden; es macht aber das Selbstbestimmungsrecht vollständig zunichte. Wenn nämlich über das Schicksal eines unter Fremdherrschaft stehenden Volkes auch die Bürger des unterdrückenden Staates entscheiden müßten/dürften, was für einen Sinn hätte dann die Verkündung des Selbstbestimmungsrechts der Völker?)

Der von Bartolomé Clavero heiß ersehnte Übergang von der Anerkennung der individuellen Rechte zur Anerkennung der kollektiven Rechte, der notwendigen Voraussetzung für die tatsächliche Ausübung individueller Rechte, ist aber bisher mehr Wunschvorstellung als Wirklichkeit. Von diesem Übergang haben sich nur einige sehr schüchterne und undeutliche Ansätze abgezeichnet. Nur wenn es in Zukunft neue Entwicklungen in der Judikatur des UN-Ausschusses für Menschenrechte geben wird, wird sich dieser in Art. 8 Abs. 3 der *Erklärung über die Rechte von Personen, die nationalen oder ethnischen, religiösen und sprachlichen Minderheiten angehören* dunkel angedeutete Übergang verwirklichen können. Bartolomé Clavero selbst ist sich dessen völlig bewußt.[409] Derzeit bestehen völkerrechtliche Beziehungen ausschließlich zwischen Staaten. Akteure des Völ-

---

[408] „Keine Bestimmung der vorliegenden Satzung berechtigt die Vereinten Nationen, in Angelegenheiten einzugreifen, die ihrem Wesen nach in die innerstaatliche Zuständigkeit jedes Staates gehören, oder verpflichtet die Mitglieder, solche Angelegenheiten der in der vorliegenden Satzung vorgesehenen Regelung zu unterwerfen" (Satzung der Vereinten Nationen. San Francisco, 26. 6. 1945. In: Österreichisches Handbuch des Völkerrechts. Band 2: Materialienteil, S. 1-42; hier S. 4).

[409] B. Clavero: Derechos humanos (individuales) y Derechos históricos (colectivos), S. 115.

kerrechts sind nur die Staaten. Mitglieder der UNO sind ausschließlich Staaten, nicht die Völker und nicht die ‚Nationalitäten'. Auch nicht von der UNO können sich also die 'historischen Territorien' - wenigstens in einer absehbaren Zukunft - eine Unterstützung für die Durchsetzung ihrer Forderungen erwarten. Die Lösung der spanischen Probleme kann nicht von 'außen' kommen, sondern nur von einem mutigen Übereinkommen der politischen Kräfte Spaniens und von einer mutigen Entwicklung jenes 'nützlichen Konstitutionalismus', der vorläufig bloß von Miguel Herrero de Miñón und wenigen anderen Verfassungsrechtlern verfochten wird und der genauso vor dem Immobilismus wie vor der Utopie zurückschreckt.[410]

---

[410] Miguel Herrero de Miñón: Epílogo. In: M. H. de M. y Ernest Lluch: Derechos históricos y constitucionalismo útil. Barcelona: Crítica 2001, S. 275-290; hier S. 278.

Nach Francos Tod (1975) bemühte sich König Juan Carlos I. um einen untraumatischen Übergang von der Diktatur zur Demokratie. Das 1977 gewählte Parlament (Kongreß und Senat) bildete einen Ausschuß, der einen Verfassungsentwurf ausarbeitete. Dieser Entwurf wurde am 31. Oktober 1978 von der Abgeordnetenkammer und dem Senat mit großer Mehrheit angenommen. Die Abgeordneten des *Partido Nacionalista Vasco*, der stärksten politischen Kraft des Baskenlandes, hatten sich zum Zeitpunkt der Abstimmung des Verfassungstextes entfernt. Die Volksabstimmung über die Verfassung wurde am 6. Dezember abgehalten. Von den fast 18 Millionen Personen, die an der Volksabstimmung teilnahmen, stimmten 15.706.078 (87%) für die Verfassung. Die Enthaltung lag bei 30%, im Baskenland bei 50% (hier überwogen die Neinstimmen - zusammen mit den Enthaltungen - die Jastimmen).

Die spanische Verfassung gründet sich auf die unauflösliche Einheit der Nation. Sie anerkennt und garantiert zwar das Recht auf Autonomie der verschiedenen Nationalitäten und Regionen, die die spanische Nation bilden, aber Autonomie bedeutet nicht Souveränität. Die Artikel des «Título Preliminar» der Verfassung implizieren in ihrer Gesamtheit das Prinzip der absoluten Vorrangstellung des Zentralstaats und daher automatisch das Prinzip der Unterordnung der Autonomie, wie der Verfassungsgerichtshof und der Oberste Gerichtshof in verschiedenen Erkenntnissen erklärt haben. Auch in ihrem Abschnitt über die territoriale Organisation des Staates bekräftigt die Verfassung das Primat des Staates. Es ist der Staat, der sich territorial in Gemeinden, Provinzen und Autonome Gemeinschaften aufgliedert; es ist der Staat, der die Umsetzung des Prinzips der interregionalen Solidarität garantiert; es ist schließlich der Staat, der die Rechte aller Spanier schützt.

Die Verfassung von 1978, wie schon die von 1931, entwarf keine Landkarte der Autonomen Gemeinschaften. Sie erkannte allen 'Nationalitäten' und allen Regionen Spaniens das Recht auf Autonomie zu und gab angrenzenden Provinzen mit gemeinsamen historischen, kulturellen und wirtschaftlichen Eigenschaften, den insularen Territorien und sogar einzelnen Provinzen "con entidad regional histórica" die Möglichkeit, eine Autonome Gemeinschaft zu bilden und die eigene Selbstregierung aufzubauen. Die tatsächliche Bildung der Autonomen Gemeinschaften war aber der Initiative der Provinzen selbst überlassen. Die von der Verfassung fixierten Verfahren für die Bildung einer Autonomen Gemeinschaft waren unterschiedlich. Verschieden waren die vorgesehenen Arten von Gemeinschaften. Variabel war der Umfang der Kompetenzen, die den Gemeinschaften übertragen werden konnten. Die 'historischen Territorien' (Katalonien, Baskenland, Galicien) hatten den unmittelbaren und sofortigen Zugang zur ‚vollen' Autonomie (Übernahme des Maximums an den von der Verfassung vorgesehenen Kompetenzen). Die anderen *Comunidades Autónomas* erlangten die ‚volle' Autonomie langsam und schrittweise. Nur Andalusien wurde gestattet, die ‚volle' Autonomie schon 1981 zu erlangen. Den sog. ‚forales' Gebieten erkannte die Verfassung auch die „historischen Rechte" (d. h. die ‚forales' Rechte und Gesetze) an. Der Verfassungsgerichtshof war aber von Anfang an bemüht, die Tragweite dieser Anerkennung zu schmälern, da man fürchtete, daß die Anerkennung der historischen Rechte der ‚Territorios Forales' Bestrebungen und Wünsche nach Separatismus, Föderalismus oder Selbstbestimmung hätte wecken können. So wurde die Anerkennung der ‚historischen Rechte' auf die ‚Foralidad civil' (Zivilrecht) beschränkt. Die ‚Foralidad política' wurde aus den ‚Historischen Rechten' ausgeklammert, obwohl gerade ihre Anerkennung einen wichtigen Beitrag zur politischen Integration Spaniens leisten könnte.

Die Materien, für die den Autonomen Gemeinschaften die Kompetenz übertragen wurde, waren - im großen und ganzen - von bescheidener Bedeutung. Bei der Ausarbeitung ihrer Statuten versuchten aber die Autonomen Gemeinschaften, ihre Kompetenzen durch die sprachliche Umformulierung der im Verfassungstext angeführten Materien auszudehnen. Die Tendenz, über Sinn und Wortlaut des Verfassungstextes hinauszugehen und Prärogativen und Kompetenzen, die eher einem Staat als einer regionalen Autonomen Gemeinschaft eigen sind, zu ‚usurpieren', manifestiert sich deutlich in den Präambeln einiger Autonomiestatuten. Die Ungenauigkeit, Widersprüchlichkeit und Zweideutigkeit des Verfassungstextes begünstigten solche Usurpationen. (Einen deutlichen Indikator für die Ambiguität und Widersprüchlichkeit der Verfassung liefert die hohe Zahl der vom Verfassungsgerichtshof gefällten Erkenntnisse zu Autonomiekonflikten: 54 in den drei Jahren 1981-1983; 100 in den vier Jahren 1984-1987!)

Die spanische Verfassung von 1978 deutet eine Konzeption Spaniens als ‚Nation von Nationen' an, ohne jedoch bis zu einer deutlichen Anerkennung des ‚plurinationalen' Charakters des Staates zu gelangen. Sie entwirft eine territoriale Organisationsstruktur, die ein Mittelding zwischen Zentralismus und Föderalismus ist. Der Staat der Autonomien hat einen Mischcharakter, der sich in der - manchmal vollkommen inkohärenten - Kombination aus Eigenschaften teils von dem zentralistischen, teils von dem föderalistischen Modell manifestiert. Die Einführung der politischen und administrativen Autonomie über die institutionelle Form der *Comunidad Autónoma* orientierte sich sicherlich an einem föderalistischen Staatsmodell. Doch das föderalistische Modell der territorialen Staatsorganisation, das man mit der Bildung von regionalen Autonomen Gemeinschaften anscheinend verwirklichen wollte, wurde zum großen Teil durch die vollständige Ablehnung einer ‚vertikalen' Aufteilung der Souveränität, die Beibehaltung der alten Provinzstruktur, das Fehlen eines Organs für Koordination und Dialog zwischen den Autonomen Gemeinschaften und der Zentralgewalt (der Senat erfüllt, obwohl er als "Cámara de representación territorial" definiert wird, diese Funktion nicht) sowie durch die Geringfügigkeit der fiskalischen und finanziellen Autonomie vernichtet.

Der von der Verfassung beim Entwurf des Staates der Autonomien angerichtete verworrene und unsichere Kompromiß zwischen zentralistischen und föderalistischen Tendenzen ist sicherlich in der Hauptsache verantwortlich für die Zweideutigkeiten und 'Usurpationen' von Prärogativen und Kompetenzen, die einige Statuten der Autonomen Gemeinschaften charakterisieren. Ein Teil der Zweideutigkeiten und der 'Usurpationen' hat aber seinen Ursprung auch in den konkreten historischen Umständen, unter denen manche besondere Normen der Verfassung und der Autonomiestatuten formuliert wurden.

Die unterschiedlichen Verfahren für die Bildung einer Autonomen Gemeinschaft, die verschiedenen vorgesehenen Arten von Gemeinschaften und die Variabilität des Umfangs der Kompetenzen, die den *Comunidades Autónomas* übertragen werden konnten, schufen eine heterogene Landschaft der Autonomien. Diese Heterogenität wollten der *Partido Popular* und der PSOE mit Harmonisierungs- und Homogenisierungsgesetzen verringern. Der erste, mit der *Ley Organica Armonizadora del Proceso Autonómico* unternommene Versuch scheiterte, da der Verfassungsgerichtshof am 5. August 1983 die wichtigsten Normen dieses Organgesetzes zur Harmonisierung des Autonomieprozesses als verfassungswidrig aufhob. Ein zweiter Versuch wurde zehn Jahre später gemacht, nachdem PSOE und PP die sog. ‚autonomischen Vereinbarungen' ('Acuerdos autonómicos') über die Homogenisierung der Autonomiestatuten getroffen hatten. Mit dem Organgesetz vom 2. Dezember 1992 wurde sowohl die Übertragung von Kompetenzen an die Autonomen Gemeinschaften, die ihre Autonomie ‚langsam und graduell' erreicht hatten, als auch die entsprechende Reform der Statuten dieser Gemeinschaften angeordnet, die mit einer Reihe von Organgesetzen - alle vom 24. März 1994 - verwirklicht wurde. So wurde die Homogenisierung der Gemeinschaften mit 'langsamer oder gradueller Autonomie' durchgeführt und die anfängliche 'asimetría competencial' (Asymmetrie der Kompetenzen) zwischen diesen Autonomen Gemeinschaften und den anderen abgeschwächt. Sie wurde abgeschwächt, verschwand aber nicht ganz. Die durchgeführte Gleichstellung der Kompetenzen war in der Tat nicht vollständig, da unter den übertragenen Kompetenzen jene, die die Justizverwaltung, die Polizei, das Kreditwesen, das Bankwesen und die Gesundheitsversorgung in der Sozialversicherung betrafen, nicht enthalten waren.

Der Erfolg der Harmonisierungsversuche war mehr als zweifelhaft. Sie verringerten zwar die Heterogenität, gleichzeitig lösten sie aber einen verhängnisvollen Differenzierungsprozeß aus. Einige der *Comunidades Autónomas* mit geringeren Kompetenzen waren nämlich nicht nur bestrebt, ihre Kompetenzen an jene der ‚historischen' Gemeinschaften völlig anzugleichen. Sie waren auch bemüht, eine eigene historische, sprachliche und kulturelle Identität zu ‚konstruieren' und ihre Zugehörigkeit zu einer ‚Nationalität' und zu einem ‚Volk', die sich von anderen ‚Nationalitäten' und anderen ‚Völkern' unterscheiden, hervorzuheben.

Doch in demselben Maß wie sie sich den ‚historischen' Gemeinschaften annäherten, entfernten sie sich von denjenigen, die nicht versucht hatten, die eigenen Statuten auf historische, sprachliche und kulturelle Identität, auf Nationalitäten und anthropologische Verschiedenheiten - echte oder eingebildete - zu gründen. So vereitelte die Einführung der sogenannten 'hechos diferenciales' in die Statuten den mit dem Organgesetz vom 2. Dezember 1992 verordneten Homogenisierungsprozeß zu einem erheblichen Teil. Zudem erschwerte der ‚Differentialismus' ('diferencialismo') nicht nur die Integration der Autonomen Gemeinschaften in die übergeordnete Einheit der spanischen Nation, sondern bildete auch an und für sich einen Instabilitätsfaktor.

In der Tat kündigte der 'diferencialismo' einerseits bereits die Forderung nach weiteren Kompetenzen und weitergehender Autonomie an und trieb andererseits die *Comunidades* der 'historischen Territorien' – die schon die allgemeine Gewährung der Autonomie nicht gern gesehen hatten und noch weniger akzeptierten, daß alle Gemeinschaften die gleichen Rechte und Befugnisse wie sie selbst haben könnten – dazu, immer umfassendere Forderungen nach Ausweitung der Selbstregierung zu erheben, um sich von den 'künstlich' gebildeteten Gemeinschaften zu unterscheiden. Doch unabhängig von der Dynamik des 'Spiels auf Hausse', das vom 'Differentialismus' gefördert wurde, war schon die Bezugnahme auf die eigene Identität, Nationalität und anthropologische Verschiedenheit als hauptsächliche Legitimationsquellen der statutarischen Rechte ein Instabilitätsfaktor, weil dadurch die Rolle der Verfassung – nicht mehr einzige und auch nicht mehr maßgebliche Legitimationsquelle der statutarischen Rechte – und ihr Vermögen, die Einheit in der Vielfalt und somit die nationale Kohäsion zu garantieren, geschwächt wurden.

Das 'Spiel auf Hausse' der Autonomen Gemeinschaften der 'historischen Territorien' war von 1993 bis 2000 von dem Umstand begünstigt, daß in diesen Jahren die Regierungen des PSOE bzw. des PP über keine absolute Mehrheit verfügten und auf die Unterstützung der nationalistischen Parteien Kataloniens und des Baskenlandes angewiesen waren. Die katalanische *Convergència i Unió* (CiU) unterstützte zuerst die Regierung von Felipe González und dann gemeinsam mit dem PNV jene von José María Aznar. Im Gegenzug verlangten die Katalanen und die Basken mehr Kompetenzen und mehr staatliche Investitionen in die Infrastruktur ihrer Regionen. Die Zugeständnisse an diese Gemeinschaften riefen natürlich Forderungen der übrigen *Comunidades* hervor. Diese nicht mehr kontrollierbare Dynamik von Forderungen und Gegenforderungen rückte neuerlich das Problem des Abschlusses des autonomischen Modells in den Vordergrund, so man nicht die Instabilität verewigen wollte. Der ‚cierre' des Modells setzt selbstverständlich die Einigung der zwei großen spanischen Parteien voraus. Die gegenseitige Abneigung zwischen PP und PSOE ist aber zur Zeit so groß, daß eine Einigung völlig ausgeschlossen ist. Davon profitieren die CiU und der PNV.

Die peripheren historischen Nationalismen entwickelten ab 1998 eine Reihe gemeinsamer Initiativen für eine radikale Infragestellung des verfassungsmäßigen Systems der territorialen Organisation des Staates. Das verfolgte Ziel ist die volle Souveränität oder wenigstens die 'geteilte Souveränität'. Insbesondere das Baskenland will nunmehr mit verstärkter Vehemenz die Übertragung der zahlreichen noch ausstehenden Kompetenzen und die Reform des Autonomiestatuts durchsetzen. Über die Reform des Statuts soll die Gründung eines freien mit Spanien assoziierten Staates erreicht werden. Gegen die Pläne der baskischen Regierung wehrt sich aber sowohl die Zentralregierung als auch die Opposition (PSOE). Auch Katalonien und Galicien streben eine grundlegende Reform ihres Autonomiestatuts und eine Neugestaltung der Beziehungen zu Spanien an. Doch nicht nur Katalonien, das Baskenland und Galicien zeigen sich unzufrieden mit der gegenwärtigen Situation und denken an eine radikale Reform der Autonomiestatuten und an konföderative und föderale Formen und Systeme, die ihnen 'Souveränität', 'geteilte Souveränität' oder jedenfalls eine weitestgehende Autonomie garantieren können. Auch andere *Comunidades Autónomas* tun es.

PSOE und PP sind über eine Föderalisierung Spaniens uneins. Der PSOE schlägt die Reform des Senates vor. Sollte der Senat wirklich die Funktionen einer territorialen Repräsentationskammer ausüben, so wäre dies ein erster, entscheidender Schritt in die Richtung einer stufenweisen Realisierung des föderalen Projekts. Der PP lehnt aber strikt jede Reform des Senats sowie jedes Föderalisierungsprojekt ab. Eine Zusammenarbeit der zwei großen Parteien ist aber für grundlegende Verfassungsreformen unerläßlich. Eine solche Zusammenarbeit ist jedoch zum heutigen Zeitpunkt - wie schon gesagt - völlig unwahrscheinlich.

Auch der Beitritt Spaniens zur EG hat die Lösung der brisanten Frage des territorialen Aufbaus und der Beziehungen zwischen Zentralstaat und peripheren Regionen nicht herbeigeführt. Die Verfechter des Einheitsstaates, die die spanische Nation als die einzige Trägerin der Souveränität betrachten, hatten gehofft, daß die Europäische Union - eine Gemeinschaft von Staaten - ein Mittel wäre, um die regionalen Nationalismen auszuschalten und ihr Streben nach geteilter Souveränität oder gar nach Unabhängigkeit zu blockieren. Um diese Ziele zu erreichen, akzeptierten sie, daß Spanien einen Teil seiner eigenen Souveränität an die EU abtrat. Die Anhänger eines ‚plurinationalen' Spaniens, also eines Staates mit verschiedenen Trägern der Souveränität, hatten dagegen erwartet, daß diese Abtretung von Souveränität günstige Bedingungen für die Bildung eines 'Europa der Völker', oder eines 'Europa der Regionen', schaffen würde. Der ‚Faktor Europa' hat aber eine komplexe und gemischte Auswirkung und konnte weder die Erwartungen der Verfechter des Einheitsstaates noch jene der Anhänger eines ‚plurinationalen' Spaniens erfüllen. Die EU hat in der Tat auf der einen Seite dazu beigetragen, die alten Unabhängigkeitsbestrebungen der regionalen Nationalitäten (außer im Fall von ETA-*Herri Batasuna*) zu hemmen, auf der anderen Seite aber die Radikalisierung der traditionellen föderalistischen Standpunkte der ‚historischen Territorien' sowohl indirekt wie auch direkt begünstigt. Er hat sie indirekt begünstigt, weil der Vereinigungsprozeß der europäischen Staaten, der zweifellos zu einer ‚neuen', wachsenden politischen und administrativen Zentralisierung tendiert, automatisch entsprechende wachsende Forderungen nach Dezentralisierung hervorruft, Forderungen, die nur die lokalen und regionalen Gebietskörperschaften befriedigen können. Er hat sie aber auch direkt durch die Errichtung von Institutionen wie der *Versammlung der Regionen Europas*, der *Konferenz ‚Europa der Regionen'* oder dem *Ausschuß der Regionen* begünstigt. Besonders wichtig ist der AdR. Obwohl dieses neue Vertretungsorgan der Regionen noch nicht in den eigentlichen Entscheidungsprozeß der Europäischen Union eingebunden ist und bis heute nicht den von den Gebietskörperschaften der bundesstaatlich organisierten EU-Mitgliedstaaten ständig geforderten Einfluß erlangt hat, könnte sich aus ihm, wie Katalonien und das Baskenland gehofft hatten, in Zukunft eine echte ‚Regionalkammer' der EU entwickeln. Vorläufig sind aber die Mitgliedstaaten, die Nationalstaaten, noch die einzigen ‚Herren der Verträge'.

Einige Politiker und Juristen glauben, daß sich die 'historischen Territorien' auf das von den *Vereinten Nationen* anerkannte Recht auf Selbstbestimmung der Völker berufen könnten, um ihre Forderung nach Selbstbestimmung durchzusetzen. Gegenwärtig hat das Prinzip des Rechtes auf Selbstbestimmung der Völker einen noch zu eingeschränkten Anwendungskreis. Die *Vereinten Nationen* haben das Recht der kolonialen Länder und Völker auf Freiheit und Unabhängigkeit anerkannt, nicht aber das Prinzip der 'inneren' Selbstbestimmung der Völker. Sie unterstützen daher nicht die sezessionistischen Bestrebungen von Regionen, die sich ethnisch vom restlichen Land unterscheiden. Das Prinzip der Selbstbestimmung der Völker als rechtliches Prinzip ist aber eine in Evolution befindliche Norm. Allmählich wird erkannt, daß die Anerkennung der individuellen Rechte - insbesondere des Rechtes auf Freiheit - wirkungslos bleibt, wenn nicht auch die kollektiven Rechte anerkannt und geschützt werden. Die Individuen können nicht Träger von Menschenrechten, können nicht frei sein, wenn ihre Nation - oder ihr Volk - unterdrückt wird. Die ersten schüchternen Ansätze zu einer Anerkennung der kollektiven Rechte finden sich in der *Erklärung über die Rechte von Personen, die nationalen oder ethnischen, religiösen und sprachlichen Minderheiten angehören* von 1992. Aber auch in dieser *Erklärung* wird der Schutz der Existenz und der nationalen oder ethnischen, kulturellen, religiösen und sprachlichen Identität der Minderheiten den Staaten anvertraut, in denen solche Minderheiten leben. Sollte in Zukunft das Prinzip des 'inneren' Selbstbestimmungsrechts explizit von den VN anerkannt werden, so wären es nicht mehr alle Spanier, die über das Schicksal der Katalanen, Basken und Galicier zu entscheiden hätten, sondern nur diese Völker selbst. Vorläufig sind aber weiterhin die Staaten die einzigen Hauptakteure des Völkerrechts und die 'historischen Territorien' können nicht von den *Vereinten Nationen* erwarten, daß diese ihre Bestrebungen unterstützen.

Zu tief sind in Spanien die historischen Wurzeln der Gemeinde- und Regionalautonomien, zu tief sind die Abneigung und der Widerwillen gegen die politische und administrative Zentralisierung, als daß leicht der Punkt eines stabilen, endgültigen Gleichgewichts zwischen den immer wiederkehrenden zentralistischen Versuchungen und den immer radikaleren autonomistischen und in manchen Fällen separatistischen Tendenzen gefunden werden könnte. Das Modell des fortgeschrittenen Regionalismus, das mit der Schaffung der Autonomen Gemeinschaften versucht wurde, hat die Spannungen zwischen Zentrum und Regionen nicht verringert. Es hat sie sogar verstärkt. Die zur Beseitigung oder Abschwächung der auffälligsten Mängel und Inkongruenzen des Modells erfundenen Mittel erwiesen sich als unwirksam. Die unternommenen Homogenisierungsversuche haben - wenn sie nicht zur Gänze gescheitert sind - zwar einige bescheidene Ergebnisse gebracht, aber auch das Mißtrauen der 'historischen Territorien' hervorgerufen, die auf ihre eigenen ‚Privilegien' und ihre eigene Verschiedenartigkeit bedacht sind. Sie haben dadurch eher dazu beigetragen, die peripheren Nationalismen und ihr Streben nach einer immer größeren Autonomie oder nach einer ‚geteilten Souveränität' - wenn nicht sogar nach der vollen Unabhängigkeit - zu verstärken, als sie zu schwächen. Eine Lösung der Krise des Staates der Autonomien durch die Homogenisierung dessen, was absolut heterogen ist, ist also nicht nur unmöglich, sondern auch gefährlich.

Nur wenn auf die Verabsolutierung der Verfassungsnormen und auf die entsprechenden formalistischen Argumentationsweisen verzichtet und die Geschichte als ein Kontinuum, als einen fruchtbaren Faktor betrachtet wird, der sowohl bei der Formung der nationalen Wesensarten und Identitäten als auch bei der Gestaltung der Beziehungen der verschiedenen Nationalitäten und Regionen zu dem Zentralstaat immer wirkt, ist es möglich, eine Lösung der Krise zu finden. Aber die Erkenntnis der kontingenten Beschaffenheit der Verfassungsnorm, ihrer historischen und sozialen Determiniertheit ist schwierig. Der Widerstand des Bürokratieapparats des Staates und der Zentralregierungen gegen die Abtretung von Prärogativen ist ein natürliches und verständliches Phänomen. Ebenso ein natürliches und verständliches Phänomen ist die zentralistische Mentalität der Politiker, wenn sie an der Macht sind (bezeichnend sind die totalen Schwenkungen der Parteien und ihrer Führer in der Frage einer föderalistischen Reform der Verfassung: sie sind für Zentralismus und gegen jede Änderung des Verfassungstextes, wenn sie die Regierungsgewalt erlangen, und für Dezentralisation und Föderalismus, wenn sie nach verlorenen Wahlen in die Opposition gehen). Weniger natürlich und verständlich ist hingegen der Widerstand der Verfassungsrechtler gegen die Änderung der Verfassung. Für die große Mehrheit dieser Rechtsgelehrten stellt die Verfassung eine absolute Norm dar.[1] Die Geschichte - weit davon entfernt, ein kontinuierliches Fließen zu sein - hätte mit der Erlassung der Verfassung, der Höchsten Norm, einen endgültigen Bruch erfahren. Von der historischen Vergangenheit hätten bloß jene wenigen Elemente, die in die Verfassung eingebaut worden sind, Bedeutung und Gültigkeit (eine sehr beschränkte Bedeutung und Gültigkeit jedoch, weil die 'historischen Rechte' eher als eine unwirksame "reliquia arqueológica",[2] als ein fruchtbares Ferment der Veränderung und der Integration betrachtet werden). All das, was nicht im ‚heiligen Text' enthalten ist und nicht aus ihm hervorgeht, hätte keine Legitimität, ja, mehr noch: es würde nicht einmal existieren. Francisco Tomás y Valiente hat es so formuliert: "promulgada la Constitución, cualquier forma de legitimismo historicista queda sustituida por la única forma de legitimidad admisible en un Estado democrático de Derecho, esto es, la derivada del propio texto constitucional".[3] Schließlich, 'am Anfang war das Wort', also die Verfassung, und sonst nichts.

Es ist wahr, daß es nicht nur die rigoros ‚formalistische' Auffassung des Verfassungsrechts ist, die die ablehnende Haltung der Gelehrten in der Frage der Verfassungsreform bestimmt. Manchmal gesellen sich den streng juristischen Betrachtungen auch Überlegungen, die von der politischen Vorsicht geleitet sind. Dennoch könnte sich der Immobilismus, der von der Angst veranlaßt wird, daß eine Reform der Verfassung die fragile Basis des während der Phase des 'demokratischen Übergangs' erreichten politischen Konsenses zerstören würde, im Laufe der Zeit gefährlicher erweisen, als das Wagnis, die Verfassung zu ändern.

Die historische, institutionelle und kulturelle Tradition und die ethnische, soziale und sprachliche Wirklichkeit können wohl von der Verfassungslehre ignoriert werden, doch hören sie deshalb nicht auf, im täglichen Leben zu wirken, Hoffnungen und Sehnsüchte zu nähren, die Mentalität und das Verhalten zu prägen, die 'nationalen' und regionalen Identitäten zu formen. Die Hindernisse, die

---

1 Francisco Rubio Llorente, Verfassungsrechtler und 'Magistrado del Tribunal Constitucional español', schreibt etwa: "Es cierto que la Constitución del Estado ... se impone, *como es obvio*, a todas las demás normas, tanto a las del poder central como a las de los poderes territoriales (incluidas las Constituciones o Estatutos de éstos)". Vgl. Francisco Rubio Llorente: Informe General. In: Tribunales Constitucionales Europeos y Autonomías Territoriales. Madrid: Centro de Estudios Constitucionales - Tribunal Constitucional 1985, S. 17-53; hier S. 23. Nach Bartolomé Clavero ist diese "*ovvietà*" nicht mit den "dati registrati nella stessa Costituzione e negli stessi Statuti spagnoli" vereinbar. Vgl. Bartolomé Clavero: «Territorios forales»: una pagina spagnola del palinsesto europeo. In: Le autonomie e l'Europa. Profili storici e comparati. A cura di Pierangelo Schiera. Bologna: Il Mulino 1993, S. 15-45; hier S. 39.

2 Miguel Herrero de Miñón y Ernest Lluch: Introducción: Constitucionalismo útil. In: M. H. de M. y E. Ll.: Derechos históricos y constitucionalismo útil. Barcelona: Crítica 2001, S. 1-5; hier S. 1.

3 Francisco Tomás y Valiente: Tribunal Constitucional de España. In: Tribunales Constitucionales Europeos y Autonomías Territoriales. Madrid: Centro de Estudios Constitucionales - Tribunal Constitucional 1985, S. 133-224; hier S. 158.

Staat und Regierung der freien Entfaltung der Identität der verschiedenen 'Nationalitäten' und Regionen in den Weg stellen, vermehren den Widerstand gegen die Zentralgewalt, fördern den Widerwillen gegen ihre Einmischung und begünstigen einen Prozeß wachsender Differenzierung. Vielsagend sind in dieser Hinsicht die Ergebnisse der Meinungsumfragen über die nationale und regionale Identität der Spanier. Das regionale Identitätsbewußtsein wächst stetig.

Nur wenn der widersprüchliche, zwitterhafte Staat der Autonomien in einen reinen Bundesstaat umgewandelt wird, könnte die Verschlechterung der Beziehungen zwischen Zentralstaat und Autonomen Gemeinschaften aufgehalten werden. Eine organische Reform der Verfassung, die sich das Ziel setzen würde, einen echten föderalen Staat aufzubauen, wäre nicht, wie man gesehen hat, 'technisch' schwierig. Der Bundesstaat wird immerhin von fast allen Verfassungsrechtlern als der 'natürliche Ausgang' des Autonomienstaates angesehen. Was dann die Schwierigkeiten, die unvorhersehbaren Entwicklungen und die Risiken eines Übergangs von einem Staat der Autonomien zu einem Bundesstaat anbelangt, so barg der Übergang vom Franco-Regime zur Demokratie ganz gewiß mehr Schwierigkeiten, unvorhersehbare Entwicklungen und Risiken. In Wahrheit ist der politische Wille – das heißt, sein Fehlen – das größte Hindernis für eine Umwandlung des Staates der Autonomien in einen Bundesstaat. Die Führer und Funktionäre der 'staatlichen' Parteien (PP, PSOE, IU) befürchten, Stimmen und Macht zu verlieren. Auch der Verfassungsgerichtshof (das heißt, seine Präsidenten und Mitglieder) hat wenig Sympathie für den Föderalismus[4] und wirkt einer solchen Umwandlung entgegen. Infolge der Zweideutigkeit der Verfassung und der Autonomiestatuten sowie der unterschiedlichen Auffassungen, die die Zentralgewalt und die autonomen Regierungen von der Selbstregierung haben, hat sich der Verfassungsgerichtshof eine Schlüsselrolle bei der Gestaltung der Staatsform angemaßt, die wahrscheinlich kein anderer Verfassungsgerichtshof hat.[5] Da niemand gerne und freiwillig auf die Macht, die er innehat, verzichtet, behindert so auch eine Institution, die unparteiisch sein sollte, mehr oder weniger offen die notwendige Reform der Verfassung. Aber dieser Widerstand würde kein wesentliches Hindernis darstellen, wenn die Politiker diese Reform wirklich wollten.

Die Verspätungen in der Verwirklichung von notwendigen Reformen verursachen Mißverständnisse und Ressentiments und erschweren die Lösung der Probleme. Eine rechtzeitige Verfassungsrevision hätte die Entwicklung radikaler Tendenzen und das Auftauchen von Bestrebungen zu einer 'geteilten' oder zu einer totalen Souveränität fast sicher verhindert.

---

4 Vgl. zum Beispiel F. Tomás y Valiente: Tribunal Constitucional de España, S. 218.

5 Vgl. Albert Balcells: Història del nacionalisme català dels orígens al nostre temps. Barcelona: Generalitat de Catalunya 1997, S. 227.

Funktion einer Verfassung sollte die politische Integration sein, wie Miguel Herrero de Miñón, sich auf Rudolf Smend berufend, behauptet.[6] Aber nur eine Verfassung, die das Recht auf die ‚innere' Selbstbestimmung der ‚Nationalitäten' anerkennt, kann die politische Integration verwirklichen. Die Verfassung von 1978 erfüllt die integrierende politische Funktion nur unvollkommen. Vielleicht könnte sie diese Funktion mit einer großzügigen Interpretation der in der «Disposición Adicional Primera» anerkannten 'Historischen Rechte' - wie Miguel Herrero de Miñón[7] vorschlägt - oder vielleicht auch mit einer großzügigen Auslegung von Art. 150 Abs. 2 der Verfassung[8] - wie Eduardo García de Enterría befürchtet[9] - besser erfüllen. Aber die Übertragung von allen oder fast allen Kompetenzen, für die ausschließlich der Staat zuständig ist, bzw. die Anerkennung der 'forales' Rechte und der 'Historischen Rechte' als originäre vor-konstitutionelle Rechte (In principio erat fuerum!)[10] – daraus würde sich die Anerkennung des Rechtes auf 'innere' Selbstbestimmung ergeben (nur die Völker oder die ‚Nationalitäten', die Träger solcher Rechte sind, wählen und bestimmen frei ihren politischen Status) – würden politische Schwierigkeiten bereiten, die nicht geringer wären, als jene, die mit der Ausarbeitung eines neuen Verfassungstextes verbunden sind. Deshalb wäre es besser, die Verfassung *ex novo* zu entwerfen, anstatt sie großzügig zu 'interpretieren', um sie den aktuellen Bedürfnissen anzupassen. Bei dem Entwurf des neuen Verfassungstextes sollten selbstverständlich die ‚differentiellen Fakten' und die 'Historischen Rechte' als grundlegende und nicht als zufällige Elemente seiner Struktur und somit der territorialen Organisation

6 M. Herrero de Miñón: Derechos Históricos y Constitución. Madrid: Taurus 1998, S. 231-237, 326-328. - M. Herrero de Miñón y E. Lluch: Introducción: Constitucionalismo útil, S. 2.

7 Vgl. M. Herrero de Miñón: Epílogo. In: M. H. de M. y Ernest Lluch: Derechos históricos y constitucionalismo útil. Barcelona: Crítica 2001, S. 275-290. - M. Herrero de Miñón y E. Lluch: Introducción: Constitucionalismo útil, S. 1-5. - M. Herrero de Miñón: Derechos Históricos y Constitución, S. 317-343.

8 "El Estado podrá transferir o delegar en las Comunidades Autónomas, mediante ley orgánica, facultades correspondientes a materia de titularidad estatal que por su propia naturaleza sean susceptibles de transferencia o delegación" (Constitución española. Con las doctrinas del Tribunal Constitucional, Tribunal Supremo y Tribunal Europeo de los Derechos Humanos, S. 602).

9 "Como el texto constitucional, no enuncia cuáles son las materias de titularidad estatal no susceptibles por naturaleza de transferencia o delegación, parece resultar [...] que todas y cada una de las competencias que como exclusivas del Estado define el artículo 149 son trasladables a las Comunidades Autónomas, al menos mientras el Tribunal Constitucional no decida otra cosa aplicando ese límite indeterminado de la «naturaleza». Se comprende que este sistema, sin precedentes en el planeta entero, que permitiría desguazar íntegramente al Estado sin necesidad de modificar (¡antes bien, aplicándola!) la Constitución, no es objetivamente sostenible." Vgl. Eduardo García de Enterría: Estudios sobre autonomías territoriales. Madrid: Civitas 1985, S. 65-75 («El techo constitucional de las autonomías territoriales: un problema básico»); hier S. 67.

10 M. Herrero de Miñón: Derechos Históricos y Constitución, S. 231.

Spaniens betrachtet werden. Das Bewußtsein der rechtlichen Wertigkeit der Geschichte muß dem Entwurf eines föderalen Aufbaus des Staatsgebietes zugrunde liegen.

So wie der heutige Staat der Autonomien das Ergebnis eines langen historischen Prozesses ist,[11] wird auch seine Umwandlung in einen Bundesstaat das Resultat des kontinuierlichen historischen Prozesses sein. Die in einer fast tausendjährigen historischen Tradition verwurzelten regionalistischen und autonomistischen Tendenzen werden in der Tat so lange wirken, bis ein staatliches Modell verwirklicht wird, in welchem sie ihre volle Entfaltung erreichen können.

---

[11] Vgl. José María Souvirón Morenilla: Realidad y perspectivas de la organización territorial del Estado. I. El Estado de las Autonomías: entre la historia y su propia dialéctica. Granada: Editorial COMARES 2000, S. 3.

a) *Quellen*

Acta política de la Conferencia de Loredan. 20 de enero de 1897. In: José Luis de la Granja, Justo Beramendi, Pere Anguera: La España de los nacionalismos y las autonomías. Madrid: Síntesis 2001, S. 306-307.

Acuerdo secreto entre Euskadi Ta Askatasuna (ETA), Euzko Alderdi Jeltzalea-Partido Nacional Vasco (PNV) y Eusko Alkartasuna (EA). Agosto de 1998. In: J. L. de la Granja, J. Beramendi, P. Anguera: La España de los nacionalismos y las autonomías. Madrid: Sintesis 2001, S. 383.

M. Ainis - T. Martines: Codice costituzionale. Bari: Laterza 2001.

Las Siete Partidas Del Sabio Rey don Alonso el nono, nueuamente Glosadas por el Licenciado Gregorio Lopez del Consejo Real de Indias de su Magestad. Impresso en Salamanca Por Andrea de Portonaris, Impressor de su Magestad. Año. M.D.L.V. Con priuilegio Imperial (Edición facsímil. Madrid: Boletín Oficial del Estado 1985).

Alfonso X el Sabio: Las Siete Partidas. Selección, prólogo y notas de Francisco López Estrada y María Teresa López García-Berdoy. Madrid: Castalia 1992.

Autonomiestatut für Andalusien (Organgesetz 6/1981 vom 30. Dezember 1981). In: Francisco Balaguer Callejón: Die Autonome Gemeinschaft Andalusien im Bildungsprozeß des Autonomischen Spanischen Staates. In: Jahrbuch des öffentlichen Rechts der Gegenwart, Neue Folge, Band 47 (1999), S. 131-147.

*Francisco Ayala: «Prólogo» zu: Carl Schmitt: Teoría de la Constitución. Traducción y presentación de Francisco Ayala. Madrid: Alianza Universidad 1982 (Reproduktion der Ausgabe von 1934).

Francisco Ayala: Recuerdos y olvidos. Madrid: Alianza 2001.

Manuel Azaña: Cuadernillo de apuntes: 1920. In: M. A.: Obras completas. III. México: Ediciones Oasis 1967, S. 863-868.

Manuel Azaña: El "Idearium" de Ganivet (1921-1930). In: M. A.: Obras completas. I. México: Ediciones Oasis 1966, S. 568-619.

Manuel Azaña: El cirujano de hierro, según Costa (1923). In: M. A.: Obras completas. I. México: Ediciones Oasis 1966, S. 560-563.

Manuel Azaña: Caciquismo y democracia (1923). In: M. A.: Obras completas. I. México: Ediciones Oasis 1966, S. 471-474.

Manuel Azaña: La revolución en marcha (Alocución en el mitín republicano de la plaza de toros de Madrid, el 29 de septiembre de 1930). In: M. A.: Obras completas. II. México: Ediciones Oasis 1966, S. 13-17.

Manuel Azaña: Acción Republicana ante la revolución y ante las Cortes (Discurso en el banquete ofrecido por el partido a sus candidatos a diputados, el 17 de julio de 1931). In: M. A.: Obras completas. II. México: Ediciones Oasis 1966, S. 19-28.

Manuel Azaña: Fases de la revolución. Porvenir de las Constituyentes. La política y el Gobierno, funciones creadoras (Discurso en la sesión de clausura de la asamblea nacional de Acción Republicana, el 14 de septiembre de 1931). In: M. A.: Obras completas. II. México: Ediciones Oasis 1966, S. 29-44.

Manuel Azaña: Política religiosa: El artículo 26 de la Constitución (Sesión de Cortes del 13 de octubre de 1931). In: M. A.: Obras completas. II. México: Ediciones Oasis 1966, S. 49-58.

Manuel Azaña: Crisis del 14 de octubre de 1931: Presentación y programa del nuevo Gobierno (Sesión de Cortes del 14 de octubre de 1931). In: M. A.: Obras completas. II. México: Ediciones Oasis 1966, S. 59-63.

Manuel Azaña: Condena de Alfonso XIII (Sesión de Cortes del 19 de noviembre de 1931). In: M. A.: Obras completas. II. México: Ediciones Oasis 1966, S. 81-83.

Manuel Azaña: Defensa de la República (Sesión de Cortes del 20 de octubre de 1931). - Prórroga de la ley de Defensa de la República (Sesión de Cortes del 8 de diciembre de 1931). - Suspensión de periódicos (Sesión de Cortes del 19 de febrero de 1932). - Los periódicos y la ley de Defensa de la República (Sesión de Cortes del 9 de marzo de 1932). In: M. A.: Obras completas II, S. 65-70, 103-109, 167-171, 191-200.

Manuel Azaña: Política militar: Líneas generales de las reformas de Guerra y creación del cuerpo de suboficiales (Sesión de Cortes del 2 de diciembre de 1931). In: M. A.: Obras completas II, S. 85-102.

Manuel Azaña: Sucesos de Castilblanco: La Guardia civil (Sesión de Cortes del 5 de enero de 1932). - Sucesos de Arnedo: La Guardia civil (Sesión de Cortes del 6 de enero de 1932). In: M. A.: Obras completas II, S. 127-131, 133-137.

Manuel Azaña: Política militar: Reorganización de las fábricas militares (Sesión de Cortes del 27 de enero de 1932). - Política militar: Reorganización de las fábricas militares (Sesión de Cortes del 28 de enero de 1932). - Supresión de la prensa llamada militar. Sanciones a los militares retirados. Selección del generalato (Sesión de Cortes del 1 de marzo de 1932). In: M. A.: Obras completas II, S. 145-160, 161-163, 173-183.

Manuel Azaña: El Estatuto de Cataluña (Sesión de Cortes del 27 de mayo de 1932). In: M. A.: Obras completas II. México: Ediciones Oasis 1966, S. 249-285.

Manuel Azaña: El Estatuto de Cataluña (Sesión de Cortes del 2 de junio de 1932). In: M. A.: Obras completas II, S. 287-300.

Manuel Azaña: El Estatuto de Cataluña (Sesión de Cortes del 3 de junio de 1932). In: M. A.: Obras completas II, S. 301-309.

Manuel Azaña: La opinión pública y las Cortes. La coalición electoral y la mayoría parlamentaria. El Estatuto de Cataluña (Sesión de Cortes del 20 de julio de 1932). In: M. A.: Obras completas II, S. 355-369.

Manuel Azaña: La enseñanza en Cataluña, según el Estatuto (Sesión de Cortes del 2 de agosto de 1932). In: M. A.: Obras completas II, S. 371-377.

Manuel Azaña: La Hacienda de la Generalidad de Cataluña (Sesión de Cortes del 31 de agosto de 1932). In: M. A.: Obras completas II, S. 397-407.

Manuel Azaña: El orden público y la política general del Gobierno (Sesión de Cortes del 2 de febrero de 1933). In: M. A.: Obras completas II, S. 531-545.

Manuel Azaña: Diarios, 1932-1933. «Los cuadernos robados». Introducción de Santos Juliá. Barcelona: Crítica 1997.

Manuel Azaña: Diarios completos. Monarquía, República, Guerra civil. Introducción de Santos Juliá. Barcelona: Crítica 2000.

Azorín (José Martínez Ruiz): El alma castellana (1900). In: Azorín: Obras escogidas. Madrid: Espasa Calpe 1999, 3 Bände; Bd. III, S. 181-296.

Azorín (José Martínez Ruiz): Los pueblos (1905). In: Azorín: Obras escogidas, Bd. II, S. 297-401.

Pío Baroja: El tablado de Arlequín (1904). In: P. B.: Obras completas. Tomo V. Segunda edición. Madrid: Biblioteca Nueva 1976, S. 11-75.

Pío Baroja: Nuevo tablado de Arlequín (1917). In: P. B.: Obras completas. Tomo V. Segunda edición. Madrid: Biblioteca Nueva 1976, S. 79-152.

Bases Constitucionales del Consello de Forzas Políticas de Galicia. 1977. In: J. L. de la Granja, J. Beramendi, P. Anguera: La España de los nacionalismos y las autonomías. Madrid: Sintesis 2001, S. 403-405.

Beitrag des Ausschusses der Regionen zum Europäischen Konvent (Brüssel, den 8. Juli 2002).

Alfredo Brañas: El Regionalismo. Estudio sociológico, histórico y literario (1889). In: Alfredo Brañas Menéndez: Obras selectas. Edición e introducción de Xavier Castro Rodríguez. Laracha (A Coruña): Xuntanza Editorial 1990, S. 33-322.

Alfredo Brañas: Bases generales del regionalismo y su aplicación a Galicia. 1893. In: José Luis de la Granja, Justo Beramendi, Pere Anguera: La España de los nacionalismos y las autonomías. Madrid: Síntesis 2001, S. 386-388.

Alfredo Brañas: La crisis económica en la época presente y la Descentralización Regional (1892). In: Alfredo Brañas Menéndez: Obras selectas. Edición e introducción de Xavier Castro Rodríguez. Laracha (A Coruña): Xuntanza Editorial 1990, S. 323-485.

Jerónimo Castillo de Bobadilla: Política para Corregidores, y señores de vassallos, en tiempo de paz, y de guerra. (Amberes: Juan Bautista Verdussen 1704 [1. Ausg. 1597]). Edición facsímil editada por el Instituto de Estudios de Administración Local. Madrid 1978, 2 Bde.

Hugo de Celso: Reportorio Universal de todas las Leyes destos Reynos de Castilla, abreviadas y reduzidas en forma de reportorio decisivo (Medina del Campo: Juan María de Terranova y Jacome de Liarcari 1553). Edición facsímil. Estudio preliminar de Javier Alvarado Planas. Madrid: Centro de Estudios Políticos y Constitucionales - Boletín Oficial del Estado 2000.

Censo de España (noviembre de 2001). In: *El País*, 27. 7. 2002, S. 24.

*La colaboración de las fuerzas de Galicia, Euzkadi y Catalunya para una reformulación de la concepción del Estado español y para el reconocimiento institucional de los respectivos derechos nacionales. Texto de trabajo. (BNG, PNV, CiU). Barcelona, 16 y 17 de julio de 1998.

Diego de Colmenares: Historia de la insigne Ciudad de Segovia y compendio de las historias de Castilla [1637]. Nueva edición anotada. Segovia: Academia de Historia y Arte de San Quirce. 1982, 2 Bde.

Constitució Espanyola. Estatut d'Autonomia de Catalunya. Reglament del Parlament de Catalunya. Barcelona: Publicacions del Parlament de Catalunya 2001.

Constitución de 1808. In: Javier Hervada - José M. Zumaquero: Textos constitucionales españoles (1808-1978). Pamplona: Ediciones Universidad de Navarra 1980, S. 11-39.

Constitucion Politica de la Monarquia Española. Promulgada en Cadiz á 19 de Marzo de 1812. Cadiz, en la Imprenta Real, año de 1812 (Facsímil de la Primera Edición. Cádiz: Librería Raimundo 2001).

Constitución de la Monarquía Española de 1837. In: Javier Hervada - José M. Zumaquero: Textos constitucionales españoles (1808-1978). Pamplona: Ediciones Universidad de Navarra 1980, S. 139-156.

Constitución de la Monarquía Española de 1845. In: Javier Hervada - José M. Zumaquero: Textos constitucionales españoles (1808-1978). Pamplona: Ediciones Universidad de Navarra 1980. 157-184.

Constitución de la Monarquía Española de 1856. (No promulgada.) In: Javier Hervada - José M. Zumaquero: Textos constitucionales españoles (1808-1978). Pamplona: Ediciones Universidad de Navarra 1980, S. 185-202.

Constitución de 1869. In: Javier Hervada - José M. Zumaquero: Textos constitucionales españoles (1808-1978). Pamplona: Ediciones Universidad de Navarra 1980, S. 203-231.

Constitución de la Monarquía Española de 1876. In: Javier Hervada - José M. Zumaquero: Textos constitucionales españoles (1808-1978). Pamplona: Ediciones Universidad de Navarra 1980, S. 233-252.

Constitución de la República Española. 1931. Madrid: Sucesores de Rivadeneyra 1931.

Constitución Española. Con las doctrinas del Tribunal Constitucional, Tribunal Supremo y Tribunal Europeo de los Derechos Humanos, los Tratados Internacionales suscritos por España y la relación de las leyes dictadas en desarrollo de la Constitución. Tercera edición preparada por José Manuel Martínez-Pereda Rodríguez, Juan José González Rivas, Joaquín Huelin y Martínez de Velasco, José Luis Gil Ibáñez. Madrid: Editorial COLEX 1997.

Javier Corcuera - Yolanda Oribe: Historia del nacionalismo vasco en sus documentos. Bilbao: Eguzki Argitaldaria 1991, 4 Bde.

Joaquín Costa: Oligarquía y caciquismo como la forma actual de gobierno en España; urgencia y modo de cambiarla. Introducción de José Varela Ortega. Madrid: Biblioteca Nueva 1998.

La Costituzione esplicata. La Carta fondamentale della Repubblica spiegata Articolo per Articolo. Aggiornata alla L. cost. 18 ottobre 2001, n. 3. Edizioni Giuridiche Simone 2001.

Declaración sobre la autodeterminación de Euskadi aprobada por el Parlamento Vasco. Vitoria, 15 de febrero de 1990. In: J. L. de la Granja, J. Beramendi, P. Anguera: La España de los nacionalismos y las autonomías. Madrid: Sintesis 2001, S. 381-382.

Deklaration über die Gewährung der Unabhängigkeit an koloniale Länder und Völker, Resolution der Generalversammlung der Vereinten Nationen 1514 (XV), 14. 12. 1960. In: Österreichisches Handbuch des Völkerrechts. Band 2: Materialienteil. Hg. v. Hanspeter Neuhold, Waldemar Hummer, Christoph Schreuer. Wien: Manz 1997, S. 391-392.

Die *Friendly-Relations-Deklaration.* Annex zur Deklaration über die Grundsätze des Völkerrechts betreffend die freundschaftlichen Beziehungen und die Zusammenarbeit zwischen den Staaten gemäß der Satzung der Vereinten Nationen, Resolution der Generalversammlung der Vereinten Nationen 2625 (XXV), 24. 10. 1970. In: Österreichisches Handbuch des Völkerrechts. Band 2: Materialienteil. Hg. v. Hanspeter Neuhold, Waldemar Hummer, Christoph Schreuer. Wien: Manz 1997, S. 328-332.

Deliberacions de la Primera Assamblea General de Delegats de la Unió Catalanista tinguda á Manresa en los mes de mars de 1892. Tema de discussió: Bases pera la Constitució Regional Catalana. Barcelona: La Renaixensa 1893.

*Diario de sesiones del Congreso. 1978.

*Diario de sesiones del Senado. 1978.

Discursos de Bernardino de Escalante al Rey y sus Ministros (1585-1605). Presentación, estudio y transcripción por José Luis Casado Soto. Santander: Servicio de Publicaciones de la Universidad de Cantabria - Laredo: Ayuntamiento de Laredo 1995.

Documento ideológico de Unión de Centro Democrático. Enero de 1978. In: J. L. de la Granja, J. Beramendi, P. Anguera: La España de los nacionalismos y las autonomías. Madrid: Sintesis 2001, S. 317.

Erklärung über die Rechte von Personen, die nationalen oder ethnischen, religiösen und sprachlichen Minderheiten angehören. Resolution der Generalversammlung der Vereinten Nationen

47/135 v. 18. 12. 1992. In: Österreichisches Handbuch des Völkerrechts. Band 2: Materialienteil. Hg. v. Hanspeter Neuhold, Waldemar Hummer, Christoph Schreuer. Wien: Manz 1997, S. 303.

Allgemeine Erklärung der Menschenrechte. Resolution der Generalversammlung der Vereinten Nationen 217 (III), 10. 12. 1948. In: Österreichisches Handbuch des Völkerrechts. Band 2: Materialienteil. Hg. v. Hanspeter Neuhold, Waldemar Hummer, Christoph Schreuer. Wien: Manz 1997, S. 244-247.

Estatuto de Autonomía de Aragón. Ley Orgánica 8/1982, de 10 de agosto. (Modificada por Ley Orgánica 5/1996, de 30 de diciembre.) In: Eduardo García de Enterría - José A. Escalante: Código de las Leyes Administrativas. Madrid: Civitas 2001, S. 1476-1501.

Estatuto de Autonomía del Principado de Asturias. Ley Orgánica 7/1981, de 30 de diciembre. (Modificada por Leyes Orgánicas 1/1994, de 24 de marzo, y 1/1999, de 5 de enero.) In: Eduardo García de Enterría - José A. Escalante: Código de las Leyes Administrativas. Madrid: Civitas 2001, S. 1354-1376.

Estatuto de Autonomía de las Illes Balears. Ley Orgánica 2/1983, de 25 de febrero. (Modificada por Leyes Orgánicas 9/1994, de 24 de marzo, y 3/1999, de 8 de enero.) In: Eduardo García de Enterría - José A. Escalante: Código de las Leyes Administrativas. Madrid: Civitas 2001, S. 1607-1635.

Estatuto de Autonomìa de Canarias. (Modificado por Ley Orgánica 4/1996, de 30 de diciembre.) Ley Orgánica 10/1982, de 10 de agosto. In: Eduardo García de Enterría - José A. Escalante: Código de las Leyes Administrativas. Madrid: Civitas 2001, S. 1527-1554.

Estatuto de Autonomía para Cantabria. Ley Orgánica 8/1981, de 30 de diciembre. (Modificada por Ley Orgánica 11/1998, de 30 de diciembre.) In: Eduardo García de Enterría - José A. Escalante: Código de las Leyes Administrativas. Madrid: Civitas 2001, S. 1377-1399.

Estatuto de Cataluña elaborado en 1931 por la Diputació Provisional de Catalunya: Estatuto de Núria. In: José Luis de la Granja, Justo Beramendi, Pere Anguera: La España de los nacionalismos y las autonomías. Madrid: Síntesis 2001, S. 340.

Estatuto Catalán (15. IX. 1932). In: Maximiano García Venero: Historia del nacionalismo catalán. Segunda edición definitiva. Tomo II. Madrid: Editora Nacional 1967, S. 545-557.

Estatuto de Autonomía para Galicia. Ley Orgánica 1/1981, de 6 de abril. In: Eduardo García de Enterría - José A. Escalante: Código de las Leyes Administrativas. Madrid: Civitas 2001, S. 1289-1318.

Estatuto de Autonomía de la Comunidad Valenciana. Ley Orgánica 5/1982, de 1 de julio. (Modificada por Leyes Orgánicas 4/1991, de 13 de marzo, y 5/1994, de 24 de marzo.) In: Eduardo García de Enterría - José A. Escalante: Código de las Leyes Administrativas. Madrid: Civitas 2001, S. 1447-1475.

Estatuto General del Estado Vasco. Aprobado en la Magna Asamblea de Municipios Vascos, celebrada en Estella (Lizara) el día 14 de junio de 1931. In: Maximiano García Venero: Historia del nacionalismo vasco. Madrid: Editora Nacional 1945.

Estatuto de Autonomía para el País Vasco. Ley Orgánica 3/1979, de 18 de diciembre de 1979. In: Eduardo García de Enterría - José A. Escalante: Código de las Leyes Administrativas. Madrid: Civitas 2001, S. 1213-1240.

Estatuto Real para la convocación de las Cortes Generales del Reino de 1834. In: Javier Hervada - José M. Zumaquero: Textos constitucionales españoles (1808-1978). Pamplona: Ediciones Universidad de Navarra 1980, S. 119-137.

Estatutos de Autonomía. Edición preparada por Joaquín Tornos Mas con la colaboración de Francisco Javier Machado Martín. Madrid: Tecnos 1999.

Europäische Kommission: Durchführbarkeitsstudie. Beitrag zum Vorentwurf einer *Verfassung der Europäischen Union*. Arbeitspapier. Dieser Beitrag wurde auf Wunsch des Präsidenten Prodi im Einvernehmen mit den Herren Barnier und Vitorino von einer Arbeitsgruppe unter der Leitung von François Lamoureux erstellt. Mitglieder der Arbeitsgruppe: Marie Lagarrigue, Paolo Stancanelli, Pieter van Nuffel, Alain van Solinge. Technische Unterstützung: Marguerite Gazze. Bruxelles 4. Dezember 2002.

Europäische Union. Ausschuß der Regionen. Europäischer Konvent: Stand der Arbeiten. *Vorlage des Generalsekretärs* (Brüssel, den 13. November).

Europarlament: Quel rôle pour les régions dans l'Union de demain? Bruxelles, 29 novembre 2002.

Marcos Fernández Gómez, Pilar Ostos Salcedo, María Luisa Pardo Rodríguez: El Libro de Privilegios de la Ciudad de Sevilla. Estudio introductorio y transcripción. Sevilla: Ayuntamiento de Sevilla 1993.

Pedro Fernández Navarrete: Conservación de Monarquías y Discursos Políticos [1626]. Edición y estudio preliminar por Michael D. Gordon. Madrid: Instituto de Estudios Fiscales 1982.

Fori Tvrolii. Los Fueros de Teruel. Edición de Gil de Luna, 1565. Valencia, Imprenta de Juan Mey. Edición facsímil. Presentación de Jesús Morales Arrizabalaga. Teruel: Ayuntamiento de Teruel, El Justicia de Aragón, Instituto de Estudios Turolenses 1998.

Agustín de Foxá, conde de Foxá: Madrid de Corte a checa (1938). Barcelona: Planeta 1993.

Fuero Juzgo en Latín y Castellano, cotejado con los más antiguos y preciosos códices por la Real Academia Española. Madrid. Por Ibarra, impresor de Cámara de S. M. 1815.

Fuero Real del Rey Don Alonso el Sabio. Copiado del códice del Escorial señalado ij-2-8 y cotejado con varios códices de diferentes Archivos por la Real Academia de la Historia. De orden y a expensas de S. M. Madrid en la Imprenta Real. Año de 1836.

Fuero de Cuenca. Cuenca: Editorial Alfonsipolis 2001.

Fuero de los Españoles (de 17 de julio de 1945, modificado por la Ley Orgánica del Estado de 10 de enero de 1967). In: Javier Hervada - José M. Zumaquero: Textos constitucionales españoles (1808-1978). Pamplona: Ediciones Universidad de Navarra 1980, S. 296-303.

Fuero de Salamanca. Edición de José Luis Martín y Javier Coca. Salamanca: Ediciones de la Diputación de Salamanca 1987.

Fuero del Trabajo (aprobado por Decreto de 9 de marzo de 1938, modificado por la Ley Orgánica del Estado de 10 de enero de 1967). In: Javier Hervada - José M. Zumaquero: Textos constitucionales españoles (1808-1978). Pamplona: Ediciones Universidad de Navarra 1980, S. 303-313.

Fueros y Cartas Pueblas de Castilla y León. Valladolid: Junta de Castilla y León 1992. – José María Font Rius: Cartas de población y franquicia de Cataluña. Madrid: Consejo Superior de Investigación Científica 1969-1983, 2 Bde.

Los Fueros de Aragón: la Compilación de Huesca. Edición crítica de sus versiones romances de Antonio Pérez Martín. Prólogo por Fernando García Vicente, Justicia de Aragón. Zaragoza: El Justicia de Aragón 1999.

Ángel Ganivet: Idearium español (1897). Edición de Nelson Orringer. Salamanca: Almar 1999.

Ángel Ganivet - Miguel de Unamuno: El porvenir de España. Edición: Fernando García Lara. Estudio preliminar y notas: Pedro Cerezo Galán. Granada: Diputación Provincial de Granada 1998.

Eduardo García de Enterría - José A. Escalante: Código de las Leyes Administrativas. Madrid: Civitas 2001.

Gil González Dávila: Historia de las antigüedades de la Ciudad de Salamanca [1606]. Estudio introductorio y notas de Baltasar Cuart Moner. Salamanca: Ediciones de la Universidad de Salamanca 1994.

Otto Hintze: Rudolf Smend, Verfassung und Verfassungsrecht (1929). In: Otto Hintze: Soziologie und Geschichte. Gesammelte Abhandlungen zur Soziologie, Politik und Theorie der Geschichte. Hrsg. v. Gerhard Oestreich. 2., erweiterte Auflage. Göttingen: Vandenhoeck & Ruprecht 1964, S. 232-238.

«Indikatoren der Autonomen Gemeinschaften 1981». In: Pedro Cruz Villalón: Die Neugliederung des Spanischen Staates durch die »Autonomen Gemeinschaften«. In: Jahrbuch des öffentlichen Rechts der Gegenwart, Neue Folge, Band 34 (1985), S. 235.

Hans Kelsen: Der Staat als Integration. Eine prinzipielle Auseinandersetzung. Wien: Verlag von Julius Springer 1930.

Antonio de León Pinelo: Anales de Madrid (desde el año 447 al de 1658). Transcripción, notas y ordenación cronológica de Pedro Fernández Martín. Madrid: Instituto de Estudios Madrileños 1971.

Ley 1/1977, de 4 de enero, para la Reforma Política. In: Javier Hervada - José M. Zumaquero: Textos constitucionales españoles (1808-1978). Pamplona: Ediciones Universidad de Navarra 1980, S. 360-363.

Ley 12/1983, de 14 de octubre, del proceso autonómico. In: Eduardo García de Enterría - José A. Escalante: Código de las Leyes Administrativas. Madrid: Civitas 2001, S. 1163-1171.

Ley 7/1985, de 2 de abril, reguladora de las bases del régimen local. In: Eduardo García de Enterría - José A. Escalante: Código de las Leyes Administrativas. Madrid: Civitas 2001, S. 1695-1749.

Ley 6/1997, de 14 de abril, de organización y funcionamiento de la administración general del Estado. In: Eduardo García de Enterría - José A. Escalante: Código de las Leyes Administrativas. Madrid: Civitas 2001, S. 1043-1075.

Ley de las Cortes (de 17 de julio de 1942, modificada por la Ley Orgánica del Estado de 10 de enero de 1967). In: Javier Hervada - José M. Zumaquero: Textos constitucionales españoles (1808-1978). Pamplona: Ediciones Universidad de Navarra 1980, S. 342-351.

Ley Fundamentales del Reino (1938-1977). In: Javier Hervada - José M. Zumaquero: Textos constitucionales españoles (1808-1978). Pamplona: Ediciones Universidad de Navarra 1980, S. 313-342.

Ley Orgánica 4/1979, de 18 de diciembre (Jefatura del Estado), de Estatuto de Autonomía de Cataluña. In: Estatutos de Autonomía. Madrid: Boletín Oficial del Estado 2000, S. 82-166.

Ley Orgánica 3/1982, de 9 de junio (Jefatura del Estado), de Estatuto de Autonomía de La Rioja (Modificada por Leyes Orgánicas 3/1994, de 24 de marzo, y 2/1999, de 7 de enero). In: Estatutos de Autonomía. Madrid: Boletín Oficial del Estado 2000, S. 495-575.

Ley Orgánica 4/1982, de 9 de junio (Jefatura del Estado), de Estatuto de Autonomía para la Región de Murcia (Modificada por Leyes Orgánicas 4/1994, de 24 de marzo, y 1/1998, de 15 de junio, y Ley 34/1997, de 4 de agosto). In: Estatutos de Autonomía. Madrid: Boletín Oficial del Estado 2000, S. 576-653.

Ley Orgánica 5/1982, de 1 de julio (Jefatura del Estado), de Estatuto de Autonomía de la Comunidad Valenciana. In: Estatutos de Autonomía. Madrid: Boletín Oficial del Estado 2000, S. 655-734.

Ley Orgánica 9/1982, de 10 de agosto (Jefatura del Estado), de Estatuto de Autonomía de Castilla-La Mancha (Modificada por Leyes Orgánicas 7/1994, de 24 de marzo, y 3/1997, de 3 de julio). In: Estatutos de Autonomía. Madrid: Boletín Oficial del Estado 2000, S. 808-886.

Ley Orgánica 13/1982, de 10 de agosto (Jefatura del Estado), de reintegración y amejoramiento del Régimen Foral de Navarra. In: Estatutos de Autonomía. Madrid: Boletín Oficial del Estado 2000, S. 965-1036.

Ley Orgánica 1/1983, de 25 de febrero (Jefatura del Estado), de Estatuto de Autonomía de Extremadura (Modificada por Ley Orgánica 12/1999, de 6 de mayo). In: Estatutos de Autonomía. Madrid: Boletín Oficial del Estado 2000, S. 1037-1111.

Ley Orgánica 2/1983, de 25 de febrero (Jefatura del Estado), de Estatuto de Autonomía de las Illes Balears (Modificada por Leyes Orgánicas 9/1994, de 24 de marzo y 3/1999, de 8 de enero). In: Estatutos de Autonomía. Madrid: Boletín Oficial del Estado 2000, S. 1113-1203.

Ley Orgánica 3/1983, de 25 de febrero (Jefatura del Estado), de Estatuto de Autonomía de la Comunidad de Madrid (Modificada por Leyes Orgánicas 10/1994, de 24 de marzo, y 5/1998, de 7 de julio). In: Estatutos de Autonomía. Madrid: Boletín Oficial del Estado 2000, S. 1205-1283.

Ley Orgánica 4/1983, de 25 de febrero (Jefatura del Estado), de Estatuto de Autonomía de Castilla y León (Modificada por Ley Orgánica 4/1999, de 8 de enero). In: Estatutos de Autonomía. Madrid: Boletín Oficial del Estado 2000, S. 1285-1368.

Ley Orgánica 16/1995, de 27 de Diciembre, de Transferencia de Competencias a la Comunidad Autónoma Gallega. In: E. García de Enterría - J. A. Escalante: Código de las Leyes Administrativas. Madrid: Civitas 2001, S. 1319-1320.

Ley Orgánica 6/1999, de 6 de Abril, de Transferencia de Competencias a la Comunidad Autónoma de Galicia. In: E. García de Enterría - J. A. Escalante: Código de las Leyes Administrativas. Madrid: Civitas 2001, S. 1321.

Ley Orgánica 3/1980, de 22 de abril, del Consejo de Estado. In: Eduardo García de Enterría - José A. Escalante: Código de las Leyes Administrativas. Madrid: Civitas 2001, S. 1097-1104.

Ley Orgánica del Estado de 10 de enero de 1967. In: Javier Hervada - José M. Zumaquero: Textos constitucionales españoles (1808-1978). Pamplona: Ediciones Universidad de Navarra 1980, S. 313-342.

Ley Orgánica 2/1979, de 3 de octubre, del Tribunal Constitucional. In: Eduardo García de Enterría - José A. Escalante: Código de las Leyes Administrativas. Madrid: Civitas 2001, S. 77-98.

Ley de Principios del Movimiento Nacional de 17 de mayo de 1958. In: Javier Hervada - José M. Zumaquero: Textos constitucionales españoles (1808-1978). Pamplona: Ediciones Universidad de Navarra 1980, S. 291-295.

Ley de Sucesión en la Jefatura del Estado (de 26 de julio de 1947, modificada por la Ley Orgánica del Estado de 10 de enero de 1967). In: Javier Hervada - José M. Zumaquero: Textos constitucionales españoles (1808-1978). Pamplona: Ediciones Universidad de Navarra 1980, S. 351-359.

Ricardo Macías Picavea: El problema nacional (1899). Introducción de Andrés de Blas Guerrero. Madrid: Biblioteca Nueva 1996.

Ramiro de Maeztu: La crisis del humanismo [1. Ausgabe auf Englisch: 1916; 1. spanische Ausgabe: 1919]. Estudio preliminar de Pedro Carlos Gonzáles Cuevas. Salamanca: Ediciones Almar 2001.

Lucas Mallada: Causas de la pobreza del nuestro suelo (1882). In: L. M.: La futura revolución española y otros escritos regeneracionistas. Edición a cargo de Steven L. Driever y Francisco Javier Ayala-Carcedo. Madrid: Biblioteca Nueva 1998, S. 79-134.

Lucas Mallada: La futura revolución española (1897-1898). In: L. M.: La futura revolución española y otros escritos regeneracionistas. Edición a cargo de Steven L. Driever y Francisco Javier Ayala-Carcedo. Madrid: Biblioteca Nueva 1998, S. 179-238.

Lucas Mallada: Cartas aragonesas (1905). In: L. M.: La futura revolución española y otros escritos regeneracionistas. Edición a cargo de Steven L. Driever y Francisco Javier Ayala-Carcedo. Madrid: Biblioteca Nueva 1998, S. 239-331.

Manifiesto de la I Asamblea Nacionalista, Lugo, 18.XI.1918. In: Justo G. Beramendi: El nacionalismo gallego. Madrid: Arcos Libros 1997, S. 77-78.

Manifiesto del PNV en su centenario. Bilbao, 31 de julio de 1995. In: J. L. de la Granja, J. Beramendi, P. Anguera: La España de los nacionalismos y las autonomías. Madrid: Sintesis 2001, S. 382-383.

Manifiesto regeneracionista. 1898. In: José Luis de la Granja, Justo Beramendi, Pere Anguera: La España de los nacionalismos y las autonomías. Madrid: Síntesis 2001, S. 307-309.

Juan Marti: Segunda parte de la vida del pícaro Guzmán de Alfarache. In: La novela picaresca española. Estudio preliminar, selección, prólogos y notas de Ángel Valbuena Prat. Tomo I. Madrid: Aguilar 1978, S. 721-876.

Francisco Martínez de Mata: Memoriales y Discursos [1656]. Edición y Nota Preliminar de Gonzalo Anes. Madrid: Editorial Moneda y Crédito 1971.

C. Massó i Escofet – R. Gay de Montellà: L'Estatut de Catalunya. Text oficial comentat, amb referèrencies legals i notes de la discussió parlamentària (= Biblioteca de Cultura Jurídica Catalana. Volum 1). Barcelona: Llibreria Bosch 1933.

Francisco Manuel de Melo: Historia de los Movimientos, y Separación de Cataluña; y de la Guerra entre la Magestad Catolica de Don Felipe el Cuarto Rey de Castilla, y de Aragón, y la Deputación General de aquel Principado. Lisboa: Paulo Craesbeeck 1645 (Hrsg. von Joan Estruch Tobella. Madrid: Clásicos Castalia 1996).

Luis Morote: La moral de la derrota. Introducción de Juan Sisino Pérez Garzón. Madrid: Biblioteca Nueva 1997.

Memoriales y Cartas del Conde Duque de Olivares. Tomo I. Política interior: 1621 a 1627. [Tomo II. Política interior: 1628 a 1645]. Edición de John H. Elliott y José F. de la Peña. Madrid: Alfaguara 1978-1981.

José Ortega y Gasset: Vieja y nueva política (Conferencia dada en el Teatro de la Comedia el 23 de marzo de 1914. In: J. O. y G.: Obras completas. Tomo I. Madrid: Alianza Editorial - Revista de Occidente 1993, S. 267-307.

José Ortega y Gasset: España invertebrada (1. Ausg. 1921. – 2. Ausg. 1922). In: J. O. y G.: Obras completas. Tomo III. Madrid: Alianza Editorial - Revista de Occidente 1994, S. 37-128.

José Ortega y Gasset: Las Asambleas regionales y el caciquismo (1924). In: J. O. y G.: Obras completas. Tomo XI. Madrid: Alianza Editorial – Revista de Occidente 1994, S. 41-44.

José Ortega y Gasset: Autonomía, descentralización (1926). In: J. O. y G.: Obras completas. Tomo XI. Madrid: Alianza Editorial - Revista de Occidente 1994, S. 84-88.

José Ortega y Gasset: La autonomia regional y sus razones (1926) In: J. O. y G.: Obras completas. Tomo XI. Madrid: Alianza Editorial - Revista de Occidente 1994, S. 88-91.

José Ortega y Gasset: La Constitución y la nación (1928). In: J. O. y G.: Obras completas. Tomo XI. Madrid: Alianza Editorial - Revista de Occidente 1994, S. 201-227.

José Ortega y Gasset: Federalismo y autonomismo. (Discurso pronunciado en las Cortes Constituyentes en la noche del 25 a 26 de septiembre de 1931). In: J. O. y G.: Obras completas. Tomo XI. Madrid: Alianza Editorial - Revista de Occidente 1994, S. 391-397.

José Ortega y Gasset: Proyecto de Constitución (Discurso pronunciado en las Cortes Constituyentes el 4 de septiembre de 1931). In: J. O. y G.: Obras completas. Tomo XI. Madrid: Alianza Editorial – Revista de Occidente 1994, S. 367-384.

José Ortega y Gasset: Rectificación de la República (1931). In: J. O. y G.: Obras completas. Tomo XI. Madrid: Alianza Editorial - Revista de Occidente 1994, S. 398-417.

José Ortega y Gasset: La redención de las Provincias (Madrid: Revista de Occidente 1931). In: J. O. y G.: Obras completas. Tomo XI. Madrid: Alianza Editorial - Revista de Occidente 1994, S. 181-261.

José Ortega y Gasset: Discurso sobre el Estatuto de Cataluña (1932). In: J. O. y G.: Obras completas. Tomo XI. Madrid: Alianza Editorial - Revista de Occidente 1994, S. 455-474.

Pacto de Compostela. Santiago, 25 de julio de 1933. Acta de creación de „GALEUZCA". In: J. L. de la Granja, J. Beramendi, P. Anguera: La España de los nacionalismos y las autonomías. Madrid: Sintesis 2001, S. 412-413.

Pacto de Estella o Acuerdo de Lizarra. 12 de septiembre de 1998. In: J. L. de la Granja, J. Beramendi, P. Anguera: La España de los nacionalismos y las autonomías. Madrid: Sintesis 2001, S. 384.

Pacto de la Triple Alianza. Barcelona, 11 de septiembre de 1923. In: J. L. de la Granja, J. Beramendi, P. Anguera: La España de los nacionalismos y las autonomías. Madrid: Sintesis 2001, S. 411.

Internationaler Pakt über wirtschaftliche, soziale und kulturelle Rechte. In: Österreichisches Handbuch des Völkerrechts. Band 2: Materialienteil. Hg. v. Hanspeter Neuhold, Waldemar Hummer, Christoph Schreuer. Wien: Manz 1997, S. 248-251.

Internationaler Pakt der Vereinten Nationen über bürgerliche und politische Rechte. In: Österreichisches Handbuch des Völkerrechts. Band 2: Materialienteil. Hg. v. Hanspeter Neuhold, Waldemar Hummer, Christoph Schreuer. Wien: Manz 1997, S. 251-258.

El PNV ante la Constitución española de 1978. In: J. L. de la Granja, J. Beramendi, P. Anguera: La España de los nacionalismos y las autonomías. Madrid: Sintesis 2001, S. 377-378.

Francisco de Pisa: Descripción de la Imperial ciudad de Toledo, y historia de sus antiguedades, y grandeza, y cosas memorables que en ella han acontecido. Toledo: Pedro Rodriguez 1605 (Faksimile-Ausgabe: Madrid: Villena 1974).

Enrich Prat de la Riba: La Nacionalitat Catalana. Barcelona 1910. In: Enric Prat de la Riba: La Nacionalidad Catalana - La Nacionalitat Catalana. Edición bilingüe. Introducción de Javier Tusell. Madrid: Biblioteca Nueva 1998.

Hugo Preuß: Gemeinde, Staat, Reich als Gebietskörperschaften. Versuch einer deutschen Staatskonstruktion auf Grundlage der Genossenschaftstheorie. (Neudruck der Ausgabe Berlin 1889.) Aalen: Scientia Verlag 1964.

Hugo Preuss: Die Entwicklung des deutschen Städtewesens. Erster Band: Entwicklungsgeschichte der deutschen Städteverfassung. Leipzig: B. G. Teubner 1906.

Hugo Preuss: Selbstverwaltung, Gemeinde, Staat, Souveränität. In: Staatsrechtliche Abhandlungen. Festgabe für Paul Laband zum fünfzigsten Jahrestage der Doktor-Promotion. Zweiter Band. Tübingen: J. C. B. Mohr (Paul Siebeck) 1908, S. 197-246.

Hugo Preuß: Vorentwurf zur Verfassung des Deutschen Reichs. (Entwurf I.) Vom 3. Januar 1919. (Nicht veröffentlicht). – Entwurf einer Verfassung des Deutschen Reichs. (Entwurf II.) Vom 20. Januar 1919. (Deutscher Reichsanzeiger 1919, Nr. 15, Erste Beilage). In: Quellensammlung zum Deutschen Reichsstaatsrecht. Zusammengestellt von Heinrich Triepel. Vierte Auflage (= Quellensammlung zum Staats- Verwaltungs- und Völkerrecht, 1). Tübingen: J. C. B. Mohr (Paul Siebeck) 1926, S. 6-8, 10-15.

Hugo Preuss: Staat, Recht und Freiheit. Aus 40 Jahren deutscher Politik und Geschichte. Mit einem Geleitwort von Theodor Heuss. Hildesheim: Georg Olms 1964 (Reprographischer Nachdruck der Ausgabe Tübingen: J. C. B. Mohr 1926).

Hugo Preuss: Denkschrift zum Entwurf des allgemeinen Teils der Reichsverfassung vom 3. Januar 1919. In: H. P.: Staat, Recht und Freiheit, S. 368-394.

Hugo Preuss: Begründung des Entwurfs einer Verfassung für das Deutsche Reich. In: H. P.: Staat, Recht und Freiheit, S. 394-421.

Programa del Partido Comunista de España frente a las próximas elecciones (Madrid 1931). In: J. L. de la Granja, J. Beramendi, P. Anguera: La España de los nacionalismos y las autonomías. Madrid: Sintesis 2001, S. 312.

Programa del Tívoli. 1907. In: José Luis de la Granja, Justo Beramendi, Pere Anguera: La España de los nacionalismos y las autonomías. Madrid: Síntesis 2001, S. 326.

Projecte d'Estatut de Catalunya (Fou convertit en projecte de llei presentat a les Corts per R. D. de 20 de gener de 1919). In: C. Massó i Escofet i R. Gay de Montellà: L'Estatut de Catalunya. Text oficial comentat, amb referències legals i notes de la discussió parlamentària. Barcelona: Llibreria Bosch 1933, S. 169-186.

Projecte de l'Estatut de Catalunya (Agost de 1931). Anomenat de Núria. In: C. Massó i Escofet – R. Gay de Montellà: L'Estatut de Catalunya. Text oficial comentat, amb referències legals i notes de la discussió parlamentària (= Biblioteca de Cultura Jurídica Catalana. Volum 1). Barcelona: Llibreria Bosch 1933, S. 187-202.

Projecte de Llei aprovat definitivament sobre Mancomunitats Provincials de 17 octubre 1912. El Congreso de Diputados, tomando en consideración lo propuesto por el Gobierno de S. M., ha aprobado el siguiente Proyecto de Ley... In: C. Massó i Escofet i R. Gay de Montellà: L'Estatut de Catalunya. Text oficial comentat, amb referències legals i notes de la discussió parlamentària. Barcelona: Llibreria Bosch 1933, S. 159-167.

Proyecto de Constitución de 1873. In: José Luis de la Granja, Justo Beramendi, Pere Anguera: La España de los nacionalismos y las autonomías. Madrid: Editorial Síntesis 2001, S. 295-296.

Reintegración y amejoramiento del Régimen Foral de Navarra. Ley Orgánica 13/1982, de 10 de agosto. In: Eduardo García de Enterría - José A. Escalante: Código de las Leyes Administrativas. Madrid: Civitas 2001, S. 1555-1582.

Vicente Risco: Teoría do nacionalismo galego. In: V. R.: Obras completas. 4. Vigo: Editorial Galaxia 1994, S. 7-57.

Rodrigo Sánchez de Arévalo: Suma de la Política [1454/1455]. Edición y Estudio de Juan Beneyto Pérez (= Publicaciones del Seminario de Historia de las Doctrinas Políticas, II). Madrid: Consejo Superior de Investigaciones Científicas 1944.

I. Sánchez Bella, M. Galán Lorda, C. Saralegui, I. Ostolaza: El Fuero Reducido de Navarra (Edición crítica y Estudios). Pamplona: Gobierno de Navarra 1989, 2 Bde.

Satzung der Vereinten Nationen. San Francisco, 26. 6. 1945. In: Österreichisches Handbuch des Völkerrechts. Band 2: Materialienteil. Hg. v. Hanspeter Neuhold, Waldemar Hummer, Christoph Schreuer. Wien: Manz 1997, S. 1-42.

Verfassung und Verfassungsrecht. Von Rudolf Smend, o. Professor des öffentlichen Rechts an der Universität Berlin. München und Leipzig: Duncker & Humblot 1928.

Statut von Katalonien (15. September 1932). In: H. Gmelin: Die Entwicklung des Verfassungsrechts in Spanien von 1913-1932. In: Jahrbuch des öffentlichen Rechts der Gegenwart 21 (1933/34), S. 460-465.

Stellungnahme des Ausschusses der Regionen vom 14. November 2001 zu dem Thema „Rolle und Mitwirkung des Ausschusses der Regionen beim europäischen Entscheidungsprozess" (Brüssel, den 22. November 2001).

Subdivision en Partidos Judiciales de la nueva division territorial de la Península é Islas adyacentes. Aprobada por S. M. en el Real Decreto de 21 de Abril de 1834. Madrid: En la Imprenta Real. 1834 (Edición facsímil: Madrid: Boletín Oficial del Estado - Instituto Nacional de Administración Pública 2000).

Ferdinand Tönnies: Gemeinschaft und Gesellschaft. Grundbegriffe der reinen Soziologie. Darmstadt: Wissenschaftliche Buchgesellschaft 1979.

Tratado constitutivo de la Comunidad Europea de 25 de marzo de 1957. In: Eduardo García de Enterría - José A. Escalante: Código de las Leyes Administrativas. Madrid: Civitas 2001, S. 843-950.

Miguel de Unamuno: La crisis del patriotismo. In: M. de U.: Obras selectas. Madrid: Biblioteca Nueva 1977, S. 145-151.

Miguel de Unamuno: El espiritu castellano (1895). In: M. de U.: Obras selectas. Madrid: Biblioteca Nueva 1977, S. 86-110.

Miguel de Unamuno: La tradición eterna (1895). In: M. de U.: Obras selectas. Madrid: Biblioteca Nueva 1977, S. 47-65.

Pedro de Valencia: Discurso o Memorial sobre el precio del pan. (Zafra, 25 de julio de 1605.) In: P. de V.: Obras completas. Volumen IV/1. Escritos sociales. Estudio introductorio por Jesús Luis Paradinas Fuentes. Edición crítica, texto e introducción filológica por Rafael González Cañal. León: Universidad de León 1994, S. 29-71.

Verfassung der spanischen Monarchie (30. Juni 1876). In: Adolfo Posada: Spanisches Staatsrecht (= Das öffentliche Recht der Gegenwart, Bd. XXXIV). Tübingen: J. C. B. Mohr 1914, S. 234-242.

Die Verfassung des Deutschen Reichs vom 11. August 1919 (*Weimarer Reichsverfassung*). In: Dokumente zur deutschen Verfassungsgeschichte. Hg. von Ernst Rudolf Huber. Bd. 3: Dokumente der Novemberrevolution und der Weimarer Republik, 1918-1933. Stuttgart: W. Kohlhammer 1966, S. 129-156.

Max Weber: Parlament und Regierung im neugeordneten Deutschland. Zur politischen Kritik des Beamtentums und Parteiwesens (1918). – Wahlrecht und Demokratie in Deutschland (1917). – Politik als Beruf (1919). In: Max Weber: Gesammelte politische Schriften. Mit einem Geleitwort von Theodor Heuss hrsg. von Johannes Winckelmann. Vierte Auflage. Tübingen: J. C. B. Mohr (Paul Siebeck) 1980, S. 306-443, 245-291, 505-560.

Max Weber: Die drei reinen Typen der legitimen Herrschaft (posthum veröffentlicht im Jahr 1922). In: Max Weber: Gesammelte Aufsätze zur Wissenschaftslehre. Hrsg. von Johannes Winckelmann. Vierte Auflage. Tübingen: J. C. B. Mohr (Paul Siebeck) 1973, S. 475-488.

Max Weber: Wirtschaft und Gesellschaft. Grundriß der verstehenden Soziologie. Hrsg. von Johannes Winckelmann. Fünfte Auflage. Tübingen: J. C. B. Mohr (Paul Siebeck) 1976.

b) *Forschungsliteratur*

Pedro Aguado Bleye: Pérez, Antonio. In: Diccionario de Historia de España. Dirigido por Germán Bleiberg. 3: N/Z. Madrid: Alianza Editorial 1981, S. 223-227.

Eliseo Aja: El Estado autonómico. Federalismo y hechos diferenciales. Madrid: Alianza 1999.

Manuel Alba Navarro: Diversos modelos para la reforma del Senado. In: F. Pau i Vall (Coord.): El Senado, Cámara de representación territorial. Madrid: Tecnos 1996, S. 227-238.

Celso Almuiña Fernández: Castilla ante el problema nacionalista durante la II República. El Estatuto castellano «non nato». In: Justo G. Beramendi - Ramón Máiz (comps.): Los nacionalismos en la España de la II República. Madrid: Siglo XXI 1991, S. 415-437.

César Alonso de los Ríos: La Izquierda y la Nación. Una traición políticamente correcta. Barcelona: Planeta 1999.

César Alonso de los Ríos: El paródico Maragall. In: *ABC*, 5. 11. 2002, S. 8.

Ignacio Álvarez Borge: Monarquía feudal y organización territorial. Alfoces y merindades en Castilla (Siglos X-XIV). Madrid: Consejo Superior de Investigaciones Científicas 1993.

Enriquez Álvarez Conde: Homogenidad y asimetría en el modelo autonómico español. In: Asimetría y cohesión en el Estado autonómico. Jornadas sobre el Estado autonómico: integración y eficacia. Madrid: Instituto Nacional de Administración Pública 1997, S. 79-90.

José Álvarez Junco: Los antecedentes del radicalismo en España y la personalidad de D. Alejandro Lerroux. In: La II República Española. Bienio rectificador y Frente Popular, 1934-1936. Madrid: Siglo XXI 1988, S. 35-52.

José Álvarez Junco: El nacionalismo español como mito movilizador. Cuatro Guerras. In: Rafael Cruz y Manuel Pérez Ledesma (eds.): Cultura y movilización en la España contemporánea. Madrid: Alianza 1997, S. 35-67.

José Álvarez Junco: Estado y sociedad en España durante la década de 1890. In: J. P. Fusi y A. Niño: Vísperas del 98. Orígenes y antecedentes de la crisis del 98. Madrid: Biblioteca Nueva 2000, S. 47-64.

José Álvarez Junco: Mater Dolorosa. La idea de España en el siglo XIX. Madrid: Taurus 2001.

Gaspare Ambrosini: Autonomia regionale e federalismo. Austria, Spagna, Germania, U.R.S.S. Roma: Edizioni Italiane 1944.

Perry Anderson: Die Entstehung des absolutistischen Staates. Frankfurt a. M.: Suhrkamp 1979.

Gonzalo Anes: El siglo de las luces (= Historia de España dirigida por Miguel Artola, 4). Madrid: Alianza Editorial 2001.

Jorge Apellániz Barrio: El Senado y los Parlamentos Autonómicos. In: F. Pau i Vall (Coord.): El Senado, Cámara de representación territorial. Madrid: Tecnos 1996, S. 251-261.

Julio Aróstegui: El Estado español contemporáneo: centralismo, inarticulación y nacionalismo. In: Historia Contemporánea, Universidad del País Vasco, Número 17 (1998), S. 31-57.

Julio Aróstegui: La transición política y la construcción de la democracia (1975-1996). In: Jesús A. Martínez (coord.): Historia de España. Siglo XX, 1939-1996. Madrid: Cátedra 1999, S. 245-362.

Joseba Arregi: La nación vasca posible. El nacionalismo democrático en la sociedad vasca. Barcelona: Crítica 2000.

Jon Arrieta Alberdi: Las «imágenes» de los Derechos históricos: un estado de la cuestión. In: Miguel Herrero de Miñón y Ernest Lluch (eds.): Derechos históricos y constitucionalismo útil. Barcelona: Crítica 2001, S. 221-274.

Miguel Artola: La burguesía revolucionaria (1808-1874). Madrid: Alianza 1981.

Ángel Bahamonde - Jesús A. Martínez: Historia de España. Siglo XIX. Madrid: Cátedra 1998.

Ángel Bahamonde, Pedro Carasa, Pere Gabriel, Jesús A. Martínez, Alejandro Pizarroso: Historia de España. Siglo XX. 1875-1939. Madrid: Cátedra 2000.

Francisco Balaguer Callejón: Die Autonome Gemeinschaft Andalusien im Bildungsprozeß des Autonomischen Spanischen Staates. In: Jahrbuch des öffentlichen Rechts der Gegenwart, Neue Folge, Band 47 (1999), S. 109-147.

Albert Balcells: Història del nacionalisme català dels orígens al nostre temps. Barcelona: Generalitat de Catalunya 1997.

Albert Balcells: El sistema de partidos políticos en Cataluña entre 1934 y 1936. In: La II República Española. Bienio rectificador y Frente Popular, 1934-1936. Edición al cuidado de José Luis García Delgado. Madrid: Siglo XXI 1988, S. 83-104.

Manuel Basas Fernández: El Consulado de Burgos en el siglo XVI. Madrid: C. S. I. C. 1963.

Olimpia Begué: Insurrección Cantonal (1873-1874). In: Diccionario de Historia de España. Dirigido por Germán Bleiberg. 1: A/E. Madrid: Alianza Editorial 1981, S. 665-666.

Bartolomé Bennassar: L'Inquisition Espagnole, XVe - XIXe siècle. Paris: Hachette 1979.

Justo G. Beramendi: El nacionalismo gallego. Madrid: Arcos Libros 1997.

José Luis Bermejo Cabrero: Derecho y administración pública en la España del Antiguo Régimen. Madrid: Consejo Superior de Investigaciones Científicas 1985.

Agustín Bermúdez Aznar: El corregidor en Castilla durante la Baja Edad Media (1348-1474). Murcia: Universidad de Murcia 1974.

Walther L. Bernecker: Spanien 1914-1975. In: Europäische Wirtschafts- und Sozialgeschichte vom Ersten Weltkrieg bis zur Gegenwart. Herausgegeben von Wolfram Fischer (= Handbuch der europäischen Wirtschafts- und Sozialgeschichte. Band 6). Stuttgart: Klett-Cotta 1987, S. 946-974.

Bengt Beutler, Roland Bieber, Jörn Pipkorn, Jóchen Streil: Die Europäische Union. Rechtsordnung und Politik. 4. Aufl. Baden-Baden: Nomos 1999.

Roberto Blanco Valdés: Estatutos de Autonomía: Galicia. In: A. de Blas Guerrero (Director): Enciclopedía del nacionalismo. Madrid: Tecnos 1997, S. 132-134.

Roberto Blanco Valdés: Rexurdimento. In: A. de Blas Guerrero (Director): Enciclopedía del nacionalismo. Madrid: Tecnos 1997, S. 466-467.

Hermann-Josef Blanke: Föderalismus und Integrationsgewalt. Die Bundesrepublik Deutschland, Spanien, Italien und Belgien als dezentralisierte Staaten in der EG (= Schriften zum Europäischen Recht, Bd. 7). Berlin: Duncker & Humblot 1991.

Andrés de Blas Guerrero: Nación y nacionalismo en Ortega y Gasset. In: Justo G. Beramendi - Ramón Máiz (comps.): Los nacionalismos en la España de la II República. Madrid: Siglo XXI 1991, S. 27-37.

Andrés de Blas Guerrero (Director): Enciclopedía del nacionalismo. Madrid: Tecnos 1997.

Albert Bleckmann: Europarecht. Das Recht der Europäischen Gemeinschaft. Köln: Carl Heymanns Verlag 1990.

Francisco Bobillo de la Peña: Vicente Risco. In: A. de Blas Guerrero (Director): Enciclopedía del nacionalismo. Madrid: Tecnos 1997, S. 467-470.

Ernst-Wolfgang Böckenförde: Die deutsche verfassungsgeschichtliche Forschung im 19. Jahrhundert. Zeitgebundene Fragestellungen und Leitbilder (= Schriften zur Verfassungsgeschichte, Bd. 1). Berlin: Duncker & Humblot 1961.

Ernst-Wolfgang Böckenförde: Organ, Organismus, Organisation, politischer Körper. VII: Der Übergang von der Corpus-/Mechanismusvorstellung zu Organisation und Organismus. VIII: ‚Organismus'/'Organ' als Leitbegriffe der staatstheoretischen und verfassungspolitischen Diskussion. IX: Ausblick. In: Geschichtliche Grundbegriffe. Historisches Lexikon zur politisch-sozialen Sprache in Deutschland. Hg. von Otto Brunner, Werner Conze, Reinhart Koselleck. Band 4: Mi-Pre. Stuttgart: Klett-Cotta 1978, S. 561-622.

Wilhelm Brauneder *(Herausgeber)*: Juristen in Österreich. 1200-1980. Wien: Orac 1987.

Michael Johannes Busch: Autonomie und Föderalismus. Eine Studie zur spanischen Verfassung von 1978 unter besonderer Berücksichtigung des Grundgesetzes der Bundesrepublik Deutschland. Diss. Mainz 1987.

Jordi Canal: El carlismo. Dos siglos de contrarrevolución en España. Madrid: Alianza Editorial 2000.

Javier Caño: Los Derechos históricos en el siglo XX. In: Miguel Herrero de Miñón y Ernest Lluch (eds.): Derechos históricos y constitucionalismo útil. Barcelona: Crítica 2001, S. 119-128.

Ana María Carabias Torres: Colegios Mayores: Centro de poder. Salamanca: Ediciones Universidad de Salamanca 1986, 3 Bde.

Ramón Carande: El obispo, el concejo y los regidores de Palencia (1352-1422). Aportación documental sobre el gobierno de la ciudad en la Edad Media. In: R. C.: Estudios de historia. 1. Temas de historia de España. Barcelona: Editorial Crítica 1989, S. 48-84.

Ramón Carande: Sevilla, fortaleza y mercado. In: R. C.: Estudios de historia. 2. Sevilla, fortaleza y mercado y otros temas sevillanos. Barcelona: Editorial Crítica 1990, S. 25-180.

Francesc de Carreras Serra: El Senado en la Constitución española. In: F. Pau i Vall (Coord.): El Senado, Cámara de representación territorial. Madrid: Tecnos 1996, S. 25-35.

Francesc de Carreras Serra: El sistema autonómico español: ¿Existe un modelo de Estado? In: Asimetría y cohesión en el Estado autonómico. Jornadas sobre el Estado autonómico: integración y eficacia. Madrid: Instituto de Administración Pública 1997, S. 93-104.

Antonio Cassese: Self-determination of peoples. A legal reappraisal. Cambridge: University Press 1995.

Sabino Cassese: La crisi dello Stato. Roma-Bari: Laterza 2002.

Xavier Castro Pérez: Irmandade Nazonalista Galega. In: A. de Blas Guerrero (Director): Enciclopedía del nacionalismo. Madrid: Tecnos 1997, S. 257-258.

Bartolomé Clavero: Derechos humanos (individuales) y Derechos históricos (colectivos). In: Miguel Herrero de Miñón y Ernest Lluch (eds.): Derechos históricos y constitucionalismo útil. Barcelona: Crítica 2001, S. 105-117.

Bartolomé Clavero: «Territorios forales»: una pagina spagnola del palinsesto europeo. In: Le autonomie e l'Europa. Profili storici e comparati. A cura di Pierangelo Schiera. Bologna: Il Mulino 1993, S. 15-45.

Benedetto Conforti: Diritto Internazionale. Napoli: Editoriale Scientifica 1999.

Rosa Congost: *Rabassa morta*. In: Enciclopedía de Historia de España. Dirigida por Miguel Artola. V. Diccionario temático. Madrid: Alianza Editorial 1991, S. 1003.

Javier Corcuera Atienza: Nacionalismo vasco: De la Reintegración Foral a los Derechos Históricos. In: Los nacionalismos: Globalización y crisis del Estado-Nación. Madrid: Consejo General del Poder Judicial 1999, S. 109-133.

Javier Corcuera - Yolanda Oribe: Historia del nacionalismo vasco en sus documentos. Bilbao: Eguzki Argitaldaria 1991, 4 Bde.

Marcelino Cortés: Al final de la escapada. Prensa y regeneracionismo en las Cinco Villas de Aragón (1910-1914). Ejea de los Caballeros: Institución «Fernando el Católico» 2001.

Pedro Cruz Villalón: Die Neugliederung des Spanischen Staates durch die »Autonomen Gemeinschaften«. In: Jahrbuch des öffentlichen Rechts der Gegenwart, Neue Folge, Band 34 (1985), S. 195-243.

Pedro Cruz Villalón: Zehn Jahre spanische Verfassung. In: Jahrbuch des öffentlichen Rechts der Gegenwart, Neue Folge, Band 37 (1988), S. 87-114.

Josefina Cuesta: Sindicatos Verticales. In: Enciclopedía de Historia de España. Dirigida por Miguel Artola. V. Diccionario temático. Madrid: Alianza Editorial 1991, S. 1112-1113.

Jean-Pierre Dedieu: L'administration de la foi. L'Inquisition de Tolède, XVIe-XVIIIe siècle. Madrid: Casa de Velázquez 1992.

Antonio Domínguez Ortiz: El Antiguo Régimen: Los Reyes Católicos y los Austrias. Madrid: Alianza 1981.

Antonio Domínguez Ortiz: Las clases privilegiadas en el Antiguo Régimen. Madrid: Ediciones ISTMO 1979.

Antonio Domínguez Ortiz: Instituciones políticas y grupos sociales en Castilla durante el siglo XVII. In: A. D. O.: Instituciones y sociedad en la España de los Austrias. Barcelona: Ariel 1985, S. 7-29.

Antonio Domínguez Ortiz: La sociedad española en el siglo XVII. I: El estamento nobiliario. [II: El estamento eclesiástico.] Granada: Universidad de Granada 1992, 2 Bde.

J. H. Elliott: El Conde-Duque de Olivares. El político en una época de decadencia. Barcelona: Editorial Crítica 1991.

J. H. Elliott: The Revolt of the Catalans. A Study in the Decline of Spain (1598-1640). Cambridge: University Press 1963.

John H. Elliott y José F. de la Peña: «Introducción general» zu: Memoriales y Cartas del Conde Duque de Olivares, S. XXXVII-LXII.

Antonio Elorza: Un pueblo escogido. Génesis, definición y desarrollo del nacionalismo vasco. Barcelona: Crítica 2001.

Antonio Elorza: Estadistas. In: *El País*, 11. 10. 2002, S. 26.

Antonio Elorza: En torno a Aznar. In: *El País*, 22. 11. 2002, S. 33.

Antonio Elorza: La guerra de Aznar. In: *El País*, 31. 1. 2003, S. 20.

Enciclopedía de Historia de España, dirigida por Miguel Artola. IV. Diccionario biográfico. Madrid: Alianza Editorial 1991.

Enciclopedía de Historia de España dirigida por Miguel Artola. VI: Cronología. Mapas. Estadísticas. Madrid: Alianza Editorial 1993.

José Antonio Escudero: Los Secretarios de Estado y del Despacho (1474-1724). Madrid: Instituto de Estudios Administrativos 1976, 4 Bde.

Fabián Estapé Rodríguez: «Desamortización». In: Diccionario de Historia de España. Dirigido por Germán Bleiberg. 1: A/E. Madrid: Alianza Editorial 1981, S. 1110-1114.

Janine Fayard: Les membres du Conseil de Castille à l'époque moderne (1621-1746). Genève: Librairie Droz 1979.

Manuel Fernández Álvarez: La España del emperador Carlos V (1500-1558; 1517-1556). Introducción por Ramón Menéndez Pidal. Tercera edición (= Historia de España, Tomo XX). Madrid: Espasa-Calpe 1982.

Melchor Fernández Almagro: Catalanismo y República española. Madrid - Barcelona: Espasa-Calpe 1932.

Victor Ferro: El Dret Públic Català. Les Institucions a Catalunya fins al Decret de Nova Planta. Vic: Eumo 1999.

Peter Fischer, Heribert Franz Köck, Margit Maria Karollus: Europarecht. Recht der EU/EG, des Europarates und der wichtigsten anderen europäischen Organisationen. Wien: Linde Verlag 2002.

Tomàs Font i Llovet: Il processo di 'federalizzazione' in Spagna: l'organizzazione amministrativa. In: Le Istituzioni del Federalismo. Bimestrale di studi giuridici e politici della Regione Emilia-Romagna. Anno XXI/1 (2000), S. 151-175.

José María Font Rius: Carta puebla. In: Diccionario de Historia de España. Dirigido por Germán Bleiberg. 1: A/E. Madrid: Alianza Editorial 1981, S. 739-740.

José María Font: Consulado de Comercio. In: Diccionario de Historia de España. Dirigido por Germán Bleiberg. 1: A/E. Madrid: Alianza Editorial 1981, S. 972-973.

José María Font: Diputació del General. In: Diccionario de Historia de España. Dirigido por Germán Bleiberg. 1: A/E. Madrid: Alianza Editorial 1981, S. 1150-1151.

José María Font: Justicia Mayor de Aragón. In: Diccionario de Historia de España. Dirigido por Germán Bleiberg. 2: F/M. Madrid: Alianza Editorial 1981, S. 635-636.

José María Font: «Mayorazgos». In: Diccionario de Historia de España. Dirigido por Germán Bleiberg. 2: F/M. Madrid: Alianza Editorial 1981, S. 979-980.

José María Font: «Vinculaciones». In: Diccionario de Historia de España. Dirigido por Germán Bleiberg. 3: N/Z. Madrid: Alianza Editorial 1981, S. 1012-1013.

Josep Fontana: La fi de l'Antic Règim i la industrializació (1787-1868). Pròleg de Pierre Vilar (= Història de Catalunya. Director: Pierre Vilar. Volum V). Barcelona: *Edicions 62* 1993.

Josep Maria Fradera: La política liberal y el descubrimiento de una identidad distintiva en Cataluña (1835-1865). In: Hispania LX/2, nr. 205 (Madrid, 2000), S. 673-702.

Ricardo García Cárcel: Herejía y sociedad en el siglo XVI. La Inquisición en Valencia, 1530-1609. Barcelona: ediciones península 1980.

Ricardo García Cárcel: Orígenes de la Inquisición española. El Tribunal de Valencia, 1478-1530. Barcelona: ediciones península 1976.

José Angel García de Cortázar: La época medieval (= Historia de España dirigida por Miguel Artola, 2). Madrid: Alianza Editorial 1999.

Eduardo García de Enterría: Comunidades autónomas y Comunidad Europea: ¿Desaparecen los Estados? In: E. G. de E.: La revisión del sistema de Autonomías Territoriales: reforma de Estatutos, leyes de transferencia y delegación, federalismo. Madrid: Civitas 1988, S. 87-94.

Eduardo García de Enterría: Estudios sobre autonomías territoriales. Madrid: Civitas 1985.

Eduardo García de Enterría: Sobre el modelo autonómico español y sobre las actuales tendencias federalistas. In: E. G. de E.: La revisión del sistema de Autonomías Territoriales: reforma de Estatutos, leyes de transferencia y delegación, federalismo. Madrid: Civitas 1988, S. 21-39.

Javier García Roca: España asimétrica (Descentralización territorial y asimetrías autonómicas: una especulación teórica). In: Asimetría y cohesión en el Estado autonómico. Jornadas sobre el Estado autonómico: integración y eficacia. Madrid: Instituto Nacional de Administración Pública 1997, S. 51-75.

Luis García de Valdeavellano: Cortes. In: Diccionario de Historia de España. Dirigido por Germán Bleiberg. 1: A/E. Madrid: Alianza Editorial 1981, S. 997-1001.

Luis García de Valdeavellano: Curso de Historia de las Instituciones españolas. De los orígenes al final de la Edad Media. Segunda edición corregida y aumentada. Madrid: Ediciones de la *Revista de Occidente* 1970.

Luis García de Valdeavellano: Fueros municipales. In: Diccionario de Historia de España. Dirigido por Germán Bleiberg. 2: F/M. Madrid: Alianza Editorial 1981, S. 145-147.

Luis García de Valdeavellano: Señoríos. In: Diccionario de Historia de España. Dirigido por Germán Bleiberg. 3: N/Z. Madrid: Alianza Editorial 1981, S. 641-643.

Maximiano García Venero: Historia del nacionalismo catalán. (Segunda edición definitiva). Madrid: Editora Nacional 1967, 2 Bände.

Maximiano García Venero: Historia del nacionalismo vasco, 1793-1936. Madrid: Editora Nacional 1945.

Jens Gaster: Das Subsidiaritätsprinzip im Gemeinschaftsrecht. In: Subsidiarität und Föderalismus in der Europäischen Union. Hg. v. Heiner Timmermann (= Dokumente und Schriften der Europäischen Akademie Otzenhausen, Bd. 83). Berlin: Duncker & Humblot 1998, S. 19-39.

Josep-María Gay Escoda: La gènesi del Decret de Nova Planta de Catalunya. Edició de la consulta original del «Consejo de Castilla», de 13 de juny de 1715. In: Revista Jurídica de Cataluña 1-2 (1982), S. 7-41 u. S. 263-348.

Juan E. Gelabert: Castilla convulsa (1631-1652). Madrid: Marcial Pons 2001.

Marie Claude Gerbet: La nobleza en la Corona de Castilla. Sus estructuras sociales en Extremadura (1454-1516). Cáceres: Diputación Provincial 1989.

Enrique Giménez López: Gobernar con una misma ley. Sobre la Nueva Planta borbónica en Valencia. Alicante: Universidad de Alicante 1999.

Albert Girona Albuixech: Valencianos y valencianistas. Un estudio de la estructura de los partidos políticos en el País Valenciano de los años treinta. A propósito del valencianismo. In: Justo G. Beramendi - Ramón Máiz (comps.): Los nacionalismos en la España de la II República. Madrid: Siglo XXI 1991, S. 195-212.

Hans Gmelin: Die Entwicklung des Verfassungsrechts in Spanien von 1913-1932. In: Jahrbuch des öffentlichen Rechts der Gegenwart 21 (1933/34), S. 335-465.

Gaspar Gómez de la Serna: «Constitución de Bayona de 1808». In: Diccionario de Historia de España. Dirigido por Germán Bleiberg. 1: A/E. Madrid: Alianza Editorial 1981, S. 950-952.

Gaspar Gómez de la Serna: «Constitución de Cadiz de 1812». In: Diccionario de Historia de España. Dirigido por Germán Bleiberg. 1: A/E. Madrid: Alianza Editorial 1981, S. 952-956.

Gaspar Gómez de la Serna: «Constitución de 1837». In: Diccionario de Historia de España. Dirigido por Germán Bleiberg. 1: A/E. Madrid: Alianza Editorial 1981, S. 956-958.

Gaspar Gómez de la Serna: «Constitución de 1845». In: Diccionario de Historia de España. Dirigido por Germán Bleiberg. 1: A/E. Madrid: Alianza Editorial 1981, S. 958-960.

Gaspar Gómez de la Serna: «Constitución [Nonnata] de 1856». In: Diccionario de Historia de España. Dirigido por Germán Bleiberg. 1: A/E. Madrid: Alianza Editorial 1981, S. 960-962.

Gaspar Gómez de la Serna: «Constitución de 1869». In: Diccionario de Historia de España. Dirigido por Germán Bleiberg. 1: A/E. Madrid: Alianza Editorial 1981, S. 963-966.

Gaspar Gómez de la Serna: «Constitución [Federal] de 1873». In: Diccionario de Historia de España. Dirigido por Germán Bleiberg. 1: A/E. Madrid: Alianza Editorial 1981, S. 966-967.

Gaspar Gómez de la Serna: «Constitución de 1876». In: Diccionario de Historia de España. Dirigido por Germán Bleiberg. 1: A/E. Madrid: Alianza Editorial 1981, S. 967-970.

Gaspar Gómez de la Serna: «Miguel Primo de Rivera y Orbaneja». In: Diccionario de Historia de España. Dirigido por Germán Bleiberg. 3: N/Z. Madrid: Alianza Editorial 1981, S. 333-339.

*José Luis Gómez-Navarro: El Régimen de Primo de Rivera. Madrid: Cátedra 1991.

Teresa Gómez Trueba: Regeneracionismo. In: Diccionario de Literatura Española e Hispanoamericana. N-Z. Dirigido por Ricardo Gullón. Madrid: Alianza Editorial 1993, S. 1363-1365.

Benjamín González Alonso: «Estudio preliminar» zu: Jerónimo Castillo de Bobadilla: Política para Corregidores, y señores de vassallos. I. Edición facsímil. Madrid: Instituto de Estudios de Administración Local 1978, S. 7-34.

Benjamín González Alonso: Sobre el estado y la administración de la Corona de Castilla en el Antiguo Régimen. Las Comunidades de Castilla y otros estudios. Madrid: Siglo XXI 1981.

L. González Anton: Diputaciones del General. In: Lexikon des Mittelalters. III. München und Zürich: Artemis 1986, Sp. 1103-1104.

María Teresa González Calbet: Constitución de 1978. In: Enciclopedía de Historia de España. Bd. V: Diccionario temático. Madrid: Alianza Editorial 1991, S. 335-336.

Pedro Carlos González Cuevas: Historia de las derechas españolas. De la Ilustración a nuestros días. Prólogo de Andrés de Blas. Madrid: Biblioteca Nueva 2000.

Manuel González de Molina Navarro y Eduardo Sevilla-Guzmán: Movimiento jornalero y Andalucismo Histórico. In: Justo G. Beramendi - Ramón Máiz (comps.): Los nacionalismos en la España de la II República. Madrid: Siglo XXI 1991, S. 304-331.

Francisco González Navarro: España, nación de naciones. El moderno federalismo. Pamplona: EUNSA 1993.

José Luis de la Granja: El sistema vasco de partidos en la II República. In: La II República Española. Bienio rectificador y Frente Popular, 1934-1936. Madrid: Siglo XXI 1988, S. 105-124.

José Luis de la Granja Sainz: El nacionalismo vasco (1876-1975). Madrid: Arco/Libros 2000.

José Luis de la Granja, Justo Beramendi, Pere Anguera: La España de los nacionalismos y las autonomías. Madrid: Síntesis 2001.

Dieter Grimm: Verfasssung (II.). Konstitution, Grundgesetze. In: Geschichtliche Grundbegriffe. Historisches Lexikon zur politisch-sozialen Sprache in Deutschland. Hg. von Otto Brunner, Werner Conze, Reinhart Koselleck. Band 6: St-Vert. Stuttgart: Klett-Cotta 1990, S. 863-899.

Heinrich Hefter: Die deutsche Selbstverwaltung im 19. Jahrhundert. Geschichte der Ideen und Institutionen. Stuttgart: K. F. Koehler 1969.

Peter Häberle: Europa in kulturverfassungsrechtlicher Perspektive. In: Jahrbuch des öffentlichen Rechts der Gegenwart, Neue Folge, Band 32 (1983), S. 9-30.

Carlos Ernesto Hernández Hernández: ¿Regeneración o reconstrucción? Reflexiones sobre el Estado bajo la Dictadura Primorriverista. In: Historia Contemporánea, Universidad del País Vasco, Número 17 (1998), S. 335-357.

Pedro J. Hernando García: Algunos interrogantes ante la futura reforma del Senado: la designación de los senadores como representantes de las Comunidades Autónomicas. In: F. Pau i Vall (Coord.): El Senado, Cámara de representación territorial. Madrid: Tecnos 1996, S. 281-303.

Miguel Herrero de Miñón: Autodeterminación y Derechos históricos. In: Miguel Herrero de Miñón y Ernest Lluch (eds.): Derechos históricos y constitucionalismo útil. Barcelona: Crítica 2001, S. 211-219.

Miguel Herrero de Miñón: Derechos Históricos y Constitución. Madrid: Taurus 1998.

Miguel Herrero de Miñón: Epílogo. In: M. H. de M. y Ernest Lluch: Derechos históricos y constitucionalismo útil. Barcelona: Crítica 2001, S. 275-290.

Miguel Herrero de Miñón: Lealtad a la Constitución. In: *El País*, 6. 12. 2002, S. 13.

Miguel Herrero de Miñón: Tiempo de tirar piedras y tiempo de recogerlas. In: *El País*, 27. 7. 2002, S. 11-12.

Miguel Herrero de Miñón y Ernest Lluch: Introducción: Constitucionalismo útil. In: M. H. de M. y E. Ll.: Derechos históricos y constitucionalismo útil. Barcelona: Crítica 2001, S. 1-5.

Historia de la Iglesia en España. II-2°: La Iglesia en la España de los siglos VIII al XIV. Dirigido por Javier Fernández Conde. Madrid: Biblioteca de Autores Cristianos 1982.

Historia de la Iglesia en España. III-1°: La Iglesia en la España de los siglos XV y XVI. Dirigido por José Luis González Novalín. Madrid: Biblioteca de Autores Cristianos 1980.

Historia de la Iglesia en España. V: La Iglesia en la España contemporánea (1808-1975). Dirigido por Vicente Carcel Orti. Madrid: Biblioteca de Autores Cristianos 1979.

*John Hofmann: Beyond the State. Cambridge 1995.

Ernst Rudolf Huber: Deutsche Verfassungsgeschichte seit 1789. *Band V: Weltkrieg, Revolution und Reichserneuerung, 1914-1919.* Stuttgart: W. Kohlhammer 1978.

Ernst Rudolf Huber: Deutsche Verfassungsgeschichte seit 1789. *Band VI: Die Weimarer Reichsverfassung.* Stuttgart: W. Kohlhammer 1981.

José Luis Ibáñez Salas - Belén Izquierdo: Elecciones. In: Enciclopedía de Historia de España. Dirigida por Miguel Artola. V. Diccionario temático. Madrid: Alianza 1991, S. 448-450.

Ricardo Ibáñéz Salas: Pase Foral. In: Enciclopedía de Historia de España. Dirigida por Miguel Artola. V. Diccionario temático. Madrid: Alianza Editorial 1991, S. 925.

Ludovico Incisa: Corporativismo. In: Dizionario di politica. Diretto da Norberto Bobbio e Nicola Matteucci. Torino: UTET 1976, S. 248-253.

Paulino Iradiel, Salustiano Moreta, Esteban Sarasa: Historia medieval de la España cristiana. Madrid: Cátedra 1995.

Marianick Ithurralde: Le Pays Basque, la Catalogne et l'Europe. Stratégies politiques des Autonomies basque et catalane. Avant-propos de Catherine Lalumière. Préface de Franck Moderne. Paris: L'Harmattan 2002.

Gurutz Jáuregui: Los nacionalismos minoritarios y la Unión Europea. ¿Utopía o ucronía? Barcelona: Ariel 1997.

Manuel Jiménez de Parga: España en Cádiz. In: *ABC*, 11. 11. 2002, S. 3.

Richard L. Kagan: Universidad y sociedad en la España moderna. Madrid: Tecnos 1981.

Henry Kamen: The Spanish Inquisition. A Historical Revision. New Haven and London: Yale University Press 1997.

Michael Keating: Naciones contra el Estado. El nacionalismo de Cataluña, Quebec y Escocia. Barcelona: Ariel 1996.

Julius Klein: La Mesta. Estudio de la historia económica española, 1273-1836. Madrid: Alianza 1981.

Markus Kotzur: Föderalisierung, Regionalisierung und Kommunalisierung als Strukturprinzipien des europäischen Verfassungsraumes. In: Jahrbuch des öffentlichen Rechts der Gegenwart, N. F. / Bd. 50 (2002), S. 257-279.

M. A. Ladero Quesada: Grundherrschaft (Iberische Halbinsel). In: Lexikon des Mittelalters. IV. Band, Siebente Lieferung. München u. Zürich: Artemis & Winkler 1989, Sp. 1749-1750.

*M. Lafuente: Historia general de España. Barcelona 1880.

Dieter Langewiesche: Nation, Nationalismus, Nationalstaat in Deutschland und Europa. München: C. H. Beck 2000.

Don Manuel de Lardizabal y Uribe: Discurso sobre la legislación de los wisigodos y formación del Libro ó Fuero de los jueces, y su versión castellana. In: Fuero Juzgo en Latín y Castellano, cotejado con los más antiguos y preciosos códices por la Real Academia Española. Madrid. Por Ibarra, impresor de Cámara de S. M. 1815, S. III-XLIV.

Tristan La Rosa: España contemporánea. Siglo XIX. Barcelona: Destino 1972.

Ángel Latorre Segura: Nueva Planta, Decretos de. In: Diccionario de Historia de España. Dirigido por Germán Bleiberg. 3: N/Z. Madrid: Alianza Editorial 1981, S. 59-60.

Ángel Latorre Segura: Régimen señorial. In: Diccionario de Historia de España. Dirigido por Germán Bleiberg. 3: N/Z. Madrid: Alianza Editorial 1981, S. 427-430.

Claudio Lindner: Giscard: «Piú potere agli Stati». Critiche da Bruxelles per le indiscrezioni sulla nuova Costituzione europea. In: *Corriere della Sera*, 17. 1. 2003, S. 13.

Juan Fernando López Aguilar: Estado autonómico y hechos diferenciales. Una aproximación al «hecho diferencial» en el Estado compuesto de la Constitución de 1978: el caso de la autonomía canaria. Madrid: Centro de Estudios Políticos y Constitucionales 1998.

Juan José López Burniol: Lenguas y Derechos históricos. In: Miguel Herrero de Miñón y Ernest Lluch (eds.): Derechos históricos y constitucionalismo útil. Barcelona: Crítica 2001, S. 131-160.

Francisco López Estrada y María Teresa López García-Berdoy: «Introducción» zu: Alfonso X el Sabio: Las Siete Partidas. Selección, prólogo y notas de F. L. E. y M. T. L. G.-B. Madrid: Castalia 1992, S. 9-54.

Luis López Guerra: Modelo abierto y modelo cerrado del Estado de las Autonomías. In: Asimetría y cohesión en el Estado autonómico. Jornadas sobre el Estado autonómico: integración y eficacia. Madrid: Instituto Nacional de Administración Pública 1997, S. 35-47.

Eufemio Lorenzo Sanz: Comercio de España con América en la época de Felipe II. Tomo I: Los Mercaderes y el Tráfico Indiano. Valladolid: Diputación Provincial de Valladolid 1979.

Pilar Loscertales: «Señoríos de solariego», «Solariegos». In: Diccionario de Historia de España. Dirigido por Germán Bleiberg. 3: N/Z. Madrid: Alianza Editorial 1981, S. 684.

Edward Malefakis: Reforma agraria y revolución campesina en la España del siglo XX. Madrid: Espasa Calpe (Colección Austral) 2001.

Pasqual Maragall: Carta abierta a José Rodríguez Zapatero. In: *El País*, 4. 11. 2002, S. 26.

José Antonio Maravall: Las Comunidades de Castilla. Una primera revolución moderna. Madrid: Alianza 1963.

José Antonio Maravall: Estado moderno y mentalidad social (Siglos XV a XVII). Madrid: Revista de Occidente 1972, 2 Bde.

Juan Marichal: La oratoria y los designios españoles de Manuel Azaña (1930-1934). In: Manuel Azaña: Obras completas II. México: Ediciones Oasis 1966, S. VII-L.

José Ángel Marín Gámez: La discusión sobre el Senado. Apunte sobre algunos aspectos estructurales y territoriales. In: F. Pau i Vall (Coord.): El Senado, Cámara de representación territorial. Madrid: Tecnos 1996, S. 317-325.

Marcel Marion: Dictionnaire des Institutions de la France aux XVIIe et XVIII siècles. New York: Burt Franklin 1968.

Jesús A. Martínez (coord.): Historia de España. Siglo XX, 1939-1996. Madrid: Cátedra 1999.

Miguel Martínez Cuadrado: Restauración y crisis de la monarquía (1874-1931). Madrid: Alianza Editorial 1991 (= Historia de España, 6).

G. Martínez Díez, J. Mattoso, J. Lalinde Abadía: Fuero. In: Lexikon des Mittelalters. IV: Erzkanzler bis Hiddensee. München und Zürich: Artemis 1989, Sp. 1006-1009.

C. Massó i Escofet – R. Gay de Montellà: L'Estatut de Catalunya. Text oficial comentat, amb referèrencies legals i notes de la discussió parlamentària (= Biblioteca de Cultura Jurídica Catalana. Volum 1). Barcelona: Llibreria Bosch 1933.

Mesa redonda. El Senado en la Constitución de 1978: Perspectivas. Moderador: José Antonio Víboras Jiménez. In: F. Pau i Vall (Coordinador): El Senado, Cámara de representación territorial. Madrid: Tecnos 1996, S. 39-71.

Pío Moa: El derrumbe de la segunda república y la guerra civil. Madrid: Ediciones Encuentro 2001.

José Antonio Montilla Martos: Las Leyes Orgánicas de transferencia en el proceso de homogeneización competencial. In: Revista de Administración Pública 140 (1996), S. 281-312.

Gregorio Monreal Zía: De los Fueros y la autonomía posforal a la cláusula de reserva de los Derechos históricos. In: Miguel Herrero de Miñón y Ernest Lluch (eds.): Derechos históricos y constitucionalismo útil. Barcelona: Crítica 2001, S. 89-103.

José Ramón Montero: Las derechas en el sistema de partidos del segundo bienio republicano: algunos datos introductorios. In: La II República Española. Bienio rectificador y Frente Popular, 1934-1936. Madrid: Siglo XXI 1988, S. 3-33.

Antonio Morales Moya: El Estado de la Ilustración y su crísis: una síntesis. In: Historia Contemporánea, Universidad del País Vasco, Número 17 (1998), S. 59-80.

Luis Moreno: La federalización de España. Poder político y territorio. Madrid: Siglo XXI de España 1997.

Manuel Moreno Alonso: La literatura del Desastre. Una crítica histórica desde la otra cara del espejo. Epílogo de Juan Marichal. Sevilla: Alfar 2000.

Roland Mousnier: Les Institutions de la France sous la Monarchie absolue, 1598-1789. Tome II: Les organes de l'Etat et la Société. Paris: Presses Universitaires de France 1980.

Heinrich Neisser: Souveränität - Mitbestimmung - Föderalismus. Perspektiven der Europäischen Union. In: Juristische Blätter 116. Jg., Heft 11 (November 1994), S. 713-720.

Heinrich Neisser - Bea Verschraegen: Die Europäische Union. Anspruch und Wirklichkeit. Wien: Springer 2001.

Camilo Nogueira: El debate sobre el plan de Ibarretxe. *Obsesión maniquea.* In: *El País*, 16. 10. 2002, S. 20.

Xosé Manoel Núñez Seixas: Los nacionalismos en la España contemporánea (siglos XIX y XX). Barcelona: Hipòtesis 1999.

Thomas Oppermann: Europarecht. Ein Studienbuch. 2. Aufl. München: C. H. Beck 1999.

Las Órdenes Militares en la Península Ibérica. Volumen I. Edad Media. Coordinadores: Ricardo Izquierdo Benito - Francisco Ruiz Gómez. [Volumen II. Edad Moderna. Coordinador: Jerónimo López-Salazar Pérez.] Cuenca: Ediciones de la Universidad de Castilla-La Mancha 2000, 2 Bde.

Enrique Orduña: El regionalismo en Castilla y León. Valladolid: Ediciones Ámbito 1986.

Enrique Orduña Rebollo: Organización del territorio, partidos judiciales y consolidación del Estado constitucional en España. In: Subdivisión en Partidos Judiciales de la nueva subdivisión territorial de la Península e islas adyacentes. 1834. Estudio Preliminar de E. O. R. Madrid: Boletín Oficial del Estado - Instituto Nacional de Administración Pública 2000, S. XV-LI.

Javier Paniagua: Valencianismo político. In: Andrés de Blas Guerrero (Director): Enciclopedía del nacionalismo. Madrid: Tecnos 1997, S. 523-525.

Francesc Pau i Vall (Coordinador): El Senado, Cámara de representación territorial. Madrid: Tecnos 1996.

Francesc Pau i Vall: El Senado y el Estado plurinacional, una reflexión desde Cataluña. In: F. Pau i Vall (Coord.): El Senado, Cámara de representación territorial. Madrid: Tecnos 1996, S. 387-393.

Antonio Peiró: La consolidación del nacionalismo aragonés (1929-1938). In: Justo G. Beramendi - Ramón Máiz (comps.): Los nacionalismos en la España de la II República. Madrid: Siglo XXI 1991, S. 213-225.

Jean-Marc Pelorson: Les *Letrados* juristes castillans sous Philippe III. Recherches sur leur place dans la société, la culture et l'État. Université de Poitiers 1980.

Joseph Pérez: La revolución de las Comunidades de Castilla, 1520-1521. Madrid: siglo veintiuno editores 1977.

Juan Sisinio Pérez Garzón: La Nación, sujeto y objeto del Estado liberal español. In: Historia Contemporánea, Universidad del País Vasco, Número 17 (1998), S. 119-138.

Carmen Pérez Roldán: El Partido Republicano Federal, 1868-1874. Madrid: Endymion 2001.

*Nicolás Pérez Serrano: La Constitución española. Antecedentes. Texto. Comentarios. Madrid: ERDP 1932.

El Poder de la Influencia. Geografía del caciquismo en España (1875-1923). *Director* José Varela Ortega. *Prólogo* Pilar del Castillo. Madrid: Centro de Estudios Políticos y Constitucionales - Marcial Pons. Ediciones de Historia 2001.

*Jordi Pomés i Vives: La Unió de Rabassaires. Lluis Companys i el republicanisme, el cooperativisme i el sindicalisme pagès a la Catalunya dels anys vint. Barcelona: Publicacions de l'Abadia de Montserrat 2000.

Antonio J. Porras Nadales: Andalucismo y reformismo: Los problemas del Estado desde Andalucía. In: Justo G. Beramendi - Ramón Máiz (comps.): Los nacionalismos en la España de la II República. Madrid: Siglo XXI 1991, S. 405-413.

Adolfo Posada: Spanisches Staatsrecht (= Das öffentliche Recht der Gegenwart, Bd. XXXIV). Tübingen: J. C. B. Mohr 1914.

*Adolfo Posada: La nouvelle Constitution espagnole. Paris 1932.

Elena Postigo Castellanos: Honor y privilegio en la Corona de Castilla. El Consejo de las Órdenes y los Caballeros de Hábito en el s. XVII. Almazán (Soria): Junta de Castilla y León 1988.

Alberto de la Puente O'Connor: Asamblea Nacional. In: Diccionario de Historia de España. Dirigido por Germán Bleiberg. 1: A/E. Madrid: Alianza Editorial 1981, S. 392.

Alberto de la Puente O'Connor: Ley de Ayuntamientos (1840). In: Diccionario de Historia de España. 1: A/E. Madrid: Alianza Editorial 1981 S. 428.

*Jordi Pujol: «Bâtir l'Europe des régions». Entretien d'Alberto Miguez avec Jordi Pujol. In: Politique Internationale, n° 49, automne 1990, S. 443-447.

Ramón Punset Blanco: El Senado como Cámara de las Comunidades Autónomas. Bases de una propuesta. In: F. Pau i Vall (Coord.): El Senado, Cámara de representación territorial. Madrid: Tecnos 1996, S. 165-182.

Fr. W. von Rauchhaupt: Zur Entstehungsgeschichte der republikanischen Verfassung Spaniens vom 9. Dezember 1931. In: Ibero-Amerikanisches Archiv 6 (1932/33), S. 1-33

Wolfgang Reinhard: Geschichte der Staatsgewalt. Eine vergleichende Verfassungsgeschichte Europas von den Anfängen bis zur Gegenwart. München: C. H. Beck 1999.

Borja de Riquer i Permanyer: Escolta, Espanya. La cuestión catalana en la época liberal. Madrid: Marcial Pons 2001.

Juan Carlos Rodríguez Ibarra: Modelo leal de participación autonómica en la UE. In: *El País*, 18. 2. 2002, S. 23.

*Segismundo Royo: «El Estado integral». In: Revista de Derecho Público, Jg. IV, Nr. 45, September 1935, S. 261-272.

Francisco Rubio Llorente: Informe General. In: Tribunales Constitucionales Europeos y Autonomías Territoriales. Madrid: Centro de Estudios Constitucionales - Tribunal Constitucional 1985, S. 17-53.

Coro Rubio Pobes: Fueros y Constitución: La lucha por el control del poder (País Vasco, 1808-1868). Bilbao: Servicio Editorial de la Universidad del País Vasco 1997.

*Luis Sánchez Agesta: Historia del constitucionalismo español (1808-1936). Madrid: Centro de Estudios Constitucionales 1984.

Pablo Sánchez León : Absolutismo y Comunidad. Los orígenes sociales de la guerra de los comuneros de Castilla. Madrid: Siglo XXI 1998.

Rafael María Sanz de Diego: Integrismo. In: Enciclopedía de Historia de España. Dirigida por Miguel Artola. V. Diccionario temático. Madrid: Alianza 1991, S. 677-678.

Ernesto Schäfer: El Consejo Real y Supremo de las Indias. Su historia, organización y labor administrativa hasta la terminación de la Casa de Austria. Sevilla: Universidad de Sevilla 1935-1947, 2 Bde.

Herbert Schambeck: Europäische Integration und Föderalismus. In: Österreichische Juristen-Zeitung 51. Jg., Heft 14/15, 12. Juli 1996, S. 521-537.

Carl Schmitt: Hugo Preuss. Sein Staatsbegriff und seine Stellung in der deutschen Staatslehre (= Recht und Staat in Geschichte und Gegenwart, 72). Tübingen: J. C. B. Mohr (Paul Siebeck) 1930.

Narcis Serra i Serra: La Costituzione spagnola e il federalismo. In: Le Istituzioni del Federalismo. Bimestrale di studi giuridici e politici della Regione Emilia-Romagna. Anno XXI/1 (2000), S. 123-149.

*Jordi Solé Tura - Eliseo Aja: Constituciones y períodos constituyentes en España (1808-1936). Madrid: Siglo XXI 1980.

Juan José Solozábal: Poder y deber. In: *El País,* 31. 1. 2003, S. 14.

José María Souvirón Morenilla: Realidad y perspectivas de la organización territorial del Estado. I. El Estado de las Autonomías: entre la historia y su propia dialéctica. Granada: COMARES 2000.

José María Souvirón Morenilla: Realidad y perspectivas de la organización territorial del Estado. II. Los elementos esenciales del sistema constitucional de organización territorial del Estado y su concreción. Granada: COMARES 2000.

José María Souvirón Morenilla: Realidad y perspectivas de la organización territorial del Estado. III. Balance y futuro del Estado Autonómico. Granada: COMARES 2000.

Josep Termes: Història del catalanisme fins el 1923. Barcelona: Pòrtic 2000.

Enrique Tierno Galván: Costa y el regeneracionismo. Barcelona: Editorial Barna 1961.

Heiner Timmermann: Die Regionen Europas und der Vertrag von Maastricht. In: Subsidiarität und Föderalismus in der Europäischen Union. Hg. v. H. T. (= Dokumente und Schriften der Europäischen Akademie Otzenhausen, Bd. 83.) Berlin: Duncker & Humblot 1998, S. 41-50.

Francisco Tomás y Valiente: Campomanes y los preliminares de la desamortización eclesiástica. In: F. T. y V.: Gobierno e instituciones en la España del Antiguo Régimen. Madrid: Alianza 1982, S. 287-316.

Francisco Tomás y Valiente: Castillo de Bobadilla: Semblanza personal y profesional de un juez de Antiguo Régimen. In: F. T. y V.: Gobierno e instituciones en la España del Antiguo Régimen. Madrid: Alianza 1982, S. 179-251.

Francisco Tomás y Valiente: La Constitución de 1978 y la historia del constitucionalismo español. In: F. T. y V.: Códigos y Constituciones (1808-1978). Madrid: Alianza Editorial 1989, S. 125-151.

Francisco Tomás y Valiente: El desarrollo autonómico a través del Tribunal Constitucional. In: F. T. y V.: Escritos sobre y desde el Tribunal Constitucional. Madrid: Centro de Estudios Constitucionales 1993, S. 175-188.

Francisco Tomás y Valiente: La Diputación de las Cortes de Castilla (1525-1601). In: F. T. y V.: Gobierno e instituciones en la España del Antiguo Régimen. Madrid: Alianza 1982, S. 37-150.

Francisco Tomás y Valiente: El «Estado integral»: Nacimiento y virtualidad de una formula poco estudiada. In: F. T. y V.: Códigos y Constituciones (1808-1978). Madrid: Alianza Editorial 1989, S. 175-190.

Francisco Tomás y Valiente: Manual de Historia del Derecho español. Madrid: Tecnos 2001.

Francesco Tomás y Valiente: La posible configuración del Senado. In: F. Pau i Vall (Coord.): El Senado, Cámara de representación territorial. Madrid: Tecnos 1996, S. 367-374.

Francisco Tomás y Valiente: Relaciones de la Inquisición con el aparato institucional del Estado. In: F. T. y V.: Gobierno e instituciones en la España del Antiguo Régimen. Madrid: Alianza 1982, S. 12-35.

Francisco Tomás y Valiente: Tribunal Constitucional de España. In: Tribunales Constitucionales Europeos y Autonomías Territoriales. VI Conferencia de Tribunales Constitucionales Europeos - 1984. Madrid: Centro de Estudios Constitucionales. Tribunal Constitucional 1985, S. 133-224.

María Antonia Tous: Nueva Recopilación de Leyes. In: Diccionario de Historia de España. Dirigido por Germán Bleiberg. 3: N/Z. Madrid: Alianza Editorial 1981, S. 60.

Nigel Townson: Algunas consideraciones sobre el proyecto 'republicano' del Partido Radical. In: La II República Española. Bienio rectificador y Frente Popular, 1934-1936. Madrid: Siglo XXI 1988, S. 53-69.

Gumersindo Trujillo: Integración constitucional de los hechos diferenciales y preservación de la cohesión básica del Estado autonómico. In: Asimetría y cohesión en el Estado autonómico. Jornadas sobre el Estado autonómico: integración y eficacia. Madrid: Instituto Nacional de Administración Pública 1997, S. 15-32.

Gumersindo Trujillo Fernández: Reformas y nuevos horizontes del Estado Autonómico en los años noventa. In: Los nacionalismos: Globalización y crisis del Estado-Nación. Madrid: Consejo General del Poder Judicial 1999, S. 271-300.

Manuel Tuñón de Lara: La España del Siglo XX. Vol. I: La quiebra de una forma de Estado (1898-1931). Madrid: Ediciones Akal 2000.

Manuel Tuñón de Lara: La España del Siglo XX. Vol. II: De la Segunda República a la Guerra Civil (1931-1936). Madrid: Ediciones Akal 2000.

Manuel Tuñón de Lara: La España del Siglo XX. Vol. III: La Guerra Civil (1936-1939). Madrid: Ediciones Akal 2000.

*Manuel Tuñón de Lara: España: la quiebra de 1898 (Costa y Unamuno en la crisis de fin de siglo). Madrid 1986.

Javier Tusell: La Dictadura de Primo de Rivera (1923-1930). In: La España de Alfonso XIII. El Estado y la política (1902-1931). Volumen II: Del plano inclinado hacia la Dictadura al final de la Monarquía. 1922-1931. Por Carlos Seco Serrano y Javier Tusell (= Historia de España. Fundada por Ramón Menéndez Pidal. Dirigida por José María Jover Zamora. Tomo XXXVIII). Madrid: Espasa-Calpe 1995, S. 133-623.

Javier Tusell: El Gobierno Berenguer y el final de la Monarquía (1930-1931). In: La España de Alfonso XIII. El Estado y la política (1902-1931). Volumen II: Del plano inclinado hacia la Dictadura al final de la Monarquía, S. 627-747.

Patxo Unzueta: Nacionalismo radical vasco. In: A. de Blas Guerrero (Director): Enciclopedía del nacionalismo. Madrid: Tecnos 1997, S. 346-348.

Patxo Unzueta: ¿Por qué tan agresivo?. In: *El País,* 14. 11. 2002, S. 24.
Josep M. Vallès: Cultura constitucional, cultura federal. In: *El País*, 19. 11. 2002, S. 14.

Luciano Vandelli: Poteri locali. Le origini nella Francia rivoluzionaria. Le prospettive nell'Europa delle regioni. Bologna: Il Mulino 1990.

Javier Varela: Joaquín Costa. In: Blas Guerrero (Director): Enciclopedía del nacionalismo. Madrid: Tecnos 1997, S. 104-107.

Javier Varela: Literatura del 'Desastre del 98'. In: Blas Guerrero (Director): Enciclopedía del nacionalismo. Madrid: Tecnos 1997, S. 112-114.

M. Ángeles Varela Olea: Galdós regeneracionista. Madrid: Fundación Universitaria Española 2001.

Justa de la Villa: «Regionalismo». In: Diccionario de Historia de España. Dirigido por Germán Bleiberg. 3: N/Z. Madrid: Alianza Editorial 1981, S. 431-438.

Joan Vintró Castells: Una propuesta sobre la composición y las funciones del Senado. In: F. Pau i Vall (Coord.): El Senado, Cámara de representación territorial. Madrid: Tecnos 1996, S. 183-189.

Jaime Vicens Vives: Aproximación a la Historia de España. Madrid: Salvat 1970.

R. Volz: Sayón. In: Lexikon des Mittelalters. VII. Band, Siebente Lieferung. München u. Zürich: Artemis & Winkler 1995, Sp. 1424.

Ludwig Vones: Merino. In: Lexikon des Mittelalters. VI. Band, Dritte Lieferung. München u. Zürich: Artemis & Winkler 1992, Sp. 539.

Ludwig Vones: Señoríos: In: Lexikon des Mittelalters. VII. Band, Achte Lieferung. München u. Zürich: Artemis & Winkler 1995, Sp. 1760-1761.

Ludwig Vones: Solariego. In: Lexikon des Mittelalters. Siebenter Band, Zehnte Lieferung. München: Lexma Verlag 1995, Sp. 2029.

Gertrud Wacker: Staat und Gesellschaft in Spanien. In: Handbuch der Spanienkunde. Frankfurt a. M.: Verlag Moritz Diesterweg 1932, S. 27-72.

Robert Walter: Hans Kelsen (1881-1973). In: Wilhelm Brauneder *(Herausgeber)*: Juristen in Österreich. 1200-1980. Wien: Orac 1987, S. 290-296.

L. P. Wright: Las Órdenes Militares en la sociedad española de los siglos XVI y XVII. In: John H. Elliott, ed.: Poder y sociedad en la España de los Austrias. Barcelona: Editorial Crítica 1982, S. 15-56.

*V. Wright - S. Cassese: La recomposition de l'Etat en Europe. Paris: La Découverte 1996.

Manuel M.ª Zorrilla Ruiz: El Poder Judicial en el Estado de las Autonomías (Aspectos notables de su implantación y fenomenología). In: Escuela de Verano del Poder Judicial. Galicia 1999. Madrid: Consejo General del Poder Judicial 2000, S. 205-247.

Ignacio Zubiri: El Concierto económico en el conjunto del sistema fiscal español y europeo. In: Miguel Herrero de Miñón y Ernest Lluch (eds.): Derechos históricos y constitucionalismo útil. Barcelona: Crítica 2001, S. 177-209.

c) *Tageszeitungen*

ABC.

Il Corriere della sera.

El País.

La Vanguardia.

* = Aus zweiter Hand zitiert!

RECHTS- UND SOZIALWISSENSCHAFTLICHE REIHE

Herausgegeben von Wilhelm Brauneder

Band 1 Wilhelm Brauneder (Hrsg.): Grundlagen transatlantischer Rechtsbeziehungen im 18. und 19. Jahrhundert. 1992.

Band 2 Wilhelm Brauneder/Kaname Nishiyama (Hrsg.): Lorenz v. Steins "Bemerkungen über Verfassung und Verwaltung" von 1889. Österreichisch-japanische Rechtsbeziehungen I. 1992.

Band 3 Edmund Günther Primosch: Bilaterale völkerrechtliche Verträge zwischen Österreich und der Bundesrepublik Deutschland im Lichte statusrechtlicher Normen. 1992.

Band 4 Christian Sima: Österreichs Bundesverfassung und die Weimarer Reichsverfassung. Der Einfluß der Weimarer Reichsverfassung auf die österreichische Verfassung 1920 bis 1929. 1993.

Band 5 Erich Reiter: Österreichische Sicherheits- und Verteidigungspolitik. Aufsätze und Essays. 1993.

Band 6 Marlies Raffler: Bürgerliche Lesekultur im Vormärz. Der Leseverein am Joanneum in Graz (1819-1871). 1993.

Band 7 Gerte Reichelt (Hrsg.): Europäisches Kollisionsrecht. Die Konventionen von Brüssel, Lugano und Rom. Ausländische Erfahrungen und österreichische Perspektiven. 1993.

Band 8 Stefan Bremicker: Schleswig-Holstein als Kondominium. Die österreichische Verwaltung in den Elbherzogtümern. 1994.

Band 9 Lothar Höbelt (Hrsg.): Österreichs Weg zur konstitutionellen Monarchie. Aus der Sicht des Staatsministers Anton v. Schmerling. 1994.

Band 10 Wilhelm Brauneder (Hrsg.): Internationalität der Finanzkontrolle. 1995.

Band 11 Erwin A. Schmidl (Hrsg.): Freund oder Feind? Kombattanten, Nichtkombattanten und Zivilisten in Krieg und Bürgerkrieg seit dem 18. Jahrhundert. 1995.

Band 12 Wilhelm Brauneder (Hrsg.): Österreichisch-deutsche Rechtsbeziehungen I. Rechtsangleichung 1850-1938. 1996.

Band 13 Sven Bielefeldt: Österreichisch-deutsche Rechtsbeziehungen II. Rechtsvereinheitlichung im Privatrecht 1938-1945. 1996.

Band 14 Gerhard Oberkofler/Peter Goller: Geschichte der Universität Innsbruck (1669-1945). 1996. 2., unveränderte Auflage 1996.

Band 15 Heinrich Schneider: Europäische Sicherheitsarchitektur. Konzeptionen und Realitäten. 1996.

Band 16 Gunther Hauser: Der Parlamentarismus während der ÖVP-Alleinregierung 1966-1970. 1996.

Band 17 Erich Reiter (Hrsg.): Europas Sicherheitspolitik im globalen Rahmen. 1997.

Band 18 Peter Goller: Naturrecht, Rechtsphilosophie oder Rechtstheorie? Zur Geschichte der Rechtsphilosophie an Österreichs Universitäten (1848-1945). 1997.

Band 19 Gerhard Schulz: Entwicklung und Perspektiven des österreichischen Devisenrechts. Ein System im Umbruch. 1997.

Band 20 Kazuhiro Takii (Hrsg.): Lorenz von Steins Arbeiten für Japan. Österreichisch-japanische Rechtsbeziehungen II. 1998.

Band 21 Wilhelm Brauneder/Elisabeth Berger (Hrsg.): Repräsentation in Föderalismus und Korporativismus. 1998.

Band 22 Elisabeth Berger (Hrsg.): Eine Zivilrechtsordnung für Liechtenstein. Die Entwürfe des Landvogts Joseph Schuppler. 1999.

Band 23 Susanne Lichtmannegger: Die Rechts- und Staatswissenschaftliche Fakultät der Universität Innsbruck 1945-1955. Zur Geschichte der Rechtswissenschaft in Österreich im 20. Jahrhundert. 1999.

Band 24 Wilhelm Brauneder/Norbert Leser (Hrsg.): Staatsgründungen 1918. 1999.

Band 25 Clausdieter Schott (Hrsg.): Das Freiburger ABGB-Gutachten. Gutachten der vorderösterreichischen Juristenfakultät Freiburg im Breisgau zum "Entwurf eines allgemein bürgerlichen Gesetzbuches" (1797). 2000.

Band 26 Bernhard Schöniger-Hekele: Die österreichische Zivilprozeßreform 1895. Wirkung im Inland bis zum Ausbruch des Ersten Weltkrieges 1914. Ausstrahlung ins Ausland. 2000.

Band 27 Sascha Ferz: Ewige Universitätsreform. Das Organisationsrecht der österreichischen Universitäten von den theresianischen Reformen bis zum UOG 1993. 2000.

Band 28 Michael Axmann: Genese europäischer Rechtsetzungsverfahren. 2001.

Band 29 Elisabeth Berger: Erwerb und Änderung des Familiennamens. 2001.

Band 30 Peter Goller / Gerhard Oberkofler (Hrsg.): Österreichische Grundrechtsreform. Die Protokolle des Expertenkollegiums für Probleme der Grund- und Freiheitsrechte (1962-1965). Unter Mitarbeit von Hans R. Klecatsky. 2003.

Band 31 Antonio Martino: Spanien zwischen Regionalismus und Föderalismus. Entstehung und Entwicklung des Staates der Autonomien (*Estado de las Autonomías*) als historischer Prozeß. 2004.